我与文学有个约会

1

郭婷◎主编

中国出版集团 现代出版社

图书在版编目（CIP）数据

我与文学有个约会 / 郭婷主编 . — 北京：现代出版社，2019. 9
ISBN 978-7-5143-8149-8

Ⅰ.①我… Ⅱ.①郭… Ⅲ.①文学欣赏—青少年读物 Ⅳ.① I06-49

中国版本图书馆 CIP 数据核字（2019）第 195919 号

我与文学有个约会 1

作　　者　郭　婷
责任编辑　徐　苹
出版发行　现代出版社
地　　址　北京市安定门外安华里 504 号
邮政编码　100011
电　　话　010-64267325　64245264（传真）
网　　址　www.1980xd.com
电子邮箱　xiandai@vip.sina.com
印　　刷　永清县晔盛亚胶印有限公司
开　　本　880mm × 1230mm　1 /32
印　　张　30
字　　数　470 千字
版　　次　2019 年 9 月第 1 版　2019 年 12 月第 1 次印刷
书　　号　ISBN 978-7-5143-8149-8
定　　价　168.00 元

目录

献给莱翁·维尔特

请孩子们原谅我把这本书献给了一个大人。我有一个正当的理由：这个大人是我在世界上最好的朋友。我还有另一个理由：这个大人什么都懂，即使儿童读物也懂。我还有第三个理由：这个大人住在法国，他在那里忍冻挨饿。他很需要有人安慰。要是这些理由还不够充分，我就把这本书献给这个大人曾经做过的孩子。每个大人都是从做孩子开始的。（然而，记得这事的又有几个呢？）因此，我把我的献词改为：

献给还是小男孩时的莱翁·维尔特。

短暂的画家生涯

当我还只有六岁的时候，在一本描写原始森林的名叫《真实的故事》的书中，看到了一幅精彩的插画，画的是一条蟒蛇正在吞食一头大猛兽。这幅画让我非常吃惊。后来，我临摹了那幅画。

这本书中写道："大蟒蛇把它们的猎获物囫囵吞下，一点也不咀嚼。然后它们被撑得不能再动弹了，只好睡觉，于是，它们就在长长的六个月的睡眠中消化这些食物。"

当时，我对丛林中的奇遇想得很多，于是，我也用彩色铅笔画出了我的第一幅图画——我的第一号作品。

我自豪地把我的杰作拿给大人看，我问他们我的画是不是让他们害怕。

没想到，他们回答我说："害怕？为什么要害怕？一顶帽子

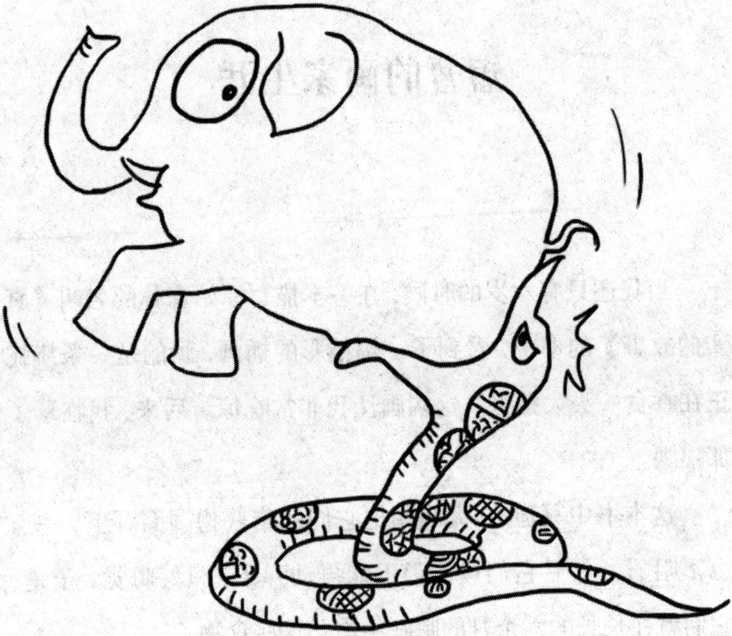

有什么可怕的？”

可我画的并不是帽子，而是一条巨蟒正在消化肚子里的一头大象。于是，为了让那些大人能够明白，我又把巨蟒肚子里的情况画了出来——我的第二号作品。这些大人总是需要别人把事情解释得一清二楚。

结果，大人们劝我把这些开着肚皮的，或闭上肚皮的蟒蛇的图画放到一边，让我把兴趣放在地理、历史、算术和语法上。

就这样，在我六岁那年，我就放弃了当画家这一美好的职业。我的第一号、第二号作品的失败，使我泄了气。

大人们什么都不懂，我们要一遍一遍地给他们解释，而且，即使这样他们也不一定明白，对小孩来说，这真是麻烦。

后来，我只好选择了另外一个职业——我学会了开飞机，我在世界各地飞行。的确，地理学帮了我很大的忙。我一眼就能分辨出哪里是中国，哪里是亚利桑那州。如果在夜里迷失了航向，这个本领是很有用的。

就这样，在我的生活中，我跟许多严肃的人有过很多接触。我在大人们中间生活过很长时间。我仔细地观察过他们，但这并没有使我对他们的看法有多大改变。

每次当我遇到一个头脑看来稍微清楚的大人时，我就很兴奋，我拿出一直带在身边的我的第一号作品给他看。我想知道他是否真的有理解能力。可是，得到的回答总是："这是一顶

帽子。”于是，我就决定不和他谈巨蟒、原始森林，或者星星之类的事。我只能迁就他们的理解能力，和他们谈些桥牌、高尔夫球、政治、领带这些。于是大人们就十分高兴能认识我这样一个通情达理的人。

邂逅小王子

我就这样孤独地生活着，没有一个能真正谈得来的人，一直到六年前，我的飞机在撒哈拉沙漠上发生了那次故障。我的飞机发动机里有个零件损坏了。当时由于我既没有带机械师也没有带旅客，我只能自己试着去完成这项困难的维修工作。这对我来说是生死攸关的事情，因为我带的水只够喝一个星期。

那天晚上我独自睡在远离人间烟火的大沙漠上，比漂浮在海面的遇难者还要孤独。在第二天拂晓，当我被一个奇怪的小声音叫醒的时候，你们可以想象我是多么吃惊。

这小小的声音说道："请你……给我画一只羊，好吗？"

"什么！"我迷迷糊糊地问道。

"给我画一只羊……"

当时，我像是受到惊雷轰击一般，一下子就弹了起来。我

使劲地揉了揉眼睛，仔细地看了看。我看见一个十分奇怪的小家伙严肃地朝我凝眸望着。后来，我还给他画了一幅这样的画像。可是，我的画中当然要比他本人的模样逊色得多。这不是我的过错，我六岁时，大人们使我对我的画家生涯失去了勇气，除了画过开着肚皮和闭着肚皮的蟒蛇，后来再没有画过别的。

我惊奇地睁大眼睛看着这突然出现的小家伙。你们不要忘记，我当时处在远离人烟千里之外的地方。而这个小家伙给我的印象是，他既不像迷了路的样子，也没有半点疲乏、饥渴、惧怕的神情。他丝毫不像是一个迷失在荒无人烟的大沙漠中的孩子。当我在惊讶之中终于又能说出话来的时候，对他说道：

"哎，你在这儿干什么？"

可是他却不慌不忙地好像有一件重要的事一般，对我重复地说道：

"请……给我画一只羊……"

当一种神秘的东西把你镇住的时候，你是不敢不听从它的支配的，在这荒无人烟的沙漠上，面临死亡的危险的情况下，尽管这样的举动使我感到十分荒诞，我还是掏出了一张纸和一支钢笔。这时我又记起，我只学过地理、历史、算术和语法，就有点不大高兴地对小家伙说我不会画画。他回答我说：

"没有关系，给我画一只羊吧！"

因为我从来没有画过羊，我就给他重画我所仅仅会画的两幅画中的那幅闭着肚皮的巨蟒的图画。

“不！不！我不要蟒蛇，它肚子里还有一头大象。”

我听了他的话，简直目瞪口呆。他接着说：“巨蟒这东西太危险，大象又大，太占地方。我住的地方非常小，我需要的是一只羊，请你给我画一只羊吧。”

于是，我根据我的印象给他画了一只绵羊。

他认真仔细地看着，随后又说：“不行，这只羊已经病得很重了，再给我重新画一只吧！”

我又画了一张。

这个小家伙笑了，客气地拒绝道：“你看……这不是一只小羊，是一只大公羊，还有犄角呢。”

于是，我又画了一张。

但这幅画又被拒绝了，同前几幅一样：“这只羊太老了。我想要一只能活得长的羊。”

我实在是不耐烦了，因为我急于去检修飞机的发动机，于是就草草地又画了一幅，并匆匆地对他说道：

“这是一只箱子，你要的羊就在箱子里。”

可是，令我惊奇的是，我的这位小评判员喜笑颜开。他说：

“这正是我想要的……你说这只羊需要吃很多草吗？”

“为什么问这个呢？”

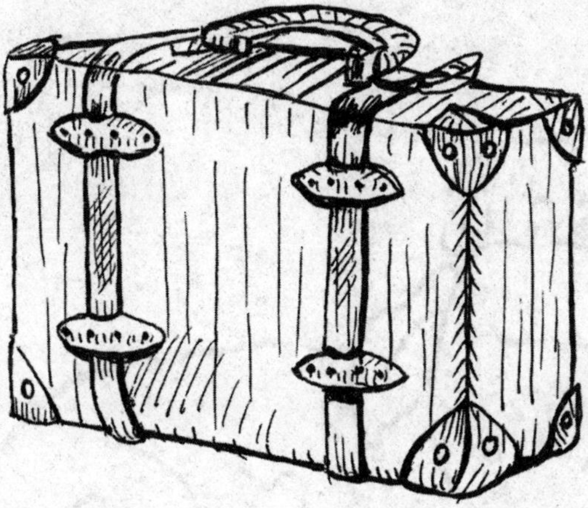

"因为我住的地方非常小……"

"我给你画的是一只很小的小羊，"我安慰他说，"箱子里的草一定够它吃。"

他把脑袋靠近这张画，说道："并不像你说的那么小……瞧！它睡着了……"

就这样，我认识了小王子。

你是从天上掉下来的吗

我费了好长时间才弄清楚小王子是从哪里来的。小王子向我提了很多问题，我都一一作了回答，可是，对我提出的问题，他好像压根没有听见似的。我只能从他的只言片语中，一点一点地拼凑出他的来历。

当他第一次看见我的飞机时，很惊奇，他问我："这是个什么东西呀？"

"这不是什么'东西'。它会飞，这是飞机，是我的飞机。"

我当时很骄傲地告诉他我是开飞机来的。他一听，就惊叹道：

"怎么？你是从天上掉下来的？"

"是的。"我谦虚地承认。

"啊！这真有趣！"

小王子发出了一阵清脆的笑声，这使我有点不高兴，我希望别人对我飞机出事的遭遇能持同情的态度。

接着，他又说道："那么，你也是从天上来的了！你是从哪个星球来的？"

我立刻感到，这是刺探他是从哪里来的这个秘密的好时机，于是，我追问道："你是从别的星球来的吧？"

可是，他不回答我的问题。

他一边看着我的飞机，一边轻轻地晃着脑袋说："说真的，光靠这东西，你不可能是从很远很远的地方来的……"

说到这里，他就长时间地陷入沉思之中。

后来，他从口袋里掏出了我画的小羊，坐在地上，看着他的宝贝入了神。

你们可以想象得出，这种关于"别的星球"的似真似假的话语使我心里多么好奇。

因此，我竭尽全力地想知道其中更多的奥秘。

"小家伙，你是从哪里来的？你的家在什么地方？你要把我的小羊带到哪里去？"

他静静地沉思了一会儿，然后回答我说：

"多好啊，你给我的那个箱子，晚上就可以给小羊当房子用。"

"那当然。如果你乖乖的，我再给你画一根绳子，白天可

以拴住小羊。再给你画一根木桩……”

我的建议使小王子有点不高兴了。

“拴住小羊？多么荒唐的主意！”

“如果你不拴住它，它就会到处乱跑的，它会跑丢的……”

我的这位小朋友又咯咯地笑了起来：

“但是，你想要它跑到哪里去呀？”

“不管什么地方，它会一直往前跑……”

这时，小王子郑重其事地说：

“没有关系，我那个地方实在是很小很小。”

接着，他略带伤感地又补充了一句：

“它一直往前跑，也不会跑出多远……”

B612 号小行星

我就这样了解到第二个十分重要的真相——那就是他家所在的那个星球比一座房子大不了多少。

这倒并没有使我感到太奇怪。我知道除地球、木星、火星、金星这几个有名称的大行星以外，还有成百个别的星球，它们有的小得很，就是用望远镜也很难看见。当一个天文学者发现了其中一颗星星，他就给它编上一个号码当作它的名字，例如，把它称作“3251 小行星”。

我有充分的理由坚信，小王子所来自的那个星球就是“B612 号小行星”。这颗小行星仅仅在 1909 年被一个土耳其天文学家用望远镜看见过一次。

当时他曾经在一次国际天文学家代表大会上对他的发现作了重要的论证。但由于他所穿的土耳其衣服与众不同，在场没有人相信他说的话。那些大人们就是这样。

幸亏，土耳其的一个独裁者，下令他的臣民都要穿欧式服装，否则就处以死刑。1920 年，这位土耳其天文学家穿了一身非常漂亮的服装，重新作了一次论证。这一次，所有的人都同意他的看法，这才使“B612 号小行星”闻名遐迩。

我给你们讲关于“B612 号小行星”的这些细节，并且告诉你们它的编号，这完全是为了这些大人。这些大人们就爱数字。当你对大人们讲起你的一个新朋友时，他们从来不向你提出实质性的问题。比如，他们从来不讲：“他说话声音如何啊？他喜爱什么样的游戏啊？他是否喜欢收集蝴蝶标本呀？”他们只问你：“他多大年纪呀？弟兄几个呀？体重多少呀？他父亲挣多少钱呀？”问清楚这些问题，他们以为这样才算了解朋友。如果你对大人们说：“我看到一幢用玫瑰色的砖盖成的漂亮的房子，它的窗户上有天竺葵，屋顶上还有鸽子……”他们怎么也想象不出这种房子是什么样的。但是，如果对他们说：“我看见了一幢价值十万法郎的房子。”他们就会高声惊叫道：“多么漂亮的房子啊！”

因此，如果你对大人们说：“的的确确有过一位小王子，他非常漂亮，招人喜欢，他总是咯咯地笑，他还向人要过一只羊。既然要过一只小羊，那就证明小王子的存在。”他们一定会耸耸肩膀，把你当作孩子看待！但是，如果你对他们说：“小王

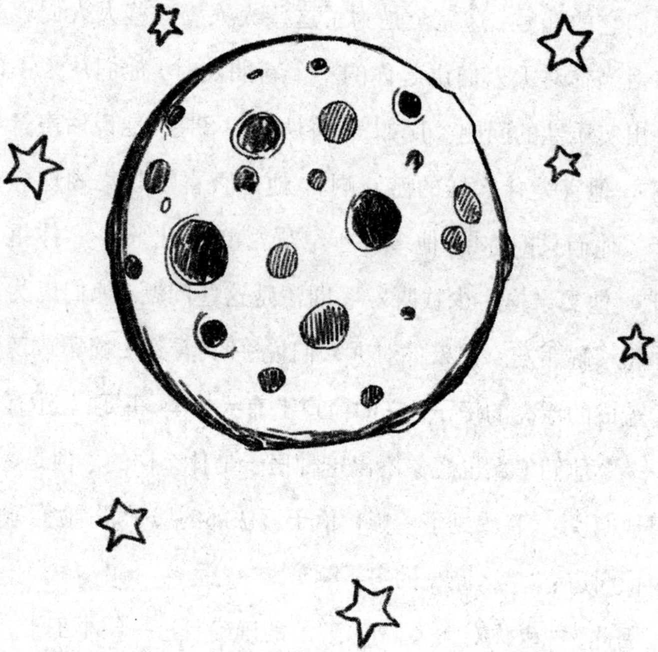

子来自另一个行星，就是“B612号小行星。”那么他们就十分信服，他们就不会提出一大堆问题来和你纠缠。他们就是这样的。小孩子们对大人们应该宽容一些，不要埋怨他们。

当然，对我们这些真正理解生活的人来说，我们才不在乎那些编号呢！我真愿意像讲神话那样来讲小王子的故事，我真想这样说：

“从前哪，有一个小王子，他住在一个和他身体差不多大的星球上，他希望有一个朋友……”对那些真正理解生活的人来说，这样说就显得真实自然。

因为，我不喜欢人们不严肃认真地读我写的书。我在讲述这些往事时心情是很难过的。我的那位小朋友带着他的小羊已经离去六年了。我之所以在这里尽力把他描写出来，就是为了不要忘记他。忘记一个朋友是一件很可悲的事情。并不是所有的人都有过一个朋友。何况，我也可能变成那些大人那样，只对数字感兴趣。也正是为了不忘记他，我买了一盒水彩和几支铅笔。到了我这样年纪的人，而且除了六岁时画过闭着肚皮的和开着肚皮的巨蟒外，别的什么也没有尝试过，现在，重新再来画画，真费劲啊！当然，我会尽最大的努力画好我的那位小朋友，但能否做到，我自己也没有把握。一张画得还可以，另一张就不像了。在画他的身材高矮时，我画得有点不准确。在这个地方把小王子画得太高大，在另一个地方又画得太矮小

了。对他衣服的颜色我也常常犹豫。于是我就摸索着这么试试那么改改，勉强凑合。而且，我很可能在某些重要的细节上画错了。这就得请大家原谅我了。因为我的这个朋友，从来也不给我加以解释。也许，他认为我和他同源同种，非常相像。但是，我和他其实不同，我又不能透视万物，我不能透过盒子看见里面的小羊。也许，我有点和大人们差不多了，我一定是变老了。

猴面包树的危险

每天，我都了解到一些关于小王子的星球上的事，关于他是怎么启程出发的、他在太空里怎么长途旅行的等。这些都是偶然从他的各种反应中慢慢得到的。就这样，第三天我就了解到关于猴面包树的悲剧。

这一次又是因为小羊的事情，因为，小王子突然好像非常担心地问我道：

“小羊都爱啃小灌木，这是真的吗？”

“是的，是真的。”

“啊，那我就高兴啦！”

我不明白，为什么小羊吃小灌木这件事如此重要。可小王子又问道：

“那么，它们也啃猴面包树吗？”

我提醒小王子说，猴面包树可不是什么低矮的小灌木，而是像教堂那么高的大树；即便他带回一群大象，也啃不了一棵猴面包树。

一群大象的想法使小王子咯咯笑了起来：

“那可得把这些大象一头一头地摞起来呀……”

不过，他很聪明，马上就注意到了：

“猴面包树在长大之前，开始也是小小的树苗呀。”

“不错。可是为什么你想让你的小羊去吃那些猴面包树的小苗呢？”

他回答我道：“哎！这还用说！”似乎这是不言而喻的。可是我自己费了很大的心思才弄懂这个问题。

原来，小王子生活的星球上就像其他所有星球上一样，有好草和坏草；因此，也就有益草的草籽和毒草的草籽，可是草籽是看不见的。它们沉睡在泥土里，直到其中的一粒忽然想要苏醒过来……于是它就伸展开身子，开始腼腆地朝着太阳长出一棵绚丽可爱的小嫩苗。如果是小萝卜或是玫瑰的嫩苗，就让它去自由地生长。如果是一棵坏苗，一旦被辨认出来，就应该马上把它拔掉。因为在小王子生活的星球上，有些非常可怕的种子——这就是猴面包树的种子。在那里的泥土里，这种种子多得成灾。而一棵猴面包树苗，假如你拔得太迟，就再也无法把它清除掉，它会盘踞整个星球。它的树根能把星球钻透，如果星球

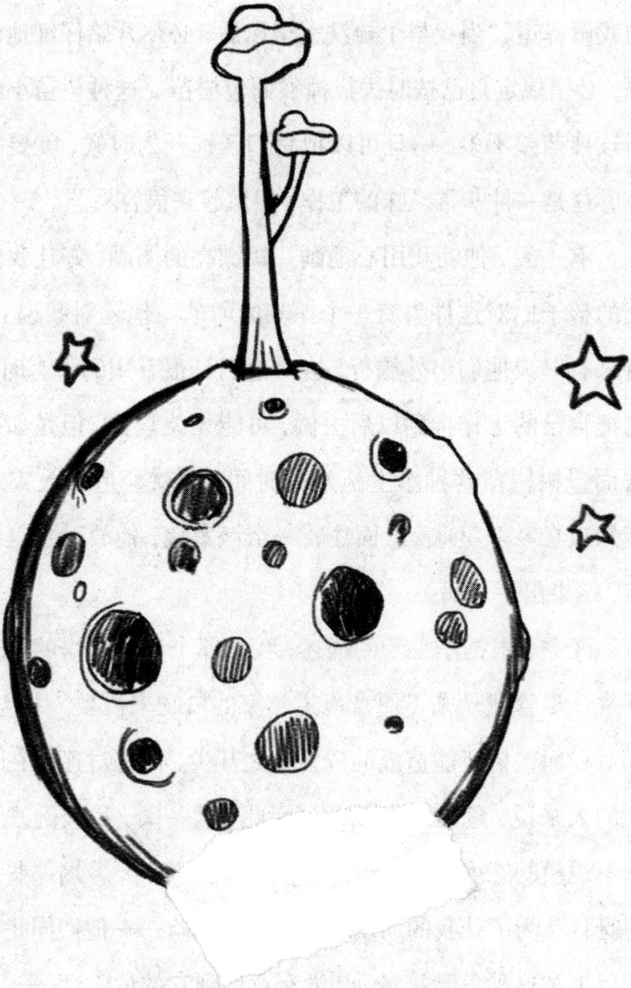

很小，而猴面包树很多，它就会把整个星球搞得支离破碎。

“在我家里，我必须遵守严格的作息制度。”小王子后来向我解释道，“当我早上梳洗完毕以后，必须开始仔细地清扫星球，必须规定自己按时去拔掉猴面包树苗。这种树苗小的时候与玫瑰苗差不多，一旦可以把它们区别开的时候，就要把它拔掉。这是一件非常乏味的工作，但做起来很容易。”

有一天，他劝我用心地画一幅漂亮的图画，好让我们地球上的孩子们对这件事有一个深刻的印象。他还对我说：“如果将来有一天他们出外旅行，这对他们是很有用的。有时候，人们把自己的工作推到以后去做，可能无关紧要，但是如果在拔猴面包树树苗这种事上拖延了时间，那就会造成大灾难。我就知道在一个星球，上面住着一个懒家伙，他放过了三棵小树苗，结果出了大祸……”

于是，根据小王子的描述，我把那个出了大祸的星球画了下来。尽管我从来不愿意以道学家的口吻来说教，可是，地球人对猴面包树所能造成的危害知之甚少，但是对迷失在小行星上的人来说，危险性太大了。因此，这一次，我破例改变自己从不说教的态度，我要大声疾呼：“孩子们，要警惕那些猴面包树呀！”为了让我的朋友们警惕这种危险——他们同我一样长期以来和这种危险接触，却没有意识到它的危险性——我费了很大的劲画出了这幅画。我提出的这个教训意义重大，花点工

夫也是值得的。

你们也许要问，为什么这本书中其他的插画都没有这幅画中的面包树有气势？原因很简单：当我画猴面包树时，有一种急切的心情在激励着我，想要警告地球人。而我画其他插画时，虽然我也想画得好些，但却没成功。

一天看四十三次日落

小王子啊，就这样，我逐渐了解了你那忧郁的生活。过去相当长的时间里，你生活中唯一的乐趣就是坐在那里观赏落日的柔美余晖。我得知这个新的细节，是第四天早晨。你当时，对我说道：

“我喜欢看日落。我们去看一回日落吧！”

“那还要等些时候……”

“等到什么时候？”

“等到太阳落山。”

开始，小王子显得很惊奇的样子，随后自己笑了起来，然后，对我说：

“我总以为我还是在自己的家乡呢！”

确实，大家都知道，当美国是正午时分，在法国，正夕阳

西下。因此，要想观赏落日，就得在一分钟内赶到法国才能看到。可惜法国距离美国是那么的遥远。但是，在小王子那样的小行星上，你只要把你的椅子挪动几步就行了。所以，小王子可随时看到他想看的夕阳余晖……

“有一天，我看了四十三次日落！”

过了一会儿，小王子又说：

“你知道……当一个人感到非常苦闷时，总喜欢日落……”

“一天看了四十三次日落，那天你怎么会这么苦闷？”

小王子没有回答我的这个问题。

宇宙中的那朵花

第五天，还是要归功于那只小羊，我终于知道了小王子生活的秘密。好像默默地思索了很长时间以后，得出了什么结果一样，他突然直截了当地问我：

“小羊要是吃小灌木，那它也要吃花吗？”

“它碰到什么吃什么。”

“连有刺的花也吃吗？”

“有刺的也吃！”

“那么，这些刺有什么用呢？”

我不知道该怎么回答。那会儿我正忙着要从发动机上卸下一颗拧得太紧的螺丝。我发现机器故障似乎很严重，饮用水也快完了，我担心可能发生最坏的情况，心里很着急。

“那些刺有什么用呢？”

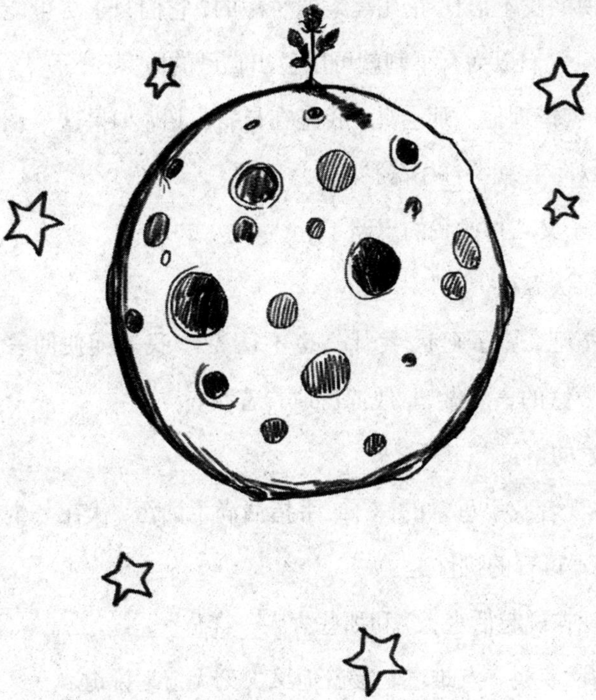

小王子一旦提出了问题，不追问出个究竟来，他就决不罢休。这个该死的螺丝使我很恼火，我于是就随便回答了他一句：

“刺嘛，什么用都没有，这纯粹是花的恶劣表现。”

“哦！”

可是他沉默了一小会儿之后，怀着不满的心情对我说：

“你说的我不信！花儿是柔弱娇嫩的，它们只求尽可能地保护自己，它们以为有了刺就可以显出自己的厉害……”

我没有搭理他。那会儿，我正在自言自语：如果这个螺丝再和我作对，我就一锤子敲掉它。

小王子又来打搅我的思路了：

“你却认为花……”

“算了吧，算了吧！我什么也不认为！我是随便回答你的，我有要紧的事要做。”他惊讶地看着我。

“要紧的事？”

他注视着我手里拿的锤子，手指沾满了油污，伏在一个在他看来丑不可言的机件上。

“你现在说起话来，就和那些大人一样！”

他的话使我有点难堪。接着他又尖刻无情地说道：

“你什么都分不清……你把什么都混在一起！”

他着实非常恼火。摇动着脑袋，金黄色的头发随风颤动着。他说：

“我到过一个星球，上面住着一个红脸先生。他从来没闻过一朵花。他从来没有看过一颗星星。他什么人也没有喜欢过。除了算账以外，他什么也没有做过。他整天同你一样老是说：‘我有正经事，我是个严肃的人。’这使他傲气十足。他简直不像是个人，他只能算是个蘑菇。”

“只能算什么？”

“一个蘑菇！”

小王子当时气得脸色发白。

“几百万年以来花儿都要长出刺，几百万年以来羊仍然在吃花儿。为什么花儿费那么大劲去长没有什么用的刺？这难道不是正经事？难道羊和花之间的战争不重要？这难道不比那个大胖子红脸先生的账目更重要？如果我认识一朵世界上独一无二的花，只有我的星球上有它，别的地方都没有，而一只小羊糊里糊涂就这样把它一下子毁掉了，这难道不重要？”

他的脸气得发红，然后又接着说道：

“如果有人爱上了在这亿万颗星星中独一无二的一株花，当他看着这些星星的时候，这就足以使他感到幸福。他可以自言自语地说：‘我的那朵花就在其中的一颗星星上……’但是如果羊吃掉了这朵花，对他来说，好像所有的星星一下子全都熄灭了一样！这难道也不重要吗？”

他无法再说下去了，突然泣不成声。夜幕已经降临，我

放下手中的工具，我把锤子、螺丝、饥渴、死亡，全都抛在脑后。在一颗星球上，在一颗行星上，在我的行星上，在地球上有一个小王子需要安慰！我把他抱在怀里。我摇着他，对他说：“你爱的那朵花没有危险……我给你的小羊画一个罩子……我给你的花画一件盔甲……我……”我也不太知道该说些什么。我觉得自己嘴太笨。我不知道怎么揣摩他的心思，怎样才能跟他交流……一旦流出了眼泪，其内心世界的感情是深不可测的。

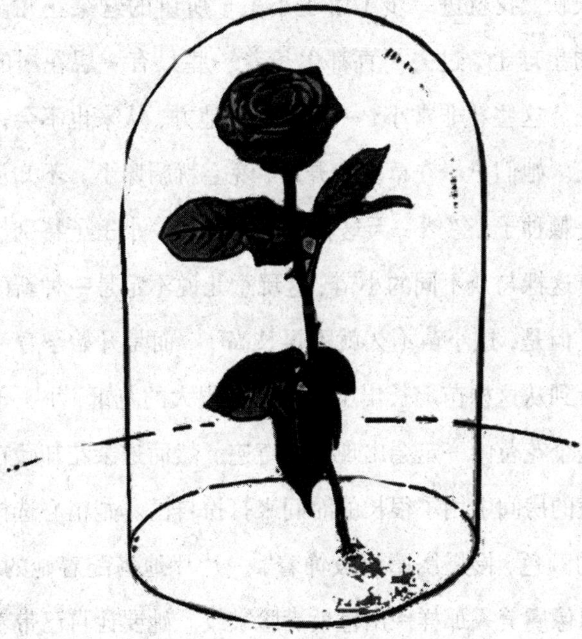

我不知道如何去爱她

很快，我就进一步了解了小王子所讲的这朵花儿。在小王子的星球上，过去一直都生长着一些只有一层花瓣的很简单的花。这些花非常小，一点也不占地方，从来也不会去打搅任何人。她们早晨在草丛中开放，晚上就凋谢了。不知从哪里来了一颗种子，忽然一天这颗种子发了芽。小王子特别仔细地监视着这棵与众不同的小苗：这玩意儿说不定是一种新的猴面包树。但是，这小苗不久就不再长高了，而是开始孕育一个花朵。看到从这棵苗上长出了一个很大很大的花蕾，小王子感觉到从这个花苞中一定会出现一个奇迹。然而这朵花却藏在她那绿茵茵的房间中用了很长的时间来打扮自己。她精心选择着她将来的颜色，慢慢腾腾地妆饰着，一片片地搭配着她的花瓣，她不愿像虞美人那样一出世就满脸皱纹。她要让自己带着光艳

夺目的丽姿来到世间。是的，她娇美可爱！她那神奇的梳妆打扮是一天天地逐渐完成的。然后，终于在一天的早晨，恰好在太阳升起的时候，她露出了自己的容貌。

她已经精细地梳妆打扮了那么长时间，却打着哈欠说道：

“啊！我刚刚睡醒，真对不起，瞧我的头发还是乱蓬蓬的……”

小王子这时再也控制不住自己的爱慕心情：“你是多么美丽啊！”

花儿悠然自得地说：

“是吧，我是与太阳同时诞生的……”

小王子看出这朵花儿不太谦虚，但她是多么美丽动人啊！

她随后又说道：“现在该是吃早点的时候了吧？请你也想着给我准备一点……”

小王子很有些不好意思，于是，就拿着喷壶，打来了一壶清清的凉水，浇灌着花儿。

于是，就这样，花儿习以为常，不断以她那有点乖戾、任性的撒娇去麻烦小王子，使他不胜其烦。例如，有一天，她向小王子讲起她身上长的四根刺时，她对小王子说：

“老虎会来吗？让它张着爪子来吧！”

小王子纠正她说：“在我这个星球上没有老虎，而且，老虎是不会吃草的。”

花儿轻声说道："我并不是一棵草呀！"

"真对不起，我弄错了……"

"其实我并不怕什么老虎，可我讨厌穿堂风。您能给我当屏风吗？替我挡挡风。"

小王子思忖着："讨厌穿堂风……这对一株植物来说，真不走运，这朵花儿真难伺候……"

"晚上您得把我保护好，请您拿个罩子把我罩住。你这个地方太冷。在这里住得不舒服，我原来住的那个地方……"

但她没有说下去，她来的时候是粒种子，她哪里见过什么别的世界？刚才那句谎话讲得实在幼稚可笑，她自己也感到羞愧，但为了骗得小王子真相信她弱不禁风，她故意咳嗽了两三声，又提出要求：

"屏风呢？……"

"我这就去拿。您不是还在跟我说话吗？"

于是花儿放开嗓门咳嗽了几声，依然要使小王子后悔自己的过失。

尽管小王子本来诚心诚意地喜欢这朵花，可是，这样一来，却使他马上对她产生了怀疑。她过去那些华而不实的好言好语，小王子太认真在意了，结果使自己很苦恼。

有一天他告诉我说："我不该听信她的话，绝不该听信那些花儿的话，看看花，闻闻她就得了。我的那朵花使我的星球

芳香四溢，可我不会享受她。关于老虎爪子的事，本应该使我产生同情，却反而使我恼火……”

他还坦诚地告诉我说：

“那时，我什么也不懂！我应该根据她的行为，而不是根据她的话来判断她。她使我的生活芬芳多彩，使我心旷神怡。我真不该从她身边逃走！我那时应该懂得，在她使小性子、耍手段的背后，其实是对我的一片柔情！我当时太年轻，还不懂得如何去爱她。”

骄傲的花

我猜想，小王子大概是利用一群候鸟迁徙的机会，逃离他的星球的。在他出发的那天早上，他把自己的星球收拾得整整齐齐，把他星球上的活火山的喷发口打扫得干干净净——他有两个活火山，这对他每天做早饭特别方便。他还有一座死火山，他想，说不定它还会活动呢！所以他也给死火山清扫了喷发口，只要这些喷发口是通畅的，火山就可以慢慢地有规律地燃烧，而不会突然大爆发。其实，火山爆发就像我们壁炉里的火焰那样。当然，在地球上，要去打扫喷发口是做不到的，因为我们自己个头太小，所以火山给我们带来很多很多麻烦。

小王子临行前还把剩下的最后几棵猴面包树苗全拔了。他有点忧伤，他觉得自己再也不会回来了。这天早晨，这些家常活儿使他感到特别亲切。当他最后一次浇花时，准备用罩子

将她罩上。这时，他觉得自己真想痛哭一场。

“再见了。”他对花儿说道。

可是花儿没有回答他。

“再见了。”他又说了一遍。

花儿咳嗽了一阵，但并不是由于伤风感冒。

她终于对他说道：“我真蠢，请你原谅我，希望你能幸福。”

小王子因为她没有责备而感到诧异。他十分尴尬地站在那里，手里还拿着罩子。他不理解，花儿为什么这么温情脉脉，贤淑恬静。

“真的，我是爱你的。”花儿对他说道，“但由于我的过错，你一点也不明白我的心意。现在说这些已没有什么意义了。可你也和我一样不聪明。希望你今后能幸福……把罩子放在一边吧，我再也用不着它了。”

“但是，起风了怎么办？”

“我的感冒并不那么重……夜晚的凉风对我倒有好处。我毕竟是一朵花儿。”

“但是，还有虫子、野兽呢……”

“我要是想认识蝴蝶，经不起两三只虫子是不行的。听说，蝴蝶非常美丽，不然，还有谁来看我呢？你就要远走高飞了。至于说大动物，我并不怕，我也有自己的爪子。”

于是，她天真地露出她那四根刺，天真幼稚地炫耀一番。

然后说：

“别这么磨蹭了！ 真烦人！ 你既然决定离开这儿，那么，快走吧！”

她催他快动身，她是怕小王子看见她在哭。她是一朵非常骄傲的花儿……

霸道的国王

在附近的宇宙中，他进入了第 325 号小行星至 330 号小行星这六个星球所组成的星系。为了做些有用的事情并增长自己的学识，他开始一一拜访这些星球。

第一颗星球上住着一位国王。他穿着用紫红色和白底黑花的毛皮做成的大礼服，坐在一个很简单却又十分威严的宝座上。

当他看见小王子时，喊了起来："啊，来了一个臣民。"

于是，小王子自己纳闷了："他从来也没有见过我，怎么会认识我呢？"

他哪里知道，在那些国王的眼里，世界是非常简单的，所有的人都是他的臣民。

国王十分骄傲，因为他终于成了某个人的国王，他对小王子说道："靠近些，好让我好好看看你。"

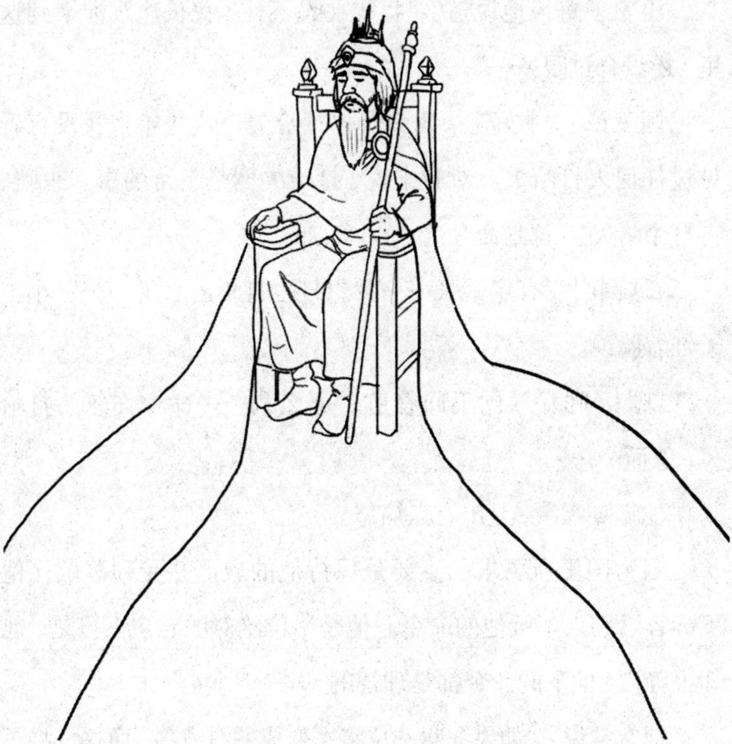

小王子看看四周，想找个地方坐下来，可是整个星球被国王华丽的白底黑花皮袍占满了。他只好站在那里，但是因为疲倦，他打起哈欠来。

国王对他说："在一个国王面前打哈欠是违反礼节的。我禁止你打哈欠。"

小王子羞愧地说道："我实在忍不住，我长途跋涉来到这里，还没合过眼……"

国王说："那好吧，我命令你打哈欠。这些年来我没有看见过任何人打哈欠。对我来说，打哈欠倒是新奇的事。来吧，再打个哈欠！这是命令。"

"这倒叫我有点紧张……我想打也打不出来了……"小王子红着脸说。

"嗯！嗯！"国王回答道，"那么我……命令你忽而打哈欠，忽而……"

他嘟嘟囔囔，显出有点恼怒。

因为国王所要求的主要是保持他的威严并受到尊敬。他不能容忍别人不听他的命令。他是一位绝对的君主。可是，他却很善良，他下的命令都是理智的。

他常常说："如果我叫一位将军变成一只海鸟，而这位将军不服从我的命令，那么这就不是将军的过错，而是我的过错。"

小王子腼腆地试探道："我可以坐下吗？"

“我命令你坐下。”国王一边回答，一边庄重地把他那白底黑花皮袍的大襟挪动了一下。

可是小王子感到很奇怪，这么小的行星，国王他对什么进行统治呢？

他对国王说：“陛下……请原谅，我想问您……”

国王急忙抢着说道：“我命令你问我。”

“陛下……你统治什么呢？”

国王非常简单明了地说：“我统治一切。”

“一切？”

国王轻轻地用手指着他的行星和其他的行星，以及所有的星星。

小王子说：“统治这一切？”

“统治这一切。”

原来他不仅是一个绝对的君主，而且是整个宇宙的君主。

“那么，星星都服从您吗？”

“那当然！”国王对他说，“它们立即就得服从。我是不允许无纪律的。”

这样的权力使小王子惊叹不已。如果掌握了这样的权力，那么，他一天就不只是看到四十三次日落，而可以看到七十二次，甚至一百次，或是二百次日落，也不必要去挪动椅子了！由于想起了他那被遗弃的小星球，心里有点难过，他大胆地向

国王提出了一个请求：

“我想看日落，请求您……命令太阳落山吧……”

国王说道：“如果我命令一个将军像一只蝴蝶那样从这朵花飞到那朵花，或者命令他写作一个悲剧剧本或者变成一只海鸟，而如果这位将军接到命令不执行的话，那么，是他不对还是我不对呢？”

“那当然是您的不对。”小王子肯定地回答。

“一点也不错，”国王接着说，“向每个人提出的要求应该是他们所能做到的。权威首先应该建立在理性的基础上。如果命令你的老百姓去投海，他们非起来革命不可。我的命令是合理的，所以我有权要别人服从。”

“那么，我提出的日落呢？”小王子一旦提出一个问题，他是不会忘记这个问题的。

“日落嘛，你会看到的。我一定要太阳落山，不过按照我的统治科学，我得等到条件成熟的时候。”

小王子问道：“这要等到什么时候呢？”

国王在回答之前，首先翻阅了一本厚厚的日历，嘴里慢慢说道：“嗯！嗯！日落大约……大约……在今晚七时四十分的时候！你将看到我的命令一定会被服从的。”

小王子又打起哈欠来了。他遗憾没有看到日落。他有点厌烦了，他对国王说：“我没有必要再待在这儿了，我要走了。”

这位因为刚刚有了一个臣民，正扬扬得意的国王说道：

“别走，别走！我任命你当大臣。”

“什么大臣？”

“嗯……司法大臣！”

“可是，这儿没有一个要审判的人。”

“很难说呀，”国王说道，“我很老了，我这地方又小，没有放马车的地方，另外，一走路我就累。因此我还没有巡视过我的王国呢！”

“噢！可是我已经看过了。”小王子说道，并探身朝星球的那一侧看了看。那边也没有一个人……

“那么你就审判你自己呀！”国王回答他说，“这可是最难的了。审判自己比审判别人要难得多啊！你要是能审判好自己，你就是一个真正有才智的人。”

“我嘛，随便在什么地方我都可以审度自己。我没有必要留在这里。”

国王又说：“嗯……嗯……我想，在我的星球上有一只老耗子。夜里，我听见它的声音。你可以审判它，不时地判处它一次死刑。这样，它的性命就全掌握在你的手心。但是，你每次判它死刑后，都要赦免它，因为这个星球上只有这一只耗子。”

“可是我不愿判死刑，我想我还是应该走。”小王子回答道。

“别走，别走。”国王说。

但是小王子心意已决，但他在做好了动身准备之后，为了不让老国王难受，建议说：

“如果国王陛下期望别人忠实地服从您的命令，你可以给我下一个合理的命令。比如说，你可以命令我，一分钟之内必须离开。我认为这个条件是成熟的……”

国王什么也没有回答。起初，小王子有些犹疑不决，随后叹了口气，就离开了……

“我封你为巡回大使。”国王匆忙地下了最后一道命令。

国王显出非常有权威的样子。

小王子在旅途中自言自语地说：“这些大人真奇怪。”

拜托你崇拜我吧

第二个行星上住着一个虚荣心强、喜欢自吹自擂的人。

“喔唷！一个崇拜我的人来拜访了！”这个爱虚荣的人一见到小王子，老远就叫喊起来。

在那些爱虚荣的人眼里，其他所有人都是他们的崇拜者。

“您好！”小王子说道，“您的帽子很奇怪。”

“这是为了向人致意用的。”爱虚荣的人回答道，“当人们向我欢呼的时候，我就用帽子向他们致意。可惜，我这个星球从来没有一个访客。”

小王子不解其意，说道：“啊？是吗？”

爱虚荣的人向小王子建议道：“你用这一只手去拍另一只手。”

小王子照他的话做，双手鼓掌。这位爱虚荣者就谦逊地举起帽子向小王子致意。

小王子心想，这比访问那位国王有趣。于是他又开始双手鼓掌。爱虚荣者又举起帽子来向他致意。

小王子这样做了五分钟，之后对这种机械重复、单调乏味的游戏有点厌倦了，说道：

“要想叫你的帽子掉下来，该怎么做呢？”

可这回爱虚荣者听不进他的话，因为凡是爱虚荣的人只听得进赞美的话。

他问小王子道：“你是不是真的非常崇拜我呀？”

“崇拜是什么意思？”

“崇拜，就是承认我是星球上最美、服饰最好、最富有、最聪明的人。”

“可是，在你这个星球上，只有你一个人，并没有其他人呀？”

“让我高兴高兴吧，不论怎么说，还是崇拜崇拜我吧！”

小王子轻轻地耸了耸肩膀，说道：“好吧，我就崇拜你吧，可是，要别人勉为其难地说崇拜你，对你有什么意义呢？”

于是，小王子就离开了这个星球。

小王子在路上自言自语地说了一句：“这些大人真是古怪。”

忧郁的酒鬼

小王子所访问的下一个星球上住着一个酒鬼。这次访问的时间非常短，可是它却使小王子非常忧伤。

“你在干什么？”小王子问酒鬼，这个酒鬼默默地坐在那里，面前有一堆酒瓶子，有的装着酒，有的是空的。

“我在喝酒啊！”他阴沉忧郁地回答道。

“你为什么要这么喝酒？”小王子问道。

“为了忘记。”酒鬼回答。

小王子已经有些可怜酒鬼了。

他问道：“忘记什么呢？”

酒鬼垂下脑袋坦白地说：“为了忘记我的羞愧。”

“你为什么感到羞愧呢？”小王子很想帮助他振作起来。

“我因为喝酒感到羞愧！”酒鬼说完以后就再也不吭

声了。

小王子迷惑不解地离开了。

在旅途中，他自言自语地说道：“这些大人确实真叫怪。”

所有的星星都是我的

第四个行星上住的是一个生意人。这个人忙得不可开交，小王子到来的时候，他甚至连头都没有抬一下。

小王子对他说："您好，您的烟灭了。"

"三加二等于五。五加七等于十二。十二加三等于十五。您好。十五加七，二十二。二十二加六，二十八。烟灭了就灭了吧，没有时间去再点着它。二十六加五，三十一。哎哟！一共是五亿一百六十二万二千七百三十一。"

"五亿什么呀？"

"嗯？你还待在这儿哪？五亿一百万……我也不知道是什么了。我的工作很多……我这个人工作很认真，我可是从来也没有工夫去闲聊！二加五得七……"

"五亿一百万的什么东西呀？"小王子重复问道。一旦他

提出了一个问题，是从来不会放弃的。

这个生意人抬起头，说：

“我住在这个星球上五十四年以来，只被打搅过三次。第一次是二十二年前，不知从哪里跑来了一只金龟子来打搅我。它发出一种可怕的噪声，使我在一笔账目中出了四个差错。第二次，在十一年前，是风湿病发作，因为我缺乏锻炼所致。我实在没有工夫闲逛。我可是个认真工作的人。现在……这是第三次……我计算的结果是五亿一百万……”

“一百万什么呀？”小王子又问。

这个生意人算是明白了，面对这个打扰者，自己别指望清静啦，他敷衍地答了一句：

“几百万个小东西，这些小东西有时出现在天空中。”

“苍蝇吗？”

“不是，是那些闪闪发亮的小东西。”

“是蜜蜂吗？”

“不是，是金黄色的小东西，这些小东西叫那些懒汉们胡思乱想，总想着占为己有。我是个严肃的人。我没有时间胡思乱想。”

“啊，您讲的是不是星星呀？”

“对了，就是星星！”

“你要拿这五亿星星做什么？”

“五亿一百六十二万七百三十一颗星星。我是严肃认真的人，我对任何事情，都讲究精确。”

“你究竟要拿这些星星做什么？”

“我要它做什么？”

“是呀。你要干什么？”

“什么也不做。它们都是属于我的。”

“你要把这么多星星占为己有？”

“是的。”

“可是我前不久已经见到过一个国王，他……”

“国王并不占有星球，他们只是进行‘统治’星球。这两者之间有极大的不同。”

“那你把这些星星都据为已有，是为了什么？”

“这样我就非常非常富有啦！”

“你要这么富有干什么呢？”

“为了再去买下其他的星星，如果新发现有别的星球的话。”

小王子心想，这个人想问题有点像那个酒鬼。

可是他又提了一些问题：

“你怎么才能占有星星呢？”

“那么你说星星是谁的呀？”生意人不高兴地顶了小王子一句。

“我不知道。它们不属于任何人。”

“那不得了，它们就归我所有，因为我是第一个想到这件事情的人。”

“难道这样就行了吗？”

“当然。如果你发现了一颗没有主人的钻石，那么这颗钻石就是属于你的。当你发现一个岛是没有主的，那么这个岛就是你的。当你首先想出了一个办法，你就去领一个专利证，这个办法就是属于你的。既然在我之前不曾有任何人想到要占有这些星星，那我就占有这些星星。”

“这倒也是。可是你用它们来干什么？”小王子说。

“我经营管理这些星星。我一遍又一遍地计算它们的数目。这件工作可费劲啦，但我是一个严肃认真的人！”

小王子对他的回答还是不满意，他说：

“对我来说，如果我有一条围巾，我可以用它来围着我的脖子，并且能带走它。如果我有一朵花的话，我就可以摘下我的花，并且把它带走。可你却不能摘下这些星星呀！”

“我不能摘，但我可以把它们存在银行里。”

“这是什么意思呢？”

“这就是说，我把星星的数目写在一片小纸头上，然后把这片纸头锁在一个抽屉里。”

“这就算完事了吗？”

“这样就行了。”

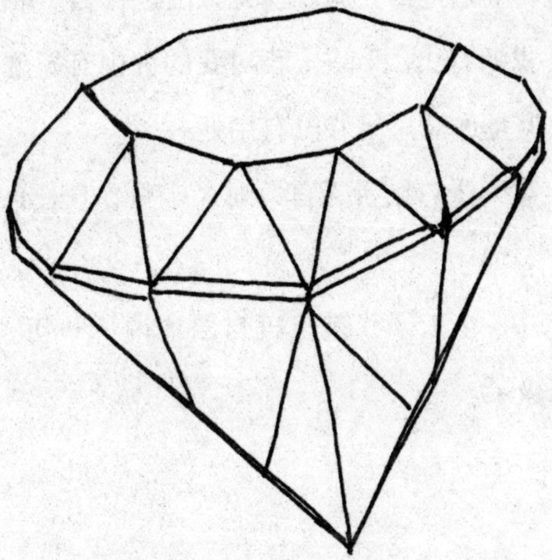

小王子想道："真好玩。这倒很有诗意，可是，并不算是了不起的正经事。"

关于什么是正经事，小王子的看法与大人们的看法非常不同。他接着又说：

"我有一朵花，我每天都给她浇水。我还有三座火山，我每星期把它们全都打扫一遍。连死火山也打扫。谁知道它会不会再复活。我拥有火山和花，我对我的火山有益处，对我的花也有益处。但是你对星星并没有用处……"

那个生意人张口结舌无言以对。于是，小王子就离开了这个星球。

在旅途中，小王子只是自言自语地说了一句："这些大人们真是奇怪极了。"

忠于职守的点灯人

第五颗行星非常非常奇怪，它是这些星球中最小的一颗。那儿的面积刚好能容得下一盏路灯和一个守灯的人。小王子难以理解，为什么在广阔的太空之中，在一颗既没有房屋又没有居民的星球之上，偏偏要有一盏路灯和一个守灯人。

不过，他还是对自己做了一番解释："可能这个人思想不正常。但他比起国王、那个爱虚荣的人、那个生意人和那个酒鬼，却要好些。至少他的工作还有点意义。当他点着了他的路灯时，就像他增添了一颗星星，或是一朵花。当他熄灭了路灯时，就像让星星或花朵睡着了似的。这差事很美好，那当然就是真正有用的了。"

小王子一到达这个行星，就很尊敬地向点路灯的人打招呼：

"早上好。你刚才为什么把路灯灭了呢？"

“早上好。我是根据指令。”点灯的回答道。

“什么叫作指令呀？”

“就是熄掉我的路灯。”那人又道了一声，“晚上好。”

于是，他又点燃了路灯。

“那么为什么你又把它点着了呢？”

“我也是按照指令呀。”点灯的人回答道。

“我不明白。”小王子说。

“没什么要明白的。指令就是指令。”点灯的人回答说，“早上好。”

于是，他又熄灭了路灯。

然后他拿一块有红方格子的手绢擦着额头。

“我干的是一种可怕的职业。以前还说得过去，早上熄灯，晚上点灯。白天的剩余时间我就休息，夜晚的剩余时间我就睡觉……”

“那么，后来指令改变了，是吗？”

点灯的人说：“指令没有改变，惨就惨在这里了！这颗行星一年比一年转得更快，而指令却没有改。”

“结果呢？”小王子问。

“结果现在星球一分钟自转一周，我连一秒钟的休息时间都没有了。每分钟我就要点一次灯，接着熄一次灯！”

“真有趣，在你这个星球上，一天的时光，只有一分钟的

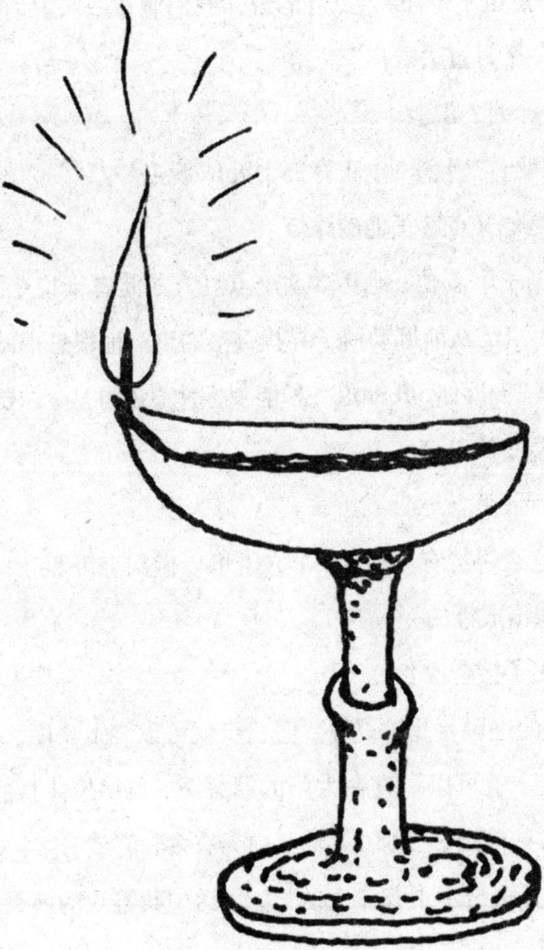

长度！”

“一点也不奇怪，”点灯的说，“我们俩在一块说话的工夫，就已经一个月过去啦！”

“一个月？”

“对呀，三十分钟，正好三十天！晚上好。”

于是他又点着了他的路灯。

小王子瞅着他，他喜欢这个点灯人如此忠于指令。这时，他想起了自己从前挪动椅子寻找日落的事。他很想帮助他的这位朋友。“告诉你，我知道一种能使你休息的办法，你要什么时候休息都可以。”

“我呀，我想永远歇下去。”点灯人说。

他这么说情有可原，一个人既可以做到忠于职守，也很可能本是懒惰成性的。

小王子接着说：

“你的这颗行星这样小，你三步就可以绕上一圈。你只要慢慢地走，就可以一直在太阳的照耀下，当你想休息的时候，你就这样往前走……那么，你要白天有多长它就有多长。”

“这办法帮不了我多大的忙，生活中我喜欢的就是睡觉。”点灯人说。

“真不走运。”小王子说。

“真不走运。”点灯人说，“早上好。”

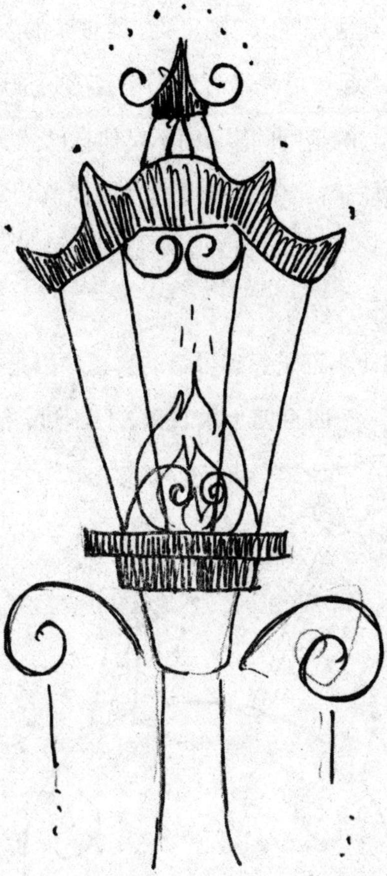

于是他又熄灭了路灯。

小王子在他继续往前旅行的途中，自言自语地说道："这个人一定会被其他那些人，国王呀、爱虚荣的人呀、酒鬼呀、实业家呀，所瞧不起。可是唯有他不使我感到荒唐可笑。这可能是因为他所关心的是别的事，而不是他自己。"

他遗憾地叹了口气，并且又对自己说道：

"本来这是我唯一可以和他交成朋友的人。可是他的星球确实太小了，住不下两个人……"

这个星球让小王子感到可惜的真正原因是，这里每二十四小时，就碰上一千四百四十次日落，只不过，他不敢承认这一点罢了。

足不出户的地理学家

第六颗行星比第五颗行星则要大十倍。那里住着一位老先生，他正在写一部大部头的著作。

“瞧！来了一位探险家。”老先生一看到小王子就喊了起来。

小王子在桌旁坐下，有点气喘吁吁。他已经在长途旅行中跑了很久！

“你从哪里来的呀？”老先生问小王子。

“这一大本是什么书？你在这里干什么？”小王子问道。

“我是地理学家。”老先生答道。

“什么是地理学家？”

“地理学家，就是一种学者，他知道哪里有海洋，哪里有江河、城市、山脉、沙漠。”

“这倒挺有意思。”小王子说,“这才是一种真正的职业。”他朝四周围看了看这位地理学家的星球。他还从来没有见过如此壮观的行星。

“您的星球真美呀！这儿有海洋吗？”

“我不知道有没有。”地理学家说。

“啊！”小王子大失所望,“那么,有没有山脉呢？”

“这,我没法知道。”地理学家说。

“那么,有城市、河流、沙漠吗？”

“我也不知道有没有。”地理学家说。

“可您还是地理学家呢！”

“一点不错,”地理学家说,“但是我不是探察家。我手下一个探察家都没有。地理学家是不去计算城市、河流、山脉、海洋、沙漠的。地理学家很重要,不能到处跑。他不能离开他的办公室。但他可以在办公室里接见探察家。他询问探察家,把他们的回忆记录下来。如果他认为其中有个探察家的回忆是有意思的,那么地理学家就对这个探察家的品德做一番调查。”

“这是为什么呢？”

“因为一个说假话的探察家会给地理书带来灾难性的后果。同样,一个太爱喝酒的探察家也是如此。”

“这又是为什么？”小王子说。

“因为喝醉了酒的人把一个看成两个，那么，地理学家就

会把只有一座山的地方写成两座山。”

“我认识一个人，他要是搞探察的话，就很可能是个不好的探察员。”小王子说。

“这是可能的。因此，如果探察家的品德不错，就对他的发现进行调查。”

“是去当地察看吗？”

“不。那太复杂了。但是要求探察家提出证据来。例如，假使他发现了一座大山，就要求他带来一些大石头。”

地理学家忽然忙乱起来。

“正好，你是从老远来的嘛！你是个探察家！你来给我介绍一下你的星球吧！”

于是，已经打开登记簿的地理学家，削起他的铅笔来。他首先是用铅笔记下探察家的叙述，等到探察家提出了证据以后再用墨水笔记下来。

“怎么样？”地理学家询问道。

“啊！我那里，”小王子说道，“没有多大意思，我那儿很小，有三座火山，两座是活火山，一座是死火山，不过，是不是真死了，但是也很难说。”

“很难说。”地理学家说道。

“我还有一朵花儿。”

“我们是不记载花卉的。”地理学家说。

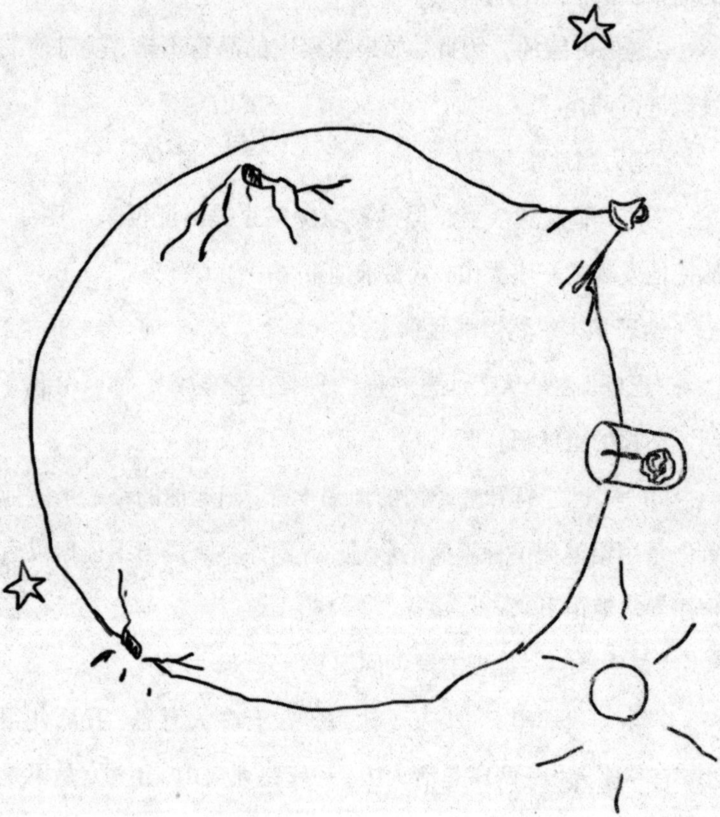

“这是为什么呀？我的花儿是最美丽的东西。”

“因为花卉是短暂的。”

“什么叫短暂？”

“地理学书籍是所有书中最严肃的书。”地理学家说道，“这类书是从不会过时的。很少会发生一座山变换了位置，很少会出现一片海洋干涸的现象。我们要写永恒的东西。”

“但是熄灭的火山也可能会再复苏的。”小王子打断了地理学家。“什么叫短暂？”

“火山是熄灭了的也好、苏醒的也好，这对我们这些人来讲都是一回事。”地理学家说，“对我们来说，重要的是山。山是不会变换位置的。”

“但是，‘短暂’是什么意思？”小王子再三地问道。他一旦提出一个问题是从不放过的。

“意思就是：有很快就会消失的危险。”

“我的花儿是很快就会消失的吗？”

“那当然。”

小王子自言自语地说：“我的花是短暂的，而且她只有四根刺来保护自己！可我却把她独自留在家里！”

这是他第一次产生了后悔，但他仍打起精神，问那位老先生：

“您是否能建议我去什么地方看些什么？”小王子问道。

“地球这颗行星，”地理学家回答他说，“它的名望很高……”

小王子采纳了这个建议，立即动身。在途中他一边走一边想着他的花。

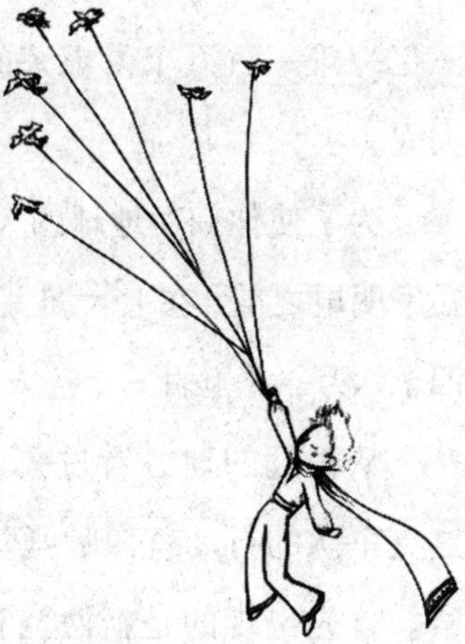

小王子来到地球

第七颗行星，就是地球。

地球可不是一颗普通的行星！它上面有一百一十一个国王，七千个地理学家，九十万个生意人，七百五十万个酒鬼，三亿一千一百万个爱虚荣的人，也就是说，大约有二十亿个大人。

为了使你们对地球的大小有一个概念，我想要告诉你们，在发明电之前，在七大洲上，为了点路灯，需要维持一支为数四十六万二千五百一十一人的真正大军。

从稍远的地方看过去，它给人以一种壮丽辉煌的印象。这支军队的行动就像歌剧院的芭蕾舞动作一样，那么有条不紊。首先出现的是新西兰和澳大利亚的点灯人。点着了灯，随后他们就去睡觉了。于是，就轮到中国和西伯利亚的点灯

人走上舞台。随后，他们也藏到幕布后面去了。于是，就又轮到俄罗斯和印度的点灯人了。然后就是非洲和欧洲的。接着是南美的，再就是北美的。他们从来也不会搞错他们上场的次序，真了不起。

北极仅有一盏路灯，南极也只有一盏；唯独北极的点灯人和他南极的同行，过着闲逸、懒散的生活：他们每年只工作两次。

与沙漠小蛇相遇

当人们想要说得俏皮些的时候，说话就可能会不大实在。在给你们讲点灯人的时候，我就不那么忠实，很可能给不了解我们这个星球的人们造成一个错误的概念。在地球上，人们所占的位置非常小。如果住在地球上的二十亿居民全站着，并且像开大会一样靠得紧些，那么就可以从容地站在一个二十海里见方的广场上。也就是说可以把整个人类集中在太平洋中一个最小的岛屿上。

当然，大人们是不会相信你们的。他们自以为要占很大的地方，他们把自己看得像猴面包树那样大得了不起。你们可以建议他们计算一下。这样会使他们很高兴，因为他们非常喜欢数字。可是你们无须浪费时间去做这种乏味的连篇累牍的演算。这没有必要。你们可以完全相信我。

小王子到了地球上感到非常奇怪，他一个人也没有看到，他正担心自己跑错了星球。这时，在沙地上有一个银白色环形的动物在蠕动。

小王子毫无把握地随便说了声：“晚安。”

“晚安。”对方答应了一声，那是一条蛇。

“我落在什么行星上？”小王子问道。

“在地球上，在非洲。”蛇回答道。

“啊！……怎么，难道说地球上没有人吗？”

“这里是沙漠，沙漠中没有人。地球是很大的。”蛇说。

小王子坐在一块石头上，抬眼望着天空，说道：

“我琢磨这些星星闪闪发亮是否为了让每个人将来有一天都能重新找到自己的星球。看，我那颗行星。它恰好在我们头顶上……可是，它离我们好远哟！”

“你那颗星星真美丽，”蛇说，“你到这里来干什么呢？”

“我和一朵花儿闹别扭了。”小王子说。

“哦！”蛇说道。

于是他们都沉默下来。

“地球人在什么地方？”小王子终于又开了腔，“在沙漠上，真有点孤独……”

“到了有人的地方，也一样孤独。”蛇说。

小王子长时间地看着蛇。

“你是个奇怪的动物，细得像个手指头……”小王子终于说道。

“但我比一个国王的手指更有威力。”蛇说道。

小王子微微一笑道：

“你并不那么有威力……你连脚都没有……你甚至都不能旅行……”

“我可以把你带到很远的地方去，比一艘船能去的地方还要远。”蛇说道。

说着，它缠绕在小王子的脚腕上，像一个金镯子。

“被我碰触的人，我就把他送回老家去。”蛇还说，“可是你是纯洁的，而且是从另一个星球上来的……”

小王子什么也没有回答。

“在这个花岗石的地球上，你这么弱小，我很可怜你。如果你非常怀念你的星球，那时我可以帮助你。我可以……”

“啊！ 我很明白你的意思。”小王子说，“但是你为什么说话总是像让人猜谜语似的？”

“这些谜语我都能解开的。”蛇说。

于是他们又都沉默起来。

风吹着人们到处跑

小王子徒步穿过沙漠，途中他只见过一朵花儿，一个有着三枚花瓣的花朵，一朵很不起眼的小花儿……

“你好！”小王子说。

“你好！”花说。

“地球人在什么地方？”小王子有礼貌地问道。

花儿曾经有一天看见一支骆驼商队走过，她答道：

“人吗？我想，大约有七个人，几年前我见过他们。可是，从来不知道到什么地方能找到他们。他们随风飘泊，他们没有根，这对他们来说是很不方便的。”

“再见了！”小王子说。

“再见！”花儿说。

高山上的回声

小王子爬上一座高山。过去他所见过的山，就是那三座只有他膝盖那么高的火山，并且他把那座死火山当作凳子。小王子自言自语地说道：“从这么高的山上，我一眼可以看到整个星球，以及所有的人。”可是，他所看到的只是一些非常陡的悬崖峭壁，其他什么也没有看见。

“你好！”小王子漫不经心地叫了一声。

“你好……你好……你好……”回音回答道。

“你们是什么人？”小王子问。

“你们是什么人……你们是什么人……你们是什么人……”回音又回答道。

“请你们做我的朋友吧，我很孤独。”他说。

“我很孤独……我很孤独……我很孤独……”回音又回

答着。

小王子想道："这颗行星真奇怪！ 它贫瘠枯燥，瘦骨嶙峋，苦涩发咸。那些地球人一点儿想象力都没有，他们只是重复别人对他们说过的话……在我的那颗星球上，我还有一朵花儿，她总是主动地先跟我说话……"

在玫瑰园哭泣

小王子经过长途跋涉，穿过沙漠、越过岩石、通过雪地之后，他终于发现了一条大路，都是通往人群聚集的地方的。

他来到一个玫瑰花盛开的花园，他向玫瑰花表示问候：“你们好！”

“你好！”玫瑰花说道。

小王子注视着这些花，它们全都和他的那朵花儿一样。

“你们是什么花？”小王子惊奇地问。

“我们是玫瑰花。”花儿们说道。

“哦！……”小王子说。

他感到自己非常不幸。他的那朵花儿曾对他说她是整个宇宙中独一无二的一朵玫瑰花。可是，仅在这一座花园里就有五千朵和她完全一样的花儿！

小王子自言自语地说："如果她看到眼前这片景象，肯定会羞得无地自容……她准会使劲地咳嗽个不停，为了逃避这种尴尬，她甚至会倒下装死。而我呢，我就不得不装装样子去照顾照顾她。否则，她为了要让我感到内疚，也许真的会自暴自弃去寻短见……"

接着他又说道："我还以为我有一朵独一无二的花儿呢，我有的只是普普通通的一朵玫瑰。这朵花儿，再加上三座只有我膝盖那么高的火山，而且其中一座还可能是永远熄灭了的死火山，这一切不会使我成为一个了不起的王子……"于是，他躺在草丛中哭泣起来。

请你驯养我吧

就在这时，跑来一只狐狸。

“你好！”狐狸向他问候。

“你好！”小王子很有礼貌地回答道。他转过头来，但是什么也没有看到。

“我在这儿，在苹果树下。”那声音说。

“你是谁？”小王子说，“你很漂亮……”

“我是一只狐狸。”狐狸说。

“来和我一起玩吧，”小王子建议道，“我很苦恼……”

“我不能和你一起玩，”狐狸说，“我还没有被驯服呢。”

“哦！我不了解你，真对不起。”小王子说。

思索了一会儿，他又说道：

“什么叫‘驯服’呀？”

“看来你不是本地人。”狐狸说,“你来这里干什么？”

“我来找地球人。”小王子说,“什么叫‘驯服’呢？”

“地球人呀,”狐狸说,“他们有枪，他们还经常打猎。这真碍事！唯一有意思的就是他们也养鸡。你是来寻找母鸡的吗？”

“不找,”小王子说,“我是来找朋友的。什么叫‘驯服’呢？”

“这是一件好事，可惜已经被忘得一干二净了。”狐狸解释说,“它的意思就是‘建立和谐的关系’。”

“建立和谐的关系？”

“一点不错,”狐狸接着解释,“对我来说，你还只是一个小男孩，就像其他千万个小男孩一样。我不需要你，你同样也不需要我。对你来说，我也不过是一只狐狸，和其他千万只狐狸一样。但是，如果你驯服了我，我们两者之间的关系就变得互相依存依恋。对我来说，你就是世界上唯一的了；我对你来说，也是世界上唯一的了。”

“我开始有点明白了。”小王子说,“我有一朵花儿……我想，她把我驯服了……”

“这是可能的。”狐狸说,“世界上什么样的事都可能看到……”

“唉！我跟我那朵花儿的事，这不是在地球上的事。”小王子说。

狐狸感到十分蹊跷，问道：

“难道在另一个星球上？”

“是的。”

“在你的那个星球上，有猎人吗？”

“没有。”

“这可太好啦！那么，有母鸡吃吗？”

“没有。”

“没有十全十美的。”狐狸叹息地说道。

可是，狐狸又把话题拉回来，说：

“我的生活很单调。我捕捉母鸡，地球人又捕捉我。所有的鸡全都一样，所有的人类也全都一样。因此，我感到有些厌烦了。但是，如果你驯服了我，我的生活就一定会是欢快的，充满了阳光。我会辨认出每一种脚步声。一听到陌生人的脚步声我就会躲到地洞去，而你的脚步声就会像音乐一样让我从洞里走出来。还有，你看！你看到那边的麦田没有？我不吃面包，麦子对我来说，一点用也没有。我对麦田无动于衷。当然，这也是很可惜的事！但是，你有着一头金黄色的头发，那么，一旦你驯服了我，事情将变得妙不可言，麦子，是金黄色的，它就会使我想起你。而且，我甚至会喜欢那风吹麦浪的声音……”

狐狸停了下来，久久地注视着小王子，又说：

“求求你……请你驯服我吧！”

“我是很愿意的。”小王子回答道，“可我的时间不多了，我还要去寻找朋友，还要去了解很多事情。”

“只有被驯服了的东西，才会被人了解。”狐狸说，“地球人不会再有时间去了解任何东西的，他们总是到商人那里去购买现成的东西。因为世界上还没有购买朋友的商店，所以地球人也就没有朋友。如果你想要一个朋友，那就驯服我吧！”

“那么我应当做些什么来驯服你呢？”小王子说。

“必须很有耐心。”狐狸回答道，“开始你就这样坐在草丛中，坐得离我稍微远些。我用眼角瞅着你，你什么也不要说。语言是造成隔阂与误解的根源。但是，你可以每天坐得越来越靠近我一些……”

第二天，小王子又来了。

“最好还是在原来的那个时间来。”狐狸说道，“比如说，你下午四点钟来，那么从三点钟起，我就开始感到幸福。时间越临近，我就越感到幸福。到了四点钟的时候，我就会坐立不安，我就会发现幸福的代价。但是，如果你随便什么时候来，我就不知道在什么时候该准备好我的心情……应当有一定的仪式。”

“仪式是什么？”小王子问道。

“这也是一种早已被人忘却了的事。”狐狸说，“它就是使某一天与其他日子不同，使某一时刻与其他时刻不同。比如说，我的那些猎人就有一种仪式。他们每星期四都和村子里的

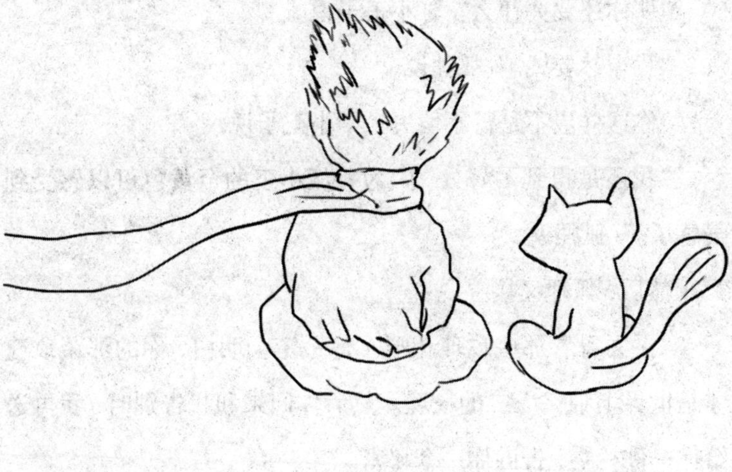

姑娘们跳舞。于是，星期四就是一个美好的日子！我可以一直散步到葡萄园去。如果猎人们什么时候都跳舞，天天又全都一样，那么我也就没有假日了。”

就这样，小王子驯服了狐狸。

不久，他们分手的时候临近了，狐狸伤感地说：

“唉，我会哭的……”

“那你就不对了，”小王子说，“我本来并不想给你任何痛苦，可你却要我驯服你……”

“当然是这样的。”狐狸说。

“那你还要哭什么？”小王子说。

“我当然要哭。”狐狸说。

“你这样岂不是得不偿失？”小王子说。

“我还是得到了好处，因为我从小麦的金黄色可以感受到美感了。”狐狸说。

然后，狐狸又接着说：

“再去看看那些玫瑰花吧。你一定会明白，你的那朵玫瑰才是世界上独一无二的玫瑰。然后你回来和我告别时，我再送给你一件礼物，告诉你一个秘密。”

于是小王子又去看那些玫瑰。

“你们一点也不像我的那朵玫瑰，你们还什么都不是呢！”小王子对她们说，“没有人驯服过你们，你们也没有驯服过任何

人。你们就像我的狐狸过去那样，它那时只是和千万只别的狐狸一样的一只狐狸。但是，我现在已经把它当成了我的朋友，于是它现在就是世界上独一无二的狐狸了。”

听了小王子一席话，那些玫瑰花都感到很不舒服。

“你们很漂亮，但你们是空虚的。”小王子继续对她们说，“没有人能为你们献出生命。至于我自己的那朵玫瑰花，一个普通的过路人以为她和你们一样。但是，对我来说，她单独一朵就比你们全体更重要。因为我给她浇过水，因为我用罩子保护过她，因为我给她当过屏风，因为我为她杀死了那些毛毛虫（除了留下两三只为了变蝴蝶而外），因为我倾听过她的抱怨、她的自吹自夸，而当她一声不吭时，则和她默默相对。总而言之，一句话，因为她是我的玫瑰。”

然后，他又回到了狐狸身边。

“再见了！”小王子说道。

“再见！”狐狸说，“喏，这就是我的秘密。很简单：只有用心灵去观察，去感受。要知道，光靠肉眼，是不可能看到本质的东西的。”

“光靠肉眼，是不可能看到本质的东西的。”小王子重复着这句话，以便能把它记在心间。

“正因为你为你的玫瑰花费了时间，这才使你的玫瑰变得如此重要。”

“正因为你为你的玫瑰花费了时间……”小王子又重复着，要使自己记住这些。

“地球人已经忘记了这个道理，”狐狸说，“可是，你不应该忘记它。凡是你培植的、驯服过的一切，现在你都要负责到底。你要对你的玫瑰负责……”

“我要对我的玫瑰负责……”为了牢记在心，小王子又重复着……

他们在寻找什么

“你好！”小王子说道。

“你好！”扳道工说道。

“你在这里做什么？”小王子问。

“我正在对一大批一大批的旅客进行调度，”扳道工说，“我把他们乘坐的那些火车，有的调往左，有的调往右，让它们一一开走。”

这时，一列灯火明亮的快车，发出雷鸣般的响声，疾驶而来，把木板房震得颤颤悠悠。

“这些旅客真是急匆匆的呀，”小王子说，“他们要追求什么东西呢？”

“开机车的司机自己也不知道。”扳道工说道。

于是，第二列灯火通明的快车又朝着相反的方向轰隆轰隆

地开过去。

“刚才那些旅客这么快怎么又回来了呢？”小王子问道。

“他们不是原来那些人了。”扳道工说，“这是对开的另一趟列车。”

“这些旅客是对他们原来待的那个地方不喜欢、不满意吗？”

“人们永远不会对自己原来待的地方感到满意。”扳道工说。

此时，第三趟灯火明亮的快车，又隆隆而过。

“他们是在追随第一批旅客吗？”小王子问道。

“他们什么也不追随。”扳道工说，“他们都在车厢里面睡大觉，或是在打哈欠。只有那些孩子们把鼻子贴在玻璃窗上往外观看。”

“只有孩子知道他们自己在寻找什么，”小王子说，“他们为了用碎布头做一个玩具娃娃，真舍得花时间。因此，这个布娃娃就成了他们很重要的东西，如果有人要夺走他们的布娃娃，他们就会伤心地大哭……”

“孩子们才真正有自己的乐趣。”扳道工感慨道。

卖解渴药丸的人

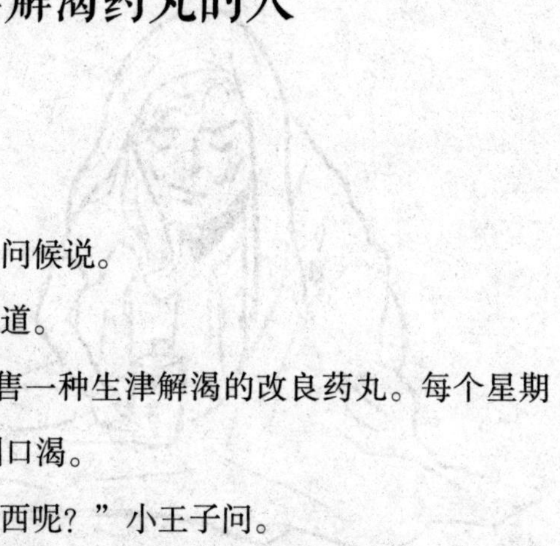

“你好！”小王子问候说。

“你好！”商人说道。

这个商人专门出售一种生津解渴的改良药丸。每个星期吞服一粒，就不会感到口渴。

“你为什么卖这东西呢？”小王子问。

“服用这种药，可以大大地节约时间。”商人说，“专家们计算过，这样，每周可以节约五十三分钟。”

“那么，用这五十三分钟来做什么用？”

“随便怎么用都行……”

小王子自言自语地说：“要是我呀，我如果有五十三分钟可支配，我就慢慢地向水泉走去……”

水是沙漠深藏的秘密

现在，是我在沙漠上出了事故的第八天。我听着有关这个商人的故事，喝完了我所备用的最后一滴水。

“啊！”我对小王子说，“你回忆的这些故事真美。可是，我还没有修好我的飞机。我没有喝的了，假如我能慢慢地走到水泉边去，我一定也会很高兴的！”

“我的朋友狐狸……”小王子又准备回忆别的事情。

“我的小家伙，现在还说什么狐狸！”

“怎么啦？”

“因为我快要渴死啦……”

他不理解我的思路，他回答道：

“即使快要死了，曾经有过一个朋友也是件好事啊！我就为我有过一个狐狸朋友而感到很高兴……”

我听了他这话，心想："他哪里懂得什么叫生存危机呢？他自己从来就不渴不饿，只要有一点点阳光，他就能活下去……"

但是，他看了我一眼，对我心里的想法作了一个回答：

"我也渴了……我们去找一口井吧……"

我显出厌烦的样子。要想碰碰运气，在茫茫的大沙漠上盲目地去找水井，那简直是荒唐可笑。然而，我还是跟他一道出发了。

当我们默默地走了好几个小时以后，天黑了下来，星星开始在夜空中闪烁。由于渴，我有点发烧。我看着这些星星，像是在做梦一样。小王子的话在我的脑海中跳来跳去。

"你也渴吗？"我问他。

他却不回答我的问题，只是诚恳地对我说："对心灵来说，水也是必要的、有益的呀……"

我不懂他的话是什么意思，可我也不作声……我这时明白了，我知道不应该去问他。

小王子累了，他坐下来。我也在他身旁坐下。沉默了一会儿，他又说道：

"天空里的星星真美丽，因为那儿有一朵人们看不到的花儿……"

我回答道："当然啦。"下面我没有接着说，我无言地望着

月光下的沙漠像波浪似的向远方扩展和月光下沙漠的褶皱。

“沙漠真美！”他又说道。

确实如此。我一直很喜欢沙漠。你如果坐在一个沙丘上，什么也看不见、听不见，但是，却有一种说不出的东西在默默地放着光芒……

小王子说：“使沙漠更加美丽的，就是在某个地方藏着一口水井……”

我很惊讶，突然明白了为什么沙漠放着光芒。当我还是一个小孩子的时候，我住在一座古老的宅子里，而且传说，这个宅子里某个地方埋藏着一大笔财宝。当然，从来没有任何人能发现这笔财宝，甚至可能也没有人去寻找过。但是，这个传说却使整个宅子着了魔似的。我的住宅深处竟隐藏着这样一个秘密呀……

我对小王子说道：“是的，无论是房子、星星，或是沙漠，使它们美丽的东西是看不见的！”

“我真高兴，你和我的狐狸的看法一样。”小王子说。

小王子睡觉了，我就把他抱在怀里，又重新上路了。我很激动，就好像抱着一个脆弱的宝贝，就好像在地球上没有比这更脆弱的了。我借着月光看着这苍白的面额、紧闭的眼睛、随风飘动的绺绺头发，这时我对自己说道：“眼前我看到的只是一个小小的躯体，但他还有我肉眼看不见的东西，那才是最最

重要的东西……”

这时，他稍稍张开的嘴唇露出一丝微笑，我又自言自语地说：“在这个熟睡了的小王子身上，使我非常感动的，是他对他那朵花儿的忠诚，是在他心中闪烁的那朵玫瑰花的形象。这朵玫瑰花，即使在小王子睡着的时候，也像一盏灯的火焰一样在他身上闪耀着光辉……”这时，我就感觉到他更加脆弱。他像一盏临风的油灯，一股风就足以将他吹灭，我必须格外小心翼翼地保护好他……

就这样，我抱着他走着，走着，一直走到拂晓。这时，我终于发现了一口水井。

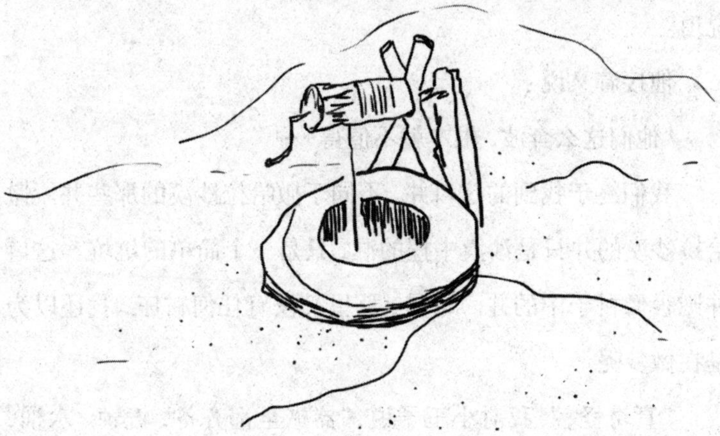

应该用心去寻找

“那些旅客，他们往快车里拥挤，但是他们却不知道要寻找什么。于是，他们就忙忙碌碌，来回转圈子……”小王子说道。

他接着又说：

“他们这么奔波，根本就不值得……”

我们终于找到的这口井，不同于撒哈拉沙漠的那些井。撒哈拉沙漠的井只是沙漠中挖的洞，只是一个简单的坑坑。这口井则很像村子中的井。可是，那里又没有任何村庄，我还以为是在做梦呢。

“真奇怪，”我对小王子说，“器械全都齐备，辘轳、水桶，还有绳子，应有尽有……”

他笑了，拿着绳子，转动着辘轳。辘轳就像是一个长期没有风来吹动的旧风标一样，吱吱作响。

“你听，”小王子说，“我们唤醒了这口井，它现在唱起歌来了……”

我不愿让他出力费劲。

“让我来干吧，”我对他说，“这活儿对你来说太重了。”

我慢慢地把水桶提到井栏上，把它稳稳地放在那里。我的耳朵里还响着辘轳的歌声，从依然还在晃荡的水面上，我看见太阳的影子在晃动。

“我口渴，正需要喝这种水。”小王子说，“给我喝点吧……”

这时我才明白他所要寻找的是什么！

我把水桶举起来，提到他的嘴边。他闭着眼睛，喝起水来，就像过节一般舒适愉快。这水与一般的食物不同，它是我们披星戴月走了许多路才找到的，是在辘轳的歌声中，经过我们的双臂的努力得来的。这水就像一件嘉奖的礼品，滋润着我们的心田。在我从前还是个小男孩的岁月里，也曾尝到同样的快乐，每当我得到圣诞礼物时，圣诞树上的烛光、午夜弥撒的音乐声、亲人们温馨的微笑，就使得那礼物更显得光彩夺目，辉映着幸福的光彩。

“你们地球人在同一个花园中种植着五千朵玫瑰。”小王子说，“可是，他们却不能从中找到自己所要寻找的东西……”

“他们确实没有找到。”我回答道。

“然而，他们所寻找的东西，很可能就藏在一朵玫瑰花或一点儿水中……”

“一点不错。”我回答道。

小王子又补充了一句：

“不过，眼睛不是什么都能看见的，应该用心去寻找。”

我喝完了水，感到呼吸也畅快多了。在清晨阳光的照耀下，沙漠的景色好像是一盘蜂蜜，这蜂蜜般的景色也使我感到欣慰，为什么我要难过……

小王子又重新在我的身边坐下。

他温柔地对我说：“你应该实践你的诺言呀！”

“什么诺言？”

“你知道……你说过给我的小羊画一个嘴套……我有责任保护我那朵花儿！”

我立即从口袋中拿出我画的那些草图。

小王子见了，笑着说：

“你把猴面包树画成什么样子啦……简直就有点像白菜……”

“哦！”我还一直为我画的猴面包树感到骄傲呢！

“你画的狐狸……看它那双耳朵……有点像犄角……而且画得太长了！”

他还在笑个不停。

“小家伙，你太不公平了。我过去只会画开着肚皮和闭着肚皮的巨蟒，别的什么都不会画。”

“啊！这就行了。”他说，“孩子们认得出来。”

我按照他的要求，用铅笔勾画了一个嘴套。当我把它递给小王子时，我因为有某种预感而心里很难受，对他说：

“你一定有些什么计划没让我知道，还瞒着我呢……”

但是，他不回答我，他对我说：

“你知道吗？我降落在地球上……到明天就一周年啦……”

接着，沉默了一会儿，他又说道：

“我就落在这附近……”说完，他有点脸红，不好意思。

这时，我不知为什么，又感到一阵莫名其妙的心酸。但我又想到了一个问题：

“这么说，一星期以前，我认识你的那天早上，你单独一个人在这荒无人烟的地方走着，这并不是偶然的了？你是要回到你降落的地方去，是吗？”

小王子不好意思地脸又红了。

我犹豫不定地又说了一句：

“可能是因为周年纪念吧？……”

小王子的脸再一次红了。他从来不正面回答这些问题，但

是，只要他一脸红，就等于说“是的”，不是吗？

“啊！”我又对他说，“我有点怕……”

但他避开问题，对我说：

“你现在该工作了。你应该回到你的机器那里去。我在这里等你，你明天晚上再来……”

听了他这话，我心里仍很不踏实。我想起了小王子与狐狸的离别。如果你跟对方有了交情，碰到现在这种情况，真忍不住要哭……

满天星星都开着花

在井旁边有一堵残缺的古老石墙。第二天晚上，我结束了自己的修理工作，如约回来找小王子的时候，我远远地看见了小王子耷拉着双腿坐在墙上。我还听见他在和谁说话：

“你怎么不记得了呢？”他说，“绝不是在这儿。”

大概还有另一个声音在回答他，因为他答着腔说道：

“没错，没错，日子是对的；但地点不是这里……”

我继续朝那堵墙走去。我既听不见是谁在跟小王子对话，也看不见这个对话者。然而，小王子又开始向那个对话者说：

“……那当然。你会在沙子上看到我的脚印是从什么地方开始的。你在那里等着我就行了。今天夜里我去那里。”

我离墙约有二十米远，可我依然什么也没有看见。

小王子沉默了一会儿，又说：

“你的毒液管用吗？你保证不会使我长时间的痛苦吗？”

我焦虑地赶上前去，但我仍然不明白是怎么回事。

“现在你去吧，我要下来了！……”小王子说。

于是，我也朝墙脚下看去，我吓了一跳。就在那里，一条黄蛇直起身子冲着小王子。这种黄蛇半分钟就能结果你的性命。我一面赶紧掏口袋，拔出手枪，一面跑过去。可是一听到我的脚步声，蛇却像一股干涸了的水柱一样，慢慢钻进沙里去。它不慌不忙地在石头的缝隙中穿梭而过，发出轻轻的金属般的响声。

我到达墙边的时候，正好把我的这位小王子接在我的怀抱中。他的脸色煞白，像白雪一样。

“这是搞的什么名堂！你怎么竟然和蛇也谈起心来了！”我解开了他一直戴着的金黄色的围脖。我用水渍湿了他的太阳穴，让他喝了点水。这时，我什么也不敢再问他。他严肃地看着我，用双臂搂着我的脖子。我感到他的心就像一只被枪弹击中而濒于死亡的鸟的心脏一样在跳动着。他对我说：

“我很高兴，你找到了你的机器所缺少的东西。你不久就可以回家去了……”

“你怎么知道的？”

我正是来告诉他，在没有任何希望的情况下，我成功地完成了修理工作。

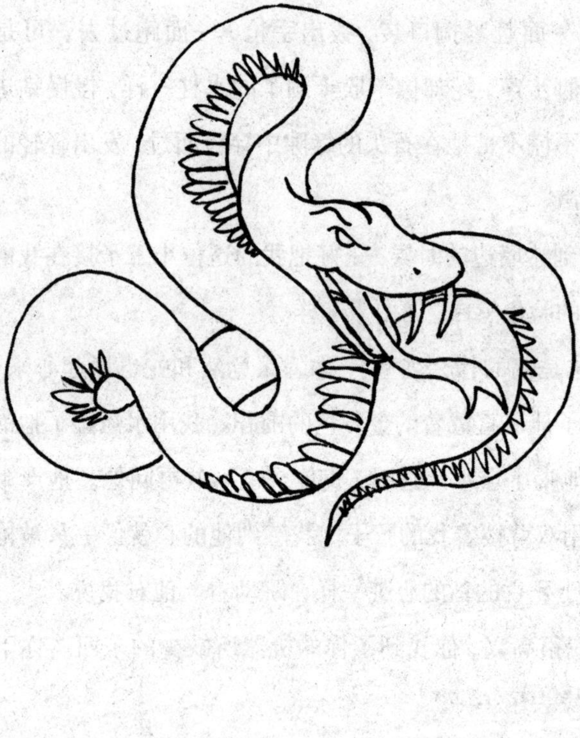

他不回答我的问题，却接着说道：

“我也一样，今天，要回家去了……”

然后，他忧伤地说：

“我回家的路要比你远得多……也要困难得多……”

我清楚地感到发生了某种不寻常的事。我把他像婴儿一样紧紧抱在怀里，可是我感觉到他径直地向着一个无底深渊沉陷下去，我想法拉住他，却怎么也办不到……

他的眼神很严肃，望着遥远的地方。

“我有你画的羊，羊的箱子和羊的嘴套……”

他带着忧伤的神情微笑了。

我搂着他等了很长时间，才觉得他身子渐渐暖和起来。

“小家伙，你受惊了……”

他害怕了，这是无疑的！ 他却温柔地笑着说：

“今天晚上，我会怕得更厉害……”

我再度意识到要发生一件不可弥补的事。我觉得我的心一下子就凉了。这时我才明白：一想到再也不能听到这笑声，我就不能忍受。这笑声对我来说，就好像是沙漠中的甘泉一样。

“小家伙，我还想听见你的笑声……”

但他对我说：

“到今天夜里，正好是一年了。我的星球将正好处于我去年降落的那个地方的上空……”

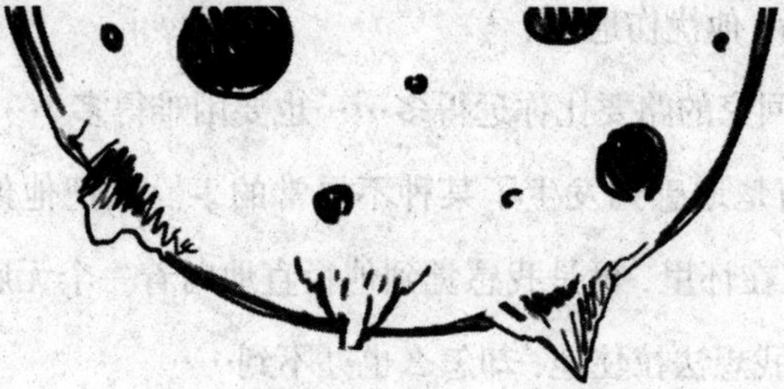

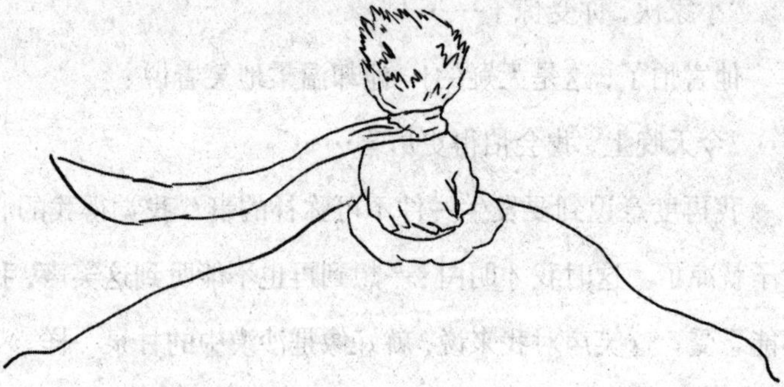

“小家伙，这蛇的事，约会的事，还有你那颗星星，难道对我们不就意味着噩梦要来了吗？”

但他并不回答我的问题。他对我说：

“最为重要的东西，是肉眼看不见的……”

“当然……”

“对那朵花儿也是这样的。如果你爱上了一朵生长在一颗星星上的花儿，那么夜间，你观望天空就感到甜蜜愉快，因为天空中所有的星星上都好像开着花。”

“当然……”

“这也就像水一样，由于那辘轳和绳子的缘故，你给我喝的井水好像音乐一样……你记得吗？……这水非常好喝……”

“当然……”

“夜晚，你抬头望着星星，我的那颗太小了，我无法给你指出我的那颗星星是在哪里。这样倒更好。你可以认为我的那颗星星就在这些星星之中。那么，所有的星星，你都会喜欢看的……这些星星都将成为你的朋友。而且，我还要给你一件礼物……”

他又笑了。

“啊！ 小家伙，小家伙，我喜欢听你这笑声！”

“这笑，正是我给你的礼物……这就好像水那样……”

“你说的话是什么意思？”

“人们眼里的星星并不都一样。对旅行的人来说，星星是向导。对别的人来说，星星只是些小亮光。对另外一些学者来说，星星就是他们探讨的学问。对我所遇见的那个实业家来说，星星是金钱。但是，所有这些星星都不会说话。你呢，你的那些星星将是任何人都不曾有过的……”

“你说的是什么？”

“夜晚，当你望着天空的时候，既然我就住在其中一颗星星上，既然我在其中一颗星星上笑着，那么对你来说，就好像所有的星星都在笑，那么你将看到的星星就是会笑的星星！”

这时，他又笑了。

“那么，在你得到了安慰之后（人们总是会自我安慰的），你就会因为认识了我而感到高兴。你将永远是我的朋友。你就会想要同我一起笑。有时，你会为了快乐而不知不觉地打开窗户。你的朋友们会奇怪地看着你笑着仰望天空。那时，你就可以对他们说：‘是的，星星总是引我欢笑！’他们会以为你发疯了。我的恶作剧将使你难堪……”

这时，他还在笑。

“这就好像我并没有给你星星，而是给你一大堆会发出笑声的小铃铛……”

他仍然笑着，随后他变得严肃起来，说：

“今天夜里……你知道……你不要来了……”

“我不会离开你的。”

“到那时，我将会像是很痛苦的样子……有点像要死去的样子。离别就是如此。你就别来看这个场面了，没有必要来……”

“我不会离开你的。”

这时，小王子显得忧心忡忡。

“我对你说这些……这也是因为蛇的缘故。别让它咬了你……蛇是很坏的，它随意咬人……”

“我不会离开你的。”我坚决地说。

小王子似乎想到什么，这使他放下心来，说：

“是呀，毒蛇先咬了别人，第二次再咬你时就没有毒啦……”

这天夜里，我没能看到他最后是如何上路的，他不声不响地跑了。

当我终于赶上他的时候，他坚定地快步走着。他只是对我说道：

“啊，你怎么还在这儿……”

于是他拉着我的手。但是他仍然很担心：

“这样你就不对了。你看我离去会难过的，我的神情会像死去那样，其实并不是真死……”

我，默默无言。

他又说："你明白，路程很远。我不能带着这副身躯走，它太重了。"

我依然沉默不语。

"但是，这就好像剥落的旧树皮一样。旧树皮，并没有什么可悲的。"

我还是沉默不语。

他见劝我无效，有点泄气，但他仍在苦口婆心地劝导我：

"这将是蛮好的，你知道。我也一定会看星星的。所有的星星都将是带有生了锈的辘轳的井。所有的星星都会倒水给我喝……"

我还是沉默不语。

"这将是多么好玩啊！你会有五亿个小铃铛，我会有五亿口水井……"

这时，他说不下去了，他哭了……

"我就在这里出发，请你让我独自一个人朝前走一步。"

他这时坐下来，因为他害怕了。

但他却仍然说道：

"你知道……我的花儿……我是要对她负责的！而她又是那么弱小！她又是那么天真。她只有四根微不足道的刺保护自己，抵抗外敌……"

我也坐了下来，因为我再也站立不住了。他说道：

“就是这些……全都说啦……”

他犹豫了一下，然后站起来，他迈出了一步。而我呢？我已全身瘫软，一动也不能动。

在他的脚踝附近，一道黄光闪了一下。刹那间他一动也不动了，他没有叫喊。他轻轻地像一棵树一样倒在地上，大概由于沙地的缘故，连一点响声都没有。

真爱永恒

到现在，一点不错，已经有六年了……我还从未讲过这个故事。同伴们重新见到了我，都为能看见我活着回来而高兴。我却很悲伤，我告诉他们：“这是因为疲劳的缘故……”

现在，我稍微得到了些安慰，就是说……还没有完全平静下来。可我知道他已经回到了他的星球上。因为那天黎明，我没有再见到他的身躯。他的身躯并不那么重……从此，我就喜欢在夜间倾听着星星，好像是倾听着五亿个铃铛……

可是，现在却又发生了不寻常的事。我给小王子画的羊嘴套上忘了画皮带！他再也不可能把它套在羊嘴上。于是，我思忖着：“他的星球上发生了什么事呢？大概小羊把花吃掉了吧……”

有时我又对自己说，“绝对不会的！小王子每天夜里都用玻璃罩子罩住他的花，而且他会把羊看管好的……”想到这里，我就非常高兴。这时，所有的星星都在柔情地轻声笑着。

有时我又对自己说："人们有时总免不了会疏忽的，那后果就不堪设想啦！某一天晚上他忘了玻璃罩子，或者小羊夜里不声不响地跑出来……"想到这里，小铃铛都变成泪珠了！

这真是一个很大的奥秘。对你们这些喜欢小王子的人来说，就像对于我来说一样，无论什么地方，凡是某处，如果一只羊（尽管我们并不认识它），吃了一朵玫瑰花，或是没有吃掉一朵玫瑰花，那么宇宙的面貌就全然不同。

你们望着天空。你们想一想：羊究竟是吃了还是没有吃掉花儿？那么你们就会看到一切都变了样……

任何一个大人将永远不会明白这个问题竟如此重要！

在我看来，这是世界上最美，也最凄凉的景色。上一页跟它前一页的景色是一样的。我再画上一遍，是为了引起你们注意。这里，就是小王子在地球上出现，然后又消失的地方。有一天，你们若去非洲沙漠旅行，请仔细认一认这个景色，免得当面错过了。你们若有机会经过那里，我恳求你们，不要匆匆离去，在这颗星下守候片刻。倘若有个孩子走到你们跟前，倘若他在笑，有一头金发，不回答别人的提问，你们就可以猜到他是谁了。那时，劳驾你们！不要让我总是这么忧伤，赶快写信告诉我：他回来了……

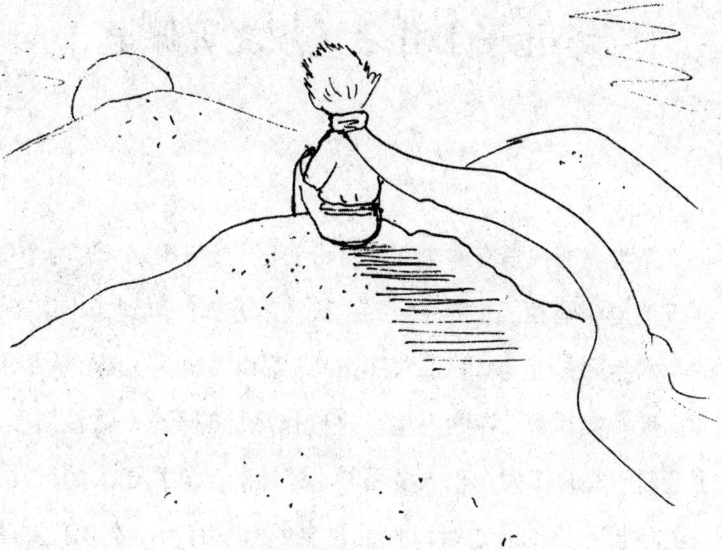

《小王子》作者圣埃克苏佩里

圣埃克苏佩里有两个双重身份：飞行员与作家。这两个生涯于他是相辅相成、相映生辉。从《南方邮件》到《小王子》的十六年间，他仅出版了六部作品，都以飞机为工具，从宇宙的高度观察世界、探索人生。这些作品篇幅不多，体裁新颖，主题是：人的伟大在于人的精神，精神的建立在于人的行动。人的不折不挠的意志可以促成自身的奋发有为。在现代文学史，圣埃克苏佩里被认为是最早关注人类状况的作家之一。

圣埃克苏佩里写《小王子》时，自己为小说画了插图。插画拙朴稚气，梦境迷幻。法语版《小王子》于 1943 年在美国出版。评论界和读者对这本书感到意外。一直写飞机的圣埃克苏佩里这次写了一篇童话！ 童话往往是大人讲给孩子听的故事，而《小王子》是把故事讲给大人听。那几句不无幽默的献词是理解这本书的钥匙。随着岁月的推移，《小王子》的寓意在严酷的现实中越来越明显。茫茫宇宙中，目前知道只有一个星球住着人，也只有一个人类文明，人的感情也全部倾注在这个星球上。在这个孤单、桀骜不驯的地球上，人既坚强而又脆弱，文明既可长存又易毁灭，这取决于人的智慧。这部充满诗情画意的小小作品又像预言似的提出，物质丰富弥补不了精神匮乏，人不能忘记精神实体。几十年后《小王子》在全世界成为大人、小孩、东方人、西方人都爱读的作品。

安徒生童话故事——野天鹅

当我们的冬天到来的时候，燕子就向一个辽远的地方飞去。在这块辽远的地方住着一个国王，他有十一个儿子和一个女儿艾丽莎。这十一个弟兄都是王子。他们上学校的时候，胸前佩戴着心形的徽章，身边挂着宝剑。他们用钻石笔在金板上写字。他们能够把书从头背到尾，从尾背到头，人们一听就知道他们是王子。他们的妹妹艾丽莎坐在一个镜子做的小凳上看一本画册，这本画册需要半个王国的代价才能买到。

这些孩子是非常幸福的，然而他们并不是永远这样。他们的父亲，这个国家的国王，他和一个恶毒的、会魔法的女人结了婚，她对这些可怜的孩子非常不好。他们在第一天就已经看出来了。那天整个宫殿里在举行盛大的庆祝，都在招待客人。可是孩子们却没有吃到那些点心和烤苹果，她只给了他们一杯沙子，而且对他们说，这就是好吃的东西。

一个星期以后，她把小妹妹艾丽莎送到一个乡下农人家里去寄住。过了不久，她在国王面前说了许多关于那些可怜的王子的坏话，国王再也不愿意理他们了。

“你们飞到野外去吧，你们自己去谋生吧！”恶毒的王后说，“你们像那些没有声音的巨鸟一样飞走吧！”可是她恶毒的魔法并没有完全实现，王子们变成了十一只美丽的野天鹅。他们发出了一阵阵奇异的叫声，便从宫殿的窗子飞了出去，飞过公园，飞向远远的森林。

他们的妹妹还没有起来，正睡在农人的屋子里面。当他们从这儿经过的时候，天还没亮。他们在屋顶上盘旋着，伸着长脖颈，拍着翅膀。可是谁也没有听到、谁也没有看到他们。他们不得不继续向前飞，飞进高高的云层，飞向远远的、茫茫的世界。他们一直飞进海岸边一个大黑森林里。

可怜的小艾丽莎待在农人的屋子里玩着一片绿叶，因为她没有别的玩具。她在叶子上穿了一个小洞，通过这个小洞她可以朝着太阳望，这时她似乎看到了哥哥们明亮的眼睛。每当太阳照在她脸上的时候，她就会想起哥哥们给她的吻。

日子一天一天过去了，风儿吹过屋外玫瑰花的篱笆，风儿对这些玫瑰花儿低声说：“没有谁比你们更美丽！”可是玫瑰花儿摇摇头，回答说：“还有艾丽莎！”星期天，当老农妇在门里坐着读《圣诗集》的时候，风儿就吹起书页，对这本书说："还有谁比你更好呢？"《圣诗集》就说："还有艾丽莎！"玫瑰花和《圣诗集》所说的话都是纯粹的真理。

当她到了十五岁的时候，她不得不回家去。王后一看到她是那样美丽，不禁恼怒起来，心中充满了憎恨。她很想把她变成一只野天鹅，像她的哥哥们一样，但是她还不敢马上这样做，因为国王想要看看自己的女儿。

一天大清早，王后走到浴室。浴室是用白大理石砌的，里面陈设着柔软的坐垫和最华丽的地毡。她拿起三只癞蛤蟆，把每只都吻了一下，对第一只说："当艾丽莎走进浴池的时候，请你就坐在她的头发上，把她变得像你一样呆笨。"她对第二只说："请你坐在她的前额上，把她变得像你一样丑恶，让她的父亲认不出来她。"她对第三只低声地说："请你躺在她的心口上，让她有一颗罪恶的心，让她因此而感到痛苦。"

然后她把三只癞蛤蟆放进清水里，水马上就变成了绿色。她把艾丽莎喊进来，替她脱了衣服，让她走进水里。当艾丽莎一跳进水里，第一只癞蛤蟆就坐到她的头发上，第二只就坐到她的前额上，第三只就坐到她的胸口上，可是艾丽莎一点也没有注意到这些事儿。当她站起来的时候，水上浮漂了三朵罂粟花。如果这三只动物不是有毒的话，如果它们没有被这巫婆吻过的话，它们就会变成三朵红色的玫瑰。无论怎样，它们都会变成花，因为它们在她的头上和心上躺过，她太善良、太天真了，魔力没有办法在她身上发生效力。

当恶毒的王后看到这个情景后，就把艾丽莎全身都擦了核桃汁，使女孩子的皮肤变成棕黑色。她又在女孩美丽的脸上涂上一层发臭的油膏，并且把她漂亮的头发乱糟糟地揪成一团。现在谁也没有办法认出她就是美丽的艾丽莎了。

当她的父亲看到她的时候，不禁大吃一惊，说这不是他的女儿。除了看家狗和燕子以外，谁也不认识她了。但是它们都是可怜的动物，不会说出什么话来。

可怜的艾丽莎哭了起来，她想起了已离开的十一个哥哥。她悲哀地偷偷走出宫殿，在田野和沼泽地上走了一整天，一直走到一片大黑森林。她不知道自己要到什么地方去，只是觉得非常悲哀。她想念她的哥哥们：他们一定也会像自己一样，被赶进这片大黑森林里来了。她要寻找他们，她要找到他们。

她到这片森林不久，天就黑了。她迷失了方向，离开大路和小径已很远。她太累了，就在柔软的青苔上躺下来。她做完晚祷以后，就把头枕在一个树根上休息。周围非常静寂，空气是温和的。在花丛中，在青苔里，闪着无数萤火虫的亮光，像绿色的火星一样。当她把一根树枝轻轻地用手摇动一下的时候，这些闪着亮光的小虫就向她身上飞过来，就像天上落下来的星星。

她做梦梦见她的几个哥哥：他们又在一起玩耍，他们用钻石笔在金板上写着字，读着那价值半个王国的、美丽的画册。不过，跟以前不一样，他们在金板上写的不是零和线，而是一些勇敢的事迹——他们亲身体验过和看过的事迹。于是那本画册里面的一切东西就都有了生命——鸟儿在歌唱，人从画册里走出来，跟艾丽莎和她的哥哥们谈着话。不过，当她一翻开书的时候，他们马上就又跳进去了，为了不把图画的位置弄得混乱。

当她醒来的时候，太阳已经升得很高了。事实上她看不见它，因为高大的树上都是浓密的枝叶。太阳光在树的上面摇晃着，像一朵金子做的花。这些青枝绿叶散发出一阵香气，鸟儿几乎要落到她的肩上。她听到了一阵潺潺的水声，这是泉水奔向一个湖泊时发出来的，湖底有非常美丽的沙子，湖的周围长着一圈浓密的灌木林，不过有一处被一些雄鹿打开了一个很宽的缺口——艾丽莎就从这个缺口向湖边走去，湖水非常清亮。如果风儿没有把这些树枝和灌木林吹得摇动起来的话，她还以为它们是绘在湖底的东西，因为每片叶子，不管被太阳照着的还是深藏在绿荫处，全都很清楚地映照在了湖面上。

当她看到自己的面孔的时候，马上就感到非常惊恐：她是那么黑、那么丑陋。不过当她用小手把眼睛和前额洗了一下，她雪白的皮肤就又显露出来。于是她脱下衣服，走到清凉的水里去……人们在这个世界上再也找不到比她更美丽的公主了。

当她重新穿好衣服、扎好长头发以后，走到一股奔流的泉水那儿去，用手捧着水喝。随后她继续向森林的深处前进，但是她不知道自己究竟会到什么地方去。她想念亲爱的哥哥们，她想着仁慈的上帝——他决不会遗弃她的。上帝让野苹果长出来，使饥饿的人可以充饥。他现在就指引着她走到这样的一棵树旁，它的枝丫全被果子压弯了，她就把这些果子当午饭。她在这些被压弯的枝子下面支了一些木棍，然后又朝森林最深的地方走去。

四周是那么静寂，她可以听到自己的脚步声，可以听到她脚下每一片干枯的叶子碎裂的声音。这会儿一只鸟儿也看不见了，一丝阳光也看不见了，那些高大的树干排得那么紧密，当她向前望的时候，就好像看见了一排木栅栏，密密地围在她的四周。啊，她一生都没有这样孤独过！

夜是漆黑的，连一点儿萤火虫的亮光都没有。她躺下来睡觉的时候，心情非常沉重。不一会儿她觉得头上的树枝好像分开了，可能是上帝正在以温柔的眼光凝望着她，许多许多的安琪儿，在上帝的头上和臂下偷偷地向下窥看。

当她早晨醒来的时候，她不知道自己是在做梦，还是真的看见了这些东西。

她又向前走了几步，遇见一个老婆婆提着一篮浆果。老太婆给了她几个果子。艾丽莎问她有没有看到十一个王子骑着马儿走过这片森林。

“没有，”老婆婆说，“不过昨天我看到十一只戴着金冠的天鹅从附近的河里游过去了。”

她领着艾丽莎向前走了一段路，走上一个山坡，在山坡的脚下有一条蜿蜒的小河。生长在两岸的树木，把长满绿叶的长树枝伸过去，彼此交叉起来。有些树没有办法把枝子伸向对岸，它们就让树根从土里穿出来，伸到水面之上，与它们的枝叶交织在一起。

艾丽莎告别了老婆婆，然后就沿着河向前走，一直走到这条河流的入海口。

这时展现在艾丽莎的面前的是美丽的大海，可是海上却见不到一艘船。她怎样再向前进呢？她望着海滩上那些数不尽的、圆圆的小石子。玻璃、铁皮、石块——所有躺在这儿的东西，都给海水磨出了新的面貌——它们显得比她细嫩的手还要柔和。水在不倦地流动，坚硬的东西也被它变成了柔和的东西。小姑娘想：我也应该有这样不倦的精神！多谢您的教训，您——清亮的、流动的水波。有一天您会引导我见到我亲爱的哥哥们的。

海边的海草上有十一根白色的天鹅羽毛。她捡起它们，扎成一束。它们上面还带有水滴——这究竟是露珠呢，还是眼泪？海滨是孤寂的，但是她一点也不觉得，因为海时时刻刻在变幻——它在几分钟内所起的变化，比那些美丽的湖泊在一年中所起的变化还要多。当一大块乌云飘过来的时候，海好像在说："我也可以显得很阴暗呢！"随后风吹起来了，浪也翻起了白花。不过当云块发出了霞光、风儿静下来的时候，海看起来就像一片玫瑰的花瓣：它一会儿变绿，一会儿变白。但是不管它变得怎样安静，海滨一带还是会有轻微的波动。海水这时在轻轻地向上升，像一个睡着了的婴孩的胸脯。

当太阳快要落下来的时候，艾丽莎看见十一只戴着金冠的野天鹅向着陆地飞行。它们一只接着一只地掠过去，看起来像一条长长的白色带子。这时艾丽莎走上山坡，藏到一个灌木林的后边去。天鹅们拍着它们白色的大翅膀，徐徐地在她的附近落了下来。

太阳一落到水面下，这些天鹅的羽毛马上就脱落了，变成了十一位美貌的王子——艾丽莎的哥哥。她发出了一声惊叫。虽然他们已经有了很大的改变，可是她知道这就是他们，一定是他们。所以她扑到他们的怀里，喊着他们的名字。当他们认出自己的小妹妹的时候，他们感到非常快乐。她现在长得那么高，那么美丽。他们一会儿笑，一会儿哭。他们知道了彼此的遭遇，知道了后母对他们是多么不好。

最大的哥哥说："只要太阳还悬在天上，我们就会变成野天鹅，不停地飞行。不过当太阳一落下去，我们就恢复了人的原形。因此我们要时刻注意，在太阳落下去之前，我们要找到一个立脚的处所。如果这时还在天上飞，我们就会变成人坠落到海里去。我们并不住在这儿，我们住在海的另一边，那里有一个跟这里一样美丽的国度，不过去那儿的路程很遥远。我们要飞过这片汪洋大海，而且在旅程中，没有任何海岛可以让我们过夜，中途只有一块礁石冒出水面。它的面积只够我们几个人在上面紧紧地挤在一起休息。当海浪涌来的时候，泡沫就向我们身上打来。不过，我们应该感谢上帝给了我们这块礁石，在那上面我们会变成人来度过黑夜。如果没有它，我们就永远也不能再看到亲爱的祖国，因为我们飞过去要花费一年中最长的两天。

“一年之中，我们只有一次可以拜访父亲的家。不过只能在那儿停留十一天。我们可以在大森林的上空盘旋，从那里望望宫殿，望望这块我们出生和父亲所居住的地方，望望教堂的塔楼，这里埋葬着我们的母亲。在这儿，灌木林和树木就好像是我们的亲属；在这儿，野马像我们儿时常见的一样，在原野上奔跑；在这儿，烧炭人唱着古老的歌曲，我们儿时踏着它的调子跳舞；这儿是我们的祖国：有一种力量把我们吸引到这儿来；在这儿我们找到了你，亲爱的小妹妹！我们还可以在这儿待两天，以后就要横飞过海，到那个美丽的国度里去，然而那不是我们的祖国。有什么办法把你带去呢？我们既没有大船，也没有小舟。”

“我怎样可以救你们呢？”妹妹问。

他们差不多谈了一整夜的话，只小睡了一两个钟头。艾丽莎醒来了，因为她头上响起一阵天鹅的拍翅声，哥哥们又变成了野天鹅。他们在绕着大圈子盘旋，最后就向远方飞去。不过他们当中有一只——那最年轻的一只——掉队了。他把头藏在她的怀里。她抚摸着他白色的翅膀，他们整天偎在一起。黄昏的时候，其他的天鹅又都飞回来了。当太阳落下来以后，他们又恢复了原形。

“明天我们就要从这儿飞走，大概整整一年的时间，我们不能够回到这儿来。不过我们不能就这样离开你呀！你有勇气跟我们一块儿去吗？我们的手臂既有足够的气力抱着你走过森林，也有足够的气力共同背着你越过大海。”

“是的，把我一同带去吧！”艾丽莎说。

他们花了一整夜工夫用柔软的柳枝皮和坚韧的芦苇织成了一个又大又结实的网子。艾丽莎在网里躺着。当太阳升起来、她的哥哥们又变成了野天鹅的时候，他们用嘴衔起这个网，带着还在熟睡着的亲爱的妹妹，向高高的云层里飞去。怕阳光照在她的脸上，有一只天鹅在她的上空飞，用他宽阔的翅膀来为她挡住太阳。

当艾丽莎醒来的时候，他们已经离开陆地很远了。她以为自己仍然在做着梦，在她看来，被托在海上高高地飞过天空，真是非常奇妙。她身旁有一根结着美丽的熟浆果的枝条和一束甜味的草根。她知道这是那个最小的哥哥为她采的。她向他微笑表达她的感谢，他在她的头上飞，用翅膀为她遮着太阳。

他们飞得那么高，他们第一次发现下面浮着一条船，那条船看起来就像浮在水上的一只白色的海鸥。在他们的后面耸立着一大块乌云——那是一座完整的山。艾丽莎在那上面看到她自己和十一只天鹅倒映下来的影子。他们飞行的行列非常庞大，就好像是一幅图画，比他们从前看到的任何东西都要美丽。太阳越升越高，他们离那座山也越来越远了。

他们一整天像呼啸着的箭头一样，在空中向前飞。不过，因为他们带着妹妹同行，他们的速度比平时要慢得多。天气变坏了，黄昏逼近了。艾丽莎怀着焦急的心情看到太阳徐徐地下沉，然而大海中那个孤独的礁石还没有在眼前出现。她似乎觉得这些天鹅现在正以更大的气力来拍着翅膀。唉！他们飞不快，完全是因为她。在太阳落下去以后，他们就要恢复人的原形，掉到海里淹死。这时她在内心深处向主祈祷了一番，但是她还是看不见任何礁石。大块乌云越逼越近，狂风预示着暴风雨就要到来，乌云结在一起。汹涌的、带有威胁性的狂涛在向前推进，像一大堆铅块。闪电掣动起来，一下也不停。

现在太阳已经接近海岸线了，艾丽莎的心颤抖起来。这时天鹅就向下疾飞，飞得那么快，她觉得自己就要坠落下来了，不过他们马上就稳住了。太阳已经有一半沉到水里了。这时她才第一次看到她下面有一个小小的礁石——它看起来比冒出水面的海豹的头大不了多少。太阳在很快地下沉，最后变得只有一颗星星那么大了。这时她的脚已踏上了坚实的陆地。太阳像纸烧过后的残余的火星，一会儿就消失了。她看到她的哥哥们手挽着手站在她的周围，不过除了仅够他们和她自己站着的空间以外，再也没有多余的地方了。海涛拍打着这块礁石，像阵雨似的向他们袭来。天空不停地闪着燃烧的火焰，雷声一阵接着一阵地在隆隆作响。可是兄妹们紧紧地手挽着手，同时唱起圣诗来——这使他们得到安慰和勇气。

在晨曦中，空气是纯洁和沉静的。太阳一出来，天鹅们就带着艾丽莎从这个礁石上起飞。海浪仍然很汹涌，不过当他们飞过高空以后，下边白色的泡沫看起来就像浮在水上的无数的天鹅。

太阳升得更高了，艾丽莎看到前面有一个多山的国度，浮在空中。那些山上盖着发光的冰层，在这地方的中间耸立着一个有两三里路长的宫殿，里面竖着一排一排的庄严的圆柱。在这下面展开一片起伏不平的棕榈树林和许多像水车轮那么大的鲜艳的花朵。她问这是不是要去的那个国度，天鹅们都摇着头，她看到的只是仙女莫尔甘娜的华丽的、永远变幻的云中宫殿罢了，他们不敢把凡人带进里面去。艾丽莎凝视着它。忽然间，山岳、森林和宫殿都一起消失了，而代替它们的是20个壮丽的教堂。它们全都是一个样子：高塔，尖顶窗子。她在幻想中以为听到了教堂风琴的声音，事实上她听到的是海的呼啸。

她现在快要飞进这些教堂，但是它们又变成了一行帆船，浮在她的下面。她向下面望。那原来不过是漂在水上的一层海雾。的确，这是一连串的、无穷尽的变幻，她不得不看。但是现在她已看到要去的那个真正的国度。那儿有壮丽的青山、杉木林、城市和王宫。在太阳还没有落下去以前，她已落到一个大山洞的前面了。洞口生满了细嫩的、绿色的蔓藤植物，看起来很像锦绣的地毯。

“我们要看看你今晚会在这儿做个什么梦！”她最小的哥哥说，同时把她的卧室指给她看。

“我希望梦见怎样才能把你们解救出来！”她说。

她的心中一直存在这样的想法，她热忱地向上帝祈祷，请求他帮助。是的，就是在梦里，她也在不断地祈祷。于是她觉得自己好像已经高高地飞到空中去了，飞到莫尔甘娜的那座云中宫殿里去了，这位仙女来迎接她。她非常美丽，全身射出光辉。虽然如此，但她却很像那个老婆婆——那个老婆婆曾经在森林中给她吃浆果，并且告诉她那些头戴金冠的天鹅的行踪。

“你的哥哥们是可以得救的！”她说，“不过你有勇气和毅力吗？海水比你细嫩的手要柔和得多，可是它能把生硬的石头变成别的形状。不过它没有痛的感觉，而你的手指却会感到痛的。它没有一颗心，因此它不会感到你所忍受的那种苦恼和痛楚。请看我手中这些有刺的荨麻！在你睡觉的那个山洞的周围，就长着许多这样的荨麻。只有它——那些生在教堂墓地里的荨麻——才能发生效力。请你记住这一点，你采集它们的时候，它们会把你的手烧得起泡。你要用脚把这些荨麻踩碎，你就可以得到麻，把麻搓成线，织出十一件长袖的披甲。你把披甲披到那十一只野天鹅的身上，那么他们身上的魔力就可以解除。不过要记住，从你开始工作的那个时刻起，一直到你完成的时候止，即使这全部工作需要一年的光阴，你也不可以说一句话。你说出一个字，就会像一把锋利的短剑刺进你哥哥的心脯。他们的生命是悬在你的舌尖上的。请记住这一点。”

于是仙女让她摸了一下荨麻，它像燃烧着的火。艾丽莎一接触到它就醒了。天已经大亮。紧贴着她睡觉的这个地方就有一根荨麻——它跟她在梦中见到的一样。她跪在地上，感谢主。随后她就走出了山洞，开始工作。

她用她柔嫩的手拿着这些可怕的荨麻，这荨麻像火一样刺人，她的手上和臂上烧出了许多泡来。不过只要能救出亲爱的哥哥，她愿意忍受这些苦痛。她赤着脚把每一根荨麻踏碎，从中取出绿色的麻开始编织。

当太阳下沉以后，她的哥哥们都回来了。他们看到她一句话也不讲，都非常惊恐。他们认为这又是他们恶毒的后母在耍什么新的妖术。不过，他们一看到她的手，就知道她是在为他们而受难。那个最年轻的哥哥禁不住哭了起来。他的泪珠滴落在她的手上，她就感到手不再那么痛楚，连那些灼热的水泡也不见了。

她整夜都在工作，因为在亲爱的哥哥得救以前，她是不会休息的。第二天当天鹅飞走以后，一整天她一个人孤独地编织着，但是时间从来没有过得像现在这样快。一件披甲织完了，她马上又开始织第二件。

这时山间响起了一阵打猎的号角声。她害怕起来，声音越来越近。她听到猎狗的叫声，她惊慌地躲进山洞里。她把她采集到的和梳理好的荨麻扎成一小捆，自己在那上面坐着。

在这同时，一只很大的猎狗从灌木林里跳了出来，接着第二只、第三只也跳出来了。它们狂吠着，跑转去，又跑了回来。不到几分钟的光景，猎人们都到山洞口了，他们之中最好看的一位就是这个国家的国王。他向艾丽莎走来。他从来没有看到过比她更美丽的姑娘。

"你怎么到这地方来了呢，可爱的孩子？"他问。

艾丽莎摇着头，她不敢讲话——因为这会影响到她哥哥们的得救和生命。她把她的手藏到围裙下面，使国王看不见她所忍受的痛苦。

“跟我一块儿来吧！”他说，“你不能老在这儿。假如你的善良能比得上你的美貌，我将让你穿上丝绸和天鹅绒的衣服，在你头上戴上金制的王冠，把我最华贵的宫殿送给你作为你的家。”

于是他把她扶到马上。她哭起来，同时痛苦地搓着双手。可是国王说：“我只是希望你得到幸福，有一天你会感谢我的。”

就这样他让她坐在他的前面骑着马走了，其余的猎人都在他们后面跟着。

当太阳落下去的时候，他们面前出现了一座美丽的都城，城里有许多教堂。国王把她领进宫殿——在高阔的、大理石砌的厅堂里有一个巨大的喷泉在喷着水，这里所有的墙壁和天花板上都有辉煌的壁画，但是她没有心情看这些东西。她流着眼泪，感到悲哀。宫女们给她穿上宫廷的衣服，在她的头发里插了一些珍珠，给她起了泡的手戴上了精致的手套。

她站在那儿，盛装华服，美丽极了。整个宫廷的人在她面前都深深地弯下腰来鞠躬。国王把她选为自己的新娘，虽然大主教一直在摇头，低声私语，说这位美丽的林中姑娘是一个巫婆，蒙住了大家的眼睛，迷住了国王的心。

可是国王不理这些谣言，他让乐师把音乐奏起来，还把最华贵的酒席摆出来，让美丽的宫女们在她的周围跳起舞来。艾丽莎被国王领着走过芬芳的花园，来到华丽的大厅，可是她嘴唇上没有一丝笑容，眼睛里没有一点光彩，它们是悲愁的化身。国王推开旁边一间卧室的门——这就是她睡觉的地方。房间里装饰着贵重的绿色花毡，形状跟她住过的那个山洞完全一样。她抽出的那一捆荨麻仍旧搁在地上，天花板下面挂着她已经织好了的那件披甲，是那些猎人觉得这些东西很稀奇就带了回来。

“你在这里可以从梦中回到你的老家去，”国王说，“这是你在那儿忙着做的工作。现在住在这华丽的环境里，你可以回忆一下那段过去的日子，作为消遣吧。”

当艾丽莎看到这些心爱的物件的时候，她嘴上露出一丝微笑，一阵红晕又回到了脸上。她想起了她要解救她的哥哥们，她吻了一下国王的手，他把她抱得贴近他的心，同时命令所有的教堂敲起钟来，宣布他们举行婚礼。这位来自森林的美丽的哑姑娘，现在成了这个国家的王后。

大主教在国王的耳边偷偷地讲了艾丽莎许多坏话，不过这些话并没有打动国王的心，婚礼终于举行了。大主教必须亲自把王冠戴到她的头上。他以恶毒藐视的心情把这个狭窄的帽箍紧紧地按到她的额上，使她感到痛楚。不过她的心上还有一个更重的箍子——她为哥哥们感到悲愁。肉体上的痛苦她完全感觉不到。她的嘴不能说话，因为她说出一个字就可能使她的哥哥们丧失生命。不过，对于这位和善的、美貌的、想尽一切方法使她快乐的国王，她的眼睛露出一种深沉的爱情。她全心全意地爱他，而且这种爱在一天一天地增长。啊，她多么希望能够信任他，能够把自己的痛苦全部告诉他啊！然而她必须沉默，在沉默中完成她的工作。因此夜里她就偷偷地从他的身边走开，走到那间装饰得像山洞的小屋子，一件一件地织着披甲，但是，当她织到第七件的时候，她的麻用完了。

她知道教堂的墓地里生长着她所需要的荨麻，她必须亲自去采摘。可是她怎样才能走到那儿去呢？

"啊，比起我心里所要忍受的痛苦，我手上的这点痛楚又算得了什么呢？"她想，"我必须去冒一下险！"

她怀着恐惧的心情，好像正在计划做一桩罪恶的事儿似的，在一个月明的夜里偷偷地走到花园里去。她走过长长的林荫夹道，穿过无人的街路，一直到教堂的墓地里去。她看到一群吸血鬼，围成一个小圈，坐在一块宽大的墓石上。这些奇丑的怪物脱掉了破烂的衣服，好像要去洗澡似的。他们用又长又细的手指挖掘新埋的坟，拖出尸体，然后吃掉这些人的肉。艾丽莎不得不赶紧走过他们的身旁，他们用可怕的眼睛死死盯着她。但是她念着祷告，采集着那些刺手的荨麻，最后她把这些荨麻带回宫里。

只有一个人看见了她——那位大主教。当别人正在睡觉的时候，他却起来了。他猜想的事情现在完全得到了证实：这位王后是一个巫婆，她迷住了国王和全国的人民。

他在忏悔室里把他所看到的和疑虑的事情都告诉了国王。当这些苛刻的话从他的舌尖上流露出来的时候，众神的雕像都摇起头来，好像在说："事实完全不是这样！艾丽莎是没有罪的！"但是大主教对这作了另一种解释——他认为神仙们看到过她犯罪，因此对她的罪孽摇头。两行眼泪沿着国王的双颊流下来了，他怀着一颗疑虑的心回到家里。他在夜里假装睡着了，可是他一点睡意也没有。他看到艾丽莎爬起来，她每天晚上都这样，每一次他总是在后面跟着她，看见她怎样走到她那个单独的小房间里不见了。

他的面孔一天比一天阴暗起来，艾丽莎也注意到了，可是她不懂其中的道理。但这使她不安起来——而同时她心中还要为她的哥哥们忍受着痛苦！她的眼泪滴到她的天鹅绒和紫色的衣服上面，这些泪珠在那儿就像发亮的钻石。她的工作差不多快要完成，只差再织一件披甲。可是她再也没有麻了——连一根荨麻也没有。因此她必须最后再去教堂的墓地里一趟，再去采几把荨麻来。她一想到这孤寂的路途和那些可怕的吸血鬼，就不禁害怕起来。可是她的意志坚定，就像她对上帝的信任一样。

艾丽莎去了，但是国王和大主教却跟在她后面。他们看到她穿过铁格子门到教堂的墓地里就不见了。当他们走近时，墓石上正坐着那群吸血鬼，和艾丽莎看见过的完全一样。国王马上就把身子转了过去，因为他认为她也是他们中间的一员。这天晚上，她还在他的怀里躺过。

“让众人来裁判她吧！”他说。

众人裁判了她，要用通红的火把她烧死，这是欧洲中世纪对巫婆的惩罚。

人们把她从华丽的深宫大殿带到一个阴湿的地窖里去——这里风从格子窗呼呼地吹进来。人们不再让她穿起天鹅绒和丝制的衣服，但给了她一捆她自己采集来的荨麻。她把头枕在这捆荨麻上，把她亲手织的、粗硬的披甲当作被子来盖，不过再也没有什么别的东西比这更能让她喜爱的了。她继续工作着，同时向上帝祈祷着。在外面，街上的孩子们唱着讥笑她的歌曲，没有任何人说一句好话来安慰她。

黄昏时，有天鹅拍翅声在格子窗外响了起来——这是她最小的一位哥哥，现在他找到了他的妹妹。她快乐得不禁大声地呜咽起来，虽然她知道快要到来的这一晚可能就是她所能活过的最后一晚。但是她的工作也只差一点就快要全部完成了，而且她的哥哥们都已经到场。

大主教也来了，和她一起度过这最后的时刻——因为他答应过国王要这么办。不过她摇着头，用眼光和表情请求他离去，因为在这最后的一晚，她必须完成她的工作，否则她全部的努力，她的一切，她的眼泪，她的痛苦，她的失眠之夜，都会变成徒劳。大主教对她说了一些恶毒的话，终于离开了。可怜的艾丽莎知道自己是无罪的，她继续做她的工作。

小耗子在地上忙来忙去，把荨麻拖到她的脚跟前来，多少帮助她做点事情。画眉鸟栖在窗子的铁栏杆上，整夜对她唱着最好听的歌，让她不要失掉勇气。

天还没有大亮，太阳还有一个钟头才出来。这时，她的十一位哥哥站在皇宫的门口，要求进去朝见国王。人们回答他们说，这事不能照办，因为现在还是夜间，国王正在睡觉，不能把他叫醒。他们恳求着，他们威胁着，最后警卫来了，是的，连国王也亲自走出来了。他问这究竟是怎么回事。这时候太阳出来了，那些兄弟们忽然都不见了，只剩下十一只白天鹅，在王宫上空盘旋。

所有的市民像潮水似的从城门口向外奔去，要看看这个巫婆怎样被火烧死。一匹又老又瘦的马拉着一辆囚车，她就坐在里面。人们已经给她穿了一件粗布的丧服。她可爱的头发在她美丽的头上蓬松地飘着，她的两颊没有血色，像死了一样，她的嘴唇在微微地颤动，手指在忙着编织绿色的荨麻。她就是在死亡的路途上也不中断她已经开始了的工作。她的脚旁放着 10 件披甲，现在她正在完成第 11 件。众人都在笑她、骂她。

“瞧这个巫婆吧！瞧她又在喃喃地念什么东西！她手中

并没有《圣诗集》，不，她还在忙着弄她那可憎的妖物——把它从她手中夺过来，撕成一千块碎片吧！”

大家向她拥过去，要把她手中的东西撕成碎片。这时十一只白天鹅飞来了，落到车上，围着她站着，拍着宽大的翅膀，众人惊恐地退到两边。

“这是从天上降下来的一个信号！她一定是无罪的！”许多人互相私语着，但是他们不敢大声说出来。

这时刽子手紧紧地抓住她的手，她急忙把这十一件衣服抛向天鹅，马上十一个美丽的王子就出现了，可是最年幼的那位王子还留着一只天鹅的翅膀作为手臂，因为他的那件披甲还缺少一只袖子——她还没有完全织好。

“现在我可以开口讲话了！”她说，“我是无罪的！”

众人看见这件事情，不禁在她面前弯下腰来，好像是在一位圣徒面前一样。她倒在她哥哥们的怀里，失去了知觉，因为激动、焦虑、痛楚都一起涌到她心上来了。

“是的，她是无罪的！”最年长的那个哥哥说。

他把事情的一切经过都讲了出来。当他说话的时候，有一阵香气在徐徐地散发开来，好像有几百朵玫瑰花正在开放，因为柴火堆上的每根木头已经生出了根，冒出了枝子——现在竖在这儿的是一道香气扑鼻的篱笆，又高又大，长满了红色的玫瑰。在这上面，一朵又白又亮的鲜花，射出光辉，像一颗星星。

国王摘下这朵花，把它放在艾丽莎的胸前。她苏醒过来，心里充满了和平与幸福的感觉。

所有教堂的钟都自动响起，鸟儿成群结队地飞来。回到宫里去的这个新婚的行列，的确是从前在任何王国都没有看到过的。

我与文学有个约会

2

郭婷◎主编

中国出版集团 现代出版社

图书在版编目（CIP）数据

我与文学有个约会 / 郭婷主编 . — 北京 : 现代出版社，2019. 9
ISBN 978-7-5143-8149-8

Ⅰ. ①我… Ⅱ. ①郭… Ⅲ. ①文学欣赏—青少年读物 Ⅳ. ① I06-49

中国版本图书馆 CIP 数据核字（2019）第 195919 号

我与文学有个约会 2

作　　者	郭　婷
责任编辑	徐　苹
出版发行	现代出版社
地　　址	北京市安定门外安华里 504 号
邮政编码	100011
电　　话	010-64267325　64245264（传真）
网　　址	www.1980xd.com
电子邮箱	xiandai@vip.sina.com
印　　刷	永清县晔盛亚胶印有限公司
开　　本	880mm × 1230mm　1 /32
印　　张	30
字　　数	470 千字
版　　次	2019 年 9 月第 1 版　2019 年 12 月第 1 次印刷
书　　号	ISBN 978-7-5143-8149-8
定　　价	168.00 元

目录

第一章　海怪之谜

1866 年在海上发生的一件神秘的、无法解释的怪事，不但引起了人们的轰动，就连欧美的各国政府都极为关注。

事件是这样的：很多艘大船在海上撞见了一个“庞然大物”——那是一个长形物体，形状很像纺锤，有时会泛着磷光，体积比鲸大得多，速度也比鲸快得多。

这个东西出现以后，很多航海日志都做了大致相同的记载，包括它的形状，运动时难以估计的速度，以及它动起来时的那种惊人的力量。因为它的体积大大超过了生物学家曾经研究过的鲸，所以很多著名的生物学家都一致声称，除非他们亲眼看见了这个东西，否则不会相信。

据目击者描述，这个怪物可能长 3 海里，宽 1 海里，大大超过了到目前为止见过的所有鱼类。

1866 年 7 月 20 日，加尔各答－布纳希汽轮公司的“喜金

孙总督号”在澳大利亚海岸东边5英里处，最先撞见了这个游动的巨大怪物。起初，船长巴克以为那是一座无人知晓的巨礁，正准备测定它的准确方位时，这个怪物突然喷出两道水柱，“哗”的一声蹿起150英尺高。巴克船长由此推断，除非这座暗礁上边有间歇泉，不然的话，这个东西应该就是一种还没有人知道的海洋哺乳类动物——因为它从鼻孔中喷出了有气泡的水柱。

同年的7月23日，在太平洋的海面上，西印度－太平洋汽轮航运公司的“克利斯托巴尔·科伦号”也观测到了同样的事实。据目击者说，这个奇特的动物行动十分敏捷，能够以惊人的速度从一个地方移动到另一个地方，因为“喜金孙总督号”和“克利斯托巴尔·科伦号”这两艘船观测的地点整整相距700海里，而间隔的时间仅三天。由此可见，这只怪物的游动速度是多么惊人。

15天之后，在距离上述两地2000海里处，国营轮船公司的“海尔维地亚号”和皇家邮船公司的“山农号”在北纬42度15分、西经60度35分的地方，同时看到了这个大怪物。根据两船观察得到的结果，估计这只哺乳动物的长度至少有350多英尺。这一发现真是令人震惊！因为，人们迄今为止发现的最长的鲸，也只不过是56米。

很快，这只海怪在全世界的各大城市中家喻户晓。咖啡馆里歌唱它，报刊上嘲笑它，舞台上扮演它，还从这怪物身上捏造出各种各样的奇闻。那些发行量不大的报刊上还出现了关于各种巨型奇异动物的报道。

于是，在学术团体中和科学报刊上，轻信的人与怀疑论者之间展开了无休止的争论。在这场论战中，双方互不相让、各执一词。他们都利用各种方法来证明自己的观点，连发表报道的记者也分成两派——科学论者和神论者，而且他们的争论竟然从笔端延伸到人身攻击上，有些记者为此竟然大打出手，真是令人匪夷所思。

这场争论一直持续了 6 个月，而且双方仍然坚持各自的观点。直到 1867 年，海怪的事件才稍稍有所平息。但就在这个时候，海上又出现了新的问题，不是一个亟待解决的科学问题，而是必须认真对待、想办法避免危险的问题。因为这个怪物变成了小岛、岩石、暗礁，但它是会游动的、让人捉摸不透的暗礁。

1867 年 3 月 5 日夜间，蒙特利尔海运公司的“摩拉维安号”行驶到北纬 27 度 30 分、西经 72 度 15 分的海面时，船的右舷后半部撞上了一座礁石，但令人奇怪的是，在任何航海图上都没有标示出这一带的海域有这样一座大礁石。当时，“摩拉维安号”上有来自加拿大的 237 名乘客，船速达到每小时 13 海里。幸亏“摩拉维安号”船体材质特别坚固，如果是一般的船只遭受了这样的撞击肯定会沉入海底。

这起事故发生在清晨 5 点钟左右，天快亮的时候。出事时，值班的船员们立即朝船后方跑去。他们认真地观察，海面上除了有个 600 多米宽的大旋涡以外，什么也没有。所以，船员们只把事故发生的地点准确地记录了下来。“摩拉维安号”

继续航行，似乎并没有受到什么损伤。它是撞上了暗礁，还是撞上了一艘沉没在海底的破船不得而知。后来在检查船底的时候，才发现船的一部分龙骨已经破裂了。

这件事是十分严重的，可是，如果不是三个星期后发生了相同的事件，它也许很快就和其他事件一样被人遗忘了。接下来的那一次撞船事件发生在素来享有盛誉的英国科纳尔航运公司的“斯各脱亚号”身上，这进一步引起了全世界的关注。

1867 年 4 月 13 日，海面上很平静，“斯各脱亚号”在北纬 45 度 37 分、西经 15 度 12 分的海面，以每小时 13 海里的速度航行，一切都完全正常。下午 4 点 16 分，乘客们正在大厅吃点心的时候，“斯各脱亚号”的船尾突然被轻微地撞击了一下，由于震动十分轻微，因此并没有引起大家的注意。不料没过多久，底舱管理员突然急急忙忙地冲到了甲板上，大声叫嚷道：“快逃命啊！船进水了，要沉了！”顿时，船上陷入一片混乱之中，旅客们都十分惊慌。不过，船长安德森很快稳住了大家的情绪，他安慰大家：“‘斯各脱亚号’拥有 7 个防水隔间，船身即使有一部分进水，也不会构成危险的。”

随后，安德森船长立即派人到底舱去检查，发现第五防水区已经进水了！而且进水的速度非常快，这说明破口处有一个巨大的窟窿。船长命令立即停船，让一位水手潜入水下查清船体受损的状况——原来船体吃水线以下有一个 2 米宽的大洞，洞大得根本无法进行修补。当时，尽管“斯各脱亚号”的机轮已有一半浸在水里，但也必须继续行驶。这时，船离克利亚峡还有 300 海里。“斯各脱亚号”只有减速航行，最后勉强撑到了利物浦港。等船驶进公司的码头，已经整整误了三天。在这三天里，利物浦的人都为它惶惶不安。

“斯各脱亚号”一到港，就立刻被架了起来，一大批经验丰富的技师拥上去进行检修。大家看到船底的大洞时都万分惊讶：在船身吃水线下 2.5 米的地方，露出一个很规则的等边三角形的缺口。铁皮上的伤痕十分整齐，就是钻孔机也不能凿得这么准确。经推断，弄成这个裂口的锐利器械一定不是用普通钢铁制成的。因此，大家一致认为能够造成这样的缺口一定是海洋中的某种怪物所为，因为只有那种庞然大物才能以神奇的力量向前冲撞，在戳穿了 4 厘米厚的铁皮之后，还能逃离得无影无踪。

从这时候起，以前所有原因不明的航海遇难事件，现在都算在这个怪物的账上了。据统计，在每年 3000 艘受损的船只中，失踪的蒸汽船或机帆船的数目竟然超过了 200 艘。由于它的存在，五大洲间的海上交通越来越危险了。公众坚决要求，要不惜一切代价，清除海洋中这个可怕的怪物。

这些事件发生的时候，我正从美国内布拉斯加州的贫瘠地区做完科学考察回来。由于我是巴黎自然博物馆的教授，法国政府便派我参加了这次的考察任务。3 月底，我满载着珍贵的标本回到纽约，打算在 5 月初动身回法国。“斯各脱亚号”轮船发生这场惊人的意外的时候，我正在整理这次收集来的矿物标本和动植物标本。

对于当时世界各地议论纷纷的这个论题，我自然也很关注，而且还读了美国和欧洲的各种登载的相关报道，但并没有获得更多的信息。对于这个怪物，我也有很多猜测。当我到达纽约的时候，这个问题正如火如荼地被讨论着。有些人称那是浮动的小岛，是暗礁，不过这些假设现在已经完全被推翻了。原因是，除非这小岛内部有一台机器，否则，它怎么能如此快地一会儿到这里，一会儿又到那里呢？还有，说它是船壳或是一只巨大的船的说法也不成立，理由仍然是它移动的速度是那么快。

这个问题将人们分成了抱有不同主张的两派：一派认为它是一个力大无穷的怪物；另一派则认为它是一艘动力十足的“潜水艇”。

虽然第二种假设很有可能成立，但是经过调查以后，便不成立了。假设私人可以拥有这样的一台机器，那简直是天方夜谭。疑问是它在何时何地，又是怎样被造出来的呢？机器的主人又是怎么保证秘密不被泄露的呢？种种疑问根本无法解答。只有国家才可以拥有这种破坏性的机器，在人们绞尽脑汁要研究出杀伤力不断增强的武器的时代，一个国家瞒着其他国家制造出这种武器是完全可能的。机枪之后出现了水雷，然后又接连发明出了各种互相克制的武器。至少我是这样认为的。

但这个“潜水艇”的假设，由于各国政府的声明又站不住了。因为这是有关公共利益的问题，并且，这只“潜水艇”的建造怎么能避开公众的耳目呢？在这种情况下，个人想要保守秘密，是十分困难的，对于一国政府，其行动是经常受到敌国的注意的，那当然更是不可能的了。所以，“潜水艇”的假设不得不被放弃了。

因为我以前在法国出版过一部名为《海底的秘密》的书，这部书受到了学术界的赏识，并将我视为自然科学中“未完全开发领域”的权威，所以当我刚刚抵达纽约时，就有许多人专程来征询我对怪物的见解。但只要能够否认这事的真实性，我总是做出否定的答复。但不久，迫于舆论的压力使我不能再保持沉默。于是，我从政治和学术的角度对这个问题进行了论述。发表在《纽约先驱论坛报》上，摘要摘录如下：

> “在对各种不同的假设进行一一研究之后，我不得不承认世界上确实有这样一种力量惊人的海洋动物的存在……反之，倘若我们认为自己已经认识了地球上所有的生物，那么就必须从已分类的海洋生物中找出我们讨论的这只动物。在这种情形下，我们就更不会否认有一种巨大的独角鲸的存在……”

我的这一观点引起了热烈的讨论，产生了很大的反响，很多人对我的观点表示赞同。而且，我的文章给人留下了一个可以遐想的结论。

有一些人把海怪事件看成是一个纯粹待解决的科学问题，但美国和英国的一些比较讲究实际的人则主张把这个可怕的怪物清除出去，使海上交通安全获得保障。美国率先发表声明，让纽约做好准备，组织一支远征队去清除这个怪物。于是，一艘大型高速驱逐舰——“林肯号”开始紧锣密鼓地筹备，并决定尽可能早地驶出海面。各造船厂都给“林肯号”的司令官法拉古舰长提供了各种便利，竭力帮助他尽早把这艘二级军舰装备起来。

正当人们决心要追逐这只怪物的时候，这只怪物又突然销声匿迹了。直到 7 月 2 日，突然有消息说，从加利福尼亚州的旧金山开往上海的一艘轮船，在太平洋北部海面上又看见了这个怪物。这则消息引起的震动是极其巨大的：大家一致要求法拉古舰长马上出征，一天也不能耽搁。食物全部装上了船，煤舱也装满了煤。全体船员都到齐了，他们都已整装待发，只在等生火、加温、起锚！形势真可谓刻不容缓，哪怕是半天也不可延迟。

就在“林肯号”驶离布鲁克林码头三个小时前，我收到了一封信，其内容如下：

纽约第五大道旅馆 巴黎自然博物馆教授阿龙纳斯先生启

先生：

如果您愿意代表法国加盟“林肯号”远征队，美利坚合众国政府将会深感荣幸！法拉古舰长已准备了一个船舱供您使用。

敬礼

美利坚合众国海军部书记官何伯逊敬上

第二章 登上“林肯号”

在收到何伯逊书记官的信之前，我想要追逐那头怪兽的决心并没有那么强烈，但是在收到他的信之后，我才明白自己的真正志愿、我生平唯一的目的，就是要捕捉这样捣乱的怪物，把它从世界上清除。我忘了一切，毫不犹豫地接受了美国政府的邀请。

“康塞尔！”我不耐烦地喊道。

康塞尔是我的仆人，他是一位正直的佛兰蒙人。我们俩相处得很好，我待他不错，他也乐意服侍我。由于经常同我们这些植物园里的学者接触，康塞尔渐渐学会了一些东西。他对于博物学的分类相当在行。他对分类的理论很倾注，但缺乏实践。但对我而言，他始终是个忠实正直的人。10 多年来，凡是科学吸引我去的地方，康塞尔都追随我去。不管路途多么遥远，不管去哪个国家，他总是毫不迟疑地提起行李箱就走。他心地善良，十分容易相处。

他今年30岁，我已经40岁。不过他倒是有一个缺点，那就是为人太过拘谨，说话也十分客气，同我说话时也使用第三人称。

旅馆的升降机把我们送到二楼的大厅中。我步行来到一层，在柜台算清了旅馆的费用，然后又托人把一捆一捆之前打包好的动植物标本运回法国巴黎，并且留下了一笔钱，托人喂养我的鹿豚。之后，康塞尔跟着我离开旅馆，上了马车。

当我们抵达停泊“林肯号”的码头时，立刻有人把我们的行李搬到大船的甲板上。一个水手领我到船尾楼上见了“林肯号”的舰长法拉古。这位军官气色很好，他热情地向我伸手问好。

“阿龙纳斯教授吗？”

“对，”我答道，“您是法拉古舰长吗？”

“是的。欢迎您，教授，您的舱房我已经让人准备好了。”

我们寒暄了几句，他就去忙自己的事了，另一位水手则带着我和康塞尔对“林肯号”进行了一次参观。

为了执行消灭海怪的任务，人们特意对“林肯号”进行了改装。“林肯号”是一艘速度很快的二级军舰，装有高压蒸汽机，可以使气压增加到7个大气压力。在这个压力下，“林肯号”的速度平均可以达到每小时18.3海里，这已经是相当快的速度，不过跟那只巨大的鲸类动物搏斗还是不够的。

我把康塞尔留下来整理我们的行李，然后一个人上了甲板，观看船员们准备开船的操作。

这时候，法拉古舰长命令船员们解开码头缆柱上拴住“林肯号”的铁锁。看来如果我晚来一刻钟的话，甚至是更短的时间，我就无缘参加这次航行了，即将要发生的一些神奇的事情也无法看到了。但是，话又说回来，即使我将这次的航行真实地记录下来，又有多少人会相信呢？

法拉古舰长不愿意耽搁一小时甚至一分钟，命令把船开到“怪物”所在的位置。他把船上的工程师叫来。

“蒸汽烧足了吗？”船长问他。

“烧足了。”工程师答道。

“开船！”

随着法拉古舰长的一声令下，船员们立即让机轮转动起来，蒸汽涌入半开的机关中，发出强烈的呼啸声。推进器的轮翼不断加快速度搅动海水，于是“林肯号”军舰在上百艘满载观众前来送别的渡轮和汽艇的行列中，庄严地向前行驶了。

至于全体船员，大家都希望能碰见海中的那个“怪物”，用鱼叉刺死它，把它拖上船，然后宰割它。他们都十分小心地观察着海面，而且为了鼓舞士气，法拉古舰长还允诺第一个发现这个动物的人，不管是见习水手，还是正式水手，都可以领到 2000 美元的赏金。因此，不难想象，“林肯号”舰上会有多少双眼睛正瞪得大大的，在忙碌地监视着。

我也和大家一样，每天观测着海面上的变化。在所有成员中，唯独康塞尔不一样，他对我们共同关心的问题表现得很冷淡，与船上众人的热情显得不怎么协调。

为了消灭那只海怪，法拉古舰长做了大量精心的准备。他把各种用于捕捉巨大鲸类动物的设备都带上船来了，即便是一条捕鲸船恐怕也不会比它装备得更完善。我们船上拥有各种有名的捕捉器具，在前甲板上还装有一门十分完善的经过改良的后膛炮，炮身很厚，炮口很窄，膛线密密实实的，装炮弹的地方是在炮栓处。这门宝贵的大炮是美国造的，可以发出重 4 千克的锥形炮弹，射程是 16 英里。

因此，可以说“林肯号”的杀伤性武器样样俱全，不过，最妙的是船上还有被称为“鱼叉手之王”的尼德·兰。尼德·兰是加拿大人，身手非常矫捷，在这种危险的叉鱼职业中，他还没有碰见过敌手。他又灵敏又冷静，又大胆又机智，本领很高强，一般的鲸很难躲过他的鱼叉，除了极个别狡猾的大头鲸和抹香鲸。

尼德·兰 40 岁左右，身材魁梧，身高在 6 尺以上，体格健壮，神情严肃，不苟言笑，也很难和别人相处。他的外表特别引人注目，尤其他那炯炯目光，使得他的容貌更富有特征。

我认为法拉古舰长把这样一个人请到船上来的确是明智之举。从眼神及臂力来看，尼德·兰一个人就顶得上全体船员。

尽管尼德·兰不太好打交道，不愿多跟人接触，但我应当承认，他对我有一种特别的好感。也许是因为我的国籍吸引了他。我说的是拉伯雷时代的法语，他遇上了我就有说这种语言的机会，而我也可以趁机说说这种古法语了。渐渐地，我和尼德·兰成了朋友，他对我也有了交流的兴趣。我很爱听他谈在北极海中冒险的故事。

我觉得，尼德·兰并不相信有什么海怪、独角鲸之类的东西。船上的人都保持着一致的看法，只有他保持着自己独有的观点，所以当大家都在讨论这件事情的时候，他就会远远地避开。但是，我想总有一天他会和我们讨论这件事的。

7 月 30 日，即我出发三个星期以后，“林肯号”已经航行到离南美洲巴塔戈尼亚海岸 30 海里远的地方。再过一个星期，我们的船就可以抵达太平洋了。

这一天，我和尼德·兰坐在后甲板上聊天，一边看着这神秘的大海，一边谈谈这个，说说那个。

这时候，我很自然地把话题转移到了“海怪”上面。我又谈到了这次航行成功或失败的各种可能。后来，我看到他一声不吭地坐在那里，不发表任何意见，于是我就让他说说自己的看法。

“嘿！尼德·兰，”我问他，“你为什么要怀疑‘海怪’的存在呢？你这样怀疑，有什么特别的理由吗？”

这个鱼叉手在回答我的问题之前，盯着我看了好一会儿，然后，他拍拍自己宽大的前额，眯着眼睛，似乎是在沉思，他说：“阿龙纳斯教授，我当然有自己的理由。”

“说说看，你是一位专业的捕鲸手，而且非常熟悉海洋中这种巨大的哺乳动物。按理说，你应当容易承认这个巨大的鲸类动物的存在。可是我实在想不通为什么你要怀疑这件事呢？”

“教授，”尼德·兰说，“也许您搞错了，一般的人会相信有飞过天空的特殊的彗星存在，在地球上有生活在太古时代的怪物。但天文学家、地质学家绝不承认有这类荒唐奇怪的东西存在。我也一样，我是一个专业的捕鲸手，我从事捕鲸活动多年，追逐过许多鲸，也用鱼叉叉死过许许多多数不清的鲸。但是，不管这些鲸怎样有力、怎样凶猛，有着怎样惊人的力量，它们的尾巴或者长牙是绝不可能将一条轮船的钢板弄坏的。”

“可是，尼德·兰，我可以列举出很多例子来证明那些船都是被独角鲸的牙齿戳穿的。”

“一些木船是有可能被戳穿，”这位加拿大人回答，“不过，就连这我都没有亲眼见过。所以，除非有确凿证据，不然的话，我是不会相信鲸会做出这种事情。即使是长须鲸、抹香鲸、独角鲸也不例外。”

“可是，尼德·兰，你听我说……”

尼德·兰停顿了一下，神情严肃地继续说：“除了这件事，我都赞同您的看法，教授。我猜想那应该是一条巨大的章鱼……”

“那就更不对了，尼德·兰。章鱼是一种软体动物，单从这个名称就表明它的肌肉一点都不坚硬。章鱼不属于脊椎动物，哪怕它体长500英尺，也不会对‘斯各脱亚号’或‘林肯号’这样的大船构成任何威胁。因此，有关这类海怪或怪物的事迹，都应当视为天方夜谭。”

“那么，博物学家先生，”尼德·兰带着点讥笑的口气说，“您是坚持认为有一种巨大的鲸类动物存在？”

“是的，尼德·兰，而且我的推断是有事实根据的。我相信有这种庞大无比的哺乳动物的存在，它躯体组织坚硬，属于脊椎动物，拥有一只角状长牙，钻凿力量非常的强大。”

鱼叉手哼了一声，摇了摇头，一副不能相信的表情。

我继续说：“如果有这样一种动物存在，如果它生活在海洋中几千英尺深的海底，它就必须要有一个无比坚硬的机体。”

“为什么要有无比坚硬的机体呢？”尼德·兰问。

“因为要在深水中生活的话，就要抵抗水的压力。那就必须存在一种不可估计的巨大的力量。”

“真的吗？”尼德·兰用一种惊奇的眼神看着我。

“当然是真的。一些数字就能给你证明这个事实。”

“数字？那不都是随便说说的嘛。”

“你想想，一个大气压力相当于 32 英尺高的水柱压力，而这仅仅是淡水的压力，海水的密度要比淡水大得多。当你潜入水中时，你的身体就得支撑同等倍数的大气压力，也就是说每平方厘米的面积上要承受相同倍数千克的压力。如此推算，在 320 英尺的深度为 10 个大气压，3200 英尺为 100 个大气压，32000 英尺的海洋深处则为 1000 个大气压。这就等于，如果你能到达海底的这个深度，那你身上每平方厘米的面积上就得承受多么大的压力？”

实际上你的身体表面要承受17568公斤的重量。因为大气压力比每平方厘米一公斤的重量稍微多一些。”

“我怎么感觉不到呢？”

“你感觉不出来，是因为进入你体内的空气一样具有同等压力。这样一来，内部压力与外部压力相互抵消，达到平衡状态，你才会毫不费力地承受这些压力。但是，如果在水中，可又是另外一回事了。”

“噢，我明白了，”尼德·兰回答，“因为海水包围着我，而水又并没有进入我的体内。”

“正是这样，尼德·兰。在水下32英尺，你要承受17568公斤的重量；如果是320英尺，这个压力会增加10倍；如果是3200英尺，这个压力会增加100倍；而到了32000英尺的时候，压力会增加1000倍。而此时你已经被水压给压成一张薄纸了。”

“我的上帝。”尼德·兰大叫着。

“哦，我亲爱的捕鲸高手。如果有某种脊椎动物，身长几百米，体宽与身长成一定比例，它们生活在同样深的海洋底层，它们所承受的压力就得以上十亿来计算。根据这些数据，你可以估算一下它们的骨架该有多大、身躯该有多么强壮才能承受那么强大的压力啊！”

“那么，它们的身体必须用8英寸厚度的钢板来制作，跟铁甲军舰那样才行。”尼德·兰说道。

“没错，尼德·兰，正如你说的那样。你可以想象，这样一个庞然大物以快速列车的速度撞向一艘船的船体，将会造成什么样的破坏性后果。”

“是的。不过，或许……”尼德·兰被我列举出来的一系列数字说动了，可他还是不愿意服输。

“那么，你相信了吗？”

“您使我相信了一件事，博物学家，就是如果海底下有这样的动物，那么它的身体必须像您刚才所说的那样强大。”

“可是，固执的捕鲸手，如果海底下没有这样的动物，你怎么解释‘斯各脱亚号’遭遇的事故呢？”

“可能是……”尼德·兰迟疑着说。

“接着往下说。”

“反正不管您怎么说，我都不相信这是真的！”他的这个回答只能说明他非常固执而已。

显然，我再没有必要同他争论下去。因为“斯各亚脱号”的事故是不容否认的。船底上的洞真实存在，既然那个洞不是被暗礁或者潜水艇撞的，那它就一定是某种动物的锋利触角穿透的。

因此在我看来，根据以上所列的种种理由，这种动物属于脊椎动物门哺乳动物纲鲸目。至于它应当被列入的“属”、归入的“种”，则是日后才能弄清楚的问题。

第三章　最后的挑战

最近这段时间,“林肯号”在航行过程中并没有碰到过任何意外的事件。其间,倒是发生了一件特别的事,使尼德·兰有机会展现了他那高超的捕鲸技艺,同时也证明了我们应该给予他一定的信任。

6月30日,在马露因开阔的海面上,我们舰上的人向一些美国捕鲸船上的人探听关于海怪的消息。然而,他们对这头“独角鲸”的情况一无所知。不过,当其中一艘叫“孟禄号”船的船长知道尼德·兰在“林肯号”上时,他便请求尼德·兰帮忙捕捉刚刚发现的一头鲸。法拉古舰长也想见识尼德·兰的本事,就准许他到“孟禄号”船上帮忙。这位加拿大人果然不负众望。当时,尼德·兰投出了双叉,只见其中一叉径直刺入了一头鲸的心脏,另一叉刺中另外一头鲸。在追逐了几分钟以后,他把那头受伤的鲸也捉到了!

此后,“林肯号”军舰以惊人的速度沿着美洲东南方的海岸行驶。7 月 3 日,我们到达麦哲伦海峡口。但法拉古舰长不愿意通过这个狭窄、曲折的海峡,而要从合恩角绕过去。

7 月 6 日,下午 3 点钟的时候,“林肯号”军舰绕过了合恩角这座孤岛。此时,军舰朝着西北方全速前行,等到第二天的时候,我们的军舰已经到达太平洋的海面上了。

7 月 27 日,我们穿过在西经 110 度上的赤道线,此后,船一直向西航行,驶进太平洋的中部海域。法拉古舰长的主意很对,把船行驶到深水海域,离开这个“海怪”不愿意接近的大陆和海岛,这样也许机会会多一些。“这个怪物也许不喜欢人多的地方,但是喜欢水深的地方。”船员们也这样认为。“林肯号”添了煤之后,穿过众多岛屿,在东经 132 度越过了北回归线。

我们终于到这个怪物最近活动的地方了!所有的人神经都极度紧张,简直难以形容。大家不吃不睡,每天因为船员看错了而引发的骚动就有 20 多次。

三个月来,大家都过着一种极度煎熬的生活。“林肯号”跑遍了太平洋北部所有的海域,有时向着看到的鲸冲去,有时忽然离开航线,有时突然掉转船头,有时又停住不动……从日本海岸航行到美洲海岸,没有一处不曾搜索过,结果却没有任何发现!

因此,大家都心灰意冷了。这种反应从底舱发生,由司炉工的岗位传染到官员的座舱。若不是法拉古舰长坚持继续搜寻，否则，这艘军舰早就已经挥师南移了。“林肯号”做了最大的努力，法拉古舰长像当年的哥伦布一样，向大家做出一个许诺：大家再等待三天，如果三天过后，怪物还不出现，“林肯号”便立即驶向欧洲海域。

两天过去了，“林肯号”低速慢慢前进。在可能同这个怪物相遇的海域，大家想尽各种办法吸引“独角鲸”的注意，我们把大块的肥肉拖在船后，来吸引它的注意或者刺激它那麻木的神经。可是这些丰盛的食物全都成了鲨鱼的美餐。直到11月4日傍晚，这个潜在海底的秘密还是没有被揭开。明天，规定的期限就要到了，法拉古舰长就要履行诺言下令“林肯号”开向东南方向，驶离太平洋北部海域。

晚上8点，“林肯号”航行到东经136度42分、北纬31度15分的水域，距离日本的岛屿大概有不超过200海里的距离，而且处在一个下风处。乌云掩盖了弯月，大海的波浪就在船后舒展着。

我心情沉重地倚在甲板的栏杆上，仆人康塞尔站在我旁边，凝视着前方。船上所有的人站在甲板上，仔细观望这漆黑的海面。有的船员拿着望远镜，在黑暗中搜索。月亮有时从云朵间透出一线光芒，使沉寂的海面闪耀出一丝亮光。可是过了一会儿，乌云又出来遮住了月光，海面上又是一片黑暗。

“天啊！那东西在那儿，在下风的地方，就在我们的斜对面！”那是尼德·兰的喊声。

一听到叫喊声，全体船员都朝尼德·兰的方向跑去，其中有舰长、军官、水手长、水手和见习生，当然还包括我和康塞尔。机械师也都离开了机器，连锅炉工都抛下锅炉不管了。于是，停船的命令下达了，军舰依靠惯性缓缓行进着。

天这么黑，那个加拿大人的眼力再好，他怎么能看到呢？他究竟看到了什么？我的心都要跳出来了。

可是，尼德·兰说的没错，因为大家都清楚地看清了那个怪物的位置，就在他指的那个方向。在距离“林肯号”右舷后部数百米远的地方，海面被水面下发出的光照亮了，这不是普通的磷光。发光的部分在海面上形成一个很长的巨型椭圆，圆心由一个炽热的焦点放射出刺目的光芒，离焦点越远，光度越弱，直至消失。

“右舵，前进！”

随着法拉古舰长的喊声，“林肯号”迅速避开了光源。然而，那个神秘的怪物根本没有理会我们的避让，它又一次加速向我们逼近。

我们气喘吁吁，惊愕多于恐惧，呆立着说不出话来。而此时这个怪物毫不费力地逼近我们，并以时速达 14 海里的速度绕着我们的军舰兜圈子。接着，它向远处游出两三海里远，留下一长条磷光闪闪的航迹，好像火车头喷出的朝后的滚滚烟雾。突然，这个怪物又从昏暗的天际发起冲刺，以惊人的速度猛烈地向着“林肯号”军舰冲过来。正当大家都紧张得喘不过气时，它突然在距离我们20英尺的地方蓦地停住，亮光骤然熄灭了，仿佛强烈的光源陡然耗尽了一样！ 随后，它又出现在军舰的另一边，可能是绕过来的，也可能是从船底下潜过来的。每时每刻，与我们的冲撞都有可能发生，而这种冲撞必将置我们于死地。

可是我们的军舰是在逃跑，并不是去攻击。我们本应该追逐怪物，现在却被怪物追逐。此时，一向冷静的法拉古舰长显得惊恐万分。

“阿龙纳斯先生，”他说，“我还不清楚我们的对手到底厉害到什么程度，而且我也不愿意在一片漆黑之中冒险。至于怎样对付它，又该怎么防御它，我们要等到天亮才能做决定。”

“舰长，您现在对这个怪物还有什么怀疑吗？”

“没有怀疑了，先生。它是一条巨大的‘独角鲸’，同时又是一条带电的‘独角鲸’。”

“也许，”我又说，“我们不能接近它，就像不能接近一条电鳗或一个水雷那样！”

“的确，”船长答，“它身上有像雷电般的力量，它一定是造物者造出来的最可怕的动物了。就是因为这个理由，先生，我才不得不十分小心在意。”

全体船员在夜间都站着守望，“林肯号”在速度上敌不过这个怪物，只好保持低速慢慢行驶。而独角鲸在波涛上随意摆动着，好像还不打算离开这个比武场。

午夜来临时，那个大怪物突然消失不见了，像一只大的萤火虫，突然不发光了。难道它逃了？然而，到凌晨 1 点差 7 分的时候，一声震耳欲聋的呼啸声传来，那是怪物换气时喷出水柱所发出的声音。

法拉古舰长、尼德 · 兰和我聚精会神地凝视着深沉的黑暗。

到凌晨 2 点钟左右，在“林肯号”军舰上风处 5 海里的洋面上，又出现了我们先前看到的那种强烈的亮光。这只怪物的“尾巴”搅水时发出的巨大响声和它喘息时的声响仍然清晰可辨。这只巨大的怪物到海面上来呼吸时吸入大量空气。

大家时刻准备战斗，一直到天亮。各种打鱼的器械都摆在船栏杆边。舰艇上的两副喇叭口短铳都已经装填好了，它们可以将鱼叉射至一海里远。此外，船员们还给长枪装上了开花弹，被这种炮弹击中便是致命伤，就连最强大的动物也不能幸免。尼德 · 兰一直在磨鱼叉，这小小的鱼叉到了他手上便成了令人生畏的武器。

6 点，天亮了，独角鲸的电光不再闪亮。7 点，天大亮了，浓厚的朝雾挡住了视野，最好的望远镜也无济于事，因此大家又产生了失望和懊恼的情绪。

我爬上军舰的后桅杆，发现已经有几位军官早在上面瞭望了。

早上 8 点，浓雾沉重地在海面上滚动着，它那巨大的气团渐渐地散开。天际也渐渐扩大，渐渐明朗了。

突然，尼德·兰再次叫喊起来：

“那个东西在船左舷后面！”

大家都朝着他手所指的方向望去。

“好，增大火力，全力驶去！”

听到这个命令之后，船员们都兴奋地欢呼起来，吹着战斗的号角。

法拉古舰长下令军舰全速朝怪物直冲过去。然而，这个怪物显得毫不在乎，有意让军舰接近，等到军舰离它大概半海里远的时候，它又做逃跑状，潜入了水中。

这样追逐了 45 分钟左右，我们之间始终保持着这样一个距离。“林肯号”要想接近这个怪物一点都不可能。照这样追逐下去，“林肯号”永远也追不上这个怪物。

此时，法拉古舰长显得很烦躁。

“尼德·兰！”他大喊一声。

尼德·兰听到后跑了过来。

“您认为是不是还要把小船放下海去呢？”舰长问道。

“不，先生，”尼德·兰回答，“因为这家伙是不会让人捉住的，除非它心甘情愿。”

“那怎么办呢？”

“先生，如果您同意，就请军舰加大马力。等军舰到了我的鱼叉能够得着的距离时，我就将鱼叉投出去。”

“就这样定了，尼德·兰。”法拉古舰长回答道。于是，他下令：“机械师，加大马力。”

船速不断增大，螺旋桨每分钟转动43圈，蒸汽从阀门中不断冒出。“林肯号”此刻的行驶速度已达到每小时18.5海里。然而，那个可恶的怪物却也是同样的速度。在此后的一个小时内，“林肯号”军舰一直保持这样的速度。全体船员都在咒骂眼前这个怪物，可怪物对此却不屑一顾。之前，法拉古舰长不时地扯他的山羊胡子。

我难以形容当时我的激动情绪。尼德·兰在他的岗位上，手拿着鱼叉。

“我们追上它了！我们追上它了！”尼德·兰大声喊道。

就在我们准备攻击的时候，那怪物又跑掉了，它的时速至少有30海里。此时，大家都不约而同地迸发出阵阵愤怒的呐喊声！直到中午，我们仍没有取得丝毫进展。

于是，在11月6日这一天，“林肯号”坚持不懈地行驶着，它的行程不小于500英里！

晚上10时50分，电光又出现在军舰上风处3海里的洋面上，而且跟前一天夜里出现的电光一样的澄净辉煌、一样的强烈。

“独角鲸”好像是停止不动了，正随海波漂荡着。机会来了，法拉古舰长决定利用这次机会。

法拉古舰长让“林肯号”军舰减低速度、谨慎行驶，以免惊醒这个庞大的对手。尼德·兰就曾不止一次地在鲸睡眠时击中了它们。现在，他已经整装待发。

早晨 4 点钟左右，船速加快了，海浪扑面打来，像鞭子似的抽打在我们身上，我们就快支持不住了。幸亏尼德·兰摸着了一个钉在钢脊上方的大锚环，于是我们便紧紧地将它抓住。

天亮时，船速缓缓降了下来。我正准备仔细察看这艘船上部的船壳时，突然感觉到船在往下沉。

"活见鬼！"尼德·兰喊叫了起来，同时用脚猛踢钢板，"开门吧，不好客的家伙！"尽管尼德·兰弄出的响动很大，但是螺旋桨旋转的隆隆响声更大。

不过，船不再下沉了。船里突然发出一阵猛然掀动铁板的声响，一块铁板被挪开，一个人走了出来。但他看见我们，怪叫一声马上又转身进去了。过了一会儿，8 个高大粗壮的蒙面男子一声不响地走了出来，将我们拉进了他们那可怕的机器里。

第四章　神秘的“鹦鹉螺号”

他们粗暴地把我们架进这艘潜水艇中。我们刚进去，那块狭小的盖板就关上了，霎时间什么也看不清。我感觉自己光脚踩在一架铁梯上。尼德·兰和康塞尔跟在我身后，被人紧紧揪着。等我们走进铁梯下面的一扇门之后，那扇门又随即关上了。

现在只剩下我们三个人，四周黑漆漆的，我们不知道这是什么地方。过了一会儿，还是什么都看不到，就连一点儿模糊光线也看不到。尼德·兰则对于这种款待方式深感愤慨。

这时，我发现房中只有一张桌子和五张凳子，没有门和窗户。这艘船的内部似乎死一般沉寂。不知道它是在走着？是在海面上？还是在海底下呢？

不过，那盏灯亮起来，肯定是船上的人来了。果然，没过多久，门被打开了，走进来两个人。

其中的一个人身材矮小，肌肉发达，肩膀宽阔，四肢健壮，头发蓬松，目光犀利，有一种法国普罗旺斯人特有的南方人气质。他说的是一种非常奇怪的语言，我一个字也听不懂。

第二个陌生人很自信，很镇定，性情平和；很坚毅、果敢，很高傲。这个人给人一种踏实的感觉，年龄在 35 岁到 50 岁之间。他的长相与他那高傲但很有人情味的内心相得益彰，他身材魁梧，额头很高，鼻子直挺挺的，嘴巴长得很周正，连牙齿都非常整齐，两手则显得比较纤细。此外，他还有一个很鲜明的特点，那就是两眼之间的距离比较大，显得视野比较开阔。可以说，他是我目前为止见到过的最完美的人。

他们头上戴着水獭皮的帽子，穿着海豹皮制作的水靴，身上穿着特殊织物的衣服，腰身不紧，行动起来方便自如。

很显然，那个高大的人是这艘船的头领。他把我们几个浑身上下仔细地打量了一番，却没有说话，而是转身与他的同伴用一种我听不懂的语言交谈。谈话期间，他看了我一眼，像是在直接问我。于是，我用纯正的法语回答。但他似乎并不知道我在说什么，这种情形令我相当尴尬。

“先生，讲讲我们的经历好了。”康塞尔对着我说道，“这些先生们恐怕能听懂一点！”

于是，我重新开始讲述我们的冒险经过。最后，我还做了正式的介绍：我，阿龙纳斯教授；我的仆人康塞尔；鱼叉手尼德·兰师傅。

这个目光温和、镇定自若的人彬彬有礼地听完了我的话。

但是从他的表情来看，他似乎并没有听懂。

正当我们说话的时候，门被打开了。一位侍者走了进来，给我们送来一些穿的衣服。尽管衣服的材质很奇怪，但是我们也顾不得那么多了，赶紧换上了新衣服。

接着，那个侍者为我们整理好桌子，摆好了我们三个人的餐具。

“这还差不多。”康塞尔说，“看来接下来会有好事发生。”

“哼，”一直哼哼唧唧的尼德·兰说，“这个破地方能有什么好吃的吗？不过就是一些甲鱼肝、鲨鱼肉、海狗排之类的吧。”

“过一会儿不就知道了。”康塞尔说。

桌子上铺了一层桌布，食物也端了上来，它们都被银质的餐盒倒扣着。于是，我们围着餐桌坐了下来。看来，他们也不是那些野蛮的种族。不过，食物中没有面包和酒，只有一种很纯净的水。菜的味道很鲜美，除了几种鱼类可以辨认之外，其他的连是动物还是植物都不好辨认。而且这些餐具都非常精美，每个刀、叉、勺子、碟子上面都刻着一个字母N，而其周围还有一行半圆形的字。

尼德·兰他们两个没有像我这么仔细地观察这些，他们狼吞虎咽，食物很快就下肚了。我也顾不了那么多了，开始大吃起来。吃饱喝足后，我们陆续进入了梦乡。

我不知道睡了多久，我的精神完全恢复了，而我的那两个同伴还在睡梦中。我发现这间牢房里的布置丝毫没有变动。不过侍者在我们睡熟的时候，把桌上的东西拿走了。

我感觉脑子一阵轰鸣，感到呼吸困难，我们已经消耗掉了这间牢房里面的大部分氧气。因此，迫切地需要给我们的牢房换换空气。我不得不加紧呼吸，把这房间里很少的一点氧气都吸取了。突然，我感觉到一阵凉爽，呼吸到了一股带有咸味的空气。我张大嘴吸气，与此同时，我感觉到一阵摇晃。我猜这艘船一定是浮出水面了。

我大口大口地喘着气，接着我便找到了一个位于舱室上方的通气孔，无疑新鲜空气就是从这里进来的。这时，我的两个同伴也醒了。他们几乎是同一时间被这股新鲜的空气刺激醒的。他们俩伸了伸懒腰，就站了起来。

“先生睡得好吗？”康塞尔像往常那样问道。

“很好，小伙子。”我回答道，“你呢，尼德·兰？”

“很好，先生。不过，我有些迷糊，这是哪儿来的新鲜空气，我感觉自己呼吸到了从海上吹来的空气。”

于是我赶紧将刚才他们睡着的时候发生的事情讲了一遍。

“哦，我总算是明白了，我们在‘林肯号’上听到的怪兽发出的吼声，原来就是这么回事。”

“完全正确，尼德·兰，那是它在呼吸呢。”

“不过，我还有一件事不太明白，现在是什么时间了？我怎么一点都不知道现在的时刻，是不是又该吃晚饭了？”

“吃晚饭？我看恐怕是吃午饭吧。没准我们是从昨天睡到了今天。”

“那么，我们就足足睡了一天一夜了。”康塞尔插话道。

“我想是这样的。”

现在，我们又感到一阵饥饿。可是，侍者没有像期待的那样及时出现。尼德·兰等得很不耐烦，他像猛兽一样绕着船舱来回走动，并不时用脚和拳头击打舱壁。可是，整个船舱仍然是死一般的寂静。

我觉得我们会困在这里被饿死，这个可怕的念头缠绕着我，使我丧失了理智，完全陷入一种恐惧之中。这时，门打开了，那个侍者出现了。我还来不及上前拦阻，这位加拿大人就已经朝那个可怜人猛扑了过去，并将他打倒在地，扼住了他的喉咙。侍者被尼德·兰强有力的大手掐得几乎喘不过气来。就在我和康塞尔正准备上去阻止的时候，我突然听到了几句法语。

“别着急，尼德·兰师傅，还有您，教授先生，请听我说！”说话的人正是这艘船的船长。

听到这些话，尼德·兰立即站了起来。侍者被扼得几乎透不过气来，然而他并没有表现出任何对尼德·兰的不满，而是在他主人的示意下，踉踉跄跄地走了出去。

船长倚在桌角旁，沉默片刻之后，用一种平静的、富有感染力的声音说道：“先生们，我会说法语、英语、德语和拉丁语。我本来可以在我们初次会面的时候就回答你们，但我想先认识你们，然后再考虑接下来的行动。现在，我已经确定了你们的身份：巴黎自然博物馆的教授皮埃尔·阿龙纳斯，您的仆人康塞尔，美利坚合众国国家海军驱逐舰‘林肯号’上的捕鲸手尼德·兰。”

这个人的法语流畅自如，不带一点口音。他用句准确，遣词恰当，表达能力很强。然而，我还是“感觉”不出他是我的一位同胞。

第五章　尼摩船长

随后，尼摩船长喊了一声，一个侍者走了进来。船长用我听不懂的语言对他吩咐了几句。然后，他转过身来，对尼德·兰和康塞尔说："请去你们的舱房里进餐，那里已经准备好了，请跟这个人走吧。"于是，饥饿的康塞尔和尼德·兰赶紧跟着侍者走出了这间牢室。

"现在，阿龙纳斯先生，我们的午餐已经准备就绪，请让我来给您带路吧。"

我跟在尼摩船长身后，来到一间餐厅。餐厅里的装饰既高雅又朴素，两边各自放着一个高大的橡木餐柜，上面有乌木的装饰花纹。餐柜由一些隔板隔开，这些隔板都呈流线型，上面摆放着一些贵重的陶器、瓷器和玻璃器皿。天花板上的图案精美极了，灯火透过来也显得分外柔和。餐桌正中是一桌丰盛的菜肴，尼摩船长向我指了指我的座位。他对我说："请自由地品尝。”

这顿午餐有好几个菜，全是海产，其中有几样菜我不知它们究竟是什么。尼摩船长似乎猜着了我的心思，于是，他主动回答了我渴望向他提出的问题。

“这些菜，大部分您都不认识，”他说，“不过，您不必担心，尽管吃吧。这些菜是干净而又富有营养的。很久以来，我都没有吃陆地上的食物，可我的身体并没有因此而受到影响。我的船上的人，个个精力充沛，他们所吃的全都跟我一样。”

“这么说，”我问道，“所有的食物都是海产品了？”

“是的，教授先生，大海向我提供我所有需要的东西。大海中的物品实在太丰富了，有时我拉网上来时，网都快被撑破了。偶尔我会去大海中那些很少会有人去的地方打猎，捕捉那些生活在海底森林里的猎物。我有一群海里的牲畜，它们都生活得无忧无虑，在海底无边无际的草场上悠闲地吃着草。它们是我的一笔巨大的财富。”

我很吃惊地盯着他，问道：“先生，我明白您的网兜满足了你们对鱼类的需要。但是我很难想象您是怎样在海底打猎的。更让我不解的是，您的餐桌上竟然会出现肉，尽管不是很大块。”

“先生，”船长回答道，“我从来不吃陆地动物的肉。”

“那这是什么？”我指着盘子里仅剩的几片里脊肉问道。

“哦，这不是肉，教授，它们只是海龟里脊。这盘是海豚肉，可能看起来很像猪肉。我们的厨师非常出色，他们做出来的东西味道都很不错。您可以品尝一下这些菜。这个是鲜海参，这个是用鲸的奶制成的奶油，这个是从北部海洋的大海藻里提炼出来的。再看看这个银莲花果酱，它的味道和陆地上的那些果酱一样味道鲜美。”

我把所有的菜都品尝了一遍，与其说是嘴馋，不如说是好奇。同时，尼摩船长那些不可思议的故事也深深地把我吸引住了。

他说：“大海——这奇妙的、取之不尽的生命之源，它不仅给我吃的，而且还给我穿的。我的衣食住行都要依赖大海。您现在身上穿的衣服是由一种贝壳类的足丝织成的，上面染了古代人喜爱的绯红色，而且还调配了我从地中海海兔毛中提取的紫色。您在您舱房梳妆台上看到的香水，是海产植物经过蒸馏制成的产品。您睡的床是用海洋里最柔软的大叶藻做的。您使用的笔是用鲸的触须做成的，墨水是墨鱼或枪乌贼的分泌物……现在，大海给了我一切，有朝一日我一定如数奉还！”

“您是真正热爱大海，先生。”

“是的，我热爱大海。大海就是一切！大自然包含的矿物界、植物界、动物界在大海中是照样存在的。大海是大自然的一个巨大宝藏，而且地球是始于大海的，那么它也很可能要回归大海。在陆地上，那些独裁者们滥用权力，甚至在海面上相互搏斗，但是在海面以下 30 尺的地方，所有的权力都荡然无存了。在这里人类的一切暴行都终止了，他们的影响消失了，他们也就没有威势了！ 啊！ 先生，要生活，就生活在海中吧。唯有在海洋中才有独立！ 啊，先生，你一定会喜欢这里的，在大海里生活才可以得到自由。我就是这样。在这里，我是自由自在的！”

尼摩船长说到兴高采烈之处，突然间停了下来。或许他这才意识到自己可能太过忘乎所以了。于是他来回地踱着步子，情绪依然十分高亢。过了一会儿，他的情绪安定下来，脸上又出现了那惯有的冷漠神态。他转过身来，说道：“现在，教授先生，如果您愿意参观‘鹦鹉螺号’，就请跟我来吧。”

这时，餐厅后部的双重门打开了，尼摩船长带着我走进了一个大小与我方才离开的餐厅差不多的房间。

这里是图书室。高大的紫檀木书架上镶嵌着铜饰，一层宽大的隔板上摆放着许多装帧一致的书籍。书架沿着室内的四壁放置，内侧正对着一排栗色的皮质长沙发，沙发曲度合适，坐上去十分舒服。此外，室内还有一些轻巧的活动书案，可以随意移动。室内中央有一张大桌子，上面放满了小册子，其中有些像是过期的报纸。这和谐的布局沐浴在电光之中，更显得精美。

主人刚坐在沙发上，我就说道：“尼摩船长，您的这间图书室简直可以和宫廷里的图书室相媲美了。您在海底遨游，竟然还可以带着这样一间图书室，真是令人惊叹不已。”

“现在到哪儿还能找得到像这样安静的去处呢，教授先生？”尼摩船长说道，“我想，在您那自然博物馆的办公室里，恐怕也不可能得到如此彻底的放松吧。”

“是的，不能，先生。在您这样的图书室面前，我那间图书室简直羞于提起了，实在是不能相提并论。您这里的藏书估计有六七千册吧。“

“阿龙纳斯先生，这里藏书12000册。这些书是我同陆地的唯一联系。但自从我的‘鹦鹉螺号’首次潜入水中的那一天起，人世间对我就不复存在了。那一天，我买了最后一批书籍报刊。现在，教授先生，这些书就交由您支配，您可以随意使用它们。”

“先生，”我对船长说，“很感激您允许我使用您的这间图书室。这里有这么多科学方面的书籍，够我好好地研究一番了。”

“这儿同时还是一间吸烟室。”尼摩船长说。

“吸烟室？”我惊讶得叫了起来，“您的意思是说在船上可以抽烟。”

“是的。”

这时候，尼摩船长打开了图书馆内的另一扇门，带我进入一间宽敞明亮、富丽堂皇的客厅。

这是一间长方形的大厅。天花板上装饰着淡雅的阿拉伯式图案，放射出白昼般柔和的灯光，照耀着这座大厅内的各种珍藏。这里可以说是一间画室，各种天然的和艺术的珍品随意地散落着，凌乱却又不失艺术品位。这里简直就是一所博物馆，一座艺术的天堂！

这里陈列着各种各样珍稀的植物标本、软体动物标本，以及一串串流光溢彩的珍珠。我无法估算出这些收藏的价值，也很好奇主人到底花了多少钱来满足自己的收藏爱好。正在我疑惑时，他说话了：

“教授先生，您在观察这些贝类标本。对于您这样的博物学家来说，您对它们感兴趣丝毫不觉得奇怪。可是对于我来说，它们对我的价值在于，我探索了地球上所有的海域才收集到了这些。”

“船长，我相信欧洲没有一座博物馆能拥有这么多珍藏。虽然我对这些珍宝竭力赞赏，可我对于运载它们的这艘船更觉得好奇。它所拥有的动力、运转的方式等一切都使我感到惊异。我看见这间客厅四壁悬挂着的一些仪器，可我对它们的用处却一无所知。您能否向我介绍一下它们的用处呢？”

“阿龙纳斯先生，”尼摩船长回答我说，“您在我船上是自由的，‘鹦鹉螺号’上的任何位置都是向您敞开着，您都可以详细地察看。当然，我也十分乐意为您当导游。”

“我真的非常感谢您，先生。但我不会提出太过分的要求。我只是想问问您，这些仪器是用来干什么的？”

“教授先生，我的房间里就有这样的仪器，我可以带您到我的房间里来看看。不过您还是先看一下您的住处吧。”

说着，尼摩船长带着我经过客厅里的一道隅角斜门，朝船艄走去。在那里，我所看到的并不是一间舱室，而是一间有床、梳妆台以及有各式家具的雅致房间。

我对主人的款待表示友好的谢意。

接着我跟着他走进了挨着我的住处的一个房间，里面的陈设极其简单，而且光线很暗淡，真没想到这是船长的房间。

“先生，”尼摩船长指着挂在房间墙壁上的仪表对我说，“这些就是‘鹦鹉螺号’航行时所需要的仪表。在这里如同在客厅一样，我总是盯着这些仪表，它们给我指出我在大海大洋之中确切的位置和方向。有些仪表您是知道的，比如说温度计，标明‘鹦鹉螺号’的船内温度；晴雨表，测量大气压力，同时预告气候变化；湿度计，标示空气的干湿程度；风暴镜，其中的混合物一旦分解，就预示暴风雨即将来临；罗盘仪，为我指示航道；六分仪，通过测量太阳的高度，告知船所处的纬度；经线仪，能让我计算出船的经度；最后就是日间和夜间所使用的望远镜了，当‘鹦鹉螺号’浮出水面的时候，我可以用它来观测天际四周。”

“这些都是航海家常用的仪器，”我回应道，“我了解它们的用途。可是，还有一些仪器，我猜想那些一定是为了满足‘鹦鹉螺号’的特殊需要而配备的。比如说，我看到的这个刻度盘上有一根能走动的针，它是流体压力计吗？”

“没错，这的确是一个流体压力计。让它与海水接触，就可测出海水的外部压力，我便可以因此得知我这艘船的吃水深度。”

“这些新式探测仪是做什么用的呢？”

“这是深度探测仪，用来报告各水层深度。”

“另外一些我猜测不出用途的仪器呢？”我穷追不舍地追问。

“教授先生，”尼摩船长说道，“请您耐心听我说吧。”

他静默了一会儿，然后说道：“这里存在着一种原动力。这种原动力强大、快捷、方便。它具有各种各样的用途，船上的一切全都靠它。它给我光，给我热，它是我所有机械的灵魂，这种原动力就是电。”

“电！”我惊讶得大叫了起来。

“确实是的，先生。”

“可是，我的船长，我无法想象仅仅靠电的动力，您的船就可以开得如此快。众所周知，到现在为止电只能产生一些微弱的动力。”

“教授先生，我说的电可不是普通的电。”尼摩船长答道。

为了解答我的困惑，尼摩船长仔细地向我解释说，船上有一种特殊的发电机械，它的原料不是陆地上的锌，而是取自海中的钠。钠与汞混合，成为一种用以替代本生蓄电池单元里锌元素的合金。实际上，钠电池的动力要比锌电池大得多。

在向我解释了“鹦鹉螺号”的动力之源后，尼摩船长又向我介绍了关于呼吸的问题。

第六章　一封邀请信

尼摩船长似乎觉得和我谈话十分愉快，他心血来潮地提议道：“教授先生，如果您有兴趣的话，我们做一次环球航行，现在我们就准确地记下我们所处的方位，确定这次航行的出发点吧。”

船长按了三次铃，抽水机开始把储水池的水排出，气压表上的针从不同的气压度数指出“鹦鹉螺号”的上升运动，后来船停住了。

船长说：“我们到了。”

我走上通往平台的中央扶梯。我脚踏着一层层金属梯级，经过打开的铁盖板来到“鹦鹉螺号”的上部。平台浮出水面将近 80 厘米。“鹦鹉螺号”前头和后部现出像纺锤一样的形状，就好像一根长长的雪茄烟。我观察着船身上的钢板，很像爬虫类动物身上的鳞甲。此刻，我心中豁然开朗，即使用最好的望远镜，这艘船也会被认为是一只海洋动物。

在平台中间，有一只小艇半藏在船壳中，从外面看上去好像是一个微微凸出的瘤。此时海上风平浪静，天空晴朗无云。长长的船身几乎感觉不到海洋的巨大波动。一阵轻微的风吹皱了海面，天际清朗，可以望得很远。暗礁、小岛、“林肯号”都不见了，望见的只是一片汪洋的海水。

尼摩船长带着他的六分仪，测量了太阳的高度，以明确“鹦鹉螺号”所处的纬度位置。

“正午时分，”他说，“教授，我们要出发吗？”我最后望了一眼海面，然后回到了客厅。

船长标记下了方位，极其准确地计算了经度，然后对我说道：“阿龙纳斯先生，我们现在处在西经 137 度 15 分。”

“您是根据哪种子午线算出来的？”我急忙问道，希望船长的回答能够泄露出他的国籍。

“先生，”他回答，“我有各种不同的精密时计，根据巴黎、格林尼治和华盛顿子午线计算都行。但是，由于您的关系，为了向您表示我的敬意，我今后将使用巴黎子午线计算。”

这个回答让我一无所获，我只得点了点头。

突然，光线透过两个椭圆形的孔洞，从客厅周围射了进来。海水在电光的照射下显得明晃晃的。两块水晶玻璃将我们同海水隔开。起初，我想到这脆弱的隔板会发生破裂，心里就不住地发颤，但强有力的铜框架支撑住了隔板，并赋予它近乎无限的抵抗力。

在距离“鹦鹉螺号”1海里的范围内，海水清晰可见。多么奇妙的景色啊！一般来说，阳光可以穿透海底300米的深度。但是我们乘坐的这艘“鹦鹉螺号”所经过的这片海域，仿佛是水里发出了一道电光，好像是光在流动着，而不是水了。

后来的几天里，尼摩船长一直都没有出现。直到11月16日，当我同尼德·兰和康塞尔一起回到我房中的时候，我发现一张写给我的字条。

我迫不及待地将字条展开。字条上的字写得潇洒、清晰，而且有点哥特字体的韵味，并令人想起德文字体来。条子上的内容如下：

“鹦鹉螺号”船上的阿龙纳斯教授先生启

1867年11月16日

尼摩船长邀请阿龙纳斯教授先生参加明天早晨在克利斯波岛上森林中的一场狩猎活动。他期望教授先生在场，同时很愿意看到其同伴和他在一起。

“鹦鹉螺号”船上指挥官尼摩船长

“一场狩猎！”尼德·兰喊道。

“而且是在克利斯波岛上的森林中！”康塞尔补充着说。

“那么他要到陆地上去了，这个怪人？”尼德·兰又问道。

“我觉得，这一点信中写得非常清楚了。”我将信再看了一遍，说道。

“那么，应当接受邀请！”这位加拿大人立马回应道，“一旦踏上坚实的陆地，我们就可以考虑我们的逃离打算了。再说，还能够吃到新鲜的野味，我还是非常高兴的。”

尼摩船长一直对大陆和岛屿十分反感，现在却邀请我们去林中狩猎，我搞不清楚其中的原因，只是回应道：“我们还是先看看克利斯波岛是什么样子吧。”

于是，在平面球图上在北纬 32 度 40 分、西经 167 度 50 分的地方，我找到了一个小岛。这个岛屿是 1801 年由克利斯波船长发现的，古代的西班牙地图却都命名它为洛加·德·拉布拉达，意即“银石”。

11 月 17 日，我一觉醒来，觉得“鹦鹉螺号”停止不动了。我赶紧穿上衣服，并走进了客厅，尼摩船长正在那里。

“先生，”我说道，“请允许我向您提个问题。”

“您提吧，阿龙纳斯先生，只要是我能回答的，我一定会告诉您。”

“那好，船长，既然您已经同陆地断绝一切联系，为什么您在克利斯波岛上会拥有森林呢？”

“教授先生，”船长回答，“我所拥有的森林不需要太阳，也不需要它的光和热量。狮子、老虎、豹子，任何四脚兽都不会出没于林间。只有我才晓得这些森林，森林只为我一个人而生长。它不是陆地上的森林，而是海底的森林。”

“海底的森林！”我大声说道，“怎么可能？”

“当然有可能。”

“我们是要走着去吗？”

“是的。根本就不会弄湿脚。”

“一边走一边打猎吗？”

“是的。”

“手里还拿着枪？”

“是的。”

接着，我在尼摩船长的带领下来到餐厅，他嘱咐我要多吃一点，以免到打猎的时候饿肚子。过了一会儿，他才向我解答了我的疑问。

“人类只要拥有必要的潜水用具，即使是在水中也能生存……”尼摩船长耐心地解释道，“当然这不是一般的潜水衣，而且我们使用的压缩空气筒是由厚厚的不锈钢制的，里面装着50个大气压力压缩的液体空气。我们可以把它背在身上，这么一来就可以自由呼吸9到10个小时。因为在海底还要承受比较强大的压力，所以我们必须佩戴钢制的潜水帽。另外，我们还配备了一种用压缩空气击发的猎枪。它的子弹是一种输入高压电的小玻璃球，只要稍稍碰上目标就会爆炸。”

“您还有什么疑问吗？”船长问道。

“嗯，我还想知道我们在海底靠什么来照明。”

“先生，是一种叫作鲁姆科尔富的照明灯。行动的时候，钢瓶是背在背上的，而照明灯则系在腰间。照明灯里面装的是一组电池，电池里的物质则是重铬酸钠。电是通过一个感应线圈被收集起来的，然后再被传送到一盏特制的灯里。灯管里含有一丁点的二氧化碳。只要打开开关，气体便会散发出一种连续的白光。”

接着，尼摩船长领着我朝“鹦鹉螺号”的后部走去。经过尼德·兰和康塞尔的舱房门前时，我叫上我的两位同伴跟着我们走了。过了一会儿，我们来到了前面靠近机房的一间小屋里，我们将在这里穿上猎服。

第七章　美丽的海底世界

这间小屋应该是“鹦鹉螺号”的军火库和储衣间，墙上挂有12套潜水服。

尼德·兰看到这些潜水服，表现出一副讨厌的神情，看来他是实在不愿意穿。他耸了耸肩膀，说道：“除非是别人强迫我穿上，不然的话，我是决不会套进到这种衣服里面去的。”

“没人强迫你穿，尼德·兰师傅。”尼摩船长说道。

“康塞尔也要去冒险吗？”尼德·兰问。

“先生去哪儿，我就去哪儿。”康塞尔答道。

两个船员走过来帮我们穿上那沉甸甸的潜水服。这衣服是用橡胶做的，没有缝隙。上衣和裤子连在一起，裤子下面是厚厚的鞋，鞋底装有沉重的铅板。上衣的质料全是薄铜片，像护胸甲一样，可以防止水压压抑胸部，以使肺部自由呼吸；衣袖与手套连在一起，手套柔软，一点都不妨碍手的活动。18世纪发明的潜水衣服，例如，树皮胸甲、无袖潜水服、入海服和潜海筒等，与眼前的这种潜水衣相比，还存在着相当大的差距。

尼摩船长、他的一位同伴——一个大力士、康塞尔和我，我们都很快穿上了这些潜水衣服。在将那金属圆球套到头上之前，我想熟悉一下我们的猎枪。于是，一支看似很普通的猎枪递到了我的手里。枪托由钢板制成，枪托里装有一个子弹夹，里面大约有 20 发子弹，通过弹簧的弹力，子弹便能够轻松上膛了。所以，子弹可以一发接着一发地打出去。

"尼摩船长，这支枪很不错，很容易上手，"我说道，"可是我们到底是如何抵达海底的呢？"

"您将会知道的。"

尼摩船长将头套进圆球帽里。康塞尔和我也都照着他的样子做了。这时，我们还听到那位加拿大人向着我们说出"祝你们狩猎愉快"这么一句带有嘲讽的话。

我们的衣服上部是一个用螺钉铆住的铜领子，领子上钉着一个金属的头盔。头盔上面有三个用厚玻璃防护着的孔，只要人头在圆球内随意地转动，就可以看清楚各个方向。脑袋一套进圆球帽，我们背上捆着的卢格洛尔呼吸器便开始运作起来，我觉得呼吸十分顺畅。

我腰挂鲁姆科尔夫灯，手持猎枪，就这样整装待发了。但是说实话，由于身受这沉甸甸的衣服的束缚，双脚又被铅做的鞋底压贴在甲板上面，我觉得连走路都是相当困难的。

我感觉到身后有人把我推进了与藏衣室相连的一间小屋里。我的同伴，也跟在我之后被拖了进来。接着，我听见一道装有紧塞阀的门在我们身后“砰”的一声关上了，于是我们处在一团漆黑之中。几分钟过后，一声尖厉的呼啸传入我的耳中。我感觉有一股冷气自脚底一直蔓延至胸部位置。显然是有人拉开了船上的水阀，让外面的水向我们涌来，这间小屋也随即充满了水。这个时候，“鹦鹉螺号”船侧的另一道门也被打开了。片刻之后，我们的双脚便行走在海底了。

阳光一直照射到海面下 30 英尺处的海底，它的穿透力令我感到十分惊奇。阳光辐射轻而易举地穿透水层，驱散着水中的颜色。我能够清楚地分辨出百米之内的物体。百米之外，海底微微呈现出渐次显弱的云青色，在远处变成浅蓝色，并消失在一片模糊的黑暗之中。

我觉得这包围着我的海水仿佛就是另一种空气，只不过它比起陆地上的空气密度要大一些，而透明度则是相差无几的。在我的上方，我所看到的是一片平静的大海海面。

我们在一种细腻、平滑、没有褶皱的沙上行走，这沙子如同海滩上的沙一般，留有涨潮时的痕迹。它仿佛是一块令人眼花缭乱的地毯，正在极其强烈地将太阳光反射开去。大片的反射光将海水照得一片明亮。我踩在这片闪亮的沙地上走了一刻钟。在船身上那盏灯的照射下，我们可以清晰地看到海底的一切，这是陆地上的人很难想象的，因为他们看到的海面是白茫茫的一片。过了一会儿，我看到了一些奇特而美丽的岩石，上面还生长着一些漂亮的植虫类动物。

此时已经是上午 10 点了，阳光洒下来，斜照在海面上。海底的花草、礁石、贝壳、珊瑚虫等在光的照射下变得异常美丽，好似一幅色彩缤纷的美丽画面。

不一会儿，海底变得跟之前不一样了。脚下细细的沙滩不见了，取而代之的是一片很黏的泥沙。接着，我们又来到一片海藻地。我们走在上面就像走在软软的地毯上似的。不仅我们的脚下是海藻，在头顶漂浮的也是海藻，这里整个是一片绿色的长廊。真是一大奇观！

快到中午的时候，阳光直直地射了下来，刚才那种美丽缤纷的颜色也消失了。这时海底已经有些倾斜，我们已经到达水下 100 英尺的深处，然而我感受不到一丁点的压力。

就这样穿着笨重的潜水服，我们在海里连续走了两个小时，然而我却感觉不到疲倦，真是令人诧异。到了 300 英尺深度处，我还能看得见阳光，不过很微弱。这个时候，尼摩船长停了下来，同时指着不远处阴影里渐渐显露出来的好几堆模糊不清的东西让我看。这时，我才发现我们终于来到这片森林的边缘，这兴许是尼摩船长他那无边无际的领地之中最为美丽的一处。

海底的灌木都高大得如同温带树木，在它们阴影的那一面生长着一片片的荆棘丛。一排排的植虫动物在树枝间穿来穿去，就像一群群的鱼儿在那里游来游去。

将近 1 点时分，尼摩船长发出了休息信号。我对这一做法十分满意，于是，我们便在一个海草华盖下面躺了下来。这片刻的休息令我感觉惬意。美中不足的是我们彼此之间不能交谈。没办法，我只好把我那笨重的铜头帽挨近康塞尔的头部位置。我瞥见这位冷漠的年轻人眼里闪现出兴奋之光，而且，他还在其护身壳里扭动着身体，做出最为滑稽可笑的样子，以表示自己那种满意的心情。

然而令人十分惊异的是，我们在海底漫游了足足 4 个小时，竟然没有一丁点饥饿的感觉。不一会儿，我的眼睛便闭拢起来，我陷入了一种无法克制的昏睡之中，而在此以前，我只是靠行走来阻止这种昏睡。这时，尼摩船长和他那位强壮的同伴都已经躺在那晶莹透亮的水晶体之中了，他们在给我们做睡眠的示范。于是我们学着他们的样子躺了下来。

我不知睡了多久，当我醒来的时候，尼摩船长已经醒来了，而我也开始伸展着四肢，就在这个时候，一个意外的发现吓得我一下子站了起来。

就在距离我们几步之遥的地方，有一只一米高的巨形海蜘蛛，它在斜眼注视着我，正想向我扑来。尽管我穿的潜水服相当厚，可以保护我，但我还是忍不住打了一阵寒战。

这时，康塞尔和那位“鹦鹉螺号”上的同伴也都醒过来了。尼摩船长朝他的同伴指了指那只可怕的甲壳动物，他的同伴立即给了它一枪托，这个怪物非常难看的脚爪猛烈抽搐着，后来便一动不动了。

休息之后，尼摩船长并没有带我们返回“鹦鹉螺号”，而是继续进行他那大胆的海底远足旅行。海底仍然呈现着一种倾斜的坡度，我们已经到了海底的更深处。虽然没有经过仪器的测量，不过我还是可以断定这里已经是海底下面150英尺的地方了。这时海水已经在慢慢变暗，于是我们便摸索着前进。

突然，一道刺眼的白光照了过来，原来是尼摩船长打开了他的灯。于是，我和康塞尔也学着他的样子把灯打开了。当我们走向森林中更幽深的地方时，发现灌木越来越少了，而且，植物减少的速度要快于动物减少的速度。土地的黏性也在减弱，深海植物慢慢地没有了踪影，而一些神奇的动物却还大量地存在着，比如植虫动物、节肢动物、软体动物以及鱼类等。

大约在4点钟，这次令人惊奇的海底徒步旅行结束了。在我们前面，矗立着一座由一大堆岩石组成的壮观的高墙。那是巨人般的岩石层，花岗岩的峭壁，上面形成一些阴暗的岩洞，但是没有可供攀登的坡道。这里就是克利斯波岛的边缘，而上面就是陆地。尼摩船长突然停了下来，他向我们做了一个停止的手势。

尽管我很想穿过这道墙，但也只好止住脚步。尼摩船长的领地到这里终止了，他不愿意越过这个界线。因为再往前走，那便是他不肯涉足的地球的陆地部分了。

我们开始往回走，尼摩船长仍旧走在前面，他始终是毫不犹豫地朝前走。很快我发现我们并不是按照原路返回的。这条新路很陡峭，走起来非常艰难，但这能让我们很快接近海面。很快，亮光又出现了，而且变得更加强烈了。同时，太阳已经处在天际的低处，阳光的折射重新给那些各色各样的物体都套上了七彩光环。

突然，我依稀看到船长举起了枪，“砰”的一声，一只海獭倒下了，它有 1.5 米长，要是在俄罗斯和中国的市场上一定价值不菲。尼摩船长的同伴走过去，捡起猎物，扛在肩上。

我们继续在细沙平原上走着，而我们的倒影清晰地映照在水中。我们的身影在我们的上方头朝下地走着，而且我们还可以看到一些云彩飘过，后来一想，那应该是一些细碎的浪花。

接着，一只大鸟从我们的头顶飞过，尼摩船长的那位同伴举起枪，一下子击落了那只大鸟。他捡起了那只大鸟，是一只美丽的信天翁。

这两个小时，我们一会儿走在平原上，一会儿走在海藻上，走在海藻上十分费劲，我们都有些体力不支了。走着走着，我们隐约看到前方有朦胧的亮光，那是来自“鹦鹉螺号”的光。看来，我们很快就可以回到船上，又可以自由地呼吸了。可是这时却发生了一件意外的事。

我走在尼摩船长身后大约 20 步远，我看到他突然转身向我走来。他用他那强有力的手将我按倒在地，而他的同伴对康塞尔也做出了同样的举动。当我抬起头时，我发觉有一些巨大的躯体在喧闹着游过来，同时泛着磷光。我认出了那是凶猛异常的角鲨。因为这些贪食动物的眼力并不太好，尽管它们那淡褐色的鱼鳍已经碰触到了我们的身体，但它们还是没有发现我们，我们侥幸逃脱了。

半个小时后，在那道电光的导引下，我们终于安全地到达了“鹦鹉螺号”停泊的地方。

在储衣室内，我们费劲地脱下了潜水服。等回到房间时，我已经精疲力竭了，但我感到很满足。我完全沉浸在这次惊人的海底徒步旅行之中，美丽的海底世界的确令我感到惊奇、赞叹。

第八章　瓦尼科罗群岛

11 月 18 日的早晨，我完全从前一天夜里那种疲劳状态中恢复了过来。走上平台呼吸新鲜空气的时候，我看到“鹦鹉螺号”上的大副正在测量我们所在的位置。

在我欣赏着海洋这般壮观的景况时，尼摩船长出现了。

他似乎没有发觉我在那儿，便独自一人开始了一系列的天文观测。过了一会儿，他的观测结束了，他就走到这船的舷灯笼壁处，将手肘依托其上，同时在仔细地察看着海面。

这个时候，有 20 多名身强力壮的“鹦鹉螺号”上的水手也登上了平台。他们来收拾昨晚撒在船后面的渔网。渔网拉上来了，这是些拖网，同诺曼底沿海渔民使用的相似，是由一根漂浮的横木和一个巨大网袋组成的。这些网袋挂在船上的铁框上，在海底拖着，可将遇着的所有海底动物一网打尽。这一天，捕捞上来的一些鱼类，新奇品种有很多。捕来的鱼装入船舱，船上储备的空气更换了，我想“鹦鹉螺号”应该又要去海底旅行了，于是我打算回到我的房间里去。

这时候，尼摩船长转身对着我，突然说道：

“瞧这海洋，教授先生，它不正是被赋予了真正的生命吗？它不是也有发怒和温柔的时候吗？昨天，它像我们一样酣睡着，经过一夜的修整之后，它又苏醒过来了。”

“大海就像动物一样，有着属于它自己的循环系统，有脉搏，有血管，会痉挛。”尼摩船长并没有等待我给他一些肯定的答复之类的语言，而是继续自顾自地往下说，也许他只是在自言自语，并不是跟我在讲话，偶尔的停顿不过是在思考而已。

“海洋中不仅拥有真正的循环系统，还含有丰富的盐类。各种动植物在海底生长着，它们比在陆地上的那些动植物更具有生命力和活力。海洋就是它们的栖息之地。将来如果可以的话，我还打算建设水中城市、海底住宅群，就像‘鹦鹉螺号’那样，每天早上浮上水面来呼吸。那将会是自由的都市，独立的城邦！”尼摩船长以一个强而有力的手势结束了他的这番话。

11 月 26 日凌晨 3 点，“鹦鹉螺号”在西经 172 度越过了北回归线。27 日，它与夏威夷群岛遥遥相望。从出发到现在，我们已经走了 4860 海里。

这天一大早，我便登上平台，望见了位于下风 2 海里处的夏威夷岛，它是形成这个群岛的七个岛屿当中最大的那一个岛屿。

时间飞快地滑过，“鹦鹉螺号”沿着东南方向继续前进。

不过，偶尔我们也会目睹一系列海难事故。

12 月 11 日，我整天都在客厅看书。尼德·兰和康塞尔通过打开的嵌板，注视那明亮的海水。

“鹦鹉螺号”停住不动了。它的储水池满装着水，停在水深 1000 米的地方，这是海洋中很少有生物居留的区域，只有大鱼偶然在这里出现。

“请先生来一下行吗？”康塞尔很惊异地对我说。

“有什么事，康塞尔？”

“先生请来看吧。”

我站起来，走近玻璃，向外看。在电光照耀中，我看见一团巨大的黑东西，静止不动，悬在海水中间。我很留心地观察它，想方设法辨认这条巨大鲸类动物的性质，但心中忽然醒悟，喊道：“它是一艘船！”

“是的，”尼德·兰回答，“一艘撞在暗礁上沉了的船！”

尼德·兰并没有弄错。我们面前是一艘船，船沉下来最多不过是几个小时以前的事。三根断了的桅杆从甲板上 2 英尺高的地方被砍了下来，表明这艘遇难的船不得不把桅樯牺牲了。但船是侧躺着的，内部装满了东西，这表明船是向左舷倾斜的。这种撒落在波涛中的残骸的景象，看来实在是十分凄惨。更为凄惨的是，甲板上还有躺着挂在绳索上的尸体！我看见有四具尸体——四个男子，其中一人站在舵边，还有一个妇人手中抱着一个小孩，在船尾眺板格子上站着。这妇人还很年轻。

通过“鹦鹉螺号”电光的照射，我可以看出那位妇人那还没有被海水所腐蚀的面容。她在做最后的努力，把小孩举在她头顶之上，这可怜的小生命正用两只小手抱着妈妈的脖子！四个水手的姿态我觉得非常吓人，因为他们身躯抽搐得不成样子，他们在做最后的努力，摆脱那把他们缠在船上的绳索，然后才死去。唯有那个看航路的舵手比较镇定，面貌很清楚、很严肃，灰白的头发贴在前额，痉挛的手放在舵轮上，他好像是在深深的海底驾驶着他那艘遇难的三桅船！

多么可怕的场面！我们都沉默了，一声不吭地看着那里，在这真实的沉船事故面前，可以说在这最后一刻坠下来的沉船景象面前，我们的心跳动得厉害！我又看见了一些巨大的鲛鱼，它们被这人肉的饵物所吸引，已经向前游来了！

在此之后的一段时间，我们都在船上过着很封闭的生活。

12 月 11 日，我们望见了帕摩图群岛——之前被称作布干维尔岛。它被人们看作“危险的群岛”，在珊瑚虫的作用下，岛屿不断地向上生长，将来新的岛屿就会与附近的岛屿连成一大片。如此，第五大洲也将会出现。当某一天我跟尼摩船长说起这些的时候，他的态度十分生冷地说道：“地球上不需要那么多新大陆，而是需要新的居民。”

正在我们说着的时候，“鹦鹉螺号”朝着克莱蒙特·托尔内岛——这些群岛中最奇异的一个岛——开了过去。于是，借着这一机会，我刚好可以将构成太平洋上这些岛屿的石珊瑚好好研究一下。在快要到傍晚的时候，克莱蒙特·托尔内群岛远远地看不到了，而此时“鹦鹉螺号”的航线也开始改变。

12 月 15 号，我们从美丽的社会群岛和太平洋上的“明珠”塔西提岛经过，此时我们已经行驶了 8100 海里的距离。接着，我们的船又经过了汤加·塔布群岛和航海家岛，维提群岛、怀莱阿湾。每座岛屿和港湾都有它们自己的历史。

12 月 25 日，“鹦鹉螺号”正行驶在新赫布里迪群岛中间。这天是圣诞节，尼德·兰为不能欢度圣诞节而深感遗憾。

这时，我有一个星期没有见过尼摩船长了，直到 27 日早晨，他走进客厅的那一刻，我正在平面图上查看“鹦鹉螺号”所行经的路线。船长走过来了，同时用手指指着航海图上的一点，只说了一个词：瓦尼科罗群岛。

“我们要去这个地方吗？”

“是的，教授。”

“我们什么时候可以到达？”

“已经到了，教授。”

我走上平台，尼摩船长跟在我身后。站在平台上，我的眼睛贪婪地向着天际浏览凝望。

第九章　托列斯海峡惊魂

1868 年 1 月 1 日清晨，我站在平台上，迎着海风，思绪万千。这时，康塞尔走了过来，对我说道："教授先生，今天就是新的一年了。我给您拜年，祝您一年顺利，好吗？"

"那还用问吗？康塞尔，就像从前我在巴黎，在植物园中我的工作室中那样，我接受你的祝贺。不过，我倒要问问你，就我们目前的处境，你说的'一年顺利'是什么意思？这是将使我们在船上的囚禁结束的一年呢？还是仍然继续这奇异的游历旅行的一年呢？"

"我的天啊，"康塞尔回答，"我都不知道该怎么回答了。我们的确看到了许多稀奇古怪的事物，两个月来，我们没有感到一点厌烦。如果一直这样下去，我真不知道将来结局怎样。可是我觉得我们永远找不到这种机会了。"

"永远找不到了，康塞尔。"

“还有，尼摩船长，他这个人就像他的名字一样，好像并无其人似的。”

“康塞尔，你的意思是什么呢？”

“如果先生让我说，我想顺顺利利地度过这一年，就是可以让我们看见一切的一年……”

“康塞尔，你想看见一切吗？那需要的时间太长久了。可是尼德·兰的想法又怎样呢？”

“尼德·兰的想法恰好跟我相反，”康塞尔回答，“他是很实际的人，而且食量大得惊人。看鱼和吃鱼，并不能使他满意。”

“康塞尔，我现在的苦恼并不在于吃喝上。我对船上的饮食安排还是比较满意的。”

“我也一样，”康塞尔回答，“所以，我想留下，尼德·兰师傅却想逃走。所以，新开始的这一年，如果对我是不顺利的，那么对他将会是顺利的；反过来也是这样。那么我们两人中总有一个满意的人，也总有一个不满意的人。最后我做个总结，我敬祝先生遂心顺意。”

“谢谢，康塞尔。不过新年礼物可要推迟了，不如现在握个手作为庆贺新年的仪式吧。”

“先生从没有像现在这样慷慨过。”康塞尔回答道。说完，康塞尔就走了。

此时，“鹦鹉螺号”正朝着澳大利亚东北海岸的危险海域——珊瑚礁区缓缓前进。尼摩船长打算经由托列斯海峡前往印度洋。

尼德·兰知道后十分高兴，因为这条航线比较接近欧洲的海域——看来，他是要计划伺机逃跑了。

托列斯海峡靠近欧洲海域，被视为最危险的地带，这是因为海峡里不仅有丛生的暗礁，还常常有土著居民出没。正午时分，“鹦鹉螺号”来到这个凶险的海峡口上，几乎连最大胆的航海家都不敢从这里通过。“鹦鹉螺号”尽管对海洋中的一切危险都表现得不屑一顾，但是此时此地，它恐怕一样会领教到那珊瑚礁石群的厉害的。

托列斯海峡宽度仅为34海里左右，这34海里的海峡中充斥着无数的岛屿、岩礁和岩石，船只几乎无法行驶。因此，为了通过这个海峡，尼摩船长采取了一切必要的防范措施。

“鹦鹉螺号”漂浮在水面上，以中等时速行进。它的螺旋桨好像鲸的尾巴，正缓缓地拍打着海上的波涛。此时，我和我的两个同伴待在空荡荡的船顶的平台上，而尼摩船长应该是在驾驶舱里指挥着“鹦鹉螺号”。“鹦鹉螺号”的四周都翻滚着巨浪，现在的情况很糟糕。

下午3点时，浪花飞溅，海潮几乎满涨。“鹦鹉螺号”驶近了格波罗尔岛，我们沿着这个海岛行驶了至少2海里。突然，我感到船身一晃，而且摇晃得越来越厉害，我没站稳竟然一下子跌倒了。原来，“鹦鹉螺号”刚刚触到了一处暗礁。此时，它停止不动了，左舷处微微斜倾。

我站起身来，见到尼摩船长和他的大副正站在船的平台上。他们正在仔细地检查船上的情况，看看究竟是发生了什么状况，同时用他们那种令人难以理解的语言进行交谈。此刻，“鹦鹉螺号”面临着危险的处境：距离右舷 2 海里的地方是格波罗尔岛，它的海岸自北至西呈现圆弧形状，犹如一只巨形手臂，其南面和东面显露出一些退潮后浮现出来的珊瑚石尖。“鹦鹉螺号”整个搁浅在这样一种涨潮不高的水域里，想要脱险是非常困难的。

我正在想着接下来该怎么办，尼摩船长依旧一脸沉静地走了过来。

“怎么了？”我问道。

“没什么，就是一点小故障。”

“真的就是一点小故障吗？”我又说道，“也许这点小故障会使您重新做回陆地上的居民呢！”尼摩船长对我做出了一个不可能的手势，他这是在十分肯定地告诉我，让他重新回到陆地上那是万万不能的。

“尼摩船长，”我说道，“‘鹦鹉螺号’是在海水满潮时搁浅的。然而，太平洋的潮涨和潮落的落差并不是很明显。因此，我觉得这次可能将很难脱险，你有没有什么好的办法让我们摆脱这次危险？”

“您说得对，教授先生。太平洋里的涨潮是不高，”尼摩船长回答道，“但是，在托列斯海峡，高潮与低潮之间却仍然有着 1.5 米的落差。今天是 1 月 4 日，再过 5 天，月亮就圆了。到了那个时候，这颗讨人喜爱的行星一定会掀起足够的浪潮，助我一臂之力的！”

此刻，“鹦鹉螺号”距离小岛只有2海里。我、康塞尔和尼德·兰闲来没事，想驾小艇到岛上逛一逛。

“先生，我想这个‘鹦鹉螺号’没准就在此抛锚了，它在海上航行的日子已经结束了。也许，我们也要跟尼摩船长告别了。”尼德·兰说道。

“我可没对‘鹦鹉螺号’完全丧失信心。5天之后的太平洋海潮说不定可以帮上我们的忙。我们可以再等一下，到时候要是真的不行，我们再想其他的办法也不迟。”我说。

“可是我们是不是可以到附近的这个小岛上去打探一番呢？只要上了陆地，机会就有了，我们也就可能有烤肉吃了，我可真想念这些陆地上的食物。”尼德·兰又说道。

“是啊，去征求一下船长的意见吧，也许他会同意的。这样我们也好知道他究竟是不是真的对我们好。”康塞尔也说道。

令我十分惊讶的是，尼摩船长居然答应了我的请求，甚至没有要我保证一定回到船上来。我想尼摩船长知道，任何企图穿越新几内亚土地的逃亡，本身就是一种非常危险的行为。在“鹦鹉螺号”船上当俘虏，要比落在巴布亚土人手里舒坦一些。

驾驶小艇的任务落在了尼德·兰身上，第二天早晨8点钟，我们带上枪和斧头，上了小艇。这时海面上十分平静，一阵轻风自陆地上吹起。尼德·兰轻快地驾着小艇向岛上驶去。8点半的时候，我们的小艇安全地穿过了绕过格波罗尔岛的珊瑚石带，在一处沙岸边沿慢慢地停了下来。

第十章　岛上奇遇

刚一接触到陆地，我们便无法抑制内心的激动。尼德·兰使劲用脚踹了踹土地，好像是要占有它似的。其实，我们在“鹦鹉螺号”上待了也不过两个月，可是感觉已经过去了好久似的。

岛上的土地几乎全都是由石珊瑚的沉积而形成的，在一些干涸的河床，可以看见一些花岗岩碎片。整个天际遮盖着一块令人赞叹的森林帷幕，一些高大的树木高达 200 英尺。

树木品种繁多，有火鸟树、柚木、木槿植物、班达树、棕树等，枝叶都很繁茂，交织生长在一起。在大树绿荫下，在它们树干底下的边缘，还生长着一些兰科、豆科以及蕨科植物。

小岛为我们提供了许多船上吃不到的食物，我们找到了许多美味的水果。当我们发现椰树的时候，都开心得不得了。尼德·兰打下了几个椰子，将它们劈开，我们喝了椰汁，吃了椰

肉，感到很惬意，真是痛快极了！ 也消除了我们对“鹦鹉螺号”船上那些食物的不满。

快回到小艇的时候，我们真可谓是满载而归，然而，尼德·兰觉得食物仍然不够多。在临登上小艇前一刻，他发现了好几棵树，树高25英尺到30英尺，属于棕榈类，跟面包树一样珍贵，确切地说，这算是马来西亚最为有用的一种植物——西米树。尼德·兰对这种东西非常熟悉，他懂得如何调制这种可食的物质。于是，他一看见这些果子，再也按捺不住食欲，很快找来一堆枯枝，点上火，火苗欢快地噼啪作响起来。

康塞尔和我赶紧选了西米树上最好的果子摘下来，递给尼德·兰。他将它们切成厚片，然后放在炭火上面。他一面做，一面在不停地说：“你们等着瞧吧，这将是一顿最美味的风味点心。”

我们品尝了西米果之后，继续在岛上寻找更美味的资源。接近正午时分，我们摘到了大量的香蕉，这种热带地区的美味产品，长年成熟，马来人称之为“比桑”。此外，我们还采摘到了味道非常浓郁的巨大的菠萝、美味的杧果。

下午5点多，我们回到“鹦鹉螺号”，但没有人出来迎接我们。我们把小艇中的食物搬回到“鹦鹉螺号”上之后，便回到房间，房间里已备好晚饭。我实在是太疲倦了，吃完晚饭就睡下了。

第二天一大早，艇上还是毫无动静。太阳正在升起的时候，我们又迫不及待地启程了，不大一会儿便登上了小岛。

尼德·兰凭着自己的直觉往前走，我和康塞尔便跟在他的后面，沿着海岸朝西走了一会儿，跨过几条湍急的河流，来到一处海拔较高的平原上。这里到处都是茂密的森林，成群的鹦鹉在林子间飞舞着。我们又穿过了一个长得稀疏的矮树林，到了一片荆棘丛生的平地，看到许多漂亮的鸟飞来飞去。它们长长的羽毛排列比较独特，飞翔的姿势像波浪一样高低起伏着。

“极乐鸟！”我一下子就辨认了出来。

“鸣禽目，直肠亚科。”康塞尔说道。

我们浪费了许多子弹也没有打到一只鸟。后来，我们都饿得不行了，肚子“咕咕”直叫，可是我们依旧一无所获，直到康塞尔举枪终于打下来一只白鸽和山鹫，我们把它们烤着吃了，才算填饱了肚子。

之后，我们便顺着回去的方向走了起来，希望这一路上可以碰上一些猎物，不然我们是一无所获啊。正在这时，在前面走着的康塞尔突然一弯腰，从地上抓起一只极乐鸟，原来这只鸟儿被香气扑鼻的豆蔻汁给迷醉了。

后来，尼德·兰一枪打死了一头野猪，又打死了 12 只袋鼠。直到傍晚 6 点，我们才回到小艇停泊的地方。尼德·兰亲自下厨，为我们准备了一顿相当丰盛可口的晚餐。正当我们吃得不亦乐乎的时候，一块石头突然横空飞来，打掉了尼德·兰手上的食物。还没等我们反应过来，第二块石头又飞过来，险些打到康塞尔的脑袋。显然，有人在攻击我们！只见大约有20多个土著人手上拿着弓箭和投石器，出现在距离我们仅有百步之遥的森林边缘。

土著人离我们越来越近，做出了种种最为充满敌意的动作，石块和箭像雨点般飞了过来。尼德·兰不愿意放弃他的食物，不顾危险，一手拿着野猪肉，一手拿着袋鼠肉，以极快的速度收拾东西。2分钟后，我们跑到了海滩上，把食物和武器扔上小艇，再把小艇推进海里，以最快的速度装上两把桨。我们还没划出200米，就看见100多个土著人在大喊大叫着手舞足蹈地跑入了那齐腰深的海水之中。

20分钟后，我们登上了“鹦鹉螺号”。我们赶紧把这个情况报告给船长，并建议采取一定的措施来防止那些土著人的入侵。没想到尼摩船长只冷淡地说了句“即使巴布亚的土著人全部聚集到这儿来，‘鹦鹉螺号’也不怕他们”，就转头走了。

尽管尼摩船长对那些土著人的出现显得不以为意，但我不放心。我再次登上船的平台，这时夜幕已经降临，我在朦胧之中望见那格波罗尔岛上有许多火花在海滩上面闪耀，那些土著人并不打算离开。一夜过去了，没有任何事情发生。那些土著人一定是把“鹦鹉螺号”当成了一只怪物，所以才不敢贸然进犯。

第十一章　船长的变化

1月10日，“鹦鹉螺号”继续在水中向西航行，时速至少有每小时35海里。1月11日，我们已经越过韦塞尔角。1月13日，我们到了帝汶岛海域，但“鹦鹉螺号”并没有向帝汶岛驶去，而是转向西南方，朝印度洋驶去。到了第二天，我们已经望不见陆地了，“鹦鹉螺号”这才减慢航速，悠闲地行驶，时而在水中航行，时而又浮出水面。

在这段行程中，尼摩船长亲自到海洋深层去探测水温，经过对不同深度的海水测试，发现在海底1000米以下的深度，任何纬度的海域温度都是4.5摄氏度。

1月16日，“鹦鹉螺号”好像昏睡在海面下仅仅几米深的地方。船上的电力没有运转，螺旋桨也不动了，让潜艇随着海水漂动。

日子过得很快，也过得越来越安逸，所以我甚至暂时忘记了世界上还有其他的生活方式。可是，一件事的发生，又让我重新意识到了我们的处境之奇特。

1 月 18 日，“鹦鹉螺号”行驶在东经 105 度和南纬 15 度之间的海面上。海上风急浪大，波涛汹涌，暴风雨将至，狂风卷着巨浪不断地从东边冲击过来。这预示着一场人与自然之间的争斗即将来临。

吃完午餐，我们各自坐着，默默不语。照亮这间小牢房的灯熄灭了，我们处在一团漆黑之中。不一会儿，我们就昏昏沉沉地睡着了。为了不让我们知道尼摩船长的秘密，他们把安眠药掺进了我们刚才吃过的食物里！我隐隐听到嵌板关闭的声音，“鹦鹉螺号”已经离开海面，下潜到静止的水层了吗？

我不能睡着，努力地睁着双眼。但是，我控制不了自己，呼吸逐渐细微了。一种病态的、充满幻觉的昏睡侵占了我整个的身体。不久，幻觉消失了，我什么都不知道了。

第十二章 海底葬礼

第二天，我一觉醒来，感觉头脑特别清醒，我竟然是睡在自己的房中。我来到平台上时，尼德·兰和康塞尔已经在那里等着我了。他们对昨夜发生的事也没留下任何记忆。

此时，“鹦鹉螺号”还是跟往常一样安静与神秘，在平静的海面上缓缓地行进着，船上似乎没有发生任何一点变化。

尼德·兰用他那犀利的眼睛注视着大海，可是海上一片荒凉。但“鹦鹉螺号”有些反常，因为它多次浮出水面，每当这个时候，船上的大副都会走上平台，嘴里还不停念叨着那句我们听不懂的话。

下午2点时，我正在客厅里忙着整理我的记录。这时，尼摩船长突然打开门走了进来。我向他打了招呼，但是他显得有些反常，没有跟我说话，只是向我点了点头。

他面容疲惫，两眼发红，脸上表现出一种深沉的忧伤，一种难以形容的痛苦。他在客厅里来回走动，坐下去又站起来，偶尔拿起一本书翻着，一会儿又放下来，一会儿看看他的仪器，可又不去做惯常的记录……他似乎一刻都不能安定下来。终于，他朝我走了过来，询问我："您是医生吗，阿龙纳斯先生？"

"是的，"我说道，"我是大夫和住院医师，我在进博物馆工作之前，曾经行医数年。"

显然，我的回答令他感到很满意，他接着对我说道："阿龙纳斯先生，您愿意来治疗我的一名船员吗？"

"您这儿有病人？"

"是的。"

"愿意为你效劳。"

"那么，请吧。"我得承认，我的内心很是激动。因为，我总觉得这位船员的病同昨晚发生的事件之间一定有着某种关联。

尼摩船长领着我到了"鹦鹉螺号"的后部，让我进了水手舱隔壁的一间船舱。这间舱里的一张床上躺着一个 40 来岁的男人。他外貌刚毅，是一个典型的盎格鲁－撒克逊人。

我俯下身仔细查看，他头上有很严重的伤。他的头部缠着洇出血的纱布，用两个枕头垫着。我解开纱布，那人用两只发呆的大眼睛注视着我，没有发出一声呻吟。伤口非常吓人，头盖骨被钝器敲碎了，脑髓裸露着，脑浆都露出来了，伤口深入脑髓。脑浆中带有血块，宛如葡萄酒渍。此时，他呼吸缓慢，肌肉痉挛，脸部在抽搐，整个大脑都在发炎，而且感觉和动作都非常迟钝了。

我为这位伤者号了一下脉，脉搏已是时有时无，他的肢体末梢已经变凉，他已经无药可救了。于是，我又替他包扎好伤口。我转身看了看尼摩船长，忍不住问道：“他怎么受的伤？”

“‘鹦鹉螺号’撞断了机器上的一根操纵杆，砸中了他。”船长支支吾吾地回答，“阿龙纳斯先生，您觉得他的情况怎样？”

我迟疑着没有回答，因为我实在不希望那病人听到这个不幸的消息。“您可以讲，”尼摩船长善解人意对着我说，“他听不懂法语。”

我惋惜地看了伤者一眼，然后回答道：“他活不过两个小时了。”

“完全无法救活了吗？”

“一点办法也没有了。”

听到这番话，尼摩船长的手突然颤抖起来，几滴泪珠从他的眼中夺眶而出。我原以为他是不会掉眼泪的。

我又仔细地观察了这个垂死的人，他的生命正在缓缓地离他而去，在灯光的照射下，他的脸色越发显得苍白起来。他的额头上深深地刻着一些岁月的痕迹。我试图从他两片嘴唇间吐出的那最后的话语当中，发现一些关于他和尼摩船长的秘密，可是我完全听不清楚。

“您可以走了，阿龙纳斯先生。”尼摩船长沉重地对我说道。于是，船长留在那垂危病人的舱房里，我便独自回到了自己的房中。

但整整一天，我的心绪始终无法安宁，这一夜，我睡得很不好，常常在睡梦中惊醒。蒙眬中我仿佛听到了远处传来的哀叹，那是一种犹如丧歌般的声音。

第二天早晨，我登上了甲板。尼摩船长已经在那儿了。他一看见我，就径直朝我走了过来。

“教授先生，”他对我说道，“今天，您愿意和我们一起去一次海底吗？”

“可以带上我的两个同伴一起去吗？”我问道。

“只要他们愿意。”

于是，我去了尼德·兰和康塞尔那里，把尼摩船长的这个建议告诉了他们。闲来无事的康塞尔和尼德·兰听到这个好消息，立刻表示愿意同行。

8 点半，我们为这次新的漫步穿戴完毕，我们还带上了探照灯和呼吸器。那扇双重门打开了，尼摩船长以及紧随其身后的十来个船员一起走了出来，而“鹦鹉螺号”就在那里停靠着。我们到达水下 10 米深处时，便驻足在了“鹦鹉螺号”停泊的那片无比坚实的土层上。

我们顺着一道并不陡峭的斜坡来到一处高低不平的洼地。在这个地方，没有细沙，没有海底草地，更没有深海森林。我发现尼摩船长带我们来的是一个神奇的地方——珊瑚王国。

我们不断前进，珊瑚树丛也变得更加紧密起来，它们的那些结晶体树枝变得越来越高大。又过了没多久，展现在我们眼前的，便是一些真正的石质丛林了。

尼摩船长走入一条长廊般的黑暗过道，穿过这条倾斜的过道，我们到了 100 米深的地方。整整行走了两个小时之后，我们来到一处海洋深度约达 300 米的地方。在这里，我们所见到的不再是那类孤零零的珊瑚灌木丛，也不再是那种不显眼的低矮的珊瑚矮林，这里到处都是大片的森林，是一些又高又大的矿化草木和巨大的石化树。

这时，尼摩船长停了下来，我们也随之停止了行进。我回过头来，看见所有的船员围成一个半圆的形状，站在尼摩船长的身旁。我这时才发现其中有 4 个人的肩上正抬着一个长方形的东西。我们站在这片宽大的林中空地中心，被高大的树杈所围绕。

尼德·兰和康塞尔一直在我的身旁，默默地看着他们这莫名其妙的举动。

在这片林间空地的中央，在那片胡乱堆砌的石基上面，竖着一个珊瑚十字架。它伸展着长长的双臂，宛如石化了的血液制成的。

尼摩船长做了个手势，一个船员走上前来，走到在离十字架几英尺的地方，从腰间取下铁锹开始挖坑。

我立刻明白了——这林间空地是一片墓地！现在正在挖的坑是坟墓。船员们肩上扛着的那个长方形的东西是昨夜死去的那个人的尸体！尼摩船长和他的船员到这美丽的珊瑚丛中，来到这与世隔绝的海洋底下，就是要来埋葬他们的同伴！

墓穴在慢慢挖着。鱼儿受到惊扰，四处逃窜。铁锹在石灰质地面上发出响声，有时碰着沉在水底之下的火石，还溅起了点点火星。这一切都紧紧牵动着我的心。渐渐地，墓穴越来越长，越来越宽，很快就深到可以容纳下那个船员的尸体了。

这时，抬尸体的船员走了过来。尸体全身包裹着白麻布，被放进了那个灌满水的墓穴中。

尼摩船长双臂交叉，放在胸前，那些船员都跪了下来，祈祷着。我和我的两位同伴也虔诚地鞠躬致礼。将坟墓填好之后，尼摩船长和他的船员们都站起身来，走到墓前，再次跪倒，双手前伸，作最后的告别。

然后，我们这支送葬队伍按照原路返回。在森林的门拱之下，在那片矮树丛中间，沿着珊瑚丛，一路上坡而行。艇上的灯光终于隐约可见了。我们朝着那亮光处向前走。1 点钟时，我们回到了“鹦鹉螺号”上。

第十三章　可怜的采珠人

在我们昏睡的那一夜,“鹦鹉螺号”上究竟发生了什么事情? 我至今没有找到答案。康塞尔总是认为船长是一位落魄的学者,一位无法被世人理解的天才,因为厌恶陆地上的一切,才建造了“鹦鹉螺号”用来藏身。但我推断,尼摩船长并没有那么简单,他不仅仅是在逃避陆地上的一切,说不定他还会采取一些措施进行一些疯狂的报复行为。

在印度洋时,“鹦鹉螺号”经常是在 100 米到 200 米深处行驶,最近的几天一直是这样。我每天在平台上散步,呼吸海洋的新鲜空气,透过客厅的玻璃观看海中那千变万化的美景,有时去阅读图书室的书籍,有时记录我的笔记,这些事情足够我忙了,我无暇去感到厌烦或无聊。

1 月 24 日早晨,在南纬 12 度 5 分、东经 94 度 33 分,我们望见了企林岛。这是一座石珊瑚岛,岛上有很多高大的椰子

树。“鹦鹉螺号”挨着这个荒岛的绝壁行驶着。不久，企林岛在天边看不见了，而船的航行路线指着西北，向印度半岛的南端驶去。

1 月 25 日，海面上一片荒凉，什么也没有，“鹦鹉螺号”浮出了水面。这一天，有多半的时间我都站在平台上，远望大海。下午 5 点，海面上突然出现了一种奇妙的景观，令我和康塞尔赞叹不已。

当时，一群船蛸正在海面上浮游着，估计有成百上千只。“船蛸”也称“鹦鹉螺”。这些动作优美的软体动物把腹腔吸满水，然后再把水喷射出来，借助水的反作用力向后游动。它们长有 8 条触须，其中 6 条细长的触须漂浮在水面，而另外 2 条则高高竖起，弯成掌状，像风帆一样迎风舒展。

1 月 26 日，在东经 82 度处，我们穿过了赤道，又回到了北半球。在这一整天里，一群令人生畏的角鲨紧紧尾随着我们。这些力大无比的动物不时用力地撞击着客厅的玻璃，让人担心不已。尼德·兰有些克制不住自己，总是想冲到水面上去，用鱼叉攻击这些庞然大物。过了一会儿，“鹦鹉螺号”加大马力，轻松地把这些海洋中速度最快的鲨鱼远远地抛在了后面。

1 月 27 日，在孟加拉湾的出口处，我们见到了一幕幕阴森可怖的景象：一具具尸体漂浮在水面上。这是印度城市中的死尸，被恒河水冲入了大海中。秃鹫——这个国家唯一的收尸人，还没能把这些尸体狼吞虎咽完。

1月28日中午，“鹦鹉螺号”在北纬9.4度处浮出了水面。在西面8海里外的陆地隐约可见。我首先看见了海拔约2000英尺高的连绵起伏的山峦。我测定好方位回到客厅，在地图上比对一番，确认此为锡兰岛——印度半岛上的一颗明珠。

尼摩船长领我来到中央楼梯，沿着楼梯直达平台。尼德·兰和康塞尔早在那里了，他们对于即将到来的“海底游玩”感到很兴奋。“鹦鹉螺号”上的5个水手拿着桨，在紧靠着潜艇的小艇中等待我们。小艇匀速向南驶去。

5点半左右，晨曦微露，海岸的轮廓已清晰可辨。东边，海岸非常平坦，南边有点凸起。在海岸和我们之间，海上空空如也，没有一只船，没有一个采珠人。正如尼摩船长所说，我们来早了一个月。

6点，天忽然亮了起来，这是热带地区特有的情形。

“阿龙纳斯先生，我们到了，”尼摩船长说，“现在您可以看见这狭窄的海湾。一个月后，就在这个地方，无数珍珠商的采珠船都齐集起来，船中采珠人要大胆搜索的就是这一带的海水。海湾的地位优良，适合这类采珠工作。它躲避了最强烈的风，海面也没有很汹涌的波浪；对于采珠人的工作，这些都是很有利的条件。现在让我们穿起潜水衣，开始下水游览吧。”

我们换上潜水服，潜入水底后，我心里的恐惧完全没有了，反而变得出奇的平静。在水中，我动作自如，这大大地增强了我的自信心，而且，我已经被海底奇异的景象给吸引住了。我们所到之处，一群群少见的奇怪的鱼类惊得一拥而起，向四周逃去。

我们紧紧跟随尼摩船长，来到一个巨大的暗穴中。这里卧着一只庞大无比的砗磲。这砗磲大概有 300 千克重。此时，这只大砗磲的双壳正半张着。船长走过去，用匕首顶在两片贝壳中间，以防它合上。然后，他用手把这只动物的外套——贝壳边上的流苏状膜揭开。在叶状的褶皱里，我看见了一颗大如椰子核的珍珠。那珍珠呈圆球状，晶莹剔透，光泽鲜艳，绝对称得上是一颗无价之宝。尼摩船长能够想到用这样的办法饲养珍珠，他可是真够绝顶聪明的！

参观珍珠的活动结束了。尼摩船长便带着我们离开岩洞，又回到采珠人工作的采珠场。大家正在闲逛时，尼摩船长突然停下来，做手势让我们紧挨着他蹲在一个隐蔽处。

只见在离我 5 米远的地方，一个黑色的影子正在缓缓地下沉。刚开始的时候，我以为是碰到鲨鱼了，仔细一看，才发现那是一个十分可怜的印度采珠人，他是提前来这里采珠的。

他的小船停泊在我头上方的水面上。这个采珠人不停地潜下水来，很快地又游上去。他所用的潜水工具就是他双脚间夹着的那块圆锥状的石头，系石头的绳索的另一头绑在船上，这使他能很快地潜到水里。到了大约 5 米深的海底，他迅速跪下来，把随手能抓到的小纹贝塞进袋子，然后游了上去，倒空袋子，拉起石头。接着，他再一次像这样地重新操作一遍。

他每次潜入水中只有 30 秒钟，每次只能带回十几个小纹贝，而他冒着生命危险采来的这些珠贝中是否含有珍珠，则另当别论。

就在我聚精会神地观看时，那个印度人突然蹲了下来，看样子像是被惊吓住了，紧接着他站了起来，拼命地往上游。我转头向他周围望去，顿时明白了他为什么显得那么恐惧：一个庞大的影子出现在这个可怜人的上方。那是一条巨鲨，它斜冲过来，目光贪婪，张开血盆大口向他猛冲过来。印度人往旁边一闪，躲过了鲨鱼的血盆大口，但却没有躲过它的尾巴。鲨鱼的尾巴朝他当胸一扫，把他重重地击倒了。紧接着，鲨鱼掉过头，翻转身子，直冲过来要撕咬印度人。

就在这危急时刻，一直蹲在我身边的尼摩船长倏地站起身来。他手持匕首，朝那个庞然大物快速游了过去，准备和它展开肉搏。巨鲨发现了新的对手，便又把身子翻转回来，朝着尼摩船长快速冲了过来。

此时，尼摩船长显得格外沉着冷静。他曲着腿，半蹲着身子，以一种令人赞叹的沉着姿态迎战鲨鱼。当巨鲨向他扑来时，船长敏捷地闪到一边，躲过它的攻击。并且，他在躲闪的一刹那，还身手敏捷地朝着巨鲨的肚皮上刺了一刀。受伤的鲨鱼吼叫着，鲜血从它的伤口中喷出来，染红了周围的海水。这时，海水变得异常混浊，我什么也看不清了。

直到水中突然闪过一道光亮，我才发现，勇敢的船长已经抓住了鲨鱼的一只鳍，正同它进行恶战。船长把匕首往鲨鱼的肚子上扎了好几下，但没扎中鲨鱼的要害部位。鲨鱼挣扎着，发疯般扭动着身躯。它搅起的旋涡差点把我掀倒。

我本来想过去帮船长一把，却被吓得一动也不敢动，只是愣愣地看着这场人鲨大战。不久，肉搏战的形势发生了变化。

鲨鱼张开巨口朝船长迎面冲过去，把他掀倒，船长危在旦夕。这时，尼德·兰猛地冲了上去，把手中的鱼叉狠狠地投向鲨鱼。顿时，水中涌出一大团血。鲨鱼疯狂地拍打着海水，使海水动荡起来。鲨鱼被击中了心脏，它喘息着、抽搐着，挣扎时掀起的水波把康塞尔也掀倒了。

尼德·兰赶忙上前扶起尼摩船长，还好尼摩船长并没有受伤。船长站了起来，径直走向印度人，迅速地把绑在印度人和石头上的绳子割断，将印度人紧紧拥入怀中，然后纵身一跃，浮出水面。我们三个人也跟着浮了上去。

尼摩船长首先关心的是抢救那个不幸的人。幸好，经过康塞尔和尼摩船长的一番抢救，溺水者渐渐地恢复了知觉。他一睁开眼睛，就看到了4个铜盔俯在他身上。顿时，他惊骇不已！尼摩船长连忙摘下潜水帽，朝采珠人做出友好的表示，接着从口袋里掏出一包珍珠，不由分说地塞到他的手里。这个印度人双手发抖地接过船长的慷慨施舍，眼里流露出无限的感激之情。

半个小时之后，我们又回到了小艇上。脱下了那笨重的潜水衣之后，尼摩船长开口的第一句话是对尼德·兰说的。他说："谢谢您，尼德·兰师傅。"

"那是我对您的回报，船长，"尼德·兰说，"感谢您一直以来对我们的照顾。"

船长的唇边掠过一丝微笑，便不再言语。

小艇在水波上飞驰着。几分钟后，我们看见了那条浮上水面的鲨鱼尸体。紧接着，十几条贪婪的鲨鱼争先恐后地拥向了黑鲨的尸体。

8 点半，我们回到了"鹦鹉螺号"上。在船上，我回想起这次历险的过程，得出两个结论：一是尼摩船长那无与伦比的勇敢；二是他作为逃到海底的人类，仍对人类表现出了无私的献身精神。当我把自己的想法跟他说了之后，他略带激动地说："这个印度人是一个被蹂躏的国家的人，只要我还有一口气，我还会向着这个国家的人！"

第十四章　阿拉伯海底隧道

1 月 30 日，“鹦鹉螺号”朝阿拉伯半岛和印度半岛之间的阿曼湾开去，阿曼湾是波斯湾的海出口。波斯湾内并没有出口，但“鹦鹉螺号”居然一直沿着阿拉伯海航行。前面已经无路可走，尼摩船长到底想把我们带到哪里去呢？

“尼德·兰师傅，随船长的意思，他愿意带我们到哪里，我们就到哪里。”

“随船长的意思，”尼德·兰回答，“那他可不能带我们走得很远哩。波斯湾是没有出口的，我们进去，不久就要从原路回来。”

“好吧！尼德·兰师傅，我们回来就是了，走过波斯湾，‘鹦鹉螺号’要走红海，巴布厄尔曼特海峡就在那里，可以给它一条通路驶过去。”

“先生，”尼德·兰回答，“我用不着告诉您，红海跟波斯湾一样是没有通路的，因为苏伊士海峡还没有凿通，即使凿通，我们这只怪船，恐怕也不方便在这些有堤堰和闸口的水道间冒险吧。所以，红海并不是带我们回到欧洲的路。”

“所以我并没有说我们可能要回欧洲去。”

“那您是怎么猜想的呢？”

“我猜想，走过阿拉伯和埃及一带的新奇海域后，‘鹦鹉螺号’重回到印度洋，或者经莫桑比克海峡，或者走马达加斯加群岛海面，驶到好望角。”

“到了好望角之后呢？”尼德·兰特别坚持地问。

“那么我们就要走入我们还不认得的大西洋了。朋友！您对这种海底旅行感到疲倦了吗？您看见海底新奇的、时常变换的景象，难道无动于衷吗？我认为，这种旅行将来差不多是没有人能做的了，我们不可能有很多机会看到这样奇特的景象了。要是就这样完结了，我真觉得十分遗憾。”

“不过，”尼德·兰打断我的话，“阿龙纳斯先生，您知道我们被禁在这只‘鹦鹉螺号’船上快三个月了吗？”

“不，伙计，我不知道，我不想知道，我不计天数，也不算时间。”

“哦，那我们的结局会是怎么样的呢？”

“到时候就知晓了。诚实的尼德·兰，如果您来跟我说：‘逃走的机会来了。’那我就来和您研究一下逃跑的事情。可是情形并不是这样，我坦白地对您说，我并不认为尼摩船长会冒险跑到欧洲海域去。”

2 月 7 日，我们的船开进了曼德海峡，这个海峡宽 20 海里，长仅 52 千米，如果“鹦鹉螺号”全速前进的话，不过一个小时就能穿过海峡。“鹦鹉螺号”不想浮出水面，而是小心谨慎地在水里行驶着。两岸并没有看到什么汽轮。直到中午，我们的船终于浮出了红海海面。

2 月 9 日，“鹦鹉螺号”漂浮在红海海面上最宽的地方，这里西岸是苏阿金港，东岸是贡佛达港，两岸直线距离为 190 海里。

2 月 11 日，有一群燕子落在“鹦鹉螺号”船上，“鹦鹉螺号”的配膳室里又增添了一道美味。同时，我们还捉到了几只尼罗河鸭，它们也是野鸟中的极品。

下午 6 点钟，“鹦鹉螺号”通过了位于海湾里头的多尔湾。这时，我看到海湾里的海水一片通红，正如尼摩船长观察过的一样。

从 8 点到 9 点，“鹦鹉螺号”一直保持在水下几米处行驶。透过客厅的嵌板，我看到了被电灯光强烈地照射着的海底岩石，此时的海峡变得越来越窄。

尼摩船长很重视这次航行，决定亲自去舵舱指挥。在他的邀请下，我与他一起来到舵舱。尼摩船长开始找通道的入口了，他不断地对“鹦鹉螺号”的航向和行动下达指令。在他的指挥下，船身擦着陡立的岩壁小心翼翼地航行了一个小时。尼摩船长盯着悬挂在舱内的罗盘，指示着“鹦鹉螺号”前进的方向。他每做一个简单的手势，领航员就立刻改变“鹦鹉螺号”的航向。

10点15分时，我们面前出现了一条宽阔的、又黑又深的长廊。尼摩船长亲自把舵。“鹦鹉螺号”果敢地开了进去。紧接着，船的两侧传来一种非同寻常的声响。这是隧道的倾斜面把红海的海水灌向地中海时发出来的。尽管“鹦鹉螺号”的推进器逆流转动，想尽量放慢船前进的速度，但“鹦鹉螺号”仍随着涌流，如箭一样飞快地向前冲去。在通道狭窄的石壁上，我看到了由于高速行驶而摩擦出来的点点火星、笔直的痕迹和火痕。这时，我的心怦怦地跳着，我用手压住了胸口。

不到20分钟，激流就涌着“鹦鹉螺号”通过了苏伊士地峡。10点30分，尼摩船长松开舵，转身对我说：“地中海到了。”

第十五章　神秘的潜水者

2 月 12 日，拂晓时分，“鹦鹉螺号”浮出了水面。我急忙登上平台向四处张望，看到在南面 3 海里处，贝鲁斯城的轮廓隐约可见。这股激流把我们从红海带到了地中海海域！不过，想要从这条隧道随流而下是非常容易的，但是若想逆流而上恐怕就行不通了。

7 点钟左右，我见到了康塞尔和尼德·兰，他俩安安静静地睡了一夜，丝毫没察觉到“鹦鹉螺号”的壮举。

2 月 14 日，我决定用几个小时来研究群岛的鱼类，但不知什么缘故，玻璃舷窗始终紧紧地关着。我确定了“鹦鹉螺号”的航向后，发觉它正朝着康地岛，即以前的克里特岛开去。

晚上我单独和船长待在客厅时，他寡言少语，忧心忡忡。过了一会儿，船长一反常态地叫人打开客厅的嵌板，然后他一边从客厅的这边到那边来回踱步，一边仔细地观察着水流。他就这样古怪地在我的眼前晃动着。他这样做有何目的呢？我猜测不到。但对我来说，我得赶紧利用时间观察那些从我眼前游过的鱼群。我正目不暇接地看着这些海中奇物时，一个意外打断了我的观察——一个人出现在水中。我确定那不是一具随波漂流的尸体，而是一个用健壮的手臂划水的活人！而且，他还不时地浮出水面换气，随之又潜下水来。

我转向尼摩船长，激动地大叫道："一个人！一个遇难者，救救他！尼摩船长，我们应该不惜代价地去帮助他！"

船长没有回答我，而是走过去靠在玻璃上。那个人很快地也游了过来，然后把脸紧紧地贴在嵌板上，睁大双眼直盯盯地看着我们。

最让我吃惊的是，尼摩船长居然向他做着手势，而那个潜水人也同样用手比画着回答。接着，他浮出了水面，便再也没出现。

"别担心，"船长对我说，"那个人叫尼古拉，他是一个勇敢的潜水人！别人都把他叫作'鱼'，因为水是他的生命之源，他待在水里的时间，比在陆地上还要多。"

"船长，您认识他？"

"为什么不认识呢，阿龙纳斯先生？"说完这句话，尼摩船长就朝着放在客厅左侧的一个壁柜走过去。

我看到壁柜旁还有一个包着铁皮的箱子，箱子的盖上有一块铜片，写着"鹦鹉螺号"几个字，还有"动境中之动"的题铭。这时，船长打开了箱子。原来那是一个装满了大量金条的保险箱。

这么多的金条是从何而来的呢？船长到底是从哪里弄来了这些金子呢？他想拿它们来做什么呢？

尼摩船长把金条一根一根地拿出，把它们整整齐齐地摆放在保险箱里，装了满满一整箱。根据我的估计，这个箱子里一共有 1000 多千克金子，也就是说这些黄金整整价值近 500 万法郎。紧接着，船长把保险箱牢牢地关上，并在箱盖上使用现代希腊文的文字写下一个地址。

做完这些之后，尼摩船长按了一下连接机房的按钮。不久，客厅里就进来 4 个人，他们费了很大力气才把保险箱推出了客厅。接着，我又听到他们用复滑车把箱子拉到铁梯上。

随后，尼摩船长转身对我道了句“晚安”之后就离开了客厅。我非常纳闷地回到房间里。

过了一会儿，我察觉到“鹦鹉螺号”此时应该离开水底，上浮到了水面上。我又听到有人解开了小艇，并把小艇放入水中，接下来就什么声音也没有了。就这样，这数千万的金子被送了出去。然而，那些金子到底是送给了谁呢？与尼摩船长联系的又是怎样的一个人物呢？

第二天，我向康塞尔和尼德·兰讲述了前一晚发生的事，我的这两位同伴的惊奇程度丝毫不亚于我。

吃了中午饭后，我就回到客厅开始工作。直到下午 5 点，我还在做着记录。这时，我感到特别燥热，浑身难受。我脱下外套，才略感舒服一些。我无暇顾及那么多，继续潜心工作。但是，温度不断上升，后来简直到了让人无法忍受的地步。后来，我看了一下气压表，发现它指示在 60 英尺。按道理来说，在这个深度，空气热度不可能这么高的呀。

“难道是船上着火了吗？”我心里嘀咕着。

我正准备走出客厅时，尼摩船长进来了。

他走近温度表看了看，转身对我说：“42 摄氏度。”

我担忧地说：“如果温度再升高一点，我们就支持不住了。”

“哦！教授先生，如果我们想不让温度升高，它就不会升高的。”

“难道您可以随意调节温度？”

“不，但我们可以离热源远点。”

“您是说这热气是从外面来的？”

“没错。我们是在沸水流中行驶。”

“真的吗？”我叫道。

“请过来看。”

嵌板打开了，我看到“鹦鹉螺号”周围的海水都泛白了。一股硫蒸气在水中搅升，海水像锅炉中的火一样沸腾。我刚把手贴在一扇玻璃上，就烫得缩了回来。

“我们在哪儿呢？”我问。

“在桑多林岛附近，教授。”船长回答，“确切地说，是在尼亚卡蒙尼岛和帕莱亚卡蒙尼岛之间的海沟中。我想让您看看海底火山爆发的奇景。”

“我原以为，”我说，“这些新岛屿的形成早就停止了。”

“在火山地带的海中，没有什么是永远静止的，”尼摩船长回答，“地球总在忍受着地下火力的煎熬。”

“我们现在所在的水道在哪里呢？”我问。

“这里，”尼摩船长指着希腊群岛的地图回答道，“您看，我把新出现的小岛都标注在了上面。”

“这条水道将来会被填平吗？”

“不是没有可能，教授。因为自 1866 年以来，这里已经有 8 个小的熔岩岛冒了出来。按照这样的趋势，这两座岛很快就会连在一起了。”

此时，“鹦鹉螺号”已经停止了前进。我走近玻璃窗，仔细观察海水沸腾的奇异景象。

由于受到铁盐的染色作用，原本是白色的海水被染成了红色。尽管船的客厅紧紧地关闭着，但仍有一股恶心的硫黄味钻了进来。另外，我还看到了一些腥红的火焰，它那耀眼的光亮使船上的灯光都黯然失色。

“我们不能在这沸水里待太久。”我对船长说。

“是的，如果再留在这儿就太不谨慎了。”尼摩船长面无表情地回答。于是，他发出命令，“鹦鹉螺号”便掉转船身，驶离了这个熔炉。一刻钟之后，我们终于浮出了水面换气。

当时，我的心里突然闪过一个念头，如果尼德·兰选择在这一带海域逃跑，那我们可就走不出这片火海了。

2 月 16 日，我们离开了这片位于罗德岛和亚里山大里岛之间的海域。“鹦鹉螺号”穿过塞里可海面，绕过马达邦角之后，就把希腊群岛抛在了后面。

第十六章　逃跑计划

地中海很美，海水蓝得出奇。虽然海上的空气很清新，吹着轻柔的海风，但是，地下的火焰却一直都存在着。这里不断地受到战火的蹂躏，是地球上人类相互杀戮最激烈的地方之一。

尼摩船长下令以惊人的速度横穿了这片海域。这段时间，他几乎从不去平台上观望风景。很明显，尼摩船长非常不喜欢这片海洋。

我和康塞尔还有心思观看这些海底动物，而尼德·兰却一心盘算着他的逃跑计划，可是“鹦鹉螺号”的速度实在太快了，在速度为每秒 12~13 米的情况下，他根本无法利用那只小艇逃跑，他不得不放弃逃跑计划。在这种情况下离开“鹦鹉螺号”，就相当于从一列快速行驶的列车上往下跳，这种举动是极不明智的，因为你根本没有办法离开。

2 月 18 日,“鹦鹉螺号” 越过直布罗陀海峡的出口。几分钟后, 我们就浮在大西洋水波上了。

“鹦鹉螺号” 推动它前头的冲角, 冲破大西洋的海浪, 向前驶去。在 3 个半月的时间内, 它走的距离已经超过绕地球一周的距离了。现在我们准备去哪里呢?

“鹦鹉螺号” 浮上水面, 我立即上到平台, 尼德 · 兰和康塞尔陪着我。海面波涛汹涌, 海水滚滚打来, 使 “鹦鹉螺号” 剧烈地颠簸着。我们呼吸了几下新鲜空气后就回到船中。

尼德 · 兰满脸焦虑地走进我的房间。他坐了下来, 默默地看着我。

“朋友,” 我对他说,“我理解您的心情, 但您没什么要自责的。在‘鹦鹉螺号’那种高速行驶的情况下, 想逃跑是非常愚蠢的。”

尼德 · 兰没有回答。他紧绷着嘴唇, 蹙着眉头。看得出来, 他心里正有一个念头在强烈地纠缠着他。

我安慰他说, 我们正沿着葡萄牙海岸向上开, 不远处就是法国和英国。在那里我们可以轻而易举地找到一个逃脱的机会。尼德 · 兰仍是直愣愣地盯着我。最后, 他终于开口了。

“就在今晚。” 他说。

我倏地站起来。我得承认, 我万万没有想到他会这么说。

尼德 · 兰说 :“今晚是一个绝佳的机会, 那时我们离西班牙只有几海里。我们趁着夜色离开这里, 阿龙纳斯先生, 您有言在先，我相信您。”

看到我一直沉默不语，尼德·兰又继续说道：“今晚 9 点，尼摩船长应该会待在他自己的房里。我已经通知康塞尔。到时，我和康塞尔会在中央扶梯处等您。阿龙纳斯先生，您在图书室里等待我的信号。”

“真的一切都准备好了吗？”

“您放心吧，船桨、桅杆、帆一应俱全，都在小艇上了，食物我也备了一些，够我们几天吃的了。”

“海面上的情况很恶劣。”我找了个理由。

“我知道，”尼德·兰回答，“但应该冒险。要自由就必须付出代价。再说，小艇很结实，在风浪里走几海里并不算什么。谁知道明天这该死的船长会不会又把我们带到百里之外的海里去呢？但愿一切情况都会对我们有利，今天晚上见。”

说完，尼德·兰便走了出去，我几乎呆住了。我曾经不止一次地想过，在必要的时候，我会有时间考虑和争论的。但现在我那固执的伙伴根本不允许我这样做。事到如今，我还有什么好说的呢？

尼德·兰有足够的理由，这是个绝好的机会。在这个时候，我怎能反悔，怎能背上为了纯粹的个人利益而损害我同伴前途的罪名？况且到了明天，尼摩船长也许就会把我们带到海洋的深处了。这时，一阵相当尖厉的笛声响起，我意识到船上的储水器又装满了水，“鹦鹉螺号”返回大西洋底部了。

当我听到尼德·兰的逃跑计划，心里忽然有种若有所失的感觉，这种感觉就像是正在看一本扣人心弦的惊险小说，看到一半时，书却突然被别人抢走了一样。虽然我也同样希望我和同伴们能够一起安全地回到陆地上，但有时我又迫切地希望今晚会出现某个意想不到的情况来阻止尼德·兰实施他的计划！唉，我究竟是怎么了？也许是因为我还没有下定足够的决心。

我两次来到客厅里看罗盘，发现“鹦鹉螺号”正保持匀速在葡萄牙的领海航行，沿着海岸一路向北走。如此看来，我必须下定决心准备逃走了。我的行李并不多，除了写满海底经历与秘密的一本笔记本之外，我一无所有。

至于尼摩船长，他对我们的逃跑会怎么想呢？如果我们逃跑成功了，或者是我们逃跑失败了，他又会怎么做呢？不管结果怎样，我都是没有理由来埋怨他的。相反，我还要感激他，因为，从来没有一个人像他这样热忱地待客。但是离开他，我们又是迫不得已的，更不能说我们忘恩负义。毕竟，我们与尼摩船长之间并没有什么契约和承诺。一切都是他主观的一个想法，想要把我们永远留在他的身边，留在这片广袤的海洋中。并且，尼摩船长那种公然要将我们永远囚禁在他的船上的想法，更加证明了我们萌发出种种逃走的想法也是合情合理的。

不过，自从我们离开了桑多林岛之后，我便一直没再见过船长。在我们逃走之前，我是否还能见上他一面呢？我的心情很矛盾，既想见到他，又害怕见到他。

因为过度忧虑，我吃不下饭，7点钟，便离开了饭桌。我心中计算着距我要跟尼德·兰约定相会的时间，还有120分钟。我心中更加激动了，脉搏也随之激烈地跳动起来，我自己完全不能静下来。我走来走去，希望运动可以把我心中的烦乱抚慰一下。想到我们可能会在这次大胆逃走中不幸死亡，我并不怎么难过，但是，一想到我们的计划如果在离开“鹦鹉螺号”之前就被发觉，一想到我们可能会被带到激怒的尼摩船长面前，或者，更为糟糕的，他会因为我抛弃他而很痛苦，我的心就怦怦地跳了起来。

8点的钟声响起，打断了我的沉思。我突然感到一阵莫名的恐惧，仿佛房间里有一双神秘的眼睛在窥视我一样。我慌慌张张地退出了尼摩船长的房间，回到客厅。

这时，我又习惯性地看了看罗盘，发现“鹦鹉螺号”的航向依然向北，并且测速器标出我们的航速是中速，压力表指示在60英尺左右。如此看来，这时候确实是尼德·兰实行计划的大好时机。

于是，我回到房间做临行之前的最后准备。我戴了一顶水獭帽，穿了一件丝绒面的外套和一双潜水靴。还差几分就到9点了。我迅速离开房间，回到空无一人的客厅，然后打开通向图书室的门，站在对着中央扶梯的门边，等待尼德·兰的信号。

第十七章　海底宝藏

这时，机轮的转动速度明显减弱，然后完全停了下来。

"'鹦鹉螺号'的航速怎么会有这样的变化呢？"我正在纳闷时，突然听到一阵轻微的撞击声。这时，我意识到'鹦鹉螺号'已经完全在海底停了下来！我忧心忡忡，很想去找尼德·兰，跟他商量一下再重新计划。这时，客厅的门突然打开了，尼摩船长出现了。他一看到我，就亲切地说："啊！教授先生，我还在找您呢，您知道西班牙的历史吗？"

此时此刻，我精神恍惚，头脑一片空白，说不出一句话来。

"怎么了，阿龙纳斯先生？"尼摩船长又说，"您听到我的问题了吗？您是否了解西班牙的历史呢？"

"不太了解。"我木讷地回答。

"许多学者都一样不知道，"尼摩船长说，"来，请坐吧。我来给您讲讲它历史上的一段奇闻趣事吧。"

说着，尼摩船长优哉地躺在了一张安乐椅上。我机械地坐到了他身边，心中暗暗思忖船长是不是已经发现了我们的逃跑计划。

“教授先生，”尼摩船长似乎发现了我的心不在焉，提高了声调说，“请您好好听我说，这段历史的某方面一定会使您感兴趣的，因为它能回答一个您一直无法解释的问题。”

“我在仔细听着呢，船长。”我敷衍着，心里暗暗猜测我们即将谈话的内容或许与我们的逃跑计划有关。

“教授先生，”尼摩船长接着说，“如果您愿意，我们得从1702年说起。1702年年底，西班牙正等待着一支载有大量金银的法国船队的到来。当时因为有盟军的海军军舰在大西洋海域游弋，所以法国派遣了一支由23艘军舰组成、由夏多·雷诺海军司令指挥的舰队为西班牙的船队护航。最终因为势单力薄，把船队开进了维多港。1702年10月22日，英国的舰队也到达了维多港。夏多·雷诺海军司令官不顾敌众我寡的劣势，指挥舰队与英国舰队英勇战斗。但当他看到一船财富即将落入敌人之手时，便毅然下令将这些装满财宝的帆船烧毁、凿沉。”说到这里，尼摩船长刹住了话头。

直到现在，我还没听出这段历史有什么地方使我感兴趣，便随口问道：“然后又怎么样了？”

“阿龙纳斯先生，”尼摩船长回答，“我们现在正是在维多港，您可以了解到这里的秘密了。”船长站起来，示意我跟着他走。

我跟他走到舷窗旁边，透过舷窗一眼望去，发现在“鹦鹉螺号”方圆半海里范围内，水波仿佛都浸在灯光中。一些船员穿着潜水服，正忙着穿梭在黑乎乎的船骸中间，清理一些半腐烂的木桶和已破损的木箱。这些木桶和木箱中散落出一些金条银条，以及数不胜数的银币和珠宝，沙上也铺满了财宝。不久，这些船员背着这些珍贵的战利品回到了船上，卸下包袱后，他们又回去捞取这些取之不尽的金银。

我终于明白了：这里正是 1702 年 10 月 22 日海战的战场，西班牙政府的那艘运输船队也正是在这里沉没的。在这里，尼摩船长根据需要敛集了千百万金银，装进了他的“鹦鹉螺号”。

第十八章　消失的大陆

2 月 19 日早上，尼德·兰神情沮丧地走进了我的房间。

“昨天真是机不逢时！偏偏在我们想逃走的时候，尼摩船长把船停了下来。”

“是的，尼德·兰，他的‘银行’有事了。”我打趣地说。

“他的银行？”

“或者说是他的‘钱庄’吧。我指的是海洋，他把财宝存放在这里，比存放在一个国家的保险库里更安全。”

于是，我向尼德·兰讲述了前一晚发生的事。我原本以为他听了之后，能够放弃离开船长的念头，没想到尼德·兰却对没能亲自到维多港战场走一趟表现得后悔不已。

他说：“好，事情并没有完！这一次只是鱼叉落了空罢了！下一次我们一定成功，如果可能，就是今晚。”

“‘鹦鹉螺号’现在朝哪个方向航行？”我问。

“我不知道。”尼德·兰回答。

“那么，中午的时候我们来观测一下船的方位吧。”

尼德·兰回到康塞尔那边去。我穿好衣服就走入客厅。罗盘指示不很明确。“鹦鹉螺号”的航路是西南偏南，我们是背着欧洲行驶。

一个小时后，我看见地图上标记出“鹦鹉螺号”的方位，是西经 16 度 17 分、南纬 33 度 22 分，离最近的海岸还有 150 海里。现在是没办法逃走了，真的是一丁点办法也没有了。当我把此时船的方位告诉尼德·兰时，他的愤怒可想而知。

不过不管怎样，“鹦鹉螺号”此时已经离海岸很远了，逃跑只能成为一个空想。这使尼德·兰十分沮丧，而我的心里反而感到一种前所未有的轻松，我又可以安心地继续我的研究工作了！

晚上 11 点多钟，尼摩船长出人意料地前来造访。

“阿龙纳斯先生，我邀请您进行一次奇妙之旅。”尼摩船长神秘地说，“以前，您只在白天参观过海底。现在，您愿意在黑暗的夜里去海底看一看吗？”

“非常愿意。”我爽快地答应了。

“不过我得事先提醒您，这一趟会很累，很耗费体力。因为要走很久，而且还要爬山。”

“船长，您说的这些更增加了我的好奇心。我已经准备跟您走一趟了。希望是一次不错的旅行。”

“既然这样，请跟我来，教授先生，我们要穿上潜水服。”

到了更衣室，我才发现参与这次旅行的只有尼摩船长和我两个人。几分钟后，我们背上了装满空气的空气罐，但没准备电灯。

于是，我提醒船长："我们没带电灯。"

"电灯对我们没有用处。"他回答。

我觉得他没听清楚我的话，但我又不好再提醒他一次，因为他的头已经钻进头盔里。我戴上头盔之后，他递给我一根铁棍。几分钟后，我们便来到了水深 300 米的大西洋中。

这时已经临近午夜，海里非常黑暗，四周都是一片漆黑。但尼摩船长给我指了指远处一团浅红色的微光，我看到那红光在距离"鹦鹉螺号"两海里的海域闪烁着。

尼摩船长和我挨得很近，向红光发出的方向一直走去。平坦的海底使人在不自觉中渐渐上升。我们有手杖帮助，大踏步前进。不过，还是走得很慢，因为我的脚时常陷入夹杂着海藻和石子的泥泞里面。

前进的过程中，我听到头顶上有嘁嘁喳喳的声音。这种声音时断时续，后来成为一种连续不断的声响。我很快就明白了这声音的来源。原来是雨下得很凶，打在水波上而发出的声响。

走了半小时后，地面上的石头多起来。水母、细小甲壳类、磷光植虫类，发出微弱的光线，轻微地照亮了地面。我看到被海藻遮盖起来的一堆一堆的石头。我的脚时常在这些黏性的海藻地毯上打滑，如果没有手杖的帮助，我摔下来恐怕不止一次了。我回过头来，看见"鹦鹉螺号"那淡白的灯光，它渐渐地模糊了。

在大西洋海底纵横交错的石头迷宫中，尼摩船长毫不迟疑地向前走着。看来，他非常熟悉这里昏暗的道路，我自然非常信任地跟着他。

大约两个小时后，我们来到了一座海底山峰前。对面的强烈光线把山的影子投过来，一些石化了的灌木歪歪扭扭地散布在海底。我们所到的每一个地方，都有一群群的鱼像草丛里的鸟一样，一哄而起。

他带着我径直来到山峰的第一层高地。在这里，我惊奇地发现大海的深处居然赫然屹立着一些生动别致的废墟！从那些巨大的石堆里，我可以依稀辨认出城堡和庙宇的模糊轮廓，它们上面已经盖了一层层植虫动物，而且，这里的海藻和墨角藻给这堆巨石披上了一件厚厚的植物外套。

可是我不可能说话，只好拦住他，抓住他的手臂。

他向我摇摇头，指了指山上最后一个峰，仿佛在对我说："走吧！走吧！一直走下去！"

几分钟后，我们登上了高出周围其他石堆 10 多米的峰顶。

我站在高处，向远处眺望，强光照耀的大范围空间一览无余。事实上，这座山是一座火山。在峰巅下面 50 英尺的地方，密密麻麻的石块和岩渣中有一个大火山口喷出急流般的岩浆，在海水中散落成一个火瀑布。就是在这样的位置上，这座火山像一个巨大的火把，照亮了整个的水下平原，直到水下地平线的尽头。

于是，在这个大火把的照耀下，我看到了废墟、深渊和低堤，一个被毁坏的城市——塌落的屋顶、满目疮痍的庙宇、零散的门拱和横卧在地的门柱，使我看到了一种多斯卡式建筑的坚固结构。

再放眼远望，我还看到了一些大型水渠的遗址。在城的更远处，清晰地显现出一道道坍塌的护城墙和一条条荒落的大街，这一切犹如整个沉没水底的庞贝古城！

“我在什么地方？我在什么地方？”我不顾一切地想知道，我想说话，想把囚禁着我脑袋的铜盔摘下。

尼摩船长走到我身边，打了个手势阻止了我的冲动行为。然后，他拾起一块铅石，在一块黑色的玄武岩上面写下一个名字：大西岛。

我心中豁然开朗！大西岛。从古至今，历史学家们为这块陆地是否存在过而争论不休，而眼前的一切无可争辩地证明了它的存在！希腊哲学家柏拉图在著作中提到，这块大陆上曾经居住着强盛的大西洋种族，他们还曾向古希腊人开战，后来，一场惊天动地的大灾难改变了一切。仅仅一个晚上，整个大西岛便沉落海底。

如今，我竟然踏在这块陆地的一个山头上！我甚至可以触摸到这些已有 10 万年历史的废墟！我甚至还可以在这片最初人类生活过的土地上行走！一切都太不可思议了。

此时，我真想走下这座山的陡坡，走遍这一整块广袤的、连接着非洲和美洲的陆地，并参观那些诺亚时代的伟大城市。我想，或许有一天，某次火山活动又会把这片沉没的废墟推出水面！

尼摩船长一个人倚在一块长满青苔的石碑上，望着这片神秘的遗迹深思着。我多么渴望知道他的想法，多么渴望能够与他交流探讨，让我走进他的内心深处，让我来理解他那鲜为人知的思想！

就这样，我和尼摩船长在这里整整待了一个小时。我们观赏着不时爆发出的熔岩照耀下的海底大平原，感受着由地球内部的沸腾带给大地表层的阵阵快速震颤，聆听着那深沉的隆隆声以及由水波反射回来的阵阵响亮的回音。月亮在水层上方出现了，皎洁的月光照进海底大陆，为古城笼罩上一层淡淡的光晕，更烘托出一种难以形容的气氛。

尼摩船长站了起来，深情地朝这片广阔的平原望了望。然后，他向我做了个手势，我们默契地同时掉过头来，对这片海底平原致以最后的敬礼，然后踏上了返回的路。

第十九章　海底煤矿

昨晚的劳累使我一直在沉睡，直到第二天上午 11 点钟，我才起床。我来到客厅察看“鹦鹉螺号”的航向，仪器显示出“鹦鹉螺号”正以每小时 20 海里的速度在海平面下 100 米的深处向南行驶。

2 月 21 日早上，我醒来时已经 8 点多了。我再次来到客厅看了看压力表，知道“鹦鹉螺号”此时正浮在水面上。另外，我还听到平台上有轻微的脚步声。不过与平常略为不同的是，今天的大海似乎格外平静，因为“鹦鹉螺号”并没有摇晃。

我来到长廊上，发现嵌板是打开着的。我走上嵌板边，打算到平台上去透透气。可是，当我刚刚爬上平台的时候，就立刻发现眼前看到的不是我期待的白天，而是一片漆黑。

猛然抬起头，我突然发现在头顶的正上方有一丝微弱的光线，形状像一个圆形的小洞口。

这时，探照灯突然亮了起来。强烈的灯光使我感到有些眩目，于是我连忙闭上了眼睛，等我再次睁眼仔细一看：原来，“鹦鹉螺号”正停靠在一处像码头一样的陡岸边。

它目前所处的这个位置，是一个被高墙包围着的、直径2海里、周长6海里的湖泊。按照我看到的压力表显示——这个湖泊的水平面应该是和外面的海平面一致的。由此看来，这片湖泊和海洋之间必然存在着一条通道。

我又向四处望了望，发现环绕湖泊四周的高墙高达五六百米，从底部向中央合拢，在顶部形成一个圆洞，就像一只倒过来的大漏斗。而我刚才看到的那缕光线，就是从这个洞口透进来的，那显然是太阳的光线。

“我们在哪里？”我问尼摩船长。

“这是一座死火山的内部，”船长回答说，“由于地震，海水流入火山口内部，从而形成了湖泊。昨晚，我们的‘鹦鹉螺号’通过海平面10米下的一条天然水道进入了这个咸水湖。这里是一个安全、舒适、神秘，可以避开任何风暴的港口！我相信全世界没有比这里更完美的避风港了。绝对没有谁能够发现这个隐秘的地方。”

我赞许地点了点头：“的确，‘鹦鹉螺号’停泊在这里是非常安全的。有谁会钻到这座火山中来侵犯您呢，是不是？不过，我看到在它的顶端有一处开口。”

“哦，那是火山的喷火口。”尼摩船长打断了我的话，解释道，“以前，这是一个充满熔岩、水蒸气和火焰的喷火口，而现在，它则变成了为我们提供新鲜空气的通口。”

“这座火山到底是什么样的？”我问。

“它只是海洋里的一个小小的岛屿。对于海上来往的船只来说，它只是一块暗礁；而对于我们而言，它则是个安全的栖息地。我是在一次航行中无意中发现它的。而且这个令人惊喜的洞穴，还真的在无形中为我提供了不少方便呢。”

“难道外面的人不会从火山的喷火口钻进来吗？”

“当然不能，就像我们无法从这里爬到外面去一样。因为，这座山中只有底部 100 英尺的高度是可以通行的，超过 100 英尺的地方，山壁十分陡峭，这样的陡坡人根本无法走上去。

“我发现大自然总是待您不薄。”我打趣地说，“您在这个湖上的确很安全，除了您，任何人都甭想进入这个水域。不过，这个避风港有什么用呢？‘鹦鹉螺号’是根本不需要港口的。”

“不，您错了，教授先生。‘鹦鹉螺号’虽然不需要港口，但它还是需要电力来发动的！这就意味着我们需要原料，需要煤炭。而这里正好有一座远古时代被海水淹没的森林，现在已经形成了煤矿，所以对于我来说，这里是一座取之不竭的矿藏。”

“您的意思是说‘鹦鹉螺号’的水手此时都变成矿工了吗？”我冲他开了个玩笑。

“没错。”船长也笑了，“因此我根本不需要向陆地上的煤矿要煤，而且，当我燃烧它制造钠的时候，烟雾从这个火山口飘出去，外面的人看到还以为这是座活火山呢！”

“我可以参观一下水手们是如何工作的吗？”

“很抱歉，这一次不行。为了加快环绕海底世界一周的旅行，必须加速提炼钠，不方便让您参观。不过，我们需要在此停留一天，如果您想在这岩洞中走走，就请好好利用这一天的时间吧。”

我谢过船长，去找我的那两位伙伴。我没有告诉他们我们现在的位置，而是请他们跟我走。

于是，我们登上了平台。对任何事都不感到惊奇的康塞尔认为“鹦鹉螺号”停泊在山底下是一件很自然的事情，而尼德·兰则只顾着搜寻这个洞穴是否有出口。

吃过午饭后，我们三个乘着小艇周游这个咸水湖。来到湖水的边缘处，我们发现在岩壁和湖水之间还有一条500米宽的沙岸，于是我们纷纷上了岸，顺着一条蜿蜒狭窄的斜坡路向高处行进。

这所巨大洞穴是由火山形成的，已在很多处得到证实。当我告诉他们这里是一座火山的时候，康塞尔和尼德·兰都感到十分惊讶。

“可是我不明白，究竟是什么原因使火山停止了活动，使这个巨大的熔炉变成了一片平静的湖水呢？”康塞尔不解地问道。

“我想，大概是由于地壳的某种大变动，使海底下陷，因此大西洋的海水便流入火山里面。于是水与火发生了激烈的冲突，最终以‘海王’的胜利而告终吧。应该是从那时开始，沉睡了多少个世纪的火山就变成了平静的岩洞。”我回答说。

“我赞同这种解释。”尼德·兰沮丧地说，“不过，唯一遗憾的是，我们从这里根本没有办法逃到陆地上去啊。”

“朋友，你的脑子里永远都是逃跑计划。”我们边说边笑，继续向上攀，斜坡越来越陡，越来越窄。

不久，我们攀到了大约 200 英尺的高度，遇到一处无法穿越的障碍，只好停步不前了。此处，穹隆的内部向外凸出，要向上攀就得兜圈子走。不过在这里，植物开始和矿物争相斗艳了：几棵顽强的小树从岩壁的坑洼处破土而出，一些可怜的小草毫无神采地蜷缩着，少许的菊花羞怯地点缀在病恹恹的长叶芦荟脚下，在那些下垂的熔岩中间，还有一些细小的紫罗兰微微散发出沁人心脾的芳香。

我们来到一株茁壮的龙血树下。这时，尼德·兰突然大喊道：“啊！先生们，这里有一处蜜蜂巢！”

“蜜蜂巢？”我重复一遍，做了一个完全不相信的手势。

“真的是蜜蜂巢！”尼德·兰重复说，“这边还有许多蜜蜂在周围嗡嗡飞呢。”

眼见为实，我走近跟前，果然发现那株龙血树树干的一个洞口处爬着成千上万只辛勤的小昆虫。

“我们采蜂蜜吧！”尼德·兰当机立断。

于是，我们找来一些枯叶和硫黄，再用打火石点燃，熏走了蜜蜂。我们打开蜂巢看时，居然发现里面有好几磅甜美喷香的蜂蜜，尼德·兰立即动手把蜂蜜装在了他背上的口袋中。

“如果我把这些蜂蜜和面包树的粉和在一起，”他对我们说，“我一定能够给你们做出一道美味的糕点。”

“先把你的蜜饯面包搁一边吧，”我笑了笑回答，“此刻，我们还是继续这有趣的火山之旅吧。”

沿着蜿蜒的山道走了一小会儿，我们来到可以观望整座湖泊的高地。在这里，我们看到“鹦鹉螺号”船上的照明灯照在平静的水面上，甲板上有几个模糊的身影正在辛勤地忙碌着；抬头看看火山口，它就仿佛是一个井口，让我们清楚地看到蓝色的天空中的一小片浮云。

我们绕过那几块岩石背后时，发现在这里有一些飞禽从它们高筑在岩石尖的巢里飞出来，在黑暗中四处翱翔、盘旋。在斜坡上，还有一些漂亮的胖大鸨迈着它的大长腿，快速地奔跑着。一看到这些美味的野味，尼德·兰就嘴馋了。他真后悔自己的手里没有一支枪，只好试图用石块代替铅弹。在几次失败之后，他终于打到一只美丽的大鸨。

45 分钟后，我们完成了环湖旅行，回到船上。这时，船上的人员也完成了钠的装载工作。

第二天“鹦鹉螺号”离开了它的港湾，在大西洋的水波下几米处航行。

第二十章　深不可测的海底

“鹦鹉螺号”的航线依然没有改变，继续朝南前进。尼摩船长到底想把我们带到哪里去呢？

2 月 22 日，整整一天，船都在萨尔加斯海中行驶，喜欢吃海产植物和介壳类的鱼类，可以在这里找到丰富的食粮。第二天，大西洋又恢复以往的状态。自此以后，从 2 月 23 日至 3 月 12 日的 19 天中，“鹦鹉螺号”在大西洋中间经常以每天 100 海里的速度行驶。尼摩船长下定决心要完成他海底周游的计划，我料想他绕过了合恩角后，会再回到太平洋的南极海来。

尼德·兰之前的担忧是有道理的。这片海域没有岛屿，想逃走是不可能的了。不过，我却幻想着用说服的方式来完成暴力或计谋无法完成的事。我在想，如果我用自己的人格作担保，发誓不泄露存在“鹦鹉螺号”这个机密，尼摩船长是不是会让我们自由呢？

这19天中，并没有发生什么事，我很难见到尼摩船长，他总是在忙。在图书室，我倒是经常可以看到他放在那儿的书籍，主要是博物学方面的。在这段旅程中，我们经常行驶在海面上，面对这空无一物的大海。当然，我们偶尔也能看到几只朝好望角驶去的印度帆船。

在此期间，我和康塞尔见到的鱼类与在其他纬度所见到的并没有什么不同，主要是一些可怕的软骨鱼类，比如条纹角鲨和珠形角鲨。我们还看到过许多食量惊人的大海狗。

一直到3月13日，我们的船都在这种情形下持续行驶。那一天，尼摩船长打算用“鹦鹉螺号”来做探测海底的实验，这让我十分感兴趣。

我们从太平洋出发以来，差不多已经走了13000里。测定的方位是我们在南纬45度37分、西经37度53分。据说这一带海域深不可测，曾有一位德纳姆船长测到14000米的深度，都没有测到海底。后来，美国驱逐舰“康格雷斯号”上的巴卡上尉测到了水深15000米，却依然没有到达海底。

现在，尼摩船长为了进一步测量这个深度，决定让“鹦鹉螺号”潜到最深的海底去。我也做好了准备，打算记录下测量数据。此时，船上客厅的嵌板打开着，激动人心的时刻就要到来了——“鹦鹉螺号”又将开始一次不可思议的海底实验了。

尼摩船长决定将船侧的潜水翼倾斜45度角，以斜向角度缓缓潜入深海，并以螺旋桨推进。在这么强大的推进力推动下,“鹦鹉螺号”果然下潜得很顺利。尼摩船长和我在客厅里,眼睛一直盯着压力表,上面的指针飞速转动着。不一会儿,“鹦鹉螺号”便下潜到许多鱼类生活的水层以下。在极深的海底,也生活着一些鱼类。我向尼摩船长打听,他是否在更深的海里见到过鱼类。

“鱼?”他回答道,“见到的很少。就目前的科学水平来说,人能预知什么,又能知道什么呢?”

“可是,我们已经知道越往深海去,植物消失的速度就快过动物。我们已经知道,在能见到动物的深水区,已经找不到植物了。我们还知道,在2000米深的水中,生活着姥鲨和牡蛎;而北极探险家麦克·科林道克曾在2500米的深处捞出一个海盘车;我们更知道,英国皇家海军的‘牛头犬号’船员在2000多米的深处捕捞到了一只海星。船长先生,你不会还说我们什么都不知道吧?”

“我不会如此无礼的,教授先生。”尼摩船长回答道,“不过,我想问问您,这些生物是如何在深水区生存的呢?”

“首先,不同深度海水的密度和所含盐分不同,这样就会在垂直方向形成水流,而这种垂直运动所带来的营养物质足以维持海百合、海星之类动物的生存的。”

“很对。”尼摩船长说。

“其次,氧气是生物得以维持生命的基础。而我们知道,在海水中,氧气随深度的增加而增加,并不是随深度的增加而减少。况且，深层海水中的压力也有利于压缩氧气。”

“您居然还知道这些？”尼摩船长显得十分吃惊，“好吧，您应该知道这些。我还可以为您提供一个论据，那就是在浅水区捕获的鱼，鱼鳔中的氮气多于氧气，而在深水中捕获的鱼，鱼鳔中的氧气则多于氮气。我们还是把注意力放在观察上吧。”

我又开始盯着气压计了。这时，我们已经下潜了一个小时，来到 6000 米的深处。在这里，已经很少见到生物了，荒凉的海水无与伦比的清澈透明。又过了一个小时，船已潜到 13000 米深的海域。令人诧异的是，仍然没有丝毫要接近海底的迹象。

下潜到 14000 米时，一些黑色的如同剪影般的山峰突然出现在我眼前。这些山峰如同喜马拉雅山或者勃朗峰一般，可能比它们还要高。如此看来，还真难测出海底最终的深度。

“鹦鹉螺号”仍在继续下潜着。此时，水压已经相当大，我感觉到船只嵌板之间连接处的螺丝开始了轻微的震动，客厅的玻璃窗在强大的水压下似乎随时都要迸裂开来。要不是“鹦鹉螺号”坚如磐石，我想我们此时一定会被挤扁的。

又过了一会儿之后，“鹦鹉螺号”已经潜到超过海洋任何生物所能达到的极限深度 16000 米。此时，“鹦鹉螺号”承受着 1600 个大气压，也就是说，“鹦鹉螺号”每平方厘米的船身上承受着 1600 千克的压力。

“啊，还从来没有人到过如此深的地方！真是不可思议呀！”我说，“您看看，尼摩船长，看看那些奇形怪状的石头、那些空洞洞的洞穴，生命已经无法在如此深的地方生存了！唉，我们为何只能将这种没人见过的景象保存在记忆中呢？”

“您想要带一些比记忆更好的东西上去吗？”尼摩船长问。

“您是什么意思？”

“我的意思是说，为什么不把这里的景象拍成照片呢？这实在是小事一桩呀。”

他的这个建议让我惊讶不已，他吩咐船员将照相机带到客厅。舷窗的护板都打开了，灯光把海水照得亮堂堂的，而且光线十分均匀，也没有减弱的迹象。在这里拍摄，灯光显然要比太阳光好。靠着螺旋桨和侧翼斜板，“鹦鹉螺号”稳稳地停住了。不一会儿，一张清晰的底片便拍了出来。

照完相后，尼摩船长对我说：“教授，我们得上去了，不能在这儿停留太久时间，否则‘鹦鹉螺号’承受的压力就太多了。”

尼摩船长发出命令，“鹦鹉螺号”的螺旋桨再次动了起来，侧翼斜板也收拢了。于是，“鹦鹉螺号”就像空中的氢气球，以闪电般的速度上升。它冲破水层，发出响亮的颤动声。在接近水面的瞬间，“鹦鹉螺号”如飞鱼一样跃出海面，溅起了惊人的浪花。

第二十一章　抹香鲸和长须鲸

3月13日的晚上,“鹦鹉螺号”继续朝南行驶。我原本以为到了合恩角的高纬度处,它就会掉转船头向西走,返回太平洋,完成它的周游世界之旅。然而,它仍然朝南极前进。

“它究竟要去哪儿呢？难道真的要去南极吗？”渐渐地,我开始相信尼德·兰的担心不是不无道理的。

那天上午11点左右,“鹦鹉螺号”遇到了一群鲸。当时,我们正坐在平台上,尼德·兰突然发现东方地平线的地方出现了一头鲸。

“要是我现在在捕鲸船上,那就太好了！我为什么被囚禁在这个大铁桶中呀！”尼德·兰大声喊道。

“你还对捕鲸念念不忘吗？”我问道。

“一个以捕鲸为生的人,怎能忘掉安身立命的手艺呢？他怎么会忘掉捕鲸带来的刺激呢？”

“你在这片海域捕过鲸吗？”

“没有，先生。我只在白令海峡和戴维斯海峡捕鲸。”

“如此说来，你还没见识过南极的长须鲸了。你所捕杀的都是一些露脊鲸，它们从来不会穿越赤道的。”

“怎么会？我曾在格陵兰岛捕过鲸，又在美洲西海岸捕过。如果它们不穿越赤道的话，我怎么可能在格陵兰岛附近捕到它们？”

“其实，鲸都有自己的生活区域，不会离开自己生活的海域。如果一头鲸从白令海峡来到了戴维斯海峡，只能说明两者之间存在着一条通道。”

“您说的是真的吗？”尼德·兰问。

“您应该相信先生说的。”康塞尔说。

“这么说来，我就更应该去了解了解它们了。看，它们游过来了。”尼德·兰激动地说。

那头长须鲸一直在靠近我们。尼德·兰一直在盯着它看。突然，他大声喊道：“不是一头，有一二十头，好大的一群！可我却什么都干不了！”

“你为什么不去问问船长，看他是否允许捕鲸呢？”康塞尔说。

没等康塞尔说完话，尼德·兰便跑下船舱，不一会儿又和尼摩船长一起上来了。

尼摩船长看了看离“鹦鹉螺号”一海里远的长须鲸，说：

“这是南极鲸，要是被捕鲸的发现，就发大财了。”

“船长，就算是为了不让我忘掉捕鲸的本事，允许我去吧。”尼德·兰肯求道。

“有这个必要吗？这样只是为了捕杀而捕杀，根本没有意义，而且还会导致鲸绝迹。其实，不用你动手，长须鲸的天敌——抹香鲸、剑鱼等就把它们弄得安生不得了。”尼摩船长回答道。

尼德·兰没明白尼摩船长的意思。不过，尼摩船长的话是对的。如果滥捕滥杀下去，总有一天海洋中的鲸会销声匿迹的。

尼德·兰把身子转了过去，而尼摩船长则一边观察着那群长须鲸，一边对我说：“再过一会儿，这群家伙就会遇到劲敌。您发现了吗，在下风口8海里的地方，有一群黑点在移动？”

“看见了，船长。”我回答道。

“那些黑点是抹香鲸，一群至少有两三百头，都是一些残暴的家伙。对它们倒是应该大开杀戒。”

尼德·兰听船长这么一说，马上转过身来。

“船长，为长须鲸考虑的话，我们还来得及。”

“不必冒险。‘鹦鹉螺号’就能用它的冲角驱散那群抹香鲸。”尼摩船长说，“再过一会儿，教授先生，我要让您看一场您从未见过的大屠杀。”

这时，那群巨兽已经游了过来，它们已经发现了长须鲸，并准备开始攻击。“鹦鹉螺号”马上潜入水下，前往支援长须鲸。我、康塞尔和尼德·兰马上坐到客厅舷窗旁，而尼摩船长则去了舵手那里。很快，我们就感觉到“鹦鹉螺号”在加速了。

当“鹦鹉螺号”赶到，抹香鲸已经开始攻击长须鲸了。“鹦鹉螺号”见状，马上冲向了抹香鲸，战斗十分激烈。“鹦鹉螺号”在尼摩船长的指挥下，用它的钢铁冲角横冲直撞，所到之处，无不把抹香鲸撞得尸首分离。而抹香鲸不论是用威力无穷的尾巴拍打“鹦鹉螺号”，还是用巨大的身子撞击“鹦鹉螺号”，都丝毫不起作用。“鹦鹉螺号”始终纹丝不动。在干掉一头抹香鲸后，“鹦鹉螺号”就转向另一头——绝不放过任何一头。

这一场恶战直杀得血肉横飞。抹香鲸吓破了胆，发出尖厉的叫声，用尾巴把平静的海面拍打得巨浪滔天，水花四溅。一个小时之后，抹香鲸基本被全歼，幸存的几头落荒而逃，海面又恢复了平静。“鹦鹉螺号”浮出水面。舱盖打开后，我们迅速来到平台上。

海面上到处漂浮着肢体残缺的尸体，海水被鲜血染红了好几海里。这时，尼摩船长朝我们走了过来。

“感觉如何，尼德·兰？”他问道。

“真是太棒了，先生！”尼德·兰已经从刚才的激动中恢复过来，趋于平静了，“不过，我是个捕鲸手，可不是个屠夫。刚才的一切简直就是大屠杀。”

“这些动物太过可恶，理应遭到屠杀。”尼摩船长说，“不过，‘鹦鹉螺号’可不是刽子手手中的屠刀。”

“我宁愿用我捕鲸的鱼叉。”尼德·兰不甘示弱。

“每个人的武器不同而已。”尼摩船长直勾勾地看着尼德·兰。

这时，我们发现了一头死去的长须鲸。它被咬得体无完肤，在残缺的背鳍附近还有一头死去的幼鲸。尼摩船长命令“鹦鹉螺号”靠近那头鲸，然后两名船员跳到它身上，挤起奶来，用来盛奶的两三个大桶都被挤满了，这让我十分惊讶。尼摩船长递给我一杯还有一点温度的奶，我心里感到十分厌恶，便谢绝了他的好意。但他向我保证说，这和牛奶一样营养丰富，而且品质更好。我尝了一口，发现尼摩船长所言不假。于是，这头鲸的奶便成为了我们的储备食品。因为，用它做成的奶油或者奶酪，能够使我们的日常饮食更加丰富多样。

可是，从这一天起，尼德·兰对尼摩船长的态度越来越差了，这让我感到十分忧虑。

第二十二章　冰原

“鹦鹉螺号”又朝着它固定不移的方向，往南驶去。它的速度特别快，沿着西经 50 度行驶。难道它真的要驶向南极吗？截至目前，还没有人成功地来到地球上的这个地方。此外，现在的季节也不合适。因为北半球的 3 月 13 日相当于南半球的 9 月 13 日，这里已经是秋天了。

3 月 14 日，我在南纬 55 度望见了漂流的冰块。那是一些 20 到 25 英尺的灰白碎片，形成许多暗礁，海波汹涌冲击着它们。不久就有更大的冰块出现，雪白的光辉随着云雾的任意变换而不同。

我们越往南走，这些漂浮的冰山就越来越多，越来越大。成千上万的南极鸟类在冰山上面筑巢，康塞尔从中辨认出有海燕、棋鸟和剪水鹱等种类。在这片人类很少涉足的地方，这些鸟生活得似乎十分惬意，嘹亮的叫声简直要把我们给吵死了。

在浮冰中航行的这段时间里，尼摩船长经常待在平台上，望着这片人烟罕见的海域出神。只有当他在指挥“鹦鹉螺号”前进的时候，他才回过神来，像以往一样熟练地指挥着他的船只，灵巧地避开大冰块的撞击。有时，有些冰块甚至会连绵好几海里，整个海平线几乎都被遮住了。每当这时，尼摩船长就会仔细地搜索着，不久便能找到狭窄的出口。

“鹦鹉螺号”轻巧地绕过冰山群后，气温已经变得相当低，幸好大家都穿着海豹皮制成的衣服，并不感觉寒冷，而且“鹦鹉螺号”上还有电力发热的设备，因此即使外界的温度再低也不怕。

要是我们在两个月前来，我们就能够赶上 24 小时的极昼，但现在已经有三四个小时的黑夜了。再过段时间，这里就要经历 6 个月的漫长的极夜了。

3 月 15 日，我们穿过新西兰岛和南奥克兰岛所在的纬度。尼摩船长告诉我说，以前曾有无数的海豹居住在这些陆地上，但由于一些美洲和英国的捕鲸人疯狂地猎杀海豹，如今这片土地已经是死一般的寂静了。

3 月 16 日这一整天，我们完全被封锁在冰层之中。然而，这并没有阻止“鹦鹉螺号”前进的步伐。尼摩船长下令开足马力冲破冰地，“鹦鹉螺号”像只楔子一样插进这片易碎的冰中，把它轧得咔咔发响。“鹦鹉螺号”就像是一个古代攻城锤，被力大无穷的人掌控着。仗着“鹦鹉螺号”强劲的冲力，我们的船终于凿出了一条航道。

这几天，我们都在经受着冰碴的打击。天地间茫茫一片，站在平台的这端看不到平台的那端。狂风肆虐，风向还不断变化。积雪很厚，必须用铁镐凿才行。气温降到零下 5 摄氏度，“鹦鹉螺号”全身都结了一层冰。

在这样的天气下，气压计总指示在低度。由于越来越接近南极，罗盘的指针也失去了指示方向的作用。

3 月 18 日，我们的“鹦鹉螺号”却陷入了由一座座冰山连接起来的冰山群中。尽管“鹦鹉螺号”开足马力，用尽各种方法想把冰破开，可是我们仍没有前进半步。

“冰原！”尼德·兰告诉我。

我很清楚，这是一个在尼德·兰和那些在我们之前来过这里的探险家所视为的不可逾越的地方。中午时，太阳出来了一会儿，尼摩船长趁机进行了一番调查，比较准确地测得了我们所在的位置——西经 51.3 度、南纬 67.39 度，这里已经是深入南极圈的地方了。

此刻，我们根本看不到流动的海水。一片冰原横在“鹦鹉螺号”面前，在它的上面，是奇形怪状的冰块。它们如同凌汛时的河道一样，犬牙交错，只不过景象要壮观得多。一些冰山的山峰高达几十米，上面密密麻麻的冰挂看起来如针一般细。更远的地方，是一些呈灰白色的陡峭的冰峰。这片巨大的冰原如同明镜一般，不时地把阳光从浓雾中反射出来。偶尔有几声鸟鸣，除此之外，是死一般的沉寂，仿佛都被冰雪冻住了。

3 月 18 日凌晨 5 点，我又一次来到客厅，察看船上的电动测速器。根据上面的指示，我知道“鹦鹉螺号”此时的速度已经慢了下来。它可能正在十分谨慎地排出储水器中的海水，准备浮出水面。

“难道我们已经能浮出海面，揭开极地的神秘面纱了吗？”我感到异常的兴奋。

可惜，“鹦鹉螺号”刚刚上浮了一小段距离，就立刻碰到了大冰山的底部。“鹦鹉螺号”试着调整一下方向，但冰山似乎太多了，整整一天，“鹦鹉螺号”做了好几次尝试。

晚上 8 点钟，按船上平时的习惯，早在 4 个小时前，“鹦鹉螺号”内部的空气就该更新了。但是，尼摩船长并没有动用储存罐里的氧气。

这天晚上，由于“鹦鹉螺号”内的空气不够新鲜，我睡得很辛苦，噩梦连连，惊醒了好几次。

凌晨 3 点左右，我很不舒服地醒来，发现我们距离水面只有 150 英尺了！我睡意顿消，眼睛紧紧地盯着压力表，期待“鹦鹉螺号”继续上浮。

3 月 19 日清晨 6 点，一脸疲惫的尼摩船长终于出现了。“自由海到了，没结冰！”他骄傲地对我说。

第二十三章　南极

我急忙冲到甲板上。是的！自由海。海面上偶尔散落着几块冰块和一些浮动的冰山，更远处是一片辽阔的大海。按深度不同，颜色由深蓝色逐渐转为橄榄绿色的海水中，漫游着成千上万种鱼类。天空则是鸟类的世界。北面的天边勾画着一群远远的大浮冰的轮廓，此时船上的温度计指示在零上 3 摄氏度，这里就像封闭在大浮冰群后面的春天。

“我们在极点了吗？”我的心跳个不停。

“我不知道，”尼摩船长回答我说，“中午我们测一下方位。”“可是太阳能穿过这些云雾吗？”我看着灰沉沉的天空说。

“只要它能出现一会儿，就够了。”船长回答。

在南面 10 海里处，有一座孤零零的小岛。我们害怕“鹦鹉螺号”搁浅，就将船上的小艇放到了海里。我、船长、康塞尔和两个带着工具的船员登上了小艇，前往小岛。

我们划了几下船桨，便来到了海滩的边缘。就在康塞尔正要踏上土地的一刹那，我阻止了他，对尼摩船长说道："船长，第一个踩在这片陆地上的荣誉应是属于您的。"

"是的，先生，"船长回答说，"我之所以毫不犹豫地踏上这片极地的土地，是因为至今为止还没有任何人曾在这里留下过脚印。"

说完这句话，尼摩船长就轻轻地跃到沙地上。看得出来，他此时的心情很激动。

尼摩船长攀上一个小岬角的石头。他交叉双臂、一动不动地站在那里，他似乎在向全世界宣告，他已经占据了这片南极的土地。他这样心醉神迷地站了 5 分钟后，才转过身来，对我喊道："教授，请上来吧。"我跳下小艇，康塞尔尾随着我，踏上了这片土地。

在这片狭长的土地上，到处都是淡红色的凝灰岩，如同破碎的红砖一般。火山岩渣、熔岩流等随处可见，很明显，这是火山喷发出来的。在空气中，仍能闻到一丝硫黄的味道，这表明火山仍有爆发的可能。我登高远眺，发现方圆几海里内根本没有火山。

尼摩船长靠在岩石上观察着天气，看起来十分焦急，没有一点办法。

正午到了，可太阳一点也没露面。不一会儿，天空中便飘起了雪花。

“明天再说吧。”尼摩船长下达了返回的指示。于是，我们就回到了“鹦鹉螺号”上。

我们不在“鹦鹉螺号”的这段时间，船员们用网抓到了许多鱼。南极是许多洄游鱼类的避难所。在网上来的鱼中，我发现了南极特有的一种软骨鱼——杜父鱼。它是一种灰白色的鱼，身上还长有灰色的横条纹，而且有刺。

接下来的两天暴风雪一直下个不停。3 月 20 日，暴风雪总算停了，雾也散了。

3 月 21 日清晨 5 点，我来到甲板上时，尼摩船长已经先到了。他看了看天空，乐观地认为今天天气将会放晴。果然，上午 9 点，天空逐渐明朗，尼摩船长带领我们朝山顶前进，打算将那里作为观测地点。

在小艇上，我看到了南极海域特有的三种鲸：露脊鲸、座头鲸、鳍背鲸。这些不同种类的哺乳动物，成群结队地游弋在平静的海面上，时不时地打闹嬉戏一番。看来，南极地区已经成了遭受捕杀的鲸类的避难所。

小艇靠岸后，大家花了两个小时的时间，才攀上这座由云斑岩和玄武岩混合的尖峰顶上。此时，雾气尽散，天空一片湛蓝。从峰顶向北望去，辽阔的大海一直延伸到天水交融的地方。我们的脚下是一片耀眼的冰原。在北边，像金盘一样的太阳正在冉冉升起。

11 点 45 分，太阳向这片从来没有人类涉足的海域上洒下它最后的光芒。我们准备好一切仪器，等待着正午的来临。

尼摩船长举起一副特制的天文望远镜，观察那轮沿着长长的对角线渐渐逝入地平线下的太阳。我拿着精密的计时器，静候着正午的来临。

“正午到！”我喊道。

“南极点！”尼摩船长庄严地宣布。

同时，他将望远镜递到我的手中。透过望远镜，我清清楚楚地看到太阳正好在水平线上切成完全相等的两半。

我凝望着太阳洒在山上的余晖，阴影正在不断变大。“您打算以谁的名义占领它呢，船长？”

“以我个人的名义。”

接着，尼摩船长庄重地将一面黑色的印有烫金 N 字的旗帜插在了地上，于是旗子便迎着风展开了。这时，他转身朝着海面大喊道：“太阳，再见了！星辰，也都消失吧！这里是仅仅属于我一个人的崭新的领地。”

第二十四章 意外事件

3 月 22 日清晨,“鹦鹉螺号”又整装待发了。

这时,天空中群星璀璨,此时的天气异常寒冷,温度计显示是零下 12 摄氏度。刺骨的寒风使劲地吹着,海面上也开始结冰,漂流在海上的浮冰越来越多,表明新的冰层正在形成。

显而易见,在南极六个月的冰封期内,人们根本无法接近这里。在这样的冰封期,或许鲸是从冰原下游走,去了其他海域。海豹和海象则会留在这里,这些动物能在冰层上凿开一个洞,让洞口的海水永远不被冻上,它们通过这个洞口来呼吸。当鸟类迁徙到北方后,海豹和海象便成了这里的主人。

“鹦鹉螺号”将水箱注满后,便慢慢潜到 300 米的深度,以 15 海里的时速向北方前进。傍晚时,它已经在冰原的下面了。

客厅的嵌板已完全关闭,因为“鹦鹉螺号”的船体可能会碰到一些漂浮在水中的冰块。因此，我一整天都在整理自己的笔记，脑子里还在想着在南极点时的情形。

自从那个偶然的事件把我们送到这只船上以来，已经五个半月了，我们走了 14000 海里。

凌晨 3 点，我被一声强烈的撞击声惊醒了。我从床上一跃而起，侧耳倾听。顷刻间，又是一阵猛烈的摇晃。“鹦鹉螺号”刚刚发生了碰撞，并出现了严重的倾斜。

黑暗中，我摸索着来到明亮的客厅，只见家具倒了一地，就像是刚刚经历过一场大地震。右舷舱壁上挂着的画落到地毯上，可见，“鹦鹉螺号”是向右倾斜的，此刻已经无法移动了。

这时，外面传来一阵急促的脚步声和谈话声，大家的情绪都很紧张。尼摩船长不知道去哪儿了。我刚想走出客厅，尼德·兰和康塞尔便走了进来。

“发生什么了？”我马上问道。

“我们过来就是想问问您呢。”康塞尔说。

“见鬼！”尼德·兰喊道，“我很清楚，‘鹦鹉螺号’触礁了。我看它这次很难脱身了。”

“它总能回到水面上吧？”我问道。

“我们也不知道。”康塞尔说。

“这个很容易弄明白。”我说。

我看了一下气压计，发现我们正在 360 米的深度。我一下子惊呆了！“我们惹上大麻烦了。”我大叫道。

“我们应该去问问尼摩船长。”康塞尔说。

“到哪里去找船长呢？”尼德·兰问。

“你们跟我来。”我对我的两个同伴说。

我们离开客厅，来到图书馆，没有人。中央楼梯边、船员工作室也没有人。我想或者尼摩船长是在领航人的笼间中，最好还是耐心等待。我们三人又回到客厅。

尼德·兰不停地抱怨着，我没有说话，任凭他将怨恨、愤怒发泄出来。

大约又过了20分钟，嘈杂声渐渐消失了，尼摩船长走了进来，但看起来好像无视我们的存在。他一向冷静沉着的脸上，此刻竟流露出一丝不安。他沉默地看着罗盘和气压计，然后又用手指着南极的那片海域。

我没有打扰他。当他在几分钟后转过来时，我才问他：

“这是个小意外吗？”

“不，这次是个事故。”尼摩船长十分坦然地说。

“严重不严重？”

“有可能很严重。”

“那有危险吗？”

“不会有。”

“‘鹦鹉螺号’搁浅了？”

“是的。”

“原因是什么？”

“是大自然造成的，并不是我们没有能力。我们在操作上完全正确。我们可以战胜人类的规则，但无法战胜自然法则。”

尼摩船长居然在这个时候谈哲学，真是匪夷所思。他根本就没有说明白事故发生的原因。

“您能告诉我是什么原因造成了这次事故吗？”我问道。

尼摩船长对我们耐心地解释：“因为冰山向南漂移。海水温度升高使有些冰山的底部融化了，其中有一座大冰山由于重心逐渐上移，以至后来整个位置发生了变化。就在它翻转时，正好砸到了我们的‘鹦鹉螺号’，结果它就被撞倾斜了。”

“难道不能事先放出水箱里的一部分水，使船保持平衡状态，然后再离开吗？”

“我们当然尝试过！问题是，随着我们船只的上浮，冰山也会随着上升。如果不想个办法有效地阻止冰山上浮，就根本无法改变船身的倾斜状态。”船长说完，就继续观察压力计。距离“鹦鹉螺号”刚和冰山相撞时的位置，船又上浮了 45 米，但还是保持着倾斜的角度。

大家正在担心时，突然，船身又起了一阵轻微的震动，很显然，“鹦鹉螺号”站起来一点了。悬挂在客厅中的东西渐渐恢复到它们原来的地位。墙板接近垂直。我们谁也没说话，心跳个不停地看着，直到“鹦鹉螺号”竖起来。10 分钟以后，地板在我们脚下又变为横平面了。

“我们直起来了！”我喊道。

“终于又恢复正常了！”大家顿时都松了一口气。

“是的！”船长转身似乎准备离去。

“但是我们能浮出海面吗？”

“当然，”船长回答，“只要把水箱里面的水抽光，‘鹦鹉螺号’自然能浮出海面。”

但是过了没多久，船长又下令停止上浮。因为船身差点撞到大冰山的底部，船长认为，照目前的情况来看，还是继续留在水中比较安全。

“我们终于逃过了一劫。”康塞尔说。

“是呀。不然就得被巨大的冰块压扁了，至少也得被困在冰下面。如此一来，我们就没法更换空气，后果就……”

“要是没逃过这一劫才好呢！”尼德·兰说。

我不想跟尼德·兰争执，因此什么也没说。这时，舷窗打开了，外面的光线又透了进来。

“鹦鹉螺号”在宽度仅有 18 米左右的冰壁之间的夹缝中，小心翼翼地向前航行。只要它通过这个冰缝，再下潜几百米，就能在冰原下面找到脱身的通道了。

这时，天花板上的灯都关了，但外面冰墙反射回来的舷灯的光依然将客厅里照得灯火通明。冰块的每个棱角都反射着灯光，如同一座光芒四射的宝石矿一样。

几个小时过去了，我不停地看那个挂在客厅墙壁上的机械压力表，上面指出“鹦鹉螺号”保持在 300 米深的水层中，罗盘的方向总是指向南，测程器记录的速度是每小时 20 海里。对于在紧窄的水道中航行来说，这个速度太快了。尼摩船长也知道不能太快，但这个时候，几分钟简直等于几个世纪呀。

随着螺旋桨逆转，船加快速度全力向后退，大家因为不了解实际状况，感到更加焦灼不安。时间一分一秒地过去，我不时地来到客厅察看墙壁上的各种仪器的变化。

到了 8 点多钟的时候，“鹦鹉螺号”再一次发生碰撞。大家都感到大事不妙，我的脸一下子就白了，两个同伴则不由自主地靠近了我。我抓着康塞尔的手，彼此用目光交流着。这个时候，目光比语言更加有用。

尼摩船长神情严肃地走了进来。

我尽可能平静地问：“是不是向南前进的航道也被冰封住了？”

“是的，”船长实话实说，“所有能找到的出路都被冰山阻塞了，‘鹦鹉螺号’现在被困在这儿无法动弹了。”

“我们被困在这里了？”

“是的！”

第二十五章　氧气越来越少

现在,“鹦鹉螺号”的上方和下方都是冰墙,我们被囚禁在了这里。听到这个消息,尼德·兰顿时火冒三丈,用他粗大的拳头捶打着桌子。康塞尔默不作声。而我却没有埋怨什么。埋怨又有什么用呢？事已至此,四周都是冰墙,谁能逃得出去？

尼摩船长的神情又恢复了平日的冷静,静静地思索着。终于,船长再次开口了:“各位,在目前这种情况下,我们有两种死法。”

“第一是被压死,”他接着说,“第二种是窒息而死。反正,我们绝不会饿死,因为船上的食物十分充足。现在,需要我们考虑的是,我们该选择哪一种死法？”

“储存室里的空气不是很充足吗？我们怎么会窒息而死呢？”我不解地问道。

“教授,您说得对。不过,那些氧气顶多只够我们维持两天的时间。而且我们潜入水中已经 36 个小时了，如果在 48 小时之后我们仍无法离开这里的话，我们便会窒息而死。”

“那么，我们赶紧想办法离开这里吧！”

“我们可以尝试凿开包围在‘鹦鹉螺号’周围的冰层。”尼摩船长说。

“我们应该凿开哪一面呢？”

“不必担心，探测器会告诉我们答案的。”船长看了看窗外，接着说道，“等会儿，‘鹦鹉螺号’将停在下面的冰层上，我会派人去凿开冰山上最薄的冰层。”

“能打开客厅的舷窗吗？”

“可以，这不会有危险，反正潜艇已经不能动了。”

说完，尼摩船长就出去安排这些事了。一会儿，我们就听到往储水舱灌水的声音。“鹦鹉螺号”在缓缓下潜，最后，它停在了 350 米的深度，这里有一块很厚的冰层。

“朋友们，”我对我的伙伴们说，“现在情况严峻，我相信以我们的勇气和能力一定会渡过难关的。”

“先生，”尼德·兰回答我说，“您放心吧，在这种时候，我是不会再去指责某个人的过错的，我将时刻准备着为大家的脱险贡献一切。”

“谢谢你，尼德·兰。”我握紧尼德·兰的手，由衷地对他表示感谢。

他接着说：“我拿铁镐就像拿鱼叉一样得心应手，如果我对船长有用的话，我愿意过去帮忙。”

“我相信他是不会拒绝您的帮助的。”于是，我领着尼德·兰找到船长并转达了尼德·兰的提议，船长马上接受了。

尼德·兰和船员们以最快的速度换上潜水衣，背上压缩空气筒。虽然这么一来又要耗费许多船上贮存的氧气，但这是必需的。

尼德·兰穿上潜水服后，我回到了客厅。这时，舷窗已经打开，我就站在康塞尔的身旁，观察着冰层的情况。

不一会儿，十几名船员就来到了冰层上面，这里面有尼德·兰，还有尼摩船长。

在凿冰层之前，尼摩船长首先让人进行探测，以便找到最佳的位置。不过探测棒进入冰层15米后，就无法再深入了。看来，头顶上方的冰层无法探测了。其实，这里的冰层本来就厚达400多米。于是，尼摩船长便命人开始探测下面的冰层。下面的冰层在10米处就打出了水，所以我们只能在这个冰层上挖一个使“鹦鹉螺号”能够掉到下面水中的洞。

经过两个小时的奋战，尼德·兰和那些船员筋疲力尽地回来了。他们被新的工作人员换下来，而我和康塞尔也加入了新的工作人员的行列。这次是由“鹦鹉螺号”的大副指挥的。

两个小时后，我们被换了回来，吃东西休息一下。当返回“鹦鹉螺号”时，我明显感觉到船上的空气中充满了二氧化碳。此时，船上已经48个小时没有更新空气，空气中的氧气明显变得很稀薄。

然而，辛勤工作了 12 小时之后，我们仅仅凿穿了一米厚的冰层。如果按这样的工作量计算，至少还需要四天五夜的时间才能凿穿这块浮冰。

“四天五夜！”我对两个同伴说，“但是我们储备的空气只够用两天了。”

“更糟的是，即便我们逃了出去，也得被困在冰盖的下面，依然无法呼吸！”尼德·兰补充道。

虽然情况不容乐观，但每个人还是决定奋战到最后一刻。最糟糕的是第二天一大早，当大家打算继续工作时，却发现了一件令人十分沮丧的事情：船两侧的冰墙竟然又开始冻结在一起了。而且，除了工作现场，附近的水又开始结冰了。照这样看来，凿冰的速度似乎永远无法追赶上结冰的速度。

我没有把这个糟糕的情况告诉尼德·兰和康塞尔。但是，我一回到“鹦鹉螺号”，便告诉了尼摩船长。

“我知道这个情况，”他依旧十分平静，“但是我想不出对付这个危险的方法。现在唯一的希望就是，我们的速度超过结冰的速度。”

这等于没说。这一天，我干了好几个小时。通过工作，我恢复了一点信心，而且还可以呼吸到从储气舱中得到的新鲜空气。而当我返回“鹦鹉螺号”时，差点没被污浊的空气憋死！我们为什么不能采用化学的方法来除去二氧化碳呢？水中就含有大量的氧气，只要我们用强力电池就能把它从水中分解出来。但这只不过是我的想法而已，此刻，二氧化碳已经无处不在了。要想除掉它，就得用苛性钾，但我们根本没有，也没有可以替代的东西。

到了傍晚，一回到船内，大家都明显地察觉到船内充满了二氧化碳，简直窒息得令人难以忍受。于是，尼摩船长又派人打开空气箱，将一部分空气紧急送入船内各处。否则，我们很可能都没法醒过来了。

3 月 26 日，我们开始挖 5 米处的冰。但船两侧的冰墙和大浮冰的下部明显地又增厚了，情况越来越危急！显而易见，“鹦鹉螺号”还没脱身，这些冰层就会合在一起。我一下子就失去了希望，铁锹差点从手中掉下来。如果注定要被冰块压死，我还挖它干什么？这种死法太残酷了，即便是野蛮人也想不到。我感觉自己跌进了一只巨兽将要合拢的嘴巴中，毫无反抗之力。

这时，尼摩船长来到我身边。我让他看了看正在合拢的冰层。右侧的冰层差不多又靠近了“鹦鹉螺号”4 米。尼摩船长知道我的意思后，便示意我跟着他回到船上。

此时，“鹦鹉螺号”外面的温度是零下 7 摄氏度。尼摩船长带我来到厨房里，我看到几个大型的蒸馏器正在工作。它们产生的沸水被导入水泵后，便会被再次灌满水。电池发出的热量很大，抽进来的海水几乎一进入蒸馏器就变成了沸水。

于是，船长立刻下令从船头的方向朝冰层中的一个方向喷出沸水。3 个小时之后，外界的温度就从零下 7 摄氏度上升到零下 6 摄氏度。又喷了两个小时，温度已经上升到零下 4 摄氏度了。

我觉得效果十分明显，便对船长说："我们一定可以成功。"

"对，我们不会被压扁了，但是我们还面临着缺氧的危险。"

到了晚上，水温已经上升到零下 1 摄氏度。由于海水要低于零下 2 摄氏度才可能结冰，因此，我确信被海水冻结的危险已经过去了。

第二天，3 月 27 日，已经有 6 米的冰层被挖开了，只剩下 4 米要挖掘。可这是需要 48 个小时才能干得完的活！而这时，"鹦鹉螺号"内的空气已经不能再更新了，几乎每个人都到了呼吸困难的地步，只有在换上潜水衣进行工作时，才能呼吸到一点新鲜的空气。铁锹不停地敲打着冰面，每个人都感到精疲力竭，但所有人仍然努力地工作着。

到了下午 3 点钟，我已经处于一种麻木的精神状态，几乎没了知觉。我害怕极了！我不断打着哈欠，简直要把下颌骨打下来了。我的肺拼命运动着，以捕捉空气中的氧气，但氧气还是越来越少了。我的脑子处于麻木的状态，我自己软绵绵地躺在那里，没有力气，也几乎没有了知觉。康塞尔和我一样，但他一刻都没有离开我，还拉着我的手鼓励我。我听到他虚弱地说道："如果我不呼吸也没事，把空气留给先生多好呀！"我听后，不禁热泪盈眶。

大家充满希望地等待着、聆听着，忘记了自己的痛苦。我们把获救的赌注压在了这最后一个筹码上，每个人的命运，就完全看这最后的一击了。

期待中，我们听到“鹦鹉螺号”下方传来了一阵阵“咔啦咔啦”的迸裂声。这个声音听起来真是前所未有的美妙啊！紧接着，船身急速下沉，四周立即响起一阵仿佛是纸片被撕开的声音。这个穿越冰层的声音简直比世间所有的音乐都要动听！

“冰层被撞开了，我们穿过去了！”康塞尔附在我的耳边小声地说。

然而，这时我已经不能回答他的话了。我紧紧地抓着他的手，不由自主地抽搐起来。

这时的“鹦鹉螺号”也由于负重过度，像一发炮弹落入水中一样，以惊人的速度急剧地向海底深处掉下去。

我半躺在图书室的沙发上，喘不过气来。我的脸色发紫，嘴唇变青，我的身体丧失了一切功能。我再也看不见、听不见。时间的概念已经在我的意念中消失了，我的肌肉也不能收缩了。

突然，我的肺中钻入了一些新鲜的空气，我醒了过来。难道是“鹦鹉螺号”已经浮上水面了吗？不是。在这紧要关头，我的两个忠诚的朋友，他们牺牲了自己来救我。空气箱底还剩下几丝空气，但他们没有把它呼吸掉，而是留下来给了我。我想要推开空气箱，但他们按住了我的手。于是，我便畅快地吸了一会儿。

我看了一下挂钟，现在已经是上午 11 点了，算起来应该是 28 日了。尼摩船长去哪儿了？难道他和他的船员们都死了吗？

压力表指示我们离水面仅有 20 英尺了。可是有一片薄薄的冰层把我们和水面隔开了。我们不能把它撞开吗？应该是可以的！总之，“鹦鹉螺号”会试一试的。这时，我感觉到“鹦鹉螺号”采取倾斜的姿势，后部下沉，冲角仰起。在强大的机轮推动下，它像一头强壮的公牛一样向冰层下部顶去，然后往后退，再全速向冰层冲去，渐渐地把冰层撞开。终于，冰层裂开了，“鹦鹉螺号”猛地一冲，冲到了冰层上面。

舱盖立即被完全打开了！在那一刻，大家的内心都无比激动，有的人甚至高兴得流下了欢乐的眼泪，但每个人此时的感觉都难以用言语来表达，只感到纯净的空气像潮水般涌进“鹦鹉螺号”的每个角落。

第二十六章　从合恩角到亚马孙

我不知道我是怎样走到平台上的，也许是尼德·兰把我抱上来的。我呼吸着，仔细品味兴奋的大海所带来的空气。我的两个同伴在我旁边也尽情狂吸着新鲜的空气。我们贪婪地让肺部吸取这海上的空气。而给我们送来这种快意迷醉的，正是那海风，正是那海风！

“啊，”康塞尔说，“能呼吸真好！先生不用怕不能呼吸了！现在氧气足够了，人人都可以有了。”

尼德·兰不说话，一直张开大嘴，那个样子恐怕鲨鱼见了都会害怕。多么大力地呼吸！尼德·兰好像正在燃烧的火炉，在那里“抽气”呢。很快，我们的气力就恢复过来。我看了一下四周，平台上只有我们三人，尼摩船长和船员都没有上来。

当我恢复气力后，我说的第一句话就是感谢康塞尔和尼德·兰。

“好！教授，”尼德·兰回答我，“这事值得说出来吗？我们对这事有什么值得称赞的地方吗？一点都没有。这只是一个算术问题。您的生命比我们的有价值，所以必须保存。”

“不，尼德·兰，”我回答，“我怎么能说我的生命更有价值？谁也不能比善良仁爱的人们更优秀，而您正是这种人！”

“算了！算了！”尼德·兰有些尴尬地一再说。

“当然还包括你，我忠心耿耿的康塞尔。为了我，你可是吃了不少苦。”

“说实在的，先生，我并没有吃什么苦，只是少吸了几口氧气而已。不过，我认为自己对此并不感到害怕。话说回来，一看到先生晕了过去，我急得简直不知道如何呼吸了。就像别人说的那样，我屏住了呼吸。”康塞尔觉得自己的话太过庸俗，便难为情地不再说了。

“朋友们，”我情绪显得十分激动，“患难见真情。从此以后，我们同生共死，你们有权对我……”

“我会好好把握这个权利的。”尼德·兰打断了我。

“你的意思是？”康塞尔问。

“我的意思是，当我准备逃离这个如同地狱的‘鹦鹉螺号’时，我就会使用这个权利，带你们一起走。”

“说点正经的吧，”康塞尔说，“我们现在是向着好的方向走吗？”

“是的，”我回答说，“因为我们是向着有太阳的方向走，现在有太阳的地方就是北方。”

“不错，”尼德·兰又说，“不过更重要的是，我们要知道自己是向着太平洋还是向着大西洋，是向着来往人多的海还是荒凉无人的海航行呢？”

我不能回答他的问题，我怕尼摩船长要把我们带到同时浸润亚洲和美洲海岸的广阔的太平洋中去。

“鹦鹉螺号”继续以极快的速度向前行驶。3 月 31 日，“鹦鹉螺号”就到达了美洲大陆最南端的合恩角了。

此时，我们已经忘记了被困在冰层下的痛苦经历，心中只有未来。尼摩船长没出现在平台上和客厅里，大副则会把每天测得的方位标在地图上，因此我能够知道“鹦鹉螺号”的确切方位。这天晚上，我十分高兴，因为我知道我们正驶向大西洋的北方。我把掌握的情况告诉了尼德·兰和康塞尔。

“真是好消息，”尼德·兰说，“不过我们还不清楚‘鹦鹉螺号’最终目的地是哪儿。”

“是的，我也不知道。”

“这位船长莫非是要从南极前往北极，然后再从著名的西北通道返回太平洋？”

“很有可能。”康塞尔说。

“这样的话，”尼德·兰说，“我们还是趁早溜之大吉的好。”

“不过，尼摩船长还是挺伟大的，我觉得能认识他是我们的荣幸。”康塞尔说。

“离开他就更是我们的荣幸了。”尼德·兰反击道。

4 月 1 号，将近中午时，“鹦鹉螺号”浮出水面，我们看到了西边的火地岛。在岛上，有一座海拔 2000 多米的萨米恩托峰，当地人根据峰顶是否有云雾来判断天气的好坏。这会儿，这座山峰清晰可见，应该是个好天气，而事实确实如此。

“鹦鹉螺号”很快又潜了下去，沿着离海岸几千米远的地方航行。透过客厅的窗户，我看到了一些长得很长的藤本植物和一些很大的墨角藻。

“鹦鹉螺号”以极快的速度穿梭在这片生长着茂盛植物的海底，黄昏时，便差不多到达了圣马罗群岛。

当圣马罗群岛上的最后几座山峰消失在地平线上时，“鹦鹉螺号”便潜入 20 米到 25 米深的海中，沿着美洲海岸航行。尼摩船长依然没有出现。

4 月 4 日，“鹦鹉螺号”驶入乌拉圭海域，沿着南美洲蜿蜒漫长的海岸一路向北。自日本海出发到现在，我们已经航行了 16000 海里。

上午 11 点时，我们越过南回归线，但尼摩船长不允许“鹦鹉螺号”靠近有人居住的巴西海岸，他让“鹦鹉螺号”以惊人的速度，飞驰而过，这让尼德·兰大为光火。

接下来的几天，“鹦鹉螺号”一直以这种令人震惊的速度前进着。4 月 9 日夜晚来临时，我们就到达了南美洲最东端的圣克罗角。这时，尼摩船长命令“鹦鹉螺号”潜入更深的海底。在这片荒凉的海底待了两天后，它又浮出了海面。这时，我们来到了亚马孙河的入海口。

我们穿越了赤道。此时，我们西面20多海里的地方就是法属圭亚那。如果在那里找个躲藏的地方，应该是很容易的。但是，风浪太大，小艇根本接近不了海岸。尼德·兰显然对此心知肚明，因此他并没有说什么。我也不去提及他的逃跑计划，因为我不想让他去做注定失败的尝试。计划一直无法得以施行，不免让人觉得有些遗憾。于是，我就把注意力转移到一些有趣的研究上。

4月11日和12日，“鹦鹉螺号”都是漂浮在海面上的，它的拖网捕捞到许多檀虫类、鱼类和爬行类动物。这里面便有一种令康塞尔念念不忘的鱼。当时，拖网捕到一条20多千克、呈扁平状的鳐鱼。如果剪掉这条鱼的尾巴的话，它可就真成了一个圆形盘子了。这条鳐鱼鱼身上粉下白，全身覆满圈状的深蓝色圆点，皮很光滑，尾鳍分叉。被扔到平台上后，这条鳐鱼努力挣扎着想要跳回大海。眼看这条鳐鱼要跳入大海时，在一旁观看的康塞尔扑了上去，一把摁住了它，快得我都来不及阻止他。

那条鳐鱼一用力，康塞尔就四仰八叉地摔在了平台上，摔得他半个身体都麻木了。于是，他大喊道：“啊，主人！主人，主人，快拉我起来。”

他被摔得太惨，以至破天荒地没用“第三人称”与我说话。我和尼德·兰赶忙把他拉起来，又给他揉了揉胳膊、腿和腰。他缓过来后，这位爱分类的专家便结结巴巴地说起了这条鳐鱼的归属：“软骨鱼纲，板鳃亚纲，电鳐目。”

“完全正确，我的朋友。”我说道，“把你摔得如此惨的正是一条电鳐。”

“哼！”康塞尔说，“我一定会报仇的！”

“怎么报仇？”

“宰了它，吃它的肉。”

康塞尔说到做到，当天晚上就杀了它。不过，这仅仅是为了发泄内心的愤怒而已。因为，电鳐的肉质太硬，实在是没法嚼。

攻击康塞尔的是伞形电鳐，这是电鳐中最厉害的一种。这种奇怪的鱼的放电器官非常大，两个放电器官的表面积都超过了 27 平方英尺，发出的电量经过海水这种导体的传导，能够电死几米之外的鱼。

4 月 12 日，“鹦鹉螺号”整日都在驶向马罗尼河河口，靠近荷兰海岸。那里有好几群海牛，它们都是以家庭为单位生活在一起的。我对尼德·兰和康塞尔说，正是由于造物主安排了这么一种以海底的海草为食的哺乳动物，才不会使热带江河的入海口被海草阻塞。

“如今，人们几乎将这些有益的动物捕杀殆尽，你们了解这会造成怎样严重的后果吗？”我说，“这会造成海藻的过度繁殖，它们死后经过腐烂产生的有毒气体能够引起黄热病。一旦疾病传播开来，这一地区将会变得荒无人烟。而这种疾病已经从拉普拉塔河的河口传播到了佛罗里达！”

不过，虽然“鹦鹉螺号”上的船员明白这个道理，但还是捕杀了6头味道比牛肉要鲜美的海牛，以补充潜艇上面的食物。但打猎海牛这一过程，却没多大意思，因为这些海牛根本没有防范人类的意识。

我们还进行了一次捕鱼行动，又增加了不少食物储备。在打捞上来的鱼中，有一种名叫鲫鱼的鱼，属于软鳍目的第三科，它的脑袋后面长着一块肉，厚厚的，如同椭圆形的盘子。这些椭圆形的“盘子”由横软骨组成，能够通过软骨的运动使“盘子”内部形成真空，从而像吸盘一样吸附在其他物体上。

捕鱼行动结束后，潜艇又向海岸靠近了一些。我看到海岸上睡着许多海龟。要想猎到这些珍贵的爬行动物，可不是件容易的事。它们十分敏锐，稍有风吹草动，就会惊醒。而且，鱼叉对它们那坚硬的壳也毫无办法。“鹦鹉螺号”上的船员在保证鲫鱼能够自由活动的前提下，将一个环系在它们的尾巴上，然后将环上的绳子的一端系在船上。之后，他们便将鲫鱼放入海中。这时，鲫鱼将开始展露自己特殊的本领，死死地吸附在海龟的胸甲上，即便被撕成碎片，也毫不松“口”。如此一来，只要船员们拉起绳子，就能将鲫鱼和海龟一起拉上来了。

我们用这个方法，钓到了好几只长 1 米、重 200 千克的卡古阿那海龟。这种海龟的壳上覆盖着薄薄的一层角质，呈褐色，透明，还带着一点黄色、白色的斑点。正是这种角质，大大提高了它的身价。此外，从美食的角度看，这种海龟的肉质如同甲鱼般鲜美，因此也颇受人们的喜爱。

钓完海龟后，“鹦鹉螺号”便驶入了深远的大海之中。

第二十七章　恐怖的大章鱼

几天来,“鹦鹉螺号”总是一直避开美洲海岸,它显然不愿意出没在墨西哥湾或安第列斯海的海面上。

4月16日,我们已经可以在船上眺望到30海里之外的马提尼克岛和瓜德鲁普岛了。

尼德·兰本来想在墨西哥湾实施他的逃跑计划,或者逃到陆地上,或者逃到穿梭于两岛之间的航船上。可是,“鹦鹉螺号”并没有驶进海湾。在这种情况下,他不得不又一次放弃了。

尼德·兰、康塞尔和我,对这个问题进行了长时间的讨论。我们已经被囚禁在“鹦鹉螺号”上6个月了,在此期间,我们航行了17000海里。但是,正如尼德·兰所说,我们根本看不到重获自由的希望。最后,尼德·兰提出了一个令人吃惊的建议,让我直接去问尼摩船长,问他是否要把我们长期关押在“鹦鹉螺号”上。

我并不同意这么做。我觉得，即便去问，也根本不会有结果。我们只能依靠自己，决不能对“鹦鹉螺号”的船长抱有任何幻想。何况近些日子以来，这位船长变得十分阴郁，不爱出门、聊天，仿佛在有意避开我。我几乎见不到他。他曾经十分乐意给我解释那些海底的奇异景象，如今，他却任我自由进行研究，根本不来客厅了。

因此，我告诉尼德·兰，让我再考虑一下。要知道，一步走错，就会引起他的怀疑，到时我们的处境将会更加艰难，尼德·兰的计划也会更加难以实施。我还告诉尼德·兰，绝对不要以身体健康为由要求离开，因为我们的身体从来没有像现在这么好过。当然，得除去在冰原下面那次。这里有营养丰富的食物、清新有益的空气、几乎恒定的温度、富有规律的生活，很好地将疾病阻挡在了外面。

无疑，尼摩船长十分喜欢这种生活。他以海为家，并不怀念陆地生活，可以凭借仅自己知道的秘密通道到达想要去的地方。但是对于我们来说，这绝对不行，我们并没有隔绝与人类的联系，比如我。我可不愿意让自己的最新研究成果与我一起沉入大海。现在，我已经有资格写一本真正关于海洋的书了，而且我希望它能够早日出版。

4 月 20 日，距离“鹦鹉螺号”最近的陆地就算是巴哈马群岛了。在巴哈马群岛周围的海底，屹立着一些高高的海底悬崖和许许多多幽深漆黑的洞窟，连“鹦鹉螺号”的船灯都无法探照到底。

尼德·兰好奇地走向窗边，突然惊叫一声：“哇！我的天啊，好大一只怪物呀！”

我也被窗外的景象给吓住了。这是一条8米长的巨大的章鱼，它正以极快的速度游向“鹦鹉螺号”。它那巨大的海绿色眼睛恶狠狠地盯着我们。那8只长在头上的触手，像复仇三女神的头发一样扭动着。我们清楚地看到它的250个吸盘呈半圆球状排列在触须的内侧。有时，这些吸盘就形成真空，以便紧紧吸附在客厅的舷窗玻璃上。它的嘴如鹦鹉的嘴巴一般，而且还是角质的，总是在垂直方向上一张一合。它的舌头同样是角质的，上面还有几排尖利的牙齿，如同剪刀一般。

一个软体动物居然长着一张角质的嘴，大自然真是太疯狂了！这只大章鱼的纺锤形身体无比巨大，据我估计，它的体重至少在20000千克到25000千克之间。它身上的颜色能够迅速地随着情绪的变化而变化，从灰白色一直变到红褐色。

我们正目瞪口呆时，右舷窗又出现了一大群类似的大章鱼，它们都是一副张牙舞爪的样子。我大概算一下，竟然有7只！它们围绕在“鹦鹉螺号”的四周，用嘴拼命咬铁板，声音非常清晰，仿佛要把我们当作美餐吃掉，令人感到十分恐怖。

突然，“鹦鹉螺号”停了下来。一阵撞击使整个船体都颤动了。“触礁了吗？”我问道。

“即使触礁，问题也不大，因为并没有搁浅。”尼德·兰说。

“鹦鹉螺号”没有搁浅，但停下来不动了。一分钟后，尼摩船长走进了客厅，他看起来神色黯淡。

“真是一群奇特的家伙。”我试图用最轻松的口气对他说话。

“是的，阿龙纳斯先生，”他回答我说，“不过，我们马上要跟这些家伙进行肉搏了。”

我看了看船长，没听明白他的意思。

“先生，推进器不能动了。我想是一只章鱼的牙齿咬住了轮叶，使我们无法继续前进了。”

“我们该怎么做呢？”

“浮出水面，消灭这些害人的家伙。”尼摩船长顿了顿，接着说道，“不过这并不容易，因为我们的电子枪对于这堆软绵绵的肉来说毫无办法，即使打在上面也没有足够的阻力来引发爆炸。看来，我们只能用斧子来斩断它们的触手了！”

“还可以用鱼叉！船长，”尼德·兰说，“请您别拒绝我的帮助。”

“很高兴您能参加这次的行动，尼德·兰。”

“我也陪你们去。”说着，我跟着尼摩船长走向中央扶梯。

在中央扶梯那里，已经有十几个人手里握着斧子，随时准备出击。我和康塞尔也拿了两把斧子，而尼德·兰的手里抓着一把鱼叉。

于是,“鹦鹉螺号”浮出水面。一个水手站在最上面一级的台阶上,他正在把嵌板上的螺丝拧开。但螺母刚刚被拧开,嵌板就猛地被掀开了,这显然是被章鱼的一条触手上的吸盘拉开的。

一条像蛇一样的长触手立刻从开口处滑了进来,其他几条触手在上面蠕动着。尼摩船长一挥斧子,把这条可怕的触手斩断,被斩断的触手卷成了一团掉在了阶梯上。

当我们正争先恐后挤上平台时,另外两条触手从空中打过来,缠在了尼摩船长前面的水手身上,猛地把他卷走了。

尼摩船长大叫一声,往外面冲去。我们也急忙跟上他,打算与那只凶恶的家伙决一死战。

章鱼用触手缠住那个船员,并用吸盘吸着他,把他在空中挥来舞去。他简直透不过气来,但还是拼命喊着“救命!救命!”我永远也忘不了他那凄厉的惨叫声。

然而令我惊异的是,这位船员竟然是用法语在呼救,原来我还有一位同胞在这艘船上呢。

船长向这只章鱼冲过去,他斧子一挥,把章鱼的另一条触手斩下来。大副怒火冲天地跟另一只攀上船侧的怪物搏斗。船员们挥舞着斧子,劈来砍去。我和尼德·兰、康塞尔也拿着手中的家伙,砍向或者扎向那堆柔软的肉。空气中弥漫着一阵浓浓的麝香味,真是可怕极了!

那只章鱼的 8 条触手中有 7 条被斩断了,只剩那条把我们的伙伴紧紧缠住的触手在空中扭动着。这时,我甚至认为,那个船员没准可以得救。正当尼摩船长和大副向这只触手冲过去的那一刻，这只章鱼却突然喷出了一柱墨黑色的液体。顿时，我们什么都看不清了。当这团黑雾消散后，我们已经找不到那条章鱼了，而那位船员也随之销声匿迹了。

我们忍无可忍了！怀着无比的悲愤，我们跟这些章鱼殊死搏斗。大章鱼总共有十几条，平台上到处都是它们的污血和黑液，一段段的章鱼触手在地上扭曲翻转着。

尼德·兰的鱼叉专门用来对付那些大章鱼的眼睛，每次都能准确地扎进大章鱼的眼睛里。可是突然，在他防不胜防的一刹那，一条大章鱼的触手伸了过来将他掀倒在地。看到这一幕，我的心简直要跳出嗓子眼了！大章鱼张着可怕的大嘴冲着他凑了过来，尼德·兰眼看要尸首分离了。就在这千钧一发的时刻，尼摩船长突然挡在了尼德·兰的前面，把斧子卡进了章鱼那两排巨大的牙骨之间。尼德·兰奇迹般地获救了。

他站起来，把鱼叉整个地插入大章鱼的心脏里。

"这算是我报答你的救命之恩了！"尼摩船长对尼德·兰说。尼德·兰没有说话，只是向尼摩船长鞠躬示意了下。

这场战斗持续了一刻钟。这些怪物被打败了，死的死、伤的伤，最终撤退了，消失在水波中。

奋勇作战的尼摩船长此时浑身是血，静静地伫立在船灯旁边，注视着卷走了他的一位伙伴的海面，豆大的泪珠不时地从他悲伤的眼眶里无声无息地滚落下来。

第二十八章　神秘的沉船

自从遭遇章鱼之后，尼摩船长一直把自己关在房里。尽管这一段时间我并没有见过他，但是通过“鹦鹉螺号”这段时间以来的航线，我可以判断出，尼摩船长应该是很伤心的，他的内心充斥着矛盾和徘徊的情绪！因为从那天以后，“鹦鹉螺号”再没有明确的前进路线，只是漫无目的地在海上随波漂流。

直到5月初，“鹦鹉螺号”才又开始朝北方进发，不久就抵达了墨西哥湾。“鹦鹉螺号”继续随意冒险行驶，在船上好像没有什么管理和监督了。我要承认，在这种情况下，逃走的计划很可能实现，是的，有人居住的海岸到处都给人们以方便的藏身之处。海上有许多汽船不断往来行驶，它们是从纽约或波士顿到墨西哥湾的定期船只，又有那些小的二桅帆船在美洲沿海各地担任沿岸航行的工作。我们都很有希望能得到这些船只的接待。所以，现在是一个很好的机会。就算“鹦鹉螺号”离美洲联邦海岸有30海里，也没有什么关系，但突然的险恶情势完全打破了尼德·兰的计划。天气很坏，我们进入了常有暴风的海域，就是台风和旋风产生的地方，产生的原因，正是由于大西洋暖流。在一只脆弱的小艇上冒险与时常狂吼的波涛搏斗，那一定是白送性命。尼德·兰本人也同意这种看法。所以，对于他的发狂的思乡病，虽然只有逃走才能治疗，但现在，他也只能咬紧牙关，再忍耐一些时候了。

这一天，尼德·兰又一次找到我，跟我商量逃跑的事情。

"先生，我在南极已经受够了，我不想再跟他到北极去了，我必须离开这里。"尼德·兰说，"过不了几天，'鹦鹉螺号'就要航行到纽约和圣劳伦斯河附近了，我想我们还是跟船长说明我们的想法吧。不然，我宁可跳到海里去，也不愿意留在这儿！"

显然，尼德·兰已经忍耐到了最大的限度，他一天天消瘦下去，性格越来越忧郁。而我这时不但完全能够理解尼德·兰内心的痛苦，而且心中也开始萌生了一种强烈的想回故乡的念头。毕竟，我们已经与世隔绝有7个多月了。此外，尼摩船长露面的次数也越来越少了，尤其是在与章鱼搏斗后，他就更不爱与人交谈了。

5月31日，"鹦鹉螺号"一整天都在海面上像画圆弧似的来回打转，似乎是在寻找某个特定目标。中午，尼摩船长自己到客厅来记下船行驶的方位。他没有和我说话，看来他比从前更加难过了。是什么让他看上去这么忧伤呢？是因为与欧洲海岸接近了吗？他心中是怎么想的呢？悔恨？惋惜？这个念头在我的心里积郁了很久。同时我好像有了预感，或者不久会有偶然的机会让船长吐露心中的秘密。

到了第二天，情况依然没变，尼摩船长显然正急切寻找海中某个特定的地点。尼摩船长自己来测太阳高度，跟他昨天做过的一样。海上很美，风平浪静，天气晴朗。这时，在东方约8海里处，一艘大汽船出现在天际的水平线上，没有悬挂旗帜，我也认不出这船是属于哪国的。

当太阳越过子午线前的几分钟，他专心致志地望着天空，手上拿着六分仪全神贯注地进行观测。这时候海面十分平静，十分适合观测。“鹦鹉螺号”则纹丝不动地停泊在那里。

那会儿，我也在平台上。尼摩船长观测完后，直截了当地说：“就是这儿！”

他从嵌板走下去。他是否看见了那只大汽船改变方向，正在向我们靠近？我也不敢肯定。

我回到客厅，嵌板已经关闭了。我听到海水在储水舱中叫嚣的声音。“鹦鹉螺号”垂直下降；因为它的推进器停止转动，不再供给动力了。几分钟后，它停在深833米的地方，躺在了海底。

客厅中天花板的亮光也熄灭了，嵌板打开，通过玻璃窗，我看见周围半海里内的海水都被探照灯照得通明。我向左舷

看，除了一片平静的海水外，什么也看不见。

这时，我转向船的右舷，发现一堆隆起来的东西，如同一座废墟般，上面还覆盖着一层白色的贝壳，好像穿上了一件白色的外衣。我又认真观察了一会儿，觉得这是一艘船的残骸，桅杆不知去了哪里，船头朝下，看起来船是从头部先往下沉的。由于贝壳的数量相当多，可以推断这艘船已经沉没了很长时间。

这艘船是什么来历？为什么“鹦鹉螺号”要千里迢迢地到这里寻找它？莫非它并不是因为遭遇海难沉没的？

我正思考着这艘沉船的来历，突然尼摩船长走了过来，缓缓说道：

“从前这只船叫作‘马赛人号’。它装有 74 门大炮，于 1762 年下水。1778 年 8 月 13 日，由拉·波亚披·威士利欧指挥，对‘普列斯敦号’勇敢作战。1779 年 7 月 4 日，它与德斯丹海军大将的舰队一起攻下格连那德。1781 年 9 月 5 日，它参加格拉斯伯爵在捷萨别克湾的海战。1794 年，法兰西共和国更换了它的名称。同年 4 月 16 日，它加入威拉列·若亚尤斯指挥的舰队，护送美国派出的由万·斯他比尔海军大将率领的一队小麦运输船。共和纪元之年元月 11 和 12 两日，这舰队跟英国舰队在海上遭遇。先生，今天是元月 13 日，1868 年 6 月 1 日。一天一天算，现在是整整 74 年。在相同的这个地点，北纬 47 度 2 分，西经 17 度 28 分，这只军舰经过英勇的战斗后，三支桅杆被打断，船舱中涌进海水，它的三分之一船员失去战斗力。它情愿带着它的 356 名水手沉到海底去，也不愿意投降敌人。它把旗帜钉在船尾，在‘法兰西共和国万岁！’的欢呼声中沉入海中。”

“你说的是那艘‘复仇者号’吗？”我感到十分惊讶。

“不错，这就是‘复仇者号’。你看，这是一个多么响亮的名字！”尼摩船长将双手交叉在胸前，自言自语地说道。

第二十九章　尼摩船长的复仇

这次非同一般的谈话，这个出乎意料的地点，这艘洋溢着爱国精神的军舰，那位怪癖的船长在平静地讲完它的历史后，又说出的那几句振奋人心的话，还有“复仇者号”这个名字，深深地打动了我的心。我一直凝视着尼摩船长，他双手伸向大海，那热烈的目光正注视着那艘光荣的船骸。这时，我似乎才认识到，我眼前的这个人不是一位学者，在他的心中充溢的也不是一种普通的愤世嫉俗的情感，而是一种连时间都无法消除的深仇大恨，这一切的经历把他和他的同伴们关在了“鹦鹉螺号”中。那么，他的这种仇恨还会寻求报复吗？我想，在不久的将来，答案就会揭晓。

这时，“鹦鹉螺号”慢慢地浮出了水面，“复仇者号”模糊的影子在我的眼前慢慢地消失了。不一会儿，“鹦鹉螺号”轻微摇晃了一下，我们已经浮出了水面。

突然，我听到一声沉闷的爆炸声。我看了看尼摩船长，他没有做出任何反应。

“船长？”我叫道。他还是没有反应。于是，我离开他，登上平台。康塞尔和尼德·兰已经赶在我之前来到了这里。

“爆炸声是哪里传来的？”我问。

“一声炮响。”尼德·兰回答。

我的目光投向了我早先见到的那只汽船。它向“鹦鹉螺号”驶来，船上的人都看到它加大马力，迅速追赶。它距我们只有 6 海里。

“尼德·兰，你看那是什么船？”

“看它的帆索船具，看它的桅杆高度，”尼德·兰回答，“我敢打赌那是一艘军舰。真希望它能追上我们，在必要的情况下，它会把‘鹦鹉螺号’这怪物击沉！”

“尼德·兰，”康塞尔反驳说，“它有能力伤害到‘鹦鹉螺号’吗？它能潜入海底吗？它能炮轰海底吗？”

“尼德·兰，你能认出那艘船的国籍吗？”我问道。尼德·兰皱起眉头，眯起眼睛，瞧了半天那艘船。“不，”他回答，“先生，我认不出来它是哪国的。它没有挂国旗。不过，我可以肯定这是一艘军舰，因为它的主桅杆上挂着军旗。”

在谈话的这段时间内，我们继续观察这艘向我们驶来的大船。但是，我不能相信它从这么远的距离就能认出“鹦鹉螺号”，更不能相信它会知道这个潜水艇是什么。不久尼德·兰告诉我，那是一艘很大的军舰，有冲角，有两层铁甲板。它的两座烟囱喷出浓厚的黑烟。它的帆彼此挤得很紧，帆架上没有悬挂任何旗帜。由于距离还远，我们不能辨认它的信号旗的颜色，这信号旗像一条薄带在空中飘扬着。

“先生，”尼德·兰兴奋地说，“如果那艘船能够距离我们一海里远，我就会跳到海里去。我建议你们也照做。”

对于这个建议，我没有说同意，也没有说不同意。我依然紧盯着那艘变得越来越大的船。无论它是英国的、法国的、美国的，还是俄国的，只要我们能够游到它的旁边，它一定会救我们的。

“先生，您应该知道，”康塞尔说，“我们还是会游泳的。如果您认为可以和尼德·兰一起走的话，我可以在游的时候帮助你。”

正当我要说话时，那艘军舰的前端突然冒出了一股白烟。不一会儿，一个很沉的家伙掉进了海里，激起的水花落在了“鹦鹉螺号”的后部。紧接着，我的耳边又响起了一声爆炸声，都要把耳朵震聋了。

“他们是在炮击我们！”我感到非常愤怒。

“真是勇敢的人。”尼德·兰小声嘟囔道，“看起来，他们并不认为我们现在是趴在遭遇海难而失事的船只的船体上。”

“别慌，先生。”康塞尔抖了抖身上的水花，这是另一发炮弹掉落水中溅起来的，“别慌，先生。或许他们误认为我们的潜艇是独角鲸，现在正向它开炮呢。”

“可是，他们应该能够很清楚地看到我们是人啊。”我大喊道。

“也许正是因为我们是人，它才开炮的。”尼德·兰眼睛直盯着我说。

我这才明白过来，原来人们早已经知道这个所谓的海怪的真面目了。现在，他们要教训它了。或许，当“鹦鹉螺号”与“林肯号”相遇的时候，当尼德·兰拿着鱼叉叉“鹦鹉螺号”的时候，法拉古舰长就明白“独角鲸”是一艘比鲸更加危险的潜水艇了。

是的，肯定是这样。说不定人们正在各个海域搜寻这艘破坏力极强、令人恐惧的潜水艇呢。如果推断正确的话，那么尼摩船长就是在利用“鹦鹉螺号”进行报复，这实在是太可怕了！在印度洋上的那个晚上，他把我们关在一个小屋里，当时他就是在攻击一艘船吗？那个已经躺在珊瑚墓地的人，难道不是这些争端的牺牲品吗？一定是这么回事。尼摩船长的神秘面纱终于被掀开了一部分。虽然还不清楚他的身份，但那些已经合作追捕他的国家已经不再认为他是一个假想中的敌人，而是一个确实存在着的敌人了。

我的脑海中一下子浮现出了这些可怕的往事。在这艘向我们冲过来的军舰上的人，是敌人，而不是朋友。

此刻，炮弹越来越密集了，但“鹦鹉螺号”并没有被击中。

那艘军舰离我们只有3海里了，它不停地开火，炮声震天动地，不过尼摩船长并没有上来进行观察。如果有一颗炮弹击中“鹦鹉螺号”的话，都将置我们于死地。

下午4点钟左右，我再也抑制不住内心的焦急和不安，壮着胆子走上平台。尼摩船长在平台上来回踱步，显得十分激动。他看着下风口五六海里外的那艘军舰，试图引着它跟着自己往东边去。不过他没有进行反击，他还在犹豫什么呢？

我试图做最后一次调解。但我刚一喊“尼摩船长”，他就让我住嘴。

“我就是公理！我就是正义！”他对我说，“我是被压迫者！我所热爱的一切，包括我的祖国、我的父母、我的妻儿，我亲眼看着他们死在这些家伙手中！我憎恨它的一切！我要他们的残骸同‘复仇者号’沉在一起！你不要阻止我！”

看来，一切劝慰都是徒劳的了。我回到舱里，去找尼德·兰和康塞尔。

“我们逃走吧！”我喊道。

“太好了！”尼德·兰说，“那艘军舰是哪个国家的？”

“不知道。不论它属于哪国，在夜晚来临前，它都将被击沉。与其成为‘鹦鹉螺号’报复行动的同伙，倒不如跟那艘军舰一起被毁灭。”

“我也这样想，”尼德·兰冷静地回答说，“我们等到晚上吧。”

夜幕降临，深深的寂静笼罩着“鹦鹉螺号”。罗盘指示出“鹦鹉螺号”仍然没有改变航向。

我们三个人决定，一旦那艘军舰靠近一点，我们就逃走。届时，我们或许能让他们听见我们的呼救声，或者看到我们。三天之后就是满月了，因此现在的月光也十分皎洁。如果能登上那艘军舰，我们一定要做些什么，比如给一些建议什么的，即便无法改变它被击沉的命运。有好几次，我都认为“鹦鹉螺号”要发动攻击了，谁知它只是靠近一些，进行佯攻，之后又假装逃走了。很快，上半夜过去了，什么都没有发生。我们屏气凝神地等待时机，准备伺机行事。尼德·兰恨不得马上跃入海中，我一直安抚他，劝他千万不要急躁。依我判断，“鹦鹉螺号”一定会浮上水面后才发动攻击，所以我们一定会有机会逃走，而且更容易成功。

凌晨 3 点，我走到平台上，看到尼摩船长并没有走开。他站在船前头，两眼不离开那艘军舰。军舰在距我们 2 海里的地方，它向我们驶来，老是追着那表示“鹦鹉螺号”所在的磷光。我一直站在那里等待早晨，尼摩船长好像一直就没有看见我。军舰跟我们还有 1.5 海里的距离。到第一道曙光出现的时候，隆隆的炮声又响起来了。“鹦鹉螺号”准备攻击它的敌人，此刻，我的同伴和我决定永远离开这艘我们不能加以判断的船了。

我正要下去通知他们的时候，船上副手走到平台上，有好几个水手跟着他。尼摩船长没有看见他们，或不愿看见他们。当时“鹦鹉螺号”就采取了战斗准备：先把在平台周围栏杆的线网放下来，同时，探照灯和领航人的笼间也藏到船身里面，紧紧挨着船身露出水面。这条长形钢板雪茄烟的外部，现在连一个可能阻碍它行动的凸出部分也没有了。

我回到客厅中，“鹦鹉螺号”一直浮在水面上。清晨的曙光有些渗入水中。由于海浪的波动，玻璃窗受到初升太阳的红光，呈现生动活泼的气象。这可怕的6月2日开始了。

8点，“鹦鹉螺号”的速度减慢了。我明白它是故意让敌人接近，并且炮声也一阵一阵响得更猛烈。炮弹滚入周围的水中发出沉闷的咆哮声。

“朋友们，”我说，“是离开的时候了，我们握握手，愿上帝保佑我们！”

尼德·兰看起来很坚定，康塞尔则很镇静，我却神经紧张，几乎抑制不住自己。

我们走入图书室，忽然听到上层嵌板关闭了。尼德·兰奋身跳到梯阶上去，但我把他拉住了，很熟悉的一声呼啸，使我知道水被吸入船上的储水舱中来了。是的，不一会儿，“鹦鹉螺号”就潜入水面下几米的深处。

我明白“鹦鹉螺号”将要采取攻击策略了。它并不想与敌人坚固的装甲进行正面交锋，而是要偷袭敌人吃水线以下的部位。而我们现在已经没有逃跑的机会了。

撞击发生了！ 我感觉到钢铁冲角穿透的力量，我听到令人胆战心惊的撕裂声，“鹦鹉螺号” 在强大的推动力作用下，像帆船的尖杆穿过帆布一样横穿过这艘军舰！

我再也控制不住自己，发疯似的冲出房间，冲进客厅里。

这时，我看到尼摩船长正站在舷窗前。他神情阴沉，默不作声，冷酷无情地透过左舷嵌板看着外面。

巨大的军舰开始沉入海底。

第三十章 最后的话

令人既震惊又恐惧的画面消失了。舷窗关上了护板，而客厅尚未开灯，“鹦鹉螺号”陷入一片昏暗之中。在水下100英尺的深处，“鹦鹉螺号”全速前进，驶离这个伤心地。它将驶向北方还是南方呢？报复完成后，这个人将躲往何处呢？

我回到自己的房间。此时，尼德·兰和康塞尔仍沉默无语地坐着。突然，我的心中涌起了一阵对尼摩船长的憎恶感。即便他遭受了人世间最大的苦难，他也没有权力来如此惩罚他人。他虽然没有把我卷进来变成他的同伙，但还是令我成了他报复行为的目击者。这太过分了！

11点，开灯了。于是，我来到客厅。

客厅里还没有人，我查看了一下仪表盘，发现“鹦鹉螺号”始终潜在水下100英尺的地方，以惊人的速度向北前进。不久，就已到达英吉利海峡的入口了。如果照这个方向继续前进，不久就会到达北极海的。

可能是我估计错了，“鹦鹉螺号”这次大概航行了20天，要不是因为这次战斗，不知道还要航行多久。

尼摩船长一直没再出现，他的大副和船员们也是如此。“鹦鹉螺号”就这样一直在水中潜行。地图上没有再标示我们的方位，因此我也不知道现在是在哪儿。

我不得不说，尼德·兰已经濒临崩溃了，他也没再出现。康塞尔想要让他倾吐一下忧虑，但他就是不说话。见状，康塞尔不由得担心起他会因为抑郁而自杀，因此寸步不离地看着他。

显而易见，我们已经无法容忍这样的处境了。

6点，吃晚饭的时候，我根本没有什么胃口，但还是勉强吃了一点，以免没有力气逃走。

6点30分，尼德·兰来到我的房间，说：“在逃走之前，我们就别再见面了。要是10点钟时没有月亮，我们就趁黑逃走。到时候，我和康塞尔会在小艇上等你。”

还没等我说话，尼德·兰就急匆匆地走了。我又去了下客厅，想要确定一下“鹦鹉螺号”的方位。我发现，它正以一种极快的速度航行在50米深的水下，奔向东北偏北的方向。

最后，我又看了下陈列室中的那些珍贵的艺术品。这些稀世珍品最终将和那个人一起葬身海底，我想把它们牢牢地印在我的脑海中，因此足足待了一个小时。我又仔细地看了一遍这些陈列在橱窗里的无数珍宝。然后，我便回到自己的房间。

我换上了耐磨的航海服，把笔记本小心翼翼地捆在身上。此时，我的心跳得厉害，要是遇到尼摩船长的话，一定会被看穿的。如果真是那样的话，可怎么办呢？

我不禁好奇他此刻在做些什么，于是便靠近他的房门听了起来。我听见了脚步声，这表明他在房间里。每一次脚步声响起，我都觉得他要出现在我的面前，质问我为什么要逃走！我总是担心会出什么差错，这让我感到头很痛。我甚至想直接冲进去，把事情直截了当地告诉尼摩船长。

幸运的是，我忍住了这个可怕的念头。我躺倒在床，以便缓解一下紧张的情绪。

我一个人躲在房间里，回想起在“鹦鹉螺号”上的一点一滴——海底森林狩猎、触礁事故、围陷冰原、碰到大章鱼等情景仍历历在目。而这一切就像是上演的一场话剧似的，在我的眼前一幕幕地闪过。尼摩船长的影子更是在我脑海中挥之不去，而且他突然变得高大神圣起来，他已不再和我一样是一个人，而是海洋中的精灵。

晚上9点钟时，我用手紧紧抱住脑袋，防止它爆裂。我闭上眼睛，不想再胡思乱想。这尚须等待的可怕的半个小时会让我发疯的！

这时，我突然听到一阵管风琴的声音，十分哀凄。我凝神屏气，静静地听着，和尼摩船长一起沉醉在了音乐中。

突然，我脑中出现了一个不好的预兆——尼摩船长在客厅里。这着实吓到了我，因为那是我逃走时的必经之地，我必须要跟他见上最后一面了。他或许会跟我聊点什么，或许会做个手势示意杀掉我。总之，只要他一句话，我就别想离开“鹦鹉螺号”了！

10点将近，我必须离开房间与同伴们会合了。

即便这时尼摩船长站在我的面前，我也不能犹疑不决了。我轻轻地打开房门，没发出一点声响！我轻手轻脚地穿过通道，每走一步就停一下，以便平复自己激动的心情。我来到客厅的门前，轻轻打开门。客厅里黑咕隆咚的，只有管风琴的声音在飘荡，尼摩船长就在那里。不过，他没有注意到我。我甚至认为，即便客厅里明晃晃的，他也不会发现我，因为他已经被音乐所陶醉，完全不会关注音乐以外的事情了。

我蹑手蹑脚地走在地毯上，时刻注意着别碰到东西暴露了自己。为此，我用了5分钟才来到那扇图书室的门前。

当我要开那扇门时，突然听到了尼摩船长的叹息声，我被吓得一动也不敢动了。

我知道他站了起来，朝我走来。他抽咽着，胸膛起伏不停，仿佛心里堵着什么。然后，我听到了我能听到的最后一句话：

“上帝啊，我已经受够了！受够了！”

“这大概是他良心发现在自责吧！”我心中暗自思忖。

我不敢多耽搁时间，马上冲进图书室，一口气爬上中央楼梯，顺着上层走廊，来到停放小艇的房间里。

“我来了！快走！快！”我大喊道。

“好！”尼德·兰说。

就在这个时候，船内突然传来嘈杂的人声和撞击的声音。我们三个人面面相觑，莫非逃跑计划已经被发觉了？这时，尼德·兰递给了我一把匕首，以备防身时使用。

“好吧！”我低声说，“跟他们拼个你死我活吧！”

尼德·兰停下了手中的活儿。这时，我听到船员都在重复着一个可怕的词，我顿时明白了，“鹦鹉螺号”上的骚动并不是因我们而起的！肯定是出了什么大事。

“大旋涡！大旋涡！”“鹦鹉螺号”上的人都在高声喊叫着。

天哪，此时我们已经置身在挪威海这片最危险的海域！难道我们的小艇还未出发，就要和“鹦鹉螺号”一起葬身旋涡之中吗？

众所周知，海水的浪潮涨起来的时候，佛罗爱群岛和罗佛丹群岛之间会夹着一股狂流，它会在这里形成一个巨大的旋涡。这个旋涡被称为“大西洋的肚脐眼儿”，具有极大的吸引力，方圆 15 千米内，任何东西都无法摆脱它的吸引力。一旦船只被卷进去，就没有任何生还的机会。别说是船只，就是鲸、北极熊也曾被它吸入过腹中。

“鹦鹉螺号”旋转着，而我们的小艇也随着它一起旋转。我们怕得要死，仿佛血液都已经凝固了，浑身上下冒着冷汗，仿佛在做垂死的挣扎！

一阵阵轰鸣的声响笼罩在我们这艘不堪一击的小艇周围，几海里外都能听到这种声音。这是海水击打海底的礁石时发出的声音。这些礁石能轻易击碎任何硬物。在挪威人看来，被卷入大旋涡中的粗大树干，只不过是毛皮上面的绒毛而已。

我们的处境十分糟糕，小艇颠簸着，晃个不停，如同一个挣扎的人。有时，它被卷得竖了起来。这时，我们也跟着竖了起来。

“一定要坚持住。”尼德·兰说，“拧紧螺丝，这样能更牢固地依附在‘鹦鹉螺号’上，或许还有救……”

他的话还没说完，螺丝就“咔”的一声掉了，小艇离开了“鹦鹉螺号”，如同被投石器抛出的石块般飞向了旋涡。

我的头猛地撞到了一根铁柱上，顿时失去了知觉。

第三十一章　未知的结局

当我恢复知觉时，发现自己躺在挪威罗佛丹岛一个渔民的小木屋里。我的两个同伴安然无恙地站在我的身边，关切地握着我的手，我们激动地拥抱在了一起。

至于那天晚上所发生的一切：小艇是怎么摆脱那可怕的大旋涡的，我和尼德·兰、康塞尔是怎么来到这个小岛上的，我都说不上来。

这时候，我们不能立即回法国。挪威北部和南部的交通工具是很稀少的。我们没有办法，只能等待那班半个月一次、往来北角的汽船经过这边才能走。

于是，在等待回国的期间，我又翻阅了一遍那些历险的记录。它是准确无误的，它是一次对人类无法到达的海底探险的忠实叙述，它看似不真实，但我相信总有一天，随着科学的进步，海底世界的秘密终会在人类面前揭开神秘的面纱。

人们会相信我吗？我不知道。不过，这并不重要。现在我能肯定的是，我有资格谈论在这近 10 个月里我走过的 20000 里的海洋；我有资格谈论这次海底旅行以及在穿越太平洋、印度洋、红海、地中海、大西洋、南极和北极海时所看到的奇观！

“鹦鹉螺号”现在究竟怎么样了？它能挣脱旋涡吗？尼摩船长还活着吗？他还会在海底继续他那种可怕的复仇行动吗？还是在那最后一次大屠杀后，他就洗手不干了呢？会不会有那么一天，大海的波浪把那本记载着他的全部生活经历的手稿带回人间呢？而我最终会知道这个人的名字吗？那艘神秘沉船的国籍能否让我知道他是哪国人呢？

我也同样希望，在那最可怕的旋涡里，尼摩船长那艘强有力的船能战胜大海，“鹦鹉螺号”能在那众多船只葬身的地方幸存下来！如果事实真是如此，如果尼摩船长依然生活在他的海洋世界中，但愿仇恨能够在他那颗愤世嫉俗的心中平息！但愿海洋辽阔的奇观能熄灭他心中的复仇之火！但愿他这个高明的学者继续做和平的探索海洋工作！虽然他的命运是离奇古怪的，但他是崇高伟大的。我自己不是了解他吗？我不是也亲自过了 10 个月的这种超自然的生活吗？

对于 6000 年前《圣经》中提出的那个问题：“谁能探测深渊的深处呢？”我相信在当今世界，人类中只有两个人有资格来回答这个问题，那就是我和尼摩船长。

我与文学有个约会

3

郭婷◎主编

中国出版集团　现代出版社

图书在版编目（CIP）数据

我与文学有个约会 / 郭婷主编 . — 北京 : 现代出版社，2019. 9
ISBN 978-7-5143-8149-8

Ⅰ. ①我… Ⅱ. ①郭… Ⅲ. ①文学欣赏—青少年读物 Ⅳ. ① I06-49

中国版本图书馆 CIP 数据核字（2019）第 195919 号

我与文学有个约会 3

作　　者　郭　婷
责任编辑　徐　苹
出版发行　现代出版社
地　　址　北京市安定门外安华里 504 号
邮政编码　100011
电　　话　010-64267325　64245264（传真）
网　　址　www.1980xd.com
电子邮箱　xiandai@vip.sina.com
印　　刷　永清县晔盛亚胶印有限公司
开　　本　880mm × 1230mm　1 /32
印　　张　30
字　　数　470 千字
版　　次　2019 年 9 月第 1 版　2019 年 12 月第 1 次印刷
书　　号　ISBN 978-7-5143-8149-8
定　　价　168.00 元

目录

第一部 贝多芬传

第二部 米开朗琪罗传

第三部 托尔斯泰传

第一部 贝多芬传

贝多芬是人类历史上最伟大的音乐家之一，他集古典音乐之大成，开创了浪漫主义音乐的先河。他创作的《第九交响曲》是音乐史上的巅峰之作，是人类对光明和欢乐的伟大赞歌。贝多芬一生坎坷，他经历了贫困、病痛、失意等诸多痛苦，其中最大的打击是双耳失聪，但坚强的贝多芬经受住了这致命的打击，最终战胜了不幸，为世人留下了不朽的乐章。

童年时光

贝多芬的全名是路德维希·凡·贝多芬。1770 年 12 月 16 日，他出生在德国波恩一所破旧的阁楼上。

贝多芬的父亲是当地一名男高音歌手，他天性愚笨，喜欢酗酒。贝多芬的母亲是波恩当地一家富户的帮佣，是一个厨师的女儿。年轻的时候，他的母亲曾经嫁给一个男仆。婚后不久男仆就去世了，于是，他的母亲又嫁给了贝多芬的父亲。

贝多芬从小就没有享受过家庭的温暖。从童年时起，人生对他而言，就是一场悲惨而漫长的战斗。

贝多芬的父亲一心想把贝多芬培养成音乐家，好把他当作神童来炫耀。4 岁起，贝多芬就被关在家里，不许外出玩耍，整天练习羽管键琴和小提琴。繁重的练习让小贝多芬几乎恨透了音乐这门艺术。为了压制贝多芬对玩耍的兴趣和对枯燥练琴的反感，贝多芬的父亲经常用体罚来迫使贝多芬继续练习。

也许是严厉的家教起到了作用，贝多芬过人的音乐天赋迅速显现出来。8 岁时，贝多芬开始在音乐会上表演。11 岁时，他加入戏院乐队。13 岁时，他被任命为宫廷剧场的首席小提琴师和助理管风琴师。这时，他已经成为当地一个小有名气的音乐家了。

除了应付演出，贝多芬还得操心照顾全家。因为贫困，他每天都在盘算如何才能填饱全家人的肚子。

1787 年贝多芬 17 岁时，不幸降临到他的头上，他热爱着的母亲因为肺病去世了，贝多芬以为自己也染上了这种病，时常感到身体不舒服。然而，精神上的痛苦更是让他忧郁万分。

后来，贝多芬在一封给朋友的信中这样写道："她生性仁慈，值得爱戴，是我最好的朋友。当我呼唤着母亲而她能听见的时候，没有人比我更幸福。"从这封信里可以看出，贝多芬是多么热爱自己的母亲，而母亲的去世又给他造成了多么大的打击。

母亲去世后，贝多芬就成了一家之主，担负起抚养两个弟弟的重任。他的父亲因为酗酒、挥霍金钱，已经无法主持家务，贝多芬只得请求剧院让父亲退休。因为剧院担心贝多芬的父亲拿到钱后又去挥霍，就连父亲的养老金也由贝多芬代为领取。这些可悲的事情，在贝多芬心里留下了深深的伤痕。

然而，贝多芬并不是上天彻底的弃儿。在波恩的一个家庭里，贝多芬寻觅到了久违的亲情。这便是他终身珍视的布罗伊宁一家。埃莱奥诺雷·冯·布罗伊宁比贝多芬小两岁。贝多芬负责教埃莱奥诺雷音乐和诗歌。后来，埃莱奥诺雷嫁给了韦格勒先生，韦格勒先生也成了贝多芬的知己。直到晚年，他们三人仍然保持着深厚的友谊，这一点从他们之间的书信往来就能看出来。韦格勒夫妇称他为“忠诚的老友”，他则称对方为“亲爱的好韦格勒”。

尽管童年时代并不愉快，但贝多芬对自己的故乡波恩仍保存着一种温馨美好的回忆，凄凉中隐隐透着温暖。虽然他后来不得不离开故乡来到维也纳，并在这个繁华世界和它破败的郊区度过了大半生，但他从来没忘记莱茵河畔的故乡。在他眼里，没有什么地方比波恩更美、更雄壮、更温柔的了。这是他心中永远的梦境。他的心对故乡永远忠诚，直到生命终了。

他梦想着有一天能重返故土，“我的家乡，我出生的美丽的地方，在我眼里始终是那样的美、那样的明亮，在我归来时，它仍旧美得令人陶醉，和我离开它的时候并无两样”。然而，他未能如愿。

乐坛新秀

法国大革命爆发后，革命的浪潮波及全欧洲，这桩大事占据了贝多芬的全部身心。

波恩大学进步开放，是各种新思想交流碰撞的熔炉。1789年5月14日，贝多芬报名入学，听著名学者厄洛热·施奈德讲授德国文学。当获悉法国人民攻陷巴士底狱时，施奈德在讲坛上朗诵了一首慷慨激昂的诗歌，激起了学生们对革命的热情。次年，他又印行了一部革命诗集。贝多芬和埃莱奥诺雷预订了这部诗集。

1792年11月，战事蔓延到了波恩，贝多芬被迫离开故乡，搬到了音乐之都维也纳。贝多芬来到维也纳时，莫扎特已经去世。贝多芬师从海顿学习音乐，前后大约有半年的时间。

当时，海顿正处于创作的高峰时期，终日忙碌，无暇传授贝多芬更多的音乐知识，贝多芬只是从海顿那里学到了多声部音乐的一些初级知识。当贝多芬第一次演奏自己的三部三重奏作品后，海顿不知出于什么原因考虑，竟然劝贝多芬放弃出版这些作品。这引发了两人之间的冲突，并最终导致两人分道扬镳。

贝多芬23岁时，奥地利画家施坦豪泽替他画了一幅肖像，这幅肖像较好地呈现了他当时的面貌：那是一张严峻的脸，双眼中充满野心的火焰。画中的贝多芬看起来比他的实际年龄要小，他面孔瘦削，衣服的高领口使他脸上的表情略显僵直，神情倨傲，目光紧张且睥睨一切。

贝多芬知道自己的意志所在，他相信自己的力量。1796年，他在笔记本上写道："鼓起所有的勇气！虽然我身体虚弱，但是我的天才终究会战胜困难。25岁不是已经来到了吗？就在这一年里，我的才能会充分显露出来的。"

这时的贝多芬已经开始崭露头角。1795年3月30日，贝多芬在维也纳举行了首场钢琴演奏会，取得了不小的反响。但是有些观众认为贝多芬行为举止粗野傲慢，神情抑郁压抑，还带着非常浓重的口音，不可能获得更大的成功。

贝多芬掩藏在桀骜不驯外表下的善良，只有几个亲密的朋友知道。他写信给韦格勒叙述他的成功时，第一个念头是："譬如我看见一个朋友陷于窘境，我的钱袋不够帮助他时，我只需坐在书桌前面工作，顷刻之间便解决了他的困难……你瞧，这多美好。"随后他又说道，"我的艺术应当为穷人们做出贡献。”这段时期，贝多芬受爱国情绪的鼓舞。在 1796 年与 1797 年，他把弗里贝格的战争诗谱成音乐：一首是《行军曲》，另一首是《我们是伟大的德意志民族》。

此时，大革命已征服了欧洲，也征服了贝多芬。从 1798 年起，虽然奥匈帝国和法国的关系十分紧张，但贝多芬和许多法国人有着亲密的交往。他拥护共和的信念日益坚定，并得到了有力的发展。

厄运降临

贝多芬刚尝到成功的喜悦，苦难就已在叩门。而且，自苦难缠住贝多芬之日起，一直到他离开人世，就再也没有离开过他。

1796年，贝多芬的听力开始出现问题。随着时间的推移，耳聋日益严重，他的耳朵日夜作响，听力越来越差，内脏也承受着剧烈痛楚的折磨。几年的时间中，贝多芬瞒着病情，对家人，甚至对最心爱的朋友们也隐瞒不说。他独自守着这可怕的秘密，避免与人见面，以使他的疾病不被人发现。但到1801年，贝多芬无法再把病情继续隐瞒下去了。他绝望地告诉了两个朋友：韦格勒医生和阿门达牧师。

他写信给阿门达牧师时说："亲爱的阿门达，我多希望你能在我的身旁！你的贝多芬真是可怜至极，我丧失了听觉。当我们在一起时，我已感到许多病兆，但我一直瞒着。越来越严重的病症会痊愈吗？ 我当然是抱着这一幻想的，但希望非常渺茫。这一类的病是无可救药的。我从此得过凄凉的生活，回避我心爱的人，在这个可悲、自私的世界上，我只能选择听天由命……”他写信给韦格勒时说：“两年以来，我过着悲惨的生活。我躲避着一切交际，因为我不可能与人说话：我聋了。要是我从事的是其他职业，也许还可以继续做下去，但在音乐这行里，这是最可怕的遭遇！ 在戏院里，我得坐在贴近乐队的地方，才能听到演员们说话。我听不见乐器和演唱者的高音，假如我的座位稍远的话，别人小声和我说话时，我几乎听不到，人家高声叫喊时，我简直痛苦难耐。我诅咒我的生命。普鲁塔克教我学习隐忍，我却愿对我的生命提出挑战。这是我唯一的出路！ 我是上帝最可怜的造物！”

这种悲剧式的苦难，在贝多芬当时的作品中也有所表现，例如创作于1799年的《悲怆奏鸣曲》。但奇怪的是，并非所有的作品都带着绝望的情绪，贝多芬这一时期创作的另一些乐曲，如创作于1800年的《七重奏》，则反映了一种青年人的无忧无虑。

从这点我们可以看出，要使心灵习惯接受痛苦，得花上相当长的时间。心灵需要欢乐，所以当它没有得到欢乐时，它就得自己去创造欢乐。当现实太残酷时，贝多芬的内心就回到往昔的生活中去。过去美妙的岁月是无法从脑海里抹去的，即使它们已经不存在，但其光芒仍长久地照耀着苦难中的灵魂。

独自一人在维也纳遭受苦难的贝多芬，沉浸在对故乡的怀念中。那时期他的作品大都印着这种痕迹。《七重奏》便是一首莱茵颂歌。《C大调交响曲》也是一首歌颂莱茵的作品，是青年人对梦境里的故乡的甜美微笑。这首曲子快乐、慵懒，有一种取悦心上人的迫切愿望。在某些段落内，在引子里，在低音乐器的明暗对照里，在诙谐曲里，我们可以感动地看到未来天才的目光。从那目光中，我们还可以窥见他未来的悲剧。

痛苦的爱

肉体在遭受痛苦的同时，贝多芬还承受着心灵的折磨。他的内心，总是充满爱的激情。这种激情和俗世肉体的欢娱没有丝毫的相同，人们却往往将两者混淆，这只能说明大多数人对爱的无知以及这种爱的罕见。

贝多芬的身上具有清教徒的气质，他厌恶下流的谈吐和思想，认为爱情是神圣不可侵犯的。贝多芬对莫扎特持有强烈的反感，因为他认为莫扎特创作关于花花公子的歌剧《唐·璜》，实在是有辱莫扎特自己的音乐天分。贝多芬的一位挚友曾说："他一生洁身自爱，从未有过不道德的行为。"

但是，像贝多芬这样的人注定要受到爱情的伤害，成为爱情的牺牲品。贝多芬一生中不断地钟情于人，一再为爱倾倒，憧憬着幸福，却不断地遭受爱情的打击，以及随之而来的痛苦煎熬。如果我们要对贝多芬的创作灵感追根溯源，就应该在这种不断爆发的感情之中去找寻。直到年事已高，贝多芬的激情才逐渐消退，他那激昂的性格才趋于平静。

1801年，贝多芬钟情于朱丽埃塔·圭恰迪妮，著名的《月光奏鸣曲》就是为她而写的。他在写给韦格勒的信中说道："我现在的生活非常美好，也经常和别人来往。这一切是一个姑娘的魅力促成的。我们彼此相爱，两年来我第一次感到幸福。"

贝多芬为这段爱情付出了高昂的代价。首先，这段爱情使他更加了解自己残疾的可悲，而且他的经济能力使他无法娶他深爱着的姑娘为妻。朱丽埃塔的风流、幼稚和自私给贝多芬增添了许多烦恼。1803年11月，她最终嫁给了贵族加伦贝格伯爵。

这件事对贝多芬打击很大，几乎使他陷于崩溃。贝多芬似乎到了死亡的边缘。他心情绝望，在给弟弟们的遗嘱中这样写道："要培养你们的孩子高尚的品格。使人幸福的只有道德，而非金钱。这是我的经验之谈。道德使我在苦难中有所依靠，多亏了道德和艺术，我才没有结束自己的生命。"

后来，他在给韦格勒的信中说道："我如果不知道一个人在他还有能力行善的时候不能结束自己的生命，我早就不在人世了。"

当他痊愈的希望彻底破灭的时候，他的心在呐喊："啊，给我一次真正的快乐吧，哪怕只有一天也好！我没听见那美好的快乐之声已经太久了。什么时候我能再听到？永远也不能了吗？不，这对我来说太残酷了！”

但是，坚毅的性格不容许贝多芬向命运低头，他在给韦格勒的信中这样写道：“我的体力和智力比以往任何时候都好，我感觉到我的青春刚刚开始，我正向一个尚不清楚的目标靠近。如果我能摆脱病魔，我将拥抱整个世界，稍许的休息都用不着！除了睡眠以外，我不用任何休息。但遗憾的是，我不得不用更多的时间来睡眠。愿我能从病魔中解脱出来，我要扼住命运的咽喉，它绝不能使我屈服。啊，人要是能活上千百次该多好！”

爱情、痛苦、意志，时而沮丧、时而高傲的情绪，都反映在了贝多芬 1802 年所写的作品中，如《葬礼奏鸣曲》《幻想奏鸣曲》和《月光奏鸣曲》，还有为德国作家盖勒特的诗歌所谱写的 6 首悲壮的宗教歌曲。写于 1803 年的《第二交响曲》更多地反映了贝多芬青春的爱情，从乐曲中我们可以感觉到一股压倒一切的强烈意志，一股不可抗拒的力量将悲愁的情绪一扫而空。

《英雄交响曲》

19世纪初，贝多芬创作了好几部节奏特别强烈的作品。这些作品都有着特有的战斗性，在《第二交响曲》的快板和终曲中表现得尤为显著，尤其是《献给亚历山大大帝的奏鸣曲》的第一章，极富雄壮英勇的气概。聆听这些音乐，不禁使人联想起它们诞生的时代背景。

当时，拿破仑正以捍卫共和的名义在欧洲各处征战，革命的波涛也波及保守的维也纳。拿破仑在1793年、1797年和1800年连续3次打败奥地利，兵临维也纳城下。贝多芬认同共和的原则，支持自由与民族独立。

面对局势的发展，贝多芬的内心十分激动，他兴奋地与亲友谈论着时局，对局势做出最犀利的判断。他把所有的同情都给了革命党人，渴望法国实现普选，希望拿破仑能推行这个制度，替整个人类的幸福奠定基石。

贝多芬当时就像一个革命的古罗马人，梦想着一个由胜利之神建立的英雄共和国，而这个胜利之神就是法国的首席执政官——拿破仑。在这种情绪的支配下，他写下了著名的《英雄交响曲》，准备把它献给拿破仑。

在这首英雄的史诗中，贝多芬把拿破仑描绘成了一名革命的天才。

1804 年，拿破仑称帝的消息传来后，贝多芬愤怒失望至极。他的共和梦想破灭了。贝多芬大喊道："那么他也不过是一个凡夫俗子！"他撕下了《英雄交响曲》题献的词句，并准备把该作品毁掉。但在朋友的劝阻下，他为《英雄交响曲》换上了一个有报复意味而又非常耐人寻味的题目："英雄交响曲——为纪念一位伟人而作。"

随着时间的推移，拿破仑称帝这一事件在贝多芬心里造成的失望与愤怒慢慢平息了。

1805 年起，贝多芬开始创作光荣的史诗《C 小调交响曲》，即《第五交响曲》。这是第一首真正的革命音乐，时代精神在乐曲中得到真实的再现，强烈而且纯粹，正如当时的重大事件在贝多芬心中激起的强烈反应，它传递给听众的强烈印象，即使接触到现实也不会有所减损。

在维也纳，贝多芬曾目睹法国军队对奥地利军队的两次胜利。1805 年 11 月，法国军官出席观看了他的歌剧《费德里奥》的首演。贝多芬将《英雄交响曲》和《第五交响曲》题献给攻陷巴士底狱的法国将军于兰。这位全国闻名的将军当时正住在贝多芬的朋友兼保护人洛布科维兹家里。

这一时期，贝多芬的作品具有史诗式战争的色彩。在贝多芬创作于1807年的《科里奥兰纳斯序曲》中，我们可以听到狂风呼啸、暴雨倾盆而下；《第四重奏》第一乐章也有与《科里奥兰纳斯序曲》相同的气势。德国政治家俾斯麦曾经说：“如果我能经常听到这支曲子，我一定会勇气倍增。”这两支曲子，以及《降E调协奏曲》所表现出的宏伟气势，仿佛千军万马奔腾而过。

法国人身上的革命光环日渐褪去，法国与英、奥、普鲁士各国的战争也演变为各国统治者的欧洲霸主之争。法国军队在奥地利境内常年的军事行动，对奥地利造成了巨大的破坏，这使贝多芬对法国人产生了憎恨之情。

1809年5月10日，拿破仑指挥法国军队推进到奥地利维也纳郊外的舍恩布伦。贝多芬的住处距维也纳城附近的防御工事不远。拿破仑攻陷维也纳时，将这些工事全部炸毁。1809年6月26日，贝多芬给出版商布赖特科夫和海尔特尔写信说：“我周围全是废墟，听见的只是乱七八糟的号角和枪炮声，真是非人的生活！”

法国人德·特雷蒙特男爵于1809年见过贝多芬，他和贝多芬在一起谈哲学、宗教和政治，尤其是贝多芬的偶像莎士比亚。德·特雷蒙特邀请贝多芬去法国巴黎演出创作，巴黎音乐学院此时正在演奏贝多芬的交响曲。巴黎人喜欢贝多芬的音乐，巴黎有贝多芬热情的听众。

贝多芬对法国人民抱有好感，他在政治上支持共和制度，崇拜法国人民在法国大革命时期所做出的史诗般功绩。只有了解他的这种感情，才能体会到贝多芬创作的歌颂军功和凯旋的音乐的精髓。

1815 年，当拿破仑兵败滑铁卢，被流放圣赫勒拿岛后，贝多芬只把拿破仑当作一个值得同情的可怜虫、穷途末路的倒霉蛋看待。

1821 年，贝多芬写道："我 17 年前写的这段音乐正适用于这一可悲事件。"他创作《英雄交响曲》中的《葬礼进行曲》时，就已预感到这位征服者的悲剧下场了。

秘密订婚

1806年5月，贝多芬和特雷泽·德·布伦瑞克秘密订婚。

贝多芬早在移居维也纳之初，就和特雷泽的兄长弗朗索瓦·德·布伦瑞克成了好朋友。特雷泽一家是奥地利的贵族世家，特雷泽的兄长喜欢音乐，他与贝多芬交往密切。当时，特雷泽还是一位小女孩。从跟贝多芬学钢琴时起，特雷泽就喜欢上了贝多芬。1806年，贝多芬和特雷泽一起去一位匈牙利朋友家里做客。在那里，他们真正相爱了。

对于这段幸福的日子，特雷泽这样写道："一个星期日的晚上，我们用过了晚餐，在宁静的月光下，贝多芬坐在钢琴前。他先是将手指平放在键盘上，轻抚琴键。我和哥哥都知道他的这种习惯，他总是这样开始演奏的。随后，他在钢琴的低音部弹了几个和弦，接着，他带着一种神秘而庄严的神情，缓慢地弹奏了一首巴赫的歌曲：'你如以心相许，不妨悄悄诉说。两情脉脉，谁人能知？’他的歌声和目光渗进了我的内心深处，我感到了生命的丰盈。第二天早上，我们在园中相遇，他对我说：‘我正在写一部歌剧，主要的人物在我心中，在我面前。不论我到什么地方，停留在什么地方，她总和我同在。我从未达到过这样崇高的境界，一切都是那么明亮、纯净。在此之前，我像神话里的孩子，只管捡拾石子，却看不见路上美艳的鲜花。’1806 年 5 月，我获得哥哥的同意，和他订了婚。”

贝多芬在这一年里，创作出了《第四交响曲》。《第四交响曲》是一朵美丽纯洁的花朵，散发着贝多芬一生中最为平静的芬芳。

贝多芬的言谈举止和生活方式也发生了变化。他尽力把自己的天才和一般人所理解和喜爱的艺术加以调和。这段时间，贝多芬兴致很高，待人彬彬有礼，也能容忍那些他讨厌的人，而且穿着十分讲究。他设法瞒过大家，以使人们不会察觉他的耳聋。格里尔巴策说，大家都认为贝多芬除了有些近视以外，身体很好。贝多芬希望赢得人们的喜欢，并且知道自己已经博得了人们的欢心。他就像一只恋爱中的猛狮，藏起了自己的利爪。但即使在《第四交响曲》那梦幻与温柔的情调之下，人们依然能感受到他内心深处那股可怕的力量、任性而易怒的性格特质。

这种难得的平静并没有持续太长的时间。但爱情是如此美好，其影响一直延续到 1810 年。贝多芬在爱情的滋润下，获得了非凡的力量，他的才华也结出了丰硕的果实：古典悲剧风格的《第五交响曲》，夏日幻梦般的《田园交响曲》，还有受莎士比亚戏剧《暴风雨》的影响而创作的《热情奏鸣曲》。

《热情奏鸣曲》创作于 1804 年至 1805 年，出版于 1807 年，是贝多芬自认为他的奏鸣曲中最壮美的一首。贝多芬把这首奏鸣曲题赠给了特雷泽的哥哥弗朗索瓦·德·布伦瑞克。

在一封没有标明日期的写给“永远的爱人”的信中，贝多芬所表现出的炽热的情感毫不逊色于《热情奏鸣曲》：“我的天使，我的一切，我的心里装满了和你说不完的话语。当我想到你在星期日之前不能收到我的信件时，我难过得控制不住自己的泪水。我爱你，像你爱我一样，但还要强烈得多。我不敢想象，没有了你我将面对怎样的生活。

“你不在我身边，咫尺之别，也似天涯相隔。我永远的爱人，我的思念都在你的身上，我有时快乐，有时痛苦。我问命运，问它是否会有接受我们愿望的那一天。我的生命已经与你联系在一起，否则，我将无法生存。永远，永远！上帝啊！为何相爱的人们必须要忍受分离？你的爱使我成为最幸福和最痛苦的人。继续爱我，永远不要误解我的心。”

然而，贝多芬和特雷泽的关系并没有像人们所希望的那样发展，他们没有一起步入婚姻的殿堂，而是突然解除了婚约。是什么原因摧毁了这对相爱的人的幸福呢？也许是因为贝多芬的贫困；也许是因为两人地位不同；也许是因为贝多芬觉得对方要他长期地等待并保守这段爱情的秘密，是一种屈辱而表示反抗；也许是贝多芬粗暴、多疑、愤世的性情，使他所爱的人受到伤害，而他自己又因此感到绝望。

贝多芬一直无法忘却这段感情，直到生命的最后一刻。1816 年，贝多芬说：“每当我想起她的时候，我的心仍然像第一天见到她时那样剧烈地跳动。”这一年，贝多芬创作了六首《献给远方的爱人》的乐曲。他在日记中写道：“一想到她，我就控制不住自己的心跳。可是，她并不在这里，并不在我的身旁！”特雷泽曾送给贝多芬一幅自己的肖像，上面题着：赠予罕见的天才、伟大的艺术家、善良的人。这幅肖像至今仍被收藏在波恩的贝多芬博物馆。

在贝多芬去世的前一年，一位朋友去拜访贝多芬，无意中看见贝多芬抱着这幅肖像，泪流满面。贝多芬自言自语道：“你这样的美，这样的伟大，和天使一样！”朋友见到此景，心中悲伤，悄悄退了出去。过了一阵，这位朋友再次进屋，看见贝多芬在弹琴。他对贝多芬说：“你今天的气色真不错。”贝多芬说道：“我的天使来看望过我了。”

深深的伤痛铭刻在贝多芬的心上。他在日记里写道：“可怜的贝多芬，今生今世已经没有属于你的幸福。只有在理想的国度里，你才能找到幸福。”他又在笔记中写道：“顺从，无条件地顺从命运，你不能再为自己生存，只能为其他人而存在；对你而言，只有在艺术中才有幸福。上帝，请给我勇气，让我战胜我自己！”

辉煌的成功

在1810年后，贝多芬的作品已经在欧洲广为流传，荣誉纷至沓来。贝多芬自己也意识到了自己的力量。此时，他正值盛年，任由自己激烈而粗犷的性格充分展现。他无所畏惧，无所顾忌。还有什么可顾忌的呢？没有了爱情，雄心也消退了，剩下的只有内心的力量和对力量的陶醉，他几乎没有节制地运用他的力量。“力量，就是使人有别于一般人的气势！”他故态复发，不在意穿着，举止比以前更加放肆。他想说什么就说什么，想做什么就做什么，即使在地位最高的人物面前也是如此。

1812年7月17日，他这样写道：“除了善良，我不承认世上还有其他高人一等的标志。”德国女贵族贝蒂娜·勃伦塔诺曾经追求过德国大诗人歌德，她在见过贝多芬后说道：“没有一位皇帝、没有一位国王像他那样意识到自己的力量。”她被贝多芬的气势完全震慑住了，成为贝多芬的一名忠实的崇拜者。她写信对歌德说："我第一次看见他的时候，觉得整个宇宙突然都消失了，贝多芬使我忘记了世界，也忘记了你。歌德，我认为，他远远走在了现代文明的前面。"

歌德想方设法结识贝多芬。1812 年，两人在波希米亚的特普利兹浴场相遇，但两人的交谈并不十分投机。贝多芬非常欣赏歌德的才华，但他过于狂放冲动的性格，难以和歌德相处融洽。贝多芬曾讲述他们一同散步的情景。有一次，贝多芬这位心高气傲的共和派把歌德这位魏玛大公的枢密顾问官教训了一顿，歌德对此一直耿耿于怀。

贝多芬在致贝蒂娜的信中写道："王公贵族可以提拔一些教授和枢密顾问，可以赐给他们头衔和勋章，但却培养不出伟大的人物和超凡脱俗的英才。昨天在回来的路上，我们遇见奥地利皇室一家出游。歌德甩开我的胳臂，远远地就在路边垂手而立，无论我怎么劝说，他都不肯再往前走一步。于是我整理了一下帽子，系好礼服的扣子，两手往后一背，径直往人群中走去。王公贵族们此时已分列两旁。鲁道夫公爵向我脱帽致敬，皇后和我打招呼。那些大人物几乎都认识我。我看见皇室一行在歌德面前经过时不禁好笑。歌德站在路边，深弯着腰，帽子拿在手里。事后我毫不客气地数落了他一通。"

歌德本人也没有忘记此事。歌德对朋友采尔特说："贝多芬是个桀骜不驯的人。他觉得这个世界可憎，这没有错。他这样做并不能使世界变得可爱。我们应该原谅他，同情他，因为他是个聋子。”歌德并不公开攻击贝多芬，但也不为他做什么。对贝多芬的作品，甚至对贝多芬的名字，他也一直保持沉默。说到底，歌德既欣赏又害怕贝多芬的音乐，音乐会引起他的不安，他担心这会使他失去精神的安宁。

年轻的德国音乐家门德尔松 1830 年途经魏玛，与歌德会面。他后来写了一封关于当时情况的信，这封信披露了歌德如何极力用理智控制自己烦乱的心绪。他写道：“最初，歌德不想谈论贝多芬，但做不到。听过《第五交响曲》的第一乐章以后，他十分激动，却又故作镇静，对我说：‘这并不让人感动，只不过令人吃惊罢了。’过了一会儿，他又说：‘气魄是很大，但跟疯了一样，震得连房子都要塌了。’这时，晚饭端上来了，他边吃边若有所思，后来又提到贝多芬，他询问我，观察我的反应。看得出，音乐已经产生了效果。”

贝多芬的《第七交响曲》和《第八交响曲》也是在这个时期创作完成的。1812 年，贝多芬在特普利兹完成了这两部作品。前者是节奏的狂欢，后者是诙谐的交响曲。在《第七交响曲》里，充满了尽情的狂欢、出其不意的转折，这些特征使人认为《第七交响曲》是一部酒鬼创作的作品。的确，贝多芬是醉了，他陶醉于力量和才情之中。德国音乐家瓦格纳认为，贝多芬试图在《第七交响曲》的结束部分描写一个酒神的庆祝会。这一点不能确定，但贝多芬的确曾经试想过这样的处理方法。贝多芬的笔记里对此有过记录。在这首豪放的乡村节日狂欢曲中，可以看到贝多芬身上佛兰芒族的遗传特质。

同样，在崇尚纪律和服从的德国，他肆无忌惮的举止谈吐，也是源于他自身的血统。不论在贝多芬的哪一部作品里，都没有《第七交响曲》那么坦率，那么充满自由的力量。这是单纯为了娱乐而浪费着超人的精力，宛如一条恣意泛滥着欢乐的河流。在《第八交响曲》里，力量虽然没有如此雄浑，但更加奇特，悲剧与闹剧、力士般的强悍和儿童的任性交织在一起。

1814 年是贝多芬荣耀的顶点。在维也纳会议中，人们把他称作欧罗巴的光荣。贵族们向他致敬，就像贝多芬自己高傲地向申德勒所说的那样：他听任他们的追捧。

贝多芬的创作受到当时进行着的战争的影响。1813 年，贝多芬创作了一首《惠灵顿的胜利》交响曲。1814 年初，他创作了一首战斗合唱曲《德意志的复兴》。1814 年 11 月 29 日，他在许多君主面前指挥了一支爱国歌曲《光荣时刻》。1815 年，他为奥普联军攻陷巴黎创作了合唱曲《大功告成》。这些应时的作品，使他声名大噪。布拉西乌斯・赫弗尔创作的木刻画，生动地表现出贝多芬在维也纳会议时期的形象：雄狮般的面容，牙关紧咬，满脸愤怒与苦恼的皱痕。但表现得最明显的，是他的意志——强烈的意志。人们看过木雕画之后便能认出贝多芬其人。贝多芬曾经说过："可惜我对战争不像对音乐那么内行，否则我一定能打败他（拿破仑）！"

但是他的王国不在这个世界，就像他写信给特雷泽的兄长弗朗索瓦・德・布伦瑞克时所说的："我的王国在天空中。"

遭受冷落

光荣时刻过后，贝多芬迎来了一生中最艰难的时期。像贝多芬这样一个恃才傲物、狂放不羁的天才，一直没有能够获得维也纳这座浮华轻佻的城市的好感。瓦格纳在1870年所著的《贝多芬评传》中写道："维也纳抛弃了德意志的传统。新教的影响已经消失，甚至连民族的口音也意大利化了。德意志的精神、风俗全都由从外国进口的书籍代为解释，德意志已经成为一个历史、学术、宗教都被篡改的民族。肤浅的怀疑主义，埋葬了人们对真理、荣誉和自由独立的热爱。"那个时期，整个维也纳的音乐口味都被慵懒甜蜜、轻松活泼的作品所吸引着，人们都热衷于欣赏这样的作品。创作严肃音乐的音乐家找不到用武之地，都感到极为苦闷。

贝多芬试图抓住每一个离开维也纳的机会。1808年，威斯特伐利亚国王热罗姆·波拿巴邀请贝多芬到他的宫廷里去。热罗姆国王愿意给贝多芬每年600杜加、外加150银币旅行津贴的终身俸金，唯一的条件是要贝多芬时常在他面前演奏，指挥室内音乐会。贝多芬几乎就要动身了。维也纳三个富有的贵族——鲁道夫公爵、洛布科维兹亲王和金斯基亲王也承诺每年赠送给贝多芬一笔数目相当可观的俸金，只要贝多芬肯继续留在奥地利。他们在劝贝多芬留下的信上写道："一个人只在没有经济烦虑的时候才能全身心地投身于艺术，才能创作出伟大的作品为艺术增光，所以我们决定使天赋过人的您获得充足的物质保障，清除一切能够妨害您天才发展的阻碍。"于是，贝多芬留了下来。但不幸的是，承诺并未一直兑现。这笔津贴并未付足，甚至不久就停止发放了。

贝多芬的朋友和保护人，分散的分散，死亡的死亡：鲁道夫公爵精神方面出现了疾病，他的监护人停止向贝多芬支付俸金；洛布科维兹亲王死于1816年；金斯基亲王死于1812年。贝多芬又和童年的朋友，埃莱奥诺雷的哥哥斯特凡·冯·布罗伊宁失和。更不幸的是，贝多芬的弟弟卡尔去世了。卡尔的去世给贝多芬造成了很大的打击，贝多芬写信给安东尼·布伦塔诺说："卡尔如此执着于生命，我却如此愿意舍弃生命。"从此，他更加孤独了。

维也纳的风气转变了，时尚所追逐的是罗西尼，贝多芬被视为迂腐。罗西尼的歌剧成为维也纳的一致爱好。1816年时，维也纳沙龙里的看法是："莫扎特和贝多芬是老学究，只有荒谬的上一代喜欢他们；直到罗西尼出现，大家才知道什么是旋律。”此时贝多芬唯一的朋友是玛丽亚·冯·埃尔德迪，但她和他一样有着不治之症，1816 年，她的独子又暴病身亡。在 1816 年的笔记上，贝多芬写道：“我没有朋友了，一个人孤零零地活在世上。”

此时贝多芬的耳朵已经完全聋了。除了耳聋，他的健康也一天不如一天。从 1815 年秋天起，他和人们的沟通只能通过笔谈。耳聋严重影响了贝多芬的音乐创作。1822 年，贝多芬在创作的歌剧《费德里奥》彩排时，因为耳聋，排练无法进行下去，这使贝多芬遭受了自失恋以来最沉重的打击。

关于这件事，贝多芬的朋友申德勒有详细的描述：“贝多芬要求亲自指挥最后一次彩排。从第一幕起，他一点也没听见歌手的演唱。他把乐曲的节奏拖慢了很多。乐队跟着贝多芬的指挥进行演奏，台上的歌手则自顾自地演唱，一切全都乱套了。乐队指挥乌姆劳夫提议休息了一会儿。重新开始后，混乱再次发生，大家不得不又停了下来。在贝多芬的指挥下，排练根本无法进行下去。贝多芬想从人们的脸上找出症结所在。可是大家都不说话。我在谈话手册上写道：‘恳求您不要再继续指挥了，回去再告诉您理由。’他看了之后，跳下舞台，对我嚷道：‘快走！’回到家里之后，贝多芬倒在床上，双手捂着自己的脸，一动不动。用餐时，他一言不发，脸上的表情痛苦万分。吃过晚饭以后，他要我陪他去看一位著名的耳科医生。在我和贝多芬的交往中，没有哪一天可以和这一天相比，他至死都不曾忘记这可怕的一幕。”

两年以后的 1824 年 5 月 7 日，贝多芬的《第九交响曲》首演，当时他坐在乐队里。他无法听见全场雷鸣般的喝彩声。直到一位女歌唱家牵着他的手，让他面对群众，他才突然看见全场的人们起立，挥舞着帽子向他鼓掌致敬。

命运对贝多芬实在是太过残忍了。然而，贝多芬没有绝望，他在自然中寻找到了安慰，自然是他的知己。1815 年时结识了贝多芬的查理·纳德，说他从未见过一个人像贝多芬这样热爱自然。他似乎靠着自然生活。贝多芬喜爱动物，非常怜悯它们。贝多芬写道：“世界上没有一个人像我这样热爱田野，我爱一棵树甚于爱一个人。”贝多芬每天沿着维也纳的城墙步行一圈。在乡间，从黎明到黑夜，他独自在外散步，顶风冒雨，但他从不戴帽子。

贝多芬写道：“在森林中我很快乐，每棵树都传达着声音。天哪！何等的神奇！在这些树林里，在这些山冈上，我感受到的是一片宁静，使人沉醉的宁静。”

因为贫困，贝多芬的住所一直在不停地变动。在维也纳 35 年，他搬家 30 次。1818 年时，他写道：“我的生活异常艰难，差不多到了行乞的地步，即使如此，我还得装作并不艰窘的样子。”很多时候，贝多芬都无法出门，因他的靴子上有破洞，却没钱修补。另外，贝多芬还欠了出版商许多钱，因为他的作品卖不了好价钱。贝多芬写信给作曲家凯鲁比尼寻求帮助，凯鲁比尼却置之不理。

贝多芬的弟弟卡尔于 1815 年死于肺结核后，留下了一个男孩。贝多芬把心中的温情全部倾注在侄子小卡尔身上，但残酷的痛苦又在等待着他。命运仿佛在故意捉弄贝多芬，不断地给他制造苦难，使他的天才之光不致因缺乏磨砺而黯淡下去。贝多芬花费了许多时间和精力来和他的弟媳争夺小卡尔的抚养权，他写道："让我将来能和小卡尔一起生活！残酷的命运，不要再对我施加苦难，令我的苦难永无终了之日！"

然而这个被深爱着的小卡尔，却给贝多芬造成了很大的痛苦。贝多芬在一封给小卡尔的信里气愤地写道："我还得再次接受你毫无情义的打击吗？如果我们之间的关系注定要破裂，就让它破裂好了！一切公正的人都将痛恨你的行为。我已尽了我所有的努力，我敢坦然面对最后的审判。像你这样被宠坏的孩子，真诚与朴实对你是有好处的。一直以来，你的虚伪都使我心痛不已。现在我只想远离你，再也不见你的面。我再也无法信任你了。"但宽恕也接踵而至："我亲爱的孩子！不必再说了，到我的怀抱里来吧，你不会听到一句严厉的说教，我将用深沉的爱来接待你。关于你的前程，我们将一起友善地商量。我以我的荣誉担保，绝不会有责备的言辞！你能期待于我的，只有殷勤和最真挚的帮助。来吧，回到我的身边，一接到信就立刻回家吧！"

贝多芬在信封上又用法文写着："如果你不来，我将因你而死。"他又哀求道，"别对我说谎！ 如果你用虚伪来报答我，就像人家让我相信的那样，那真是何等丑陋、何等刺耳啊！ 我虽然不是你的亲生父亲，但我会竭尽所能地抚养你，为你安排一切。现在，我从心里求你走上善良与正直的大路。"

贝多芬一心想把天资聪明的小卡尔培养成材，在替他详细筹划了前程之后，却不得不答应他去经商。小卡尔生活放荡，出入赌场，欠下了许多债务。小卡尔的逆反心理十分严重，他对贝多芬干涉自己的生活感到十分厌烦愤怒，他用放纵作为反抗自己伯父的手段。他甚至说出"伯父要我上进，所以我变得更下流"这种话语。甚至在 1826 年，小卡尔还试图自杀。他朝自己头上开了一枪，但并没有死掉，贝多芬却几乎因为此事送命。

申德勒说，这件事后，贝多芬突然变得像一个 70 多岁的老人，精神崩溃，意志丧失。小卡尔的枪伤痊愈了，但贝多芬的健康状况一直没有好转。贝多芬的死，不能说和这件事完全没有关系。贝多芬去世的前几年，曾写信给小卡尔说："上帝并没遗弃我，将来你会为我合上双眼。"然而替贝多芬合上双眼的，并不是他所深爱的小卡尔。贝多芬临终的时候，小卡尔不在床前。

《欢乐颂》

虽然处境悲惨，贝多芬仍然讴歌欢乐。1793年在波恩时，贝多芬就有了创作《欢乐颂》这个想法，并想以此作为他某部作品的结尾。

不过贝多芬一直拿不定主意，这样的颂歌应该采用什么样的形式来表现，放在哪部作品里最合适。贝多芬甚至在创作《第九交响曲》时还在犹豫。直到《第九交响曲》完成前的最后一刻，他还想将《欢乐颂》放到《第十交响曲》或《第十一交响曲》里去。在1824年5月,《第九交响曲》首演以后，贝多芬仍然没有放弃这种想法。

在一部交响曲中引入合唱，存在很大的技术困难，这一点，从贝多芬的手稿上可以看出来。贝多芬做过许多尝试，还想用别的方式在《第九交响曲》的其他段落引入合唱。在慢板的第二主题的稿本上，他写道："也许合唱从这里开始是恰当

的。”贝多芬还曾这样记录：“当我突生一个念头的时候，我总是听见乐器的声音，而从未听见人的歌声。”所以，他尽量把运用声部的时间往后拖，甚至先把主题交给器乐来奏出，不但终曲的吟唱是这样，连“欢乐”的主题也是如此。

在这些问题上，贝多芬之所以犹豫不决，也许还有更深刻的原因。这个不幸的人一直受着忧患的折磨，始终都渴望讴歌“欢乐”之美。然而，这项事业一拖再拖，因为贝多芬老是卷入感情与伤痛的旋涡里。直到生命的最后时刻，他才如愿以偿。

当欢乐的主题第一次出现的时候，乐队突然中止演奏，出现一段出其不意的静默，这就使歌唱的开始带有一种神秘而且神圣的气氛。事实上，这个主题真的像一个神明。“欢乐”自天而降，出现在不真实的宁静中间，它用温柔的气息抚慰着痛苦，是那样温柔，让人禁不住落泪。

当主题接着过渡到人声部的时候，先由低音表现，带着一种庄严而稍带压抑的情调，慢慢地，“欢乐”抓住了生命。这是一场战斗，一场对痛苦的斗争。然后是进行曲的节奏，浩浩荡荡的军队，男高音热烈而急促的歌唱。在这些沸腾的乐符里，人们可以感受到贝多芬的气息——他的呼吸和他的呼喊。人们仿佛看到他在旷野中奔跑，创作着他的乐曲，感受着如醉如狂的激情的鼓动。这种激情就像大雷雨中的李尔王，在战争的欢乐之后，是宗教仪式般的陶醉，随后是神圣的狂欢。整个人类向天空张着手臂，大声欢呼着扑向“欢乐”，将它紧紧地搂在怀里。

1824 年 2 月，贝多芬创作完成了《第九交响曲》。这时离首演还有段时间，贝多芬心情低落，打算移居英国，到伦敦去演出《第九交响曲》。像 1809 年一样，他的许多贵族朋友又来请求他不要离开奥地利。他们说：“我们知道您完成了一部新的作品。渗透着您心灵的光明，照耀着这件作品。它是您伟大的交响曲的王冠上又一朵美丽的鲜花。在您身上，整个民族期待着新的光荣，摒弃时下的风气而建立起真与美的新时代。但愿您能使我们的希望得到实现。”

在这封信信尾有 20 多人署名。这封慷慨陈词的信，证明贝多芬在德意志民族中所享有的崇高声望，不但是艺术方面的，而且是道德方面的。崇拜者称颂贝多芬的天才时，所用的字眼既不是学术，也不是艺术，而是“信仰”。

贝多芬被这些言辞感动，又留了下来。1824 年 5 月 7 日，贝多芬在维也纳举行了《第九交响曲》的首演，获得了空前的成功。听众的反应之强烈，几乎可以用“暴动”来形容。当演出结束，贝多芬出场时，受到群众 5 次鼓掌的欢迎。要知道，在奥地利这个讲究礼节的国家，皇族的出场，习惯上也只用 3 次的鼓掌礼。因此，警察不得不出面干涉。贝多芬的《第九交响曲》彻底战胜了维也纳的庸俗之风，这是在罗西尼与意大利歌剧的势力统治之下取得的成绩。《第九交响曲》使许多观众流下了激动的泪水。终场以后，贝多芬心情激动，晕倒在地。朋友把他抬到了申德勒家，贝多芬穿着衣服在床上躺了一夜，神志不清，直到次日早上才苏醒过来。

1824 年秋，贝多芬的身体状况急剧恶化，他很担心会在一场暴病中送命。“像我亲爱的祖父一样，我和他有不少地方相似。”他的胃病很严重。到了 1824 年的冬天，他已卧床不起。1825 年 6 月 9 日，贝多芬写信给侄子小卡尔说：“我已经衰弱到了极点，长眠不起的日子快要来临了。”《第九交响曲》在欧洲迅速流传开来。德国首次演奏《第九交响曲》，是 1825 年 4 月 1 日在法兰克福，在伦敦是 1825 年 3 月 25 日，在巴黎是 1831 年 5 月 27 日。瓦格纳在莱比锡大学教书时，手抄了《第九交响曲》的全部乐谱，并且在 1830 年 10 月写信给出版商，提议由他把交响曲改成钢琴曲。可以说《第九交响曲》决定了瓦格纳艺术生涯的发展方向。

巨人离去

贝多芬已经达到他所向往的目标，他已经抓住了欢乐。贝多芬在给出版商肖特兄弟的信中写道：“艺术之神还不愿死亡把我带走，因为我还亏欠甚多。在我出发去天国之前，必须把神灵启示我、要我完成的东西留给后人，我觉得我才开始写了几个音符。”

贝多芬从 1808 年起就有意为《浮士德》谱写音乐，这是他一生最重视的计划之一。贝多芬还希望去法国南部或者意大利游历一番。

施皮勒医生在 1826 年见过贝多芬，认为贝多芬气色不错而且精力旺盛。同年，当朋友格里尔巴策最后一次和贝多芬会面时，贝多芬鼓励这位沮丧的诗人：“要是我能有你千分之一的体力该多好啊！”格里尔巴策痛苦地说道：“言论检查快把我逼死了。如果一个人要言论自由，只能往北美洲去。”

没有什么能够钳制贝多芬的思想。贝多芬代表着伟大的自由之声，也许是当时德意志思想界唯一的自由之声。他时常提起，他的责任是把他的艺术奉献给“将来的人类”，为他们创造福祉，给予他们勇气，带领他们走出迷茫，斥责他们的怯懦。他曾写信给侄子说：“我们这个时代，需要强悍的心灵对可怜的人们加以鞭策。”1827 年，贝多芬写道：“50 年内，世界上到处都将有共和国。”奥地利警察当局清楚地知道贝多芬的政治立场，但把他的批评看成是一个艺术家的梦呓，因此也就让他太平无事。

1814 年拿破仑失败后，奥地利首相梅特涅在奥地利国内实行专制统治，压制言论自由。当时欧洲各国的政治都十分反动，迫害主张民主共和的进步人士。但法国大革命的精神早已传遍全欧洲，反抗此起彼伏。1820 年的西班牙、葡萄牙、那不勒斯的革命，1821 年的希腊独立战争，1830 年法国的七月革命，这些革命斗争激励鼓舞着贝多芬，贝多芬晚年的思想充满了反抗精神。

因此，没有什么能使这股不可驯服的力量屈服。贝多芬在生命的最后几年中，虽然环境恶劣，所写的音乐却有一种全新的、快乐的特性。这种快乐并非一般人所有的那种，而是战胜了痛苦以后的动人的微笑。总之，他胜利了。他不畏惧死亡。

然而，死亡还是到来了。1826 年 11 月底，贝多芬患上了胸膜炎。他为侄子小卡尔的前程奔走，离开维也纳去外地旅行了一趟，刚回到维也纳便病倒了。开始的时候，他只是得了普通的感冒，病情持续了 6 天。第七天早上，贝多芬觉得好了一些，他从床上起来，继续看书、写作。第八天，病情急转直下，他开始剧烈地腹泻、呕吐。从那时起，水肿开始加剧，他打着寒战，浑身颤抖。贝多芬在生命的最后时期，变得非常温和。一位名叫路德维希·克拉莫利尼的歌唱家，见过病中的贝多芬，觉得他的内心宁静到了极点。1827 年 2 月 17 日，贝多芬处于弥留之际。他躺在床上，等待着第四次手术。他在等待期间安详地说："我心情平静，一切灾难都会带来善。"

他所说的善，就是解脱。贝多芬在暴风雪中咽下了最后一口气。1827 年 3 月 26 日，奥地利年轻的音乐家安塞姆·胡滕勃瑞奈合上了贝多芬的双眼。特雷泽写道："感谢上帝！感谢上帝结束了贝多芬长期遭受的苦难。"

第二部
米开朗琪罗传

米开朗琪罗是意大利文艺复兴时期一位特立独行的艺术家，他一生经历了不同寻常的坎坷与曲折——他生于佛罗伦萨，自幼耳濡目染，深受文艺复兴运动的人文精神影响。不幸的是，他一生的大部分时间都是在教皇的羁绊中度过的，但他不拘于表现宗教艺术，用自己的创作表现出了个人的理想、尊严与意志。

幼年学艺

1475 年 3 月 6 日，米开朗琪罗出生于意大利卡森蒂诺省的卡普雷塞镇。这里土地贫瘠，空气清新。小镇被嶙峋的岩石和稀疏的树木环绕，远处是连绵不绝的亚平宁山脉。米开朗琪罗喜欢说他的天才是故乡“飘逸的空气”所赐。

米开朗琪罗的父亲是一名地方法官，是一个脾气暴躁、信奉宗教的人。米开朗琪罗的母亲在他 6 岁时去世了。他们弟兄 5 人：利奥纳多、米开朗琪罗、博纳罗托、乔凡西莫内和西吉斯蒙多。利奥纳多生于 1473 年，博纳罗托生于 1477 年，乔凡西莫内生于 1479 年，西吉斯蒙多生于 1481 年。由于利奥纳多做了教士，因此，米开朗琪罗成了家里的长子。

米开朗琪罗幼时被寄养在一个石匠家里。后来，他开玩笑说，他之所以成为雕塑家，都是由于石匠妻子的奶水哺育的缘故。

米开朗琪罗的父亲把他送入学校，他只在绘画上非常用心。为此，他被他的父亲与亲戚们瞧不起。他们都讨厌艺术家这个职业，似乎在他们的家族中出一个艺术家是件可耻的事情。因此，米开朗琪罗自幼便体会到人生的残酷和精神的孤独。

米开朗琪罗的坚持终于战胜了父亲的固执。13岁时，米开朗琪罗进入佛罗伦萨一家有名的画室学画。那是当时佛罗伦萨所有画室中最大的一个。一年之后，米开朗琪罗离开了画室。

此时，米开朗琪罗已开始厌烦绘画。他心仪雕塑这种更有气势的艺术。他转入雕塑学校，这个学校是由佛罗伦萨的统治者洛伦佐·德·梅迪契主办的，设在圣马可花园内。在教学上，这个学校由多那太罗的学生贝尔托尔多所主持。洛伦佐·德·梅迪契十分赏识米开朗琪罗，让他住在梅迪契宫中，允许他和自己的儿子们同席。

少年的米开朗琪罗处于意大利文艺复兴运动的中心，处身于古代的珍藏品之中，沐浴着柏拉图派艺术家博学和诗意的风气。他醉心于这些人的思想，沉湎于古典式的生活中，心中也产生了一个信念：他要成为一个崇尚古希腊文化的雕塑家。

除了在圣马可花园学习雕塑，米开朗琪罗还经常和同学洛伦佐·迪克雷蒂、布贾尔迪尼、格拉纳奇、托里贾诺德尔、托里贾尼等人到卡尔米尼教堂中去观摩马萨乔的壁画。

米开朗琪罗性格好强，由于不能容忍同伴们的嘲笑，一天，他和同学托里贾尼发生了冲突。托里贾尼一拳打在了他的脸上。米开朗琪罗不顾疼痛，攥起拳头也朝托里贾尼脸上打去。后来，他以此自豪。“我紧握着拳头，”他讲给佛罗伦萨的金匠贝韦努托切利尼听，“我使劲地打在他的鼻子上，我感到他的骨头粉碎了，这样，我给了他一个终身的纪念。”

避乱逃亡

希腊文化并未把米开朗琪罗从基督教信仰中彻底吸引过去，两个对立的精神世界一直在争夺米开朗琪罗的灵魂。

1490 年，激进的改革派教士萨伏那洛拉依据天主教多明我派的神秘经典《启示录》开始在佛罗伦萨传教。当时，他 37 岁，米开朗琪罗 15 岁。这位身材矮小的传教者内心燃烧着浓烈的火焰，在教坛上对教皇做猛烈的攻击，向全意大利宣扬上帝的权威。佛罗伦萨人心动摇。大家在街上到处奔跑，哭着喊着如疯子一般。市民们争着要求加入萨伏那洛拉的教派。佛罗伦萨的学者也都承认他所讲的言论有理。米开朗琪罗的哥哥利奥纳多也加入了多明我派修道。

1491 年，萨伏那洛拉自称预言者，他到处宣扬法国国王查理八世是上帝的代表，世间将会发生巨大的动乱。这时候，米开朗琪罗不禁害怕起来。

洛伦佐·德·梅迪契死于 1492 年 4 月 8 日。洛伦佐·德·梅迪契的儿子彼得·德·梅迪契继承了他的爵位，继续统治佛罗伦萨。米开朗琪罗离开了梅迪契家族的府邸，回到父亲那里住了一段时间。过了一阵，彼得·德·梅迪契把他召了回去，委托他选购雕塑用的石料。从此，米开朗琪罗开始了漫长的艺术创作生涯。1492 年起，米开朗琪罗创作出了《半人马之战》《梯旁的圣母》等作品。《半人马之战》这座浮雕显示了力与美的结合，米开朗琪罗奔放、细腻的手法在上面显露无遗。

1494 年 10 月，米开朗琪罗的一个朋友——诗人兼音乐家卡尔迪耶雷梦见已经死去两年多的洛伦佐·德·梅迪契的身影在他面前显现，衣衫褴褛。洛伦佐让卡尔迪耶雷转告自己的儿子彼得，说彼得将要被逐出佛罗伦萨，永远不能返乡。卡尔迪耶雷把这个梦告诉了米开朗琪罗，米开朗琪罗劝他去把这个梦告诉新任统治者彼得。

卡尔迪耶雷赶往梅迪契宫。半路上，他遇到了彼得·德·梅迪契一行人，就把自己这些天做的奇怪的梦讲给了彼得·德·梅迪契。彼得·德·梅迪契听完大笑，让侍从把卡尔迪耶雷轰走了。

卡尔迪耶雷遭到羞辱，回去后把他倒霉的情形告诉了米开朗琪罗，并预言佛罗伦萨一定会遭遇灾难。两天之后，惊慌失措的米开朗琪罗也逃离了佛罗伦萨。一个月之后，市民发动起义，彼得·德·梅迪契也逃跑了，平民政府在佛罗伦萨建立起来。

这是米开朗琪罗第一次因为迷信而大发神经。在他的一

生中，这类事情不知发生了多少次，虽然他自己也觉得羞耻，但他一直未能克服这个弱点。米开朗琪罗先逃到威尼斯，因内心的恐惧无法消除，又继续逃到博洛尼亚。

远离了佛罗伦萨，他的内心逐渐平静下来。经过一个冬天，米开朗琪罗已经把那些可怕的预言忘了个干净，熟悉的俗世生活重新让他振作起来，他花了许多时间阅读了彼特拉克、薄伽丘、但丁等人的作品。1495 年春，米开朗琪罗重返佛罗伦萨。当时，佛罗伦萨正在举行狂欢节的宗教庆典，各股政治势力在激烈地争吵。此时，他已对盲目的宗教激情不再感兴趣，不再相信萨伏那洛拉的那套言论。

他完成了著名的作品《沉睡的丘比特》，这座雕塑具有强烈的古代风格。这与当时以基督教题材为主的创作主流并不相符，因此米开朗琪罗不得不把它的外表熏黑，当作古董卖给了一个罗马商人。这个罗马商人以 200 块金币的价格将作品卖给了罗马的一位红衣主教，但他只给了米开朗琪罗 30 块金币。

米开朗琪罗在佛罗伦萨住了几个月，随后去了罗马。米开朗琪罗的哥哥，教士利奥纳多因为信奉萨伏那洛拉的言论而被追究，米开朗琪罗并没有回佛罗伦萨为哥哥的事情奔走，萨伏那洛拉不久倒台，随即被施以火刑处死。

米开朗琪罗并非对家人毫无照顾之心，全家老少的全部生活负担都压在他一个人身上。家人不断向他索要钱财，他因为自负，从不拒绝他们的要求。他的健康因此受到影响，营养不良、过度劳累等开始损害他的身体，他经常头痛、腹胀。他的父亲指责他的生活方式，他认为不是自己的过错，他说："我的一切痛苦都是为你们而受的，我的忧虑都是因为你们而有的。"

这段时间，米开朗琪罗为罗马的圣彼得大教堂完成了雕塑《哀悼基督》，这座雕塑塑成金字塔式结构。死去的基督，被从十字架上放了下来，赤身裸体地横躺在圣母的膝上，仿佛睡着了。圣母身材修长，相貌秀丽，头脚都裹着轻纱。圣母看起来比基督还年轻，使人很难相信这是一对母子，体现不出圣母所具有的那种伟大母性，倒增添了许多神秘色彩。

作品完成后，罗马人都赶来观看。很多人都认为圣母太年轻了。米开朗琪罗反驳说："难道你不觉得圣洁的女人比男人更能青春永驻吗？"在此后的几十年里，米开朗琪罗一直用这种观念创作《圣经》题材。《哀悼基督》反映了米开朗琪罗的人文思想与宗教观念的冲突，他的内心无法摆脱宗教信仰的影响。这件作品的线条具有希腊风格的和谐精致，中间还混杂着一股难以名状的悲伤情绪。悲伤，此时已经占据了米开朗琪罗的心灵。

雕成《大卫》

米开朗琪罗于 1501 年春天的时候离开了罗马，又回到了久违的故乡——佛罗伦萨。

40 年前，佛罗伦萨大教堂曾委托雕塑家阿戈斯蒂诺雕了一尊先知像，这件作品动工没多久，就被迫停了下来。许多年过去了，一直没有人愿意接手这项工程，然而，米开朗琪罗把它接了下来。无与伦比的《大卫》像就源于此。

雕刻所用的一块洁白无瑕的大理石对米开朗琪罗充满了诱惑。他把自己锁在工作室里，一个人没日没夜地干了起来。晚上，米开朗琪罗也不回家，就在工作室里休息，靠在大理石上睡觉。早上醒来，他揉揉眼睛就继续工作。不知不觉，两年半的时间过去了，雕塑终于完成了。

在这件作品上，米开朗琪罗彻底突破了以往的传统观念。在他的眼中，大卫是一个充满愤怒和力量的年轻人。大卫左手拿着一块石头，右肩和右手向下倾斜，就像一个裸体的运动员站在那里，精力充沛，天真无邪。

他的目光炯炯有神，凝视着远方，仿佛在估量着自己敌人的力量。大卫鼻子下面的那张嘴巴向人们透露了他内心的善良。这件雕塑超过了所有前人的作品，成为文艺复兴时代英雄主义的象征。

相传，在《大卫》像雕成之前，佛罗伦萨的行政长官去观看这件作品，为了表示自己对艺术的理解，他对这件作品评论道“鼻子太大了，没有灵气”。米开朗琪罗拿着工具和一些石粉爬上脚手架，轻轻动了几下凿锤，但一点也没有触到鼻子，然后把手里的石粉慢慢撒了下来。然后，他转身对行政长官说：“现在请看。”行政长官点点头说：“改得不错，你让它有了生气。”米开朗琪罗走下脚手架，心中暗自好笑。

按照米开朗琪罗的请求，人们决定将《大卫》像立在佛罗伦萨市市政议会大厦前，作为佛罗伦萨的守护神和共和制度的象征。1504 年 5 月 14 日傍晚，人们把《大卫》像从工作室里移了出来。大卫的裸体让佛罗伦萨人感到非常尴尬。晚上，有市民向这座雕塑投掷石块，试图毁坏这座雕像。佛罗伦萨市政当局不得不对雕像进行专门的保护。搬运过程持续了 4 天，5 月 18 日中午，雕像终于被运到了指定的地点。直到 1873 年，《大卫》像一直矗立在原地。后来，人们把它移到佛罗伦萨美术学院一个特制的圆亭内。今天，《大卫》像是美术初学者必须临摹的范本。

与达·芬奇争高下

在佛罗伦萨，冷静细腻的达·芬奇和阴沉狂热的米开朗琪罗不期而遇了，但两个人并没有像人们所想的那样惺惺相惜。

米开朗琪罗和达·芬奇都是个性极强的人物，两人意气毫不相投。达·芬奇当时已经 52 岁，比米开朗琪罗大 20 岁。达·芬奇天性细腻，有些腼腆，他的安静和带有怀疑色彩的性格，与佛罗伦萨人喜欢热闹的小市民秉性格格不入，佛罗伦萨的狂热和混乱使他无法忍受。这和米开朗琪罗截然相反。

据记载，两人曾当面发生过冲突。当时的一位作家写道：“莱昂纳多（达·芬奇）面容秀美，举止温文尔雅。有一天他和一个朋友在佛罗伦萨的街上散步，他穿着一件玫瑰红的外衣，一直垂到膝盖，修剪得非常美观的卷曲的长须在胸前飘荡。

“在圣三一教堂前，几个城里的有钱人在谈话，他们讨论着但丁的一段诗。他们看见了莱昂纳多，于是请他替他们辨明其中的意义。这时，米开朗琪罗从这里经过，莱昂纳多说：‘米开朗琪罗会解释你们所说的那首诗。’米开朗琪罗以为莱昂纳多在嘲弄他，恶狠狠地说道：‘你自己解释！你这个家伙，你曾做过一座铜马的模子，却浇灌不出铜马，而且不知羞耻地就此收手了！’说完就转身走开了。

“莱昂纳多站在那里，满脸通红。米开朗琪罗并没有满足，他扭过头喊道：‘那些瞎了眼的米兰人竟然会相信你！’”

米开朗琪罗将他的热情全部投入于信仰之中，他痛恨毫无热情、毫无信仰的人。达·芬奇名声越大，米开朗琪罗对他越充满敌意，而且他从来不放过传达敌意的机会。1504 年，佛罗伦萨的贵族们再次把米开朗琪罗和达·芬奇放在了敌对的立场上。

出身于梅迪契家族的佛罗伦萨的行政长官让米开朗琪罗和达·芬奇共同完成一件作品——装饰市政议会大厅的画像，这件作品由多幅画面组成，米开朗琪罗和达·芬奇各自完成其中的一部分。这引发了文艺复兴时期两股最伟大力量的争斗。

1504 年 5 月，达·芬奇开始创作《安吉亚里之战》。同年 8 月，米开朗琪罗开始创作《卡希纳之战》。整个佛罗伦萨都因为此事分成了两派。但时间是公平的，两人的作品先后都被毁掉了。米开朗琪罗的作品毁于 1512 年的暴乱。达·芬奇创作的那一幅，因为他在作品中使了一种新的颜料，这种颜料无法长久保存，几十年后，那幅画作便不复存在了。

为教皇工作

1505 年 3 月，米开朗琪罗被教皇尤利乌斯二世召赴罗马，从此开始了他一生中最跌宕坎坷的时期。

尤利乌斯二世是一个强硬而自大的人物，他喜欢军功，脑海里充满了庞大的计划。尤利乌斯二世打算为自己建造一个陵墓，陵墓要和古罗马城宏伟的气势相匹敌。

米开朗琪罗立刻被这个雄伟的计划吸引了。他要建造一座山一般雄伟的建筑，在上面将安放 12 座硕大无比的雕像，让它们日夜守卫着教皇的陵墓。

尤利乌斯二世异常兴奋，派米开朗琪罗到卡拉雷的采石场，准备工程所需要的大理石石料。

米开朗琪罗在山中住了 8 个月，他完全被一种超人的狂热笼罩着。一天，他骑马在山中闲逛，看见一座俯瞰整个山地的山丘，他突然想把整个山丘雕刻出来，成为一个巨大无比的石像，使远处航行的船舶也能看见。

1505 年 12 月，米开朗琪罗从山中的采石场回到罗马，他选择的大理石料随后也陆续运到，堆放在圣彼得广场上。石料的数量之多，堆在广场上是那样高大，罗马城的居民为之惊愕不已，尤利乌斯二世也感到十分高兴。

米开朗琪罗投入到工作之中，开始时，尤利乌斯二世经常前来视察工程的进度，并表现得非常和蔼，他和米开朗琪罗交谈，就像父亲对待自己的孩子那样亲切。为了更方便往来，他甚至派人在梵蒂冈的走廊和米开朗琪罗的住处之间建造了一座吊桥，以便他可以随时秘密地观看米开朗琪罗的工作。

然而，这样优厚的待遇并没有持续多久。尤利乌斯二世的性格变化无常，几乎和米开朗琪罗本人一样不稳定，他经常一会儿热心这个计划，一会儿又热心另一个截然不同的计划。

不久，他认为另一个计划能够让他名垂青史，那就是重新修建圣彼得大教堂。这是米开朗琪罗的仇敌们怂恿教皇去做的事情。

这些人人数众多，而且势力强大。他们的首领就是才气能与米开朗琪罗匹敌，但意志比米开朗琪罗更为强大的艺术家——乌尔比诺的布拉曼特。

布拉曼特是教皇的建筑师，也是画家拉斐尔的朋友。

布拉曼特和拉斐尔这两人都来自意大利的乌尔比诺地区，都极其理智；米开朗琪罗则是一位带有野性的天才，他们之间是不可能互相产生好感的。

布拉曼特之所以决心打倒米开朗琪罗，是因为米开朗琪罗曾经批评布拉曼特，指责他在工程中舞弊。这种指责也许是无理的，却让布拉曼特下定决心除掉米开朗琪罗。虽然无法确定拉斐尔是否卷入整垮米开朗琪罗的行动，但拉斐尔与布拉曼特的交情极深，无法不和布拉曼特保持一致的立场。

后来，米开朗琪罗曾用肯定的口吻说道："教皇和我之间的争执，全是因为布拉曼特和拉斐尔的嫉妒造成的，他们两个想整垮我。当然，拉斐尔这样做有他的理由，因为他在艺术上的那点东西，都是从我这里学去的。"

逃离罗马

布拉曼特利用尤利乌斯二世的迷信心理，在他面前说，生前建造陵墓是件非常不吉利的事情。他的话起到了作用，尤利乌斯二世对米开朗琪罗的计划逐渐冷淡下来，并把自己的注意力转移到了圣彼得大教堂的修建上。1506年，尤利乌斯二世改变了主意，决定中止修建陵墓，重建圣彼得大教堂。他认为，只有这样伟大的事业，才真正配得上他权力无边的教皇的身份。

修建陵墓一事被搁置起来，米开朗琪罗在教皇面前失宠，并且为修建陵墓一事背负了一堆债务。因为当尤利乌斯二世改变念头以后，运送石料的船只仍然不断地把石料从采石场运到罗马，米开朗琪罗只得自己支付采石的费用。他想找教皇尤利乌斯二世诉苦，劝说其继续修建陵墓，但教皇不再接见他了。他再次求见的时候，尤利乌斯二世不但不答应他的请求，反而让侍卫把米开朗琪罗赶出了梵蒂冈。

目睹了这一场景的卢奎斯主教对侍卫说："你难道不认识他吗？"侍卫对米开朗琪罗说："请原谅，大人。我只是奉命行事。"

米开朗琪罗回到住处后，给教皇写了一封信："圣父，按照您尊贵的旨意，我今天被逐出宫。现在，我告知您，从今天起，如果您对我有何差遣，可以派人到罗马之外找我。"他把信件给教皇送去后，叫来了住在他家里的石材商人和一个石匠，对他们说："去找一个犹太人，把我家里的东西都卖给他，然后到佛罗伦萨来找我。"

1506 年 4 月 17 日清早，米开朗琪罗骑马离开了罗马。

尤利乌斯二世收到信以后，派出骑手去追米开朗琪罗。骑手追了很久，直到晚上 11 时才追上。骑手交给米开朗琪罗一道教皇的手令："接到此令，立即返回罗马，否则严惩不贷。"米开朗琪罗回答说，他可以返回罗马，只要教皇遵守诺言，否则教皇不必希望再看到他。

他在给教皇的回信中说："圣父，返回罗马，我不是做不到，而是不想那样做。您相信了那些谎话和谗言，对于真理的敌人，您给他们厚报。而我，您忠实的仆人，我皈依您就像光芒之于太阳。我越劳苦，您越不喜欢我。我曾经希望依靠您的伟大而伟大，依靠您的不朽而不朽，也曾经希望您公正的天平和威严的宝剑是我唯一的裁判。但是，上天把德行降到世上之后，老是捉弄它，这样祈求德行就像在一棵枯死的树上期待果实一样。”

尤利乌斯二世的轻慢，还不是米开朗琪罗逃离罗马的唯一原因。在米开朗琪罗写给朋友朱利阿诺·达·圣·伽洛的一封信里，他透露了布拉曼特想派人暗杀他。“这不是使我动身的唯一原因，还有别的事情，我想还是不说为好。只须告诉你，此事让我想到，如果我继续留在罗马，这个城市将成为我的坟墓，而不是教皇的坟墓。这就是我突然离开的主要原因。”

米开朗琪罗离开了罗马，布拉曼特立刻成为罗马城里举足轻重的人物。米开朗琪罗从罗马逃走的第二天，布拉曼特就主持了圣彼得大教堂的奠基仪式。他让人将米开朗琪罗堆放在圣彼得广场上为尤利乌斯二世陵墓准备的大理石石料抢劫一空。

教皇对米开朗琪罗的出走大为震怒。米开朗琪罗躲在佛罗伦萨，教皇接连向佛罗伦萨市政议会发出通牒，要求其不得收留米开朗琪罗，并命他立即回来。佛罗伦萨市政议会感到非常棘手。他们不敢得罪教皇，也不想伤害自己城市的英雄。他们对米开朗琪罗说：“你跟教皇作对，连法兰西国王都不敢这么做。我们不愿意因为你和教皇发生争端。你必须返回罗马。我们会给你必要的证明文件，要求你必须受到公正的待遇，对你个人的不公，也是对佛罗伦萨的不公。”然而，米开朗琪罗十分固执，他不愿意返回罗马。他提出条件，要求尤利乌斯二世让他继续建造陵墓，并且要求在佛罗伦萨工作。

尤利乌斯二世的警告越来越严厉了。米开朗琪罗想逃亡土耳其，土耳其苏丹曾托各派教士请他去伊斯坦布尔，为佩拉河修建一座桥梁。

终于，米开朗琪罗让步了。1506 年 11 月末，他无奈地前往博洛尼亚。当时，尤利乌斯二世刚攻下此城，作为征服者进入了该城。

一天上午，米开朗琪罗前往博洛尼亚城里的圣彼得罗尼奥教堂。教皇的侍卫看见并认出了他，把他带到正在用餐的尤利乌斯二世面前。教皇怒火中烧，对他说："本来应该是你到罗马来请求我的宽恕，你倒等着我来博洛尼亚找你！"米开朗琪罗跪倒在地，请求教皇宽恕，并说他的行为并非出于恶意，而是因为忍受不了被逐，一怒之下才出走的。教皇满脸怒气，一言不发。

一位主教想为米开朗琪罗求情："教皇陛下不要把他干的蠢事放在心上，所有艺术家都这样愚蠢。"

尤利乌斯二世听后大怒，吼道："滚！愚蠢？愚蠢的是你！"

尤利乌斯二世把怒气发泄到主教身上以后，命令米开朗琪罗走到跟前，宽恕了他。

米开朗琪罗开始听任尤利乌斯二世任意摆布。尤利乌斯二世不提修建陵墓一事，而要在博洛尼亚为自己铸造一座巨型铜像。米开朗琪罗一再申明自己不懂铸铜，可是没有作用。他只好从头学起。从此，米开朗琪罗和两个助手、一个铜匠住在一间十分简陋的房子里，四个人挤在一张床上睡觉。15 个月的时间在无尽的烦恼中熬过去了。

1507 年浇铸失败，铜像只铸到了腰部。由于青铜没有完全融化，半个模型都黏附在熔炉上，他们不得不毁掉熔炉，重新开始。经过辛苦的工作，尤利乌斯二世的铜像终于在 1508 年 2 月落成。可惜这座铜像仅仅在圣彼得罗尼奥教堂门前立了 4 年，便毁于战火，剩余的碎片被拿去铸成了大炮。

绝世之作《创世纪》

遵从尤利乌斯二世的召唤，米开朗琪罗第三次来到了罗马。尤利乌斯二世命令米开朗琪罗完成另外一件更加艰难的工作。对于他这个全然不懂壁画的雕塑家，教皇命令他去为西斯廷教堂绘制天顶画。

这次安排其实还是布拉曼特的主意。他看到米开朗琪罗回来后重新得宠，就让教皇出这样的难题为难米开朗琪罗，以使他无法完成任务，名誉扫地。米开朗琪罗仍是以直言快语的方式告诉教皇：“我不是画家。”他争辩说许多人的画技比他高明，而他只愿意和石头打交道。

尤利乌斯二世根本不听米开朗琪罗的争辩。西斯廷教堂的天顶画必须完成，而且必须由米开朗琪罗来完成。教皇命令说，米开朗琪罗必须马上开始工作，陵墓的事情可以往后拖。米开朗琪罗没有办法，只好接受了这个任务。创作西斯廷天顶画是件非常困难的事情。西斯廷教堂的天顶距离地面有 20 多米高，需要搭脚手架。即使这样，创作时，画家也必须仰面躺着，或站着使劲把头向后仰。更糟的是，脚手架是从半空中搭起来的，因为教堂还在使用，并未关闭。教堂里又热又暗，到处都是灰尘，米开朗琪罗工作的时候，依靠火把照明，白天也需要点上许多火把。

困难没有吓倒米开朗琪罗，反而刺激了他的创作欲望。他把计划扩大了，他决定在原定的天顶之外，还要在墙壁四周绘上自己的作品。

1508 年 5 月 10 日，巨大的工程开始了。因为没有现成的规划，米开朗琪罗不仅要为创作技巧大费脑筋，还要为主题、构图、形式以及画面之间的联系冥思苦想。

米开朗琪罗制订了一个创作计划，打算表现《旧约》中创世纪、亚当夏娃堕落、诺亚醉酒等故事场景。尤利乌斯二世认可了这个计划。

米开朗琪罗每天站在高高的脚手架上，拿着画笔在天顶上作画。他曾描述过自己的工作情景："我像张弯弓一样，每天仰面朝天地工作。"由于创作条件十分艰苦，他抱怨道："我简直像在地狱里，在为魔鬼作画。"

在创作过程中，米开朗琪罗感到了深深的痛苦。"我没有朋友，也不需要朋友，"他在 1509 年向他的一个弟弟抱怨说，"我甚至连吃饭的时间都没有。"天顶画的创作占据了他的全部时间——他的所有白天，甚至许多个夜晚。他经常彻夜不眠，在漆黑的夜晚，像个鬼魂一般爬到脚手架上绘画，微弱的亮光把他那弯曲的身影映在天花板上。

更糟的是，教皇又忘记了支付工钱。米开朗琪罗给父亲写信说道：“一年来，我没有从教皇那里得到一分钱，我的工作进展缓慢，还不配要求得到报酬。我在技术上碰到了困难，因为这项工作不是我的专长，我在白白地浪费自己的时间。上帝，请保佑我！”

米开朗琪罗刚刚画完第一幅画面，作品就开始受潮发霉，导致画面模糊不清。米开朗琪罗想要放弃自己的工作，但尤利乌斯二世坚决不同意，米开朗琪罗只好重新开始。

除了工作上的疲劳和痛苦，来自家族的烦恼也让米开朗琪罗头痛不堪。米开朗琪罗的家人全都依靠他养活，他们滥用他的金钱，不为他考虑。他的父亲不停地为钱的事情抱怨、唠叨，米开朗琪罗不得不花费大量的时间去安慰父亲，尽管他自己在压力之下也不堪重负了。

在给父亲的信中，米开朗琪罗写道：“你不要烦恼，就算你失去了这世上的所有东西，只要有我在，你就不会缺少任何东西。我宁愿自己受苦，也要让你享受幸福。我是个不幸的人，我一直在极大的痛苦和没完没了的猜忌中度日。15 年来，我不曾有过舒心的日子。我竭力支持你们，你们却感觉不到，也不相信我做的一切。”

除了父亲，米开朗琪罗的弟弟们也都依赖着他。他们习惯了依靠米开朗琪罗生活，等着他给他们谋个职位，肆无忌惮地挥霍着他在佛罗伦萨时积攒下来的金钱，甚至还跑到罗马来投靠他，让米开朗琪罗替他们购田置地。但他们一点也不感激他们的兄长，好像米开朗琪罗欠了他们的债。

尽管米开朗琪罗知道他的弟弟们在利用他，但他无法拒绝他们。米开朗琪罗的弟弟们行为不轨，趁着米开朗琪罗不在家的时候，一起虐待他们的父亲，这使米开朗琪罗非常愤怒。

他写信给自己最年长的弟弟说："常言说：对善人行善，会使其更善；对恶人行善，会使其更恶。这些年来，我努力用自己的行动来使你们改过自新，希望你们与父亲好好相处，可是你们越来越不像话了。我在家，在罗马，一直过着悲惨的生活，承受着种种痛苦，忍受着种种屈辱。我的身体现在虚弱不堪，我的生命经历了无数的危险，我之所以这样做，无非是为了维持我们的家。现在，生活刚刚有所起色，你们却要亲手把它毁掉！"

随后，他又写信给他的另外两个弟弟，责备他们忘恩负义。

只有在创作中，米开朗琪罗才能彻底忘记这些烦恼，找到快乐。他笔下的人物，既表现了宿命的色彩，又闪烁着信仰的光芒，还有对灵魂受到拯救的热切渴望。米开朗琪罗孤独地生活在世界上，他所信奉的上帝就存在于他的艺术创作之中，他创造了上帝。

这就是米开朗琪罗当时所处的环境，谣言中伤不断，亲情淡薄。米开朗琪罗不得不在盘剥他的家人和不断中伤他的敌人之间挣扎。而正是在这个时期，他完成了西斯廷教堂天顶画这件伟大的作品。

1510 年，当天顶画完成一半时，尤利乌斯二世决定向公众开放。这使米开朗琪罗非常气愤。同时，教皇还不断催促米开朗琪罗加快进度。教皇对米开朗琪罗说："你只有加快工作，才能让我感到高兴。"

在吱嘎作响的脚手架上，米开朗琪罗像着了魔似的拿着笔作画。他的脸和胡子上经常沾满油彩，他用一种近乎疯狂的方式创作着。

他的天才正是在这种疯狂的激情中释放出来。

然而在教皇尤利乌斯二世的眼里，米开朗琪罗的工作进度实在是缓慢，这让他大为恼怒。

一天，尤利乌斯二世实在忍不住，便问米开朗琪罗什么时候可以完成。米开朗琪罗随口说了句："当我能够完成的时候。"

教皇气极了，拿起拐杖就打米开朗琪罗，一边打一边说道："当我能够完成的时候！当我能够完成的时候！"

米开朗琪罗跑回了住处。他收拾东西，准备离开罗马。尤利乌斯二世赶紧派使者送来 500 枚金币，并向米开朗琪罗道歉。使者竭力安抚米开朗琪罗的情绪，米开朗琪罗接受了道歉。

第二天，尤利乌斯二世忍不住又来到西斯廷教堂，问米开朗琪罗："什么时候能完成？"

米开朗琪罗还是那句："当我能够完成的时候。"

教皇的情绪彻底失控，他朝脚手架上的米开朗琪罗大声吼道：“你难道想让我把你从脚手架上扔下去？”

米开朗琪罗只好让步，把罩布从作品上揭了下来。

教皇目光朝上，在教堂内缓缓转了一圈，将天顶画细细欣赏了一遍，脸上露出了满意的笑容。他心里清楚，除了米开朗琪罗之外，没有人能完成如此辉煌的作品。但他不打算告诉米开朗琪罗自己的感受，他认为再加一点装饰能使作品更加壮丽。

“我看需要再加上一些金饰。”教皇说道，然后盯着米开朗琪罗的眼睛，他看到了一脸的否定。

这一天是1512年的诸圣瞻礼节，一个盛大而忧伤的节日。节日上祭祀亡灵的仪式，是西斯廷天顶画再合适不过的揭幕礼。因为这件作品中满是主掌生杀大权的神灵，神灵犹如疾风暴雨般横扫一切，震慑一切生命。

罗马人成群结队地拥入教堂，向上凝视画作。他们看到的天顶画，是他们在《圣经》中读到的十分熟悉的故事，却用一种既让人心潮澎湃，又让人压抑不安的方式表现了出来。

西斯廷天顶画用编年体的方式讲述了从创世纪到大洪水的《圣经》历史，四周是《圣经》里的先知和头戴王冠的女异教徒。

这幅作品以其巨大的规模，色彩与透视的精湛运用以及神一般的人物造型，形成了一种崭新的艺术风格。

近500年间，没有画家再敢创作同类题材的作品，没有作品可以取代西斯廷天顶画在艺术史上的地位。

蹉跎岁月

理想幻灭的痛苦、光阴虚度的绝望、意志受挫的沉沦，都在米开朗琪罗后来的作品中清晰地表现了出来。

米开朗琪罗一直没有获得自由，他的性格决定了这一点。他从一个羁绊转到另一个羁绊，从一个主人身边换到另一个主人身边。1523 年至 1534 年，新任教皇克雷芒七世主宰了他的命运。

人们对克雷芒七世非议颇多，当然，他也和所有教皇一样，把艺术家当成了炫耀的工具。不过，米开朗琪罗对他并没有什么反感，因为任何一位教皇都没有这位教皇这么喜爱他，没有一位教皇对他的作品有如此持久的兴趣和热情。没有人比他更了解米开朗琪罗意志的薄弱，知道必须时时给他鼓励，防止他浪费精力。甚至在佛罗伦萨造反后，克雷芒七世对他的态度也没有改变。

但要平息米开朗琪罗内心的焦虑并不是克雷芒七世能够

做到的，狂热、悲观、忧郁吞噬着米开朗琪罗的心灵，一个主人再仁慈又有什么用？他毕竟还是主人。“我为教皇工作，”米开朗琪罗在给侄子的信中写道，“这是不得已的。”一点虚妄的名声或一两件成功的作品算得了什么呢？这些和他梦想的境界的距离是那么遥远！衰老已经在他身上显现出来。

克雷芒七世把米开朗琪罗从焦头烂额中解救了出来。他让米开朗琪罗主持洛伦佐教堂的建造，要求他专心做好这件事。他甚至劝米开朗琪罗加入教派，以便领取教会的俸金。米开朗琪罗拒绝了这个建议，但克雷芒七世还是坚持按月让人把俸金给他送去，并送给他一栋房子居住。

一切都很顺利，教堂的工程也在正常进行。突然，米开朗琪罗放弃了克雷芒七世赠送的住所，并不再接受克雷芒七世赠送给他的月俸。真正的麻烦缠上了他——尤利乌斯二世的后人不肯原谅米开朗琪罗放弃修建尤利乌斯二世的陵墓，他们恐吓要控告他。成为被告的念头把米开朗琪罗吓坏了。他知道尤利乌斯二世后人的要求合情合理，他的良心也在责备自己违约。他觉得自己在尚未偿还他所花去的尤利乌斯二世的金钱之前，决不能再接受克雷芒七世的金钱。

“我干不下去了，也活不下去了。”他恳求克雷芒七世在他和尤利乌斯二世的后人之间调停，帮助他偿还他们的金钱，要不就允许他专心致志地去建造尤利乌斯二世的陵墓。想到克雷芒七世万一帮不了他，自己要孤身一人面对尤利乌斯二世后人的指控，米开朗琪罗的心里就充满了绝望、无助。

克雷芒七世没把米开朗琪罗的绝望看得太重，只是坚决不允许米开朗琪罗停止洛伦佐教堂的修建工作。米开朗琪罗的朋友并不理解他的烦恼所在，劝他不要拒绝俸金。

不过，米开朗琪罗还是坚持拒绝接受俸金。于是教皇的司库取消了他的俸金。这样，米开朗琪罗失去了稳定的经济来源，过了几个月之后，米开朗琪罗这个可怜的家伙不得不重新请求获得他曾拒绝过的俸金。米开朗琪罗尴尬地写信给教皇的司库："亲爱的乔凡尼，既然笔杆比口舌更大胆，我就把我最近想对你说却又不敢说的话写信给你了，我还能得到教皇批准的俸金吗？"

教皇的司库为了教训米开朗琪罗的反复多变，对他的来信不予理会。这件事一直拖了好几个月。米开朗琪罗就在这样的苦恼中工作，他抱怨这些琐事扼杀了他的想象力。他说："这些事使我受到了极大的影响。我无法做一件事而脑子却在想另一件事。它让我脑力枯竭。我一年多没有领到俸金了，我在贫困里挣扎。我的麻烦那么多，这些事情比艺术更让我操心。"

克雷芒七世被他的痛苦打动了，派人慰问他，表示了自己的深切同情。然而教皇的族人不仅没有减轻他的痛苦，还让他承担了别的工作，其中的一件工作就是在一个无聊的巨柱上放一座钟楼。米开朗琪罗为这件作品费了很多心思。除此之外，还时不时有人来找他的麻烦。

米开朗琪罗在日常生活中也碰到了麻烦。他父亲的脾气

越来越大，有一天，他的父亲竟然离家出走，还对人说他之所以离家，是米开朗琪罗赶他走的。米开朗琪罗给自己的父亲写了封信，他在信上说："您说我把您从家里赶了出去，这让我感到非常吃惊。我从来到人世的那天起，一直没有做过让您不高兴的事情。我所受到的痛苦，都是为了您而受的。如今，我的烦恼已经够多了，再也不希望别的事烦我。现在，我请求您的宽恕，就像我真的做过那样的事情一样！ 求您不要再说是我把您赶出家门了，因为名誉的重要程度对我来说是您无法理解的。无论如何，我是您的儿子！"

如此忍气吞声，却只让米开朗琪罗父亲乖张的性情平息了一小段时间。没过多久，他又到处说自己的儿子偷了他的钱。米开朗琪罗被他的父亲逼得忍无可忍，他在信中写道："父亲，我不知道您想要我怎样。如果我活着是您的负担，那么您很快就可以彻底摆脱我了。您可以得到我全部的金钱。您想说什么尽管去说好了，就是不要再打扰我，因为这样使我无法工作。原谅我的鲁莽和大胆，请您注意，人只能活一次，不可能在死后再改正他生前的错误。"

这些，就是米开朗琪罗从家里得到的帮助和支持。

在这些痛苦和烦扰中，米开朗琪罗的工作进展得异常缓慢。到 1527 年革命爆发时，梅迪契家族洛伦佐教堂的雕像一座也没有完工。将近 10 年，他没有完成一件作品，也没有品尝过一次创作完成带来的喜悦。

《昼》《夜》《晨》《暮》

佛罗伦萨被查理五世的军队攻陷时，米开朗琪罗躲藏在一座钟楼上。他感到恐惧，因为有谣言说，他想毁掉梅迪契宫，但克雷芒七世对米开朗琪罗的态度并没有改变。

米开朗琪罗结束了藏匿，重新为他曾经反抗的人工作。米开朗琪罗不仅为克雷芒七世做事，还为包括杀掉自己好友的凶手在内的贵族们雕塑作品。

这就是这位伟人最为可悲的弱点，恐惧迫使他在凶残的暴力面前卑微地屈服，只为保全自己的艺术梦想，而这种暴力恰恰可以扼杀他的雄心壮志。

被迫为仇人服务，颂扬那些杀人凶手的丰功伟绩令他感到羞耻，并濒临崩溃。因此，他只能全身心地投入工作，把令人烦乱不堪的情绪发泄在工作上。他不是在雕塑梅迪契家族的雕像，而是在雕塑他自己的绝望。当人们质疑他的雕塑跟本人并不相像时，他傲慢地回答："几个世纪以后，还有谁知道它们像不像？"这些雕像无不反映了米开朗琪罗诉说的生存的痛苦和彷徨，他将四座主要的雕像注释为《昼》《夜》《晨》《暮》，可惜没有人能看懂。

《暮》是一个留着胡须、精力充沛的老人，他用忧郁的眼睛向下俯视，疲倦而坚决地等待着早晨的到来。

《晨》是一个刚刚从沉睡中醒来的年轻女子，一根绳子将她缚在岩石上，她是被缚奴隶的姐姐，她也是奴隶。如果说睡梦中的《暮》渴望醒来，那么醒着的《晨》则渴望重新回到梦中。

《昼》是一个健壮的男子，浑身充满力量。他把脸靠在石头上休息，流露出刚毅的神情，眉宇间显示出一种质朴的力量，就像醒着的普罗米修斯。

《夜》表现的是一个女巨人，星星在她的头发中闪闪发光。她在沉思，还在想着白天的收获，她是人类的母亲，在不遗余力地抗拒着《晨》的到来。

米开朗琪罗的精神和身体一直处于混乱之中，1531 年 6 月，他病倒了。

克雷芒七世尽力安慰米开朗琪罗，却毫无效果。他劝米开朗琪罗不要劳作过度，要有所节制，不妨偶尔放松一下，出去散散步，不要把自己压抑得像个罪人似的。

1531 年秋天，人们都为他的生命担忧。他的一个朋友曾在一封信中写道："米开朗琪罗非常消瘦，而且衰弱不堪，如果不仔细照料他，我们认为他将不久于人世。他的工作太多太累，吃得太少太差，睡得更少。一年多来，他被头疼和心脏疼痛折磨着。"

克雷芒七世不安起来，下令禁止米开朗琪罗再做除尤利乌斯二世陵墓和洛伦佐教堂之外的工作，否则将予严惩。克雷芒七世认为，只有这样，米开朗琪罗才能调养好自己的身体，活得更长久，以增添罗马、他的家族和他自己的光荣。克雷芒七世还帮助米开朗琪罗摆脱了那些求购艺术品的富人的纠缠，因为总是有人请求米开朗琪罗为他们做事。

克雷芒七世对米开朗琪罗说："人家向你要画时，你就把你的笔系在脚下，随便在地上画几条线，然后说：'画完了。'"当尤利乌斯二世的后人对米开朗琪罗进行恫吓时，克雷芒七世又出面进行了调解。

生命的低谷

米开朗琪罗和尤利乌斯二世的后人于 1532 年重新签订了关于尤利乌斯二世陵墓的契约。根据这份契约的规定，米开朗琪罗要在 3 年之内完成一座规模较小的陵墓的建造工作，以取代先前的尤利乌斯二世的陵墓建造计划。

这座陵墓的所有费用由米开朗琪罗自己承担，而且他还必须拿出 2000 枚金币，偿还尤利乌斯二世及其后人给予他的金钱。

这是一份苛刻的契约。这份契约证明了米开朗琪罗理想的破灭。有人开导米开朗琪罗说，不必过于认真，工程的大部分可以让他的助手完成，只要让人闻到他的一点气味就行了。事实上，米开朗琪罗年复一年，在他的每件作品中所证实的，正是他生命的破灭、整个人生的破灭。

在修建尤利乌斯二世陵墓的计划破产之后，建造洛伦佐教堂的计划也破产了。1534 年 9 月 25 日，克雷芒七世去世。当时，米开朗琪罗不在佛罗伦萨城里，这不能不说是他的幸运。

在佛罗伦萨，有位大公对米开朗琪罗心怀怨恨，一心想杀掉他。因为这位大公想要修建一座控制佛罗伦萨全城的要塞，象征教皇对于佛罗伦萨的征服，但这个要求被米开朗琪罗拒绝了。对米开朗琪罗来说，自己的这个举动是勇敢的行为，表现了他对佛罗伦萨的热爱。如果真的建成这座要塞，那么无疑表示佛罗伦萨向侵略者屈服了。从那时起，米开朗琪罗就做了最坏的打算，哪怕是死，他也准备听任那位大公的处置。所幸的是，克雷芒七世死时他不在佛罗伦萨，这才使他逃过一劫。

从此以后，米开朗琪罗再没有回到佛罗伦萨，这次就算是他和故乡的诀别了。梅迪契家族的洛伦佐教堂的工作也就这样结束了，直到最后也没有完成。今天的洛伦佐教堂，和米开朗琪罗原先的构想相差甚远，只有墙壁上的一些装饰出自米开朗琪罗之手，他连计划中的绘画和雕塑的一半都没有完成。

后来，米开朗琪罗的弟子们想努力补全他的作品，却无论如何也搞不清楚他原来的设想。米开朗琪罗就这样放弃了他的事业，放弃了一切，把所有事情都忘得干干净净。

1534 年 9 月 23 日，米开朗琪罗来到罗马，在罗马一直住到去世。他离开罗马有 21 年了。在这 21 年里，他完成了尤利乌斯二世墓上的三座未完成的雕像，还有诸如《哀悼基督》《布鲁图斯像》等一些作品。

他为艺术失去了他的健康、他的精力和他的信心，失去了对艺术和对祖国的信仰，他最爱的一个弟弟和他敬爱的父亲也相继去世了。

人世间再也没有什么可以使他感到留恋：艺术、雄心、温情都不再让他感到依恋。他 60 岁了，生命似乎已经结束了。他孤独地生活着，不再关心自己的创作，对于最后的解脱——“死”充满了渴望。

他在一首诗中写道：“我是一个可怜的人！我被逝去的时光所欺骗。我等待得太久，时间流逝，我徒然老去。我不能再在死者身旁忏悔与反省，痛哭流涕也是枉然。没有一件不幸可以与失去的时间相比……

“回顾往昔，我的日子没有一天是为自己而过的，落空的希望，虚幻的美梦不断催促着我去辛苦地工作，现在我算是彻底醒悟了。我体验过所有致命的感情、痛苦和燃烧的激情，如今它们都离我而去了。我不知该何去何从，内心充满了恐惧，如果我没看错的话，我已经看到上帝将要给我的惩罚，因为我明知有善，却执意去作恶。我多么希望我是看错了啊！”

柏拉图式的爱情

米开朗琪罗这颗屡受伤害的心灵里，燃起了明亮的爱的火焰。他的爱几乎没有自私和肉欲的成分，那是对托马索·卡瓦列里的俊美的着迷崇拜，是和维多利亚·科洛纳的虔诚情谊。

米开朗琪罗对卡瓦列里的感情，一般人都会感到困惑，不论是正派人还是不正派的人。即使在文艺复兴末期的意大利，也引起了许多流言蜚语。当时的作家阿雷蒂诺写了许多污辱性的诗歌来讽刺这件事。其实，没有一个灵魂比米开朗琪罗的更纯洁，没有一种爱的观念比他的更虔诚。

与米开朗琪罗同时期的作家龚迪维写道："我常听米开朗琪罗谈论爱情，在场的人都说他所谈的都是柏拉图式的爱情。就我而言，我不知道柏拉图主张什么，但我知道，与米开朗琪罗那么长时间的亲密交往中，我从他口中只听到值得尊敬的言谈。这些言谈能够消除那些使年轻人心神不宁的欲念。”

米开朗琪罗迷恋一切美的事物，他自己知道这一点。有一次，他谢绝了朋友吉阿诺蒂的邀请，在信中为此解释道：“每当我看到一个具有某种伟大才能或智力过人的人，一个言行胜过旁人的人，我都会为他着迷，我会完全依附于他，而不再属于我自己。你们都那么才华横溢，我如果接受您的邀请，必将失去我的自由，你们每个人都将分去我的一部分。乃至跳舞和弹琴的人，只要他们精通自己的艺术，就可以对我为所欲为。你们的聚会非但不能使我得到休息，反而会使我的灵魂化为碎片，随风飘散，不知归于何处。”

既然思想、言谈或声音的美都能征服他，形体的美对他又会有怎样的影响呢？米开朗琪罗这位美妙形体的创造者，同时也是一位美的忠实信徒，对他而言，美的形体是神圣的。他所崇拜的对象，恰如他自己所说的，是他真正的偶像。他匍匐在偶像脚下，彻底地卑躬屈膝着。外表美丽的偶像往往灵魂庸俗，米开朗琪罗完全无视这一点，因为他不愿意看见，而美遮蔽了一切。

他的倾慕对象，最早是1522年前后的格拉尔多·佩里尼；后来到了1544年，则变成了切·奇诺·戴布拉奇。米开朗琪罗对卡瓦列里的感情并不是专一或排他的，却最持久而且狂热。

当时有人写道：“米开朗琪罗喜爱卡瓦列里甚于其他所有人。卡瓦列里是一位罗马的绅士，年轻，热爱艺术，米开朗琪罗曾经为他画过一幅肖像。这是米开朗琪罗一生中创作的唯一一幅肖像，因为他讨厌描绘活人，为卡瓦列里创作肖像是个特例。”

1532年秋天，米开朗琪罗与卡瓦列里在罗马相识。米开朗琪罗随即写给卡瓦列里一封充满热情的信件，卡瓦列里的回信却十分稳重：

“收到您的来信，出乎意料。我实在不配让您这样的人给我写信。像您这样一个举世无双的天才，给一个人生刚刚起步，还十分无知的青年写信，是不大合情理的。我确信您对我的情感，正是您这样一个作为艺术化身的人，对那些献身艺术、热爱艺术的人必然会有的情感。我是这些人中的一个，在热爱艺术方面，我的确不逊于任何人。我会回报您对我的热情，我向您保证，在有机会为您效劳的时候，尽管吩咐我。”

卡瓦列里对米开朗琪罗一直保持着这种尊敬而且有分寸的情感，直到米开朗琪罗临终，他一直忠于米开朗琪罗，并且为米开朗琪罗送终。他一直为米开朗琪罗所信任，并且被认为是唯一能对米开朗琪罗施加影响的人。卡瓦列里的长处就是永远为他的朋友尽心尽力，是他使米开朗琪罗决定完成圣彼得大教堂的木雕模型，是他保存了米开朗琪罗为圣彼得大教堂穹隆所画的图样，并努力使之实现。最后，也正是他，在米开朗琪罗死后，按照米开朗琪罗的遗愿，监督工程的实施。

但米开朗琪罗把自己和他的友谊看得很重，犹如爱情一样疯狂。米开朗琪罗给卡瓦列里写了一些非常疯狂的信件，把卡瓦列里当作偶像崇拜。他称卡瓦列里为“强有力的天才，一个奇迹，本世纪的光明……”他恳求卡瓦列里“不要蔑视我，因为没有人能与你相比，没有人能达到你的高度”。

米开朗琪罗又写道：“不能把我的过去也奉献给你，不能更长久地为你效劳，这对我来说是件痛苦的事情，因为来日不多，我太老了。我无法相信有什么能摧毁我们的友谊，你的名字使我身心充满甜蜜，只要想着你，我就不会感到痛苦，也不畏惧死亡的来临。我的灵魂掌握在我把它给予的人手中。”

米开朗琪罗送给卡瓦列里一幅令人惊叹的素描，一幅用红黑铅笔画的精美头像。这是米开朗琪罗教卡瓦列里素描时画的。米开朗琪罗还为卡瓦列里创作了其他一些作品，所有的作品都蕴含着丰富的想象力，异常精美。

米开朗琪罗还为卡瓦列里创作了许多首十四行诗。这些诗歌文字优美，有些很快就在意大利传诵开来。

对于这种近乎夸张的热情，卡瓦列里告诉米开朗琪罗，这使他感到难堪。于是米开朗琪罗又请求卡瓦列里原谅他。

经历了这令人心力交瘁的友谊之后，有一位女性朋友用淡泊的感情安慰了米开朗琪罗绝望的心灵。她了解这位在世上迷失了方向的孤独老人。她在米开朗琪罗苦闷的灵魂中，重新注入了平静、理性和信心。

1535 年，米开朗琪罗结识了维多利亚·科洛纳，开始了新的生活。

维多利亚·科洛纳生于 1492 年，出身于意大利最高贵的门第之一。维多利亚·科洛纳成年后嫁给了那不勒斯的侯爵费朗特·佛朗切斯科·达瓦洛斯。科洛纳爱她的丈夫，但她的丈夫却不爱她。科洛纳并不漂亮，她长着一张男性化的脸庞，额头很高，鼻子长且直，上唇较短且后缩，下唇稍稍前突，嘴唇紧闭。为科洛纳作传的一位作家写道："科洛纳一直努力提高自己的聪明才智，因为她长得不美，她注意提升自己的文学素养，以获得内在的美，这种美不会像别的美那样容易消逝。"

科洛纳在一首诗中写道："粗俗的感官，理解不了，也造就不出高贵心灵所产出的纯洁之爱的和谐，它们无法唤起痛苦，也无法激发欢愉。明亮的火光，将我的心灵升华到如此高贵，以致它无法接受卑下的思想。"从任何一个方面看，科洛纳和自己引人注目、放荡不羁的丈夫并不是投缘的一对夫妻，但是爱情使她盲目，她始终爱着她的丈夫，一直为他经受着痛苦。

科洛纳的丈夫在家里就背叛她，对她不忠。整个那不勒斯都知道这件事情，这使她异常痛苦。可是，当他在 1525 年死去时，她并没有解脱的感觉。她从诗歌和宗教中寻求寄托，在罗马，在那不勒斯，一直过着苦修式的生活。开始的时候，她并无意绝尘弃世，只是希望孤独能使她摆脱对爱情的回忆。

她和意大利所有的大作家都有书信往来。自 1530 年以来，她的十四行诗在整个意大利传诵，在当时的女作家中，只有她享有这份殊荣。自 1534 年之后，科洛纳彻底迷失在宗教之中了，她甚至写出了这样的文字："基督的律法是一种自由的律法。凡以个人的意志为准绳的政府均不能称之为政府，因为它实质上倾向于恶。教皇不应该随心所欲地下令，而只应根据理性的规则、神明的戒律和爱，一种将一切引向上帝，引向共同幸福的准则行事。"

维多利亚·科洛纳成为宗教改革团体中狂热的一员。她和费拉拉的勒内、纳瓦尔德的玛格丽特的通信，被称作"一道真理的光"。但是，由残忍的卡拉法领导的反改革运动开始以后，她陷入危险之中。她和米开朗琪罗一样，有着狂热但软弱的灵魂，他们都需要信仰，并且都没有勇气去反抗权威。在天主教会的压力下，她与她的宗教改革派朋友断绝了来往，把朋友创作的鼓吹宗教改革的作品交给了宗教裁判所。和米开朗琪罗一样，科洛纳善良的灵魂被恐惧吓破了胆。

正当科洛纳受宗教改革影响最深的时候，她认识了米开朗琪罗。科洛纳此时忧郁、烦恼，需要一个使心灵能够依靠的人，同时也需要一个软弱、不幸的人，以便在他身上倾注洋溢在心中的母爱。她在米开朗琪罗面前藏起了她的不安，显得非常安详、稳重，并稍有些矜持的冷淡。他们的友谊自1535年开始，在1538年秋后日益亲密。

他们两人的友谊完全建立在对上帝的信仰上。她住在罗马的圣西尔维斯特罗修道院，米开朗琪罗住在卡瓦洛山附近。每逢礼拜日，他们便在圣西尔维斯特罗修道院的教堂里会面，讨论经书。他们在一起谈话的情景，被葡萄牙画家弗朗西斯科·德·奥朗德在他的著作《绘画对话录》中记录了下来。书中的文字反映了他们二人之间严肃而亲切的关系。

弗朗西斯科·德·奥朗德第一次去圣西尔维斯特罗修道院时，看见科洛纳和几个朋友在那里聆听教士诵读经书。米开朗琪罗当时并不在场。诵读结束后，科洛纳微笑着对弗朗西斯科说："和教士诵读经书相比，您大约更乐于听米开朗琪罗的讲话吧？"

弗朗西斯科以为科洛纳在嘲讽他不关心宗教，于是有点失礼地回答说："尊敬的夫人，您认为我除了绘画，对其他任何事情都漠不关心吗？"

"别多心，弗朗西斯科先生，"一旁的拉唐齐奥·托洛梅接过话说，"科洛纳侯爵夫人深信画家在任何方面都很优秀。我们意大利人敬重画家，她说这句话是想让您听听米开朗琪罗的谈话，以便使您更加愉快、放松。"

弗朗西斯科尴尬地道了歉。科洛纳对她的一个仆人说："去米开朗琪罗那里，告诉他我和拉唐齐奥先生在教堂里，如果他愿意来教堂，我们将深感荣幸。”米开朗琪罗正在前往圣西尔维斯特罗修道院的路上，他边走边和他的学生谈论乌尔比诺的艺术。科洛纳的仆人遇见米开朗琪罗，便把他带到了教堂。

弗朗西斯科坐在米开朗琪罗旁边，可是米开朗琪罗没有注意到他的邻座。弗朗西斯科觉得自己再次受了侮辱，愤愤地说：“让人看不见自己的最好办法，就是直挺挺地站在那个人的眼前。”

这下子米开朗琪罗反应了过来，立刻向他的邻座道歉，态度十分谦恭：“对不起，先生，我真的没看见您，因为我的眼睛一直在望着侯爵夫人。”

科洛纳和米开朗琪罗谈及自己计划建造的宗教建筑，米开朗琪罗自告奋勇地说自己可以去察看场地，草拟图样。侯爵夫人回答说：“我可不敢对您提出这个要求。您如此忙碌，我都不好意思经常邀请您参加我们无聊的谈话，您是为伟大的作品而存在的。”

有时，他们会到花园里继续谈话。弗朗西斯科写道：“在喷泉旁，在月桂树的浓荫下，他们坐在石凳上，背靠爬满常青藤的墙壁。”日子就这样在庄严平静的谈话中过去了。

遗憾的是，这种谈话并没有延续多久。1541 年，科洛纳离开罗马，隐居在奥尔维耶托的一个隐修院，继而又转至维特尔贝修道院。但她经常离开维特尔贝修道院，回罗马看望米开朗琪罗。米开朗琪罗为科洛纳超凡脱俗的气质着迷，精心保存着科洛纳写给他的信件。这些信的字里行间充满着圣洁而温柔的爱，只有高贵的心灵才能写出这样的信件。

按照科洛纳的意愿，米开朗琪罗创作了一幅基督像。基督已经被从十字架上放了下来，两个天使搀扶着他的胳膊。圣母坐在十字架下面，痛苦的脸上淌着眼泪，她张开双臂，举向上天。在十字架上，可以看见这样一行拉丁文：再也想不起流过多少鲜血。

出于对科洛纳的深厚感情，米开朗琪罗还创作了一幅十字架上的基督像。和人们惯常见到的不同，基督仍然活着，他的头部抬起，望着上天呼喊。基督的身体并未瘫软，而是抽搐着，在临终前的痛苦中挣扎。

米开朗琪罗有两幅出色的素描《复活》，分别藏于卢浮宫和大不列颠博物馆，这两幅素描很可能也是受科洛纳的影响创作的。

在卢浮宫的那一张《复活》中，基督如大力士般健壮，正在奋力掀起盖在坟墓上的沉重石板，他的一条腿还在墓穴里。他抬着头，举着臂，似乎要奔向上空。他要回到上帝身边，离开这世俗世界，离开愕然且惊骇的俗人，摆脱这可恶的人生！

大不列颠博物馆收藏的那张素描《复活》画面宁静祥和，基督已经从坟墓中复活，翱翔在天上，健壮的身躯在空气中飘

浮。画中的基督双臂交叉，头向后仰，双目紧闭，他像阳光一样，已上升到那光明、公正、自由的世界。

科洛纳为米开朗琪罗的艺术世界重新开启了信仰之门，她还鼓励米开朗琪罗进行诗歌创作。米开朗琪罗得到了一种温柔的慰藉，一种新的活力。米开朗琪罗创作了一首优美的十四行诗，表达了自己对科洛纳的感激之情："使人幸福的天使，你以诚挚的爱，使我衰老的心灵焕发活力。你在诸多生灵之间，竟对我另眼相待。过去你出现在我的眼前，现在你显现于我的心中。在忧患中生活的我，感激于从你那里得到的恩惠。这几幅微不足道的绘画，绝不足以回报你的仁慈。"

《最后的审判》

在与科洛纳严肃而平静的友谊中，米开朗琪罗完成了壁画《最后的审判》、保利内教堂的壁画和尤利乌斯二世的陵墓等作品。

米开朗琪罗在 1534 年离开佛罗伦萨赶赴罗马时，心想克雷芒七世死后，他终于可以摆脱其他工作，专心完成尤利乌斯二世的陵墓，卸下这一直压在他心头的重担。可他没有想到，他刚到罗马，立刻又被新主人的锁链锁住了。

新任教皇保罗三世召见了米开朗琪罗，要他为自己工作。米开朗琪罗委婉地表示了拒绝，说他不能这样做，因为他有契约在身，他必须完成尤利乌斯二世的陵墓。保罗三世发怒道："30 年来，我一直有这个愿望。现在我成了教皇，你竟然不满足我的愿望！我不管那张契约，你必须为我服务。"

米开朗琪罗又想到了逃跑。他想躲到热那亚附近的一座修道院，那里的主教阿莱里亚是他的朋友，也是尤利乌斯二世的朋友，他或许能在邻近的卡拉雷采石场很方便地完成他的作品。他也曾想过躲到乌尔比诺，那是个安静的去处，也是尤利乌斯二世的故乡，他希望那里的人能因怀念尤利乌斯二世而善待他。但是，在做出决定的时候，米开朗琪罗又开始像往常一样拿不定主意。性格中软弱的一面又影响了他的人生方向，他担心逃走所带来的后果，他本可从罗马溜走，但他妥协了，他再次被教皇俘获，继续承受着沉重的负荷，直至生命结束。

1534 年 4 月，米开朗琪罗接受了绘制壁画《最后的审判》的工作。从 1536 年 4 月至 1541 年 11 月，也就是说，正是科洛纳经常到罗马小住的期间，米开朗琪罗的全部精力都投入了这件作品的创作当中。

在从事这项宏伟作品的过程中，大概是在 1539 年，米开朗琪罗从脚手架上摔了下来，腿部伤得很重。米开朗琪罗痛苦、愤怒，但不让任何医生为他治疗。他不信任医生，听说亲友有人因病求医时，他便表现出一种可笑的反对。幸运的是，米开朗琪罗腿摔伤以后，佛罗伦萨的巴乔·隆蒂尼——一个医术高超的医生，他敬慕米开朗琪罗的才华，对他的处境极为同情——决定为他医治腿伤。一天，他去敲米开朗琪罗的房门，没有人应声，他便上楼，挨个房间去找，一直找到米开朗琪罗睡觉的那一间。艺术家一看来人是位医生，十分不高兴。但巴乔没有离开，一直陪在米开朗琪罗身旁，直到把米开朗琪罗的腿伤治愈。

和前任教皇尤利乌斯二世一样，保罗三世也经常来观看米开朗琪罗工作，发表意见。一天，教皇问他的司仪长比阿吉约对作品有何看法。比阿吉约迂腐守旧，他宣称在这样一个庄重的场所，画上那么多下流的裸体是极不恰当的，这种绘画只能装饰浴室或者旅店。

米开朗琪罗被激怒了，他等教皇一行离开后，便凭着记忆，把比阿吉约画进了地狱。米开朗琪罗让比阿吉约成为弥诺斯的形象，在一座魔鬼盘踞的山中，一条巨蛇缠着他的腿。比阿吉约到教皇面前告状，保罗三世嘲弄地对比阿吉约说："假如米开朗琪罗把你放在炼狱，我还可以想想办法救你。可是他把你放进了地狱，那我就无能为力了，在地狱里肯定是没救了。"

认为米开朗琪罗的作品下流的，不止比阿吉约一人。意大利正在整肃世风，韦罗内塞因《西门家的最后晚餐》被宗教裁判所传讯。不少人在《最后的审判》面前大呼有伤风化，叫得最响的是阿雷蒂诺。这位诲淫诲盗的作家，想要给米开朗琪罗上廉耻课。他给米开朗琪罗写了一封信，指责米开朗琪罗描绘"一些让娼妓也会脸红的东西"。他向宗教裁判所控告米开朗琪罗亵渎宗教。他说："侵犯他人的信仰，其罪恶甚于自己没有信仰。"他请求教皇毁掉《最后的审判》这幅壁画，他指控米开朗琪罗是路德派教徒，道德败坏，还谴责他偷盗了尤利乌斯二世的金钱。

阿雷蒂诺的信侮辱和伤害了米开朗琪罗灵魂深处珍视的虔诚、名誉等情感。米开朗琪罗读信时不禁报以轻蔑的微笑，可是过后，又因受辱而失声痛哭。对这封卑鄙的讹诈信，米开朗琪罗不予理睬。

他大概想起了自己提及某些敌人时，以蔑视的口气说过的话："不值得和他们去斗，赢了他们也不是什么光彩的事情。"阿雷蒂诺对《最后的审判》的中伤日益成势，但米开朗琪罗并不采取任何行动去反驳他们。他的作品被视为"路德派的垃圾"，他什么也不说。保罗三世想要除掉他的壁画，他依然什么也不说。到达尼埃尔·沃尔台雷奉教皇之命，来给《最后的审判》中的人物"穿裤子"时，他还是什么话也不说。人家征询他的意见，他叹了口气，回答说："告诉教皇，这只是小事一桩，很容易做到，只要教皇愿意，他可以整治世界，修改一幅画不过是举手之劳。"米开朗琪罗是怀着热诚的信仰完成这幅画的。他耻于为这些寄托了他的英雄思想的纯洁裸体辩护，耻于反驳那些下流的猜忌和伪君子们荒谬、无稽的指责。

米开朗琪罗以为自己终于有时间去完成尤利乌斯二世的陵墓了，而教皇保罗三世却强迫米开朗琪罗这位已经年过70岁的老人继续创作保利内教堂的壁画。他差一点没能制作预定安放在尤利乌斯二世陵墓的几座雕像，那是用来装饰其小圣堂的。

米开朗琪罗庆幸自己得以和尤利乌斯二世的继承人签订了第5份，也是最后一份合同，根据这份合同，他交付出已经完成的那些雕像，并出资雇用两名雕刻家完成陵墓的扫尾工作。这样一来，他便永远卸下了一切义务。

可是，他的苦难并没有结束。尤利乌斯二世的后人不断索要他们认定米开朗琪罗以往收下的预付款。教皇让人告诉他，不要为这些事分心，专心做好保利内教堂的事情。

米开朗琪罗回答道："我们是用脑子而不单是用手创作，做事不动脑子的人是要丧失荣誉的，因此只要我有这些烦心事，我就做不出好作品。我这辈子被捆在这座陵墓上了，我因在利奥十世和克雷芒七世面前竭力表明自己无罪而白白浪费了全部青春，我因为过分讲良心而毁了自己。这就是我的命运！许多人年收入高达两三千埃居；我尝尽艰辛，却仍然贫穷。最无法接受的是，别人还把我当成窃贼！我自认为是个诚实的人，我从未欺骗过任何人。我不是窃贼，我是佛罗伦萨的市民，是一个受尊敬的人。当我不得不在那帮浑蛋面前自卫时，我真要发疯了！"为了补偿尤利乌斯二世的后人，他亲手制作了《行动生活》和《冥想生活》这两座雕像，虽然合同上并没要求他这样做。

1545 年 1 月，尤利乌斯二世的纪念建筑终于在文柯利的圣彼得教堂落成。与最早的宏伟计划相比，这座陵墓已经大打折扣了。《摩西像》在原计划中只是一个陪衬，现在却占据了中心的位置，不能不说是一个讽刺。

但尤利乌斯二世陵墓的工程终于结束了，米开朗琪罗终于从折磨了他半生的噩梦中解脱了出来。

为上帝服务

科洛纳于 1547 年去世后，米开朗琪罗的精神受到了严重的打击。他已到了风烛残年，想回佛罗伦萨度过余生。他厌倦了侍奉教皇的生活，想将余下的生命奉献给上帝。

圣彼得大教堂的重建一直在进行中。1547 年 1 月 1 日，科洛纳去世的前一个月，米开朗琪罗被保罗三世任命为圣彼得大教堂的总建筑师兼总监，全权负责教堂的修建。

他之所以接受这项任务，并非因为这项工作简单，也不是教皇的坚持。他之所以下决心以 70 余岁的老弱之身担负起这副重担，是因为他把这看成是一种责任，是上帝交给他的使命。米开朗琪罗写道："许多人认为，是上帝把我安置在这个岗位上的。我也相信这一点。不管我多么老，我都不会放弃，我出于对上帝的爱而自愿效劳，我把所有的希望都寄托在上帝身上。"

为了这项神圣的事业，他没有接受任何报酬。但是，世俗的私利破坏着米开朗琪罗的事业。他得和众多的敌人交手。米开朗琪罗发现整个工程中存在着营私舞弊、中饱私囊的情况，他对这些亵渎神灵的丑恶行径深恶痛绝，试图把圣彼得大教堂从窃贼和强盗手中解救出来。

但是，反对他的人联合起来，为首的是建筑师比吉奥。这些人一心要排挤走米开朗琪罗。他们散布流言，说米开朗琪罗根本不懂建筑，只会浪费金钱，毁坏前人的作品。

教堂建筑管理委员会也加入反对米开朗琪罗的行列，他们组建了一个正式的调查组，由教皇亲自主持。监察人员和工人们在两位红衣主教萨尔维亚蒂和切尔维尼的支持下，纷纷控告米开朗琪罗。

米开朗琪罗没有为自己辩解，他拒绝和他们辩论。他对红衣主教切尔维尼说："我没有义务把我应该做或想要做的事通知您或其他任何人。你们的任务是监督财务支出，剩下的事由我负责。"

他改不了他的骄傲禀性，从不把他的计划告诉任何人。对于那些怨声载道的工人，他的回答是："你们的任务是干活，执行我的命令，干你们的本行。至于弄清我脑子里的想法，你们永远做不到。"

他的这种做法当然激起了怨恨，如果没有教皇的庇护，他一刻也支撑不下去。因此，当保罗三世去世，红衣主教切尔维尼成为教皇以后，米开朗琪罗决定辞去职务，离开罗马。然而，红衣主教切尔维尼登基成为马尔赛鲁斯二世不久，也去世了，卡拉法红衣主教即位，被称为保罗四世。米开朗琪罗决定继续坚持下去。他认为如果放弃，就会丧失名誉，灵魂的得救也会成为问题。

“我是不由自主地挑上这副担子的，”他说，“8年来，我在无尽的烦恼和劳累中耗得筋疲力尽。如今，工程已经取得很大的进展，可以开始建造穹隆了，这时我如果离开罗马，工程将前功尽弃，这将是我的一大耻辱，也是灵魂上遭受的一大罪孽。”

米开朗琪罗的敌人们一直没有停止过对他的攻击。1563年，米开朗琪罗在圣彼得大教堂工程中最得力的助手加埃塔，被诬陷犯有盗窃罪而入狱。他的工程主管切萨雷则被人刺杀了。

米开朗琪罗为了抗议对手的恶行，任命加埃塔接替切萨雷的职位。但是教堂建筑管理委员会不同意米开朗琪罗的任命，罢免了加埃塔，任命米开朗琪罗的对手比吉奥担任工程主管这个职务。

米开朗琪罗大怒，从此不再去圣彼得大教堂视察工作。他的对手们到处传播流言，说米开朗琪罗已经辞职。于是教堂建筑管理委员会又任命比吉奥取代他，比吉奥也立即摆起总监的架势。他巴望米开朗琪罗这个疾病缠身、离死不远的老头主动辞去自己的职务。

可是他对米开朗琪罗的坚忍程度估计不足。米开朗琪罗当即去找教皇保罗四世，表示若不还他公道，他就离开罗马。他要求教皇重新下令调查此事，以证明比吉奥对自己的诬陷。这件事情发生在 1563 年 9 月，离他去世只有四个月的时间。

除了圣彼得大教堂这项巨大的工程之外，还有其他一些事情损耗着米开朗琪罗的生命：卡皮托勒教堂、圣玛利亚·德利·安吉利教堂、佛罗伦萨洛伦佐教堂的楼梯等。

1559 年，佛罗伦萨人请求米开朗琪罗为佛罗伦萨建造一座教堂，佛罗伦萨的统治者科西莫大公亲自给米开朗琪罗写了一封极尽恭维的信。米开朗琪罗被乡情打动，爽快地答应了下来，以年轻人般的热情投入这项工作中。

米开朗琪罗曾对同乡们说："如果设计方案能够实现，无论罗马人还是希腊人的作品都将无法和它媲美。"

佛罗伦萨人接受了米开朗琪罗的方案，没有做任何修改。在米开朗琪罗的指导下，他的朋友蒂贝里奥·卡尔卡尼制作了一个教堂的木制模型。这个模型是一件罕见的艺术珍品，极其壮美、富丽。教堂的建造工程开始了，没过多久，就花掉了 5000 埃居，之后便没钱了，工程停了下来，米开朗琪罗伤心到极点。教堂没有建成，木制模型也不知去了何处。

米开朗琪罗对艺术创作已经彻底绝望了。他已衰老不堪，没法相信刚刚起步的圣彼得大教堂有朝一日能够建成，他的作品中还能有一件永存于世吗？ 他最后一件雕塑，佛罗伦萨教堂里的《耶稣降下十字架》，表明他对艺术已相当冷漠。他之所以还在继续雕刻，已不再是出于对艺术的信仰，而是出于对基督的信仰。但作品一旦完成，他就准备将它毁掉。如果不是他的仆人安东尼奥恳求将它赐给他，这件作品早已无声地消失了。

疏远的亲戚

科洛纳去世以后，米开朗琪罗的生命再没有被伟大的情感照亮过，爱情彻底离他远去。他在一首诗中写道："爱的火焰没有在我心中停留，我灵魂的翅膀已经折断，巨大的病痛（衰老）总是能驱除那些微不足道的忧伤。"

米开朗琪罗的身体日见衰老，他的弟弟和要好的朋友相继去世。米开朗琪罗把他的亲情倾注在了弟弟的孩子们身上。他最喜欢弟弟博纳罗托的两个孩子：一个是女孩，名叫切卡；另一个是男孩，名叫利奥纳多。

博纳罗托去世后，米开朗琪罗把切卡送进了修道院，为她置办行装，提供她在修道院修行所需的一切食宿费用，并且还不时去看望她。她出嫁的时候，米开朗琪罗还送给了她一份产业作为嫁妆。

米开朗琪罗亲自负责利奥纳多的教育。博纳罗托去世时，利奥纳多只有9岁。米开朗琪罗尽职地做到了一个家族长辈的责任，他不仅在经济上资助利奥纳多一家，还频繁地给利奥纳多写信，在各方面对他进行指导。

利奥纳多的回信往往写得十分潦草，这使米开朗琪罗十分愤怒，他认为这是对他不敬："收到你的信，让我恼怒万分。不知你在哪里学会这样的书法，难看极了，一点规矩也没有！我把你的信扔进火堆里烧了，因为我没法读完它。我以前对你说过，不要让我没法读你的信，可你做了什么？你就不能认认真真写一封信？从今往后，你不要再给我写信了。你有什么事要对我说，就去找个会写字的人替你写，我没有精力猜测你在信上写了什么。"

生性多疑，加上兄弟之间以前的不和，使米开朗琪罗对侄子的孝顺和奉承并不感到欣慰。在他看来，侄子做这些事是为了得到他的金钱。米开朗琪罗多年来为历任教皇和梅迪契家族服务，积攒下了大量的财富，利奥纳多则是米开朗琪罗的财产继承人。

有一次，米开朗琪罗病得很严重，利奥纳多来到罗马，没有来见他，却去找米开朗琪罗的朋友询问米开朗琪罗有多少财产。这件事让米开朗琪罗十分恼怒，他写信对利奥纳多说："利奥纳多，不要以为我不知道你做了些什么！我病倒的时候，你不来看我，却跑到乔凡·弗朗切斯科那里打听我有多少财产，难道我在佛罗伦萨留给你的钱还不够花吗？真是有其父必有其子，你父亲把我从佛罗伦萨的家里赶出来，现在你又来这一手！我已经当着公证人的面，又写了份遗嘱，你别再指望从我这里得到什么，离我越远越好！”

米开朗琪罗的怒气并未能使利奥纳多的行为有所收敛，因为米开朗琪罗在发怒之后，通常会给利奥纳多寄去信件和各种礼物，以缓和两人的关系。

一年以后，米开朗琪罗许诺赠给利奥纳多 3000 埃居。利奥纳多得知这件事后，急忙赶到罗马。利奥纳多的这种行为再次激怒了米开朗琪罗，他写道：“利奥纳多，你急着赶到罗马，说是出于对我的爱，这真是鬼话！我不知道如果我处于贫困之中，你能否这样快地赶来！如果你真的爱我，就会写信对我说：‘钱留着你自己花吧！你的生命对我们来说比财产更重要。’但是，40 年来，你们靠我养活，我却从来没有从你们那里听到一句好话。”

利奥纳多的婚事是米开朗琪罗格外操心的另外一件事情。从 1547 年起，米开朗琪罗一直在关心这件事。利奥纳多为了顺利得到伯父的遗产，在这件事上表现得格外顺从。他任由米开朗琪罗为他张罗，自己从不发表意见。

米开朗琪罗在这件事上十分投入，仿佛是他自己要结婚似的。他将婚姻视为一件严肃的大事，他认为，爱情并不是最重要的，他也不看重女方拥有多少财产，他认为最重要的是健康和名声。

他对利奥纳多提出了详细的建议，这些建议毫不浪漫，极其实际："婚姻是一项重大的决定，在这件事上，你得牢记，在男人和女人之间，必须有至少10岁的年龄差距。你所选择的女子不仅要贤惠，而且要健康。人们跟我提起过好几个人选，有的我认为还不错，有的则差得很远。你要仔细考虑，如果有你认为合适的，就写信告诉我，我再告诉你我的意见。

"你有权选择任何一个，只要对方出身高贵，有教养。女方的陪嫁不要太多，这是为了以后能和睦相处考虑。可是，我也不希望对方只是因为没有陪嫁才把女儿嫁给你。几十年来，我的工作室一直忙个不停，我因此也积攒了一些钱，你不用过多考虑金钱方面的事情。我希望你选择一个愿将女儿嫁给你，而不是嫁给你的财产的人。

"你需要仔细考察的是她的灵魂是否纯洁、身体是否健康、品行是否纯正。你还要了解她的父母是什么样的人，这非常重要。你得找一个喜欢洗洗涮涮、料理家务的女人。

"至于容貌，你既然不是佛罗伦萨最帅的男子，所以就不要痴心妄想非要娶个美人，只要她不是残废、不丑得吓人就行。"

有时候，似乎合适的人选就在眼前，可是，一些小问题又成了严重的障碍。利奥纳多有些泄气，他非常不理解伯父为什么非要他结婚。米开朗琪罗写信说："我确实希望你结婚，因为这是件好事，是为了我们家族的根嗣不断。我知道，即使我们这一族没有后人，对这个世界也没有影响，但人总希望眼看着自己的后代出生，长大成人，所以我盼着你结婚。”

终于，米开朗琪罗也厌倦了这件事情。他觉得自己非常可笑，老是自己忙活，利奥纳多本人却漠不关心。他说自己再也不管这件事了：“几十年来，我一直在为你们操心，现在我老了，也该为自己打算打算了。”

正在此时，利奥纳多和一名叫作卡桑德拉·里多尔费的女子订了婚。米开朗琪罗非常高兴，立即送给侄子 1500 杜加。

不久，利奥纳多结婚了，米开朗琪罗向年轻夫妇写信祝贺，并许诺送给卡桑德拉一条珍珠项链。但他还是不忘提醒侄子：“你把女人带回家以前，应该把所有财产做个明确的安排。因为在这些问题上，常常埋有不和的种子。”谈话结束时，他还给了侄子一个带有嘲讽意味的劝告：“以后好好过日子。没事多长点心眼，因为寡妇与鳏夫的数量相比，寡妇总是比鳏夫多！”

两个月后，米开朗琪罗给他们寄去了许诺的礼物，但并不是珍珠项链，而是两枚戒指，其中一枚镶嵌着钻石，另一枚镶嵌着红宝石。卡桑德拉道了谢，并给他寄去了几件衬衣。

米开朗琪罗在回信里说：“这些衬衣很不错，我很喜欢它们的布料。但我还是要说，我不喜欢你们为我花钱，因为我什么都不需要。我很感谢卡桑德拉为我做的一切，请你告诉她，我可以给她寄去任何东西，只要是在我这儿能找到的，无论是产自罗马还是其他地方的都行。这一次我只是寄了一点小礼物，以后还会给她寄去更多更好的东西，只是你得提前跟我说。”

1554 年，年轻夫妇的第一个孩子出生了，按照米开朗琪罗的想法，他们给这个孩子取名为博纳罗托。1555 年，第二个孩子也来到了人世，夫妻俩给他取名为米开朗琪罗，只可惜这个孩子出生不久就夭折了，这一度让米开朗琪罗非常伤心。

1556 年，米开朗琪罗邀请年轻的夫妇到他在罗马的家里做客，米开朗琪罗一直关心着家族的事务，与家人一同渡过各种难关，但他从不让亲人操心他的事情，甚至连自己的健康也不让他们过问。

与上流社会交往

除了家人之外，米开朗琪罗还有许多朋友。尽管他性格内向，但如果以为米开朗琪罗和贝多芬一样，像个多瑙河地区的莽夫，那就大错特错了。米开朗琪罗是意大利上流社会的著名人物，他有很高的文化修养和世家子弟的优雅气质。他的青少年时代是在佛罗伦萨的圣马可花园，在卓越伟大的洛伦佐·德·梅迪契身边度过的。从那时起，他就和意大利的贵族、主教、文人中的著名人物有着密切的联系。

米开朗琪罗在艺术界中朋友的数量最少。他对大部分艺术家都没有好感，和达·芬奇、拉斐尔、布拉曼特等关系都很糟糕。不过，1545年提香访问罗马时，米开朗琪罗对他十分谦恭有礼。总的来说，他更愿意和文学界、实业界，而不是艺术界的人交往。

人们喜欢收集他的谈话，他对艺术的精辟论述，尤其是他

对但丁的理解和看法。罗马的贵妇阿尔让蒂娜·玛拉斯皮纳夫人写到米开朗琪罗时说："在他愿意的时候，他是一位温文尔雅、魅力十足的绅士，在整个欧洲很难见到能与之媲美的人。"在吉阿诺蒂及弗朗西斯科·德·奥朗德写的《对话录》中，可以看出米开朗琪罗在社交场合的风采。从他给王公贵族的一些信件中可以看出，如果他愿意，他甚至能成为一位出色的朝臣。

社会从来没有疏远过他，是米开朗琪罗自己刻意要和社会保持距离。对意大利而言，米开朗琪罗是天才的化身，在他艺术生涯的最后时期，他是伟大的文艺复兴硕果仅存的代表，整个世纪的光荣都集中在他身上。不仅艺术家们将他视为超人，王公们在他的面前也都礼让三分。

法国国王弗朗西斯一世向他致敬。科西莫·德·梅迪契大公想任命他为贵族院议员，但被米开朗琪罗拒绝，这使科西莫大公十分不悦。

1560 年 11 月，米开朗琪罗刚到罗马，科西莫大公以平等的礼节招待米开朗琪罗，请他坐在自己身边，和他亲密地交谈。1561 年 10 月，科西莫大公的儿子弗朗切斯科·德·梅迪契接待米开朗琪罗时，把帽子拿在手中，对这位旷世奇才表示敬意。

米开朗琪罗的晚年像歌德、雨果一样，为荣誉的光环所环绕。但他是另一类型的人物，既不像歌德那样渴望成为众所周知的人，也不像雨果那样尊重有产者。

米开朗琪罗蔑视这种荣誉，蔑视社会，他为教皇们服务，照他自己的话说，那只是“迫不得已”。他毫不讳言道：“甚至教皇们和我谈话或派人去请我时，有时也会使我厌烦和生气，而且，哪怕他们下命令，我要是没安排出时间，照样不去。”

米开朗琪罗只是和社会保持着不可避免的联系，或者单纯思想文化上的接触。他从不让人进入他的内心世界，教皇、王公也好，文人、艺术家也好，在他的生活中都只占有很小的位置。

即便对于他真正抱有好感的人，米开朗琪罗也很少与之建立长久的友谊。他爱他的朋友，宽容地对待他们，但是他的暴躁、骄傲和多疑，常常把他的朋友变成他的敌人。

他曾经在一封信中写道：“那些忘恩负义的人，天生就是那个样子。在他们陷入困境的时候，你伸出援手，他们却说这种恩惠他们早就给过你。你为了他的生计给他工作，他却认为你自己不会做这件工作，不得已才委托给他。”

小人物朋友

米开朗琪罗的工作室有许多学徒，他们大多资质平庸。当时流传着一个说法：米开朗琪罗故意挑选一些愚笨的人当助手，为的只是让他们充当替他干活的工具。

米开朗琪罗对学徒的要求首先是绝对地服从。个性鲜明、桀骜不驯的人都会遭到米开朗琪罗的排斥，但米开朗琪罗对谦恭忠诚的学徒十分宽容大量。米开朗琪罗有一个学徒名叫乌尔巴诺，他生性懒惰，不愿吃苦，工作中总是偷懒。他和米开朗琪罗十分亲近，米开朗琪罗对他十分照顾，把他当成儿子一样看待。

有一次，乌尔巴诺病了，米开朗琪罗亲自看护和照顾他。还有一次，乌尔巴诺不小心弄破了手指，米开朗琪罗认为这是上帝在对乌尔巴诺进行惩罚，急忙领着他到教堂去做忏悔。

安东尼奥·米尼的经历，也证明了米开朗琪罗对学徒的照顾。米尼是米开朗琪罗的一个学徒，他爱上了佛罗伦萨的一个贫穷寡妇的女儿，并想和她结婚。米尼的家人反对这门婚事，于是米尼想去法国发展。米开朗琪罗送给米尼许多自己的作品。通过出售这些作品，米尼在法国可以过上稳定的生活。

但米开朗琪罗的好意并没起到作用。米尼带着这些作品动身来到巴黎，想把这些作品献给法国国王弗朗西斯一世，但弗朗西斯一世此时正忙于和哈布斯堡家族的查理五世作战，不在巴黎。米尼便把这些作品寄存在一位当时住在巴黎的意大利人那里。这个意大利人趁米尼不在巴黎期间，私自把这些作品卖掉，独吞了售卖所得的钱财，米尼没有了收入来源，只能在巴黎街头流浪，1533年因忧愤而死。

在米开朗琪罗的学徒中，成就最大的是弗朗切斯科·特·阿马多雷，米开朗琪罗称呼他为乌尔比诺。他在1530年开始跟随米开朗琪罗，在米开朗琪罗的指导下，乌尔比诺完成了尤利乌斯二世陵墓的剩余工作。

米开朗琪罗和乌尔比诺关系融洽，有一次，米开朗琪罗开玩笑地问乌尔比诺："如果我死了，你有什么打算？"

乌尔比诺回答说："我只好再去找份助手的工作。"

"可怜的人，"米开朗琪罗说道，"我要把你从灾难中拯救出来。"

于是他赠给乌尔比诺2000枚金币，这在当时是数目非常大的一笔金钱，教皇和国王对工匠的赏赐也没有这么慷慨。

然而，乌尔比诺死在米开朗琪罗之前。这给米开朗琪罗造成了很大的打击，米开朗琪罗在给自己侄子的信中写道："乌尔比诺昨天下午死了。他的死使我非常悲伤。如果我能死在他的前面，我心里会非常高兴。我已步入耄耋之年，尚在世上苟存；他是一个诚实、有尊严的人，却比我先走一步。我现在越来越孤独，我无法保持内心的平静。"

除了自己的学徒之外，米开朗琪罗喜欢和社会上各色人等打交道，交了一群五花八门、各行各业的朋友。

卡雷拉采石场有个石匠，和米开朗琪罗很熟，他认为自己也是个杰出的艺术家。他每次去罗马送石料，总会送给米开朗琪罗几个他自己雕刻的小石像。这些作品非常有趣，常引得米开朗琪罗开怀大笑。

一个名叫梅尼盖拉的画家，经常找米开朗琪罗索要圣徒彼得和圣徒保罗等的素描。米开朗琪罗每次都是有求必应。王公贵族，甚至主教国王都没有这种待遇。

梅尼盖拉在得到米开朗琪罗画的圣徒素描后，就把它着上颜色，然后再高价卖掉。

米开朗琪罗还有一个懒惰的画家朋友，名叫达因科。他喜欢喝酒、聊天的程度和他厌恶辛苦创作的程度相等。达因科常说："十诫是错的。只工作、不享乐，不配做基督徒。"

好脾气、喜欢开玩笑的画家朱力阿诺·布贾尔蒂尼也是米开朗琪罗的朋友，米开朗琪罗非常喜欢他。朱力阿诺天性温和善良，生活简单，对什么都毫不在意。他的这些性格特点使米开朗琪罗在两人的交往中感到非常自在。

有一次，梅迪契家族要求朱力阿诺为他们绘制一幅关于米开朗琪罗的肖像。朱力阿诺支好画架，着手画画。他让米开朗琪罗一动不动地坐了两个小时，然后对米开朗琪罗说："起来吧，过来看看，草图已经画完了。"

米开朗琪罗站了起来，走到画架跟前，看了一眼，笑着问朱力阿诺："你搞什么名堂？你把我的一只眼睛都画到太阳穴里去了。"

朱力阿诺听到米开朗琪罗这么说，有些疑惑地看了看米开朗琪罗，又看了一眼自己画的草稿，对米开朗琪罗说："你重新坐好，我仔细看看。"

于是，米开朗琪罗重新坐到朱力阿诺面前。朱力阿诺对着米开朗琪罗和草稿看了几遍，然后叹了口气，对米开朗琪罗说："你的眼睛确实和我画的一样，是你自己长得不好。"

米开朗琪罗大笑着说道："好，这是自然的失误，请继续画吧。"

米开朗琪罗在这件事上，显出了特别的宽容和幽默。这是他平时对待别人所见不到的。

或许是朱力阿诺激发了他对自认为大艺术家、实为渺小卑微的人的同情，或许这件事让他想起了自己对艺术的狂热与执迷。这件事里，有种悲伤而滑稽的意味。

孤独的晚年

米开朗琪罗和他的学徒、那些卑贱但有趣的朋友们一起生活着。他是孤独的，而且他越来越孤独了。“我永远是孤独的，”他 1548 年写信给自己的侄子利奥纳多说，“我已逐渐习惯不和任何人说话。”他渐渐地和社会隔绝了，而且对人类的各种需求和欲望也都淡漠了。

米开朗琪罗住在罗马古城区的高处。他的卧室光线非常昏暗，犹如一座坟墓。他像穷人一样生活，吃得极少。年轻时，他只吃一些面包，为的是能够把时间都用在工作上。

自从他创作了《最后的审判》以后，他习惯在晚上，一天工作全部结束以后喝一点葡萄酒。他从不邀请朋友一同进餐，也不愿意接受别人的礼物，因为受了人家的恩惠，就得报答对方。他在夜里睡得很晚，经常熬夜工作。他为自己做了一顶纸帽，中间可以插上蜡烛，使他在工作时双手可以完全自由，不必操心光亮的问题。

他越老就越孤独。夜晚，当整个罗马都进入睡梦之中，他还在工作着。这对他来说是一种习惯，黑夜是他的一位朋友。

死亡的意念包围着他，使他的心灵一天天沉重起来。米开朗琪罗在给朋友瓦萨里的信中说："没有一种思念不在我心里引起关于死亡的感触。经由长久的岁月，我终于将要抵达我的生命的终点。世界上的欢乐我发现得太迟了，我从自己的人生经验中知道了这一点：即将濒临死亡的人，才是唯一为天国所宠幸的幸运者。"

死亡，似乎成了他生命中唯一可以获得的幸福。

有一天晚上，瓦萨里去拜访这位独自在凄凉的房间里面对着他的作品《哀悼基督》的老人。

瓦萨里敲门，米开朗琪罗站了起来，执着烛台去开门。瓦萨里提出要看雕像，但米开朗琪罗故意失手把蜡烛掉在地上，烛光熄灭了。房间里没有了光亮，瓦萨里无法看清雕像。

当乌尔比诺要去再找一支蜡烛时，米开朗琪罗对瓦萨里说："我已经如此衰老，死神常拽拉我的身体，要我和他一同离去。总有一天，我的身体会如同这支蜡烛一样，我的生命的光明也会熄灭。"

米开朗琪罗的侄子利奥纳多庆祝他的孩子出生，米开朗琪罗写信严厉地责备了他："这种行为使我不悦。当全世界都在哭泣的时候是不应该嬉笑的。为了一个人的诞生而举行庆祝是缺乏理性的人的行为。应当保留你们的欢乐，在一个垂垂老矣的人死去的时候再释放出来。”

米开朗琪罗一向忽视表现自然，风景画在他的作品中只占极小的比例。在这方面，米开朗琪罗和同时代的画家拉斐尔、提香、达·芬奇等人完全不同。米开朗琪罗一直瞧不起尼德兰画家的风景画。他认为尼德兰画家不会表现人体，也没有真正掌握透视法。

1556 年 9 月，当西班牙阿尔贝大公的军队威胁罗马时，米开朗琪罗逃出罗马，经过斯波莱泰，在那里住了五个星期。他每日在橡树与橄榄树林中散步，陶醉在秋日高爽的景色中。离开时，米开朗琪罗说道：“我的灵魂已经留在这里，在这里我找到了真正的平和。”

回到罗马，这位已经 82 岁的老人创作了一首歌颂田园生活、赞颂自然美景的诗歌。

虽然一度被自然吸引，但米开朗琪罗真正寻求的是神灵，他永远都是有信仰的，尽管他丝毫不受教士、男女信徒们的干扰，并且时常挖苦他们。

1548 年，利奥纳多想去圣地朝拜，米开朗琪罗制止了他。米开朗琪罗认为花钱朝拜不如施舍给穷人：“因为把钱送给教士们，上帝才知道他们是怎么花的。”米开朗琪罗从未对信仰有过动摇。在他的父亲与兄弟们患病或临终时，他考虑的第一件事就是要他们领受圣餐。他非常相信祈祷的作用。他把自己所遭受的一切幸运和他没有遭受的灾祸全部归到祈祷起到的功效上。

在米开朗琪罗这颗老迈的心中，世俗的痛苦和信仰的执着交织，激发出神明般高贵的恻隐之心。米开朗琪罗曾被他的仇敌称为一个贪婪的人，其实他一生都没有停止过施舍不幸的穷人，不论是他认识的还是不认识的。

他给他的侄子利奥纳多写信道："设法帮助需要帮助的人家。特别是那些有女儿要出嫁或送入修道院，但没有钱又不好意思向别人开口乞求帮助的人家。把我寄给你的钱送给他们，要秘密地进行，注意不要被别人欺骗。"

此外，他又写道："如果你还认识其他品行高贵但经济拮据的人，一定要告诉我。尤其是家中有女儿待嫁的人家。为了我的灵魂得救起见，我很高兴能够为他们尽力。"

死神降临

米开朗琪罗期待着死亡，他是如此渴望，死亡却一直姗姗来迟。僧侣般苦修的生活，虽然使米开朗琪罗的身体保持健壮，却未能免除疾病的入侵。

1544 年和 1546 年两次患恶性疟疾以后，他一直没有从病痛中完全康复过来，结石、痛风，各种各样的痛楚折磨着他。他在晚年所作的一首滑稽诗里，描写了他那被病痛所侵蚀的身体：

我独自一人，过着凄惨的日子，
就像裹在树皮之中的树干。
我的声音就像关在皮囊里的蜂群。
我的牙齿已经松动，
就像乐器上的按键。
我的脸皱纹纵横，

是吓退鸟类的最好面具。
我的耳朵一直在幻听，
蜘蛛在一只耳朵里结网，
蟋蟀在另一只耳朵里整夜吟唱。
哮喘使我整夜不能入睡，
瞧瞧吧，那曾经赐予我光荣的艺术，
现在把我引向了什么样的结局。
可怕的衰老，若死亡迟迟不来，我就完了。
疲劳已经将我打倒和撕碎，
死亡是我的最后归宿。

"亲爱的吉奥尔，"1555年6月，他写信对瓦萨里说，"从我潦草的字迹中，你可以看出我已经快到生命的终点了。"

1560年春，瓦萨里来看他，发觉他的身体极为衰弱。他很少出门，几乎不睡觉，一切都让人感到他将不久于人世。他身体越是衰老，情感越是脆弱，动不动就掉眼泪。

"我去看望了米开朗琪罗，"瓦萨里写道，"他没想到我会去，表现出的那份热情，犹如一个父亲找到了丢失的儿子。他搂着我的脖子亲个没完，高兴得哭了起来。"

然而，他丝毫没有丧失他清晰的思维和活力。在瓦萨里所说的这次会面中，他就艺术的许多问题谈了许久，还对瓦萨里的工作提出好些建议，接着又骑马去了趟圣彼得大教堂。

1561 年 8 月，米开朗琪罗得过一次病。之前连续 3 个月，他赤着脚工作，当他突然感到疼痛时，已经痉挛着跌倒在地。仆人发现时他已失去知觉。卡瓦列里、班迪尼和卡尔卡尼赶紧跑来。等他们到来时，米开朗琪罗已经苏醒了。

几天以后，他又开始骑马外出，为皮亚门绘制图稿。性情古怪的老人说什么也不让旁人照顾他，朋友们都为他感到十分难过，只有一些粗心大意的仆人照顾着他。他的侄子利奥纳多，以前因伯父健康不佳跑到罗马来，挨过他一顿斥责，如今再也不敢贸然往这里跑了。

1563 年 7 月，他托人询问米开朗琪罗，是否乐意让自己来看他，而且，预见到多疑的米开朗琪罗对他的来意会有怎样的猜疑，他特地补充说，他的事业进展顺利，他现在很富有，不再需要什么了。狡黠的老人让人回答侄子，既然如此，他将把手上的少量钱财分给穷人。

一个月后，对米开朗琪罗的健康状况十分担心的利奥纳多，又托人表达了对他的健康及周围仆人的关注。这一次，米开朗琪罗回了一封怒气冲冲的信，表明这位 88 岁高龄的老人还有多么强的生命力："从你的来信中，我看出你相信了某些心存嫉妒却无法偷盗我的钱财又不能任意摆布我的坏蛋们的谎言。这是一群无赖，你居然会傻到听信他们所说的情况，似乎我成了一个小孩子。让他们滚到一边去吧！这些人只会给人带来烦恼，整日除了嫉妒便是鬼混。

"你信中说担心仆役们让我受罪，我告诉你，我所得到的服侍无论从哪方面说，都是不可能更忠诚、更周到的了。至于你提到的偷盗问题，我也可以告诉你，家里所有的人都让我很放心，我对他们非常信任。因此，你尽可专心于你自己的事，不要为我的事情操心。必要时，我自会保护自己，我可不是小孩子。你自己保重吧！"

在米开朗琪罗的设计主持下，罗马的皮亚门顺利建成了，这也证明了米开朗琪罗对自己健康的信心并非没有道理。

牵挂米开朗琪罗遗产的人，远不止一个利奥纳多，整个意大利都在关注米开朗琪罗死后遗产的继承问题。教皇和佛罗伦萨的统治者托斯卡纳大公科西莫一世，非常担心洛伦佐教堂和圣彼得大教堂的建筑图纸和素描会在米开朗琪罗死后遗失。

1563 年 6 月，科西莫一世命他的大使阿维拉尔多·赛里斯托里密奏教皇：鉴于米开朗琪罗日渐衰老，需要暗中监视他的起居以及所有出入他家中的人。在突然去世的情况下，必须立即将米开朗琪罗所有的财产登记造册：素描、图稿、文件、金钱等，提防有人在他死后的混乱中趁机偷走什么东西。

为此，他们采取了一些措施。不用说，这一切都是在米开朗琪罗本人毫不知情的情况下进行的。

这些谨慎的措施并非是多余的，米开朗琪罗生命的最后时刻就要来到了。

他的最后一封信写于 1563 年 12 月 28 日。一年来，他几乎没有亲自写过信，都是口授，最后再签名。

米开朗琪罗一直坚持工作。1564 年 2 月 12 日，他工作了一整天，继续做他的《哀悼基督》，这座雕像到米开朗琪罗去世时也未完工。

14 日，他发烧了。卡尔卡尼闻讯赶去，在家里没找着他。尽管下着雨，米开朗琪罗还是到田野里散步去了。他回来时，卡尔卡尼对他说，这样的天气外出是不明智的。

“有什么办法呢？”米开朗琪罗回答，“我病了，在哪儿都休息不好。”他说话时的神情、脸色，都让卡尔卡尼十分不安。他立刻写信给利奥纳多：“结局即便不会马上到来，可我担心已经不远了。”

同一天，达尼埃尔找来医生费德里戈·多纳蒂。2 月 15 日，沃尔台雷按米开朗琪罗的吩咐，写信给利奥纳多，告诉他前来看望他的伯父。

“8 点刚过，我从他那儿离开，”沃尔台雷补充道，“他神志清楚，思绪平静，只是为一种顽固的病症所苦。他想骑马外出，如同平日天气好的时候每天傍晚习惯于做的那样。他头晕，身体虚弱无力，只好返回，坐在炉边的扶手椅上。他觉得坐在这儿远比卧床惬意。”忠实的卡瓦列里一直守在他身边。

直到去世的前 3 天，米开朗琪罗才答应躺到床上。当着朋友和仆人们的面，他神志清醒地口授了遗嘱。他要将“灵魂交给上帝，肉体留给尘土”，还要求在死后回到他亲爱的佛

罗伦萨。

1564 年 2 月 18 日下午 5 时，日落时分，他闭上双眼，再也没有睁开。他终于得到了他期待着的死亡，他终于可以永久地休息了。他达到了他所期盼的目标——超越时间。

这是幸福的灵魂，在他那儿，时光不再流逝。

第三部 托尔斯泰传

托尔斯泰是俄国的伟大作家，他创作的《战争与和平》《安娜·卡列尼娜》和《复活》等作品，不仅为读者展示了俄国近代历史的广阔画卷，还成功塑造了俄罗斯民族的灵魂。

他强调道德，主张博爱，认为只要每个人都在道德上自我完善、消除欲念，就自然能达到全社会的和谐。尽管世人对此响应寥寥，但他并不放弃，毕生探索、坚持着自己的信念。

童年的庄园生活

托尔斯泰于 1828 年出生在莫斯科南部一个名叫亚斯纳亚·波利亚纳的村子里。托尔斯泰一生中的大部分时间都是在这里度过的。

托尔斯泰的家族是俄罗斯一个古老的贵族世家，其历史可以上溯到俄罗斯建国的时候。托尔斯泰的祖辈中有彼得大帝的重臣、七年战争的将军、拿破仑战役的英雄和政治流放犯。

《战争与和平》一书中的几位典型人物，都来自托尔斯泰对自己家族的回忆。如老公爵博尔孔斯基的原型就是托尔斯泰的外祖父，叶卡捷琳娜二世时代刚愎自用的贵族代表；尼古拉·格雷戈里维奇·沃尔孔斯基公爵的原型是他母亲的一个堂兄弟，此人在奥斯特利茨战役负伤，被人从拿破仑眼皮底下像救安德烈公爵那样救了回来；他的父亲和尼古拉·罗斯托夫有点类似；而他的母亲就是那位温柔的玛丽郡主，虽然相貌算不上美丽，但非常仁慈和蔼。

托尔斯泰的父母生育了5个孩子，托尔斯泰排行第四，有3个哥哥、1个妹妹。他和自己的大哥、小妹关系最为密切。

大哥名叫尼古拉，从他们的母亲身上继承了想象力，善讲故事，诙谐幽默，后参军当了军官，曾在高加索地区服役。尼古拉信奉东正教，生活简朴，身居陋室，与穷人分享自己的一切。屠格涅夫谈到尼古拉时说：“他在生活中真正做到了谦虚向善，克制欲望。”

小妹名叫玛丽，后来离家当了修女。托尔斯泰去世前离家出走，最先去的地方就是她那里。

托尔斯泰两岁的时候，他的母亲去世了。因为年幼，他对自己的母亲没有留下多少记忆。他只是通过哥哥尼古拉的描述，才依稀记起母亲的面容和那洋溢着爱心的微笑。

托尔斯泰的父亲在他9岁时去世。对于父亲，他能记起的不多。他的父亲为人和蔼可亲，诙谐幽默，眼神忧郁，过着淡泊、与世无争的生活。父亲的去世使托尔斯泰第一次意识到生活的残酷，感受到了绝望。

托尔斯泰的远房亲戚塔季扬娜姑姑和亚历山德拉婶婶，是两位热心肠的俄罗斯妇女。她俩在托尔斯泰的父母死后，承担起了照顾这5个孤儿的重任。她们慈祥和蔼，乐于助人，都是虔诚的东正教徒。她们对托尔斯泰的影响是显而易见的。她们的虔诚和爱心，在托尔斯泰的心灵中播下了信仰的种子。

托尔斯泰的童年，是在俄罗斯民间故事、带有幻梦色彩的神话传说和《圣经》故事中度过的。尤其是高尚的圣约瑟的故事，一直到晚年，他还将它视为艺术的典范。有一段时间，托尔斯泰每天晚上只有听过《一千零一夜》里的故事才肯入睡。

大学时代

托尔斯泰于1842—1847年在喀山大学读书。他先读阿拉伯、土耳其语系，第二年又转入法学系。大学期间，托尔斯泰的学习成绩平平，这使他十分苦恼。

除了学业之外，让托尔斯泰感到痛苦的事情是他自以为丑陋的相貌。托尔斯泰长着一张长脸，大鼻子，厚嘴唇，招风耳；短短的头发覆盖在额头上，小小的眼睛深陷在眼眶里。这种相貌让托尔斯泰感到自卑和痛苦，为了摆脱心中的苦闷，他热衷于赌博、酗酒，彻底地放纵。

即使在最放纵不羁的时候，托尔斯泰的内心深处仍保留着一份清醒。他在日记里用犀利的文字分析、批判自己。他写道："我完全像畜生一样生活，我彻底地堕落了。"

他仔细分析了自己性格上的缺点：一、犹豫不决、缺乏魄力；二、自欺欺人；三、急功近利；四、过于敏感；五、悲观；六、迷惘；七、人云亦云；八、浮躁；九、鲁莽。

托尔斯泰研究了各种哲学学说，试图找到一条心灵上的出路。他在斯多噶主义和伊壁鸠鲁主义之间摇摆不定，曾故意让自己的身体经受折磨，有段时间又纵欲享受；他曾相信灵魂转世，但又迅速坠入虚无主义。

无休止的思考，给他的生活带来了伤害，他的文学创作却从中汲取了不尽的源泉。这时，托尔斯泰接触到了法国思想家卢梭的作品《忏悔录》和《爱弥儿》，他如饥似渴地阅读起来。对于托尔斯泰而言，卢梭的言行像位智者，在他人生最迷茫的阶段为他指引了方向，他对自己、社会、人生有了新的认识，行为举止也收敛了许多。

托尔斯泰这一时期非常崇拜卢梭，把卢梭的肖像当作圣像一样挂在胸前。1846 年至 1847 年间，托尔斯泰写了几篇哲学论文，都是关于卢梭思想的评论。

托尔斯泰逐渐对大学生活感到了厌倦，在 1847 年回到了家乡。他与村子里的农户接触，想尽自己所能，尽量帮助他们改善生活。这些经历都体现在他的小说《一个地主的早晨》中。小说的主人公 20 岁时放弃大学学业，去为农民服务。过了一年多的时间，他到村子里，却仍然遭到嘲笑和猜疑。他的努力都白费了，想起曾经的热情和理想，他觉得自己是个彻底的失败者。

小说的主人公回到家里，坐在钢琴前面，弹奏起了音乐。音乐的美好冲淡了他胸中的苦闷和不快。他体会到了那些农户对命运的忍耐、对家庭的热情以及劳作的辛苦，所有的事物都变得美好了。

高加索从军

在家乡度过了 4 年光阴之后，托尔斯泰对周围的事物逐渐感到厌烦。他扮演的角色也成为日益沉重的负担，他无法再坚持下去。为了逃避责任，也为了体验新的生活，托尔斯泰于 1851 年来到高加索，投身军营，在任职军官的大哥尼古拉身边做了一名普通的士兵。

置身于环境与家乡截然不同的高加索地区，托尔斯泰的精神重新振作起来。他在日记中记述了他和自己灵魂中的三个恶魔——赌博的欲望、极难战胜的肉欲、可怕的虚荣欲望——斗争的艰难。他向上帝祈祷，请求上帝宽恕自己的罪过。肉欲与轻浮的想法折磨着托尔斯泰的内心，某个哥萨克女人使他迷恋，外表的微疵——两边胡须不齐使他苦恼不已。这些困扰，并没有使托尔斯泰陷入彻底的迷乱，他的信仰已经坚定，思想斗争本身也孕育着勃勃的生机，创造力受到激发和鼓舞，一切都是那样的美好。

1852年，托尔斯泰的才华结出了第一批果实：《童年时代》《一个地主的早晨》《袭击》等作品相继问世。

托尔斯泰之所以在第一部作品中追忆过去的生活，是因为他当时正在病中，长期的休养使他感到孤独、痛苦，情绪也渐渐变得忧郁，幼时的回忆便在眼前温柔地展现了。重温童年“无邪、诗意、快乐、美妙”的生活，追寻“善良、多情且充满爱的童心”，对他来说是幸福的。他满怀热情，酝酿着一个规模巨大的写作计划，而《童年时代》仅仅是其中的首部作品。

《童年时代》完成后，托尔斯泰将它寄给了俄罗斯的《现代人》杂志，立刻就被发表了，而且获得了读者的一致好评。《童年时代》以其动人的诗意、细腻的笔触以及微妙的情感受到欧洲读者的喜爱。托尔斯泰在日记中记录说，在《童年时代》的写作中，狄更斯的《大卫·科波菲尔》对他影响颇大。

《童年时代》一书笼罩着一种温柔感伤的情调。后来，托尔斯泰的趣味发生了转变，他十分反感《童年时代》中的情调，在其他小说中，他彻底排斥了这种文风，转而采用一种更为大气、乐观，稍带讽刺的风格。在《一个地主的早晨》中，托尔斯泰的个性已经完全形成，观察大胆而率直，对爱也充满信心。1853年，《少年时代》问世，它虽不及《童年时代》单纯、完美，却表现了托尔斯泰对于自然强烈的情感和他苦闷的心灵。

托尔斯泰在高加索期间的代表作，当数他记录军旅生活的纪实系列作品——《高加索纪事》。其中的第一篇《袭击》给人留下了极其深刻的印象。《战争与和平》中的好几个典型人物都取自这部作品。如赫洛波夫大尉，他打仗并非出于个人兴趣，而是出于他对国家的责任。他那张脸是典型的俄罗斯人的面孔，质朴、安静。他看上去笨手笨脚，行动有些可笑，巡逻、打仗时却异常镇静。和他比起来，那个中尉则是莱蒙托夫式的英雄，心地善良，却装作十分凶狠。而那个可怜的小个子少尉，第一次打仗兴奋异常，恨不得搂住每个人亲吻，可笑归可笑，他却莫名其妙地送了命。

托尔斯泰作为一个观察者，并没有介入同伴的思想，但是在文字中，他已经发出了反对战争的呼声。"世界是这样的美好，头上是一望无垠的星空，难道人类就不能自由和睦地相处吗？在这样的环境下，他们怎么能怀有恶意，怀有复仇和消灭对方的心理呢？大自然是善与美的最直接的体现，只要和大自然接触，人类心中的所有疯狂和恶念都会烟消云散。"

在这段时期，托尔斯泰陶醉在对力量和生活的热爱之中。从此时起，自然与人世的对立是托尔斯泰最爱采用的思想主体和信条。在这种信条的驱使下，他在作品中发出了严酷冷峻之音，并用以描绘世上的人生百态。而且对于他所喜爱的人，他的笔触一样真实，他把他的朋友和自然界中的生物都放在明处进行细微的观察，他们的自私、贪婪、狡诈等各种毛病，他都照

写不误。

更重要的是，高加索的经历向托尔斯泰揭示了他本人深厚的宗教意识。他在 1859 年给他的亚历山德拉婶婶的信中写道："小的时候，我只是凭着热情和感受去信仰。14 岁左右，我开始思考人生。由于宗教和我的理论不一致，所以我把消灭宗教看成一件好事，心里没有宗教的地位。生活于我已经没有秘密，而且也失去了一切意义。经过两年的思考，我发现了一条简单、古老、至今不为别人发现的真理——人要想获得幸福，就必须为别人活着。这一发现使我感到非常惊讶。因为这与宗教的说法是一致的，于是，我转而到《圣经》里去探求。我只要真理，其他什么都不需要。就这样，我和宗教开始形影相伴了。"

塞瓦斯托波尔保卫战

沙皇俄国于1853年11月向土耳其宣战。英、法作为土耳其的保护国，随即对俄国宣战，撒丁王国随后也加入了战团。

战争持续发展，双方不断投入兵力。托尔斯泰所在的部队奉命从高加索地区转到克里米亚地区，1854年，托尔斯泰来到塞瓦斯托波尔要塞。

此时，英法联军已经形成了围攻塞瓦斯托波尔的局面。托尔斯泰爱国热情高涨，作战勇敢，经常不顾危险，冲在战斗的最前线。

1855年4月至5月间，是战斗最激烈的一段时间，此时，托尔斯泰已经升任军官，他每三天就轮值到要塞最危险的炮台执勤一整天。

一连数月，托尔斯泰的生活一直处在激烈、亢奋的情绪之中。死亡经常在身边发生，但他毫不恐惧，他似乎感觉冥冥之中有股神秘的力量在保护着他。

1855 年 4 月，他在日记里记录了一段祷文，感谢上帝多次在危险中保护了他，并请求上帝继续保护他，以便他“能达到我还不能知晓的生活的永恒目标”。这里的目标并非是艺术的，而是宗教的。

战争在继续进行。趁战斗的间隙，托尔斯泰拿起了笔，开始创作自己回忆录的第三部《我的青年》。

在《我的青年》中，托尔斯泰用一种抽象、晦涩的语言描述了他过去的人生经历。这和他以前的作品风格迥然不同，可能和当时严峻的环境有关。

但即使在这样的环境下，他写下的某些段落，仍然散发着一种沉静抒情的美感：“明亮的新月刚刚升起，并不耀眼，静静地散发着清冷的光辉。夜晚的池塘水波荡漾，折射出摇曳的光。老桦树枝叶茂密，在月光下泛着银灰色的光芒，它投下的阴影遮挡住了灌木丛和道路。黑暗中，物体的轮廓隐约可辨。鹌鹑在池塘里游弋，青蛙跃到了台阶上，它的后背就像一块墨绿色的碧玉。月亮渐渐升起来了，升到了树梢上，挂在了天空中。”

炮火的刺鼻硝烟把托尔斯泰拉回到了残酷的现实之中。《我的青年》没能完成，但他在要塞的保护下、在隆隆的炮声中，仔细观察周围发生的一切，将同伴的勇敢事迹和自己关于生死的感悟记录在《塞瓦斯托波尔纪事》里。

《塞瓦斯托波尔纪事》分为三篇，分别由《1854 年 12 月之塞瓦斯托波尔》《1855 年 5 月之塞瓦斯托波尔》和《1855 年 8 月之塞瓦斯托波尔》组成。

托尔斯泰把文章寄给了《现代人》杂志，立即得到了发表。沙俄皇后在看完《1854 年 12 月之塞瓦斯托波尔》之后，激动得为之落泪。沙皇亚历山大二世看完之后极为赞赏，内心也被文章打动，还下令将其译成法语。为了保护作者不致在战斗中阵亡，他下令将托尔斯泰调离了战斗前线。

《1854 年 12 月之塞瓦斯托波尔》的字里行间充满了对战争的赞颂。此时的托尔斯泰刚到战场，他用自己的眼睛直观地再现了战场的情景。没有评论，没有想象，战争本身使人热血沸腾，他不禁陶醉在英雄主义之中。

但在《1855 年 5 月之塞瓦斯托波尔》中，经过战火的考验，托尔斯泰对于战争的认识与第一部相比已经发生了巨大的转变，乐观的情绪已经不复存在。在文章的开头，托尔斯泰心情沉重地写道："成千上万的士兵为了各自国家的尊严在这里厮杀，走向死亡。而其他人谈起这些前赴后继奔向死亡的士兵，认为他们之所以这样勇敢，只是出于虚幻的光荣。这是我们这个时代的不治之症。为什么古代的人们可以用爱、光荣与痛苦来描述战争，而我们这个时代却把战争贬低为趋崇时尚之徒的无聊谈资呢？"

托尔斯泰的纪事不再是简单、冷静的叙述，开始直接面对人类各种复杂的欲望，暴露英雄主义不为人知的另一面。

托尔斯泰犀利的目光在他同伴的心底探索。他看到恐惧、骄傲，也看到死亡的危险迫在眉睫，又在瞬间转危为安的人间喜剧。以往人们避而不谈对战争、对死亡的恐惧，这种思绪在托尔斯泰的笔下却被真实彻底地表现了出来。他的真实甚至到了可怕的地步。

战火彻底涤净了托尔斯泰身上的感伤情调，他称之为“浮泛的、女性的、只知流泪的同情”。托尔斯泰对人类内心的观察、分析细致到了极点。

他在描写一名士兵之死时，在炸弹坠落尚未爆炸前的一秒中，对不幸者的内心活动进行了整整两页的描写；当炸弹爆炸后，又用了整整一页来描写不幸者在刹那间心中的所思所想。

托尔斯泰似乎完全忘记了他在第一篇纪事中描写的那种英雄主义，开始诅咒起战争来：“这些基督徒们，他们宣扬的本是同一种爱的法则，但他们的所作所为竟是如此残忍，而他们竟然还不在上帝面前下跪忏悔！上帝赐予了他们生命，也赐予了他们对于死亡的恐惧和对善与美的爱，他们本该流着欢乐和幸福的眼泪，像兄弟一样互相拥抱！”

这一时期，托尔斯泰作品的口吻变得比以往任何时期都要尖锐，他甚至开始怀疑是否该说这些话。他曾写道：“我的内心产生了疑虑，也许我不该说这些话，也许这些话让所有人都感到厌恶。大家都知道这些，但他们把它藏在心里不说出来，因为说出来也是有害无益的。什么是好？什么是坏？谁是坏人？谁又是英雄？”

但是，他很快又消除了这种疑虑。时间会消磨普通人的斗志，却磨炼了托尔斯泰的意志。

1855年8月5日，联军对塞瓦斯托波尔进行了残酷的炮轰，历时两个星期，昼夜不停。整座城市陷于火海之中。8月27日，联军对塞瓦斯托波尔进行了最后的强攻。作为塞瓦斯托波尔的防守核心，马拉霍夫高地在经受了12次冲锋之后最终失守。

马拉霍夫高地失守后，联军的火炮可以炮击俄军在城内的多个据点，塞瓦斯托波尔的失守只是时间的问题。天黑以后，俄军开始撤离。托尔斯泰指挥自己的队伍，最后一批撤离了阵地。

托尔斯泰后来回忆这段经历时写道：“军队撤离了塞瓦斯托波尔。每一名士兵回头望着失守的阵地，心中都怀着无法诉说的沉重与痛苦，他们叹着气，将拳头攥得紧紧的。28日也是我的生日，对我来说，这是个永远无法忘记的日子，当我看到浓烟笼罩着的要塞，看到我们的棱堡上插着法国拿破仑三世军队的旗帜时，我实在无法忍住自己的眼泪。”

与文人交恶

塞瓦斯托波尔陷落以后，托尔斯泰的上司差遣他前往圣彼得堡，去送一份关于敌军最后进攻要塞的报告。1855 年 11 月，托尔斯泰以军事信使的身份来到了圣彼得堡。

托尔斯泰此时有着双重的光荣，作家兼塞瓦斯托波尔的英雄。圣彼得堡的文人圈子向托尔斯泰张开了怀抱，表示了热烈的欢迎。

托尔斯泰置身于圣彼得堡的文人之中。1856 年的一幅照片，正是他处于这个团体中时的留影，照片中有屠格涅夫、冈察洛夫、奥斯特洛夫斯基、格里戈罗维奇和德鲁日宁等俄罗斯当时著名的文人。

与其他人轻松自然的态度不同，托尔斯泰穿着军服，表情严肃、深刻，面颊深凹，手臂僵直地交叉起来，站在这些文人的后面，显得非常与众不同。他根本不像这群人中的一分子，更像是一个看守，正要把这些文人押送到监狱里面去。

托尔斯泰对这些文人极其蔑视和憎恶。文人们的言行在他眼里显得卑贱、下作。他最为反感的是，这些文人自认为是一个优秀的阶层。托尔斯泰没有刻意隐藏自己的这种感情，他把自己作为一个贵族、一个军人的骄傲，彻底显现在了这群中产阶级文人面前。这使圣彼得堡的文人们感到相当不快。他还有一个特点，这一点他本人也承认，那就是不信任人类，看不起人类所谓的理性。他总认为人们都在自欺欺人，而且撒谎成性。

屠格涅夫是圣彼得堡文人圈子里的核心人物，起初，他对托尔斯泰的印象很好，因为他在读过托尔斯泰写的塞瓦斯托波尔的文章后，被感动得热泪盈眶。见面后他们却一点也合不来，尽管他们都有一双能洞察世事的敏锐的眼睛。他们一个喜欢冷嘲热讽，头脑清晰，敏感多情，热爱美的事物；另一个则粗暴自傲，为道德问题倍感苦恼，苦苦追寻着内心的神明。

屠格涅夫在某次谈话中，嘲笑托尔斯泰对于自己贵族出身可笑的骄傲和自大："他从不相信别人的真诚。一切依道德所做的行为于他而言都是虚伪的。他对于一个在他看来没有说出实话的人，习惯用他的眼睛盯视着对方。"

托尔斯泰与屠格涅夫在头几次见面时就发生了激烈的争吵。分别以后，托尔斯泰便冷静下来，努力给对方一个公正的评价。但随着时间的推移，托尔斯泰对他那些文学界的朋友越来越反感，他不能原谅他们这些人生活堕落，嘴里却大谈仁义道德。

1861 年，托尔斯泰和屠格涅夫发生了极其严重的冲突，这导致了两人终生不和。屠格涅夫喜欢向人宣传他的博爱思想，对他女儿所做的慈善事业也津津乐道。这些让托尔斯泰十分反感。世上没有什么比装腔作势的善行更让他愤怒的了。托尔斯泰认为，一个穿着讲究的女郎，膝盖上放些破烂衣服，无疑是在上演一出缺乏诚意的闹剧。于是，两人发生了激烈的争论。

屠格涅夫非常愤怒，威胁要对托尔斯泰动武，托尔斯泰立即提出用决斗来解决两人的争端。屠格涅夫后悔自己的鲁莽，写信向托尔斯泰道歉，但托尔斯泰拒绝原谅屠格涅夫。直到 20 年以后，托尔斯泰忏悔他以前所做的一切，才请求屠格涅夫原谅自己。

周游列国

为了探寻社会改革的出路,1857 年 1 月至 7 月, 托尔斯泰前往法国、瑞士和德国旅行。

托尔斯泰对法国社会的各个方面都十分感兴趣。他在巴黎目睹了许多动人心弦和富有教育意义的事情, 他贪婪地充实着自己。巴黎的繁华、热闹、社会自由很合他的心意, 而且, 巴黎有许多文化设施, 这也深深地吸引了托尔斯泰。托尔斯泰在巴黎住了将近两个月。在此期间, 他去过三次卢浮宫, 每次总是默默地睁大了眼睛, 一遍又一遍地欣赏着伦勃朗和达·芬奇的作品。他还游览了路易十四的凡尔赛宫, 参观了巴黎大学, 并在那里听了讲座。

但是他在巴黎看到执行死刑的一幕之后就希望赶紧离开这里。

他写道:“在战争中, 我见过许许多多恐怖的场面, 即使人们在我面前当众把一个人撕成碎片，也不会像漂亮精致的断头台那样使我感到厌恶、恶心。法国人利用它在瞬间就把一个生气勃勃、身体强壮的健康人杀死。

“当我看见人头离开躯体时，我体会到，任何符合理智的理论，不管它有多进步，都不能承认这种做法是正当的。即使所有人都能证明这样做是有理由的，我也不能苟同，因为善和恶并非根据人们的言行来判定，而是根据我们的心。”

行刑的场面长期印在了托尔斯泰的脑海里，断头台把他搞得心神烦躁。这就是法国社会的自由？托尔斯泰此时不再认为法国的政治制度有优越性了。他写道：“我在巴黎这座城市看到的只是卑鄙、龌龊和丑恶。政治的法规对我来说就是一种糟糕透顶的谎言。从今天起，我不再去看行刑的场面，也决不会在任何地方为任何政府效力。”

在瑞士，他看到富人们在进餐时欣赏着一个流浪歌手的演奏，却没有人肯施舍一分钱。

托尔斯泰邀请这个歌手一同进餐，却遭到餐厅侍者的阻拦。这些事情让托尔斯泰感到愤怒，同时也让他感到人类所谓的自由、平等是何等地空洞。他写道：“对这些人来说，文明就是善，野蛮就是恶。自由就是善，奴役就是恶。但这种认定违背了我们最本能和最美好的需要。谁能界定什么是自由，什么是独裁，什么是文明，什么是野蛮，又有哪一个地方不是善恶共存的呢？”托尔斯泰从瑞士去了德国。

他在参观德国的学校时，头脑中产生了要为家乡的农民开办学校的想法，他为此兴奋不已。在这次旅行就要结束的时候，他在日记中写道："我的头脑里产生了一个明确的想法——要在乡间为周围邻近的儿童开办一所学校。"

这次旅行极大地开阔了托尔斯泰的视野，但一心寻求进步的托尔斯泰并未拜倒在欧洲面前。

平民学校

回到俄国，回到亚斯纳亚·波利亚纳村，托尔斯泰重新关注起农村的教育。他在村子里创办了一所学校，招收村里的孩子们前来就读。

村里的孩子们在他的学校里学习阅读、写字、算术、图画、制图、唱歌。托尔斯泰亲自给孩子们上历史课，这是孩子们最感兴趣的课程。托尔斯泰给孩子们讲述 1812 年的卫国战争，讲俄国士兵如何英勇作战，俄国人民如何保卫国土。托尔斯泰讲述的这些历史故事使孩子们深受感动，激发了他们热爱祖国、热爱人民的感情。

从前，托尔斯泰认为民众或许是品格高尚者的集合体，然而，随着年龄的增长，他认识到他们只是在庸俗、卑鄙的事情上抱团，还经常表现出人类天性中的残酷、阴险的一面。因此，他决定要启蒙他们的个人意识，这才是俄国的前途所在。

他研究各种不同的教育理论，然后又把它们抛在一旁。他再次出国，在法国马赛逗留期间，他逐渐明白，真正的民众教育是在学校以外完成的，如报纸、博物馆、图书馆等生活中的各个场所、角落。这些被托尔斯泰称为“自发的学校”。

托尔斯泰已经有了明确的答案，就是要创立这种“自发”的学校。自由是这座学校的原则。他觉得，当时的大学教育，并不能产生“人类所需要的人，只能产生堕落社会所需要的人，如官僚式的教授学者、官僚式的文学家，还有若干毫无目的地从旧环境中挣扎出来的人。他们在青年时代已经被惯坏了，此刻已经无法在社会上找到自己的地位，只好成为病态、骄纵的自由主义者”。他要让民众说出他们自己的需求，并帮助他们满足这些需求。

托尔斯泰尝试着做了一些试验。在学校里，他不像是一个老师，更像是学生们的同学。同时，他在农奴中推行一种更为温和、更为人性化的管理方式。

1860 年，托尔斯泰的大哥尼古拉因患肺病去世，托尔斯泰受此打击，几乎动摇了对一切的信念，并几乎放弃写作。

然而，就在 6 个月后，托尔斯泰完成了《波利库什卡》，重新回到了艺术创作的道路上。这部作品除了隐含着少许对金钱及罪恶势力的诅咒之外，是他的道德意图最少、纯粹为艺术而写的作品。

在投身于教育与写作之外，托尔斯泰在家乡的影响力也越来越大。他取得了农民们的信任。1861 年，托尔斯泰被任命为他所在地区的地方仲裁人，负责调解农民和地主之间发生的纠纷，在地主和政府滥施威权的情况下，他成了农民的保护人。

《战争与和平》

索菲娅的爱让托尔斯泰获得了新的灵感，他在《夫妇的幸福》中描写了美丽的女性形象。在他以后的作品中，少女与妇人的形象更加典型，也更多了，对她们丰富精彩的刻画甚至超过了书中的男子，而且，在许多人物形象的刻画上都能找到索菲娅的影子。索菲娅也以其缜密的心思和独特的女性视角成为托尔斯泰最出色的合作者。

婚姻的幸福使托尔斯泰体味到久违的和平与安宁，他的天才获得了彻底的解放。这一时期，他的一切书信中都充满着创造的快乐，在给朋友费特的信中，他说："迄今为止，我所发表的作品都只是试笔。"在1873—1877年间，托尔斯泰完成了19世纪文学界的两部巨著——《战争与和平》《安娜·卡列尼娜》。

《战争与和平》是关于一个伟大时代的伟大史诗。无数人物的脉搏在这个作品中跳动。这个时代，托尔斯泰的思想得益于荷马与歌德。他称赞《浮士德》为“思想的诗，任何别的艺术所不能表白的诗”。他也以同样的热情读着《伊利亚特》，并且把荷马作为真诚与艺术的榜样，思想上的神来敬仰。

这种思想体现在创作上，使托尔斯泰在小说中不只关注个人的命运，还关注军队与民众，关注千万生灵。塞瓦斯托波尔战役的悲壮使他懂得了俄罗斯民族的国魂所在和它古老的生命。在托尔斯泰的计划中，他想写一部从彼得大帝开始，一直到十二月党人时代的俄罗斯史诗，巨大的《战争与和平》只是其中的一部分。但是，由于存有写实主义的顾虑，他最终放弃了有关彼得大帝的写作计划。

多数读者忽略了《战争与和平》中隐含的统一性，被无数的旁枝末节弄得眼花缭乱，他们在这部著作中迷失了方向。

要真切地感受这部作品的力量，就应当使自己超然世外，居高临下地俯瞰这部作品，这样我们才能窥见其中荷马式的精神、永恒法则的静寂以及生命气息的强有力的节奏。这一切统率着全体枝节的情操与作者的天才，如《创世纪》中的上帝威临漫无边际的海洋一般。

托尔斯泰潜心搜集着长篇小说的素材。他仔细研究了关于 1812 年卫国战争的信件、手稿和书籍。他还到档案馆里翻查相关的历史文献，并亲自走访参加过战争的老兵。

托尔斯泰完全沉浸在文学创作之中，想象把他带回到 1812 年那场伟大的战争。那个时代著名人物的容貌、生活经历、他们的欢乐和他们的苦痛，都展现在了他的面前。托尔斯泰同自己小说中的人物生活在了一起。

托尔斯泰从战争前夜写起，以贴近的手法和强烈的讥讽口吻表现了俄罗斯上层社会的浮华和空虚。在这些堕落的灵魂中，也有一些天性纯洁的人，但是这些善良的灵魂也被失望和颓废所笼罩。在战争来临后，整个民族经历着磨难，枯萎的灵魂重新苏醒，各阶层泯灭了恩仇，所有的心团结在了一起，人们怀着镇静而又悲壮的心情迎接着自己的宿命。小说的主人公也在经历了种种磨难，遍尝艰辛之后，终于达到了精神的和谐与欢乐。

书中俄罗斯社会各阶层的人物每个人都有各自的性格、各自的特点，过着形形色色的生活，饱尝着人世间的欢乐、悲哀、成功与失败。所有这些性格具有深刻的民族特点，同时又属于全人类。

托尔斯泰将自己的思想寄托在书中的两个英雄身上，其中所刻画的女子的品德要高出他人许多。有时，托尔斯泰为了历史的真实性而稍稍牺牲了人物的个人性格，这些人物的灵魂不是在演进，而是踌躇不前的，在两端之间不停地徘徊。为此，屠格涅夫责备托尔斯泰的心理描写“没有真正的发展，永远是迟疑的，只有情操还在颤动”。

《战争与和平》的独特之处还在于它复活了整个历史时代，对民族变迁与国家征战也进行了追忆。大众是本书真正的

英雄，在大众的背后，一种不可见的力“指挥着大众的无穷的渺小”。一种潜伏着的命运支配着国家，在这些争斗中蕴含着神秘的伟大。

《战争与和平》取得了巨大的成功。许多报刊都撰文介绍这部作品，大多数文章对其称赞备至。不仅是评论家，许多作家也发表了评论。

虽然屠格涅夫对人物性格缺乏持续的发展感到不满，但他还是认为托尔斯泰在文学界是一个真正的天才，认为他是当代欧洲整个文坛最富有天才的作家。高尔基也称《战争与和平》“是19世纪文学中最伟大的杰作”。

《安娜·卡列尼娜》

1873 年 3 月 1[illegible]日，托尔斯泰终于开始着手长篇小说《安娜·卡列尼娜》的创作。托尔斯泰在创作这篇小说的时候，把自己的书房移到了宅邸的“拱顶”室。他在窗前放了一张胡桃木桌子。楼上照例是喧嚷声、歌唱声和嘈杂的谈话声。可是在这个房间里，没有任何事物能分散托尔斯泰的注意力，他充满灵感、充满热情地进行着写作。

托尔斯泰在《安娜·卡列尼娜》里这样描写自己的书房：“书房被缓缓拿进来的蜡烛照亮了，一些熟悉的器物一样接一样地呈现在眼前：鹿角、书架、镜子和带通气口的火炉。书房里摆着一张沙发，一张大桌子，桌子上放着一本打开的书，一个破了口的烟灰缸和一本写有字迹的本子。”

《安娜·卡列尼娜》是托尔斯泰成熟时期的巅峰之作。在这一时期，托尔斯泰的思想更加成熟，写作经验也更加丰富，他掌握了心灵的所有秘密。

托尔斯泰也曾给自己的作品做过评价。在一次和朋友的交谈中，托尔斯泰提到，在他看来，《安娜·卡列尼娜》的艺术成就高于《战争与和平》，因为《安娜·卡列尼娜》反映的是当下的社会，“它在艺术地再现现实生活的方面，具有重大的意义”。

可惜，这部作品缺乏青春的朝气，这一点正是《战争与和平》取得成功的重要原因。托尔斯泰已经不能创作出那样的作品了，新生活带来的那种暂时的平静消失了，焦虑和不安代替了新婚妻子为他营造的舒适的氛围。

在托尔斯泰最开始的构想中，安娜的形象并不是这样，托尔斯泰想写的是一个既不美丽也不聪明的女人。但在写作过程中，整个形象被逐渐改变了。小说主人公的形象越来越丰富、越来越具有魅力，她在精神上成长了起来，她的命运也越来越坎坷多难。

安娜是一个年轻美丽的姑娘，她嫁给了年龄比她大一倍、富有的贵族卡列宁，她在上流社会当中，以自己的美貌、善良、智慧和精神世界的丰富而引人注目。她渴望得到幸福的生活，渴望被爱。然而，不论是冷酷无情的卡列宁，还是虚伪、自命清高的沃伦斯基，都没有给她带来她想要的幸福。

故事继续向前发展，无法控制的情欲把这个高傲人物的道德壁垒全都毁掉了。安娜真诚而勇敢的灵魂瓦解了，堕落了，但她没有勇气放弃世俗的虚荣，此时，她生命的唯一目标就是取悦她的爱人。嫉妒煎熬着她，情欲控制了她，她的一举一动处处显露着虚伪。她承受着无尽的苦恼，为自己的堕落而感到痛苦，她甚至用吗啡来麻醉自己。最终，她无法摆脱自己的痛苦，也无法容忍自己的堕落，只好通过自杀来了结这一切。

安娜之死，是无法避免的结果。

书中所讲述的爱情带有强烈的、肉欲的、专横的特点，不再像《战争与和平》中所描述的那样美妙而富有诗意了。一种宿命论和情感的疯狂贯穿着这部小说，当安娜与沃伦斯基陷入热恋之中的时候，一种几乎是恶魔般的诱惑力加在了美丽无邪的安娜身上。沃伦斯基在欢乐中感到恐惧，就连安娜自己也无法控制这潜伏着的魔鬼。

在这个悲剧人物的周围，托尔斯泰同时描写了另外几个人物，但是这些人物的故事情节与安娜的悲剧平行，每个人物和每个情节都反映了现实生活，因而赋予了这部作品以独特的艺术力量。

但是，在这部作品里，每个故事之间的联系显得有些生硬和刻意，不像《战争与和平》那样和谐而统一。其中还有些情节显得无聊和多余，例如圣彼得堡贵族之间的一些谈话，人们有时候觉得它们完全没有必要出现。此外，和《战争与和平》相比，托尔斯泰灌注了更多的道德思考和哲学思想在这部作品里，与具体的生活情景交织在一起。

即使如此，这部作品仍然显得丰满充实，和《战争与和平》一样，它描绘了各式各样的人物，并且每一个都刻画得准确而生动。

然而，正当托尔斯泰潜心写作的时候，不幸接二连三地发生：三个孩子相继夭折，一连串的打击使他的生活变得阴沉黯淡。索菲娅伤心病倒，家庭中失去了往日的幸福。

《安娜·卡列尼娜》除了描写了主人公安娜的悲剧之外，还刻画了 19 世纪 60 年代俄国社会各个阶层不同的生活画面，如沙龙、军官俱乐部、舞会、剧院和赛马等。

这部小说还含有一定程度的自传性质。在托尔斯泰创造的众多人物形象中，列文无疑是他的化身。托尔斯泰将自己保守主义的思想和乡间贵族轻蔑知识分子的传统赋予了列文，而且也赋予了列文自己的生命。列文与基蒂的爱情和他们婚后生活的描写，都是基于托尔斯泰对自己家庭生活的回忆，列文的兄弟之死也是托尔斯泰的兄弟德米特里之死的痛苦回现。

列文时而向上帝祈祷，时而又否定一切，他无助地浏览着各种哲学书籍。在这一狂乱时期，他甚至有自杀的冲动，是体力上的工作使他平静下来。他和农民们交谈，一个农民和他谈起了那些不为自己而为上帝生活的人们，这给他带来深刻的启示。

他发现了理智与心灵的对立：理智教人为了生存必须要进行残酷的斗争，热爱别人是完全不合理的。他认为理智并没有教给他什么，自己所知道的一切都是由心灵启示得来的。对于他，心灵是唯一的指导者。卑微的农民将他重新引领到上帝面前，从此，一切又恢复了平静。这时候的列文就像托尔斯泰长期以来所表现的一样，在教会面前是谦恭的，对于教义也完全信奉。

列文与托尔斯泰有许多相似之处，但也有很大的不同。列文的内心感受只是托尔斯泰生活的一个时期的写照，缺少了区分托尔斯泰与列文的主要东西——托尔斯泰的创作活动。

托尔斯泰将小说中的主人公与自己所生活的时代紧密地联系在一起，参与当时的各种事件，表达了与时代相适应的思想和情感，试图解决当时最急需解决的问题。

在《安娜·卡列尼娜》中，托尔斯泰表达了自己的观点、自己的思想探索，批判了贵族的虚伪、无耻，批判了上流社会的伪善和假仁假义，批判了剥夺爱情与幸福权利的法律制度，批判了官方教会、法庭及官吏。

作为艺术家的托尔斯泰一直以社会的积极参加者的身份来描绘社会生活，并对当代的各种问题做出自己的反应。《安娜·卡列尼娜》中的每个情节和每个主人公都反映了现实生活，因而赋予这部作品以独特的艺术力量。

接触社会底层

托尔斯泰夫妇的家庭成员越来越多,1881 年,他们已经有了 7 个孩子。这些孩子有的已经成人,夫妇二人认为,应当让他们受到教育,引导他们接触、进入上流社会。

于是,托尔斯泰全家迁往莫斯科。他们先是租赁了一座房子居住,1882 年,他们购买了一座带花园的房子。这座房子和亚斯纳亚·波利亚纳村的宅邸十分相似。托尔斯泰一家很快就适应了这里的生活。

为了更好地了解城市普通市民的生活,1881 年冬的一天,托尔斯泰访问了莫斯科希特罗夫市场一带的小客栈和贫民窟。

在这个地方,人们饥饿、肮脏、衣不遮体,在寒冬中打着哆嗦。托尔斯泰把身上的钱分给了周围的穷人们,但是围住他的人太多,上千双忍饥挨冻的眼睛望着他,希望得到他的救济。从希特罗夫市场回来以后,托尔斯泰在同自己的亲朋好友的交谈中，想到市场穷人们的惨状，不禁哽咽着说道："怎么会有这样的生活？人们不能这样生活下去，不能！"

托尔斯泰还想深入地了解贫民窟的生活。1882 年 1 月，托尔斯泰参加了莫斯科的人口普查工作。作为一名工作人员，托尔斯泰被分配到斯摩棱斯克市场区的普洛多奇胡同，这里是"最恐怖的贫困和堕落的巢穴"。所得的印象实在令人触目惊心。当天晚上，托尔斯泰把白天所见告诉了一位朋友，"他大声喊叫，哭泣着，挥舞着拳头"。托尔斯泰后来在《论莫斯科人口普查》一文中说，人口普查是一面镜子，在这面镜子中，能看到成千上万的人是如何在饥饿中挣扎，面临着死亡的威胁。

一连数月，托尔斯泰都处于痛苦之中。1882 年 3 月 3 日，托尔斯泰夫人写信问他："你曾说过，'因为没有信仰，我想自杀'。现在你有了信仰，为什么仍然痛苦呢？"

因为托尔斯泰心怀博爱，他无法忘记目睹过的穷人，在他善良的心里总觉得自己对他们的悲苦负有责任。在托尔斯泰看来，这些人是文明的牺牲品。文明，历来是损害、牺牲千万人以造就一个特权阶级，而他却拥有这个阶级的特权。接受这种以罪恶换来的利益，无疑是参与了罪行。不揭露这些罪恶，托尔斯泰的良心一刻也得不到安宁。

托尔斯泰于 1886 年发表的《我们应该怎么办？》就是这次思想冲击的再现，他想，比起人类的苦难，自己的宗教苦闷又算得了什么？要对这种苦难视而不见是不可能的，看见

了而不去想办法消除这种苦难更加不可能。问题是，这能办得到吗？

一幅惟妙惟肖的照片反映了托尔斯泰当时的痛苦心理。他正面坐着，两臂交叉，穿着农民的服装，神情沮丧，胡子和两鬓全白了。两条皱纹在宽宽的脑门上划出深深的线条。巨大的鼻子，坦率、明亮而忧郁的眼睛显得十分善良。眼眶下有宽宽的皱褶，两颊凹陷，留着痛苦的痕迹，他正准备战斗。

他将他在贫民窟和夜间收容所亲眼所见的莫斯科贫困景象用文字一一描绘出来。他勇敢地探索造成苦难的根源，查找在每一个环节上应该负责的人。他身体力行，放弃了各种方式的休闲取乐。他认为这样会麻醉人的良知。1884 年，他甚至下决心放弃了打猎这种根深蒂固的嗜好。

捍卫艺术

在19世纪80年代俄罗斯巡回展览画派的画展上，除了朋友列宾之外，托尔斯泰新结识了画家克拉姆斯柯依等人。托尔斯泰喜欢巡回展览画派的绘画作品，因为这些画家的作品涉及的是普通民众能够理解而又最希望表达的主题，表现了劳动人民的生活与悲苦欢乐。

托尔斯泰一直在思考什么是真正的艺术这个问题。在《我们应该怎么办？》这本1884年起开始写的作品里，他充分表达了对科学和艺术的认识。托尔斯泰将矛头直指“科学殿堂里的宦官”“艺术领域的强盗”和思想界的上层。他认为，他们既不愿也不能为人类做些许有益的事情，却把“为科学而科学、为艺术而艺术”作为幌子，妄想让别人崇拜他们、盲目为他们效劳。

托尔斯泰不是在否定艺术和科学，他是想以艺术和科学的名义赶跑那些出卖艺术和科学的人。他认为，真正的科学是对使命的认识，因此也是对人类幸福的认识。真正的艺术是关于认识使命的表白，是认识人类幸福的表白。他赞扬这样的人——“自有人类以来，他们或用竖琴和古琴，或通过形象和语言，表现人类与自然的斗争、在斗争中经受的苦难、对善战胜恶的希望、对恶取得胜利的失落，以及憧憬未来的热情和渴望。”

托尔斯泰描绘出一位真正艺术家的形象，字里行间充满炽热的激情：“科学和艺术活动只有在不窃取任何权力而只知有义务的时候才能取得成果。这种活动的实质是奉献，因而才得到人类的赞誉。以智力劳动为他人服务的人注定要为完成使命而受苦，因为只有在痛苦和折磨中才能产生精神境界。奉献和受苦就是思想家和艺术家的命运，这种命运就是为了人类的福祉。世界上不存在心广体胖、养尊处优、志得意满的艺术家。真正的科学家或艺术家，并不高踞在奥林匹斯山的高处，而总是处于困惑和激动之中。他们并不是在造就艺术和科学工匠的机构中培养出来的人，也不是获得一纸文凭或领取薪水的庸碌之辈。他们是一群必须要思考、必须要表达的人，他们受到两种无法抗拒的力量的驱使，即内心的召唤和对人类的爱。”

1884 年末，托尔斯泰的朋友契尔特科夫按照托尔斯泰的建议在莫斯科成立了“媒介”出版社。这个出版社以出版浅显易懂、人民大众喜闻乐见的书籍为己任。托尔斯泰创作了许多民间故事，这些故事在 1885 年至 1886 年间出版，获得了广泛的好评。

在老百姓当中，托尔斯泰的名字是和“书”联系在一起的。有的乡下小孩去图书馆，他会这样天真地说：“请给我一本好书，托尔斯泰写的！”

1885年初，托尔斯泰在离开30年后重返塞瓦斯托波尔。托尔斯泰参观了与1855年塞瓦斯托波尔保卫战有关的纪念场所。他的脑海里浮现了对往事的回忆，他觉得自己又回到了青年时代。他在要塞下的海边漫步，远望黑海的波涛，感慨万千。

他在给托尔斯泰夫人的信中写道：“我活着，活到了现在。我还要继续活下去，一定能！”

托尔斯泰回到乡下之后，继续撰写《我们应该怎么办？》一文。埋头工作之中，托尔斯泰觉察不到时光的流逝。他保持着批评的热情。托尔斯泰从一种信仰的高度发表他在艺术方面的见解。他对自己的作品一样毫不留情。他提出了“宗教艺术”这个概念。

关于绘画，他将马奈、莫奈等人都归入颓废派；对于音乐，他喜欢古典派音乐家，对勃拉姆斯和施特劳斯不屑一顾。关于文学，他甚至写了一本书证明莎士比亚“并非一个艺术家”。他写道：“我对莎士比亚的看法与全欧洲的一致看法截然不同。”

对大家看法一致的事情他就会反对，这是托尔斯泰的传统。他怀疑，他不相信，比如在谈到对莎士比亚的崇拜时，他写道：“那不过是人类常有的传染病般的影响，诸如中世纪的十字军、对巫术的信仰、寻找点金石、对郁金香的狂热等。人类只有摆脱这些影响，才能看清这是一种疯狂。”

托尔斯泰认为，最伟大的艺术是反映时代宗教意识的艺术。只有为实现这一目标而奋斗的艺术，才是真正的艺术。最崇高的艺术是直接通过爱的力量完成的。但有另一种艺术同样具有价值，它通过抨击一切反对博爱的事物，像狄更斯和陀思妥耶夫斯基的小说、雨果的《悲惨世界》、米勒的油画，达到了同样的高度。

托尔斯泰热爱人民，非常欣赏民间的语言之美。

小时候，他便受到流浪说书人的熏陶。长大之后，他仍然觉得和农民谈话是一种艺术的享受。他曾对朋友说过：“这些人都是语言大师。从前，当我和背着褡裢流浪乡间的人聊天时，我把从他们嘴里第一次听到的词语仔细地记录下来。这些词语早已为我们现代的文学语言所遗忘，却一直流传在俄罗斯古老而偏僻的地方。语言的精灵一直生活在这些人中间。”

他领会到了民间语言中的精华：形象的表达，粗俗中的诗意以及传奇般的智慧。他不仅从民间吸收营养，丰富着自己的词汇表达，而且从中汲取了不少创作灵感。有位说书艺人曾在亚斯纳亚·波利亚纳村住过一段时间，托尔斯泰记录下他讲的许多故事。其中《人靠什么活着？》和《三老者》等故事成了托尔斯泰这个时期出版的《民间故事集》中最美的篇章。

《复活》

1899年，托尔斯泰完成了他创作生涯中最能体现他的宗教思想的作品——《复活》。

《复活》可以说是托尔斯泰在文学创作上的遗嘱，它照耀着托尔斯泰的晚年，就像《战争与和平》照耀着他的中年时期一样。完成《复活》的时候，托尔斯泰刚好70岁。他回忆着自己的生活，作品笼罩着一种宗教式的静谧。

这部作品中的思想仍旧延续了作者以前的思想，仍旧表达了对虚伪的深刻憎恶，但托尔斯泰的精神就像在《战争与和平》中一样，贯穿在整部作品的主题之中。

小说中淋漓尽致的人物描写，充满了毫无顾忌的写实，使他在人性中看到兽性——“那种人类身上的可怕而顽强的兽性，而当这兽性没有被发现，掩藏在所谓诗意的外表下的时候，更加可怕”。

他冷静深邃地观察，对于任何人都不放过。他对书中的女主人公玛斯洛娃沦落的描写入木三分：她红通通的脸颊，她诱人的微笑，她浑身的酒气，她下流的谈吐和她的红颜早衰，完全是自然主义的粗野的细节刻画。

托尔斯泰曾努力要更新他的观察领域。他在这部书里所研究的犯罪和革命的领域，是他过去不甚了解的，他凭借自发的同情介入其中，他甚至承认在没有仔细观察他们之前，他对革命者是极其厌恶的。

令人敬佩的是，托尔斯泰的观察就像一面镜子，人物典型、丰富，细节描写准确。

卑劣和高尚，镇静的智慧和博爱的怜悯，一切都以冷静的态度去观察。妇女们在监狱里互相之间毫无怜悯之意。但他在每一个女人的心中看到了隐藏在卑贱堕落之下的痛苦，在不知羞耻的面具下看到了一张张哭泣的脸。纯洁的微光，在玛斯洛娃卑微的心灵中渐渐地显露出来，绽放出鲜艳的光芒。

托尔斯泰简洁明了地叙述了玛斯洛娃的人生经历。农家姑娘卡秋莎在孩提时代被送到年轻的公爵涅赫柳多夫的姑母家中做女佣。后来，长成少女的卡秋莎和涅赫柳多夫相遇了。卡秋莎心地善良，未通世事，散发着青春的气息。年轻的贵族涅赫柳多夫被卡秋莎所吸引，他的生活充满了欢乐和幸福。当与卡秋莎分别时，他感到忧郁迷茫。

三年的时间很快过去了，涅赫柳多夫与卡秋莎重逢了。涅赫柳多夫不再是那个天真善良、充满激情的青年。在城市生活的影响下，他成了一个“放荡荒淫、只图个人享受的利己主义者”。放荡的生活毁了他，但卡秋莎单纯如故。

卡秋莎与涅赫柳多夫在复活节夜晚的幽会，是她命运中注定的不幸，是她苦难的开端。涅赫柳多夫随后抛弃了卡秋莎，卡秋莎痛不欲生。她无法再相信上帝和人类的善良，一个曾如此甜蜜对她的人，竟然冷酷地对待她到如此地步，那么其他人类只会比涅赫柳多夫更坏。从这一刻起，卡秋莎变成了玛斯洛娃，她选择了堕落，最终站到了法庭的被告席上。

小说中最令读者愤慨、最无法接受的情节是：涅赫柳多夫一手造成了卡秋莎的不幸，他却坐在陪审席上，审判玛斯洛娃。

托尔斯泰从整个审判开始，深刻揭露了当时上层社会的罪恶和放荡，表达了普通民众的痛苦和无助。

托尔斯泰并没有让玛斯洛娃走向毁灭。玛斯洛娃置身于犯人当中，看到了深重的苦难，她把自己的痛苦放到一旁，去帮助自己狱中的同伴。卡秋莎重生了，她在精神上和道德上已经完全强大起来。书中流露着一种宿命的情调，这种宿命既统治着受苦的人，也统治着使人受苦的人。

小说中的典狱官善良仁慈，他厌恶自己从事的狱吏工作，也厌恶自己病弱的女儿一天到晚不停地弹奏李斯特的《匈牙利狂想曲》，但他无法改变。

还有西伯利亚那座小城的总督，他聪明善良，为了逃避行善和作恶间不可调和的冲突，几十年来，一直借酒浇愁。但即使在酒醉的时候，他仍不失自持，不失风度。这些人物对于家庭充满温情，但职业的要求逼使他们对待别人毫无仁慈之心。

在各种人物当中，主人公涅赫柳多夫是最缺少真实性的人物，因为托尔斯泰将自己的思想赋予在这个角色身上。涅赫柳多夫 35 岁的躯体上，植入了托尔斯泰 70 岁的灵魂。涅赫柳多夫身上的反差过于强烈——不道德与牺牲精神交错，自暴自弃与舍己救人融合。

涅赫柳多夫出身贵族，家境富有，在意社会舆论的评价。他当时正要迎娶一位爱他而他自己也很满意的女子，突然，他放弃了财富、名誉、地位、朋友等一切，决意去娶曾被他玩弄后抛弃的玛斯洛娃为妻。这个情节的设计与涅赫柳多夫的身份和人们对情节的发展推测并不相符。托尔斯泰在小说里这样解释，因为涅赫柳多夫认识到，玛斯洛娃的堕落就是从自己对她的犯罪开始的。玛斯洛娃被判处有罪后，被押往西伯利亚服苦役。涅赫柳多夫也跟随一队政治犯一同前往西伯利亚。

一条新的道路在两人面前展开了。

《复活》可以说是歌颂人类同情心最美、最真的诗篇。人们从这部作品中，比从别的作品中更能够清楚地看到托尔斯泰纯洁的内心和“深入人的灵魂的目光”，它让每个善良的灵魂都看到了上帝的存在。

为良知而战

在20世纪最初的10年，俄国经历着巨大的动荡。1905年，俄国在日俄战争中失败，国内随即爆发了大规模动乱。城市爆发了群众性的大罢工，农民则在乡下焚烧、抢占地主的庄园。沙皇的统治基础出现了严重动摇，到了快要分崩离析的地步。

托尔斯泰尖锐地批评沙皇政府发动令人憎恨的掠夺战争。有国外的媒体询问他对这场战争的看法，托尔斯泰回答说：“我既不支持俄国，也不支持日本，而是支持两个国家的普通百姓，他们受到政府的欺骗，违背自己的利益、良心和宗教，被迫去打仗。”

在生命的最后10年里，托尔斯泰拒绝参加任何党派组织，与政府和把他开除出教籍的东正教会保持着距离。他理智的逻辑、他坚定的内心信念，使他不得不在“跟随大多数人和追随真理”之间做出选择。于是，为了追随真理，他脱离了大多数人。

这位勇于直言的老人，勇敢地抨击着腐败的政府和专制的教会。托尔斯泰在写给沙皇尼古拉二世的信中，通篇没有卑躬屈膝之辞，却充满着人道的温情，他称沙皇为“亲爱的兄弟”，在信的末尾，托尔斯泰的署名是“祝你真正幸福，你的兄弟”。

托尔斯泰对于冒着危险，实践他的主张的人们，抱有严肃的敬意。他向“一切因自己的言论和文字导致痛苦的人”请求宽恕。他从来不鼓励个人拒绝服兵役，因为这是由个人自己决定的事情。

如果他有机会和一个正在犹豫是否服兵役的人交谈，他肯定会劝他接受服兵役。他认为，“多一个军人至少比多一个伪善者和变节者要好一些，伪善和变节是做力所不及的事情的人们非常容易陷入的境地”。他请求那些遭受迫害的人们，“无论如何，不要断绝和迫害你们的人之间的感情”。

日俄战争后，反抗压迫的情绪在民间蔓延，拒绝服兵役的情况在不断扩大，人们受到的压迫越重，反抗的心情就越是强烈，各个省份、许多少数民族，纷纷拒绝服从沙皇政府的法令。从 1898 年起，高加索地区的杜霍博尔人、1905 年前后的格鲁吉亚人，都是这样。

杜霍博尔人生活在高加索地区，他们有自己的宗教信仰，拒绝服兵役，不肯接受东正教。因此沙皇政府残酷地迫害杜霍博尔人，托尔斯泰却对杜霍博尔人表示了公开支持，并给予他们各种帮助，他把长篇小说《复活》的全部稿酬都交给了杜霍博尔人，资助他们移民到北美加拿大定居。

“真正的基督徒能够忍辱负重，不会抵抗强暴。但他永远不会服从，永远不会承认强暴的合法性。”当托尔斯泰写下这一段话的时候，他正目睹着一个民族惨痛的牺牲。

1905 年 1 月 22 日，圣彼得堡的工人举行示威游行，上千名手无寸铁的民众被沙皇的军队枪杀，没有人发出复仇的呼喊，没有人做出自卫的动作。托尔斯泰认为，俄罗斯民族是欧洲所有民族中体会基督精神最深刻的，即将到来的革命也必须以基督的名义实行不抵抗原则。如果不遵循不抵抗原则，整个博爱的法则就实现不了。这种不抵抗原则，一直是俄国人民的基本性格特点。

长久以来，“他们（俄国人民）从不和当局争斗，也从不参与政权，因此也不会被政治玷污”。托尔斯泰认为，“参与政治是一种应当避免的罪恶。大多数俄罗斯人向来宁愿忍受强暴的行为而不加报复，他们永远是服从的”。

旧制度的真相已经被揭露出来，但自由派鼓吹的自由的假象却蒙蔽了俄国的大多数人。托尔斯泰无法接受，也不肯原谅这种新的谎言。托尔斯泰对自由派的反感由来已久。

当他在同圣彼得堡的文人团体接触的时候，这种反感已经产生。这是他和屠格涅夫不和的主要原因。他对自由主义的理论，那些从西方传来的立宪思想，抱着否定的态度。两次的欧洲旅行，更增强了他的这种认识。

自由派滥用“人民”“人民的意志”这些词语，使托尔斯泰十分愤懑。托尔斯泰认为，自由派并不了解民众和民众的想法，只是把“人民”作为政治斗争的工具。

托尔斯泰于是向自由派开战：“自由派欺上瞒下，在群众面前冒充进步，在统治阶级面前摇尾乞怜，他们慑于威胁，惯于妥协，是政府的统治工具和共谋。他们的参与，使独裁的政府获得了道德上的权威。”

当自由派的运动接近胜利，国家杜马将要召开的时候，托尔斯泰发表声明，强烈反对君主立宪：“近来，有一种新的骗局产生，它将使俄国各族人民处于被奴役的地位。有人利用一整套复杂的议会选举制度告诉人民，如果他们直接选出自己的代表，就等于他们参加了政府，听命于这些代表就等于听命于自己的意愿，他们是自由的。这是一种欺骗。即使是全民普选，人民也表达不了自己的意愿。有害的是，这种谎言使相信它的人做了奴隶还在沾沾自喜。”托尔斯泰的主张在社会上得不到响应，他在家里也是形影孤单，谁也不理解他。他和妻子的隔阂太深，两人已经无法正常交谈。托尔斯泰的内心十分孤独，不知道该怎么办。

痛苦的晚年

在1906年后，俄国社会的进步运动陷入低潮。成千上万的革命者或被投入监狱，或被流放服苦役，而执行死刑的枪声更是响彻不断。从前的种种苛政暴行丝毫没有改变，民众陷于更悲惨的水深火热之中。

托尔斯泰十分悲哀，但他并不失望。他信奉上帝，相信未来："如果人们能够设法在一瞬间长成一座森林，那将是完美之至的。不幸的是，那是不可能的，应当等待种子发芽，出苗，生出绿叶，最后才由小树长成一棵大树。"

要长成一座森林必须有许多树木，而托尔斯泰只是一个人。全世界到处都有人写信给他，人们翻译他的《复活》，到处流传着他关于"授田于民"的思想。但他知道，信奉他的主张的人只有区区几百人，而且托尔斯泰并不打算组党结社、招收信徒。他反对朋友们组织"托尔斯泰派"的尝试。

托尔斯泰认为：“人们不应当互相迎合，而应当都去皈依上帝，接近上帝，只有孤独才能达到。我眼中的世界仿佛是一座巨大的殿堂，光明从高处直射中央。为了能联合起来，大家都应当走向光明。在那里，从四面八方走来的我们，将和许多我们期待之外的人相遇，而欢乐也就在于此。”

托尔斯泰步入晚年以后，容貌特征固定了下来，永远留在了人们的记忆之中。他宽阔的额头上刻着双重的皱纹，浓密的眉毛，花白的长须飘在胸前。他的面容变得温和了，同 20 岁时的莽撞和塞瓦斯托波尔从军时的死板严肃相比，晚年的他发生了巨大的变化。

在他回复东正教最高宗教会议的信件中，托尔斯泰写道：“我的信仰使我生活在和平与欢乐之中，使我能在和平与欢乐之中走向生命的终点。”这段时间，托尔斯泰和印度的甘地一直互通信件，他们两人都提倡不抵抗主义，互相交流思想，互相鼓励。

但他所引以为豪的平静与欢乐，不久就被彻底破坏了。

1907 年，古谢夫被捕入狱。他平时负责帮助托尔斯泰处理信函。古谢夫在同年轻农民的交谈中，总是宣传托尔斯泰的观点。随即被人告密揭发，从而被捕关进了监狱。

托尔斯泰去监狱探望古谢夫，给他带去御寒的衣服和食物。对于古谢夫的被捕入狱，托尔斯泰认为是自己的原因，他感到非常内疚，为古谢夫的早日获释而积极奔走。

托尔斯泰曾收到有些革命者的信件，抗议他的不抵抗主义。革命者鼓吹说，对于政府和富人向民众所施的暴行，民众只能“以牙还牙，以血还血”，除了复仇，没有他途。托尔斯泰的心情久久无法平静，为社会上穷人和富人之间日益增长的仇恨悲伤不已。

但当他看见村里农民的牛羊和锅碗都被官吏抢走的时候，他也不禁对那些冷酷的官吏喊起了抗议的口号，他反对“那些官僚以及走狗，只知道乘间取利，或者教唆杀人，或者判处他人流放、入狱、苦役或绞刑枪决。

“这些家伙，一致认为从穷人那里抢走的炊具、牛羊、布匹和其他财物，更适合用来制作毒害民众的酒精，制造杀人的凶器，建造监狱，以及用来犒赏他们的爪牙，给予封官加爵。”

托尔斯泰始终不能把他的信念传达给他的亲人、他的妻子和儿女，为此，他深感痛苦。“丈夫与妻子不是两个独立的生物，而是一个整体。我渴望把我的思想传递给我的妻子。我希望这思想能由上帝传递给她，尽管这是女人们不大能理解的。”

这个愿望似乎并未实现。托尔斯泰夫人爱着托尔斯泰，爱他心灵的纯洁，爱他胸怀的坦荡，当东正教会开除托尔斯泰的教籍时，她勇敢地为托尔斯泰辩护，并声言与丈夫共患难。

但是，她无法做她不理解的事情。托尔斯泰心地善良，不愿强迫夫人违心地去做她不愿意的事情，他也无法强迫她改变自己的生活，牺牲自己和她的儿女们的财产来满足他的心愿。

托尔斯泰和儿女们的隔阂更深了。他在家人中，精神上是完全孤独的，而理解他的只有他的小女儿和他的医生。

他很早就萌生了离家出走的念头。人们后来发现并发表了托尔斯泰在 1897 年 6 月 8 日写给托尔斯泰夫人的一封信，这封信清楚地表露出他的这种痛苦：

“亲爱的索菲娅，长久以来，我为自己生活与信仰的不一致感到痛苦。我不能强迫你改变自己的生活和习惯。此刻，我决心要实行我已考虑了很久的计划：离开。我将到森林中去隐居，像印度教徒一样苦修，将自己的晚年奉献给上帝。如果我公开地走，一定会引起你们的阻拦，我肯定无法成行。

“索菲娅，让我走吧，不要找我，不要恨我，也不要伤心。我离开你和孩子，并不证明我不爱你们。你和孩子是我生命里最珍贵的东西。我满怀着爱与感激来回忆我们共同生活 35 年的漫长时光。对于我，对于孩子，你给予你所能给予的一切。你为我和孩子做出了很大的牺牲。但在我们生活的这些年，在最近的 10 年间，我们分道扬镳了。我已经变了，我不得不这么做。我不会责备你没有跟随我，我将永远怀着真挚的爱，回忆你所给予我的一切。别了，亲爱的索菲娅。我爱你。”

此时的托尔斯泰并没有勇气离开。他这封信藏在一件家具里，信封上写着：“我死后，请将它交给我的妻子索菲娅。”但他的出走计划迟迟没有落实。

离家出走

不久以后，托尔斯泰开始重新写日记，他在这本日记中记录了自己最隐秘的想法。

他写道："我开始写新的日记了，这是一本最纯粹的私人日记。"可是托尔斯泰夫人连这本日记也从头到尾读过，并从日记中得知托尔斯泰已经写好了一份遗嘱，因而她要求托尔斯泰取消这份遗嘱。

托尔斯泰早就把自己的遗嘱准备妥当了，现在他决定履行法律手续。他想使他的著作成为全人类的财富，所有人都可以无偿出版他所有的作品。但根据当时的法律，著作权只能转让给个人，所以托尔斯泰不得不在遗嘱中写下把自己的全部著作和手稿都交给自己的小女儿亚历山德拉·列沃芙娜，并由她执行他自己的愿望。

1910 年 7 月 23 日，在离村不远的一处森林里，托尔斯泰在一个代替桌子的大木墩上，在遗嘱上郑重地签下了自己的名字。随后，两个见证人也在遗嘱上签名做证。

1910 年 10 月 28 日，清晨 5 点，托尔斯泰最终决定摆脱贵族生活，把财产交给妻子，弃家出走。当天晚上，他来到了奥普京修道院，在那里住了一晚。第二天早上，他写了一篇论死刑的长文。

在 10 月 29 日晚上，他来到他的妹妹玛丽修行的修道院，和妹妹共进晚餐，并告诉她自己想在这里度过余生。托尔斯泰表示可以做任何工作，唯一的条件是不要强迫他到教堂里去。

第二天早晨他到附近的村庄散步，又想在村里租房子长期住下来。下午，他去修道院看望妹妹，5 点的时候，他的女儿来找他，说人们正在四处寻找他。这样，他在夜里又匆忙动身，准备前往西伯利亚。

途中，托尔斯泰在西伯利亚铁路沿线的阿斯塔波瓦车站患肺炎病倒了，不得不在那里卧床休息。

随后，沙皇政府和东正教会的人围住了这个垂死的老人，想逼迫他取消以前对教会的攻击。特别是沙皇本人，想极力办到这件事，结果却失败了。

沙皇政府要求地方当局对托尔斯泰的病情每小时禀报一次，并且下令严守车站，使车站与外界完全隔绝，以免托尔斯泰的去世引起俄国的政治动荡。在弥留之际，托尔斯泰躺在床上哭泣着，并不是为了自己，而是为了不幸的人们。他在号啕的哭声中说："大地上千百万的生灵在受苦，可你们为何都在这里照顾一个列夫·托尔斯泰？"

解　脱

终于,1910 年 11 月 20 日清晨 6 点 5 分，托尔斯泰所称的“死”,“该祝福的死”到来了。

托尔斯泰的灵柩由亚斯纳亚 · 波利亚纳村的农民从火车站一直抬到了庄园，灵柩停放在作家的宅邸内。

沙皇政府担心托尔斯泰的逝世会在民众当中引起巨大的风潮，害怕人们不仅把他当作伟大的艺术家，而且还把他当作被革除教门的圣徒来纪念，所以向俄国各省发布禁令，不准举行任何纪念托尔斯泰的活动。

但托尔斯泰去世的消息传开后，附近大批的农民、大学生、工人等冲破警察的阻拦，拥到亚斯纳亚 · 波利亚纳村，同托尔斯泰进行了最后的告别。

按照托尔斯泰生前的遗愿，他被埋葬在了亚斯纳亚 · 波利亚纳村附近森林的冲沟旁。成千上万的人护送着托尔斯泰的遗体走完了最后一段路程。坟墓上没有十字架，也没有墓碑。

尽管有警察的阻拦，许多城市还是举行了人数众多的游行活动，悼念托尔斯泰的逝世。

托尔斯泰晚年的主张在有些人的眼里显得天真、不切实际，但他们知道托尔斯泰是真正爱他们的。古往今来，世界上出现过许多伟大的思想家，他们作为先驱，批判咒骂腐化堕落的文明社会。

对托尔斯泰曾经影响最大的一位是卢梭。卢梭热爱大自然，珍惜个人独立，痛恨现代社会的弊端，极力推崇福音书和基督教的伦理道德。可以说，卢梭就是托尔斯泰的前身，托尔斯泰也自称师承卢梭。他写道："卢梭的文章有许多地方深深打动了我的内心，我觉得就是自己所写的。"但两人在心灵方面有着巨大的不同。托尔斯泰身上拥有更纯粹的宗教精神，托尔斯泰为自己过去生活中的"罪过"痛哭流涕，卢梭却挑战世人，"我无畏地大声宣告：谁认为我是不诚实的人，他自己便是那该死的东西"。

卢梭身上还缺乏美好纯洁的道德观念，托尔斯泰则自始至终都保持着淳朴、诚实、谦逊的美德；在卢梭身上，我们看到的是个体和对生活的追求，而在托尔斯泰身上，我们看到的是一个被赶出教门的虔诚教徒，他像一个圣徒一样，名字被民众广泛传诵。托尔斯泰从未背叛过真理和爱这两种信念。在他成熟时期的作品中，爱是真理的火炬，它照亮了真理。托尔斯泰的文字不是写给那些思想上的特权者看的，而是写给千百万普通人的。他说出了我们这些普通人的想法和我们不敢正视的内心的声音。对我们来说，托尔斯泰不是一位骄傲的大师，不是高踞艺术和智慧宝座之上的天才，正像他喜欢自称的那样，他是我们的兄弟，他是人类的良知。

我与文学有个约会

4

郭婷◎主编

中国出版集团 现代出版社

图书在版编目（CIP）数据

我与文学有个约会 / 郭婷主编 . — 北京 : 现代出版社, 2019. 9
ISBN 978-7-5143-8149-8

Ⅰ. ①我… Ⅱ. ①郭… Ⅲ. ①文学欣赏—青少年读物 Ⅳ. ① I06-49

中国版本图书馆 CIP 数据核字（2019）第 195919 号

我与文学有个约会 4

作　　者　郭　婷
责任编辑　徐　苹
出版发行　现代出版社
地　　址　北京市安定门外安华里 504 号
邮政编码　100011
电　　话　010-64267325　64245264（传真）
网　　址　www.1980xd.com
电子邮箱　xiandai@vip.sina.com
印　　刷　永清县晔盛亚胶印有限公司
开　　本　880mm × 1230mm　1 /32
印　　张　30
字　　数　470 千字
版　　次　2019 年 9 月第 1 版　2019 年 12 月第 1 次印刷
书　　号　ISBN 978-7-5143-8149-8
定　　价　168.00 元

目录

蝉和蚂蚁的寓言

蝉备受蚂蚁冷落的传说如同利己主义，也就是说如同我们的世界一样，历史久远。古雅典的孩童背着满袋无花果和油橄榄去上学时，嘴里就已经像是在背书似的在嘟囔这个故事了："冬天到，蚂蚁们把自己受潮的食物搬到太阳下晒干。突然间，一只饥肠辘辘的蝉跳上前来求乞，它想讨几粒粮食。吝啬的蚂蚁们回答说：'你夏日里欢唱，那冬天你就蹦跳吧。'"

事实真相把寓言作家向我们讲述的东西当作肆意杜撰给摒弃了。当然，蝉和蚂蚁之间有时候是有一些关系的，这是毫无疑问的，只不过，这些关系与人们讲给我们听的正好相反。这些关系并不是出自蝉的主动，它从不需要别人的帮助好活下去，而是来自蚂蚁这个贪得无厌的剥削者，它把所有可吃的东

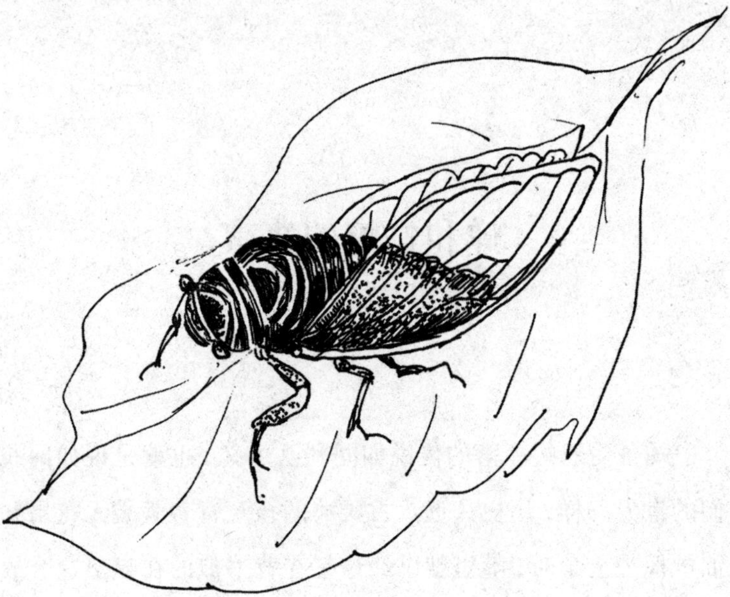

西全都搬到自己的粮仓里。无论何时，蝉都不会跑到蚂蚁门前嚷饿去，还一本正经地许诺将来连本带利一并奉还。恰恰相反，是蚂蚁实在饿得不行，跑去乞求那个歌手的。我说的是“乞求”！借和还从来不存在于掠夺者的习性中。蚂蚁剥削蝉，厚颜无耻地把它洗劫一空。我们要讲讲这种洗劫，这是至今尚无人知晓的历史悬案。

七月，午后酷热难耐，成群的昆虫干渴难忍，在枯萎打蔫儿的花上爬来爬去，想找点儿水解渴，而蝉却对普遍的水荒不屑一顾。它用它那如钻头般的细嘴，在自己那永不干涸的酒窖中钻了开来。它不停地歌唱着，落在一棵小树的细枝上，钻透那坚硬平滑、被太阳晒得汁液饱满的树皮。它从钻孔中把吸管插进去之后便一动不动地、聚精会神地、美滋滋地沉浸在汁液和歌声的甜美之中。

如果我们多盯着它看一会儿，也许会看到一些意想不到的悲惨事情。果然，许许多多渴得不行的家伙在转悠着。它们发现了这口井，因为井边渗出汁液而暴露了。它们一拥而上，一开始还有点儿小心翼翼的，只是舔舔渗出来的汁液。我看见拥挤在甜蜜的井口旁的有胡蜂、苍蝇、球螋、泥蜂、蛛蜂、金匠花金龟，最多的是蚂蚁。

最小的，为了靠近清泉，便从蝉的肚腹下钻过去，宽厚仁慈的蝉便抬起爪子，让这些不速之客自由通过。个头儿大的急得直跺脚，挤上前去，飞快地嘬上一口，退了出来，跑到旁边的树枝上兜上一圈，然后又更加大胆地返回来。不速之客们贪心越来越大：刚才还谨小慎微的它们突然变成了一群乱哄哄的侵略者，一心要把掘井者从井边驱逐掉。

在这群冲锋陷阵的强盗中，最大胆、最坚决的就是蚂蚁。我看见有一些蚂蚁在咬蝉爪，还看见一些蚂蚁在扯蝉翼尖，趁势爬上蝉背，挠蝉的触角。一只胆大包天的蚂蚁就在我的眼前咬着蝉的吸管，拼命地往外拽。

巨蝉被这帮小蚂蚁如此这般地搅扰得没了耐心，终于弃井而去。它在逃走时还向这帮劫匪撒了一泡尿。对于蚂蚁来说，蝉的这种高傲的蔑视无伤大雅！ 反正它的目的达到了。它成了这口井的主人了，但是，使井冒水的泵已不再转，井很快也就干涸了。井水虽少，但却甘甜。一旦再有机会，侵略者们还会用同样的法子再喝上几大口的。

大家都看到了，事实彻底地把寓言臆想的角色给调换过来了。毫不客气、抢劫时绝不退缩的求食者是蚂蚁，而甘愿与受苦者分享甘露的能工巧匠是蝉。还有一点也足可以把颠倒的情况调整过来。经过五六个星期漫长的欢唱之后，歌手生命耗尽，从大树高处跌落下来。它的尸体被烈日晒干，被行人的脚踩踏。时刻在寻找战利品的蚂蚁撞见了它，蚂蚁随即把这美食扯碎、肢解、弄烂，搬到自己那丰富的食物堆中去。甚至还可以看到蝉虽已奄奄一息，但翼还在灰土中颤动，可是一小队蚂蚁便拥上去向各个方向拉扯它、撕拽它。此时的蝉伤心至极。看了这同类相残之后，就不难看出这两种昆虫之间到底是什么关系了。

蝉出地洞

将近夏至时分，第一批蝉出现了。在人来人往、被太阳暴晒、被踩踏瓷实的一条条小路上，张开着一些能伸进大拇指、与地面持平的圆孔洞。这就是蝉的幼虫从地下深处爬回地面来变成蝉的出洞口。这些洞通常都在最热最干的地方，特别是在道旁路边。出洞的幼虫有锐利的工具，必要时可以穿透泥沙和干黏土，所以喜欢最硬的地方。

我家花园的一条甬道由一堵朝南的墙反射阳光，那儿有许多的蝉出洞时留下的圆洞口。六月的最后几天，我检查了这些刚被遗弃的井坑。地面土很硬，我得用镐来刨。

地洞口是圆的，直径约两厘米半。在这些洞口的周围，没有一点儿浮土，没有一点儿推出洞外的土形成的小丘。

蝉洞约深四分米。洞是圆柱形，因地势的关系而有点弯曲，但始终要靠近垂直线，这样路程是最短的。洞的上下完全畅通无阻。想在洞中找到蝉挖掘时留下的浮土那是徒劳的，哪儿都见不着浮土。洞底是个死胡同，成为一间稍微宽敞些的小屋，四壁光洁，没有任何与延伸的什么通道相连的迹象。

根据洞的长度和直径来看，挖出的土有将近两百立方厘米。挖出的土都跑哪儿去了呢？在干燥易碎的土中挖洞，洞坑和洞底小屋的四壁应该是粉末状的，容易塌方，如果只是钻孔而未做任何其他加工的话。可我却惊奇地发现洞壁表面被粉刷过，涂了一层泥浆。洞壁实际上并不是十分光洁，粗糙的表面被一层涂料盖住了。洞壁那易碎的土料浸上黏合剂，便被粘住不脱落了。

蝉的幼虫可以在地洞中来来回回，爬到靠近地面的地方，再下到洞底小屋，而带钩的爪子却未刮擦下土来，否则会堵塞通道，上去很难，回去不能。矿工用支柱和横梁支撑坑道四壁；地铁的建设者用钢筋水泥加固隧道；蝉的幼虫这个毫不逊色的工程师用泥浆涂抹四壁，让地洞长期使用而不堵塞。

如果我惊动了从洞中出来爬到近旁的一根树枝上去、在上面蜕变成蝉的幼虫的话，它会立即谨慎地爬下树枝，毫无阻碍地爬回洞底小屋里去，这就说明即使此洞就要永远被丢弃了，洞也不会被浮土堵塞起来。

这个上行管道不是因为幼虫急于重见天日而匆忙赶制而

成；这是一座货真价实的地下小城堡，是幼虫要长期居住的宅子。墙壁进行了加工粉刷就说明了这一点。如果只是钻好之后不久就要丢弃的简单出口的话，就用不着这么费事了。毫无疑问，这也是一种气象观测站，外面天气如何在洞内可以探知。幼虫成熟之后要出洞，但在深深的地下它无法判断外面的气候条件是否适宜。地下的气候变化太慢，不能向幼虫提供精确的气象资料，而这又正是幼虫一生中最重要的时刻——来到阳光下蜕变——所必须了解的。

幼虫几个星期地，也许几个月地耐心地挖土、清道、加固垂直洞壁，但却不把地表挖穿，而是与外界隔着一层一指厚的土层。在洞底它比在别处更加精心地修建了一间小屋。那是它的隐蔽所、等候室，如果气象报告说要延期搬迁的话，它就在里面歇息。只要稍微预感到风和日丽的话，它就爬到高处，透过那层薄土盖子探测，看看外面的温度和湿度如何。

蝉洞是个等候室，是个气象观测站，幼虫长期待在里面，有时爬到地表下面去探测一下外面的天气情况，有时便潜于地洞深处更好地隐蔽起来。这就是为什么蝉在地洞深处建有一个合适的歇息所，并将洞壁涂上涂料以防止塌落的原因之所在。

我把一只正在对其洞穴进行挖掘的幼虫给挖了出来。幼虫正开始挖掘时我便有了惊人的发现。一个大拇指一样长的地洞，没有任何的阻塞物，洞底是一间休息室，眼下全部工程就是这个状况。

这只幼虫的颜色比我在它们出洞时捉到的那些幼虫显得苍白得多。眼睛非常大，特别白，混浊不清，看不清东西。在地下视力有什么用？而出了洞的幼虫的眼睛则是黑黑的，闪闪发亮，说明能看得见东西。未来的蝉儿出现在阳光下，就必须寻找，有时还得到离洞口挺远的地方去寻找将在其上蜕变的悬挂树枝。这时候视力就非常重要了。这种在准备蜕变期间的视力的成熟足以告诉我们幼虫并非仓促地即兴挖掘自己的上行通道，而是干了很长的时间。

另外，苍白而眼盲的幼虫比成熟状态时体形要大。它身体内充满了液体，就像是患了水肿。用指头捏住它，尾部便会渗出清亮的液体，弄得全身湿漉漉的。这种由肠内排出来的液体是不是一种尿液？或者只是吸收液汁的胃消化后的残汁？我无法肯定，为了说起来方便，我就称它为尿吧。

喏，这个尿泉就是谜底。幼虫在向前挖掘时，也随时把粉状泥土浇湿，使之成为糊状，并立即用身子把糊状泥压贴在洞壁上。这具有弹性的湿土便糊在了原先干燥的土上，形成泥浆，渗进粗糙的泥土缝隙中去。拌得最稀的泥浆渗透到最里层，剩下的则被幼虫再次挤压、堆积，涂在空余的间隙中。这样一来，坑道便畅通无阻了，一点浮土都不见了，因为已被就地和成了泥浆，比原先的没被钻透的泥土更瓷实、更匀称。

幼虫就是在这黏糊糊的泥浆中干活儿来着，所以当它从极其干燥的地下出来时便浑身泥污，让人觉得十分蹊跷。成虫虽然完全摆脱了矿工的又脏又累的活儿，但并未完全丢弃自己的尿袋；它把剩余的尿液保存起来当作自卫的手段。如果谁离得太近地观察它，它就会向这个不知趣的人射出一泡尿，然后便一下子飞走了。蝉尽管性喜干燥，但在它的两种形态中，都是一个了不起的浇灌者。

不过，尽管幼虫身上积满了液体，但它还是没有那么多的液体来把整个地洞挖出的浮土弄湿，并让这些浮土变成易于压实的泥浆。蓄水池干涸了，就得重新蓄水。从哪儿蓄水，又如何蓄水？我极其小心地整个儿地挖开了几个地洞，发现洞底小屋壁上嵌着一根生命力很强的树根须，大小有的如铅笔粗细，有的如麦秸管一般。露出来可以看得见的树根须短小，只有几毫米。根须的其余部分全都植于周围的土里。当我小心挖掘蝉洞时，总能见到这么一种根须。

要挖洞筑室的蝉，在开始为未来的地道下手之前，总要在一个新鲜的小树根的近旁寻觅一番。它把一点根须刨出来，嵌于洞壁，而又不让根须突出壁外。这墙壁上的有生命的地点，我想就是液汁泉，幼虫尿袋在需要时就可以从那儿得到补充。如果由于用干土和泥而把尿袋用光了，幼虫矿工便下到自己的小屋里去，把吸管插进根须，从那取之不尽的水桶里吸足了水。尿袋灌满之后，它便重新爬上去，继续干活儿，把硬土弄湿，用爪子拍打，再把身边的泥浆拍实、压紧、抹平，畅通无阻的通道便做成了。

如果没有根须那个大水桶，而幼虫体内的蓄水池又干涸了，那会怎么样呢？下面这个实验会告诉我们的。我把一只正从地下爬出来的幼虫捉住了，把它放进一个试管的底部，用松松地堆积起来的一试管干土把它埋起来。这个土柱子高一分米半。这只幼虫刚刚离开的那个地洞比试管长出三倍，虽说是同样的土质，但洞里的土要比试管里的土密实得多。幼虫现在被埋在我那短小的粉状土柱子里，它能重新爬到外面来吗？如果它努力挖的话，肯定是能爬出来的。对于一个刚从硬土地中挖洞的幼虫来说，一个不坚固的障碍能在话下吗？

然而我却有所怀疑。为了最后顶开把它与外界隔开的那道屏障，幼虫已经把最后储备的液体消耗光了。它的尿袋干了，没有活的根须它就毫无办法再把尿袋灌满。我怀疑它无法成功是不无道理的。果不其然，三天后，我看到被埋着的幼虫耗尽了体力，终未能爬上一拇指高。浮土被扒动过，因无黏合剂而无法当场黏合，无法固定不动，刚一拨弄开，便又塌下来，回到幼虫爪下。老这么挖、扒，总也不见大的成效，总是在做无用功。第四天，幼虫便死了。如果幼虫的尿袋是满的，结果就大不相同。我用一只刚开始准备蜕变的幼虫进行了同样的实验。它的尿袋鼓鼓的，在往外渗，身子都全湿了。对于它来说，这活儿是小菜一碟。松松的土几乎毫无阻力。幼虫稍稍用尿袋的液体润湿，便把土和成了泥浆，黏合起来，再把它们抹开、抹平。地道通了，但不很规则，这倒不假，随着幼虫不断往上爬，它身后几乎给堵上了。看起来好像是幼虫知道自己无法补充水，因而为了尽快地摆脱一个它很陌生的环境而节约自己身上的那仅有的一点液体，不到万不得已绝不动用。就这么精打细算的，十来天之后，它终于爬到了外面来。

出洞口捅开之后，大张着嘴待在那儿，宛如被粗钻头钻出的一个孔。幼虫爬出洞来后，在附近徘徊一阵，寻找一个空中支点，诸如细荆条、百里香丛、禾蒿秆儿、灌木枝杈什么的。一旦找到之后，它便爬上去，用前爪牢牢地抓住，脑袋昂着。其余的爪子，如果树枝有地方的话，也撑在上面；如果树枝很小，没多少地方，两只前爪钩住就足够了。然后便休息片刻，让悬着的爪臂变硬，成为牢不可破的支撑点。这时候，中胸从背部裂开。蝉从壳中蜕变而出，前后将近半个小时的工夫。蝉从壳中蜕变出来后，与先前的模样儿大相径庭！双翼湿润、沉重、透明，上面有一条条的浅绿色脉络。胸部略呈褐色。身体的其余部分呈浅绿色，有一处处的白斑。这脆弱的小生命需要长时间地沐浴在空气和阳光之中，以强壮身体，改变体色。将近两个小时过去了，却未见有明显的变化。它只是用前爪钩住旧皮囊，稍有点微风吹来，它就飘荡起来，始终是那么脆弱，始终是那么绿。最后，体色终于变深了，越来越黑，终于完成了体色改变的过程。这一过程用了半个小时。蝉儿上午九点悬在树枝上，到十二点半的时候，我看着它飞走了。

旧壳除了背部的那条裂缝而外，并无破损，并且牢牢地挂在那根树枝上，晚秋的风雨也都没能把它吹落或打下。常常可以看到有的蝉壳一挂就是好几个月，甚至整个冬天都挂在那儿，姿态仍旧如同幼虫蜕变时的一模一样。旧壳质地坚固，硬如干羊皮，如同蝉儿的替身似的久久地待在那儿。

螳螂捕食

还有一种南方的昆虫，其令人感兴趣的程度至少与蝉一样，但名声却远不及后者，因为它总是悄无声息。这里的人们称它为“祷上帝”，学名则叫螳螂，拉丁文名为“修女袍”。

天真幼稚的好心的人们，你们犯了多么大的错误呀！它的种种祈祷似的神态掩藏着许多的残忍习性；那两只祈求的臂膀是可怕的劫掠工具。它并不捻动念珠，而是要结果一切从旁经过的猎物。人们怎么也没想到螳螂竟然是直翅目食草昆虫中的一个例外，它专门吃活食。它是昆虫界和平居民的老虎，是埋伏着捕捉新鲜肉食的妖魔。可想而知，它力大无穷，又嗜肉成性，外加它那完美而可怕的捕捉器，使它可能成为野地上的一霸。“祷上帝”可能变成了凶神恶煞般的刽子手。

如果不提它那致人死地的工具，螳螂其实没有什么可以让人担惊受怕的。它甚至不乏其典雅优美，因为它体形矫健，上衣雅致，体色淡绿，薄翼修长。它没有张开如剪刀般的凶残大颚，相反却小嘴尖尖，好像生就是用来啄食的。借助从前胸伸出的柔软脖颈，它的头可以转动，左右旋转，俯仰自如。昆虫之中，唯有螳螂引导目光，可以观察，可以打量，几乎还带面部表情。

它整个身躯一副安详状，同被誉为极其准确的杀人机器的前爪比起来，反差极大。它的腰肢异常地长而有力，其功用就是向前伸出狼夹子，不是坐等送死鬼，而是主动去捕捉猎物。捕捉器稍有点装饰，颇为漂亮。腰肢内侧饰有一个美丽的黑圆点，中心有白斑，圆点周围有几排细珍珠点作为陪衬。

它的大腿更长，宛如扁平的纺锤，前半段内侧有两行尖利的齿刺。里面一行有十二颗长短相间的齿刺，长的黑色，短的绿色。这种长短齿刺相间增加了啮合点，使利器更加锋利有效。外面的一行简单得多，只有四颗齿刺。两行齿刺末端有三颗最长的。总之，大腿是一把双排平行刃口的钢锯，其间隔着一条细槽，小腿屈起可放入其间。

小腿与大腿有关节相连，伸屈非常灵活，它也是一把双排刃口钢锯，齿刺比大腿上的钢锯短些，但数量更多更密。末端有一硬钩，其尖利可与最好的钢针相媲美，钩下有一小槽，槽两侧是双刃弯刀或截枝剪。

这硬钩是高精度的穿刺切割工具，让我一看到就觉得后怕。这家伙用截枝剪挠你，用尖钩划你，用钳子夹你，让你几乎无还手之力，除非你用拇指捏碎它，结束战斗，那样的话，你也就抓不着活的了。

螳螂在休息时，捕捉器折起来，举于胸前，看上去并不伤害别人，一副在祈祷的昆虫的架势。但是，一旦猎物突然出现，它就立刻收起它那副祈祷姿态。捕捉器的那三段长构件突地伸展开去，末端伸到最远处，抓住猎物后便收回来，把猎物送到两把钢锯之间。老虎钳宛如手臂内弯似的，夹紧猎物，这就算大功告成了：蝗虫、蚱蜢或其他更厉害的昆虫，一旦被夹在那四排尖齿交错之中，便小命呜呼了。无论它如何拼命挣扎，又扭又蹬，螳螂那可怕的凶器是死咬住不放的。

对螳螂的习性进行系统研究的话，必须要在家中饲养，在野外它无拘无束的情况下是研究不了的。饲养它并不困难，因为只要有好吃好喝的伺候，它并不在乎被囚在钟形罩中。我们每天给它精美食物，天天换样儿，那它就不怎么会因失去荆棘丛而感觉遗憾了。

我准备了十来只宽大的金属网罩，用来关押我的囚徒，同饭桌上罩饭菜防苍蝇的网罩一样。每一个罩子都扣在一个装满沙子的瓦罐上。笼里放着一束干百里香、一块为将来产卵用的平石头，这就是它的全部家当。这一座座的小屋排放在我动物实验室的大桌子上，那儿白天大部分时间日照充足。我把我的俘虏们关在笼子里，有的单独囚禁，有的集体关押。

我是八月下旬开始在路边干草堆中和荆棘丛里看到成年螳螂的。肚子已经很大了的雌性螳螂日见增多，而它们的瘦弱的雄性伴侣却比较少见。我有时得花很大的劲儿才能给我的那些雌性俘虏配对，因为囚笼中那些雄性小个子经常被悲惨地吃掉。这种惨剧我们先按下不表，先来说说那些雌性螳螂。

雌性螳螂饭量极大，喂养时间长达数月，所以食物的维系并非易事。几乎必须每天更换食物，而大部分都是被它们稍微尝上几口便不屑地弃之不食了。我敢相信，螳螂在它们的出生地荆棘丛中，要更注意节约些的。由于猎物不充足，它们会把到手的食物吃干净为止，可在我的笼子里，它们就大手大脚的了，常常是咬上几口之后便把那鲜美的食物撇开不吃了。它们似乎在以这种方式排遣囚禁之烦恼吧。

我每天在围墙周围转悠，企图能为我的住客们弄点鲜美猎物。这些美味食物是我想用来了解螳螂的胆量和力气到底有多大的。在这些美味之中，大灰蝗虫要比螳螂大很多，白额螽斯的大颚有力，还有两种可怕的猎物：一个是圆网蛛，肚子似圆盘；另一个是冠冕蛛，形象凶恶，令人望而生畏。

各种各样的蝗虫，还有蝴蝶、蜻蜓、大苍蝇、蜜蜂以及其他中不溜儿的昆虫，都是它日常所能抓到的猎物。反正，在我的笼子里，大胆的女猎手在任何猎物前都没有退缩过。无论是灰蝗虫还是螽斯，也无论是圆网蛛还是冠冕蛛，迟早都逃不脱它的利爪，在它的锯齿内动弹不得，被它津津有味地嚼食。这种情形是值得讲述一下的。

一看见罩壁上傻乎乎靠近的大蝗虫，螳螂痉挛似的一颤，突然摆出吓人的姿态。电流击打也不会产生这么快的效应的。那转变是如此突然，样子是如此吓人，以致一个没有经验的观察者会立即犹豫起来，把手缩回来，生怕发生意外。

鞘翅随即张开，斜掩在两侧；双翼整个儿展开来，似两张平行的船帆立着，宛如脊背上竖起阔大的鸡冠；腹端蜷成曲棍状，先翘起来，然后放下，再突然一抖，放松下来，随即发出“噗、噗”的声响，宛如火鸡展屏时发出的声音一般，也像是突然受惊的游蛇吐芯子时的声响。

身子傲岸地支在四条后腿上，上身几乎呈垂直状。原先收缩相互贴在胸前的劫持爪，现在完全张开，呈十字形挺出，露出装点着排排珍珠粒的腋窝，中间还露出一个白心黑圆点。这黑的圆点恍如孔雀尾羽上的斑点，再加上那些象牙质的纤细凸纹，是它战斗时的法宝，平时是密藏着的，只是在打斗时为了显得凶恶可怕、盛气凌人，才展露出来。

螳螂以这种奇特姿态一动不动地待着，目光死死地盯住大蝗虫，对方移动，它的脑袋也跟着稍稍转动。这种架势的目的是显而易见的：螳螂是想震慑、吓瘫强壮的猎物，如果后者没被吓破胆的话，后果将不堪设想。

它成功了吗？谁也搞不清楚螽斯那光亮的脑袋里或蝗虫那长脸后面在想些什么。它们那麻木的面罩上没有任何的惊恐呈现在我们的眼前。但是，可以肯定被威胁者是知道危险的存在的。它看见自己面前挺立着一个怪物，高举着双钩，准备扑下来；它感到自己面对着死亡，但还来得及它却并没有逃走。它本是个长腿的蹦跳者，善于高跳，轻而易举地就能跳出对方利爪的范围，可它却偏偏蠢乎乎地待在原地，甚至还慢慢地向对方靠近。

据说，小鸟见到蛇张开的大嘴会吓瘫，看见蛇的凶狠目光会动弹不得，任由对方吞食。许多时候，蝗虫差不多也是这么一种状态。现在它已落入对方威慑的范围。螳螂将两只大弯钩猛压下来，爪子一抓，双锯合拢、夹紧。不幸的蝗虫已无还手之力：它的大颚咬不着螳螂，后腿只是胡乱地蹬踢。它的小命休矣。螳螂收起它的战旗——翅膀，复现常态，开始美餐。

在抓获蚱蜢和距螽这种危险小于大灰蝗虫和螽斯的昆虫时，螳螂那魔怪般的姿态没有那么咄咄逼人，持续时间也没那么长。它只需将大弯钩一伸就解决问题了。对付蜘蛛也是如此，只需拦腰抓住对方，就用不着担心其毒钩了。对于其日常食物的不起眼的蝗虫，无论是在我笼子里的还是野地里的，螳螂都极少用它的震慑法子，它只是一把抓住闯进它的势力范围的冒失鬼就完事了。

当要捕食的活物可能会进行顽强抵抗时，螳螂则不敢怠慢，要利用一种震慑、恫吓猎物的姿态，让自己的利钩有办法稳稳地钩住对方。随后，它的狼夹子便把吓傻了无还手之力的受害者夹紧。它就是以这种迅猛的魔怪般的姿势把自己的猎物吓瘫了的。

在这种怪诞的姿势中，双翅起了很大的作用。螳螂的翅膀很宽大，外边缘呈绿色，其余部分系无色半透明的。纵向上有许多经翅脉，呈扇面状辐射开来。还有一些更细的、横向的翅脉，成直角地与纵向翅脉相切，与之形成无数的网眼。在呈魔怪姿态时，翅膀展开，立成两个平行的平面，几乎相互触及，犹如昼间休憩的蝴蝶的翅膀一样。两翅之间，翘卷着的腹端突然剧烈抖动起来。肚腹摩擦翅脉，发出一种喘息声，我把它比作处于防御的游蛇吐芯子的声音。如果要模仿这种声响，只需用指尖快速擦过展开的翅膀的正面即可。

几天没吃食的螳螂，因饥饿难忍，能一下子把与它相同大小或比它个头儿大的灰蝗虫全部吃掉，只撇下其翅膀，因为翅膀太硬而无法消受。为了吃光这么个大猎物，两个小时足够了，但这么狼吞虎咽的情况甚是罕见。我曾见到过一两次，我当时就一直纳闷儿，这个饕餮者是怎么找到地方存这么多的食物的？容量小于容积的原理是怎么颠倒过来为螳螂服务的？我惊叹它的胃的高超特性，竟能让食物立即消化、溶解，穿肠而过。

虽然说它那尖尖小嘴似乎并不像是生就为大吃大喝所用的，可猎物却被它吃光了，只剩下双翅，而且，翅根上多少有点肉的地方也没有放过。爪子、硬皮全都穿肠而过。有时候，螳螂抓住一条肥硕的后大腿，送到嘴边，细细地品味着，一副心满意足的神态。

螳螂先从猎物的颈部下口。当一只劫持爪拦腰抓住猎获物时，另一只则按住后者的头，使脖颈上方断裂开来。于是，螳螂便把尖嘴从这失去护甲的地方插进去，锲而不舍地啃吃开来。猎物颈部裂开了大口。头部淋巴已遭破坏，蹬踢也就随之停止，猎物便成了一个没有知觉的尸体，螳螂因而可以自由选择，想吃哪儿就吃哪儿了。

萤火虫

在我们这个地区，萤火虫可谓无人不知，无人不晓，没有什么昆虫像它那样家喻户晓。这个人见人爱的小东西，为了表达生活的欢乐，竟然在屁股上面挂了一只小小的灯笼。炎热的夏夜里，没有人没见过它。古希腊人把它称为“朗皮里斯”，意为“屁股上挂灯笼者”；法语中则称它为“发光的蠕虫”。其实，萤火虫绝对不是什么蠕虫，即使从外表来看，它也不像蠕虫。它有 6 只短小的脚，而且十分明白如何使用自己的脚。它是可以用小碎步奔跑的昆虫。雄性萤火虫发育完全后，如同真正的甲虫一样，长着鞘翅。但雌性萤火虫却无此造化，享受不到飞翔的快乐，终身保持着幼虫的形态。不过，雄性萤火虫在尚未到达交尾期之前，形态也是不完全的。即使如此，称它为“蠕虫”也是不恰当的。法国有句通俗语，叫“像蠕虫一样一

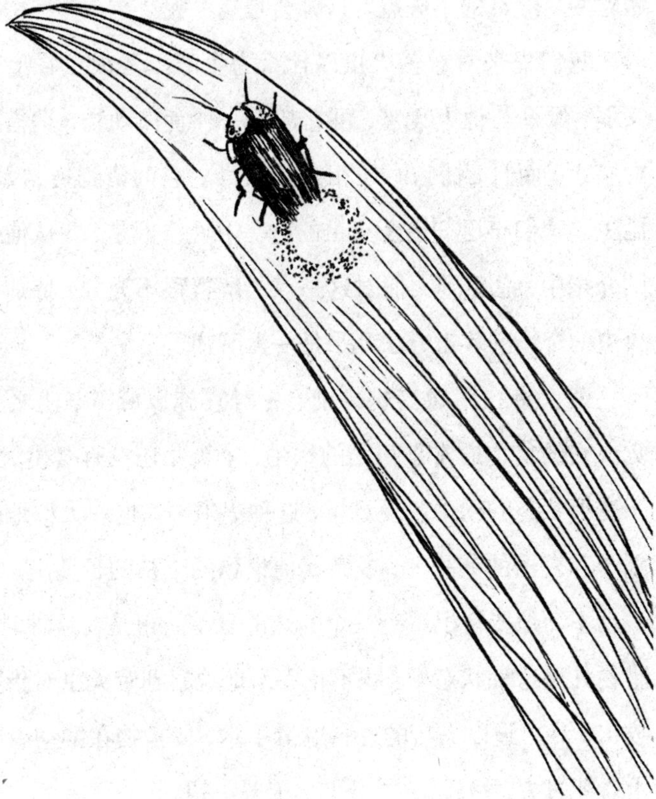

丝不挂”，用以形容身上未穿任何保护性的衣物，但是，萤火虫可是穿着衣服的，就是说它有略为坚韧的外皮，而且它还有斑斓的色彩，身体呈棕色，胸部呈粉红色，环形服饰的边缘还点缀着两个红红的小斑点。这哪会是蠕虫呢？

我们先来看看萤火虫以什么为生吧。萤火虫看上去既小又弱，像是与他人无害，可它却是一种食肉动物，是猎取野味的猎手，而且，捕猎时还相当的狠毒。它的猎物通常是蜗牛。昆虫学家们早已知道萤火虫的这一习性。但是，我从他们书中的介绍中，总感到人们对这一点了解得很不充分，特别是对萤火虫的奇怪的攻击方法几乎是一无所知。

萤火虫在啃噬猎物之前，先对它施以麻醉，使之失去知觉。它的猎物通常是很小的蜗牛，个头儿还没有樱桃大，是处于变形状态的蜗牛。夏日里，这种蜗牛一大群一大群地聚集在稻子和麦子的茎秆上，或者其他植物的干枯的长茎上，在上面一动不动地要待上整整一个炎热的夏季。正是在这种时候，在猎物处于这种状态中，我不止一次地观察到萤火虫对猎物发动攻击，对之施以灵巧的外科麻醉手术，使猎物在颤动着的茎秆上昏死过去，然后，对之下口，美餐一顿。

萤火虫对其猎物的其他藏身处所也了如指掌。它经常飞到沟渠旁边，因为那儿土地潮湿、杂草丛生，是蜗牛喜爱的栖身之所。在这种情况之下，萤火虫便在地上对蜗牛施以麻醉术。我在家中也饲养了一些萤火虫，它们很容易被捕捉到，也很容易喂养，因此，我可以仔细地观察研究这些外科医生做手术的详细过程。

我在一个大玻璃瓶里放上一些草，把捉到的几只萤火虫和几只蜗牛也放了进去。蜗牛个头儿正合适，不大不小，正在等待变形，正符合萤火虫的口味。我寸步不离地监视着玻璃瓶中的情况，因为萤火虫攻击猎物是瞬间的事情，转瞬即逝，不高度集中精神，必然会错过观察的机会。

我终于发现是怎么个情况了。萤火虫稍微探了探捕猎对象。蜗牛通常是全身藏于壳内，只有外套膜的软肉露出一点点在壳的外面。萤火虫见状，便立刻打开它那极其简单、用放大镜才能看到的工具。这是两片呈钩状的颚，锋利无比，细若发丝。用显微镜观察之，可见弯钩上有一道细细的小槽沟，这就是它的工具。它用它的这种外科手术器械不停地轻轻击打蜗牛的外膜，其动作不像是在施以手术，而像是在与猎物亲吻。用孩子们的话来说，它像是在与蜗牛“拉钩”。它在“拉钩”时，有条不紊，慢条斯理，不慌不忙，每拉一次，都要稍事休息片刻，似乎是在观察“拉钩”的效果如何。它“拉钩”的次数并不多，顶多五六次，就足以把猎物给制伏，使之动弹不得。然后，它就要动嘴进食了，它很可能也是要用弯钩去啄，因为我几次都未观察清楚，所以对这一点我却说不太准。总之，萤火虫在施行麻醉手术时，动作麻利，立竿见影，快如闪电，不用问，它利用带细槽的弯钩已经把毒液注入蜗牛体内，使之昏死过去。

我检查了一下猎物。在萤火虫与蜗牛拉了四五下钩之后，我便立即从它口中夺下它的猎物，用针尖刺蜗牛的前部，亦即缩在壳内的蜗牛所暴露在外的身体。我没看到它有任何反应，仿佛像是一具没了生气的尸体。

我还发现一个令我信服的例子。有一次，我幸运地看到一只蜗牛正在爬行，其足正在蠕动着，突然，萤火虫向它发动了袭击。蜗牛十分惊慌，乱动了几下，然后便一动不动了。它的脚不再爬行，身体的前部也失去了如同天鹅脖颈那种优美的弯曲状，触角软软地耷拉下来，如同一根折断了的手杖。它一直保持着这种状态。

蜗牛是否真的被蜇死了呢？没有，根本没有。我可以让这只表面上看似已死的蜗牛活过来。我把这位处于半死不活状态下的病人隔离开来，给它洗了个澡，尽管这对于取得实验的成功并非绝对必要。

两天过后，这只被萤火虫施以麻醉术的蜗牛终于复活了，它又能动弹了，又有感觉了。我用针尖刺它，它有反应，它开始蠕动，爬行，伸出触角，仿佛什么危险都没有发生过，像个没事人似的。那种昏昏沉沉、如死一般的全麻状态已经消失，它苏醒过来了。

对于蜗牛这样一个与世无争、平和温顺的对手，萤火虫又何必要先对之施以麻醉术呢？ 这使我想起了另一种昆虫，名叫德里尔虫，生活在阿尔及利亚。这种昆虫虽说不会发光，但其身体结构，尤其是在习性方面，与我国的萤火虫却颇为相似。德里尔虫以陆生软体动物为食，它所捕食的是一种圆口类的动物，这种动物有着美丽雅致的陀螺形外壳。一块结实的肌肉把一个石质封盖固定在这种圆口类动物身上，这个石质封盖把甲壳闭合得严严实实。这个封盖是个活动的门。居于甲壳内的隐居者只需缩回身子，封盖便立即盖上。当隐居者想要外出时，此门也很容易打开。德里尔虫被黏附器固定在蜗牛的甲壳表面，耐心地等待着、窥伺着，等着甲壳里面的蜗牛憋不住，露出身子，便立刻冲到门边，把门挡住，使之关闭不上，自己则进入门内，占领这个城堡。我并没有经常见到这种德里尔虫，但我认为，它的进攻策略与我们的萤火虫颇为相似。它钻进甲壳内，身子扭动几下，里面的隐居者也就丧失了反抗的能力。

我们还是回过头来谈谈我们的萤火虫吧。如果蜗牛在地上爬行，甚至就龟缩在壳里，萤火虫袭击它是很容易的事，因为蜗牛的壳没有封盖，而且，蜗牛身体的前部暴露在壳外，因此它无法自卫，很容易被伤害。即使蜗牛待在高处，紧贴在一棵禾本植物的茎秆上，或者紧贴在一块光滑的石头上，袭击者无从下手，但是，只要是这个外界的封盖稍有缝隙，它仍然难逃厄运。

萤火虫施以麻醉术时，总是非常小心、轻手轻脚地对待它的猎物，不想引起对方的注意，免得它挣扎、乱动，从高处掉到地上。如果猎物掉到地上，萤火虫也就不会再想方设法地寻找它了，因为它只是依靠运气去捕捉落入口中的猎物，而不想费心劳神地去寻来找去。因此，萤火虫在发动袭击的时候，从不掉以轻心，总是小心谨慎地不让猎物感到疼痛，使其肌肉失去反应，否则猎物便会从高处掉下地来，到嘴的猎物便化为乌有。由此不难看出，突然对猎物施以深度麻醉，一针见血，是它捕捉猎物的绝招。

萤火虫如何享用其猎物呢？它是不是真的在吃它？也就是说，它是不是把蜗牛切成细小的碎块，然后用自己所谓的咀嚼器把它们嚼烂、咽到肚子里去？我看并非如此。我所捕捉到的萤火虫，嘴上从未发现有固体食物的碎渣细末什么的。萤火虫的所谓“吃”，并不是真正意义上的那种吃，而是吮吸，如同蛆虫那样，把猎物化为汁液，然后吸入肚里。与双翅目昆虫爱吃肉的幼虫一样，萤火虫也是先把猎物变为流质，对之进行液化处理、加工，然后食之。我把我所见到的萤火虫“吃食”的过程介绍如下：

萤火虫对蜗牛施行了麻醉。它几乎总是单独操作，即使是遇到一只个头很大的蜗牛，它也不找助手。在它施行完麻醉手术后，总会有宾客不请自来，两三位，四五位，甚至更多。众宾客来到餐桌前，与食物的真正主人并无纷争，毫不客气地尽情享用，不分彼此。两天后，主人与食客都离去了，我便把蜗牛壳口冲下翻倒过来，只见壳里的东西如同锅口朝下倒浓汤似的，全流了出来。主客吃饱喝足了之后，不屑一顾地把残羹剩饭给撇下了。

事情很明显，我先前所说的“拉钩”之后，也就是萤火虫东一口西一口地轻轻拍击蜗牛之后，蜗牛昏死过去，然后，众宾客齐上阵，都在用特有的消化素对猎物进行加工，最后，蜗牛肉便变成蜗牛肉粥了，接着，大家便一起尽情享用，尽兴而去。这样看来，萤火虫嘴上的那两只弯钩外表上看去并无保护层，是其进攻猎物的利器，刺入对方体内，注入麻醉药剂，并使对方的肉质液化，而这麻醉药剂很有可能就是萤火虫的体液。在放大镜下仔细地进行观察，可以很清楚地看到它的这种微型器械，可我感到它们却不像是钩子。它们的中心是空的，与蚁蛉的那对工具颇为相似；蚁蛉就依靠这种工具吸食猎物的肉，而并不把猎物肉切成小细块。不过，萤火虫又与蚁蛉的表现颇为不同：蚁蛉用餐完毕，会从沙地的漏斗状陷阱中抛出大量的丰盛食物；而萤火虫有液化装置，绝不糟蹋食物，或者说，几乎不糟蹋食物。二者掌握着类似的工具，但是，一个是用来吮吸猎物的血液，而另一个则采用液化设备，使食物变成流质，全部食之。

有时候，蜗牛所处的位置不太好，难以保持平衡，但是，萤火虫毕竟动作敏捷，不以为然，干净利落地就处理完了。我透过喂养着萤火虫的那个大口玻璃瓶，清楚地看到了全过程。大口瓶上盖着一块玻璃，蜗牛沿着玻璃瓶内壁往上爬，一直爬到瓶口边沿，停了下来，用少许黏液把壳体粘挂在那儿。它只是在那里做短暂的停留，所以舍不得用太多的软体组织所生产出来的胶黏剂。这样一来，只要稍微震动一下瓶子，蜗牛壳口就会松脱，从粘黏的地方摔到瓶底。

我看到瓶子里的那只萤火虫也在不断地往高处爬去，爬到蜗牛暂时停留的地方。它依靠某种攀缘器官沿着瓶子内壁爬着，这种攀缘器官弥补了萤火虫足爪此刻的功能缺陷。萤火虫已经来到蜗牛的身旁，找到了一处可以下手的缝隙，便轻轻地拍击了几下躲在缝隙内的蜗牛，使之昏死过去，随即开动其液化装置，使蜗牛肉变为蜗牛肉汤，美美地吮吸起来。

当萤火虫吃饱喝足之后，蜗牛就剩下一个空壳了，肉没有了，汤也没有了。但是，这只空壳虽然只用了少许黏液粘在玻璃上，却并未开胶，仍然牢牢地粘在那里，没有丝毫的移位。壳中的那个隐居者没有挣扎，没有反抗，一点一点地从固态变成了液态，全都从萤火虫开始发起攻击的那个点上流了出来，流得干干净净，只剩下一个空壳了。由此，我们不难看出，萤火虫的麻醉手术之高超、之快速，简直是迅雷不及掩耳，让对方防不胜防。而且，我们还可以看出，萤火虫吃蜗牛的手段之奇妙，让人叫绝，都没有让蜗牛空壳从极其光溜而又垂直的玻璃瓶内壁上掉落下来，甚至都没让只有些许胶粘着的空壳有丝毫的晃动、移位，这真是不可思议。

萤火虫要在玻璃上或草茎上攀爬，它的又短又笨的爪子显然是无法承担这一重任的，必须拥有一种特殊的工具。这种特殊工具必须不怕光滑，能攀住无法抓住的物体。萤火虫确实拥有这种特殊工具。它的后腿末端有一个白色的点，用放大镜仔细观察，可以看到那上面约有 12 个很短小的肉刺，它们有时收拢起来，缩成一团，有时却又伸展开来，好似玫瑰花瓣。这就是它的吸附并移动的器官。萤火虫想要把自己附着在某个地方，甚至是个极其光滑的表面上，比如，附着在禾本植物的茎秆上，它就把这 12 个短小的肉刺展开来，呈玫瑰花瓣状，就可以牢牢地铺展在所吸附的物体上了，用身体的黏性把自己紧紧地贴附在支撑物上。这个特殊器官通过抬高和放低、张开和闭合，帮助萤火虫行走。总而言之，萤火虫可以说是一个双腿残疾者，它在自己的后腿放上一朵漂亮的白色玫瑰花，一种没有关节、可向四下里活动的有 12 个趾肢节的爪子，而这种管状的趾肢节，并非抓住而是黏附着物体。这个器官还有一个用途，它可以当作海绵和刷子来使用。萤火虫在进餐之后，使用这把刷子刷头、背、尾及两侧。它之所以全身上下地刷来刷去，是因为它的脊椎很柔韧，可以弯来弯去，哪儿都能够得着。萤火虫在这儿全身进行擦拭时，非常仔细，一处不漏，足见它对这种运动颇感兴趣，乐此不疲。它这样做的目的究竟是什么呢？很显然，它这是要擦去沾在身上的灰土或者蜗牛肉的残渣剩汤。

如果萤火虫只会像亲吻似的轻拍蜗牛，对它施以麻醉术，而没有其他什么本领的话，那它也就不会这么出名，这么家喻户晓了。它真正名扬四海的原因，是它能在尾部亮起一盏红灯。我们来特别仔细地观察一番雌性萤火虫吧。它在达到婚育年龄，在夏季酷热期间发出亮光的过程中，一直保持着幼虫状态。它的发光器是在腹部的最后三节处，其中前两节的发光器呈宽带状，另外一个组群是最后一个体节的两个斑点。具有那两条宽带的只有发育成熟了的雌性萤火虫；未来的母亲用最绚丽的装束来打扮自己，点亮了这光亮灿灿的宽带，以庆贺自己的婚礼，而在这之前，自刚孵化的时候起，它只有尾部的那个发光斑点，这种绚丽的彩灯显示着雌性萤火虫那惯常的身体变态。身体的变态使之长出翅膀，能够飞翔，从而宣告其生理演变过程的结束。这盏亮灿灿的灯点亮时，还标志着其交尾期即将来临。在这之后，雌性萤火虫就没有翅膀了，不能再飞翔，一直保持着这种幼虫的可怜的卑屈形态，但是，它的那盏明灯却始终点亮着。

雄性萤火虫则有所不同，它得到了充分的发育，改变了形态，拥有鞘翅和翅膀。与雌性一样，从孵化时起，它的尾部就有这盏明灯。总之，萤火虫不管是雌性还是雄性，不管是处在发育时期的什么阶段，其尾部均可发光，这就是整个萤火虫家族的一大特点。而且，这个发光点从背部或腹部都可以看见，但只有雌性萤火虫才有那两条宽带，才在腹部下面发光。

我的手和眼仍然很听使唤，做起解剖来还算得心应手，因此，我便想解剖一下萤火虫的发光器官，以便彻底搞清楚其构造。我终于成功地把一根发光宽带的大部分给剥离开来。我在显微镜下仔细地观察了这条宽带，发现其上有一种白色涂料，系极其细腻的黏性物质构成的。这白色涂料显然就是萤火虫的光化物质。紧靠着这白色涂料，有一根奇异的气管，主干很短但却很粗，下面长了不少的细枝，延伸至发光层上，甚或深入体内去。

发光器受呼吸气管的支配，发光是氧化所导致的：白色涂层提供可氧化的物质，而长有许多细枝的粗气管则把空气分送到这物质上。现在，我很想搞清楚这个涂层的发光物质究竟为何物。起初，人们以为那是磷，还把它加以燃烧，以化验其元素，但是，据我所知，这种办法并没获得理想的效果。显然，磷并非萤火虫发光的原因，尽管人们有时把磷光称为荧光。这个问题的答案肯定不在这里，而是另有原因。

萤火虫能够随意地散布它的光亮吗？它能否随意地增强、减弱、熄灭其亮光？它怎么做的呢？它有没有一个不透明的屏幕朝着光源，把光源或遮住或暴露呢？现在，我们对这个问题已很清楚，萤火虫并没有这样的器官，这样的器官对它来说是没有用的，它拥有更好的办法来控制它的明灯。若想增强光的亮度，遍布光化层的光管就会加大空气的流量；如果它把通气量减缓甚至停止供气，光度就变弱，甚至灯会熄灭。总之，这个机理犹如油灯的机理一样，其亮度是由空气进入灯芯的量来加以调节的。

遇到激动的情况，气管就运作起来，灯也就亮了。需要加以区别的是光带和尾灯这两种情况。其一，发光的是那漂亮的宽带，亦即已到婚育年龄的雌性萤火虫的独特饰物；其二，也就是那盏尾灯，萤火虫无论雌雄，无论长幼，都在其最后一个体节上点着一盏小灯。在这后一种情况下，由于突然的惊恐不安，萤火虫的情绪发生变化，这盏尾灯或完全地或近乎完全地熄灭。我在夜晚曾经捕捉过萤火虫，眼见那盏尾灯在草上发着亮光，可是，只要我稍不留神，碰着了那棵草，草一晃动，灯立即就熄灭了，我想要捕捉的这只昆虫也就不见了踪影。但是，发育完全的雌性萤火虫身上的宽光带，即使受到惊吓，也毫无影响，照样亮着。

我捉了几只雌性萤火虫，把它们关进笼子里，放到屋外，笼子旁边放了一把枪。我放了一枪，但枪声并未产生效果，宽带依旧在发光，与没有放枪前一样明亮。然后，我又用喷雾器把水雾喷洒到它们身上，它们身上的光带依然光亮闪闪，没有一盏灯熄灭，顶多也就是亮度上有短暂的减弱而已，而且也只是个别的雌性萤火虫这样，并不是每只都如此。我猛抽了一口烟斗，把烟吹进笼子里，光带的亮度倒是更加弱了，甚至灭了一会儿，但时间非常短暂。很快，萤火虫便平静下来，恢复了常态，灯又亮了起来，而且比先前还要明亮。在这之后，我又用指头抓住它，把它翻过来掉过去地折腾，又轻轻地摆弄它，只要捏得不太重，它照旧在发光，亮度也保持不变。即将处于交尾期的萤火虫，对于自己灯的光亮十分沾沾自喜，没有极其严重的情况发生，它们是不会把自己的灯完全熄灭的。

从各种实验的结果来看，极其明显的是，萤火虫是自己在控制着其身上的发光器，它可以随意地使之或亮或灭。不过，在某种情况下，有无萤火虫的调节都无关紧要。我从其光化层上弄下来一块表皮，把它放进玻璃管里，用湿棉花把管口堵住，免得表皮过快地蒸发干了。只见这块表皮仍在发光，只不过其亮度不如在萤火虫身上那么强而已。在这种情况下，有无生命并不要紧。氧化物质，亦即发光层，是与其周围空气直接接触的，无须通过气管输入氧气，它就像是真正的化学磷一样，与空气接触就会发光。还应该指出的是，这层表皮在含有空气的水中所发出的亮光，与在空气中所发出的亮光的强弱一样。不过，如果把水煮开，沸腾，没了空气，那么表皮的光就熄灭了。这就更加证明，萤火虫的发光是缓慢氧化的结果。

萤火虫发出来的光呈白色，很柔和，但这光虽然很亮，却不具有较强的照射能力。在黑暗处，我用一只萤火虫在一行印刷文字上移动，可以清楚地看出一个个字母，甚至可以看出一个不太长的词儿来，但是，在这小小的范围之外的一切东西，就看不见了，因此，夜晚，以萤火虫为灯看书，那是不可能的。

如果把一群萤火虫放在一起，彼此紧挨着，每只萤火虫都放着光，那么它的光就会通过反射而可以照亮旁边的萤火虫，我们似乎也就能够看清一只只的萤火虫了。但是，事实又并非如此。这群萤火虫只是杂乱无章地聚集在一起，就算彼此离得很近很近，我们也无法看清萤火虫的模样来，因为这所有的亮光把萤火虫全都混在了一起，成了模模糊糊的一片。

我通过照相技术非常清楚地证实了这种情况。我用钟形金属网罩罩住 20 来只充分发光的雌性萤火虫，把它们置于露天地里。罩子里，有一丛百里香插在其中央，形成一片小林子。夜晚时分，那 20 来只雌性萤火虫全都爬到罩子顶上去了；

它们在竭力朝各个方向展示它们那发光的服饰。因此，沿着百里香小枝形成了一串串的花序。我指望这一串串花序能够对相板和相纸产生作用，但是，我却未能遂愿，只得到了一些不成形的白色斑点，根据萤火虫群体的不同情况，有些地方浓些，有些地方浅些，而萤火虫的模拟斑点却一点也没有显现，连百里香丛的痕迹也没有显现出来。因缺乏充足的光照，美妙如画的光彩只显现出一团模糊不清的黑乎乎的水浆似的东西来。

由此看来，雌性萤火虫的灯光并不是用来照明的。那么，它到底是干什么用的呢？我想，它是用来召唤情郎的。但是，雌性萤火虫的灯是在其肚子下面冲着地面发光的，而雄性萤火虫则是在随意乱飞，它是在上面、在空中，有时是在老远的地方往下看的，应该说它是看不见雌性萤火虫那盏灯的。但是这种不正常的情况却被巧妙地予以纠正了。雌性萤火虫自有其高明的调情手段。每天晚上，天完全黑下来的时候，被我拘于钟形罩里的囚徒们就来到我用来作为监狱的百里香丛中。到了这个花丛中，它们便爬到显现得很清楚的细枝上，不像在灌木丛下时那样老老实实、安安生生地待着，而是在那儿做着激烈的体操运动，一个个把小屁股扭来扭去，一颠一颠地，朝这边扭一下，再朝那边扭一下，把灯光向各个方向打去，这么一来，寻偶求欢的雄性萤火虫从附近经过时，无论是在地上还是在空中，肯定都能看到这盏随时都在亮着的灯。这一招儿，有点像捕捉云雀的旋转镜子的运作方式。这面旋转小镜静止不动时，云雀对它并无什么反应，但是，它只要一旋转起来，把它的光弄成了迅速闪动的碎裂的光亮，云雀见了就会激动起来。

雌性萤火虫自有其召唤求欢者的绝招，而雄性萤火虫也不甘示弱，它有一种光学器具，能够老远就看到雌性萤火虫那盏灯所发出的最微弱的光。其护甲胀大成盾形，大大地超出了头部，像帽檐或灯罩似的伸向前去，它的作用就在于缩小视野，把目光集中于须识别的光点上去。而在其颅顶下面，长着两只大眼睛，非常鼓凸，呈球冠形，彼此接近，中间只有一条狭窄的槽沟，以便收放触须。它的这个复眼几乎占据了它的整个面孔，缩在大灯罩所形成的空洞里，真像库克普罗斯的眼睛。

雌雄萤火虫交配的时候，那盏灯的灯光会变弱，几近熄灭，只有尾部那盏小灯还亮着。春暖花开、暖意融融的时节，田野里，昆虫们都在求欢寻爱，低吟婚庆颂歌，陶醉于男欢女爱之中，萤火虫的这盏尾灯虽能通宵达旦地亮，也没有哪位去注意它的，不会发生任何危险。待交配完毕，萤火虫便立刻产卵，它们并无夫妻感情，没有什么家庭观念，没有慈母之爱，它把白白的圆圆的卵产在——或者更确切地说是抛撒在——随便什么地方。

有一点却非常奇怪：萤火虫的卵，甚至还在其母体内时，就是发光的。如果我在捕捉时，一不小心，捏破了雌性萤火虫那装满了卵的肚子，就会看到一道道汁液，闪闪发光地流在了我的指头上，好像我把一只装满磷液的囊给捏破了似的。我用放大镜仔细地进行了观察，确实是被挤出卵巢的虫卵所发出的光亮。此外，将要临产时，卵巢里的荧光已经显现出来了，雌性萤火虫肚皮表面已经在透出一种柔和的乳白色的光。

卵产下不久就会孵化。萤火虫幼虫雌与雄的尾部都有一盏小灯。寒冬将至时节，幼虫会到地下不太深的地方，顶多也就三四寸深。我在大冬天里，从地下挖出过几只幼虫，发现它们的尾灯一直亮着。四月将要来临，天气转暖，幼虫便钻出地面，继续完成其演化过程。

总而言之，我通过观察研究得知，萤火虫自生下来之日起，一直到寿终正寝时止，都一直在发光。它的卵在发光；它的幼虫在发光；雌性萤火虫亮着的是华丽的灯；雄性萤火虫保留着幼年时期的那盏已有的小灯。对于雌性萤火虫光带的作用，我可以说是已经有所了解了，但是，它的尾灯又是干什么用的呢？我很遗憾地说，我尚不得而知。昆虫物理学要比我们书本上的物理学更加深奥，这个问题可能在很长的时间里，甚至在永远的将来，也都会是个不解之谜。

红蚂蚁

如果把鸽子运到几百里远的地方，它会自己返回自己的鸽舍里；燕子能从它在非洲的居住地飞越大海，重新回到自己的旧巢里去。在这么漫长的旅途中，它们依靠什么来寻找方向呢？是依靠视觉吗？《动物的智慧》一书的作者、睿智的观察家图塞内尔，对自然状态下动物的了解可谓独此一家，他认为是视觉和气象在指引信鸽寻找方向。他在书中写道："法国的这种鸟凭借自己的经验获知，严寒源自北方，炎热来自南方，干燥生于东方，潮湿出自西方。它具有足够的气象知识，可以为自己辨别方位，指导飞行。放在用盖子盖住的篮子里的鸽子，从布鲁塞尔运到法国南部的图鲁兹，它们是绝对不可能用自己的眼睛把自己所经过的地方记录下来的，但是，没有人能够阻止它们根据对大气热度的印象，感觉到自己是向南方走去。等到到达图鲁兹之后，它便知道自己的鸽舍是在北方，应往北边温度较低的地方飞去，于是，它们便一直朝这个方向飞着，直到飞抵的空域的平均温度是它所居住的区域的温度时，才会停止飞翔。如果它未能立刻找到自己家门的话，那就说明它不是飞得偏左了，就是飞得偏右了。这时候，它只需往东边或往西边寻找一番，花上几个小时，就可以把自己飞行路线上的偏差纠正过来了。”

如果位置的移动是北—南方向，那么这个解释就非常诱人，但这个解释却不适用于在等温线上的东—西方向的移动。另外，这种解释存在着一大缺点：它无法推而广之。猫穿过第一次来到的城市的大街小巷组成的迷宫，从城市的一端跑到另一端，回到自己的家中，这就不能归之于视觉的作用，也不能说是气候变化的影响。同样，我的石蜂也不是凭着视觉的指引，特别是当它们在密林中被我放出来时，它们飞得不太高，离地面只有两三米，没有可能看清这个地方的全貌，以便在脑海中绘出图来。它们被放飞之后，只是稍加犹豫，在我身边绕了几圈，便朝北边飞去。尽管密林深处树木繁茂，枝叶交错，尽管丘陵高高，连绵不断，它们顺着离地面不高的斜坡往上飞，越过一切障碍。视觉指示它们避开了种种障碍，但却并未告诉它们应往哪个方向飞。至于气候，也起不了作用，因为在这么短的几公里的距离之内，气候是没有什么变化的。即使它们的方位感很强，可它们的巢穴所在的地方与放飞地点的气候完全一样，冷热干湿的变化不大，所以它们对往何处飞去并无把握。我在想，一定是有着一种什么神秘的东西在指引着它们，它们肯定具有我们人类所不具有的特别的感觉。达尔文的权威无人藐视，他也持这一观点。想了解动物对地电是不是具有感应作用，想了解动物是不是受到紧贴于身的一根磁针的影响，这不就是在承认动物具有一种对磁性的感觉吗？我们人类有这样的感官官能吗？当然，我说的是物理学的磁力，而不是梅斯梅尔或卡廖斯特罗所说的所谓磁力。

这种未知的感官官能是否存在于膜翅目昆虫身上的某个部位，以某个特殊的器官来感知的呢？我们立刻便会想到它的触角。当我们对昆虫的习性不甚了解时，总是把它的怪异行为归之于它的触角，认为它的触角上一定有什么我们所不了解的特殊的东西存在。可是，我完全有理由对触角具有指示方向的能力表示怀疑。当毛刺砂泥蜂在寻觅昆虫时，它的确是用自己的触角在不断地拍打着地面，如同用手指轻弹地面一样。但这种仿佛在引导昆虫捕猎的探测丝大概并不可能被用来指引昆虫的飞行方向。为了搞清这个问题，我做了一些实验。

我把几只高墙石蜂的触角尽量齐根剪去，然后，把它们弄到别处去放飞，可它们像其他石蜂一样，很容易就回到自己的巢里了。我还以同样的方法对我们这一地区最大的节腹泥蜂

（栎棘节腹泥蜂）进行了实验。这种捕食象虫的泥蜂也同样很容易就回到了自己的居所。因此，我便把触角具有指示方向官能这种假设给抛弃了。那么，昆虫的这种感觉官能究竟存在什么地方呢？这我并不知道。

我所知道的，而且是通过实验清楚地知道的，就是没有了触角的石蜂，回到自己的蜂房之后并不恢复工作。它们只是一味地在自己所建造的建筑物前飞来飞去，在石头子上歇息，在蜂房的石井栏边停一停。它们仿佛是在那儿悲苦地沉思默想，久久地凝视着那尚未完工的建筑物。它们离开了又回来，把周边的所有不速之客统统赶走，但它们再也不会去运送蜜浆或灰泥了。第二天，我没有再见到它们，不知它们去了哪里。工人没有了工具，哪儿还有心思干活儿？石蜂在垒屋砌窝时，总是用触角不停地拍打着、探测着、勘探着，仿佛依靠自己的触角把活儿干得精细完美。触角就是它们的精密仪器，如同建筑工人的圆规、角尺、水准仪和铅绳。

我一直在用雌性昆虫做实验，它们出于母性，对窝的建造更加忠实卖力。如果用雄蜂做实验，把它们弄到别的地方，会出现什么情况呢？我原本对这些情郎并不看好。它们有这么几天工夫，围着蜂房乱哄哄地飞来飞去，等着雌蜂从蜂房出来，你争我夺，争风吃醋，然后，你就再也见不着它们的踪影，它们根本不去过问房屋居室盖到什么程度了。我就在想，对于雄蜂来说，留在出生的蜂房或去别处安家，有什么大不了的，只要那儿可以找到妻子或情人就可以了！可是，我想错了，错怪了它们，雄蜂回到蜂房里来了。我考虑到雄蜂身体弱小，没有把它们弄到很远的地方去放飞，只让它们飞了一公里左右的路程。不过，尽管路途不算遥远，但对于雄蜂来说，这仍然是从陌生之地起飞的一次远程航行，因为我还从未见过雄蜂飞过这么长的距离。

有两种壁蜂——三叉壁蜂和拉特雷伊壁蜂——也同样飞到我的荒石园昆虫实验室的蜂房里来。它们在石蜂留下的洞穴里建房搭窝，来的最多的是三叉壁蜂。这是探究这种定向感觉在多大程度上遍及膜翅目昆虫的大好机会。的确，三叉壁蜂无论雌雄都知道返回窝里。我进行了一些短距离的实验，用的蜂不多，实验的结果与其他实验的结果相同，因此，我对自己的结论完全信赖。总之，加上我以往所做的实验，得出的结论是，有 4 种昆虫能够返回自己的窝里，它们是棚檐石蜂、高墙石蜂、三叉壁蜂和节腹泥蜂。我可否就此而将我的这一结论推而广之，认为昆虫就是具有这种从陌生的地方返回自己的家园的能力呢？我还不敢这么说，因为据我所知，下面的一种相反的结果就很能说明问题。

在我的荒石园昆虫实验室里，有许多实验品，首推红蚂蚁。这种红蚂蚁犹如捕猎奴隶的亚马孙人，它们不善于哺育儿女，不会寻找食物，即使食物就在身边也不会去拿，必须依靠仆人们伺候她们进食，帮它们料理家务。红蚂蚁就是这样，专门去偷别人的孩子来伺候自己家族。它们抢掠邻居家的不同种类的蚂蚁，把别的蚂蚁的蛹掠到自己的蚁穴里来，不久之后，蛹蜕了皮，就成了红蚂蚁家中拼命干活的奴仆了。

炎热的夏季来到时，我经常看见这些“亚马孙人”从它们的营地出发，前去远征。这支远征的队伍竟长达五六米。如果沿途未遇见什么引起它们注意的事情，那它们的队形就始终保持不变；但是，如果突然发现了蚂蚁窝的话，前排打头的红蚂蚁就立刻停下脚步，变成散兵队形，乱哄哄地围成一团打转。这时候，后面的红蚂蚁便聚到这个蚁团中来，越聚越多。一些侦察尖兵被派出去打探，如果发现情况搞错了，它们便恢复原来的队形，继续前进。它们穿过园中小路，消失在草地中，但一会儿又在稍远点的地方出现了，然后又钻进枯枝败叶堆里，再大模大样地钻出来，就这样一直在寻寻觅觅。最后，终于发现了一个黑蚂蚁窝，红蚂蚁就急不可耐地闯入黑蚂蚁蛹穴里去，不一会儿，携带着各自的战利品纷纷爬出来。有时候，在这地下城市的城门口，遇上黑蚂蚁在守卫着，一方要尽力守护自己的财产，另一方则势在必得，双方混战一场，场面颇为惊心动魄。由于敌我双方力量的悬殊，胜利者当然是红蚂蚁。这帮强盗，一个个用大颚咬住黑蚂蚁的蛹，急急忙忙地往回家的路上赶。不了解奴隶制的读者，可能对这种亚马孙人的抢掠故事感到有趣，可我却不想多谈这种事情，因为这个故事与我想要讲述的昆虫返回窝巢的主题有所偏离了。

抢掠蚁蛹的红蚂蚁的运输距离之远近，取决于附近有没有黑蚂蚁。有时候，十几步路的地方就有黑蚂蚁穴，有时候则必须跑到 50 步，甚至 100 步开外的地方去寻找。我只看到过一次红蚂蚁远征到园子以外的地方去。它们爬上园子那 4 米高的围墙，翻过墙去，一直爬到远处的麦田里。至于要走什么样的路，这支征服大军并不在意。荒芜的不毛之地、绿草茵茵的草坪、枯枝败叶堆、砖石建筑、杂草丛等，它们都可以爬过去，并不挑挑拣拣，有所偏好。

然而，返回的路却是不可改变的，必须原路返回，无论原路是多么曲曲弯弯，高低不平，是否难行。由于捕猎的必然性，红蚂蚁往往要经由十分复杂难行的路途，但即便如此，它们在获得战利品返回家园时，仍旧是走原先来时的路，即使原路艰险万分，它们也始终不渝，绝对不会改变路线。

如果它们去时经过的是厚厚的枯叶堆，那对它们来说，就等于是满地深渊的地带，稍有不慎，一失足便掉进深渊里了。一旦掉到很深的凹处，往上爬到摇摇晃晃的枯枝桥上，然后再走出这小路纵横交错的迷宫，红蚂蚁就得累个精疲力竭，浑身散架。即使这样，它们仍旧是死心塌地地沿着原路走。如果想偷点懒，旁边就是一条好走的道，十分平坦，而且离原路只一步之遥，可是，它们就是看不到这仅仅一步之隔的平坦大道。

有一天，我发现它们又出发去抢掠了，在池塘砌起的护栏内边排着长队往前挺进。头一天，我已经把池塘里的两栖动物换成了金鱼。突然间，一阵强劲的北风吹袭过来，从侧面狠狠地吹刮着它们，把好几排兵丁被刮落到池塘中去。金鱼一见，立刻加速游了过来，张开那对于红蚂蚁来说深如巷道的大嘴，把落水者全都吞进肚里。天有不测风云，红蚂蚁大队尚未越过天堑，便伤亡惨重。我心里在想，它们归来时应走另一条道，何必非要经由这致命的悬崖峭壁呢？ 但情况并非如我所料。大颚里咬着黑蚂蚁蛹的长队伍仍然是原路返回，尽管明知这条路崎岖艰难，有致命的危险。这对金鱼来说，倒是再好不过的了，它们得到了从天而降的双份食物：红蚂蚁和它的猎物。这不可理喻的顽固的红蚂蚁大队，宁愿损兵折将，也非要原路返回。

这帮亚马孙人之所以这么固执，看来是因为它们有时出外抢掠的路途较远，如果不原路返回，很可能迷路，回不了家。毛虫从窝里出来，爬到另一根树枝上去寻找更合适的可口的树叶时，在自己走过的路上留下丝线，然后再沿着这条丝线回到自己的家中。这就是远行时会遇到迷路的危险的昆虫所能够使用的最基本的方法：一条丝线把它们带回家。比起毛虫极其简单幼稚的寻路方法来，我们对于依靠感官定向的石蜂以及其他一些昆虫的了解就非常少了。

红蚂蚁这种抢掠者虽然也属于膜翅目类，可它们出外返家的办法却是少得可怜。这从它们只知从刚刚走过的路往回返就可以看得出来。它们这是不是在某种程度上仿效毛虫的办法呢？当然，它们沿途并不会留下指路的丝，因为它们身上并没有这样的器官。那么，它们会不会一路上散发出某种气味，譬如甲酸味什么的，以便通过嗅觉引导方向？许多人是持有这种看法的。

据说，蚂蚁就是通过嗅觉来辨别方向的，而它的嗅觉就在它那始终动个不停的触角上。我对这种看法持有怀疑。首先，我并不相信嗅觉会存在于触角上，其理由我已经提到过了；再者，我希望通过实验来证明红蚂蚁并不是依靠嗅觉来辨别方向的。

我时间很紧，没工夫一连几个下午去观察我的那些亚马孙人大队的出发，而且，即使浪费了这么多时间去跟踪观察，往往也无功而返。可我有一个小助手，她没我那么忙，她名叫路易丝，是我的小孙女，我每每跟她讲述蚂蚁的故事时，她都很感兴趣，而且还刨根问底。我把任务交给她时，她高兴得什么似的，对小小年纪就能为科学做出贡献感到十分自豪。于是，天气晴朗时，她便满园子跑，寻找红蚂蚁，监视红蚂蚁，仔细辨认它们列队前去打劫黑蚂蚁窝的路径。她这已不是第一次充当我的小助手了，对她的认真负责，我是非常放心的。有一天，我正在记笔记，听见有人嘭嘭地直敲我的书房门：

“是我，路易丝，快来，爷爷，红蚂蚁爬到黑蚂蚁窝里去了。快来呀！”

我连忙打开房门，问她道：“你看清楚它们走的路了吗？”

“看清楚了，我还做了记号哩。”

“做了记号？怎么做的？”

“像小拇指那样做的呗，我把小白石子撒在红蚂蚁走过的路上。”

我赶忙跟着她跑到园子里去。没错，我的6岁的小助手说得没错。她事先准备好了一些小白石子，看到红蚂蚁大队人马浩浩荡荡地列队走出兵营，她便跟随其后，在它们行经的路上，隔一段撒上点小白石子。这帮亚马孙强盗打劫抢掠之后，便开始沿着小白石子所标示的那条路返回来。打劫地点与它们的家相距百米。这样一来，我便有时间进行事先利用空闲所策划的实验了。

我抄起一把大扫帚，把红蚂蚁的行军路线扫得干干净净，扫出的路面有一米宽，路面上的浮土全都扫尽，撒上点别的粉状材料。如果原先的浮土上留有红蚂蚁的气味的话，现在，浮土扫尽，粉状材料已经更换，红蚂蚁肯定会被弄得晕头转向，辨别不清方向。我把这条路的出口处分割成彼此相距几步远的 4 个路段。

现在，红蚂蚁大队来到第一个切割开来的地方，它们明显在犹豫。有的在往后退去，然后又返回来，接着又往后退去；有的则在切割开的部分的正面徘徊彷徨；有的就在侧面散开来，似乎想要绕开这个陌生的地方。蚁队的先头部队一开始是聚集在一起的，结成一个有几十厘米的蚁团，然后就散开，宽度有三四米。这时候，后续部队也拥上前来，在这障碍物前越聚越多，相互堆挤在一起，乱哄哄一片，茫然不知所措。最后，有几只大胆的红蚂蚁，毅然决定冒险走上那条被扫过的路，其他红蚂蚁随后便跟了上来；与此同时，有少数红蚂蚁则绕了个弯，也走上了原先的那条路。其后面的那几个切割路段，它们同样也这么犹豫来犹豫去的，但最终，或直接地，或从侧面绕着，都走上了来时的那条路。我虽然设下了圈套，扫清道路，分段切割，但红蚂蚁最终还是沿着有小白石子标示的那条来时路返回去了。

这个实验似乎说明红蚂蚁的嗅觉确实是在起作用。凡是在被切割的路段，红蚂蚁 4 次都同样表现出犹豫不决来，但它们最后还是踏上了原路，回到家中。这也许是我清扫得还不够干净彻底，一些有味道的浮土仍然残留在原来的那条路上。绕过扫干净的地方走的红蚂蚁，有可能是受到扫到一旁的浮土的气味所指引。因此，我还不能急着下结论，在表示赞成或反对嗅觉起作用之说以前，我必须在更好的条件之下，再进行实验，必须把它们留在一切材料上的气味全部消除干净。

几天之后，我认真细致地制订了新的计划。小路易丝又帮我去进行观察。很快，她就跑回来向我报告，说红蚂蚁出洞了。这我并不感到惊讶，因为时值六月，下午天气闷热难耐，特别是大雨将要来临，红蚂蚁很少不爬出洞外来的。我仍旧把小白石子撒在红蚂蚁走过的路上，撒在我选定的最有利于实现我的计划的地方。我把一根作为园子浇水用的帆布管子接到池塘的一个接水口上，把阀门打开；红蚂蚁经过的路径被管子里的汹涌喷射出来的水给冲断了，冲出一个一步宽的大缺口，冲出好远好远去。我就这么猛冲了有一刻钟的工夫。然后，当红蚂蚁抢掠归来，走近这儿时，我减缓水流的速度，减小水层的厚度，免得让它们过于费劲乏力。如果这帮强盗必须经由原路返回的话，那它们就必须越过这一巨大的障碍。

红蚂蚁的先头部队在这个大缺口面前犹豫了很长很长的时间，后面的红蚂蚁们有足够的时间赶上前来，与排头兵们聚集在一起。只见它们最后利用露出水面的卵石，走进了急流；然后，脚下的基础没有了，那些最大胆最勇敢的便被流水卷挟而去，但它们的大颚仍旧紧紧地咬着，不肯丢弃自己的猎获物，就这样随波逐流，最后被冲到凸出的地方，又到了河岸边，重新找寻可以涉水渡河的地方。地上有几根麦秸秆儿被冲得到处都是，这便是红蚂蚁需要爬上的摇晃不稳的独木桥。有一些橄榄树的枯枝，被咬着猎获物的乘客们当作木筏。有一部分最勇敢的红蚂蚁，靠着自己的胆量，也靠着好运气，没有利用任何渡河工具，涉水而过，爬上了对岸。我看到有些红蚂蚁被水流卷带到此岸或彼岸两三步远的地方，看上去它们非常焦急，不知究竟如何是好。在这支溃散部队的一片混乱惶恐之中，在遭到这个灭顶之灾的时候，我没发现有哪一只红蚂蚁把嘴里的猎获物丢弃。它们是宁可死也绝不丢掉战利品的。总而言之，它们总算渡过难关，勉勉强强，凑凑合合地战胜了激流险滩，而且是从规定的路线渡过去的。

在这之前，湍急的水流已经把路段清洗干净，而且，在它们忙于渡河的时候，仍不断地有新的水流流过，因此，我觉得，经过我这么一折腾，路上留下的气味应该是没有了，这个问题可以排除在外了。如果这条路上有丁酸味道，我们的嗅觉也嗅不出来，至少在我所说的条件下感觉不出来。现在，我来用一件更加强烈而且我们可以嗅得出来的气味来代替，看看会出现什么情况。

我来到第三个出口处，在红蚂蚁必经之路上，拿几把薄荷叶把地面擦拭了一番。这薄荷叶是我刚从花坛里亲手摘的，很新鲜，气味挺浓。在路的稍远处，我又用薄荷叶铺在地上。红蚂蚁抢掠归来，经过用薄荷叶擦拭过的地方时，没有显出担心、犹豫，而来到薄荷叶覆盖着的地段时，也只是稍加犹豫，便毅然决然地走了过去。

经过这两次实验——用水冲刷路面的实验和用薄荷叶改变气味的实验——之后，我觉得，再认为是嗅觉在指引蚂蚁沿着原路返回家园的，那就没有道理了。我再做一些别的测试，我们就会明白了。

现在，我对地面未加改变，而是用几张很大的纸张，横铺在路面上，用几块小石头把它们压住，弄平。这块纸地毯彻底地改变了道路的外貌，但丝毫没有去掉可能会有的气味。红蚂蚁爬到这纸地毯面前，犹豫不决，疑惑不解，比面对我所设下的其他圈套，甚至激流，都要更加犹豫不决。它们从各个方面探查，一再地前进，后退，再前进，再后退，最后才铤而走险，踏上了这片陌生的区域。它们终于穿越了纸地毯。通过之后，大队人马又恢复了原先的行进行列。

我在稍远处还设下一个圈套，在静候着这帮亚马孙人抢掠大军。我用一层薄薄的细沙把路给切断，而这条路原本是浅灰色的。道路颜色这么稍加改变，就会让红蚂蚁颇费一番踌躇。它们在这层薄薄的黄沙面前就像先前面对纸地毯一样，犯起嘀咕来，不过，它们犹豫的时间并不长，很快，就毅然决然地穿越了眼前的这道障碍。

无论是黄沙铺地还是用纸铺成地毯，都没有使来时路上的气味消失掉，但红蚂蚁走到这些障碍面前时，都要先犹豫再三，停止前进，这就说明并不是嗅觉而是视觉使它们最终找到了回家的路。没错，是视觉在起作用，只不过它们的视力十分微弱，只要移动几个卵石就能改变它们的视野。由于它们近视得厉害，所以，一条纸带，一层薄荷叶，一层黄沙，甚至更加微小的改动，对它们来说，简直就是面目全非，致使这些兴冲冲带着战利品班师回朝的抢掠大军焦急不安地在这陌生地带举步不前，徘徊彷徨。最终之所以还是穿越了这些可疑的地区，那是因为它们经过反复尝试，企图穿过这片经过加工改造的地带的过程中，有几只蚂蚁终于认出了前面有些地方是它们所熟悉的，而其他的蚂蚁对这些视力较好的同胞十分信赖，便跟着它们穿了过去。

当然，光靠这么点微弱的视力还是不够的，这些亚马孙人强盗还具有精确的记忆力。蚂蚁还有记忆力？那它的记忆力是怎么回事？它的记忆力跟我们的有何相似之处？对于这些问题，我无从回答，但是，我可以明确地说，昆虫对于自己到过一次的地方是记得很准确的，而且还记得非常牢。这一点我可没少发现。我甚至还观察到这样的情况：红蚂蚁抢掠的猎获物太多，一趟搬不完，或者，这支远征军发现某处黑蚂蚁非常非常多。于是，第二天，或者第三天，它们还会进行第二次远征。在第二次同一条线路的远征中，大队人马无须沿途寻找，而是直奔目的地。我曾经沿着两天前这支抢劫大军所走过的那条路撒下小石子作为标记，我惊奇地发现它们走的是同一条路，走过一个石子又一个石子。我事先就在推测，它们会根据我所做的路标，沿着我的石桥墩向前迈进。情况果然如此，没有出现什么大的偏离。

它们所走的路是两三天前的路，路上留下的原有的气味应该已经散尽，不可能保持这么久的。所以我得出结论，是视觉在引导远征的红蚂蚁们。当然，除了视觉之外，还有它们对地点的极其准确的记忆。而它们的这种记忆力强到能把印象保留到第二天，第三天，甚至更久。这种记忆力极其精确，因为它在引导红蚂蚁穿越各种各样的地形地貌，沿着前一天或前几天所走过的路返回家园。

如果遇到不认识的地方，红蚂蚁会怎么办呢？除了对地形的记忆以外（在此，记忆力已于事无补，因为我假设这个地区还没有被探测过），它们会不会像石蜂那样，即使是在小范围内也有指向能力呢？能不能返回自己的居所，或者跟正在行进的大队会合呢？

这支抢掠大军并未搜寻园子里的角角落落。它们尤为喜欢探索的是北边，毫无疑问，在北边抢劫的收获最大。所以，它们的大队人马通常总是向北边开拔。在南边，我却很少见到它们光顾。因此，它们对园子的南边即使不是完全不认识，起码也是不如对北边那么熟悉。在作了这番交代之后，我们一起来观察，红蚂蚁在这片它们不太熟悉的地方会有什么样的表现。

我守候在红蚂蚁穴旁边。在大队人马抢掠归来的时候，我把一片枯叶放在一只蚂蚁面前，让它爬到叶子上面去。我没有去碰它，只是把它运送到离长长的队伍有两三步远的地方去，当然是往南边的两三步远处。这么远的距离，又是它所不熟悉的环境，它立刻便晕头转向了。我看到这只小红蚂蚁被放到地上之后，漫无目的地在寻觅着，茫然不知所措，但是，嘴里的战利品并没有抛弃。只见它急匆匆地奔跑着，与自己的同伴的距离越来越远，可它还以为是在追赶队伍哩。不一会儿，它又折返回来，又走远去，东边试探一番之后又转向西边，向四面八方去探寻，但总也找不对路。其实，它的同伴们就在离它两步远的地方在向前挺进。我还记得有几只这样的迷路者，左寻寻右觅觅，忙活了半个小时，又急又慌，始终走不上正道，而是越离越远，但大颚仍旧咬着黑蚂蚁蛹不放。它们后来的结局是什么？ 它们把它们的战利品如何处置了？ 我没有时间也没有耐心一直跟踪这几个迷路的强盗。

这种膜翅目昆虫显然没有其他膜翅目昆虫所具有的指向

感觉。它们只不过是能够记住所到之处而已，除此之外，没有其他方面的特长。只要让它偏离主路两三步远，它就会迷失方向，无法与家人团聚；而石蜂则不然，即使飞越几公里，也能找准方向，这难不倒它。这种奇妙的感官只有几种动物才具有，而我们人却并不具备，我曾经对此深感惊讶。人与这几种动物在这个方面的差别竟然如此之大，很引起人们的争议。现在，这种差别已不复存在，进行比较的是两种十分相近的昆虫，两种膜翅目昆虫，它们之间竟然也有这么大的差异！如果它们是从一个模子里出来的，那为什么一种膜翅目昆虫具有某种官能，而另一种膜翅目昆虫却并不具有呢？多了一个官能，这可非同小可，比起器官上的某个小问题来，这可是非常重要的特征啊！我对此不甚了了，我盼着进化论者能向我提供一个站得住脚的理由来。

我前面已经看到了这种对准确地点的惊人的记忆保持得那么久而且记得那么牢，那么，这种记忆力到底好到什么程度，竟然能把印象铭刻在心里？红蚂蚁需要多次走过或者只要一次远征就能知道沿途的地形地貌吗？它所走过的路线是不是一下子就深印在它的记忆之中了？红蚂蚁在出动去抢掠黑蚂蚁窝时，它们并没有固定的目标，是随心所欲地这么往前走的，边走边搜索，所以它们想往何处去搜寻猎物，我们无从干预。现在，让我们一起来观察一下其他膜翅目昆虫是怎么做的吧。

我选定蛛蜂作为观察对象。我在此不准备专门介绍蛛蜂的习性。它们捕食蜘蛛和掘地虫。它们先抓住猎物，把它麻醉之后，留给未来的幼虫当作食粮，然后再建住所。如果携带着沉重的猎物去寻找适合筑窝建巢的处所，那是极其困难，很不方便的，因此，它便把猎获的蜘蛛什么的存放在草丛或灌木丛这样高一些的地方，以防不劳而获、坐享其成的其他昆虫，尤其是蚂蚁，趁自己不在时，把猎物给蚕食或糟蹋了。把猎物存放好之后，蛛蜂便去寻找一处合适地点，挖洞穴，筑窝巢。在建房造屋的过程中，它仍会时不时地飞去看看它存放的猎物；轻轻地咬一咬，拍一拍猎物，似乎因获得如此丰盛的食物而沾沾自喜，乐不可支；然后，它又回到建筑工地，继续挖洞建房。如果它觉得情况有点不对头，它不仅会去探看猎物，还会把猎物搬到离建筑工地近一些的地方来，当然，仍旧是存放在较高的地方。蛛蜂确实是这么做的，所以我可以利用这一特点去了解一下它的记忆力究竟好到什么程度。

当蛛蜂在地下忙着挖洞筑巢的时候，我便把它的猎物拿走，放在离原存放点仅半米远的空旷处。不一会儿，只见蛛蜂飞过来查看自己的猎物了，它径直飞向存放点。它对所走的方向非常有把握，对存放点记得非常清楚，这很可能是它此前曾多次来过这儿的缘故？我没见它以前来过，所以对此不敢妄加推测。总之，蛛蜂一下子就找到了存放猎物的草丛。它在草丛上走过来走过去，仔细查找猎物，多次回到存放猎物的那个点。最后，它确信自己的猎物已不翼而飞，便用触角拍打地面，慢慢地在存放点四周再仔仔细细地搜寻，终于发现猎物就在一旁不远处的一个空旷的地方。它觉得莫名其妙，非常惊讶。它朝猎物走去，突然猛地一惊，往后直退。猎物是活的还是死的？是我刚才捕获的那个猎物吗？它那模样好像是在作如是想。其实并不是这么回事。

蛛蜂只犹豫了不大的一会儿，然后便咬住猎物，倒退着拉住它，把它拉到离第一次的存放点两三步远的植物丛里，存放在高处。接着，它又回到工地，又挖了一段时间。我趁它返回工地时，再一次把它的猎物移换了位置，把它放在离存放点稍微远一点的光秃秃的空地上。这种情况很适合评判蛛蜂的记忆力，已经有两个草丛作为它的猎物存放处了。第一个草丛，蛛蜂十分准确地回到了那里，这很有可能是因为这个存放点它已来过多次，有较深的印象，但我并未观察到；而对第二个草丛，它的记忆中肯定只有一点肤浅的印象，它并没经过仔细观察，便选定了，只是匆匆忙忙地把猎物挂在草丛高处，便急急忙忙地返回工地去了。这第二个存放点是它第一次看到，而且是经过时匆忙看到的。这么匆匆一瞥，它能记得很准确吗？另外，在昆虫的记忆中，两个地点现在可能被搞混淆了，第一个存放点跟第二个存放点会让它不知谁先谁后。它究竟会往哪儿去探看呢？

我们很快就能知晓结果。蛛蜂已离开洞穴，再一次去查看自己存放的猎物。它径直奔向第二个存放点，在那儿找了很久，怎么也找不到自己的猎物。它明明知道自己就是把猎物存放在那儿的，怎么会找不着呢？它继续在那儿寻找着，根本没有打算回到第一个存放点去看看。对于它而言，第一个存放点已不复存在，它关心的只是这第二个存放点。只见它在原地找个遍之后，又往四周继续寻过去。

它终于在那个光秃秃的空旷地找到自己的猎物，是我把猎物放到那儿去的。蛛蜂立即把寻找回来的猎物存放到第三个草丛高处。我又对它进行了测试。这一次，蛛蜂毫不迟疑地就直冲第三处草丛奔去，根本没有与前面两个存放点发生混淆，对头两处它根本不屑一顾，足见它的记忆力是十分准确的。我以同样的方法又继续进行了两次实验，蛛蜂总是直奔最后的那个存放点，对先前的存放点根本不予理会。蛛蜂这个小家伙的记忆力真是惊人，令我叹服。一个与别处并无多大不同的地方，它只要匆匆忙忙地瞥上一眼，就能够深深地印在记忆之中，何况它还有很多的活儿要干，还得忙着建房造屋，操心的事不少。我们作为高级动物，我们的记忆力能够始终像蛛蜂那么好吗？我看未必。回过头来再看看红蚂蚁，它也具有与蛛蜂同样的记忆力，因此，它在长途跋涉之后，沿着原路返回家中，也就没有什么可以怀疑，没有什么无法解释的了。

现在，我再来给蛛蜂制造点麻烦，增加点难度。我用指头在土里按下一个印，弄出个凹坑，把蛛蜂的猎物放进这个小凹坑里，上面用一片薄薄的叶子把它盖好。蛛蜂来到猎物存放点之后，居然从叶子上穿过，在上面走过来走过去，却并没想到自己的猎物就在叶下。然后，它又往四周去寻找，终无所获。这就说明，指引它的并非嗅觉，而是视觉。在此期间，它的触角一直在不停地拍打着土地。那么，触角这个器官究竟起到什么作用呢？这我说不清楚，我只知道它不是嗅觉器官。通过对砂泥蜂寻找灰毛虫的实验，我已经得出了这个结论；现在，我所得到的证据已经经过实验，我觉得这是决定性的，毋庸置疑。我还得指出，蛛蜂的视力很弱，所以它虽经常在离自己猎物不远的地方来来往往地寻找，却没能一眼就看到自己那被我挪了窝儿的猎物。

天 牛

年轻时，我曾经面对著名的肯迪拉克的雕像顶礼膜拜。肯迪拉克认为天牛具有很强的嗅觉，它嗅着一朵玫瑰花，然后仅仅依靠所闻到的香气，便能产生各种各样的念头。对于这种推理，我曾经一直深信不疑了整整 20 来年，对于这位富有哲学思想的教士的神奇说教佩服得五体投地。我以为，只要嗅一下这个伟人的雕塑他就会活过来，能使我增强视觉、记忆、判断等方面的能力。然而，经我的良师们——昆虫们的耐心教导，我抛弃了这种幻想。昆虫们所提出的问题比起教士的说教来，更加深奥，更加使我受益匪浅。天牛将要告诉我的就是这种颇有教益的知识。

冬天即将来临，天总是灰蒙蒙的，这是冬日的明显前兆。我开始储备树段、木头，以备过冬取暖之用。我还向樵夫们订

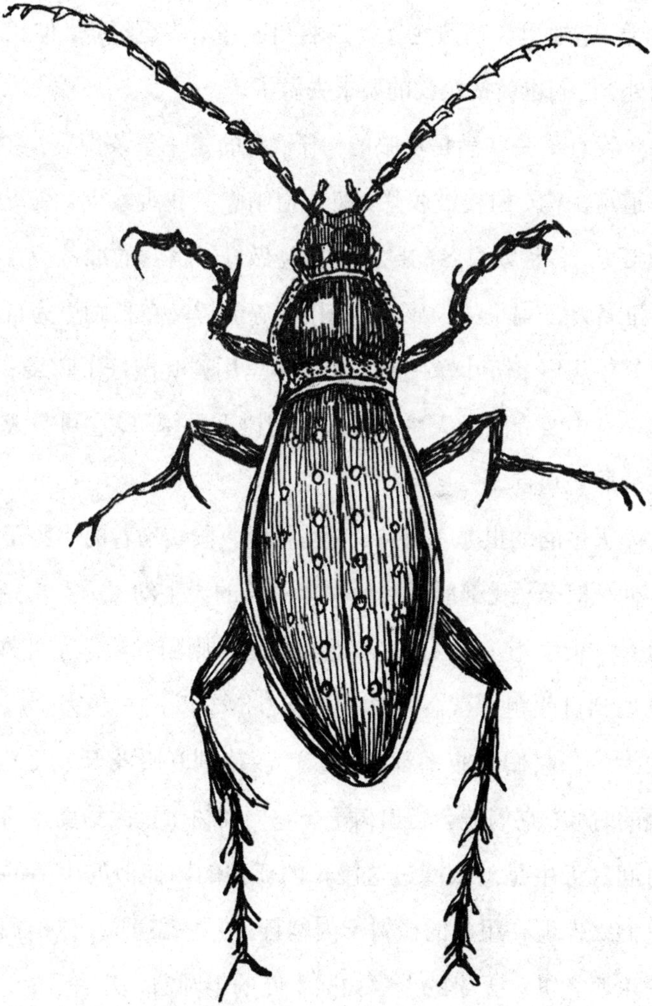

购了一些被蛀虫蛀得千疮百孔的朽木树段。樵夫们以为我是个傻子，暗地里在嘲讽我。我当然知道好木头更经烧，但我自有用处，他们也就按照我的要求去做了。

我有了一些满是虫眼的树干，有的是一条条伤痕，有的是一道道深沟，树枝被咬烂，树干遭啃噬。我观察到，在干燥的沟痕里，各种要过冬的昆虫都已经做好了宿营的准备。吉丁已经准备好了扁平的长廊；壁蜂用嚼碎的树叶在长廊里为自己修建好了房屋；切叶蜂在前厅和蛹室里用树叶做好了睡袋；我在这一章中要介绍的天牛正在多汁的树干里休憩，它可是毁坏橡树的罪魁祸首。

天牛的幼虫非常奇特，它们就像一段蠕动着的小肠子。每年仲秋时节，我都能看到两种年龄段的天牛幼虫：年长些的幼虫有一根手指头那么粗；年幼些的幼虫则粗如粉笔。此外，我也见到过颜色深浅各不相同的天牛蛹，以及一些完全成形了的天牛。它们的腹部都是鼓鼓的。待到春暖花开、天气暖融融的时候，它们就会爬出树干。它们在树干里大约要生活 3 年时间。天牛是怎么度过这漫长的孤独的囚徒似的生活的呢？它们缓慢地在粗壮的橡树干内爬行，在挖掘通道，以挖掘出来的东西充饥。天牛的上颚如同木匠的半圆凿，黑乎乎的，短短的，但却非常坚硬有力，虽无锯齿，但却像一把边缘锋利的汤勺，是天牛用来挖掘通道的有力工具。被凿出来的木屑，经幼虫消化之后被排泄出来，堆积在其身后，留下一条被啃噬过的深痕。幼虫一边在挖掘通道，一边在进食。随着工程的进展，道路开通了；随着残渣不断地阻断了后路，幼虫在不断地向前。就这样，幼虫既获得了食物，又得到了安身之所。

天牛幼虫将机体的全部力量都集中到身体的前半部，使之成为杵头状，这样，两片半圆凿形的上颚便可顺利地进行工作。上颚既然充当挖掘的工具，就必须有很强的支撑和强劲的力量。天牛幼虫便用围绕其嘴边的黑色角质盔甲来加固它那半圆凿形的上颚。除了这硬硬的上颚以外，其身体其他部位的皮肤却是非常细腻的，而且白如象牙。皮肤之所以如此细腻与洁白，全都是其体内所含的丰富脂肪导致的。确实也是，幼虫每天唯一要做的事，就是整天都在不停地啃噬；不停地进入幼虫胃里的木屑，在不断地给它补充着营养。

幼虫的足分三个部分：第一部分呈圆球状，最后一部分为细针状，这两部分都是退化了的器官。它的足长只有一毫米，对于爬行并不起什么作用，因为身体肥胖，足够不着支撑面，连支撑身体都不能够，又怎么可以爬行呢？幼虫用来爬行的器官属于另一种类型。它既可以仰面爬行，也可以腹部冲下爬行，非常灵活自如。它用爬行器官取代了胸部那软弱无力的足。这种爬行器官与众不同，长在背部。

天牛幼虫有 7 个环节，上下长着一个满是乳突的四边形平面。这些乳突可使幼虫随心所欲地鼓胀、凸出、下陷、摊平。上面的四边形平面又一分为二，从背部的血管分开来；下面的四边形平面则看不出有两个部分。这就是天牛幼虫的爬行器官。如果幼虫想要往前，它便先把后部的步带鼓起来，也就是说，把背部和腹部的步带鼓起来，压缩前半部的步带。由于表面很粗糙，后面的几个步带便把身体固定在狭窄的通道壁上，以得到支撑。在压缩前面的几个步带的同时，它尽量把身子伸长开来，缩小身体的直径，使它能够向前滑动，爬行半步。当它走完一步时，它还要在身体伸长之后，把后半部身子拖上前来。为此，幼虫必须让前部步带鼓胀起来作为支点；同时，又让后部步带放松，让体节自由收缩。

幼虫凭借背部与腹部的双重支撑，交替收缩和放松身体，能够在自己所开凿的隧道里进退自如。但是，假如上方和下方的行走步带只能动用一个时，那么幼虫就无法前进了。假如把幼虫放在表面很光滑的桌面上，它便会慢慢地弯起身子，动弹个不停，一会儿伸长身子，一会儿收缩身子，总也无法向前爬去。等你把它放到有裂痕的橡树干上时，它便神气起来，因为橡树皮很粗糙，凹凸不平，像是被撕裂开来似的，它可以在上面从左往右、从右往左地缓缓地扭动身子的前半部，抬起，放低，一再重复这一动作。这是幼虫最大的行动幅度。幼虫那已经退化了的足一直都没有动，一点作用也起不了。如果说这些残肢废足作为成年天牛的前身而存在的话，成虫那敏锐的眼睛在幼虫身上却未见丝毫雏形。在幼虫身上，看不到任何微弱的视觉器官的痕迹存在。幼虫生活在树干内，黑漆漆的一片，视力又有何用？与此同时，幼虫也没有听觉。在橡树树干那黑暗的深处，没有任何声响，与视觉一样，听觉自然也失去了作用。如果谁对此心存疑惑，我们不妨来做一个实验，以便释疑解惑。我把树干剖开，留下半截通道，便可以跟踪监视在树干里面正在劳作的居民。环境十分安静，幼虫忽而挖掘前方的长廊，忽而停下活计，歇息一会儿。休息的时候，它便用步带将身子固定在通道的两侧壁上。我趁它休息之机，想测试一下它对声音的反应。我先用硬物互相敲击，继而用金属击打发出回响，最后改用锉刀锉锯子，但是却未见到天牛幼虫有什么反应。它对这种种声响无动于衷，既不见它的皮肤有任何的颤动，也不见它有何警觉的表现，即使我用尖尖的硬物刮擦它身旁的树干，模仿幼虫啃噬树干发出的声音，也都不能奏效。这就足以证明天牛幼虫毫无听觉。

那么，天牛幼虫是否有嗅觉能力呢？各种情况都表明它不具有嗅觉能力。嗅觉只是作为寻找食物的辅助功能，但天牛幼虫却用不着费心劳神地去寻找食物。它的住所就是它的食物，它所栖身的木头就在向它提供活命的东西。另外，我也对此做过实验。我找了一段柏树，把树干挖了一条沟痕，直径与天牛幼虫所挖掘的长廊的直径一样大小，然后，我就把幼虫置于其中。柏树的气味浓重，具有大多数针叶植物所具有的那种很浓烈的树脂味。当我把幼虫一放到那条柏树沟痕里去的时候，它很迅速地便爬到通道的尽头，然后就一动不动了。它的这种静止不动不正是它没有嗅觉能力的证明吗？天牛幼虫长期生活在橡树干里，树脂这种独特的气味应该能引起它的不适或厌恶的，它本应通过身体的颤动或逃跑的企图来表现自己的厌恶之感的，但是，它却并没有做出这种反应来。它在找到合适的位置时便立刻停下脚步，待着歇息，一动不动了。然而，我又做了另外一个实验。我把一小包樟脑放在长廊里，离天牛幼虫很近，仍然未见它有什么反应。然后，我又用萘做了同样的实验，结果依然相同。做了这么多实验之后，我觉得天牛幼虫没有嗅觉能力是毋庸置疑的了。

当然，它肯定是有味觉的。只是这种味觉应该属于“残缺不全”的。天牛幼虫会在橡树树干中一直生活 3 年，其食物很单一，就是橡树木纤维，别无其他。那么，幼虫对这唯一的食物又会有什么评价呢？顶多也就是吃到新鲜多汁的橡树干时会觉得很鲜美，而吃到干燥无汁的树干时便觉得没太大滋味罢了。

剩下的就是它的触觉了。它的触觉点分布得很散，而且是被动的。任何有生命的肉体都具有触觉，一旦被尖刺儿刺着，就会觉得疼痛，就会抽搐、扭曲。总之，天牛幼虫的感觉只有味觉与触觉，而且还都非常迟钝。

我不禁在想，既然如此，那么天牛幼虫这种消化功能很强但感觉功能却极弱的昆虫，其心理状态又是由什么构成的呢？触觉与味觉会给那些已经退化了的感觉器官带来些什么呢？很少，几乎什么也没有。天牛幼虫只知道，好的木头有一种收敛性的味道，未经精心刨光的通道壁会刺痛皮肤，仅此而已。这就是天牛幼虫的智力所能达到的最大限度。而肯迪拉克却错误地认为，天牛具有很好的嗅觉，这是科学的一个奇迹，一颗灿烂的宝石。它可以回想往事，可以比较、判断，甚至推理。可是，现实中，这个几乎似睡非睡、似醒非醒的大腹便便的昆虫，它真的会回忆、会比较、会推理吗？我就认为天牛幼虫犹如一截会爬行的小肠而已，我觉得我的这一比喻十分贴切，天牛幼虫的全部感觉能力，就是一截小肠所能拥有的能力罢了。

不过，也别小看了这个小家伙，它虽然对自己现在的情况昏昏然，但却能预知未来，具有神奇的预测能力。对我的这一奇怪的观点，请读者允许我慢慢地道来。在整整3年的时间里，天牛幼虫在橡树干里过着流浪的生活。它爬上爬下，忽而在这里，忽而又在那里；为了另一处的美味，它会放弃眼下正在啃噬的木块，不过它始终不会远离树干深处，因为这儿温度适宜，环境幽静而安全。当危险的日子来临时，它将被迫离开隐蔽所，去面对外界的种种危险。光吃还不够，它还得离开自己的生活之地。天牛幼虫有着精良的挖掘工具和强健的身体，钻入另一处去躲灾避祸，对它来说并不犯难。但是，未来的成虫天牛，将去外界度过它那短暂的时光，那么，它是否具有这样的能力呢？在橡树干内那幽暗的环境中诞生的长角昆虫，它知道替自己挖掘一条逃离的通道吗？

这就必须依靠天牛幼虫凭借自己的直觉去解决这一难题了。我又做了点实验，以弄清这一问题。在实验中，我发现，成年天牛若想利用幼虫挖掘的通道从树干深处逃逸，是不可能的事。天牛幼虫的通道犹如一座迷宫，十分复杂，非常长，不见尽头，而且还堆满了坚硬的障碍物；另外，其直径又是从尾部往前逐渐地缩小。幼虫钻入橡树干时，它只有一段麦秸那么长那么细，而此刻它已变得如手指头一般粗细了。它在树干里3年的挖掘工作，始终是根据自己的身体大小进行挖掘的。结果不言自明，幼虫钻入树干的通道和行动路线对于成年天牛的离去已经起不了作用了。成年天牛触角很长，足也不短，而且其甲壳也无法折叠，原先的那条通道对它来说已经是一个无法逾越的障碍了；它若想以这条通道为逃逸之路，就必须清除坑道内的障碍物，并且还要大大地拓宽通道。这么一来，倒不如另辟蹊径，挖掘一条新的通道来得便当一些。但是，成年天牛有这种能力吗？我们不妨做一实验来观察一番。

我把一段橡树干一劈两半，并在其中挖掘出一些适合成年天牛的洞穴。在每一个洞穴中，我都放了一只刚刚成年的天牛。这些天牛是我十月份从冬储木柴中发现的。

然后，我便把两半树干用铁丝紧紧地捆在一起。六月已经来到。只听见树干里传出来敲击的声音。它们能够出来吗？它们是不是没法从里面逃出来呀？我原以为从里面逃出来，对它们来说易如反掌，因为它们只要钻一个两厘米长的通道便可逃生了。可是，竟然未见一只天牛从树干里跑出来。等到树干里面听不见一点动静时，我颇觉蹊跷，便把捆着的树干松开，却发现里面的俘虏们全都死了。洞穴里只有一小撮木屑，还不足抽了一口烟的烟灰量。这就是它们的全部劳动成果。

我对成年天牛的上颚估计过高，以为它是无坚不摧的利器，但是，工具好并不一定就能造就一名好的工匠。尽管良好的挖掘工具在握，但长期隐居者却缺少技艺，只好在洞穴里等死。然后，我又找了一些成年天牛，对它们进行比较缓和点的实验。我把它们拘于直径与天牛天然通道直径相同的芦苇管里。我找了一块天然隔膜作为障碍物，这隔膜很薄，只有三四毫米厚，一捅就破。经实验发现，有一些天牛能够从芦苇管里逃生，有一些则死于其中。这就说明，遇到障碍，勇往直前者胜。一个隔膜这么小小的障碍都闯不过去，待在坚硬的橡树干里岂不必死无疑。

从这些实验的结果来看，我相信，天牛成虫徒有其表，外强中干，靠自己的力量竟然无力逃离树干监牢。劈开逃生之门，还得仰仗貌不惊人的肠子状的天牛幼虫的智慧。这种情况在告诉我们，幼虫天牛在以另一种方式再现卵蜂的壮举。卵蜂的蛹身上带有钻头，为以后那长翅无能的成虫挖掘通道。天牛幼虫不知是由于何种神秘预感的驱动，离开其安然宁静的隐蔽所，离开其无法攻破的城堡，爬向橡树表面，不顾正在寻找美味多汁的昆虫的天敌对它的威胁。幼虫就这么冒着生命危险，勇敢无畏地挖掘着通道，一直挖到橡树表层，只留下一层薄薄的阻隔作为窗帘，遮挡自己。有些冒失的幼虫，甚至把这块窗帘捅破，干脆留出了一个洞口。这儿就是天牛成虫的出口，它只需用上颚和额角轻轻地一触，就能把窗帘捅破，得以逃生。刚才已经说了，有的幼虫连窗帘也不留，干脆就留出一个洞口，天牛成虫无须劳作，便可直接逃离。每到春暖花开，天气转暖时，身披古怪羽饰、笨手笨脚的成虫便从黑暗中出来了。

天牛幼虫在把逃生之路准备完毕之后，又开始忙活起眼前的活计来。挖好逃生通道，它就退回到长廊中不太深的地方，在出口一侧凿一个蛹室。这间蛹室陈设豪华，壁垒森严，前所未见。蛹室为一扁椭圆形的宽敞的窝，长有近百毫米，扁椭圆结构的两条中轴，长度不同，横向轴长 25 毫米到 30 毫米，纵向轴则只有 15 毫米。这么大的空间，比成虫的体积要大，使成虫的足部可以自由伸展。当打破壁垒，逃出牢笼的时刻到来时，这样的蛹室是不会让天牛成虫感到有任何不便的。

这儿所说的壁垒，是指蛹室的封顶，那是天牛幼虫为了防御外敌入侵而建造的，封顶有两层或三层。外层由木屑构成，那是天牛幼虫挖掘树干时留下的残留物；里面的一层是一个矿物质的白色封盖，呈凹半月形。通常，在最内侧还有一层木屑壁垒与前两层连在一起。有了这种多层壁垒的保护，天牛幼虫便可在房间里踏踏实实地为变成蛹做准备工作了。天牛幼虫从房间壁上锉下来一条一条的木屑，这便是细条纹木质纤维的呢绒。天牛幼虫又把这些呢绒贴回到房间四周的墙壁上去，铺成壁毯，厚度几近一毫米。这就是天牛幼虫在自己蛹室墙壁上挂上的精细双面绒挂毯。我们不难看出，天牛幼虫为了变成蛹，在不停地劳作，做了精心的准备。

我们再来看看这间房间布置得最奇特的那个部分——那层堵住入口的矿物质封盖。这个封盖是个椭圆形帽状封盖，呈白石灰色，系坚硬的含钙物质，内部十分光滑，外面呈颗粒状突起，犹如橡栗的外壳。这种颗粒状凸起表明，这层封盖是天牛幼虫用糊状物一口一口地筑成的。封盖外部由于无法触碰到，幼虫无法加以修饰，因而凝固成了细小的凸起。而内侧的那一面在天牛幼虫力所能及的范围内，所以被抹得光滑平整。这种封盖像钙一样既坚硬又容易破碎。不用加热，它就能溶于硝酸，并且立即释放出气体来。不过，溶解过程却比较缓慢，一小块封盖往往需要几个小时的时间才能逐渐溶化掉。溶化之后，剩下一些泛黄的沉淀物质，看上去像是有机物。如果对封盖进行加热，它就会变黑，足见其中含有可以凝结矿物的有机物。如果在溶液中加入草酸，溶液会变得混浊，并留下白色沉淀。这种情况说明其中含有碳酸钙。我原想从中发现一些尿酸氨的成分，因为在昆虫变成蛹的过程中，常见有尿酸氨存在，可是，我在封盖的溶液里并未发现有尿酸氨。因此，我可以认为，封盖仅仅是由碳酸钙和有机凝合剂构成的，这种有机物大概是蛋白质，使钙体变得十分坚硬。

我相信，天牛幼虫的胃部是分泌这些石灰质物质的器官，而这一能乳化的生理器官为它提供了钙质。胃从食物里把钙分离出来，或者直接得到钙，或者通过与草酸氨的化学反应来获得。在幼虫期结束时，它便将所有的异物从钙中剔除，并将钙保存下来，留作构筑壁垒之用。这一点并不令人惊讶，某些芫菁科昆虫，如西塔利芫菁，通过化学反应能在体内产生尿酸氨；飞蝗泥蜂、长腹蜂、土蜂等，就是在自己体内生产茧所需要的生漆的。

通道修筑完工，房间粉刷装饰完毕，用三重壁垒封好之后，灵巧而勤劳的天牛幼虫便完成了自己的使命，挖掘工具也完成了其历史使命，它便进入了蛹期。襁褓状态之下的蛹十分虚弱，躺在柔软的睡垫上，头始终冲着门的方向。这一点看似无关紧要，实际上却是至关重要的。天牛幼虫身子柔软，伸缩翻转，随心所欲，因此，在这间小房间里，头无论朝向何方，都无伤大雅。可是，从蛹中出来的天牛成虫却没有随心所欲地翻来倒去的自由，它浑身披挂着坚硬的角质盔甲，无法在小房间内将身体从一个方向转向另一个方向，甚至因房间太狭小，连弯曲一下身子都办不到。所以，它的头必须始终冲着出口，否则便会在自己所建造的囚室里等死。

不过，不必担心有这种意外发生，因为这节小肠素来知晓未雨绸缪，早就为将来做好了准备，不会出此差错——头朝里地进入蛹期。到了该出洞的时节，向往光明的天牛的面前没有太大的障碍，只不过是一些细碎的木屑，扒拉几下便可以清理掉。然后，便是那层石质封盖，它也用不着费心乏力地去把它打碎，只要用其坚硬的前额这么一顶，或者用脚这么一推，封盖便会整体松动，从框框里脱落。我发现，被弃置的封盖全都完好无损。最后就是那第二层壁垒了，是木屑构成的，这就更不在话下，比第一层更加容易清除。这么一来，通道畅通，天牛成虫只要沿着通道便可准确地爬到出口。如果窗帘没有掀开，它只需用牙一咬，那薄薄的窗帘也就破了，这对它来说，易如反掌。它终于走出黑暗，见到了光明，长长的触须激动得不停地颤抖着。

灰蝗虫

我刚刚看到一件激动人心的事：一只蝗虫在最后蜕皮，成虫从幼虫的壳套中钻了出来。情景壮观极了。我观察的是一只灰蝗虫，是蝗虫族类中的巨人，九月葡萄收获季节在葡萄树上常常见到它。它身体有一指长，所以比别的蝗虫观察起来方便得多。

幼虫肥胖难看，但已初具成虫的粗略模样，通常呈嫩绿色，但也有的是青绿色、淡黄色、红褐色，甚至有的已像成虫的那种灰色了。其前胸呈明显的流线型，并有圆齿，还有小的白点，多疣；后腿已像成年蝗虫一样粗壮有力，饰有红色纹路，而长长的前腿上长着双面锯齿。

鞘翅再过几天就将大大超过肚腹，但目前还只是两片不起眼的三角形小羽翼，上端贴在流线型前胸上，下端边缘往上翘起，呈尖形披檐状。鞘翅勉强能遮住裸体蝗虫背部，宛如西服的垂尾，因省料子而剪短不够长，显得十分难看。鞘翅遮盖着的是两条细长小带子，那是翅膀的胚芽，比鞘翅还要短小。

总之，很快将成为灵巧漂亮的羽翼，眼下还是两块为节省布料而剪得难看至极的破布头。从这堆破烂玩意儿里将有什么东西跑出来呢？是一对极其宽阔而美丽的翅膀。

咱们先仔细地观察一番事情的经过。幼虫感到自己已经成熟，可以蜕变了，便用后爪和关节部位抓住网纱。而前腿则收回，交叉在胸前待命，以支持背朝下躺着的成虫翻转身来。鞘翅的鞘——三角形小翼成直角地张开其尖帆；那两条翅膀胚芽的细长小带子在暴露出的间隔处的中央竖起，并微微分开。这样，蜕皮的架势业已摆好，稳稳当当的。

首先必须让旧外套裂开。在前胸前端下部，由于反复一张一缩的缘故，推动力便产生了。在颈部前端，也许在要裂开的外壳掩盖下的全身都在进行着这种一张一缩的反复运动。关节部位薄膜细薄，可以让人一眼看到在这些裸露地方的张缩运动，但前胸中央部位因有护甲挡着，就看不出来了。

蝗虫中央部位血液在一涌一退地流动着。血液涌上时宛如液压打桩机一般一下一下地撞击着。血液的这种撞击，机体集中精力产生的这种喷射，使得外皮终于沿着因生命的精确预见而准备好的一条阻力最小的细线裂开。裂缝沿着整个前胸的流线体张开，宛如从两个对称部分的焊接线裂开一样。外套的其他部分都无法挣开，只有在这个比其他部位都薄弱的中间地带裂开。裂缝稍稍往后延伸了一点，下到翅膀的连接处，然后再转到头部，直至触须底部，在此处分成左右短叉。

背部从这个裂口显露出来，软软的、苍白的，稍稍带点灰色。背部在缓慢地拱起，越拱越大，终于全拱出来了。

随后头也拱出来了。外壳被撇在原地，完好无损，但两只玻璃状的眼睛已什么也看不见了，样子极怪；触须的套子没有一丝皱纹，也未见任何异样，处于自然状态，垂在这张变成半透明的已无生气的脸上。

触须在从这么窄小又裹得如此紧的外套中钻出来时并没有遇到任何阻力，所以外套没有翻转过来，没有变形，连一点儿褶皱都没弄出来。触须的体积与外壳大小一样，而且同样是有节瘤的，可它却并未损坏外壳，却轻易地从中钻了出来，如同一个光滑直溜儿的物件从一个宽大无障碍的管子里滑落出来一般。后腿的伸出也一样轻而易举，且更令人震惊。

现在该是前腿、然后是关节部位摆脱臂铠和护手甲的时候了，但也未见有丝毫的撕裂，没有丝毫的褶皱，没有丝毫的自然位置的变异。此时蝗虫只用长长的后腿的爪子抓住网罩。它垂直悬吊着，头冲下，一碰纱网，它就像钟摆似的摆动起来。它的悬吊支点是 4 个细小的弯钩。

如果这4个弯钩一松，没抓住，这只蝗虫就没命了，因为除了在空中以外，它的巨大翅膀在其他地方是张不开的。但是，它们抓得牢牢的，因为在它们从外壳伸出来之前，生命就使它们变得坚硬牢固，能稳稳当当地承受起随后从外壳中挣脱的使命。

现在鞘翅和翅膀再出来。那是4个窄小的破片，隐约可见一些条纹，状如被撕裂的小纸绳，顶多只有最终长度的四分之一。

它们软极了，支撑不了自身重量，耷拉在头朝下的身子两侧。翅膀末端无所依靠，本该冲着后部，但现在却冲着倒挂的蝗虫的头部。蝗虫未来飞行器官的那副惨相如同原本肉乎乎的4片小叶子被暴风雨打得破败不堪的模样。

为了让自己臻于完善，必须进行一项深入细致的工作。这项机体内的工作甚至已经在充分地进行着，也就是把黏液凝固，让不成形的结构定型，但是，从外部丝毫看不出来其内部的这种神秘的实验。外面看上去，蝗虫似乎毫无生气。

其间，后腿摆脱开来。粗大的大腿呈现出来，向内的一侧呈淡粉红色，但很快便变成了鲜艳的胭脂红。后腿出来很容易，把收缩的骨头一伸，道路便畅通无阻了。

但小腿就是另一码事了。当蝗虫成为成虫时，整条小腿上竖着两排坚硬锋利的小刺。另外，下部顶端有4个有力的弯钩。这是一把货真价实的锯，有两排平行的锯齿，极其粗壮有力，除了小点外，真可以与采石工人的大锯相媲美。

幼虫的小腿结构相同，因此也是裹在有着同样装置的外套里。每个弯钩都嵌在一个同样的钩壳之中，每个锯齿都与另一个同样的锯齿相啮合，而且咬合得严丝合缝，即使用刷子刷上一层清漆来替代要蜕掉的外壳也不如它们那么紧紧相贴。

然而，胫骨的这把锯子从中蜕出来时却没有让紧贴着外壳的任何地方有一点点损伤。如果我没有一而再，再而三地仔细观察，我是不敢相信的。被抛弃的小腿护甲完完整整，毫发未损。无论末端的弯钩还是双排锯齿都没有弄坏一点软嫩的外壳。那外壳细嫩得一口气都能把它吹破似的，但尖利的大耙在其间滑动却未留下一丝的擦伤。

我远未想到会是这种情况。我看到那披着刺棘的铠甲时，我就以为小腿上的外壳会像死皮似的自己一块块脱落，或者被擦碰掉下。但事实却远非如此，这大出我所料！

弯钩和刺棘毫不费力、没有一点阻碍地从薄膜里出来了，可它们却是能让小腿形同一把可锯断软木头的锯子的呀。脱下来的衣服靠其爪状外皮，钩在网罩的圆顶上，无一丝一毫的褶皱和裂缝，用放大镜也没看到有什么硬擦伤。外壳蜕皮前后完全一模一样。那蜕下的护胫也同那条真腿一样，无丝毫的差异。

谁要是让我们把一把锯子从贴在其上的极薄的薄膜套里抽出来，而又不对薄膜套有丝毫损伤，那我们必然是哈哈大笑，因为这根本就办不到。但生命却嘲弄了这类不可能。生命在必要时有办法实现荒诞的事情，这一点蝗虫的爪子就告诉了我们。

既然胫骨锯一出了套是那么的坚硬，所以紧紧地裹住它的套子不被弄碎它肯定是出不来的。但困难被它绕开了，因为胫甲是它唯一的悬挂带，必须绝对地完好无损，才能给它提供牢固的支撑直至它完全摆脱出来。

正在努力挣脱的腿还不是能够行走的肢体，它还没有达到随后不久的那种硬度。它非常软，极易弯曲。我对它的蜕皮部分做了实验，我把网罩倾斜，便会看到已经蜕皮部分因受重力影响，随我的意愿在弯曲。呈细小的带状弹性胶质也没什么弹性了。但是，它很快就硬了起来，只几分钟工夫，它便具有了所必需的硬度。

再往前些，在外套遮住我看不见的部分里，小腿肯定软，处于一种极具弹性的状态，可以说是流体状的，这使得它几乎可以像液体似的从通道中流出来。

小腿上这时已经有锯齿了，但并不像它出来之后那么尖利。的确，我可以用小刀尖替小腿部分地剔去外壳，并拔除被模子紧裹着的小刺。这些小刺是锯齿的胚芽，是柔软的肉芽，稍加外力便会弯曲，外力一除又立刻恢复原状。

这些小刺是向后仰倒以利蜕出，而随着小腿的往外伸出，它们也在逐渐地竖起、变硬。我所观察的不是单纯地把护腿套蜕去，露出在盔甲中已成形的胫骨，而是一种令我惊讶不已迅速的诞生过程。

螯虾的钳子在蜕皮时把两只手指的嫩肉从硬如石头的旧套中挣脱出来时，情况差不多也是这样，但细腻精确的程度却远不及蝗虫。

现在，小腿终于自由了。它们软软地折进大腿的骨沟里，一动不动地成熟起来。肚腹蜕皮了，它那件精细的外套出现了皱纹，在往上蜕去，直至顶端，只有这顶端还在壳内卡了一会儿，除此而外，蝗虫全身都已露在外面。它垂直地吊挂着，头朝下，由现已空了的小腿护甲的钩爪钩住。

蝗虫一动不动，后部由破烂衣衫固定着。它的肚子鼓胀得非常之大，看上去像是由储存的机体液汁撑起来的，翅膀和鞘翅很快就要动用这些液汁了。蝗虫在休息，在恢复元气。一直这么等了有 20 分钟。

然后，只见它脊椎一着力，由倒悬成正挂，用前跗节抓牢挂在头上的旧壳。用脚倒钩高空秋千倒挂着的杂技演员为了正过身来，腰部也没有这么用力的。这么用力的一个翻转之后，其他的就不在话下了。

蝗虫依靠自己刚刚抓住了支撑物后，便稍稍往上爬，碰到了罩子的网纱，这网纱恍若它在野地里蜕变时所依托的灌木丛。它用4只前爪把自己固定在网纱上。这么一来肚腹末端就完全解脱了，然后又猛地最后一挣，旧壳便掉了下去。

旧壳的落下让我颇感兴趣，它使我想起了蝉衣是如何顽强坚毅地顶着凛冽寒风而未从挂住的小树枝上掉下去的。蝗虫的蜕变方式几乎与蝉一模一样。可蝗虫的悬挂点怎么会那么不牢固呢？

只要挺身动作没结束，弯钩就牢牢地钩住，而这个动作一做完，似乎全身的一切都动摇了，稍微一动便脱落下来。足见这时的平衡很不稳定，这就再一次显出蝗虫从外套中出来是何等的精确无误啊。

我因为找不到更好的术语，所以便用了“挺身”一词，其实这并不完全贴切。“挺身”意味着猛烈，而这个动作中没有猛烈，因为平衡的不稳定的缘故，而稍微一用力，蝗虫便会摔下来，一命呜呼，它就会干死在那儿，或者至少它的飞行器官因无法展开而将成为一堆破烂。蝗虫并不是硬挣出来，它小心谨慎地从外套中滑动出来，仿佛有一根柔软的弹簧在把它轻轻弹出。

我们再回头看看那些蜕皮之后表面上没有丝毫变化的鞘翅和翅膀吧。它们仍旧残缺不全，几乎像上面有细竖条纹的小绳头。它们要等到幼虫完全蜕皮并恢复正常姿态之后才会展开。

我们刚才看到蝗虫翻转身子，头朝上了。这种翻身动作足以让鞘翅和翅膀回到正常位置。原先它们极其柔软地因自身重量而弯曲地垂着，自由的一端朝着倒置的头部。

此刻，它们仍旧因自身的重量而使姿势被修正，处于正常方向。已不再有弯曲的花瓣，颠倒的位置也调整过来，但这并没使它们那不起眼的外表有任何的改变。

翅膀完全张开时呈扇形，一束轮辐状的粗壮翅脉横贯翅膀，成为可张可缩的翅膀构架。翅脉间，有无数横向排列的小支架层层叠起，使整个翅膀成为一个带矩形网眼的网络。鞘翅粗糙而过小，也是这种网络结构，但网眼是方块形的。

鞘翅和翅膀状若小绳头时，都看不出这种带网眼的组织。上面仅仅是几条皱纹，几条弯曲的小沟，表明这些残废肢体是经精巧折叠使体积达到最小的织物构成的东西。

翅膀的展开是从肩部附近开始的。那儿一开始看不出有什么变化，但很快便现出一块半透明的纹区，有着清晰而美丽的网络。

渐渐地，这块纹区用一种连放大镜都观察不到的缓慢速度在一点点扩张，致使末端那胖得不成形状的东西在相应缩小。在逐渐扩展和已经扩展的这两部分的相接处，我怎么看也看不出个所以然来：我什么也没看出来，如同我在一滴水中什么也看不出来一样。但是，少安毋躁，不一会儿那方块网络组织就非常清晰地显现出来了。

根据初步观察，我们真的会以为一种可以组织成实物的液体突然凝固成带肋条的网络了；我们还会以为眼前的是一种晶体，因其突如其来，颇像显微镜载玻片上的溶化盐似的。其实并非如此，情况不会是这样的。生命在其创作中是没有这种突如其来的。

我折断一个发育了一半的翅膀，用大倍数的显微镜对着仔细观察。这一次，我满意了。似乎在逐渐结网的两部分的交接处，这个网络实际上已预先存在着。我很清楚地辨别出其中已经粗壮的竖翅脉；我还看见其中横向排着的支架，尽管它们确实还很苍白且不凸出。我成功地把末端的几块碎片展开来，找到了要找的一切。

这已经证实了。翅膀此刻并不是织布机上由电动梭子生产出来的一块布料，而是一块已经完全织成了的成品布料。它所欠缺的只是展开和刚性，无须费多少事了，这就像熨衣服时用熨斗一熨就成了。

3 个多小时过后，鞘翅和翅膀就全部展开来。它们竖立在蝗虫背上，呈一张大帆状，忽而无色，忽而嫩绿，如同蝉翼一开始那样。联想到它们原先只像是个不起眼的小包袱，如今展开得这么宽大，真令人拍案叫绝。这么多东西怎么在那小包袱里装下去的呀！

小说中说过一粒大麻子里装着一位公主的全套衣裳，而我们这儿所见的是另一粒更加惊人的“子”。小说里的那粒大麻子为了发芽不断地增长繁殖，最后用了多年的时间才长出办嫁妆所需要的那么多大麻来，而蝗虫的这粒“子”，短时间内便长出一对漂亮的大翅膀来了。

这个竖起四块平板来的绝妙大翅膀缓慢地坚硬起来，还增加了色彩。第二天，那颜色便已定型。翅膀第一次折合成一把扇子，贴在自己应在的地方；鞘翅则把外边缘弯成一道钩贴在体侧。蜕变完成了。大灰蝗虫只剩下在灿烂的阳光下使自己更加壮实，使自己的外衣晒成灰色的过程了。让它去享受自己的快乐，我们还是稍稍回头看看。

前面说过，在紧身甲顺着底部中线裂开后不久便从外套中出来的那 4 个残缺不全的东西，包含着有着翅脉网络的鞘翅和翅膀，这网络即使谈不上完美无缺，但至少整体看来无数细部已经定型。为打开这寒碜的包袱，并让它变成美丽的翅膀，只需让起压力泵作用的机体把储存着为此一时刻而用的液汁注入已准备好的管道里面去即可，而这一时刻是最为辛劳的时刻。通过这个事先弄好的管道，一股细流便把翅膀给撑开了。

但是，仍旧包裹在外套里的这 4 片薄纱究竟是什么情况呢？ 幼虫翅膀的镘刀、三角翼端是不是一些模具，按照它们那弯曲折叠的皱襞的模样，把包裹着的东西加工定型，从而编织出来鞘翅和翅膀的网络?

如果我们看到的不是个真正的模具,我们就可以稍许歇上一歇了。我们会想:用模具铸出来的东西跟凹模一样,这是很简单的。但是,我们脑子的歇息只是表面的,因为我们必然会想,模具那样复杂的结构也得有自己的出处呀!我们也别追得那么深。对我们来说,这一切可能都是两眼一抹黑的,我们就局限在所观察到的情况就行了。

我把一只已成熟要蜕变的幼虫的一个翼端放在放大镜下仔细观察,看到上面有一束呈扇形辐射开来的粗壮翅脉。在其间,夹杂着另外一些苍白而细小的翅脉。最后,还有许多很短的横线,更加细微,弯成“人”字形,补足了这个组织。

这就是未来鞘翅的简略雏形,它与成熟了的鞘翅真是有天壤之别!与似建筑物梁木一般的翅脉的辐射状布局完全不一样;由横翅脉构成的网络丝毫不像未来的复杂结构。继粗略雏形的是极其复杂的结构,而在粗糙的基础上的是臻于完善。翅膀的翼及其结果,即最终的翅膀也同样是这种情况。

当准备状态和最终状态都呈现在眼前时,就一目了然了:幼虫的小翼并不是按其模样加工材料并按照其凹模来制造鞘翅的简单模具。

不是这样的。所期待的包裹状薄膜还没在这个雏形当中,这个包裹一旦打开,其组织之大、之极其复杂将会令我们惊讶不已。或者更确切地说，这个包裹状薄膜就在雏形中，但处于潜在状态。在成为真正的实物之前，它只是个虚拟形态，但可以变成实物。它存在于雏形之中，就好比橡树就存在于橡栗之中一样。

翅膀的镘刀和鞘翅的翼端没有固定着的边缘为一圈半透明的小肉球所包围。经高倍放大镜放大之后，可以看见其中有几个似有似无的未来锯齿的雏形。这很可能是生命将使其物质运动的工地。没有任何可以看得出来的东西使人感觉到那个神奇的网络的存在，我们感觉不到这个网络的每一个网眼将都会有自己明确的形状及其精确的位置。

因此，能使这种可以组织起来的材料具有薄纱状，并让脉序构成一个难以绕出的迷宫，势必有比模具更巧妙更高级的结构，势必有一张标准的平面图，有一个让每一个原子进入规定位置的理想的施工说明书。在材料动起来之前，外形已经明确地勾勒出来，供塑性液流动的管道也已经铺设好了。我们建筑物的砾石已按照建筑师思考好的施工说明书码放好了；它们先按设想的码放，然后便真正地垒砌起来。

同样，蝗虫翅膀这个从不起眼的外套中挣脱出来的美丽的花边薄翼，让我们知道了有另一位建筑师，它画出了一些平面图，生命则按它们去建造。

生物的诞生方式多种多样，有比蝗虫的诞生更让人惊叹不已的，但是，那都是在不知不觉中进行的，被时间这巨大的帷幕遮住了。如果我们不具备持之以恒的精神，那神秘缓慢的进程就会让我们看不到最激动人心的场面。而蝗虫的蜕变却不一样，快得出奇，所以必须全神贯注，即使你在犹豫也不能放松警惕。

谁要是想看一看生命以多么不可思议的灵巧在工作而又不想枯燥乏味地等候的话，那就去看葡萄树上的大蝗虫好了。种子发芽，叶子舒展，花朵绽放都极其缓慢，我们的好奇心难以得到满足，但葡萄树上的大蝗虫却可以代替之，以了却我们的心愿。我们无法看到小草的缓慢生长，却能十分清楚地观察到蝗虫的鞘翅和翅膀的蜕变过程。

看到这个“大麻子”几个小时后就变成了一张漂亮的大帆，真让人惊得目瞪口呆。啊！生命在编织蝗虫的翅膀，真不愧是个能工巧匠，而蝗虫只是那些微不足道的昆虫中的一种而已。老博物学家普林尼谈到它时说道：“葡萄树蝗虫在这个刚向我们指出的不为人知的角落里，显示出它是多么强大，多么聪慧，多么完美！”

我听说有一位博学的研究者，他认为生命只不过是物理力和化学力的一种冲突而已，他苦思冥想，希望有一天以人工的方法能获得那种可加以组织的材料，亦即行话所说的“原生质”。如果我有这种能力，我会急于满足这位雄心勃勃的人的。

喏，就这样，你准备好了各种各样的原生质。经过深思熟虑、深入研究、耐心细致、谨慎小心，你的愿望实现了；你从你的实验仪器中提取了一种易于腐败、过几天就发臭的蛋白质黏液，总之，是一种脏得很的玩意儿。你将如何处置你的产品？

你将把它组织起来吗？你将给它以活的建筑结构吗？你将用一种注射器把它注入两片不会搏动的薄片中间去，以获取哪怕是一只小飞虫的翅膀？

蝗虫几乎就是按这种方法干的。它把它的原生质注入小翅膀的两个胚层之间，材料也就在其间变成了鞘翅，因为它在那儿有我们前面所说的原型作为指引。

这种对形状进行协调的原型，这个事先存在的调节物，你的注射器里有吗？没有。所以说你就把你的产品扔了吧。生命是绝不会从这种化学垃圾中迸发出来的。

绿蚱蜢

现在已是七月中旬了，按照气象学，三伏天刚刚开始，但实际上，酷热赶在日历的前头到来，几个星期以来，简直是酷热难当。

今晚，村子里在举行庆祝国庆的晚会。村童们正围着一堆旺火在欢蹦乱跳，我影影绰绰地看到火光映到教堂的钟楼上面，“嘭啪嘭啪”的鼓声伴随着“钻天猴”烟火的“唰唰”声响。这时候，我独自一人在晚上 9 点钟光景那习习凉风中，躲在暗处，侧耳细听田野间那欢快的音乐会，这是庆丰收的音乐会，比此时此刻在村中广场上那烟花、篝火、纸灯笼，尤其是劣质烧酒组成的节日晚会更加庄严壮丽，它虽简朴但却美丽，虽恬静但却具有威力。

夜已深了，蝉鸣声止。整个白昼，它们饱尝阳光和炎热，

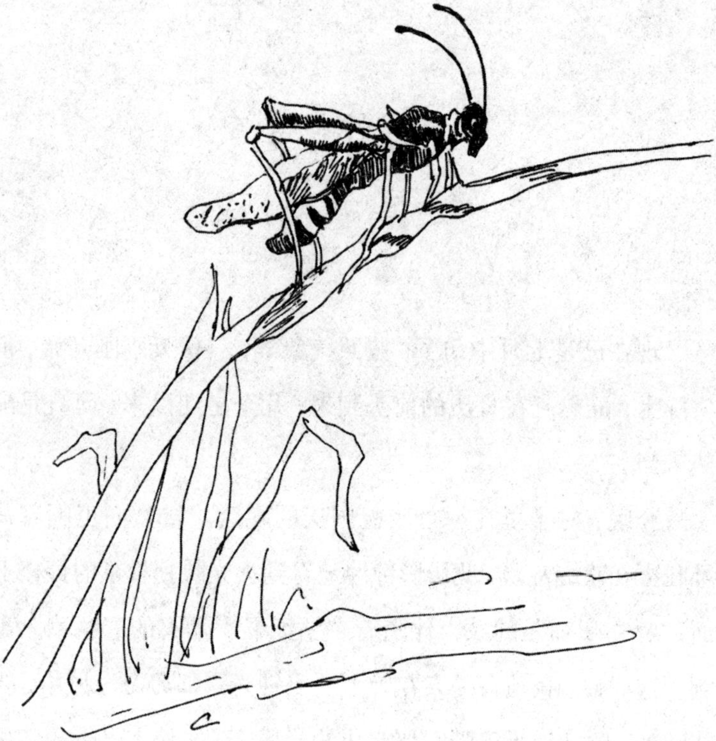

尽情欢唱不止，而夜晚来临，它们要歇息了，但是它们却常常被搅扰得无法休息。在梧桐树那浓密的枝杈中，突然会传来一声如哀鸣般的闷响，短促而凄厉。这是被绿蚱蜢突然袭击所惊扰的蝉的绝望哀嚎；绿蚱蜢是夜间凶猛凌厉的猎手，它向蝉扑去，将蝉拦腰抱住，把它开膛破肚，掏心取肺。欢歌曼舞之后，竟是杀戮。

在我的住处附近，绿蚱蜢似乎并不多见。去年，我计划研究研究这种昆虫，但是一直没有找到过它，只好恳求一位看林人帮忙，他终于帮我从拉加尔德高原弄到两对绿蚱蜢。那里是严寒地区，山毛榉现在正开始往旺杜峰长上去。

好运总是要先捉弄一番，然后才向着坚韧不拔者微笑的。去年久寻不见的绿蚱蜢，今夏已经几乎是随处可见了。我用不着走出我那狭小的园子，就能捉到它们，想捉多少就有多少。每天晚上，我都听见它们在茂密的树丛草柯中鸣叫。把握好这个好时机，机不可失，时不再来。

自六月起，我便把所捉到的足够的一对对绿蚱蜢关进一只金属网钟形罩中，下面是一只瓦罐，铺了一层沙子做底。这漂亮的昆虫简直棒极了，全身淡绿色，身体两侧有两条淡白色的饰带。它体形优美，身轻体健，一对罗纱大翅膀，是蝗虫科昆虫中最优雅美丽的。我因捉到这样的一些俘虏而扬扬自得。它们将会告诉我些什么呀？ 等着瞧吧：眼下必须把它们喂养好。

我给这帮囚徒喂莴苣叶。它们果然在啃咬，但是吃得极少，而且不屑吃的样子。我很快就弄明白了：我养的是一些不太甘愿吃素的家伙。它们需要别的，看上去是想捕捉活食。但到底是哪种活食呢？一个偶然的机会碰巧让我知道了是什么。

破晓时分，我在门前溜达，突然旁边一棵梧桐树上掉下点什么东西，还吱吱地在叫。我赶忙跑上前去，是一只蚱蜢在掏空被它抓住的一只蝉的肚腹。蝉徒劳地鸣叫、挣扎，蚱蜢始终紧咬住不放，把脑袋深扎进蝉的内脏中，一小口一小口地撕拽出来。

我明白了：蚱蜢是一大早在树的高处趁蝉歇息时发动袭击的，受袭的被活活地开膛的蝉猛然一惊，随即进攻者和被袭者扭成一团跌落下来。那次以后，我曾多次看到这类似的屠杀场面。

我甚至见到过胆量过人的蚱蜢蹿起追扑晕头转向、乱飞逃命的蝉，犹如在高空中追逐云雀的苍鹰。与胆量过人的蚱蜢相比，猛禽略逊一筹。苍鹰是专攻比自己弱小的动物，而蝗虫类则相反，攻击比自己个头儿大得多、强壮得多的庞然大物，而这场个头儿相差许多的肉搏的结果是小个头儿必赢无疑。蚱蜢有极强的下颚和利爪，很少不把对手开膛破肚的，而后者因没有武器，只有哀嚎和挣扎的份儿了。

要紧的是要把猎物捉住，这倒并不难，趁夜间猎物打盹儿的工夫下手即可。凡是被夜巡的凶猛的蚱蜢撞上的蝉都难免惨死。这就可以理解了，为什么夜阑人静、蝉声停叫之时，有时会突然听见树冠中传出吱吱的惨叫声。那是身着淡绿色衣服的强盗刚刚捉住一只入睡了的蝉。

我找到我的食客们所需之食物了：我就用蝉来喂养它们。它们觉得这道菜非常合胃口，所以两三个星期的工夫，我那笼子里就一片狼藉，蝉脑袋、空胸壳、断翅膀、断肢碎爪，无处不在。只有肚子几乎整个儿地不见了。肚腹是块好肉，虽然营养成分不高，但看来味道很好。

确实，蝉腹中的嗉囊里积存着糖浆，那是蝉用自己的小钻从嫩树皮里汲出来的香甜液汁。是否就由于这种蜜饯的缘故，蝉的肚腹才成为猎人的首选？ 这很可能。

为了使食谱多样化，我其实还专门喂它们一些香甜的水果，如梨片、葡萄、甜瓜片等。这些水果它们全都很爱吃。绿蚱蜢就像英国人：它非常喜欢浇上果酱的牛排。也许这就是为什么它一抓住蝉就开膛破肚的缘故：肚子里装着裹着果酱的鲜美肉食。

并非在任何地方都可以吃到这种甜蝉美味的。在北方地区，绿蚱蜢遍地都是，它们不可能找得到它们在我们这儿所热衷的这种美食。它们大概还有别的吃食。

为了弄清楚这个问题，我给它们喂细毛鳃角金龟，这是一种夏季鳃角金龟，与春季鳃角金龟相同。这种鞘翅昆虫一扔进笼里，绿蚱蜢们便毫不迟疑地扑上去了，吃得只剩下鞘翅、脑袋和爪子。我又投进去漂亮而肉肥的松树鳃角金龟，结果也一样，第二天我发现它被那帮凶神恶煞给开膛破肚了。

这些例子已足以说明问题了。这证明蚱蜢是个嗜食昆虫者，尤其爱吃没有过硬甲胄保护的那些昆虫；这还证明它们特别喜欢肉食，但又像螳螂那样只吃自己捕获的猎物。这个蝉的刽子手还知道肉食热量太高，须用素食加以调剂。吃完肉喝完血之后，还要来点水果什么的，有时候，实在没有水果，来点草吃吃也是可以的。然而，同类相残仍然存在。其实我还从未看到笼中的飞蝗像螳螂那样的野蛮行径，后者经常拿自己的情敌开刀，吞食自己的情侣。不过，假若笼中某个体弱的飞蝗倒下，幸存者们会像对待一般猎物那样毫不迟疑地扑上去的。它们并不是因为食物匮乏才以死去的同伴充饥的。不管怎么说，凡是身有佩刀的昆虫都不同程度地有以伤残同伴为食的癖好。

除了这一点以外，笼子里的飞蝗们倒是和平共处地生活着。它们彼此之间从未见有过狠打狠斗，顶多也就是因食物而稍许争抢一番而已。我刚扔进笼子里一片梨，一只飞蝗便立即霸占上了。因为怕别人来争抢，它就踢腿蹬脚，不让别人过来抢它的美食。自私自利无处不在。它吃饱了，就把位子让给别人，后者随即也霸道地占着梨片。笼中的食客就这么一个一个地飞上去占有一番。吃饱喝足之后，大家使用大颚尖挠挠脚掌，用爪子蘸点唾沫擦擦额头和眼睛，然后便用爪子抓住网纱或躺在沙地上做沉思状，悠然自得地消食。白天的大部分时间都睡大觉，尤其是天气炎热时，更是如此。

到了日落西山、夜幕降临时，这帮家伙劲头便上来了。9点钟光景，闹腾得最欢。忽而猛地冲上圆顶高处，忽而又兴冲冲地下来，一会儿再冲上去。大家吵嚷着来来去去，在环形道上跑跑跳跳，遇上好吃的便咬上两口，也不停下来。

雄性绿蚱蜢待在一旁，用触须挑逗路过的雌性。未来的母亲们庄重严肃地踱着步，佩刀半抬着。对于那些猴急的狂热雄性来说，现在的大事就是交配。有经验者一看就知道它们想干什么。

这也是我所观察的主要内容。我的愿望得以满足，但并不是完全满足，因为下面的好事拖得太晚，我没能看到最后那一幕。那最后的一幕要拖到深夜或者凌晨。

我所看到的那一点点只局限于没完没了的序幕那一段。热恋的情侣面对面，几乎头碰头地用各自的柔软触角彼此触摸，互相试探。它们仿佛两个用花剑互击来互击去以示友好的对手。雄性不时地鸣叫几声，用琴弓拉上几下，然后便寂然无声，也许是因为过于激动而没继续拉下去。11点了，求爱仍未结束。我实在是困得不行，颇为遗憾地撇下了这对情侣。

第二天早晨，雌性产卵管根部下方吊挂着一个奇特的玩意儿，是装着精子的口袋，宛如一只乳白色的小灯泡，大小如天平砝码，隐约地分成数量不多的长圆形囊泡。当雌性绿蚱蜢走动时，那小灯泡擦着地，沾上一些沙粒。然后，它拿这个受孕的小灯泡当作盛筵，慢慢地将其中的东西吸尽，再咬住干薄皮囊，久久地反复咀嚼，最后再全部吞咽下去。不到半天工夫，那乳白色的赘物消失了，连渣渣沫沫都全部被它美滋滋地吃光了。

这种难以想象的盛筵似乎是从外星球传入的，因为它与地球上的筵席习惯大相径庭。蝗虫科昆虫真是个奇特的世界，它们是陆地动物中最古老的动物中的一种，而且如同蜈蚣和头足纲昆虫一样，是古代习性沿用至今的一个代表。

豌豆象

人一向对豌豆有很高的评价。自远古时起，人通过越来越专业的精耕细作，细心管理，想尽办法让豌豆结的果实更大、更嫩、更甜美。这种作物很善解人意，遂人心愿，终于满足了园丁的奢望，提供了他们想要的东西。我们今天离瓦罗和科吕麦拉们有多么遥远啊！我们尤其是离第一个也许是用岩穴熊的半颌骨（因为颌骨上的牙齿如同犁铧）扒划土地以便种下这种野生果实的人有多么遥远啊！

这种豌豆的始祖植物究竟在野生植物世界的什么地方呀？我们所在的各个地区都没有类似的这种植物。在别的地方能找得到它吗？在这一点上，植物学或缄默不语，或含糊其词。

另外，对于大多数可食用的植物，人们同样是一无所知。向我们提供面包的备受颂扬的小麦来自何处？没人知晓。我们除了精耕细作而外，就不再费劲乏力地在这儿寻根溯源了，也不到外国去探究来龙去脉了。在东方这片农业诞生之地，采集植物标本者从未在没被犁铧翻耕过的土地上见到过这种独自繁衍增长的圣麦穗。

同样，对于黑麦、大麦、燕麦、萝卜、小红萝卜头、甜菜、胡萝卜、笋瓜以及其他许多作物，我们也不甚了解。我们不知道它们原产于何地，顶多也就是根据几百年来的以讹传讹的说法去加以猜测罢了。大自然在把它们交付给我们时，它们饱含着野生的生命力和不太高的营养价值，如同大自然今天把桑葚和灌木丛的黑刺李提供给我们一样，它们是处于一种吝于施舍的粗胚状态，我们得通过辛勤劳动和运用才智使它们的果实饱含养分。这是我们投入的第一笔资本，这资本始终通过耕耘者的出色劳作在那特殊的银行里不断地翻本增息。

谷物和豆类植物作为储存食物，大部分是人工生产的。其初始状态极不发达的那些改良对象，我们是照原样从大自然的宝库中提取的。经过改良的品种向我们提供大量的食物，这是我们的技术创造的成果。

如果说小麦、豌豆以及其他作物对我们来说是不可或缺的，那么我们的精心照料作为正当回报对于它们来说也是绝不可少的。这些植物在生命的激烈搏斗中没有抵抗能力，是我们的需求使它们在成长发育，如果我们弃之不顾，任随其自生自灭，尽管它们的种子无以计数，也会很快灭种，如同愚蠢的绵羊，没有精心圈养放牧，很快就会消失。

它们是我们创造的产物，但并非总是我们所专有的财产。在食物大量积存的任何地方，都有大批的食客从四面八方奔来，不管不顾地大快朵颐，食物越丰盛，食客来得越多。唯一只有人能够促进农业的发展，进而成为各方食客蜂拥而至的盛宴的操办者。人在创造更加美味、更加丰盛的食物同时，无可奈何地也把千千万万的饥肠辘辘者招引到粮仓谷堆中来，它们的利齿尖牙令人无以为抗。人生产得越多，上贡得也越多，大规模的耕作，大量的作物，大量的积存，肥了我们的竞争者——虫子。

这是事物固有的规律。大自然以同样的热情向所有的婴儿提供乳汁，既喂养生产者也喂养剥削他人财富者。大自然为辛勤耕耘、播种和收获，并因此而累得筋疲力尽的人在使小麦成熟的同时，同样也在为小象虫们让麦子成熟。这种小象虫不在田间劳作，却在谷仓里安家落户，用它那尖嘴在麦垛里一粒一粒地嚼食麦粒，把麦子都吃成麸子了。

大自然为因翻地、锄草、浇灌而累得腰酸背疼、日晒雨淋的人催促豆荚快快饱满，也为小象虫让豆荚赶快成熟。豌豆象对田园劳作一窍不通，但照旧在春回大地的时刻，按时从收获物中提取自己的那一份儿。

让我们好好瞧瞧豌豆象这个税务官是如何卖力干活儿的。我是个主动纳税者，我任由豌豆象自由行事：我正是为了它才在我的荒石园中播种了几垄它所偏爱的植物种子。除了这不多的几垄豌豆而外，我没有任何别的可召唤豌豆象的东西，但它五月便按时前来了。它知道在这个不适宜辟作菜园的荒石园里，头一次有豌豆在开花。这位昆虫税务官急匆匆地奔来履行自己的职责。

它是从何处而来？ 这可无法说得准确。它应是来自某个隐蔽之所，在那儿呈僵直状态地度过了寒冬腊月。盛夏酷暑自己脱皮的法国梧桐，用它那微微翘起的木栓质皮片为无家可归的虫子提供避难之所。我经常在这种冬季避难所里看见豌豆象。只要寒风凛冽，严冬肆虐，豌豆象就躲在法国梧桐的这些微翘的枯皮下，或者用别的方法以求躲过劫难，直到和煦的阳光初抚它几下，它便苏醒过来。这是它的生物钟在通知它。它们像园丁一样，知道豌豆的花期，于是，它们便从各个地方，迈着细碎的快步，心急火燎地向着它们所钟爱的植物奔来。

小头，大嘴，身着缀有褐色斑点的灰衣裳，长有扁平鞘翅，尾根有两个大黑痣，身材矮粗，这就是我的访客的大致模样。五月的上半月刚过，豌豆象的尖兵就到了。

它们在长有蝴蝶般白翅膀的花上安营扎寨：我看见有一些居于花的旗瓣上，另有一些则藏于龙骨瓣的小盒子里。还有一些数量较多，盘于花序中吮吸着，产卵时刻尚未到来。早晨天气温和，太阳虽明亮，但却不晒人。这是明媚阳光下举行婚配、开心享受的美妙时刻，它们因此再享受点生活的乐趣。有一些在成双配对，但立刻又分了开来，随后又聚在一起。将近晌午时分，烈日当空，男男女女全都退避到花褶的阴处。这种阴凉的地方它们非常熟悉。明天，它们又要开始寻欢作乐，后天依然乐此不疲，直到一天天鼓胀起来的豌豆果实撑破龙骨瓣的小盒子为止。

有几只比其他更着急的豌豆象产妇把卵托付给新生豆荚，而后者扁平而细小，刚刚褪掉花蒂。这样匆忙产下卵也许是因卵巢已无法等待被迫而为，我觉得它们的处境极其危险。豌豆象的幼虫将安于其中的种子此时此刻还只是个脆弱的细粒，既无韧性又无粉质堆。除非豌豆象幼虫颇有耐心，能扛到果实成熟，否则在那儿就找不到吃的。

但是，幼虫一旦孵化，它能够长时期不吃不喝吗？这令人怀疑。我所看见过的一些幼虫表明，新生儿一出来便忙着要吃的，如果没有吃的，便会死去。因此，我认为在尚未成熟的豆荚上产下的卵是必死无疑的。但种族的兴旺繁衍并不会受到多大的影响，因为豌豆象妈妈是多产的。我们一会儿就会看到豌豆象妈妈是如何满地下种，而其中大部分都注定会夭折。

五月末，当豌豆荚在籽粒的促动下变得多节，达到或接近成熟的时候，豌豆象妈妈的重任也就完成了。我急切地盼望着能看到豌豆象是如何以昆虫分类学所给予它的象虫科昆虫的身份工作的。其他象虫是一些带嘴象、带喙象，它们配备有一根尖头桩，用它来修筑产卵的窝巢。而豌豆象则只有一个短喙，在吸食点甜汁方面非常有用，但论起钻探来则毫无用处。

因此，豌豆象安顿家小的方法是不同的。它不像橡树象、熊背菊花象、黑刺李象等那样做一些细致灵巧的准备工作。豌豆象妈妈没有配备钻头，所以只好把卵产在露天里，没有任何保护以防风吹日晒雨打。它这么做简直是太简单方便了，但这却有极大的风险，除非卵有特殊体质，能抗御酷热严寒、干燥潮湿。

上午 10 点，阳光和煦，豌豆象妈妈步伐急促，忽大步忽小步，从上到下，又从下到上，从正面到反面，又从反面到正面地把自己选中的豌豆荚看个遍。它不时把一根细小的输卵管伸出来，左探探右触触，像是要划破豆荚的表皮似的。然后便产下一个卵，随即便弃之不顾了。

豌豆象妈妈的输卵管就这么在豌豆荚的绿皮上左点一下右点一下的，就算完事了。卵就留在那儿，没有任何保护，任随太阳暴晒。在帮助未来的幼虫，使之在必须自己进入食橱时缩短寻觅时间方面，豌豆象妈妈没有任何考虑，没有想到为孩子找个合适的地方。有的卵产在被豌豆种子鼓胀起来的豆荚上，有的则产在像贫瘠小山谷似的豆荚膈内。在豆荚上的卵几乎与食物直接接触着，而豆荚膈内的卵则离食物较远。以后就靠幼虫自己去辨别方向，寻找食物了。总之，豌豆象这种无序产卵让人想到粗放式播种。

更严重的是：产在同一个豆荚上的卵与豆荚内的豌豆粒不成比例。首先我们得知道，一个幼虫就得有一粒豌豆，这是必需的定量，这一定量对一个幼虫来说是富足有余，但是好几个幼虫同时消受，哪怕只是两个幼虫，那也很勉勉强强的了。每个幼虫一粒豌豆，不要多也不能少，这是永远不变的规定。

这就要求豌豆象妈妈产卵时必须探知豆荚内的含豆量，限制自己的产卵数。但是豌豆象妈妈根本就不理会这种限制。对一个定量，豌豆象妈妈总是产下许多的小宝宝。

我所有的统计在这一点上都是一致的。在一个豆荚上产下的卵总是超过，而且常常是大大地超过可食的豌豆粒的数量。无论粮食多么瘪，上面都有大量的卵。我把豆粒和卵的数量分别数了数，发现一粒豆子上总有 5 到 8 个卵，有时甚至有 10 个，而且看不出豌豆象妈妈不会在一个豆荚上产下更多的卵来。真是僧多粥少！在一个豆荚上下这么多的卵干什么？它们肯定要被逐出宴席的呀！

豌豆象卵呈琥珀黄色，挺鲜艳，圆柱状，很光滑，两头圆圆的。它长不过一毫米。每个卵都用凝固的蛋清细纤维网黏附在豆荚上。无论是风还是雨都吹不掉，打不下来。

豌豆象妈妈产卵常常是成对的，一个卵在上另一个在下，而往往是上面的那个卵得以孵化，而下面的那个则干瘪而死。为了孵化出来而不死，需要什么呢？ 也许是需要阳光的沐浴，而下面的卵正好被上面的遮挡着，没有了这种温暖孵育；或者是由于不合适的挡板遮挡的影响；或者是其他什么原因，反正孪生卵中的先产下者很少得到正常的发育，在豆荚上干瘪，没有出世便灭于无形了。这种夭折也有例外的时候，有时候，成对的卵两个都发育良好，但这种情况实属罕见。所以，如果总这么成对地产卵，豌豆象的家庭成员差不多要减少一半。有一项不利于豆荚但却有利于象虫科昆虫的临时措施可以减少这种毁灭：大部分的卵都是一个一个地产下的，而且是独自待在一处。

新近孵化的标记是一条弯弯曲曲的苍白或淡白色小带子，它在卵壳附近翘起，撑破豆荚的表皮。这是幼虫的产物，是皮下通道，幼虫在其中蠕动，寻找钻入点。找到这个钻入点之后，身长刚刚一毫米、全身苍白、头戴黑帽的幼虫便在豆荚上钻孔，钻入豆荚宽敞的肚腹中。

它爬到豆粒处，在最近的那颗豆粒上安顿下来。我用放大镜观察它，同时观察它的豌豆地球——它的世界。它在豌豆球面上垂直地挖出一个井坑。我曾看见过一些幼虫半个身子下到井坑中去，后半身则在井坑外边蹬踢加力。不大的一会儿工夫，幼虫便不见了，钻进了自个儿的家中。

入口很小，但一眼就能认得出来，因为它在豌豆淡绿色或金黄色的衬托下呈褐色。入口没有固定的位置，总的来说，除了豌豆的下半部而外，在豌豆表面的任何地方都可以钻洞，因为下半部的顶端是悬韧带的肥硕之处。

豌豆的胚胎就在这个部分，可它却没受到幼虫的损害，并且还发育成为胚芽，尽管豆粒上面被豌豆象成虫钻了个大窟窿。为什么这个部位完好无损呢？是什么原因使之免遭幼虫的侵害的呢？

豌豆象肯定不是在关心园丁的利益。豌豆是为它而生，只为它而生。它之所以不去咬那几口使种子死亡，目的并非是减轻灾害。它克制自己是有其他一些原因的。

请注意，豌豆是一粒一粒相互紧贴在一起的，寻找下嘴部位的幼虫在豆粒上行走并不自如。还应注意，豌豆的下端因肚脐的瘿瘤而变厚，钻孔就很困难，而在只有表皮保护的其他部分就没有这种困难。甚至也许在肚脐这一特殊部位有一些特别的液汁是幼虫所讨厌的。

毫无疑问，这就是豌豆既被豌豆象蚕食却又照样能够发芽的秘密之所在。豌豆虽破损，但却并未死亡，因为入侵是针对空着的上半部，那是既容易钻入又无伤大雅的区域。另外，由于整粒豌豆对于单独一个消费者来说是绰绰有余的，而受害部分只是这个消费者所喜爱的部分，但又不是豌豆生命攸关的部位。

在其他一些条件下，在种子个头太小或非常大的情况下，我们可能会看到大不相同的情况。在种子个头太小的情况下，由于幼虫吃不着什么，不够塞牙缝的，胚芽就一块儿被吃掉了；在种子个头非常大的情况下，食物丰盛，可以招待多个食客。如果豌豆象偏爱的豌豆短缺，它就退而求其次，去吃野豌豆和马蚕豆，这两种植物也向我们提供了类似证据。野豌豆颗粒小，被吃得只剩下一层皮，根本无望发芽生长；马蚕豆个头大，尽管其上有豌豆象的多间住屋，但照样能破土发芽。

我们已知豆荚上的虫卵数量总是大大多于荚内豆粒的数量，我们也知道每个被占有的豆粒是一只幼虫的私有财产，那就要问，多余的那些幼虫是什么下场呢？当最早成熟的幼虫一个个在豆荚食橱里占好位置时，多余的那些幼虫是不是在外面死去了？它们是否被先行占领阵地的幼虫无情地咬死了？都不是。情况是这样的。

就在此一时刻，在豌豆象成虫钻出来时留下了一个大圆孔的老豌豆上，用放大镜可以辨别出一些棕红色的斑点，数量有所不同，斑点中央都有钻孔。我数过，每粒豌豆上有五六个甚至更多的钻孔。那么这些斑点又是什么呢？我不会弄错的：有多少钻孔就有多少个幼虫。有好几个幼虫钻进了一个豆粒中，但能存活的、长大长肥、变为成虫的却只有一个。那么其他的呢？我们马上来看看。

五月末和六月是产卵期，豌豆仍然又嫩又绿。几乎所有被幼虫侵入的豆粒都向我们展示出许多斑点，这我们已经从豌豆象遗弃的那些干豌豆上看到了。这是不是好些幼虫聚在一起的标记呢？没错儿。我们把所说的那些豆粒，把子叶分开，必要时再加以细分。我们将好几个蜷在豆粒内的很小的幼虫暴露出来。

聚在一起的这些幼虫似乎相安无事，幸福安详。邻里间和睦相处，互不相争。进餐开始，食物丰盛，就餐者被子叶尚未被触动的部分所形成的膈分开着，各自待在自己的小间里，不会互相争斗，没有任何用无意的触碰或有意的寻衅引发的大动干戈。对所有的占有者来说，所有权相同，胃口相同，力量相同。那么共同享用同一个豆粒的情况将如何结束呢？

我把一些被认为有豌豆象居民的豌豆剖开之后放在玻璃试管里。我每天再剖开另一些。我通过这种办法了解到共居一处的豌豆象的生长发育状况。一开始并无任何特别的情况，每只幼虫独自在自己狭小的窝里，嚼食自己周边的食物。它省俭着吃，不吵不闹。它还太小，稍微吃一点点食物就饱了。然而，一粒豌豆无法供养这么多幼虫吃到长大为止。饥饿有可能发生；除了一只，其余的全都得死去。

事情确实很快就发生了变化。幼虫中居于豆粒中心位置的那一只发育得比其他幼虫要快。当它稍稍比自己的竞争对手们个头儿大一点点时，后者便全都停止进食，克制着自己不再往前探索食物。它们一动不动，听天由命；它们就如此这般地静静地死去了。它们消失了，溶解了，灭亡了。这些可怜的牺牲者是那么小！从此，那粒豌豆整个儿地属于那个唯一的幸存者了，在这个享有特权者的身边，其他的都一个个地死去了，到底是怎么回事呢？我没有确凿的答案，只能提出一种猜测。

豌豆的中央比其他地方更多地受到太阳的光合作用的抚爱，那儿会不会有一种婴儿食物，一种更适合豌豆象幼虫那娇弱的胃的松软食物呢？在豌豆的中央，幼虫的胃也许受到一种松软、味美、甜甜的食物的滋养，变得强壮，能够消化一些难以消化的食物。婴儿需要吃流质，吃大人吃的面包之前，吃的是奶。豌豆的中心部分会不会就像是豌豆象妈妈的乳汁？

豌豆粒的所有占据者雄心相同，权利相等，所以全都往最美味的部分爬去。行程充满艰辛，临时的栖身之所反复出现，以便休息。在期盼更好的食物同时，它们凑合着吃点自己身边已成熟了的食物；它们更多的是用牙来为自己开辟通道而非进食。

最后，那个掘进方向正确的掘土工便抵达了豆粒中心的乳制品厂。于是，它便在那儿安顿下来，而一切便已成为定局：其他幼虫只有死路一条。其他幼虫是如何得知中心部位已被占据了的呢？它们听到自己的那位同胞在用大颚敲击其小屋的墙壁了吗？它们老远地就感觉到有啃噬的动静了吗？大概出现过某种类似的情况，因为自这时起，它们就不再往前探路了。迟到的幼虫们没有去与幸运的优胜者拼抢，没有去试图将它赶走，而是自己选择了死亡。我很喜爱迟迟赶到的幼虫们的那种淳朴的忍让精神。

另有一个条件，空间的条件，那些豆象中，豌豆象个头最大。这在这件事中起着作用。豌豆象到成年时，它就需要一种较宽敞的居所，而其他那些豆象成年时并无这种要求。一粒豌豆可以为豌豆象提供很宽敞的一个居所，但是要住两个就不行了，因为即使紧挨着也不够。这样一来，就必须毫不留情地精减人数，所以在一粒被侵入的豌豆里，除了一只幼虫，其他的竞争者一个不剩地被清除了。

而蚕豆则不同，它几乎像豌豆一样深受豌豆象的喜爱，但它可以接纳好些个豌豆象同时下榻一家旅馆。刚才所说的那种独居者在蚕豆这儿就成了共居者。蚕豆地方宽敞，可住下五六只甚至更多的豌豆象幼虫而又互不侵犯邻居的领地。

另外，每只豌豆象幼虫都有最初几日的松软蛋糕在自己的嘴边，也就是说远离表面、硬化缓慢、味道保存得很好的那一层。这内里的一层是面包心，其余的则是面包皮。

在豌豆中，这松软的一层位于中心部分，是豌豆象幼虫必须到达的很小的一个点，到不了那儿，就必死无疑；而在蚕豆这块大圆面包里，这个内层覆盖着两片扁平的豆瓣。如果在这硕大的豆粒上随处吃上一口的话，每只幼虫只需在自己面前往下钻，很快就能钻到想吃到的食物。

这样的话会出现什么情况呢？我统计了一下固定在一个蚕豆荚上的虫卵，又数了一下豆荚里的蚕豆粒，两相比较，我便得知按五六只幼虫计算，这只蚕豆荚有足够的空间容纳全部家庭成员。这就不存在几乎从卵中孵出之后便死去的多余者了；人人都有一份丰盛的食物，个个都能家兴人旺。食物的丰富保证了这种粗放式的产卵方法。

如果豌豆象始终都是以蚕豆作为自己全家的住所的话，我就很清楚它为什么在同一个豆荚上产下那么多的卵了：食物丰盛，又容易吃到，所以便能招引豌豆象产下大量的卵来。而豌豆就让我困惑不解了。是什么原因促使豌豆象妈妈昏头昏脑地把孩子生在缺粮的地方，活活地饿死呢？为什么有那么多食客围着只能坐一人的餐桌呢？

在生命的进程中事情可不是这么发展的。某种预见性在调节着卵巢，使之根据食物的多寡产下自己的卵。金龟子、泥蜂、葬尸虫以及其他为孩子们储备食品罐头的妈妈们，都严格控制自己的生育，因为它们面包铺里的松软面包，它们一筐筐的野味肉，它们埋尸坑中的腐肉块等是通过艰辛劳动获得的，而且数量不多。

相反，肉上的绿头苍蝇则成包成包地堆积它的卵。它深信尸肉是取之不尽的财富，所以便在其上大量下蛆，根本不在乎下了多少。另外，昆虫要狡诈地抢掠食物，经常会导致死亡事故的发生，因此昆虫妈妈也就用大量产卵的办法来抵消意外死亡的损失，以保持均衡。芫菁科昆虫就属于这种情况，它常在极其危险的情况下抢劫他人财物，因此它的繁殖能力就极强。

豌豆象既不了解被迫减少家庭人口的劳作者之艰辛，也不清楚被迫大量增加家庭成员的寄生者的苦难。它自由自在，不费劲地去寻找，只是在明媚的阳光下在自己所偏爱的植物上溜来荡去，便给自己的每个孩子留下了足够财物。它是做得到的，而且还疯婆子似的想让超量的孩子生在一个豌豆荚上，致使多数孩子饿死在这间营养不足的哺乳室里。这种愚蠢的做法我不甚理解：它与昆虫妈妈的母性本能的固有的远见卓识背道而驰。

因此我倾向于认为，在世上的财富分享中，豌豆并非豌豆象初期所取得的那一份，可能是蚕豆才对，因为一粒蚕豆就能够供养半打甚至更多点儿的食客。种子个头大，昆虫产卵与可食食物之间的明显的不协调也就不复存在了。

另外，毋庸置疑，在我们园中种植的各种豆类中，蚕豆是历史最悠久的。它个头特别大，而且口感又特别好，肯定自古以来就引起人类的注意。对于饥饿的种族来说，它是现成的，很有营养价值的食物。因此，人们急不可耐地在自己宅旁园地里大量地种植它，这就是农业的开始。

中亚地区的移民用他们那长满胡须的牛拉着的牛车，一站一站地长途跋涉，给我们的蛮荒地区首先带来了蚕豆，然后把豌豆，最后把防止饥荒的谷物也带来了。他们还给我们带来了牛群羊群；他们让我们了解青铜，那是最早的制作工具的金属。就这样，在我们这里文明的曙光就出现了。

这些古代的先驱在给我们带来蚕豆的同时是否不知不觉地也把今天与我们争夺豆类植物的昆虫给带来了呢？这种怀疑不无道理。豌豆象似乎是豆类植物的原住民。至少我发现它就曾对当地的许多豆科植物在征收贡税。它尤其是在树林里的山黧豆上大量繁殖，因为山黧豆有一串串花朵和长长的、美丽的豆荚。山黧豆的籽粒个头不大，大大小于我们的豌豆粒。但是，它的籽粒皮软，幼虫能吃，所以每粒籽粒都足以让其居住者长大长胖。

也请大家注意，山黧豆的豆粒数量很多。我曾数过，每个豆荚内含有 20 来颗豆粒，这是豌豆即使产量最高时也达不到的数字。因此，无太多渣滓的优质山黧豆一般可以供养得起其豆荚上的昆虫家庭。

如果树林中的山黧豆突然缺乏了，豌豆象便会转往其他一种味道相同的植物，但这种植物的豆荚又无法喂养其全部幼虫，例如，在野豌豆或人工种植的豌豆上产卵。在食物不丰富的豆荚上产下的卵也不少，因为起源时期的植物或因种类繁多，或因籽粒个头大，可以提供丰富的食物。如果豌豆象真的是外来者，它初始阶段的食物假定为蚕豆；如果豌豆象是原住民，那就假定它的初始食物为山黧豆。

古老岁月中的某一天，豌豆到了我们这里。它起先是在先它而来的史前的那同一个小园子里收获的。人们发现它优于蚕豆，后者在为人做出那么多贡献之后让位于豌豆了。象虫也是这种看法。象虫虽未完全撇弃蚕豆和山黧豆，却把自己的大本营建立在一个世纪以来逐渐广泛种植的豌豆上。今天，我们得与豌豆象共享豌豆：豌豆象是提取它中意的一份之后把剩下的一份留给了我们。

我们产品的丰富和优质所产生的儿女——昆虫的这种繁衍兴旺，从另一方面来看却是衰败没落。对于象虫来说如同对我们来说一样，食物方面的进步，并不总是完美的。省吃俭用，种族则更得益；食不厌精，种族遭殃。豌豆象在蚕豆和山蘩豆这种粗糙食物上建立了婴儿低死亡率的移民地。在它们上面，每只幼虫都有吃饭的地方；而在精美食品——豌豆上，大部分食客则因饥饿身亡。豌豆上，份额不够，而食客却多。

我们不必在这个问题上过多地耽搁时间了。我们来看看由于兄弟姐妹全都死去而成为唯一主人的豌豆象幼虫吧。它在这种大死亡中毫发未损，是机遇帮了它的忙，仅此而已。在豌豆粒中央这个湿润的僻静处，它干起了自己唯一的本行——吃。它先吃自己周边的食物，继而扩大范围，只见它的肚子越来越鼓，它的窝在变大，但也随即被大肚子填满。它身轻体健，丰满迷人，透着健康的丰采。如果我撩拨它，它便在自己的宅子里懒散地打着转儿，头还轻轻地点着。这是它讨厌我打扰的一种方式。我们让它安静，别打扰它了。

它发育得又快又好，以致酷暑来临时，它已经在忙着即将到来的外出了。豌豆象成虫没有配备足够的工具为自己在豌豆中打开一条通道钻出去，因为豌豆此时已经完全变硬了。幼虫知道自己将来的这种无奈，便早有所预见，用一种绝妙的技艺摆脱困境。它用自己有力的颌钻出一个安全门，圆圆的，四壁十分光洁。我们用最好的雕琢象牙的刀具也干不出这么好的活儿来。

事先准备好逃跑的天窗还不够，还必须为蛹考虑好干细致活儿时所需要的宁静。擅闯民宅者会从开着的天窗溜进来，进而损伤毫无防卫能力的蛹，所以这个天窗必须关上。怎么关呢？窍门在这儿。

幼虫在钻逃逸的出口时，啃噬面粉状物质，连一点儿渣渣都不剩。待钻至豆粒表皮时，它便突然停下。这层表皮是一层半透明的薄膜，是幼虫变态用的凹室的防护屏，以防外来的不法之徒进入其间。

这也是成虫迁居时将遇到的唯一障碍。为了使这道屏障易于脱落，幼虫曾在里层细心地围绕着盖子刻画出一道阻力不大的沟槽。发育成成虫后，只需用肩膀一顶，用额头稍稍一撞，圆盖就微微顶起，像木锅盖似的掉下来。出洞口穿过豌豆那半透明的表皮展露出来，宛如一个宽大的环状斑点，因室内阴暗而不很明亮。豌豆荚里面发生的事因为隐没于类似毛玻璃的下面，所以看不清楚。

这种舷窗盖构思真巧妙，既是抵挡入侵者的街垒，又是豌豆象成虫在适当时机用肩膀一顶即开的活门。我们会因此而向豌豆象表示敬意吗？这灵巧的昆虫会想出这么个高招儿，思考出一个计划，进而一步一步地付诸实行吗？象虫的小脑袋有这本事可是了不得。在下结论之前，我们还是先进行一下实验吧。

我把被豌豆象幼虫占据的那些豌豆的表皮剥掉，再把这些豌豆放在玻璃试管里，免得它们过快地变干。幼虫在其中同在没有剥去表皮的豌豆里一样发育良好，到时候便开始准备出屋。

如果幼虫矿工是由自己的灵感所指引的话，如果那被不时地仔细检查的顶板被认为已很单薄而不再继续挖它的通道的话，那么在现在的种种条件之下，会发生什么情况呢？幼虫感觉到自己已经贴近表面，将停止钻探；它将不会损坏无表皮的豌豆的最后那一层，从而获得了不可或缺的保护屏。

类似的情况并没有出现。井坑在充分挖掘；出口在外面张开，如同表皮仍在保护着豌豆似的一样宽大，一样精雕细琢。安全的原因一点儿也没有改变幼虫的习惯劳作。敌人能够进入这间来去自由的小屋；幼虫对此并不担心。

当它没有把有表皮的豌豆钻透时，它也没有更多地想到这个。它之所以突然停下来，是因为没有面粉的薄膜不合它的胃口。我们不也是把那些并无营养价值的豌豆皮从豌豆泥中弄出去吗？因为豌豆皮并没有什么用。看上去，豌豆象幼虫同我们一样：它讨厌豌豆粒上那层如羊皮纸似的咬不动的表皮。它到表皮那儿便驻足不前了，知道那玩意儿不好吃。从这种厌恶的心情中却产生出一个小小的奇迹。昆虫没有逻辑，它被动地听从一种高级逻辑。它只是听从，而并未意识到自己的技艺，它的这种无意识如同可结晶物质有条不紊地聚集其大量原子一般。

八月，或稍早些或稍晚些，豌豆上出现一些黑斑，每粒上都有一个，毫无例外，这就是出口舱。九月，其中绝大部分都会打开。好像钻孔器钻出的舱门盖整齐划一地分离，落在地上，住屋的出入口便畅通无阻了。豌豆象以最终的形态衣着光鲜地爬了出来。

季节很美好，经雨水浇灌的花朵盛开。从豌豆上来的移民在秋天的欢悦中前来探花。然后，寒冬来临，移民们便纷纷寻找避难所躲藏起来。其他一些与这些移民数量相当，并不急于离开出生的豆粒，整个寒冬腊月，它们滞留在出生的豆粒里，躲在不敢触动的保护屏下面，一动不动。小屋的门只待酷暑回来时才在铰链上，也就是说在抵抗力较弱的沟槽上发挥作用。到那时，迟到的幼虫才大搬家，与先期到达者们会合，待豌豆开花时节，共同准备干活儿。

从方方面面去观察昆虫本能的无穷无尽、变化多端的表现，对于观察者来说是对昆虫世界观察的最大乐趣，因为没有任何东西比这更能展现生命中的种种事物那奇妙的配合一致了。我知道，这么去了解昆虫学，并非人人都赞赏；人们对一心扑在昆虫的一举一动上的这个天真汉真是嗤之以鼻。对于急功近利的功利主义者来说，一小把没被豌豆象糟蹋的豌豆远胜于一大堆没有直接利益的观察报告。

缺乏信仰的人呀，谁告诉你今天没用的东西明天就不是有用的？ 了解了昆虫的习性，我们将能更好地保护我们的财富。如果轻蔑这种不注重功利的观念，我们可能追悔莫及。正是通过这种或立即可以付诸实践的或不能立即付诸实践的观念的积累，人类才会而且继续会变得越来越好，今天比从前好，将来比现在好。如果说我们需要豌豆象与我们争夺的豌豆和蚕豆，那我们也需要知识，因为知识如同巨大而坚硬的和面缸，进步这种面包就在其中揉拌、发酵。思想观念同蚕豆一样的重要。

思想观念还特别告诉我们说："贩卖谷物者无须费心劳神地去与豌豆象进行斗争。当豌豆运到谷仓时，损失已经造成，无法弥补，但这种损失不会扩展。完好无损的豌豆丝毫不用担心与受损害的豌豆为邻，无论它们混居一起多久。豌豆象到时候会从这些受损害的豌豆中出来；如果有可能逃走，它们会从粮仓中飞走。如果情况相反，它们会死去而不对完好无损的豌豆造成丝毫的损害。在我们食用的干豌豆上从来没有豌豆象卵，从来没有新的一代豌豆象出现。同样，也从来未见豌豆象成虫所造成的损害。"

我们的豌豆象并非定居于粮仓之中，它们需要新鲜空气、阳光、田野的自由。它吃得不多，蔬菜硬的部分它们是绝对不吃的。对于它那细小的嘴来说，在花间吮吸几口蜜汁就足够了。另外，幼虫需要的是正在豆荚里发育成长的绿色豌豆这松软的面包。正是这些原因，粮仓中没有碰到开始时进入其中的豌豆象卵发育成长之后又在繁殖下一代的现象。

灾害的根子在田野里。在与这种昆虫进行斗争时如果我们不总是束手无策的话，就特别应该在田野上监视豌豆象的为非作歹。豌豆象数量惊人，个头又小，且极其狡猾，所以很难消灭，因此，它对人的愤怒不屑一顾。园丁又叫又骂，象虫则无动于衷。它仍旧一如既往地继续干它那收税官的行当。幸好，有一些助手前来帮我们的忙，它们比我们更有耐心，更加卓有成效。

八月的第一个星期，当成熟的豌豆象开始搬迁时，我看到了一种很小的小蜂，它是豌豆的保卫者。我看见它在我的那些做培育用的短颈大口瓶里，大量地从象虫那儿出来。雌性小蜂头和胸呈棕红色，肚腹黑色，并带有长长的螺钻。雄性小蜂个头稍小一些，一身的黑衣裳。雌雄两性都有泛红的爪子和丝状触角。

为了钻出豌豆，豌豆象的歼灭者在豌豆象为最终逃脱而在豌豆表皮上雕刻出的天窗圆封盖上开启一扇小天窗，被吞食者为其吞食者铺平了出去的道路。看到这一细节，其余的就不难猜测了。当豌豆象幼虫变化的最初阶段结束时，当出口已经钻通时，小蜂急匆匆地突然而至。它仔细检查还长在茎上的豆荚中的豌豆；它用触角探来探去；它发现了表皮上的薄弱部位。于是，它便竖起它的探测尖桩，插进豆荚，在豆粒的薄薄的封盖上钻孔。象虫的幼虫或者蛹，无论躲在豆粒多深的部位，小蜂的长尖桩都能触到。小蜂在象虫的幼虫或蛹上产下一只卵，便大功告成了。象虫现在还处于半睡眠状态或者呈蛹状，所以不可能进行反抗，这个胖娃娃将被吸干，直到只剩下一个皮囊。

真遗憾，我们不能随心所欲地帮助这种热情的歼灭者大量繁殖！唉！这就是令人大失所望的恶性循环，我们无法放开手脚，因为如果想有许多的豌豆的探测者——小蜂来帮忙，首先就得有大量的豌豆象。

狼 蛛

人类对蜘蛛的印象从来都不是很好，很多人都认为蜘蛛是一种很可怕的动物，这也许是因为它那狰狞恐怖的外表令人看了不由得心惊肉跳。而且，人们还认为蜘蛛都是有毒的，所以总是对它敬而远之。

蜘蛛确实有两颗毒牙，这种武器可以立刻把它的猎物置于死地。不过，这种毒性对于人类来说就显得微不足道了，甚至还没有被蚊子叮一口的后果严重。所以，认为所有蜘蛛都有很大的毒性，这种看法对大部分无辜的蜘蛛而言是非常不公平的。

但是，有少数种类的蜘蛛确实是有剧毒的。意大利人曾流传一种说法：人被狼蛛刺一下就会痉挛，从而疯狂地跳起舞来。要想治疗这种病，没有什么灵丹妙药，只有音乐，而且

仅有固定的几首曲子特别灵验。这种说法听起来似乎非常可笑。不过，仔细想想还是有点儿道理的。狼蛛的毒能使人精神失常，而只有音乐才能使人镇静下来，剧烈的跳舞又可以让人大量地出汗，也就把身体里的毒很快地排出来了，从而恢复常态。

我们这一带便有最为厉害的黑肚狼蛛。我们可以通过观察它，了解蜘蛛的毒性有多大。我养了几只黑肚狼蛛，它们的腹部长着黑色的绒毛和褐色的条纹，腿上有一圈圈灰白相间的条纹。

狼蛛最喜欢待在干燥的沙地里，我的一块荒地正好符合它们的要求。那一片沙地上有二十多个黑肚狼蛛的穴，狼蛛的洞穴就是用它们的那两颗毒牙挖成的。这个洞一开始是直的，越往下便渐渐弯曲起来，洞的边缘还有一堵矮围墙，那矮墙是用稻草、小石子和一些杂物的碎片建成的。我每次朝它们的洞里望去，总能看到四只大眼睛，它们都闪着钻石般的光芒。

我打算捉几只狼蛛进行观察，于是找来一只土蜂做诱饵。我把土蜂放在一个瓶子里，这个瓶子的口和狼蛛的洞口一样大。我把瓶口罩在狼蛛的洞口上。里面的土蜂先是在瓶里乱飞乱撞，后来发现了那个洞口，便飞了进去。这时，洞里的狼蛛见到有情况，便匆忙地往上赶，于是和那只土蜂在洞的拐弯处相遇。很快，只听到洞里一声惨叫，然后就是很长一段时间的沉默。

我把瓶子挪开，然后用钳子伸进洞口，把那只死土蜂揪了出来。狼蛛当然不甘心这到嘴边的肥肉溜走，所以它不顾一切地跟出洞口。我赶紧用石子把洞口堵住，这时，狼蛛有点惊慌失措。我很快用一根稻草将它拨进一个纸袋。用同样的方法，我又捉了一群狼蛛。

狼蛛只吃新鲜食物，它一捉到猎物便会把它杀死，然后立即吃掉。然而，要想得到鲜活的猎物，不是十分容易。牙齿坚硬的蚱蜢和带毒刺的蜂都有可能飞进狼蛛的洞中，而狼蛛的武器只有它的那两颗毒牙，这与蚱蜢和蜂的武器较量起来，也并不一定会占上风。

我已经看到了狼蛛如何生擒土蜂，我还想看看它与别的昆虫作战的情景。于是我找来一只木匠蜂，这应该是一个强大的对手。木匠蜂全身长着黑绒毛，翅膀上嵌着长长的丝线。它的刺很厉害，若是被它刺到，不但会感觉很痛，还会肿起一块，那肿块要很长时间才能慢慢消退。我把一只木匠蜂放入瓶子里，然后把瓶口罩在狼蛛的洞口上。那木匠蜂在玻璃瓶里嗡嗡地叫着，这声音惊动了洞里的狼蛛，它从洞口爬了出来。不过，它爬出半个身子，看看四周，一直不敢贸然行动。大概过了三十多分钟，这只狼蛛竟又回到洞里去了。

于是，我又到别的洞口去试。终于有一只狼蛛，它好像太饥饿了，一听到洞口外面有动静，便猛地一下冲了出来。一眨眼的工夫，那只强壮的木匠蜂就死了，战斗便以此而告终。狼蛛的毒牙刺到了木匠蜂头部的后面，那里应该是木匠蜂的致命之处，要不它为何连最后的一点儿挣扎都没有呢？

在后来的几次实验中，狼蛛也总是能干净利落地把对手干掉。它们先是在洞里静静地观察洞口的猎物，迟迟不敢出击。但是，一旦等到机会，只要大蜂的正面对着它，狼蛛便会立刻出洞，以迅雷不及掩耳之势用毒牙刺向猎物的头部。

狼蛛的毒素很厉害。有一次，我让一只狼蛛去咬一只羽毛未丰的幼小麻雀。那只麻雀受伤后，流出一滴血。它的伤口有一个红红的圈，一会儿，那个圈又变成了紫色。小麻雀只能用另一条腿蹦跳着前行，那条受伤的腿已经使不上劲了。不过小麻雀的胃口还是很好的，喂了它一些苍蝇、面包和杏酱，它都吃了。照这样看来，这只小麻雀很快便可以痊愈了。十几个小时过去了，一切都还很正常，小麻雀的情况依然很乐观。可是，又过了两天，小麻雀便不再进食了，它的羽毛凌乱，身体缩成一团，还不时地发出一阵阵痉挛。以后，它痉挛的频率越来越高，最终还是离开了这个世界。

后来，我又在田野里捉住一只鼹鼠，并想用它再来做一次实验。我把鼹鼠放进笼子里，让一只狼蛛跟它亲密接触，那狼蛛咬了鼹鼠的鼻尖。鼹鼠被咬之后，就不停地用它的爪子挠自己的鼻子。它的鼻子开始慢慢地腐烂。鼹鼠被咬的第一个晚上就开始食欲不振了，它行动迟缓，好像全身都不舒服。第二天晚上，鼹鼠滴水不进。又过了一天，鼹鼠就死了。

看来，狼蛛的毒牙不仅可以使昆虫致死，就是大一点儿的小动物也会在它的毒素作用下，很快结束生命。不过，这种可怕的狼蛛非常爱护家庭，这一点也许会让你改变对它的印象。

八月里，有一个清晨，我看到一只狼蛛正在地上织网，那网和人的手掌差不多大。这个网既不精细也不美观，不过很坚固。网织好后，狼蛛又在上边用最好的白丝织成一小片席子，那席子有一枚硬币那么大。狼蛛又把席子的边缘加厚，使它成为一个碗的形状。然后，狼蛛便在里面产下卵，接着又用丝将卵盖好。这样，看上去就像一个圆球放在一条丝毯上面。狼蛛用后腿将攀在圆席上的那些丝抽出来，把圆席的边卷上来，盖住中间的球，这就形成了一个袋子。之后，它会用牙齿和后腿，用力将藏着卵的袋子从丝网上拉下来。

这个袋子是一个白色的丝球，跟樱桃差不多大，摸上去很软又很黏。这个袋的中央有一道折痕，这道折痕便是圆席的边。圆席把袋子的下半部都包住了，而上半部则是狼蛛的幼虫出来的地方。狼蛛的袋子里除了卵，没有其他什么东西，不像条纹蜘蛛那样里面有红色的柔软的丝。因为，狼蛛的卵在冬天来临之前就可以孵化出来，所以，不必担心寒冷的气候会对袋子里的卵产生什么影响。母狼蛛要花一早上的时间才能把这个袋子编织好。之后，它便抱着这个宝贝小球，静静地休息起来。到第二天早上，母狼蛛就把那个小球挂到自己身后的丝囊上。

当夏天结束的时候，母狼蛛就会带着它的小球爬到洞口，然后静静地趴在那里。此时，它的后半身在洞外，前半身还在洞里。它用后腿将小球举到洞口，还轻轻地转动它，好让它的每一个部分都充分接受阳光的照射。就这样，直到太阳落山，它一直在洞口趴着，耐心地做着这项工作。

这项需要耐心的工作并不只是要一两天，而是在接下来的三四个星期里，它每一天都要坚持做。这就像母鸡用体温来孵蛋一样，狼蛛则要让自己的卵长时间吸收太阳的热量来孵化。

小狼蛛在九月初的时候就可以出巢了。当它们准备从巢里出来的时候，小球就会沿着那道折痕裂开。小狼蛛出来以后就会爬到母狼蛛的背上，它们紧紧地挤在一起，有二百多只，母狼蛛身上就像是包了一块树皮。这时，那个装卵的袋子也自动从丝囊上脱落，被抛在一边。

小狼蛛们在母狼蛛的背上乖乖地待着，母狼蛛就背着它们到处去逛，或者在外面晒晒太阳，或者回到洞里休息。

三月的时候，母狼蛛还在洞里背着那些小狼蛛。这样看来，小狼蛛们在母狼蛛的身上至少要待上五六个月。母狼蛛背着小狼蛛们出征，这对那些小东西来说应该是很危险的，因为它们难免会被路上的草叶、枝条拨到地上。而母狼蛛要照顾几百只小蛛，它会不会注意到掉在地上的小蛛呢？ 它会不会帮那小蛛重新爬到自己的背上呢？

我在实验室的泥盆里养了几只狼蛛，并对它们进行细致的观察。当我用笔将一只母狼蛛背上的小狼蛛刮下来时，那只母狼蛛仍若无其事地往前走，丝毫没有要帮助那些小狼蛛的意思。那些落在地上的小狼蛛在沙地上爬了一会儿，便陆续攀住母亲的脚，然后顺着脚往母狼蛛的背上爬。不一会儿，它们就一个不落地齐聚到母亲的背上了。看来，这些小狼蛛很会照顾自己，它们不需要母狼蛛为它们费太多的心。

如前所说，小狼蛛们通常会在母狼蛛背上待五六个月，那么这段时间内它们吃不吃东西呢？ 母狼蛛会不会把自己猎取的食物分给自己的孩子吃呢？

经过观察，我发现母狼蛛一般都是在洞里吃东西，偶尔也会到洞口用餐。母狼蛛在吃东西的时候，那些小狼蛛在它的背上一动不动，似乎那美味对它们没有丝毫的诱惑力。母狼蛛狼吞虎咽地把食物吃得一干二净，看上去也没有给孩子们留一点儿的意思。

在这五六个月的时间里，小狼蛛们是靠什么来维持生命的呢？ 会不会是从母狼蛛的皮肤里吸收营养呢？ 可是根据我的观察，那些小狼蛛并没有用嘴巴贴在母狼蛛的身上吮吸，母狼蛛也没有因为失去营养而变得消瘦，它甚至比以前更健硕了。如果说那些小狼蛛以前在卵里便吸取了养料，但是那些养料也太微乎其微了，似乎难以维持那么长时间的生命所需。所以，小狼蛛们的身体里一定有另一种能量。

如果小狼蛛们始终一动不动，那就很容易理解它们为什么不需要食物了。因为完全静止就相当于没有生命，所以也就不耗费能量，就不需要养料。然而，事实并不是这样，它们虽然常常趴在母狼蛛的背上，但当它们被草叶拨到地上时，又会迅速地运动起来，爬回母狼蛛的背上，所以，它们并不像冬眠一样处于静止状态。

动物只要运动就要消耗能量，消耗的能量又必须从别的地方得到补偿。虽然小狼蛛们在母狼蛛背上的这段时间里，身体并没有长大，但它们还是在运动的，而且运动得很敏捷，它们一定是从什么地方取得了产生能量的食物。

不管是植物还是动物，大家归根结底都是靠太阳的能量来生存的，那些能量储存在一切可以作为食物的东西里。太阳是能量的最高赐予者，有了太阳，地球上才有了生命。所以，除了通过进食来获取和增加能量，动物们会不会直接接受太阳的照射，而在自身体内产生能量呢？就像蓄电池充电那样？

据此推想，将来我们可以通过人工食物来维持生命。那个时候，所有的农田都变成了工厂和实验室，化学家们的工作就是配置人工纤维食物和可以产生能量的食物；物理学家们则设计一些精巧的仪器，通过它们将太阳能直接注射到我们的身体。那样我们就可以不吃东西，只要吃太阳的光线，就可以获得能量，从而维持生命、进行各种活动。那将是一个多么奇妙的世界啊！

到三月底的时候，小狼蛛们就该跟母亲告别了。这个时候，母狼蛛常常会在洞口的矮墙上蹲着，它好像早就预料到有离别的这一天，所以很坦然地任由孩子们离去。自此以后，小狼蛛的命运便真正由自己把握了，母狼蛛再也不需要对它们负任何责任了。

小狼蛛们三三两两地从母狼蛛的身上爬下来，它们先在沙地上爬一会儿，接着就急匆匆地爬到我的实验室的架子上。与它们的母亲喜欢住在地下的习性恰恰相反，这些小狼蛛喜欢往高处爬。那个架子上有一个竖着的环，小狼蛛就顺着这个环爬到架子上。在那里，小狼蛛们开始快活地抽着丝、搓着绳。只见它们的腿在空中不停地伸展着，看样子它们还想爬到更高、更远的地方。

我瞬间明白了它们的心思，便又在环上插了一根树枝。那些小狼蛛立即顺着树枝往上爬，直至爬到那根树枝的顶梢。在那里，它们又抽出丝来，攀在周围的物体上，很快就搭成了一座吊桥。小狼蛛便在那座吊桥上走来走去，看起来十分忙碌。但是它们此时似乎并没有满足，还一个劲儿地想往上爬。于是，我又在架子上插了一个很高的芦梗，芦梗的顶端还有几根细枝。那些小狼蛛发现了这根芦梗后，便迅速地攀爬上去，一直到了细枝的末梢，它们又大张旗鼓地抽丝、搭桥。不过，它们这回抽出的丝非常细，要不是有阳光的照射，是很难看清楚的。这种丝不仅细还很长，在空中飘浮着，只要轻轻地吹上一口气，它就会剧烈地抖动起来，那些小狼蛛在上面便好像是随风舞动。

忽然，一阵微风吹来，那细丝被吹断了，断下来的丝便在空中随风飘扬。小狼蛛吊在断了的丝上，也跟着荡来荡去，一直等到风停了才能着陆。如果风再大一些的话，小狼蛛和那断了的丝会被吹到很远的地方，小狼蛛便会在那个陌生的地方重新登陆，然后安营扎寨。

小狼蛛们爬到高处忙碌地抽丝、织网，这种情形会持续好多天。不过，一般都是在天气晴朗的时候，它们才热火朝天地工作。到了阴天，它们就会慵懒地躲在一旁，动都不想动，大概是没有阳光提供能量它们就不能精力充沛地自由活动了吧。

不久，那些小狼蛛就纷纷离开了这个庞大的家族，它们随着飘浮的丝分散到各个地方。而那个曾经背着一大群孩子的母狼蛛此时已变得孤苦无依。不过，它并没有因为失去孩子们而感到痛苦和沮丧，倒像是卸去了沉重的负担，变得轻松起来。它又精神焕发地到处去觅食了。此后不久，它就会做祖母了，再过一段时间还会做曾祖母，这完全是有可能的，因为一只狼蛛的寿命能长达好几年。

从前面的观察中我们可以看出，小狼蛛在刚离开母亲的背时，有一种攀高的本能。不过，等它们流浪了几天以后，便不再兴致勃勃地攀高了，而是开始在地上挖洞了。此后，它们也不会爬到很高的地方去了。

而它们一开始那样轻松地爬到高处，只不过是想在尽可能高的地方攀上一根长长的丝，然后借着风力，让自己飘到远方，在那里安一个新家而已。

蟹 蛛

蟹蛛的外表非常美丽。它们的皮肤像缎子一样美丽，有的是乳白色，有的是柠檬色；腿上有粉红色的圆环；背上有深红色的花纹；有的在胸的左边或右边还有一条淡绿色的带子。这身外衣虽然比不上条纹蜘蛛的服装华丽，但由于它的花纹特别细致，颜色搭配又很协调，所以更显典雅、高贵。

很多见了别种蜘蛛都躲得远远的人，见到美丽的蟹蛛却怎么也怕不起来，因为它们长得实在太漂亮、太可爱了。如果它们是一些不会动的、全身长满绒毛的小玩具，大家一定会对它们爱不释手。

虽然蟹蛛有件美丽的外衣，但是它们的身材并不怎么好。它们的肚子看上去就像一个又矮又胖的锥体，而且底部两侧还各有一块稍稍隆起的肉，就像驼峰一样。

蟹蛛走路的时候跟螃蟹一样是横向的，也是前足比后足粗壮结实，所以人们才称它们为蟹蛛。蟹蛛是一种不会织网的蜘蛛，它们不会用网去猎取食物，而是有自己独特的捕食方式：伏击，然后掐住猎物的脖子。

蟹蛛很偏爱一种名叫岩蔷薇的灌木丛，经常会埋伏在那里等待猎物出现，只要猎物从身边经过，它们就会立刻扑上去在猎物的颈部轻轻一刺，很快，那猎物就一命呜呼了。在观察中，我发现蟹蛛最喜欢的猎物是蜜蜂。

勤劳的蜜蜂在采蜜的时候是非常用心的，它们从不三心二意、左顾右盼。当一只蜜蜂在花蕊上聚精会神地工作，正心满意足地把自己的“花篮”装满花粉时，蟹蛛常常会悄悄地爬出来，慢慢逼近蜜蜂的背后，然后猛冲上去，咬住蜜蜂的颈背。

这一咬正中蜜蜂颈背部的神经中枢。可怜的蜜蜂虽然拼命反抗，螯针乱扎乱刺，但由于神经中枢被麻痹，不一会儿就不能动弹了。这个小生命就这样在不知不觉中结束了，蟹蛛则心满意足地吮吸着蜜蜂的液汁，吸完以后便把那具遗骸无情地抛弃在原地，大摇大摆地离开了。然后，它们重新潜伏起来，继续等候下一个猎物的到来。

每当发现花朵上有一只一动不动的蜜蜂时，我第一时间赶过去，就会在旁边发现蟹蛛的身影。这位刚刚得手的捕猎者，正在享用自己的美餐。

虽然蟹蛛捕杀蜜蜂是如此残忍，但它们对待自己的孩子却是那么富有母性和责任感，这种反差不得不让人惊叹。

一天，我看到一只蟹蛛正在一丛花中间筑巢。蟹蛛喜欢选择枯萎的岩蔷薇枝，在位置高高的地方建立育儿房，这样可以尽情享受阳光的热量。那巢是一个白色的丝袋，样子像个圆锥。丝袋的一部分露在外面，一部分隐藏在树叶里面，这就是蟹蛛卵居住的地方。

在丝袋的口上，也就是蛛巢的顶部，有一个用绒线织成的圆盖子，那绒线里还夹杂着一些凋谢的花瓣。这个盖子就是蟹蛛的瞭望台。在这个瞭望台上，蟹蛛会一直守望着四周，像个卫兵一样，为巢里的卵宝宝站岗放哨。

自从开始产卵后，蟹蛛就会慢慢地消瘦下去，但精神不会放松，时刻紧张地在瞭望台上注意周围的动静。一旦巢穴周围有一丝风吹草动，蟹蛛就会全身紧张，投入战备状态，挥着一条腿威吓来惊扰它的不速之客。它激动地做着手势，叫对方赶紧滚开，否则后果自负。它那狰狞的样子和激动的动作，的确能把那些怀有恶意或无辜的外来者吓一大跳。把那些鬼鬼祟祟的家伙赶走以后，蟹蛛便心满意足地回到自己的岗位上，继续严阵以待。在这一点上，蟹蛛和狼蛛有着相似的勇敢、忠诚和母性。

有一次，我拿着一根草棍去挑逗一只蟹蛛，它的反应非常激烈，拼命用腿击打草棍，就像一个拳击选手在击打沙袋似的。后来，我尝试着想让它挪个地方，用了好大力气才把它拖出来，但我一松手，它马上又回到自己的岗位上。很明显，蟹蛛是不会离开自己的孩子的。

此外，我还尝试过把一些蚕茧的碎片放到蟹蛛的巢上，企图迷惑这个忠于职守的母亲。我曾用这个方法成功地迷惑住了狼蛛，狼蛛把这些碎片当成了自己的卵袋，带在身上走来走去。狼蛛分不清自己的卵和别人的卵，也分不清别人的巢穴和自己的巢穴。但这次我失败了，被迁移到蚕茧碎片上的蟹蛛坚决不肯接受这些东西，不肯在此安营扎寨。蟹蛛是不是比狼蛛聪明呢？也许是，但也可能是因为我的仿制品太过粗糙了。

到了五月底，产卵期结束了。蟹蛛便舒展开自己的身体，把它的卵遮住，一天到晚守在巢上，不离开半步。这时，它已经非常孱弱，似乎一阵风吹来，就能把它卷走似的。于是，我挑选了几只鲜美的蜜蜂给它，但蟹蛛理都没理那些“嗡嗡”乱叫的蜜蜂，美食失去了吸引力。它不吃不喝，不眠不休，只是静静地待在卵袋上，一刻不离地守护着小宝贝们。

蟹蛛用身体来遮蔽它的卵，等待着它们孵化，这让我联想到母鸡孵蛋。母鸡在孵蛋的时候也是让蛋待在自己的身体下面，把身体的温度传导到蛋上，从而使蛋得以孵化。而蟹蛛母亲并不向卵提供什么热量，即使它有这份心，它也已经没有能力了，因为此时雌蟹蛛的生命已经很微弱了，而且蜘蛛的卵只需靠太阳的热量就足够了。所以，雌蟹蛛在此守候的目的并不是孵化蛛卵。那它等待的又是什么呢？

这样过了两三个星期，雌蟹蛛因为一点东西都没有吃，所以一天比一天消瘦。但是，它仍然无怨无悔地守护着巢里的卵。它为何要苦苦地支撑着呢？是什么值得这只雌蟹蛛坚强地支撑着自己活下去呢？它是想亲眼看到自己的孩子们出世吗？

我们知道，雌条纹蛛非常勤快地为它的孩子们建了一个安乐窝，之后便一去不回头。因为它的寿命太短，所以再也不能顾家了。它在第一次寒流来袭的时候，生命就会结束，而它的卵则要到来年春天才能孵化。条纹蛛的孩子们离开那个气球形状的巢时，没有谁来帮它们把巢打破，因为它们的母亲早已离开了这个世界。幼小的条纹蛛又没有能力自己破巢而出，所以只能等到巢自动裂开时，它们才可以爬出来。

但蟹蛛的巢不像条纹蛛的巢，顶土的盖子不会自动裂开，那小蟹蛛们是怎样从这封闭得很严密的巢中爬出来的呢？在它们爬出来之前雌蟹蛛已经耗尽了生命。谁帮它们来打破巢呢？

小蟹蛛们孵化以后，我发现在巢的盖子边缘有一个小洞。这个洞并不是早就有的，显然是谁悄悄地在那里咬了一个孔，为的就是让里面的小蟹蛛们可以通过这个孔钻出来。蟹蛛的巢四壁又厚又粗，那些柔弱的小蛛们绝对没有力量把巢咬破。所以，我猜想，这个小孔肯定是雌蟹蛛在生命垂危的时候打通的。它一边为巢里的孩子们站岗放哨，一边静静地感受里面那些小生命的举动。等那些小生命开始躁动不安时，雌蟹蛛就知道它们要出来了，所以用尽最后一点力气，在盖子上打通了那个小孔。此后，它便安心地死去了。

虽然雌蟹蛛虚弱得随时都可能死掉，可是为了这最后一个愿望，它一直顽强地支撑了几个星期。雌蟹蛛死的时候非常平静，胸前还死死地抱着那个巢，身体慢慢缩成僵硬的一团。

多么伟大的母亲啊！之前我曾不止一次地被雌蚁的牺牲精神所感动，可是它们和雌蟹蛛相比，似乎还略逊一筹。

七月的时候，实验室里的小蟹蛛们纷纷从巢里爬了出来。我知道它们有攀绳的嗜好，便把一捆细树枝插在它们的笼子上。果然，它们立刻沿着铁笼很快地爬到树枝的顶端，又很快地用交叉的丝线织成互相交错的网，这便是它们的空中“沙发”。它们安静地在这“沙发”上休息几天，随后就开始搭起“吊桥”来了。

我把爬着许多小蟹蛛的树枝拿到窗口的一张桌子上，然后把窗户打开。不久，小蟹蛛们便纺线做起它们的飞行工具来。不过它们做得很慢，因为它们总是三心二意的，一会儿爬到树枝下面，一会儿又回到顶上，好像不知道自己要干什么，又不知道该怎么干。

照这种速度，它们在那儿忙活半天也不会有什么成果。它们都急于要飞出去，可就是没胆量。在中午十一点钟的时候，我把载着小蟹蛛的树枝拿到窗栏上，让太阳照射到它们的身体上。几分钟以后，太阳的光和热在它们的身体里积聚起来，成为一个小发动机，驱使它们纷纷活跃起来。只见它们的动作越来越快，越来越敏捷，都一个劲地往树枝顶上爬去。到达树梢后，它们飞快地纺起丝线，蓄势待发。

突然刮起了一阵风。啊呀，那些蟹蛛是那样轻巧，它们编的丝又那么细，风会把它们卷走吗？

我仔细地看了看，风的确猝然把细丝扯断了，有几只小蟹蛛顺着风在空中飘荡了一会儿便随着它们的降落伞——断丝飘走了。它们越飞越高，越飞越远，飞到又黑又暗的叶丛中，犹如一颗颗闪亮的明星。我静静地望着它们离去的背影，直到它们在我的视野里消失。最初，只有极少部分小蟹蛛飞了出去。它们有的飞得很高，有的飞得很低；有的飞往这边，有的飞往那边，最终都找到了自己的安身立命之处。

最后，所有的小蟹蛛都准备起飞了。这时已不是开始的时候那样三三两两地飞出，而是呈放射线状一队一队地飞出了，也许是被几个先锋的英雄行为感染、激励了。不久它们就陆续安全着陆了，有的在远处，有的在近处。丝线这个简单的降落伞成功地完成了它们的使命。

关于后来发生在小蟹蛛们身上的故事，我就不知道了。它们怎么捕食小虫子呢？ 小虫子和小蟹蛛争斗的话，谁又会占上风呢？ 它们会受哪些天敌的威胁呢？ 我都不得而知。不过，等到明年夏天，我们是一定可以看到它们已经长得很肥很大，纷纷躲在花丛里偷袭那些勤劳采蜜的蜜蜂了。

松毛虫

每年，松毛虫都会在我的园子里的那几棵松树上做巢，那几棵高大的松树都快被这些松毛虫啃光了。所以，以往每到冬天，我就得花费很大的力气来毁坏和清除这些巢，以免来年松树遭遇更大的迫害。因此，我愤愤不平，一直想把它们赶走。

不过，现在我突然对这些小松毛虫产生了兴趣，于是决定先让它们暂时安居在我的松树上，一年，两年，甚至更久，直到我了解了它们的全部故事为止。

很快，就在离门不远的松树上，我发现了三十几只松毛虫的巢。天天看着它们在眼前爬来爬去，使我迫切想了解松毛虫的故事。这种松毛虫也叫作“列队虫”，因为它们总是一只跟着一只，排着队去行动。

我们首先来看看松毛虫的卵吧。八月的上半个月，若是到

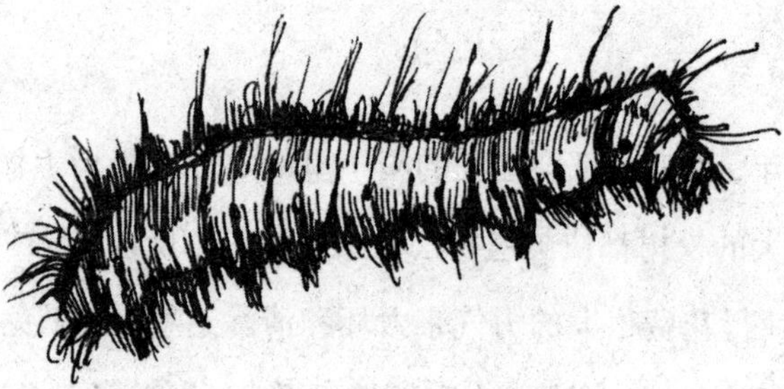

松树间细细察看，我们就会在浓绿的松叶丛里找到一些白色的小圆柱，这就是松毛虫母亲所产的虫卵群。

每个小圆柱体都包裹在一对对松针的根部，约有 3 厘米长，4~5 厘米宽。从外观上看，就像榛树未曾开花的柔荑花序一般。这个卵群白里略带点黄色，上面还有一些鳞片状的东西，看起来就像屋顶上叠着的层层瓦片。这些鳞片牢牢地粘在小圆柱体的顶部，它们上面有一些柔软的绒毛，可以防止雨水或者露珠渗透到里面，起到保护虫卵的作用。

那么，这些绒毛是从哪里来的呢？原来，这都是松毛虫母亲从自己身上脱下的毛——它们从自己身上拔下一部分毛，给虫卵做了一件温暖的外套。

如果用钳子把圆柱体上面的一层带有绒毛的鳞片拨开，我们就会看到那些虫卵了，它们就像一颗颗白色珐琅质的小珠子。这些小卵密密地挨挤着，排成纵队，整个圆柱体里有 300 多个卵，这些卵都是一母所生。

那些珐琅质的小珠固然美丽，但它们那种有规则的排列方式更让我感兴趣。相邻两列的虫卵交错地排着，竟没有一点缝隙。大自然中的一切都是那么有规律，妙不可言。一种花瓣的曲线有规则地呈现出来，甲虫的鞘翅上有着精美的图案……这些似乎都不是偶然。我们只能猜想有一位“美”神在默默地安排着大自然，使它呈现出缤纷的色彩。

九月时，松毛虫卵开始孵化。把圆柱体的鳞片稍微掀开一点点，我们就可以看到里面有黑色的小脑袋在啃咬着，试图弄破、推开上面的顶板。那些黑色的小脑袋下面是淡黄色的身体，上面长满了纤细的毛，纤毛有黑色的，也有白色的。这些小脑袋都黑得有些发亮，竟有身体的两倍粗。

那些小虫出生后，就会立刻爬到圆柱体的上面，吃起托着自己巢的那些针叶。如果有几条恰巧落到一起的幼虫吃饱了，它们便会自然地排成一条长队前行。

等同伴们都吃饱了，那些小虫便开始做帐篷了。这时，它们会在自己巢的附近用一张稀疏的网做成一个小球，这个小球由几片叶子支持着。在中午太阳光最强烈的时候，小虫们便在那个球形的帐篷里面睡大觉。下午凉爽一些之后，它们就都跑出来找东西吃。

多么惊人啊——松毛虫从卵里孵化出来还不到一个小时，却已经会做许多工作了：吃针叶、排队和搭帐篷，简直是个天才！

那个帐篷是不断扩建的，一天以后就会有榛子那么大，两个星期后就能有苹果那么大了。

这个帐篷不仅能解决小虫们住的问题，还能解决它们吃的问题。小虫们一边扩建帐篷，一边吃着帐篷内的针叶，这样那些柔弱的小家伙还能减少一些外出觅食的危险。当它们把支持着帐篷的针叶都吃光了以后，帐篷就会被风吹落。这时，小虫们便会选择一个新的地方，另建一个帐篷，继续在里面吃、住。它们就像游牧民族一样，过着迁徙生活，有时甚至能迁徙到松树的顶端。

其实，那个球状的帐篷只不过是小虫们秋日的临时住所，并不是它们过冬的地方。到了十一月，天气变冷时，松毛虫便开始在松树的高处选择一个树叶密集的枝梢，在那里搭建冬天的帐篷。

此时的松毛虫已经换了一套行装：背上长了六个红色的小圆斑，小圆斑周围环绕着红色和绯红色的刚毛，红斑中间又夹杂着金黄色的小斑，身体两边和腹部长着白色的毛。过冬的帐篷建成以后，松毛虫便会用丝织的网将附近的叶子网罗起来，使得帐篷更加牢固。这个帐篷有两个拳头般大小，从上往下渐渐变小，并把支撑它的树杈囊括进来。这个卵形帐篷的中央有一圈较粗的乳白色丝带，丝带里还夹杂着一些松叶。帐篷的顶上还有一些圆形的孔，这些孔就是松毛虫们爬进爬出的洞口。

帐篷外面的松叶顶端有一张丝网，这是松毛虫们经常晒太阳的阳台。上午10点钟左右，松毛虫们就会集体外出，到阳台上晒太阳。它们在暖洋洋的阳光下慵懒地打着盹，到了傍晚时便会醒来，集体回巢。

它们一边爬行一边吐出丝线，这就使它们的巢越来越大，也越来越坚固。为了使巢牢固得足以抵挡住冬天的狂风，它们还把一些杂物掺在丝线里做进巢里。

每天晚上，松毛虫总有两个小时左右的时间在做吐丝的工作。它们早已忘记秋天了，只知道冬天快要来了，所以每一条松毛虫都抱着愉快而紧张的心情工作着，它们似乎在说：“松树在寒风里摇摆着它那带霜的枝丫的时候，我们将彼此拥抱着睡在这温暖的巢里！多么幸福啊！让我们满怀希望，为将来的幸福努力工作吧！”

不错，亲爱的毛毛虫们，人类也和你们一样，为了求得未来的平静和舒适而孜孜不倦地劳动着。让我们怀着希望努力工作吧！你们为你们的冬眠而工作，那能使你们从幼虫变为蛾，这是生命的轮回。不管你们与我们的目的有什么不同，但都同样是对生活充满希望，从不轻易放弃。

松毛虫做完一天的工作就该用餐了。它们都从巢里钻出来，爬到巢下面的针叶上去用餐。它们都穿着红色的外衣，一堆一堆地停在绿色的针叶上，树枝都被它们压得微微向下弯了。

多么美妙的一幅图画啊！这些食客们都静静地、安详地咬着松叶，它们那宽大的黑色额头在我的灯笼下发着光。它们总是要吃到深夜才肯罢休，回到巢里后，还要工作一会儿。当最后一批松毛虫进巢的时候，已经是深夜一两点钟了。

松毛虫所吃的松叶通常只有三种，如果拿其他常绿树的叶子给它们吃，即使那些叶子的香味足以引起它们的食欲，它们也是宁可饿死而不愿意尝一下的。这似乎没什么好说的，松毛虫的胃和人的胃有着相同的特点。

松毛虫们在松树上走来走去的时候，随路吐着丝，织着丝带，回去的时候它们就依照丝带所指引的路线回巢。

有时，某个松毛虫找不到自己的丝带，便会顺着其他同伴的丝带回到别人的巢。不过，那个巢的主人并不会对这个不速之客表示出不友好，也不介意它留宿在自己家里，总之毫无生疏的感觉。那个陌生的客人加入了新家庭，也会很卖力地跟新的家庭成员一起建设家园。

“人人为我，我为人人”是它们的信条，每一条毛毛虫都尽力地吐着丝，使巢增大、增厚，不管那是自己的巢还是别人的巢。事实上，正是因为这样才扩大了总体上的劳动成果。如果每个松毛虫都只筑自己的巢，宁死也不愿替别人的家卖命，结果会怎样？我敢说，一定会一事无成，谁也造不了那样又大又厚的巢。小松毛虫们正是因为深深明白个体力量的弱小，它们才心甘情愿地与成百上千个伙伴一起合力工作。每一条小小的松毛虫，都尽了自己应尽的一份力。

松毛虫的巢有大有小，最大的要比最小的大五六倍。为什么会有这么大的差距呢？因为每个松毛虫家庭中，成员数量是不断变化的。在大量繁殖的家庭中，总是不可避免地要有成员的损耗，幸存下来的往往是少数比较强壮的个体。

曾经有一个很古老的故事。话说船上有一群羊，当那只头羊被扔下大海以后，其他的羊也都自觉地跟着跳进海里。这种盲从看上去很愚蠢可笑，但是动物的这种本能都是缘于它们生存的需要。

松毛虫也有诸如此类的表现，甚至比那些羊表现得更为强烈。它们在出行时，总会排成整齐的队伍，第一条毛虫往哪里爬，后面的毛虫就跟着往哪里爬。它们一条接着一条，首尾相连，中间几乎没有任何空隙。无论为首的那只是在原地打转，还是歪歪斜斜地走，后面的都会照它的样子做，无一例外。领头的那条毛虫会吐出一根很细很细的丝线，后面的毛虫也会跟着吐出同样的丝线并叠加在第一根上，从而形成一条加厚加宽的丝带。这条丝带又软又滑，它便是松毛虫们所修筑的路，真是够奢侈的。

松毛虫们为何要不计代价地修筑这样一条路呢？ 这是因为松毛虫往往在夜间外出觅食。它们常常在松枝间爬来爬去，一边前行，一边啃食针叶。吃着吃着，它们便不知道自己走出家门多远了，也辨不清家的方向了。

等吃饱了，这条一路铺设的丝带便是它们通往自己家园的平坦大道。有了这样一条大道，它们便不必再爬上爬下、爬左爬右地摸索着前进了。它们可以直接排着队，很快就能顺利地原路返回家了。

也有时候，松毛虫们在白天也要排着长队远行——不是去寻找食物，只是想多看看这个世界。这个时候，那条丝带同样可以起到指引路线的作用。这个队伍越长，铺设的丝带也就越宽。有时离家太远了，松毛虫们不能在天黑前赶回家，就只能在外面风餐露宿。这时，所有的松毛虫会蜷成一团，紧紧地彼此依偎着。第二天，它们便会沿着那条指引道路的丝带回到自己的家。

在松叶间寻找食物时，松毛虫们也会分散到各处去。但是，一到集合时间，松毛虫们便都循着丝线的路径从各个方向聚拢到丝带上来。所以，这条丝带并不仅仅是一条指引回家的路，还是凝聚集体中所有成员的一条纽带。

每个松毛虫队伍中，都有一条领头的松毛虫。至于这条松毛虫为何有资格作为领头，这完全出于偶然。它既不是指定的，也不是固定的领头，今天你做，明天它做，毫无规则可言。它担当总指挥的任务也许只完成一次就够了，等到下次队伍重新组合时，领头的松毛虫也会随之更换。尽管松毛虫队伍的领头都是临时的、随机的，可不管哪条毛虫担当这个职务，它都会非常尽心尽责，因为是领袖，就该拿出领袖的样子来。在前进过程中，领头的毛虫总是不停地探头，寻找前进的路径，丝毫不敢懈怠。不过，它真的是在察看地势吗？还是它找不到引路的丝线，心里正犯嘀咕？看着它那又黑又亮的小脑袋，我实在猜不出它到底在想什么。

松毛虫的队伍长短不一，相差悬殊。我所看到的最长的队伍有 12 码或 13 码长，其中包含 200 多条松毛虫，它们排成极为精致的波纹形的曲线，浩浩荡荡的。而最短的队伍一共只有两条松毛虫，但它们仍然遵从原则，一只紧跟在另一只的后面。

有一次，我决定要和松毛虫开个玩笑，我要用它们的丝铺一条路，让它们依照我所设想的路线走。既然它们只会不假思索地跟着别人走，那么如果我设计一条既没有始点也没有终点的圆形路线，它们会不会在这条路上不停地打转呢？

一个偶然的发现帮我实现了这个计划。在我的院子里有几个栽棕树的大花盆，盆的圆周约有一码半长。松毛虫们平时很喜欢爬到盆口的边沿，而那边沿恰好是一个现成的圆。

有一天，我在松树上取下一段松毛虫的丝带，将它沿着一个很大的花盆铺成一条环形的路。

很快，我看到一大群松毛虫向着盆沿爬过来，它们应该是到这条丝带处集合了。接着，这些松毛虫排着长队，开始沿着花盆的边缘转。我清除了一些松毛虫，以使剩下的松毛虫队伍正好能够绕花盆一圈，这样它们都是首尾相连，根本就不存在所谓的领头毛虫了。每条松毛虫都紧跟着它前面的那条松毛虫，坚定不移地跟着它前行。

好戏开演了——我看到这支队伍开始在丝带的指引下，绕着花盆的边缘，一圈又一圈，机械地做起了环形运动。

从前，有个故事中说过：有一头驴子，它被安放在两捆干草中间，结果它竟然饿死了，因为它直到饿死都没想好该先吃哪一捆。其实，现实中的驴子没有那么蠢，它会直接把两捆一起吃掉。松毛虫会不会表现得聪明一点呢？它们会一直走下去吗？

我想再过上一两个小时，这支队伍中的某一条松毛虫便会突然发现它们的错误，而带领大家重新选择一条道路。可是，几个小时过去了，天都快黑了，这些松毛虫竟然不顾饥饿，也不为找不到家而焦急，仍在那里转着圈。

天越来越晚，也越来越冷了，松树上的那些松毛虫都已经出来开始找东西吃了。这一队松毛虫却还在转圈，虽然它们爬行的速度减慢了，可仍旧坚持不懈地绕着花盆边沿走着，它们一定以为马上可以到目的地，跟同伴一起共进晚餐。它们已经走了十多个小时，一定饿坏了。其实，离它们两步远的地方就有一棵松树，只要它们离开那个花盆，就能大吃一顿。

第二天一大清早，我就去看那些松毛虫。它们还排着环形的队，只是那支队伍并没有继续行进，也许是因为夜里太冷了，它们不得不停下来，蜷起身子睡着了。等空气渐渐暖和些，那些松毛虫便又行动起来，继续在那里转圈。结果，它们又转了一天。

晚上仍然很冷，那些松毛虫沿着花盆边缘分成了两队，它们紧紧地依偎在一起，或许这样能暖和一些吧。按理说，队伍现在分开了，就应该有了两条领头的松毛虫，它们会带领这两支队伍离开这个圈子。可是，到了白天，这两支队伍在行进中又接上头了，那个封闭的圈子又恢复了原样。它们依然在那里转着圈。

接下来的夜晚更加寒冷了，这些松毛虫又挤成了一团。第二天醒来，我发现这支队伍有了变化。有不少松毛虫被挤出了丝带。这一小支部队的领头开始往花盆里面爬，其他的也跟随它。可当它们发现花盆里并没有想要的食物后，便又爬回盆沿，归入大部队。

一天又过去了，这之后又过了一天。第六天是很暖和的。我发现有几个勇敢的领袖，它们热得实在受不住了，于是用后脚站在花盆最外的边沿上，做着要向空中跳出去的姿势。最后，其中的一只决定冒一次险，它从花盆沿上溜下来，可是还没到一半，它的勇气便消失了，又回到花盆上，和同胞们共甘苦。这时盆沿上的毛虫队已不再是一个完整的圆圈，而是在某处断开了。也正是因为有了一个唯一的领袖，才有了一条新的出路。到了第八天，它们终于沿着花盆的外壁爬了下来，重新找到了回家的路。

我最后粗略计算了一下，这些松毛虫大概一共走了 84 个小时，按照它们每小时爬行 9 厘米来计算，总行程达 453 米。

这些小可怜虫在外面度过了这样一段饥寒交迫的日子。只有在夜晚寒冷的时候，它们才打破一点秩序，但白天醒来后，却又恢复原来的机械运动。不过幸运的是，它们最终还是回到了家，没有被活活饿死，单凭这一点，我们就不得不承认它们还是有点头脑的。

一月时，松毛虫会进行第二次蜕皮。这次蜕皮结束，它们背部中央的毛就会变成橙黄色，在那些橙黄色的毛中间还夹杂着一些白色的毛，看上去颜色更淡了。

同时，它们的背部还长了八条狭长的裂缝，而且这些裂缝可以自由开闭。每个裂缝里面都有一个小疙瘩，小疙瘩周围是一片非常灵敏的鼓泡。这些鼓泡很敏感，只要被稍稍一动，就会即刻缩回去，随之出现一个气孔。很快，这个气孔也会关闭。不过，过不了多久，裂缝又会打开，那个小疙瘩又出现了，若是再受刺激，它还会收缩回去，并闭合裂缝。若是刺激太强烈了，那个裂缝便不会再打开。

在松毛虫休息的时候，裂缝总是打开的，在行走时则是关闭的。这些裂缝和里面的小疙瘩是做什么的呢？是不是用来呼吸的呢？

我曾用尖状物轻轻碰触松毛虫打开的裂缝，里面的鼓泡立刻缩了回去，接着裂缝闭合了。我想办法刺激松毛虫使它发痒，可仍没有让它再次打开裂缝。同样地，我把一滴水滴在裂缝里的那个小疙瘩上，鼓泡也会立即缩回，并关闭裂缝。据此可以初步判定，松毛虫裂缝里的局部鼓泡是其感觉器官，这个感觉器官与它的生活习性应该有着很大的关系。

寒冷的冬天和宁静的夜晚是松毛虫们最活跃的时候，不过若是遇上狂风大作，或者是冰冻天气，松毛虫便只好乖乖待在家里，那里应该是非常安逸温暖的，因为它们那丝织的大帐篷不会有雨水渗进去，也可以阻挡寒风。

松毛虫对于坏天气是非常惧怕的。哪怕一滴雨、一片雪都能让它们瑟瑟发抖。所以，能否提前得知天气状况，预料恶劣天气何时来临，这对松毛虫们来说是非常重要的。因为它们在夜里要结队到很远的地方寻食，如果遇到特别糟糕的天气，对它们来说无疑会是一场灾祸。而在冬季，这种恶劣天气往往喜欢搞突然袭击。不过，松毛虫们自有办法预知天气，以避免危险。

有几个护林人听说我的松树上养了许多松毛虫，都想来看看松毛虫是怎样列队夜游的。晚上 9 点多钟，我领他们来到我的园子。我们点上灯细细寻找，但在树枝上竟没有见到一条松毛虫。真是奇怪，前几天晚上还看到它们成群结队地出来吃针叶呢，怎么今天连个影子都见不到了呢？是集体出游了吗？还是遭到了灭顶之灾？我们等到 10 点、11 点，一直到半夜，它们都没有出现。我只得很扫兴地把那几个护林人送走了。

第二天早上，我发现外面正在下雪，而且山上还有积雪，昨晚肯定是风雪交加。我突然想，莫非那些松毛虫早就知道天气要发生变化，所以昨晚才没有从巢里出来吗？我越想便越觉得自己的这个想法很合理，于是决定仔细观察，来证实我的这个猜想。

此后，我每天把松毛虫们的行动情况，比如，它们何时外出，什么时候待在巢里，都详细地记录下来。并且把每天的天气状况，还有报纸上登的天气预报也都记下来。

通过一段时间的观察和记录，我发现松毛虫们的行动和天气变化有着十分密切的关系。每当报纸上预报低气压将来临时，那些松毛虫就会躲在巢里不出来。

有一天，报纸上预报有低气压将侵入我们这个地区，并且会有风暴和冰冻。这样的天气果然持续了五天，而在这几天里，那些毛虫都没有离开过巢。等风暴刚要停止，那些松毛虫便很惬意地出来觅食了。

二月有几天，松毛虫们又突然隐居起来了，可是天空一点征兆都没有啊。难道又有某个强低压要抵达这里了吗？果然不出所料，两天以后，报纸上就登了强低气压逼近的消息，接着就下起了鹅毛大雪。等低气压结束，松毛虫们便又像往常一样出来自由活动了。

松毛虫们的巢把它们与狂风、暴雨、大雪等恶劣天气隔绝开，使那糟糕透顶的天气丝毫不能影响到它们。每当气压降低的时候，竟没有一条松毛虫到外面来冒险。

松毛虫们能够预测天气的本事，渐渐被我们全家人承认，我们也越来越信任它们预报的准确性。我的松树林成了一个松毛虫气象台，那些松毛虫就成了我家的“气象预报员”。每当我们要出远门时，都要在头一天晚上去看望一下这些预报员，向它们打探明天的天气情况。若是它们无所顾忌地集体出来觅食，那我们明天就可以放心地出发；若是它们都隐居在巢里，一只也不肯出来，那我们就要放弃远行计划。所以，那些小虫子的举动也就决定了我们的行动。我觉得那些松毛虫身上肯定有一个很灵敏的器官，这个器官能很好地感受到大气的变化，从而让它们预知天气，以躲避严寒和风暴。这让我想起了它们身上那可以自由闭合的裂缝，以及裂缝里面的鼓泡。或许它们会经常取一些空气放在那裂缝里，然后经过一番检验，最后测出是否有低气压来临。不过这个推测还有待更加深入和彻底地研究。

到了三月，松毛虫们便要不断结队行走，陆陆续续离开它们的巢，做最后一次旅行了。这时松毛虫的体色更淡了，浑身微白，背上还有一点橙黄色的毛。

三月二十日，从早上开始，我就密切观察一队松毛虫，这个队伍大概 3 米长，有 100 多条松毛虫。它们缓缓地往前爬着，经过了高低不平的地面后，这些松毛虫就分成了互不相干的几个队。

过了两个多小时，一支队伍到达一个墙脚下，那里的泥土很松软，似乎很容易挖掘。这一队的首领一边走着，一边探测着泥土，看样子它是在测定泥土的性质。而跟在它后面的其他松毛虫都摆出一副绝对信任领袖的样子，只是盲目地跟着往前走。也许它们认为即使自己来做领袖，也不一定比现在这位领袖做得好，所以它们乐于全盘接受领导者的所有决定。

经过一番挑选，领头的松毛虫终于找到一个比较合适的地方，于是它停下来，用额头推着土，还用大颚挖掘。其他的松毛虫也解散了，它们都摆着身子，开始忙碌起来。它们用嘴巴挖着泥土，还用脚爪不停地耙。它们是在挖掘深埋自己的洞，等洞挖好了，它们就会集体埋葬在里面。松毛虫们把自己埋葬在离地面约十厘米的地方，不过根据土质的不同，它们可能埋的深浅也不同。

松毛虫们埋在土里后便开始准备织茧。半个月以后，我挖开了埋着松毛虫的土地，在里面发现了一些小茧。那些茧外面由一个白丝袋包裹着，白丝袋的外面沾了些泥土，所以看上去比较脏。松毛虫们在三月把自己埋在地下，等变成长着翅膀的飞蛾以后，它们又是怎样钻出地面的呢？

到了七八月，由于雨淋日晒，泥土变得很僵硬了，而蛾子的身体又那么柔弱，除非它有什么特殊的工具，才能从泥土里钻出来。为了更仔细地观察，我把虫茧放在玻璃试管的底部，并在上面塞满泥土，然后压紧。

八月的时候，我发现试管里的泥土开始有点湿润。松毛虫蛾在钻出茧子的时候，把自己缩成一个圆柱体，翅膀紧贴在脚前，触须弯向后方，紧贴在身体的两旁，只有它的腿可以自由活动，这种蓄势待发的姿势都是为了帮助它的身体钻出泥土。

我用放大镜仔细观察松毛虫蛾的眼睛及其上方的四五个横向的黑色小鳞片，那些小鳞片一层层排列成阶梯状，摸上去有些粗糙并且坚硬。其中，在它额头中部顶上的那一片鳞片最长而且最硬，就像是一个钻土的钻头——原来这就是它最厉害的法宝。试管里的蛾子用它们的头撞撞这边，再撞撞那边，想把土层钻透。终于，它们钻出了一条隧道，从土里钻了出来。

钻出泥土的松毛虫蛾开始慢慢张开它们的翅膀，伸展开触须，使全身的毛都蓬松开。

瞧，它现在已经完全打扮好了，已经是一只漂亮成熟又自由自在的蛾子了。

松毛虫蛾的前翅是灰色的，上面还嵌着几条棕色的曲线；后翅是白色的，腹部有些淡红色的绒毛。它的背部还有一些挤得很密的鳞片，这些鳞片稍微一触擦就会脱落。这种鳞片便是松毛虫蛾用来盛卵的小圆柱体的原材料，这在本章的开头已经讲过了。

昆虫的装死

我研究昆虫装死的情况时，第一个被我选中的是那个凶狠的剖腹杀手——大头黑步甲。让这种大头黑步甲动弹不了非常容易：我用手捏住它一会儿，再把它在手指间翻动几次就可以了。还有更加有效的办法：我捏住它，然后把手一松，让它跌落在桌子上，在不太高的高度下，让它摔这么几次，让它感到碰撞的震动，如果必要的话，就多让它摔几次，然后，让它背朝下，仰躺在桌子上。

大头黑步甲经这么一折腾，便一动不动，如死一般。它的爪子蜷缩在肚腹上，两条触须软塌塌地交叉在一起，两个钳子都张开着。在它的旁边放上一只表，这样，实验的起始与结束时间就可以准确地记录下来。这之后，只有等待，而且还得静下心来，耐心地等待，因为它静止不动的时间是非常长的，让

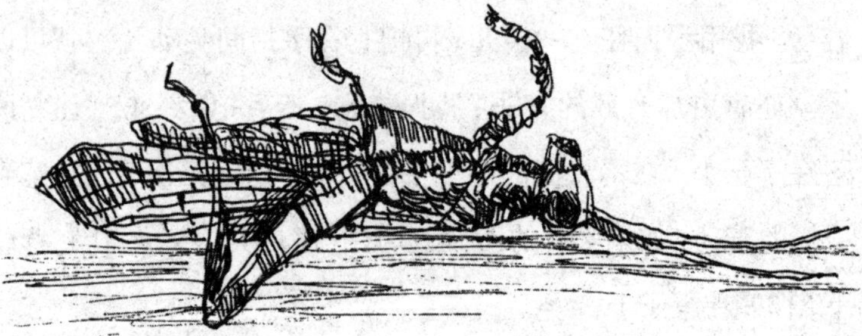

人等得心烦，没有耐心是成功不了的。

大头黑步甲的静止状态保持得很长，有时竟然长达 50 分钟，一般情况之下，也得有 20 分钟左右。如果不让它受到外界的影响，比如，这种实验正好是在盛夏酷暑时进行，我就把它用玻璃罩扣住，避开大热天里的常客——苍蝇的骚扰，那么，它的静卧状态就是真正的完全的静止状态：无论是跗骨、触须，还是触角，全都毫不颤动，看上去，它就像是僵死在桌子上了似的。

最后，这只看似死了的大头黑步甲“复活”了。前爪跗节开始微微颤动，随即，所有的跗骨全都颤动起来，触须、触角也跟着在慢慢地摇来摆去。这就证明它是确实“复活”了。腿脚随后也跟着乱划乱踢起来。它的身体在腰带紧束住的地方稍稍弓起；接着重心落在头和背上；然后，它猛一用力，身子便翻转过来了。此刻，它便迈开小碎步，跑动起来，仿佛知道此处危险重重，必须逃离险区。假如我又把它抓住，它便又立刻装起死来。

我趁此机会又做了一次实验。刚刚复苏的大头黑步甲又一次静止不动了，依旧是背朝下地仰躺着。这一次，它装死的时间要比第一次来得长。当它再次苏醒时，我又进行了第三次同样的实验。随后，我又对它进行了第四次、第五次实验，一点喘息的机会都不留给它。它静卧的时间在逐渐地延长。根据我所记录下来的静卧时间，分别为 17 分钟、20 分钟、25 分钟、33 分钟、50 分钟。

我做了许多次类似的实验，虽然结果不完全相同，但基本上有着一个共同点：昆虫连续假死时，每一次的持续时间都不相同，长短不一。这个结果使我们得知，通常情况下，如果实验连续多次进行的话，大头黑步甲会让自己假死的时间一次比一次长。这是不是说明它一次比一次更适应这种假死状态呢？这是不是说明它变得越来越狡猾，企图让敌人最后终于丧失了耐心？对此我一时尚无法作出定论，因为我对它的探究还很不够。

要想探出它真的是在耍手腕，真的是在作假蒙人，蒙混过关，就必须采取一种非常聪明的试探方法，揭穿这个骗子的招数。

接受试验的大头黑步甲躺在桌子上。它能感觉得出自己身子下面压着的是一块坚硬的物体，想要向下挖掘，根本就不可能。挖掘一个地下隐蔽室，对于大头黑步甲来说简直是小菜一碟，因为它掌握着快捷强劲的挖掘工具。然而，自己身下却是一块硬东西，毫无挖掘的可能，所以它无可奈何，只能忍气吞声地静静地躺在那儿，一动不动，必要的话，它甚至可以坚持一小时。如果躺在沙土地上的话，它立即就能感觉得到下面是松松散散的沙粒。在这种情况下，它还会傻乎乎地静静地躺着，不想法尽快逃之夭夭？难道它连扭动腰身都不想？没有一点往沙土地里钻的意思？

我真的希望它会有所转变，产生逃跑的念头。但是，最后，我知道自己的想法错了。无论我把它放在木头上、玻璃上、沙土上，还是松软的泥土地上，它都不改变自己的战略战术。在一片对它来说挖掘起来极其容易的地面上，它照样静卧不动，同在坚硬物体上躺着时一模一样。

大头黑步甲对不同材质物体表面采取了同样态度，并不厚此薄彼，坚持一视同仁，这一点对我们的疑惑不解稍微地敞开了一点门缝。接下来所发生的事情令这扇门大大地敞开了。接受试验的大头黑步甲躺在我的桌子上，离我很近，可以说是就在我的眼皮子底下。我发现它的触角在半遮挡着它的视觉，但它的那两只贼亮的眼睛看见了我，它在盯着我，在观察我。面对着我这么个庞然大物，这个昆虫的视觉会有什么样的感应呢？

我们就认为这个正盯着我的昆虫把我看作是欲加害于它的敌人吧。这样的话，只要我待在它的面前，这个生性多疑的昆虫就会一动不动地躺着。如果它突然又恢复活动了，那它肯定是认为已经把我耗得差不多了，让我已经完全失去了耐心，那么我还是先躲到一边去。既然它面前的这个庞然大物离开了，它也就用不着再装死，再耍这种花招也没什么意义了，所以，它就会立刻翻转身子，急急忙忙地溜之大吉。

我走出 10 步开外，到了大房间的另一头，隐蔽好，不发出任何动静。但是，我的这番谨慎小心的心思全都白费了，那只昆虫仍旧待在原地，没有一点动静，就这么静静待了好长好长的时间，跟我在它的近旁待的时间一样长。

它真够狡猾的，想必它是发觉我仍旧待在这间房间里了，只是待在房间的另一头罢了。这也许是嗅觉在告诉它我并没有离去。一计不成，我就另生一计。我把它用钟形罩扣住，不让讨厌的苍蝇去骚扰它，然后，我便走出房间，到花园里去了。房间的门窗全都紧闭着，屋外的声音传不进去，屋内也没有什么会惊扰它的，总之，一切会令它感到惊恐的东西，全都远离了它。在这么安静而不受骚扰的环境中，它会有什么反应呢？

实验的结果是，假死的时间与平时情况之下完全一样，既未增加也未减少。20 分钟过去了，我进屋查看了一下，40 分钟过去的时候，我又进屋里查看了一番，但是，情况没有发生任何变化，它仍旧仰面朝天，一动不动地原地躺着。

这之后，我又用几只虫子做了相同的实验，其结果都很明确地证明，它们在装死的过程中并没有任何令它们感到危险的东西存在，在它们的周围，既没有声音，又没有人或其他昆虫。在这种情况下，它们仍然一动不动，那想必并不是在欺骗自己的敌人。这一点得到肯定之后，我便推测其中必然另有原因。

那它究竟为何采取这种特殊伎俩来保护自己呢？ 一个弱

者、一个得不到保护的不惹是生非的人，在必要时为了生存而采取一些诡计，这是可以理解的；但它可是一个浑身甲胄、崇尚武力的家伙，为什么要采取这种弱者的手段？对此我感到很难理解。在它所出没的势力范围内，它是打遍天下无敌手的。强悍的圣甲虫和蛇金龟，都是生性温厚的昆虫，它们非但不会去骚扰它、欺侮它；相反，倒是它食品储存室里源源不断的猎物。

我又开始怀疑，是不是鸟儿对它构成了威胁？可是，它同步甲虫的体质相同，身体里浸透着一股刺鼻恶心的气味，鸟类闻了是绝不敢把它吞到肚子里去的。再说，它白天都躲藏在洞穴里，根本就不到洞外来，谁也见不到它，谁也不会打它的歪主意。而到了天黑之后，它才爬出洞外，可夜里鸟归林，河边已无鸟儿的踪影了，它也就根本不存在有被鸟类一口啄到之虑。

这么一个对蛇金龟，有时也对圣甲虫进行残杀的刽子手，这么一个并没有谁敢碰它的可恶而凶残的家伙，它怎么就一遇风吹草动便立刻装死呢？我百思不得其解。

我在这同一片河边地带，发现了同时在此居住的抛光金龟，也叫光滑黑步甲的昆虫，它给了我启迪。前面所说的大头黑步甲是个巨人，相比之下，现在所提到的同是这片河边的主人的抛光金龟就是个侏儒了。它们体形相同，同样是乌黑贼亮，同样是身披甲胄，同样是以打家劫舍为生。但是，相比之下算是侏儒的抛光金龟，虽然远不如其巨人同类个大力强，但它却并不懂得装死这个诡计。无论怎么折腾它，把它背朝下放在桌子上，它会立即翻转过来，拔腿就跑。我每次试验它，也只能看到它背朝下静止不动几秒钟而已。只有一次，我实在是把它折腾得够呛，它总算是假装死去地待了一刻钟。

这侏儒与巨人的情况怎么这么不同呀？巨人只要一被弄得仰面朝天，就静止不动了，非要装死一个钟头之后才翻身逃走。强大的巨人采取的是懦夫的做法，而弱小的侏儒则是采取立即逃跑的做法，二者反差这么大，其原因究竟在哪里呢？

于是，我便试试危险情况会对它产生什么样的影响。当大头黑步甲背朝下腹朝上一动不动地静躺着的时候，我在想，让什么敌人出现在它的面前好呢？可我又想不出它的天敌是什么，只好找一种让它感到是个来犯者的昆虫。于是，我便想到嗡嗡叫的苍蝇。

大热天里做实验，苍蝇嗡嗡地飞来飞去，真的是让人心里很烦。如果我不给大头黑步甲罩上钟形罩，我也不在它的身边守着，那么讨厌的苍蝇肯定会飞落在我的实验对象的身上，这样，苍蝇就会帮上忙了，可以替我探听一下装死的大头黑步甲的虚实了。

当苍蝇落在大头黑步甲身上，刚刚用自己的细爪挠了挠装死的它几下，它的跗节便有了微微颤动的反应，仿佛因直流电疗的轻微振荡而颤抖一样。如果这个不速之客只是路过，稍作停留，随即离去的话，那么这细微的颤动反应很快便会消失；如果这位不速之客赖着不走，特别是又在浸着唾液和溢流食物汁的嘴边活动的话，那么受到折腾的大头黑步甲就会立即蹬腿踢脚，翻转身子，逃之夭夭。

它也许是觉得，在这么个不起眼的对手面前要花招实在没有必要，有伤自尊。它重又翻转身子离去，是因为它明白眼前的这个骚扰者对自己并不构成什么威胁。看来，我们得另请高明，让一个力量强大、身材魁梧、让人望而生畏的讨厌的昆虫来试探一下大头黑步甲了。正好，我喂养着一只天牛，爪子和大颚都十分厉害。天牛这种带角的昆虫，我知道它性情平和，但大头黑步甲并不了解这个情况，因为在它所出没的河边地带，从来就没有出现过天牛这种大个儿昆虫。说实在的，看上去，这长角的天牛真会让自己的蛮横令虫类望而生畏，退避三舍。对陌生者本来就存有的一种恐惧感，一定会让情况复杂起来的。

我用一根稻草秆儿把天牛引到大头黑步甲旁边。天牛刚把爪子放到静静地仰卧着的那个家伙的身上，它的跗节便立即颤动起来。如果天牛非但不把爪子挪开，而且还总在它的身上摸来挠去，甚至转而变成一种侵犯的姿态，那么如死一般躺着的大头黑步甲便一下子翻转身子，仓皇溜走。这情景，与双翅目昆虫骚扰它时一模一样。危险就在眼前，再加上对陌生者所怀有的恐惧感，它当然会立即抛弃装死的骗术，逃命要紧。

我又做了一种实验，结果也颇让我感到欣慰。大头黑步甲仰躺在桌子上装死，我便用一件硬器物轻轻敲击桌腿，让桌子产生微微的颤动。但不能猛敲，免得桌子发生摇晃。我注意掌握力量的大小，让桌面产生的颤动仿佛是一种弹性物体所产生的颤动一样。用力过大，会惊动大头黑步甲的，它就不会保持其僵死状态了。我每轻敲一下，它的跗节便蜷缩着颤动一会儿。

最后，我们再来看看光线对它所产生的影响。到目前为止，我的实验对象都是待在我书房那弱光环境中接受实验的，并未接触到直射进来的太阳光。此刻，书房的窗台已经洒满阳光。我要是把实验对象移到阳光充足的窗台上去，让这个静卧着一动不动的昆虫接触一下强光，它会有何反应呢？我刚往窗台这么一移，效果立即产生：大头黑步甲腾地翻转身子，拼命奔逃。

现在，真相大白了。吃尽苦头、被折腾得够呛的大头黑步甲，已经把自己的秘密吐露出来了。当苍蝇戏弄它，舔它粘有黏液的嘴唇，把它当作一具尸体，想吸尽所有可口的汁液的时候；当它眼前出现了那个让它望而生畏的天牛，爪子已经伸到它的腹部，像是要占有一个猎物的时候；当桌子发生轻微的震颤，它以为是大地传来的震颤，断定有敌人在自己的洞穴附近挖掘，将要来袭的时候；当强烈的阳光照射到它的身上，对自己的敌人十分有利，而对喜欢昏黑的它不利，以为自己的安全受到威胁的时候，它就会立即做出反应，抛弃装死的骗术，立即逃命。但是，当一种灾祸对它构成威胁的时候，它通常总是采取它那装死的惯技，以骗过敌人。所以说，装死是它的看家本领。

在我以上所提及的那种危在旦夕的时刻，我的实验对象是在战栗，而不是继续再装死。在这类危险之下，它已经是方寸大乱了，慌不择路地拼命逃遁。它那一贯的伎俩已经不见踪影，确切地说，它根本就无计可施了。所以说，它的静止不动，并不是装出来的，而是它的一种真实状态，是它的复杂的神经紧张反应造成它一时间陷于动弹不得的状态之中。随便一种情况都会让它极度地紧张起来，随便一种情况都可以让它解除这种僵直状态，特别是受到阳光的照射。阳光是促发活力的无与伦比的强烈刺激。

我觉得，在受到震动后长时间保持静止状态，可以与大头黑步甲相提并论的是吉丁中的一种，即烟黑吉丁。这种昆虫个头不小，浑身黑亮，胸甲上有白粉，喜欢在刺李树、杏树和山楂树上待着。在某些情况下，你有可能发现它把爪子紧紧地收拢起来，触角耷拉着，仿佛僵死了一般，而且可以保持一个多小时这种状态。而在其他情况下，它总是一遇危险便迅速逃走；

从表面上看，是气候因素在起作用，但我却没明白气候到底暗暗地发生了什么变化。在这种情况下，一般来说，我只发现它僵直状态只是保持一两分钟而已。

烟黑吉丁在光线暗淡的地方一动不动，可我把它一移到充满阳光的窗台上，它立刻就恢复了活力。在强烈的阳光下只待几秒钟，它便把自己的一对鞘翅裂开，作为杠杆，骨碌一下，就爬了起来，立刻就想飞走。好在我眼疾手快，一把便摁住了它，没让它逃掉。这是一见到强光就惊喜，晒着太阳就狂热的昆虫，一到午后炎热的时候，它便趴在刺李树上晒太阳，如痴如醉，快活极了。

看见它如此喜欢酷热，我立刻便产生一种想法：如果在它装死的时候，立刻给它降温，那它又会做出何种反应呢？我猜想它会延长其静止状态。但这种方法使不得，因为一旦降温，有越冬能力的昆虫可能会被冻得麻木，随即会进入冬眠状态。

我现在需要的不是烟黑吉丁的冬眠，而是要它保持充沛的活力。所以，我要让它处于徐缓的、有节制的降温状态，要让它像在相似的气候条件下一样，依然具备它平时那样的生命行为方式。于是，我动用了一种很合适的保冷材料——井水。我家的那口水井，夏季里，水温要比外面气温低 12℃，清凉清凉的。

我用惊扰的方法，把一只烟黑吉丁折腾得处于僵缩状态，然后，让它背朝下躺在一只小的大口瓶底上，再用盖子把瓶口盖紧盖严，放进一个装满冷水的小木桶里。为了使桶里的水保持其低温，我不断地往桶里加井水。在加入新的井水时，我小心翼翼地先把原来桶内的井水一点一点地去掉。动作必须轻而又轻，否则就会惊动瓶子里的昆虫。

结果十分理想，我并没白费心思。那只烟黑吉丁在水中的瓶子里待了5个小时都没有动弹一下。5个小时可不算短，而且，如果我再这么实验下去，它可能还会坚持很长时间的。但是，5个小时已经很不错了，很能说明问题了，绝不要以为它这是在耍花招。毫无疑问，它此时此刻并不是在故意装死，而是进入了一种昏昏沉沉的麻木状态，因为我一开始把它折腾得只好以装死来对付，后来嘛，降温的方法又给它造成一种超乎寻常的延长休眠状态的条件。

我对大头黑步甲也采取了这种井水降温法，但它的表现却不如烟黑吉丁，在低温下保持休眠状态的时间没有超过50分钟。50分钟不算稀奇，以往没有用降温法时，我也发现大头黑步甲静卧过这么长时间的。

现在，我可以下结论说，吉丁类昆虫喜欢灼热的阳光，而大头黑步甲是夜游者，是地下居民。因此，在进行“冷水处理”时，吉丁与大头黑步甲的感受就不尽相同。温度降低之后，怕冷的昆虫会惊魂不定，而习惯于地下阴凉环境的昆虫则不以为然。

我继续沿着降温的这一思路进行了一些实验，但并未发现什么新的情况。我所看到的是，不同的昆虫在低温下保持休眠状态的时间之长短，取决于它们是追求阳光者还是喜欢阴暗者。现在，我再换一种方法来试试看。

我往大口瓶里滴上几滴乙醚，让它挥发，然后，把同一天捉到的一只粪金龟和一只烟黑吉丁放进瓶里。不多一会儿，这两只试验品便不动弹了，它们被乙醚给麻醉了，进入休眠状态。我赶紧把它们取出来，背朝下地放在正常的空气中。

它俩的姿态与受到撞击和惊扰后的姿态一模一样。烟黑吉丁的 6 只足爪很规则地收缩在胸前；粪金龟的足爪则是摊开来的，不成规则地叉开着。它们是死是活，一时还说不清楚。

其实，它们并没有死。2 分钟后，粪金龟的跗节便开始抖动，口须在震颤，触角在缓缓地晃动。接着，前爪活动起来。又过了将近一刻钟，其他爪子也都胡乱摇动开来。因碰撞震动而采取静止状态的昆虫，很快就会采取动态姿态。

但烟黑吉丁却如死一般地躺着，好长时间也不见它动弹，一开始，我真的以为它死了。半夜里，它恢复了常态，我是第二天才看到它已经像平时一样在活动了。我在乙醚尚未充分发挥效力之前便及时停止了这种实验，所以没有给烟黑吉丁造成致命的伤害。不过，乙醚在它身上所起的作用要比在粪金龟身上所起的作用严重得多。由此可见，对碰撞震动和降低温度比较敏感的昆虫，同样对乙醚所产生的作用也很敏感。

敏感程度的这种微妙的差异，说明了为什么我用同样的撞击和手捏方法使两种昆虫处于静止不动状态之后，它们的表现会有这么大的区别。烟黑吉丁静卧姿态保持近一个小时，而粪金龟则只待了 2 分钟就在摇晃自己的足爪了。直到今天为止，我也只是在少有的情况之下，才见到粪金龟能坚持两分钟的静卧姿态。

烟黑吉丁体形大，且有坚硬的外壳保护身体，它的外壳硬得连大头针和缝衣针都扎不透。既然如此，为什么它那么爱装死，而无坚硬外壳保护的小粪金龟却无须装死来保护自身呢？这种情况，在不少昆虫身上也都是存在的。各种昆虫当中，有些会长时间地一动不动，有的却坚持不了一会儿；仅依照接受实验的昆虫的外形、习性来预先判断其实验结果，是完全不可能的。譬如，烟黑吉丁一动不动的时间保持得很长，那么，就可以断定与它同属的昆虫，因其类别相同，就一定同烟黑吉丁的表现是一样的了？我碰巧捉到了闪光吉丁和九星吉丁。我在对闪光吉丁做实验时，它硬是不听我的指挥。我把它背朝下地按住，它就拼命地抓我的手，抓住我捏着它的手指，只要让它的背一着地，它就立即翻过身来。而九星吉丁却不用费劲儿就能让它静卧不动了，只是它装死的时间也太短了，顶多也就四五分钟而已！

我在附近山间碎石下经常可以发现一种墨纹甲虫，身子很短小，且有一股怪味。它能持续一个多小时一动不动，可以与大头黑步甲相提并论了。不过，必须指出，在大多数情况下，它只坚持几分钟的僵死状态，然后便立即恢复常态。昆虫能长时间地坚持一动不动，是不是它们喜欢暗黑的习性造成的？完全不是，我们看一看与墨纹甲虫同属一类的双星蛇纹甲虫就十分清楚了。双星蛇纹甲虫后背滚圆滚圆的，仰身翻倒后，立即便翻过身来。还有一种拟步行虫，脊背扁平，身体肥实，鞘翅因无中缝而无法帮它翻身，因此，静止不动，装死一两分钟之后，便在原地仰卧着拼命踢蹬、挣扎。

鞘翅目昆虫因腿短，迈不了大步，逃命时速度不快，因此，它应该比其他昆虫更加需要以装死来欺骗敌人，但实际上并非如此。我逐一地观察研究了叶甲虫、高背甲虫、食尸虫、克雷昂甲虫、碗背甲虫、金匠花金龟、重步甲、瓢虫等一系列昆虫，它们全都是静止几分钟，甚至几秒钟，便立即恢复了活力。还有不少种类的昆虫，根本就不采取装死这一招。总之，没有任何昆虫指南可以让我们事先就能断定，哪种昆虫喜欢装死，哪种昆虫不太愿意装死，哪种昆虫干脆就拒绝装死。如果不经过实验就先下断言，那纯粹是一种主观臆测。

昆虫的“自杀”

人们不会去模仿自己根本就不认识的人，也不会假扮成自己所不了解的人，这一点是显而易见的。所以说，要想装死，就必须对死亡多少有点了解。

昆虫，或者更确切地说，动物，它们对有限的生命会有预感吗？它们会在自己那极其简单的脑子里思考生命终止这一可怕的问题吗？这种对生命的最后时刻所感到的惊恐不安，既是人所感到的最大痛苦，也是人之所以伟大的一个证明。命运卑微的动物就不存在这种不安。它们与意识模糊的小孩子一样，只享受现在，不考虑未来。它们摆脱了“人生苦短”的忧虑，生活在一种蒙昧无知的甜美的宁静之中。

少年时期，中学时代，我也是个淘气包。我常常与几个同学放学之后在回家的路上，到河边去摸那种很小的花鳅。鱼儿

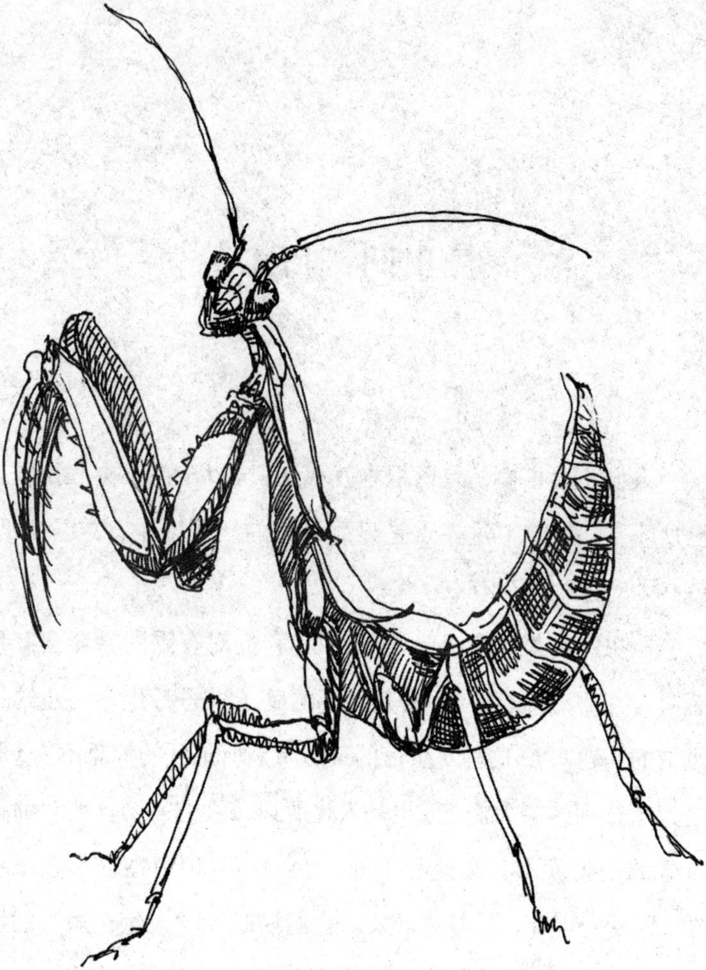

被我们抓到之后，拼命地挣扎，没有装死的样子。我们也常去抓鸟，鸟被抓到之后，吓得浑身哆嗦，但也没见它装死。可有一次，看到火鸡，我便突发奇想，我要折腾折腾火鸡。圣诞将至，它将成为大家节日的盘中餐了，我便把家中的一只火鸡的脑袋别在它的翅膀下面，一边用手摁住它，不让它动弹，一边从上往下慢慢地摇晃它两三分钟。奇怪的结果出现了，我的实验对象变成了一堆没有生气的东西，它侧着身子倒在地上，任由我摆弄它。如果它那时而膨胀起来，时而瘪下去的羽毛没有显露出它仍然在呼吸的话，我还真的以为它已经死了。它确实像只死鸟。它把自已那变得凉冰冰、足趾蜷缩起来的爪子缩到肚腹下面，让人看着十分可怜。圣诞节、平安夜尚有几天才到，它就这么死了，那可就太早了点。但是，我白担心了。它醒了，站立起来，只是身子有点摇晃，站立不稳，而且尾巴耷拉着，没精打采的样子。但这种状况并未持续多久，不一会儿，它又恢复了常态，欢蹦乱跳起来。

这种迷迷糊糊、昏昏沉沉、麻木迟钝的状态介于熟睡与死亡之间，持续的时间有长有短。我又多次用火鸡做过实验，每一次都出现这种适当间隔的静止状态，有时持续半个小时，有时则只持续几分钟。同昆虫一样，想要弄清楚原因，并非易事。后来，我又用珠鸡做了相同的实验，做得非常成功。它那昏昏沉沉、迷迷糊糊、麻木迟钝的状态持续了很长时间，以致我当时都有点忐忑不安了。它的羽毛不像火鸡那样，没有起伏，无一点生命的迹象，我真的以为它已经给憋死了。我用脚轻轻地把它挪动了一下，但它却一点反应也没有。我又把它挪动了一下，只见它把脑袋从翅膀底下扭出来，站立住，平衡了一下身体，立刻便飞跳着逃走了。它那麻木状态维持了半个钟头。

我后来又对母鸡、鸭子、鸽子、雏鸟、翠鸟进行了实验。母鸡、鸭子、鸽子麻木状态保持得较短，只有两分钟左右，而雏鸟和翠鸟则更加顽固，半睡半醒状态只有几秒钟。

我们还是关注昆虫吧。昆虫从静止不动状态恢复到活动状态，呈现出十分值得注意的特点。我们曾用乙醚对试验对象进行过实验，它们确实是被麻醉了，一动不动。它们并不是在耍花招，这一点是毫无疑问的。它们真的是处于死亡的边缘。如果我不及时把它们从散发着乙醚气味的大口瓶里弄出来，那它们永远不会从麻木状态中苏醒过来，最后，必死无疑。

它们身上究竟是什么在预示它们生命恢复了呢？那就是：它们脚上的跗节在微微颤动，触须在微微颤抖，触角在摇晃摆动。这就像人一样，从酣睡中醒转来时，伸伸胳膊腿儿，打打哈欠揉揉眼睛。昆虫也是先摇动自己的那些细小的趾肢节和最具活动力的器官，以示其知觉的恢复。

如果昆虫真的是在耍花招施诡计的话，它又有什么必要去做这些细致的苏醒准备动作呢？危险一旦消除，或者被认为已经消除，它为什么不迅速站立起来，尽快逃脱，何必慢慢腾腾地做那些很不合适的假动作呢？它难道会狡猾到在最小的细节上也要假装“复活”不成！绝对不是这么回事。这种看法是毫无道理的。脚上跗节的颤动，触须和触角的晃动，都明显地说明存在着一种真正的、即将消失的昏沉迷糊的状态，这种状态与乙醚麻醉所造成的后果相似，只是程度较轻而已。脚上跗节的颤动表明，被我折腾得动弹不了的实验对象，并不是民间传说或流行的理论所坚持的那样，说昆虫是在装死。它确确实实是被施行了催眠术。

经敲击物体引起的震动的影响，或者突然间遭受惊吓，昆虫便陷入一种迷迷糊糊、昏昏沉沉的麻木状态。这种状态就像鸟儿把头埋在翅膀下面，原地晃晃悠悠地站立一会儿一样。对于我们人来说，突然看见恐怖的事情会被惊呆，茫然不知所措，有时甚至因此而丧命。作为高等动物的人尚且如此，那么，反应极其敏锐的昆虫，其生理机能在遇到可怕事物的震慑惊吓时，叫它怎能承受得住，怎能不暂时就范呢？如果惊恐程度不太严重，昆虫在片刻的痉挛之后，很快就会恢复常态，惊恐症状也就随之得以缓解；如果惊恐程度很严重，它就会突然进入催眠状态，好长时间僵直不动。

昆虫根本就不知道死亡是怎么回事，它又怎么会装死呢？当然是不可能的。昆虫同样也不知道自杀是怎么回事，根本不知道自杀是用来立刻终止极其痛苦的状况的一种手段。据我所知，我还没见到过有什么动物自动剥夺自己生命的名副其实的自杀实例。感情色彩较浓的昆虫，有时会任凭苦恼去折磨自己，直至神形憔悴，这件事情倒是有的；但是，用匕首刺死自己，用小刀割断自己的喉咙等这种事，却从未见到过。

说到这儿，我倒是想起蝎子自杀的事来。对于蝎子是否会自杀，众说纷纭，有人认为确有其事，有人则持否定态度。有人说，蝎子被一圈火围住之后，用带毒的螯针扎自己，直到自杀成功为止。这个故事究竟有多少真实的成分？我们亲自来做个实验看看。我所住的环境为我提供了便利的条件。我在几只大泥瓦罐里铺上一层沙土，再放上几片碎瓦片，养着一群怪模怪样的昆虫。我一直在企盼着它们向我提供一些有关昆虫习性方面的事实，但它们却不肯满足我的愿望。我养的是南方的那种大白蝎，一共有 12 对。附近小山上阳光充足的沙质土地带，有许多扁平的石条；每块石条下面都居住着一只蝎子，孤零零的，但这个可憎可恶的丑陋家伙却无处不在，多得不得了。这种大白蝎子恶名在外。

它的毒针到底有多厉害，我未亲身经历，所以也说不清楚。可是，我书房里就关着这群可怕的囚徒，总得与它们接触。需要去查看它们时必然会有危险，所以我加倍地小心，注意避开它们的锋芒。既然我自己没有亲自尝到过它们的厉害，我便只好向别人求教。我让曾经被蝎子蜇过的人谈谈他们被蜇的体验。这些人主要是打柴的樵夫，他们长年在山上砍柴，难免会一不注意就被蝎子蜇上一下的。其中有一位曾经告诉我说：“我吃完午饭，靠在柴捆上打了个盹儿。突然间，一阵钻心剧痛把我给疼醒了。那滋味就好像是被烧红了的钢针给扎了一下似的。我赶紧伸手去摸，一把摁住了一个乱爬乱动的家伙。是只蝎子！它钻进我的裤腿里了，在我小腿肚子下边一点儿蜇了我一下。这只丑陋不堪的小怪物，足有人手指头那么长。喏，这么长，先生，这么长。”

这位老实忠厚的樵夫边说边比画着，还把自己那根长长的食指伸出来。手指长的蝎子我并不觉得有什么可惊奇的，因为我在野外捕捉昆虫时，时不时地也要碰到蝎子，比手指长的有的是。

“我还想继续干活儿，”那位忠厚的樵夫继续对我说道，“可我浑身直冒冷汗，眼瞅着那条腿渐渐肿胀起来，肿得有这么粗，先生，这么粗。”

他比画着肿胀的腿。然后，又张开双手，空掐在小腿周围，比画成有一只小水桶那么粗的圈圈来。

“真的，有这么粗，先生，这么粗。我一步三挪，使出吃奶的劲儿，忍着剧痛，才回到家里，其实也只有四分之一里那么点儿路而已。小腿越肿越厉害，还在往上肿去。第二天，已经肿到这么老高的地方了。”

他用手指了指，告诉我已经肿到小腿窝儿那儿了。

“真的，先生，整整 3 天，我下不了床，站不起来。我咬着牙关，拼命忍着，把肿腿跷到一把椅子上。敷了好几次碱末，总算把肿给消了下去，喏，才恢复到现在这个样子。先生，您看。”

说完自己被蜇的经历之后，他也跟我讲述了另一个樵夫的故事。那人也被蝎子蜇了小腿下部。那个樵夫走出老远去砍柴，被蜇了之后，没有力气走回家去，走走便倒在了路边。后来，被几个过路人发现了，抱头的抱头，抱腰的抱腰，抱腿的抱腿，总算把他给送到了家里。“他们就像在抬死尸一样，先生。真的，就像抬死尸一样！”

这位讲述者带着乡下人的风格在叙述着，说话时比画个没完，但我却并不觉得他夸张。人要是被蝎子蜇了，那疼痛确实是难以描述的。而蝎子要是被自己的同类蜇一下，那它很快就支持不住了。对此，我有很大的发言权，因为我亲自做过多次观察研究。我从我的“动物园”里取出两只强壮的大蝎子，把它俩同时放进一个大口瓶的沙土底上。然后，我拿起一根稻草梗儿去撩拨它们，激怒它们，并让它们住后倒退，最后，相互遭遇上。这两个受到骚扰的大家伙，本来就怒火中烧，仇人相见，分外眼红。这怒火是我给挑起来的，但看上去，它俩都把这挑衅的罪责算到了对方头上。双方都把自己的防御武器——钳子举起，呈月牙儿形；钳口大张，顶着对方，不让对方靠近自己；两条蝎子尾巴你一下我一下地突然伸出，从背部上方向前刺去；毒囊不断地顶撞在一起，一小滴如清水般的毒汁挂在蜇针的硬尖上。

格斗进行的时间并不长，其中一个被另一个毒针刺中，只见它没过两三分钟便站立不住，摇摇晃晃，倒在了地上。得胜者毫不客气，走上前去，平静如常地开始撕咬战败者的头胸前端，也就是撕咬我们想找到蝎子头却看到的只是个肚腹前口的地方。它一口一口慢慢地在撕咬，时间拖得很长。一连四五天，在吃同类尸体的战胜者一直没有停止过啃噬自己的同类。它要把战败者吃掉，其理由有一点是可以予以谅解的：这个行为对战胜者来说是正大光明的。

我从观察中掌握了真实的情况：蝎子的毒螯针能够使自己的同类即刻毙命。现在，我想谈一谈蝎子的自杀问题，也就是有人说过的那种自杀法。如果按人们所说，蝎子被一圈火炭围住，它便会用蜇针蜇自己，最后，以自愿死亡来结束这失常的状态。如果真的是这样的话，那么对这种野性十足的昆虫来说，应该是一件很理想的事。现在，还是让我们来看一看吧。

我用烧红的木炭围成一个圆圈，把我养着的那只个头最大的蝎子置于圈中。风助火势，木炭越烧越旺。热浪滚滚，向圈中的蝎子袭去，灼热难耐，只见它一个劲地倒退着在火圈内打转。稍不注意，身体便被火苗灼了一下，它便左一闪右一躲，突然加快倒退，不顾方位地瞎冲瞎奔，免不了身体又不时地遭到火灼。它每次想逃出重围，都被狠狠地烧了一下。它变得狂躁不安。往前冲，被烧一下，往后退，又挨火灼一下，它进也不是退也不是，既绝望又愤怒。只见它怒气冲冲地挥舞着自己的长枪，再反卷成钩子，然后伸直，平放于地，接着便把长枪举起。它的动作迅疾而又章法不乱，简直让我眼花缭乱，惊叹不已。

现在，它该给自己一枪了，以便摆脱这进退维谷的境地。谁知道，它竟突然一阵抽搐，然后便一动不动了，身体直直地平躺在地上。等了一会儿，仍不见它有所动作，像是完全僵直了。它真的死了？也许在它那让人眼花缭乱的狂舞中，有一剑刺中了自己，而我却没有看到。如果它真的是用自己的短剑刺中自己的身体，以自杀术得以解脱，那它肯定是死了。

但是，我心中总是存有疑惑。于是，我便用镊子把看上去已经死了的蝎子夹起来，放在一层清凉的沙子上面。一小时之后，这个看上去已无生命迹象的蝎子却突然复活了，与放进火圈中间之前一样的活泛，虎虎有生气。我又用第二只、第三只蝎子做了同样的实验。结果同第一只蝎子的情况完全一样：因绝望而发狂，突然间一动不动，像遭雷击似的瘫软地平躺在地上；放到清凉的沙子上时，又都突然地生机勃发了。

由此可以断定，说蝎子会自杀的人，一定是被它那突然失去生命力的假象给蒙骗了；他们看见蝎子身陷火墙的高温之中，于绝望之中变得疯狂至极，浑身抽搐，猝然倒地，便以为它经过垂死挣扎，终于自杀身亡了。他们过早地得出一个错误的结论，以致让蝎子在火墙中活活地烤焦了。如果他们不是那么轻信表面现象，早点把蝎子从火墙内取出，置于清凉的沙子上，那他们大概早就会发现，表面上看似死去了的蝎子会恢复生命活力，就会得出结论说，蝎子根本就不知道什么叫自杀。

可以说，除了高级动物——人而外，任何具有生命的生物都不具有自愿结束生命的这种视死如归的精神力量。我们人，自以为具有很大的勇气和魄力从生活的苦难中自行解脱，把这种解脱视之为人的崇高特质，视之为一种可以进入沉思境界的优势，好像这是人优于其他动物的一种标志。然而，我们一旦真的把这种精神付诸行动，实际上则是一种懦弱的表现。

谁若是想走上自杀这条道的话，最好想一想中国的一位伟大的哲人——孔子——在2500年前所说的话。这位中国哲人有一天在树林中遇到一个陌生男子，见他正往树杈上扔绳子做套，准备上吊，他便赶紧向那陌生人说了几句话。伟大的哲人说：“哀莫大于心死。哀皆可补，唯心死不能。勿以万事于子皆无可救。试以历多世而无争之理自服。此理为：活则无绝望之事。人能自至哀达至乐，自至难达至福。子其鼓勇若自今日起和生之所值。子其善用寸阴。”

这种中国式的哲思深入浅出，浅显易懂，但其寓意却十分深邃。它让人想起一位寓言作家的另一种哲学。寓言家写道：

若我被人致伤致残，缺腿断臂，患痛风，只要我仍活着，我便心满意足矣。

的确，中国的伟大哲人和这位寓言家说的都很有道理。生命是一种严肃的东西，不能因遇到点艰难困苦就心烦意乱，轻易地就把生命抛弃。我们不应把生命视为一种享乐、一种磨难，而是应该把它视为一种义务，一种只要一息尚存都必须全力以赴地去尽的义务。

让生命的最后一刻提前到来者，就是懦夫，就是蠢货。我们有权凭着自己的意愿决定坠入死亡深渊的方式，但这并不意味着我们有权轻生遁世。相反，这种自由意志的权力恰恰向我们提供了动物所毫无所知的向前看的本领。

只有我们才知晓生命的欢乐会怎样结束；只有我们才能预见自己末日的到来；只有我们才对死者表示缅怀，怀有崇敬之情。凡此种种，都是一些重大的事情，这是其他动物所想不到的。当伪劣的科学在高谈阔论，在拼命让我们相信一只可怜的昆虫会要花招装死的时候，我们要求这种科学应更贴近事物去进行观察研究，切莫把昆虫因恐惧而引发的昏厥状态，误以为它能装出自己根本并不知晓的状态。

只有人才能够清醒地认识到一种结局，只有人才具有想象到人世彼岸的卓越本能。地位卑微的昆虫们也在发表着自己的意见："你们应有信心。本能是从来不会违背自己的诺言的。"

我与文学有个约会

5

郭婷◎主编

中国出版集团 现代出版社

图书在版编目（CIP）数据

我与文学有个约会 / 郭婷主编 . — 北京 : 现代出版社，2019. 9
ISBN 978-7-5143-8149-8

Ⅰ. ①我… Ⅱ. ①郭… Ⅲ. ①文学欣赏—青少年读物 Ⅳ. ① I06-49

中国版本图书馆 CIP 数据核字（2019）第 195919 号

我与文学有个约会 5

作　　者　郭　婷
责任编辑　徐　苹
出版发行　现代出版社
地　　址　北京市安定门外安华里 504 号
邮政编码　100011
电　　话　010-64267325　64245264（传真）
网　　址　www.1980xd.com
电子邮箱　xiandai@vip.sina.com
印　　刷　永清县晔盛亚胶印有限公司
开　　本　880mm × 1230mm　1/32
印　　张　30
字　　数　470 千字
版　　次　2019 年 9 月第 1 版　2019 年 12 月第 1 次印刷
书　　号　ISBN 978-7-5143-8149-8
定　　价　168.00 元

目录

第一部　小人国游记

第二部　巨人国游记

第三部　飞岛国游记

第四部 慧骃国游记

第一部

小人国游记

第一章

我叫莱缪尔·格列佛，出生于英国的诺丁汉郡，家中有五个孩子，我排行老三。父亲在诺丁汉郡有一处不大的房产。我十四岁那年，被父亲送到剑桥的伊曼纽尔学院学习。我在那里度过了三年充实而又美好的时光。虽然我的学费不算太多，但是对于一个贫困家庭来说，也是一笔相当不菲的支出。

为了减轻家庭负担，我便到伦敦著名的外科医生詹姆斯·贝茨先生那里当学徒，我跟他学了四年。在此期间，父亲经常会给我寄来一些钱，我用这些钱补习了航海和数学知识，这些知识对于有志于从事航海事业的我来说是很有帮助的，因为我总是梦想着有朝一日去世界各地旅行。后来，在父亲、约翰叔叔和几个亲戚的鼎力相助下，我又到莱顿大学学了两年零七个月的医学，因为我知道，医学知识在长途旅行中也是很有用处的。

从莱顿大学回来不久，我的老师贝茨先生推荐我到亚伯拉罕·潘耐尔船长的“燕子”号商船上去当外科医生。这一去就是三年半，我跟随潘耐尔船长到过好几次利凡特，还去过其他一些地方。

回来之后，我决定留在伦敦，我在朱瑞街的一栋小楼上租下几个房间。贝茨先生给我介绍了一些病人，我还跟做服装生意的埃德蒙·伯顿先生的二女儿玛丽·伯顿小姐结了婚，并得到 400 英镑的陪嫁。

可是，两年之后，我的恩师贝茨先生去世了，我在伦敦没有什么朋友，又不愿像其他同行那样昧着良心做事，生意就渐渐萧条下去。我跟妻子和几个熟人商量过后，决定再次出海。

六年中，我曾先后在两艘船上当过外科医生，几次到过东印度群岛和西印度群岛，积累了一些财产，也收集了不少书籍。空闲时间，我喜欢阅读古往今来的优秀作品，上岸的时候，我就观察当地的风土人情，学习各种语言。我的记忆力相当好，学起来不怎么费力。

这几次航行中的最后一次不太顺利，我开始厌倦海上生活，萌生退意，打算回家跟妻子孩子一起过平静的生活。然而，这次我没能如愿，我本想做点生意，却一直没有进展。

一晃又是三年，我只得放弃做生意的打算，接受威廉·普利查德船长的聘请，跟随“羚羊”号去南太平洋一带航海。

1699 年 5 月的一天，我们从布里斯托尔的海港起航。一

开始，天气晴好，一帆风顺。但在去往东印度群岛的途中，海上突然刮起了强风暴，“羚羊”号被吹到了范迪门地区的西北部，根据观测，我们发现自己所处的位置是南纬三十二度零二分。由于体力消耗过度，再加上饮食恶劣，有 12 名水手不幸丧生，剩下的人也都虚弱不堪。

5 月 5 日，正值初夏时节，天空大雾弥漫。水手们发现前方有一块礁石，但是风势很猛，我们的船被刮得直向那块礁石冲去，船身因触礁而碎裂。包括我在内的六名船员跳到了一条救生船上，我们拼命地划，想要脱离大船和礁石。但只划了大约 3 海里，我们就筋疲力尽。大约过了半个小时，我们的救生船就被一阵从北方吹来的狂风掀翻了。

至于逃到礁石上的那些人，抑或是待在船上的那些人的命运如何，我无法得知，大概都没能逃生吧。我也只能听天由命地游着，被无情的风浪推着向前漂。就在我耗尽力气无力挣扎时，却突然发现自己可以站立起来，水深已不能没过我的头顶。

此时，风暴也大大减弱了，求生的欲望促使我向海岸走去，海底非常平坦，我走了将近一英里才上了岸，时间估计是晚上 8 点。我又继续向前走了一段，没有发现任何人的踪迹，也没有发现任何房屋。当时，我疲惫到了极点，再加上离开大船之前还喝了半品脱的白兰地，所以，我一头倒在草地上就睡着了。

我从来没有睡得这么香甜过，我估计至少睡了 9 个小时，

因为当我醒来时，天已经亮了。

我想站起来却动弹不得，这时候，我才发现自己被固定在地上，胳膊和腿被牢牢地捆住，连又长又厚的头发都被绑住，身上还横绑着一些细细的带子。

我只能朝天空看，太阳升高了，又热又刺眼。周围一片嘈杂声，但我什么也看不见。过了一会儿，我觉得有一个活的东西在我左腿上蠕动，渐渐地越过我的胸脯，到了接近下巴的位置。我尽力抬头，将眼睛朝下看，竟然看见一个小人。这个小人身高不足 6 英寸，手里握着弓箭，背上还背着箭袋！

与此同时，我感觉到还有几十个小人跟在他后面。因为顿时大吃一惊，于是大吼了一声，吓得那些小人拔腿就跑。后来有人告诉我，当时有一部分人因为太害怕，从我的腰部往下跳，居然摔伤了。但他们很快又回来了，其中有一个胆子很大，竟敢走到离我的面孔很近的地方，高举双手，露出惊讶和仰慕的表情，用尖锐清晰的声音高喊："海琴那·德古尔！"周围的人也纷纷重复这句话，可我那时还不能理解这句话的意思。

我一直这么躺着，还被绑住，觉得非常不舒服。我努力挣断绳子，拔出固定绳子的木钉，终于可以活动左臂了，原来他们是这样绑住我的。我又用力挣了一下，虽然很疼，却把绑住我头发的绳子扯松了，头部能够稍微转动一下了。但是，我还没来得及捉住他们，他们又立马跑开了。

很快，我听到他们一阵尖声高喊，喊声过后，就感觉有数

百支如绣花针一样的箭射中了我的左臂，有些还落在我的脸上，我赶紧用手去遮挡。一阵箭雨过后，我痛苦地叫起来，再一次想挣扎脱身，结果箭雨更猛烈地袭来了，有几个小人还试图用矛来刺我的腰，幸亏我穿着一件米黄色的牛皮背心，他们刺不进去。我想，最稳妥的办法就是安安静静地躺着，等挨到夜晚再想办法获得自由。反正我的左手已经松绑，挣脱绳索并不是难事，至于这些小人，如果这里的居民都像我看到的这般大小，即使他们调来最强大的军队也不是我的对手。

那些小人见我安静下来，便不再放箭。不一会儿，我右耳的不远处传来叮叮当当的声音，我听见他们敲敲打打地闹了有一个小时，好像有人在干活似的。我将头转过去，发现地上竖起一个大约 1.5 英尺高的平台，上面可以站四个人，旁边还靠着两三个梯子。有一个看上去好像很有身份的人对我发表了一通长长的演说，只是我一个字也听不懂。他比跟随他的另外三个人都要高，那三个人好像是侍从，其中一人的身材只比我的中指略长些，正替那人牵着拖在身后的衣服，另外两人则分站在他左右扶着他。他的派头就像一个经验丰富的演说家，虽然我听不懂，但能从语气中分辨出他说了不少威胁性的话，有时也表示同情与友好。我回应了几句，态度恭顺友好，并举起左手，双目注视着太阳，做出发誓的样子。

从离船到现在，我已经有好几个小时没吃东西了，我饥肠辘辘，也顾不得什么礼仪，不时地把手指放到嘴上，表示我要

吃东西。那位大人物显然明白我的意思，他从台上下来，命令在我的两侧放几个梯子，一百多个小人拿着盛满肉的篮子依次给我送来。我分辨出这里有好几种动物的肉，却尝不出有什么区别。这些肉做得还比较可口，只是比百灵鸟的翅膀还要小，我一口能吃两三块。面包也只有步枪子弹大小，我一口就能吃下三个。他们为了给我提供食物忙得不可开交，同时也对我的高大身躯与超大的胃口表示惊讶。

我又示意要喝水，他们非常聪明，十分熟练地吊起一只最大号的木桶，把它滚到我手边，然后打开桶盖。我一饮而尽，因为一桶酒还不到半品脱。酒的味道很像淡味葡萄酒，只不过味道要香得多。他们又给我弄了一桶来，我又是一口气喝个精光。我示意还想喝，可是他们拿不出来了。

我的表演对他们来说简直是奇迹，他们高声欢呼，在我胸脯上手舞足蹈，接着又像刚开始那样一遍一遍地高喊着“海琴那·德古尔”。

他们在我身上走动时，我真想将之前欺负过我的那些人一把抓住，扔到地上去。可是，想起我刚才所吃的苦头，现在惹恼他们还是不太明智。而且，我也曾许诺对他们表示敬重，所以就打消了这个念头。然而，我还是不免惊讶，这帮小人儿竟如此大胆，我一只手已经能自由活动，他们竟还敢爬到我身上来来回回地走动，对我这样的庞然大物毫无畏惧之意。

过了一会儿，我的面前出现了国王派来的一位钦差大臣，

他带着十二三个随从，从我的右腿爬上来，一直来到我面前。他拿出盖有国玺的文件，表明他的身份，又讲了十分钟话。他说话语气非常坚决，还不时地用手指着前方。后来我才明白，原来他指的是离这里只有半英里的皇城。国王已经决定，要把我运到那儿去。我做了一个手势，表示我想要获得自由。他摇摇头，不过又做了另一些手势，示意我不必担心，他们可以提供我足够的酒肉。我感到挣脱无望，只好随他们处置。

钦差大臣和随从们礼貌地退了下去。不久，我又听他们一遍遍高喊："派布龙·塞兰！"当时，我感觉有许多人在为我松绑，还有人在我的脸上和手上涂了一种很香的油膏，不过几分钟，我所有的箭伤全部消失了。

现在，肚子填饱了，外伤也已经痊愈，我不觉昏昏欲睡起来。这倒也不奇怪，因为医生们奉国王之命，事先在酒里掺进了一种安眠药水。

这些小人都具有数学天赋，在机械学方面的造诣也是登峰造极。这次，他们动用500名工匠和机械师，建造了他们最大的机器。这是一座木架，高约3英寸，宽约3英尺，总共装了22个轮子。他们把机器推到我身边，刚好和我身体平行。

为了把我抬起来放上去，他们竖起了80根一英尺高的柱子，工人们用绷带将我的脖子、身子、手和腿全都捆住，然后用结实的绳索一头拴上钩子钩住绷带，另一头捆在木柱顶端的滑车上。900名最强壮的汉子一起用力拉动绳子，不到3个小时，

就把我弄上去了。接着,500 匹高约 45 英寸的御马拖着我向京城走去。这一切都是我后来听说的，因为他们在工作时，我睡得正香呢。

夜里休息时，有 500 名士兵看守着我,250 个卫兵举着火把,250 个卫兵手握弓箭，只要我动弹一下，他们马上就会向我射击。

第二天，我们继续赶路，大约中午时分，我们离城门就不到 200 码了。国王率领全体官员出城迎接，但他的大将们坚决不让国王冒险爬上我的身体。

停车的地方有座古庙，据说是全国最大的，他们决定让我在这里住下。古庙朝北的大门约有 4 英尺高、2 英尺宽，我可以由此爬进爬出。门的两边各有一扇小窗，离地不超过 6 英寸。铁匠从左边的窗口引进去 91 条锁链，又用 36 把挂锁把我的左腿锁在链条上，但那锁链对我来说就像欧洲妇女表上所挂的链子一样。这座庙的对面有一座塔楼，至少有 5 英尺高，国王和一些朝中重臣就登上这座塔楼，以便看到我的全貌。估计有十万以上的居民出城来看我，虽然有卫队保护，可还是有上万人由梯子爬上了我的身体。

他们发现我不可能再挣脱了，就将捆绑我的所有绳子都砍断了。拴住我左腿的锁链长约两码，我可以在一个半圆的范围内自由行动，还可以爬进庙去躺在里面。我站起来走动了一下，这在人群中激起了一阵轩然大波，而我却感到有些沮丧。

第二章

我站起来四下张望，我必须承认，我从未看见过比这更赏心悦目的景色：田野就像绵绵不绝的花园，田地被分成一块一块的，都是 40 英尺见方；田野中间夹杂着一片片树林，据目测，最高的树也超不过 7 英尺；左边的城池看起来很像戏院里的布景，美丽极了。

国王已经下了塔，正骑着马向我走来。这一来差点让他付出惨重的代价。因为他的马虽然受过良好的训练，但初次见到我这样一座会走来走去的大山，还是受到了很大的惊吓，以致前蹄悬空地站了起来。幸亏国王是位出色的骑手，依然能够稳稳地坐在马上。侍卫迅速跑过来勒住缰绳，国王从马上下来，绕着我走了一圈，仔仔细细地打量着我，露出吃惊的表情。不过，他一直保持在链子长度以外的范围活动。

国王比所有大臣高出大约我的一个指甲盖那么多，鹰钩

鼻，茶青色皮肤，面相坚毅，身材匀称，举止文雅，态度庄严。为了更方便地看他，我侧身躺着，脸对着他的脸。国王的服装非常简朴，式样介于亚洲式和欧洲式之间；头上戴了一顶镶满珠宝的黄金头盔，盔顶插着一根羽毛；他手握一柄剑，剑长大约 3 英寸，柄和鞘全是金的，镶满了钻石；他的嗓音很尖，但嘹亮清晰，我站起来也能听得清清楚楚。王后及一些王室成员坐在稍远一点的轿子里，贵妇人和廷臣们全都穿得非常华丽。

国王命令厨师把酒菜送来。他们早已做好准备，20 辆车装满了肉，十辆车盛着酒。一听到命令，他们就把饮食推到我旁边。每辆肉车上的肉只够我吃两三口，每辆酒车上有 10 小坛酒，我又把这些酒倒在一起，一饮而尽。不一会儿，这些东西就被我吃个精光。国王不时跟我说话，我也回答他，但我们语言不通。我尝试用各种我能掌握的语言与他交流，可是全都不顶用。两个小时以后，国王才带着他的人离去。

国王留下一支强大的卫队，以防止平民对我不敬。这些人急不可耐地往前挤，大着胆子挨近我，还有人竟敢向我放箭，有一支差点射中我的眼睛。卫队头领下令逮捕了 6 个带头捣乱的人，把他们捆住送到我手中。我把其中 5 个放到上衣口袋里，轮到第 6 个，我将他抓在手里，做出要生吃的样子，他吓得号啕大哭。围观的人也都惊恐万状，尤其是看到我摸出小刀来的时候。但我很快就消除了他们的恐惧，我用刀割断了绑着第 6 个人的绳子，轻轻地把他放到地上。对于另外 5 个，我也用

同样的方法，一一放了。看得出来，不论是士兵还是百姓，都对我这种宽宏大量的表现十分感激。后来，他们还对朝廷说了很多我的好话。

到了晚上，我好不容易爬进庙里，然后躺到地上。

我这样一直睡了大约两个星期。其间，国王又下令给我准备一张床。他们先是用车运来600张普通尺寸的床垫子，在房间里进行拼接，他们把150张小床缝在一起，做成一张适合我的床，再把其余的也照样缝好，最后把四层叠在一起。他们又以同样的方法给我准备了床单、毯子和被子，对于我这样过惯了艰苦生活的人来说，这种待遇就算很不错了。

我到来的消息很快就传遍了整个王国，勾起了无数富人和闲人的好奇心，一时间，人们奔走相告，纷纷出动来看我。乡村的人差不多都走光了。要不是国王颁布公告制止这种骚乱，很可能会导致田地无人耕种的严重后果。他命令那些已经看过我的人必须回家，若没有朝廷许可证，任何人不得走近我周围50码以内的地方。

与此同时，国王还多次召开会议，与大臣们讨论应该怎样处置我。我有一位地位很高的特殊朋友参与了这次事件，从他那里我才得知，朝廷因为我面临重重困难：他们害怕我挣脱逃跑，又担心我的食量太大可能引起饥荒。他们一度决定将我饿死，或者用毒箭射我的脸与手，但又考虑到这么庞大的一具尸体腐烂后可能会造成全城瘟疫，说不定还会蔓延

到整个王国。

正在大家商讨这些事情的时候，会议大厅门口来了几位军官，报告了我对那 6 名罪犯的宽大处治。这一举动给国王陛下和全体大臣留下了极好的印象。国王马上下旨，命京城周围 900 码以内的所有村庄每天早上必须送上 6 头牛、40 只羊及其他食品作为我的伙食；此外还须提供相应数量的面包、葡萄酒和其他酒类，全部费用由国库支付。

国王又下令组建一个 600 人的队伍听候我的差遣；命令 300 个裁缝按本国式样给我做一套衣服；还让六名最伟大的学者教我学习本地的语言；最后，他还要他们的马经常在我跟前操练，让它们习惯我的存在。

三个星期后，我在语言方面大有进步。其间，国王也经常驾临，帮助老师一起教我，我们已经可以讨论一些简单的问题了。我学会了表达自己的愿望，问他是否可以让我恢复自由。他回答说这要经过时间的考验，还要在内阁会议上讨论通过才行，而且我得宣誓与他和他的王国和平相处。他劝我要耐心谨慎，要博得臣民们的好感。假如他下令要几个专员来搜我的身，希望我不要见怪，因为我身上很可能带着对他们来说很危险的东西。我表达了我的诚意，说我愿意让他们检查我的口袋。国王很满意，对我的大方与正直很有好感，并且答应无论他们从我身上取走什么，都会在我离开这个国家时奉还，如有损坏，就按我规定的价格赔偿。

两位负责搜查的官员不久就来了。我把他们拿到手上，依次放入身上的口袋，但不包括一个放着表的口袋和另一个放着几件日用品的秘密口袋，因为那些东西对别人没有什么意义，我觉得没有搜查的必要。两位先生将他们所看到的一切列出了一份详细的清单，然后呈交给国王。后来，我见到了这份清单，现抄录如下：

经过严密搜查，在巨人山（他们这样称呼我）上衣右边的口袋里，我们只发现了一大块布，大小可做陛下走殿的地毯。在左边的口袋里，我们看到一口巨大的银箱子，上面是一个银盖子，凭我们的力量打不开。我们要求巨人山打开它，让一个人进去搜查。结果，我们中有个人一跨进去，便有一种类似尘土的东西一直没到他的小腿肚那里，有些尘土还飞扬起来，弄得我们的人一连打了好几个喷嚏。

在巨人山背心右边的口袋里，我们发现了一大捆白而薄的东西，一层一层地叠放在一起，大约有3个人那么大，用很粗的绳子扎着。那上面有一些黑色的图形，依微臣的愚见，这应该就是他们的文字，每个字母大概有我们半个手掌那么大。左边的口袋里有一部很像机器的东西，一面伸出20根柱子，很像陛下宫殿的栏杆，我们推测那是巨人山用来梳头的。

我们没有一一去问他，因为他的语言还不是很熟练，跟他交流有点费事。

在他马裤右边的大口袋里，有一根中空的铁柱子，有一人来高，固定在一块更大的木头上，这块木头比铁柱长。柱子的一边有几块凸起的铁片，形状奇特，用途不明。左边的口袋里有一部同样的机器。在右边稍小一点的口袋里，有一些金属板，又圆又扁，大小不等，颜色有红、白两种，其中白的像是银子，非常笨重，我们两个人都难以搬动。

左边的小口袋里装着两根形状不规则的黑柱子，我们站在口袋底部，摸不到柱子的顶端。其中一根柱子被什么东西盖着，似乎与柱子连成一体；另一根柱子的顶端有一个白色的东西，呈圆球形，有我们两个头大小。两根柱子上都镶着一块巨大的钢板，我们怀疑这东西有危险，就命令他拿出来给我们看。他把它们取出来，并告诉我们，在他们国家，其中的一件可以用来剃胡子，另一件则可以用来切肉。

还有两个口袋很紧，因为被他的肚子顶住了，我们进不去。他管它们叫表袋，实际上那是两个狭长的缝口。右边的表袋外悬着一条粗大的银链，最下面拴着一部球形的机器。我们让他把那个球形的机器抽出来，发现它一半银质，一半透明，透明的一面有一

圈奇异的图形，上面还有一些数字。

我们本想摸一下那些数字，却被那透明物质挡住了。巨人山将那个球形的机器放在我们耳边，只听那机器不断发出声音，好像水车一样。我们猜想这是某种特殊的动物，或是巨人山所说的上帝。不过，我们猜想更有可能是后者，因为他对我们说（根据我们对他的话的理解是这样，因为他没有将意思表达明白），无论做什么事，他都要向它请教。他称它为圣言，并说自己无论做什么事都得通过看它才能知晓时间。

他从左边的表袋里掏出来一张像渔网一样的东西，和渔夫用的网一样大小，但奇妙的是却能像钱包一样开合，而且他也确实将他当作钱包用了。我们发现那里边有几大块黄色的金属，如果真是金子的话，价值不可估量。

我们遵从陛下的旨意，认真搜遍了巨人山所有的口袋。我们还在他的腰间看到一条腰带，是由一种大型野兽的皮革制成的。腰带左边挂着一把五人高的长刀，右边挂着一只皮囊，里面又分成两个部分，每个部分均可装得下三个我们的人。其中的一部分装了一些重金属球，和我们的脑袋差不多大小，力气较大的人才能拿得起来。另一部分盛了一堆黑色的

颗粒，个头不大，也不重，看起来像谷物一样，我们一手就可以抓起几十个。

以上就是我们在巨人山身上搜查的详细报告，他非常配合我们的工作，对陛下的命令表示尊重。

克莱弗林·弗利洛克

马尔西·弗利洛克

陛下荣登宝位第 89 月 4 日

国王读完这份清单之后，婉转地命令我把那几件物品交出来。首先要交的就是腰刀，我连刀带鞘一起摘下来的时候，他命令三千精兵远远地将我包围起来，并做好随时射箭的准备。他又要我拔出腰刀，刀虽然受海水浸泡有点生锈，但基本上还是雪亮的，士兵见到后不禁大为惊骇，齐声叫喊了起来。

陛下到底是位见多识广的君王，并没有像我预想的那么惊恐，他命令我收刀回鞘，把它轻轻地放到地上。

他要我交出的第二件东西是那两根中空的铁柱之一，也就是我的小手枪。因为皮囊盖得很紧，火药没被海水浸湿。我把枪拔出来，向他解释了它的用途，装上火药，事先提醒国王不要害怕，然后就向空中放了一枪。结果，几百个人昏倒在地。国王虽然没被吓倒，却也半天不能恢复常态。

我又交出了表，国王看了非常有兴趣，对表所发出的声响

和表针的运动大为惊奇。接着，我又交出了银币和铜币、钱包里的金币，还有我的小刀、剃刀、梳子、银鼻烟盒、手帕和旅行日记。但是，除了我的腰刀、手枪和弹药包被送进国王的御库外，其余物件全都被当场归还。

如前文所述，我还有一只秘密口袋逃过了检查，那里面装着一副眼镜、一架袖珍望远镜和其他一些小玩意儿。那些东西对国王来说无关紧要，而且，我担心这些东西如果交出去，是很容易被弄丢或搞坏的，所以还是不交为妙。

第三章

我的绅士风度和善良行为很快就博得了国王和朝臣们的信任，不仅如此，军队和人民也对我颇有好感，他们和我说话的时候言语柔和了很多，言语也恭敬了许多。看到小人们对我态度的变化，我开始期盼着获得自由的那一天赶快到来。

我想尽一切办法来讨好身边接触到的这帮小人，渐渐地，他们改变了对我的看法，不再认为我会对他们的安全造成威胁了，于是改变了之前见到我时就远远地躲着我的情况，开始和我亲近起来。有时候，我会躺在地上，让他们五六个人在我的手上自由地跳舞、愉快地玩闹。后来，男孩女孩们都敢跑到我的头发里来玩捉迷藏了，而且他们乐此不疲。由于和小人们的亲近，在语言方面，我也有了不小的进步。

有一天，国王邀请我观看表演。客观地说，就演出的精妙与宏大而言，他们的表演让我叹为观止，超过了我以前看过的

任何演出。我最喜欢的莫过于绳舞了，这是一种危险的游戏，表演者在一根长约 2 英尺、离地面 12 英寸的白色细绳子上进行表演，过程很惊悚，我观看的时候心一直揪着。

并不是每一个人都有资格参加这种绳舞表演的，只有那些正在等候重要官职或希望获得朝廷恩宠的人才来表演这种技艺。他们从小就接受训练，谁跳得最高而又不跌下来，谁就能获得这个职位。有时候，朝廷重臣们也奉命表演这一技艺，使国王相信他们并没有忘记自己的本领。

这样的演出常常出现严重的意外事故，我自己就曾亲眼看到两三个表演者跌断了胳膊或腿。但更大的危险往往发生在大臣们奉命来表演的时候，因为他们既想超过从前的自己，又想胜过其他人，于是就使出浑身解数，搏命出演。

还有一种游戏，是专为重大节日准备的：国王会在桌上放 3 根 6 英寸长的丝线，一根紫，一根黄，一根白。这是国王准备的奖品，用以奖励不同的人，以示不同级别的恩宠。表演在皇宫大殿上进行，候选人都要在这儿比试和绳上表演完全不同的技艺。国王手拿一根与地面平行的棍子，表演人员依次跑上前去，时而跃过横杆，时而在横杆下爬行，来来回回，反复多次，表演是否成功全看国王把横杆放在什么高度。有时候国王和首相各拿着木棍的一头，有时候则由首相一个人拿着木棍。谁表现得最敏捷，坚持的时间最长，谁就能获得紫丝线，其次是黄丝线和白丝线。获得奖赏的人把丝线绕两圈围在腰间，这种腰

带是朝堂之上最流行的装饰。战马和御马已经习惯了每天见到山一样巨大的我，就不再胆怯了，即使一直走到我跟前也会镇定自若。我把手放在地上，骑手们就纵马从上面跃过去，曾经有国王手下的一名猎手骑一匹高大的骏马，从我穿着鞋子的脚面跳了过去，真是惊心动魄。

一天，我很荣幸地表演一种非常特别的游戏供国王消遣：我请他吩咐人给我弄几根两英尺长的棍子来，并取其中 9 根牢牢地插在地上，摆成一个 25 平方英尺的四边形；接着，我又取 4 根木棍，绑在四边形的四角，离地面约 2 英尺；再把我的手帕系在 9 根直立的木棍上，四面绷紧，就像鼓面一样。那 4 根木棍高出手帕 5 英寸，权做栏杆。布置完之后，我请国王派一支由 24 人组成的骑兵队上来操练。

国王同意了我的建议，我用手将这些马一匹匹拿起来放到手帕上，马上骑着全副武装的士兵，他们就在手帕上进行小规模的军事演习。他们表现得军纪严明，进退有序。国王非常高兴，命令在几天内反复表演，甚至命我把他举到平台上亲自发号施令。头几次表演都没有发生事故，但有一次，一匹性情暴烈的马用蹄子乱踢，把手帕踹了一个洞，立即人仰马翻。我马上用手堵住洞，把人和马放回了地上，所幸马只受了轻伤，骑手则什么事也没有。从那以后，我就不太敢玩这种危险的游戏了。

我跟这个王国臣民的关系越来越融洽，让我恢复自由的事

也就提上了日程。内阁会议讨论了这一问题，除斯基雷谢·博尔戈兰姆之外，无一人反对，因此，我的请求得到了国王的批准。这位持反对意见的大臣是海军大将，深得国王信任，脸色总是很阴沉。不过他最后还是被说服了，但坚持说我必须宣誓信守一些条件，并由他亲自起草条约文本。现在我将整个文件收录在此：

至高无上的国王陛下向最近来到本国的巨人山提出如下条款，巨人山须庄严宣誓，并严格遵守执行：

一、没有加盖国玺的许可证，巨人山不得擅自离开本国；

二、不准擅自进入首都，如有特许，居民必须在两小时前接到通知，闭门不出；

三、巨人山只能在我国的主要大路上行走，不得随便在草地上和庄稼地里行走或躺卧；

四、巨人山行走时须绝对小心，不得践踏我国人民及车马，不经本人同意，不得将我国人民放在手里；

五、如遇需要紧急传递的文件，巨人山须将专使和马匹装进口袋，一次跑完六天路程，并有责任将专使安全送回国王驾前；

六、巨人山应和我国联盟，共同应对布莱夫斯库岛的敌人，摧毁觊觎我国领土的敌军舰队；

七、巨人山应协助我国工匠抬运巨石，建造公园围墙及其他宫廷建筑；

八、巨人山要用沿海岸步行的方法，在两个月内呈交我国领土周长的精确测量报告一份。

最后，如果郑重宣誓遵守上述每款，巨人山每天可得到足以维持我国 1728 个国民生活的饮食；可随时觐见国王，并享受国王的其他恩典。

我对这些条款没有意见，愉快地宣了誓，并在条款上签了字。不过，这里面有几条让我感到不那么体面，我相信那完全是海军大将斯基雷谢·博尔戈兰姆的私心所致。

国王亲临了整个仪式，锁链被打开，我获得了自由。我伏在国王脚下叩谢恩典，他命我站起来，又说了许多安抚的话，希望我做一名有用的仆人，不要辜负他的恩典，并且还将继续赏赐于我。

在上文的约定中，国王许诺每天供给我 1728 个国民的饮食。我有些迷惑，不知他们是如何得出这样一个精确的数字的。后来，我的一位朋友告诉我，数学家们用四分仪测出我的身高与他们的比例为 12∶1，并由此得出结论，我的身体需要消耗 1728 个该国国民的食物。仅此一点就可看出，这个民族是多么善于谋划，这位君王的头脑是多么精明。

第四章

我获得自由后，第一个愿望就是参观这个国家的首都米尔顿。忘了提一下，这个小人国的名字叫利立浦特。国王很快答应了我的请求，只是特别要求我不得伤及当地的百姓和建筑，并贴出告示，告诉居民们我将要到访的消息。

环绕京城的城墙高 25 英尺，宽至少有 11 英寸，所以尽可驾驶一辆马车很安全地在上面绕行一周，城墙两侧每隔 10 英尺就有一座坚固的塔楼。这座城市呈标准的正方形，每边城墙长 500 英尺，十字交叉的两条大街将全城分为四部分。我跨过西大门，侧着身子，轻手轻脚地穿过两条主要的街道，为防止上衣下摆刮坏那些密集的房顶或屋檐，我只穿了件背心。我走路非常小心，生怕有人突然冒出来，那样他就很可能会被我一脚踩扁，我可不想制造这种悲剧。

小街和胡同我进不去，只能在路过时看一下。这个城市房

屋密集，听说可以容纳 50 万人口；房子有的高三层，有的高五层；商店和市场货物齐全，相当繁荣。

王宫坐落在全城的中心——两条主要大街的交会之处，四周是 2 英尺高的围墙，国王许可我跨过这道围墙。围墙与宫殿之间还有很大一片空地，我可以轻松地在这片空地中绕行王宫一周。王宫分为内院和外院，布局十分精巧，外院大概 40 英尺见方，里面是皇家内院。国王很希望我去参观一下他那金碧辉煌的宫殿，但我发现这非常困难：大门都只有 18 英寸高，7 英寸宽，而外院建筑最高的地方达 5 英尺，虽然院墙很坚固，可如果我跨来跨去的话，很有可能对整个建筑群造成极大的损害。

于是，我想了一个办法：我用小刀在郊外的王室公园里砍了几棵最大的树，把它们做成两张凳子，每张高约 3 英尺，并且足够坚固，都能承受住我的体重。第二次贴告示告知市民后，我手里拿着两张凳子进城了。我到达王宫外院附近，站上一张凳子，把另一张举过屋顶，然后轻轻地放到院墙中间那块空地上。就这样，我用这两张凳子很轻便地跨过了外院的建筑，再用带钩子的棍子把第一张凳子钩过来。终于，我来到了王室内院，侧着脸躺下来，看到了最辉煌壮丽的内宫。王后正站在窗子前，她看上去非常高兴，对我十分和蔼地笑了笑，还伸出手来赐给我一吻。

但是，我不想让这一类的描述占据更多的篇幅了，因为我要把它们留给一部篇幅更大的书。那部书差不多就要出版了，

我在里面概述了这个国家的建立过程和历代君王的历史，特别详细地介绍了他们的法律、政治、学术、宗教、动植物、特殊的风俗习惯及其他稀奇而富有启发价值的方面。在读者现在看到的这部书里，我主要想叙述一下我在这个帝国约 9 个月的时间里发生的种种事件。

我获得自由后不久，一天早上，内务大臣瑞尔德里沙来到我的寓所，只带了一个侍从。他吩咐马车在远处等候，请求同我单独谈一个小时。他身份高贵，功勋卓著，在我向朝廷提出请求时他也帮过不少忙，所以我毫不犹豫地答应下来。我建议我躺下来谈，这样听他说话更方便些，但他更愿意让我把他拿在手里。

他先是祝贺我获得了自由，说他自认为在这件事情上有些功劳。但我这么快获得自由，跟朝廷目前的处境也有些关系。他告诉我，虽然现在利立浦特看起来国势昌盛，实际上却潜伏着两大危机：一是国内的党派纷争激烈，二是正面临国外强敌的入侵。

王国内有两个党派一直在钩心斗角，即高跟党和低跟党，他们以鞋跟的高低来命名。两党间积怨极深，从不在一块儿就餐或谈话。现在，政权掌握在以国王为首的低跟党手里，但高跟党人数众多，而且太子也有偏向高跟党的倾向，所以大臣们都感到政局不稳。

内患没有解决，敌国布莱夫斯库又在谋划入侵利立浦特。

布莱夫斯库是附近的另一个王国，它与利立浦特一样强大。至于我所说的世界上其他一些国家以及像我一样巨大的人类，他们的学者表示怀疑，他们更愿意相信我是从月球或者其他星球上掉下来的，因为只要有 100 个像我这么巨大的人，要不了多久就会把国王陛下领地上所有的粮食与牲畜吃个精光。再说，在他们的历史记录中，除了利立浦特和布莱夫斯库两大王国外，从来没有提到过其他什么地方。

两国在过去的三年里已经发生了数次血战，各自伤亡惨重。至于战争的起因，就是两国吃鸡蛋方式的不同。

利立浦特国吃鸡蛋的传统方式是从大端打破鸡蛋。可是，当今国王的祖父小时候吃鸡蛋的时候，曾经碰巧将一个手指刺破了，因此他的父亲，也就是当时的国王，就下了一道命令，命全体臣民吃鸡蛋时都要从小的一端打破，违者重罚。这引起了人民的不满，为此曾发生过六次叛乱，其中有一个国王为此送了命，还有一个丢了王位。根据历史记载，这些内乱都是由布莱夫斯库的君王们煽动起来的。叛乱平息后，许多流亡的人都跑到布莱夫斯库国避难，这就引起了两国的战端。

历史上曾经出版过几百本专门论述这一争端的著作，不过大端派的书一直是被禁的，法律也规定该派的任何人都不得参与国家政治。在这个过程中，布莱夫斯库的国王经常派使臣前来游说，说利立浦特在宗教上闹独立，违背了他们伟大的先知拉斯特洛格在《布兰德克拉尔》第 54 章中的一条基本教义。

利立浦特一方认为，他们的说法完全是对经文的一种曲解，因为原文是："一切真正的信徒应在他们觉得方便的一端打破鸡蛋。"怎么判断哪一端才是方便的一端呢？依我的见解，这只能听凭各人的意愿，或者由主要行政长官来决定。

瑞尔德里沙说，两个王国之间因此掀起了一场血战，36 个月以来，双方各有胜负。其间，利立浦特国损失了 40 艘主要战舰和不计其数的小船，还有三万最精锐的水兵和陆军在战争中英勇牺牲。据不完全统计，敌人所受的损失还要大些。

如今布莱夫斯库国已准备了一支庞大的舰队，随时会进攻利立浦特，国王之所以让瑞尔德里沙告诉我这些，是希望我能帮上忙。

我请瑞尔德里沙回复国王："我是个外国人，不便干涉内政。但我愿冒生命危险抗击入侵者，保卫国王陛下和他的国家。"

第五章

布莱夫斯库王国是利立浦特东北方的一个岛国，两国间只隔了一条800码宽的海峡。我还没见过这个岛屿。自从得到敌人企图入侵的消息，我就避免去那里露面，所以他们至今还不知道我的存在。

战争期间，两国完全断绝来往，违令者斩，同时，国王还下令禁止任何船只通行。据侦察员报告，敌人的舰队正停泊在一处隐蔽的港湾，准备一有顺风就向利立浦特发起进攻。得到这个消息后，我向国王提出了一个夺取敌舰的方案，并得到了国王的同意。

我向经验最丰富的海员打听到海峡的深度，他们说在涨潮时，大约只有6英尺，其他地方不会超过4英尺。和他们聊天后，我就来到东北海岸，这里正对着布莱夫斯库。我在一座小山丘后趴了下来。我用袖珍望远镜观察到敌人的舰队约有50

艘战舰，就请国王下令赶制一批结实的绳索和铁棍。绳索的粗细与包扎线差不多，我把三根拧成一股，这样它就更结实了。铁棍的长度和大小则与编织针一样，我又把三根铁棍扭到一起，两头弯成钩形，然后在钩子上拴上绳索。

做好这些准备，我来到海峡岸边，脱去上衣和鞋袜，穿着件皮背心走下海去，一直游到敌方的港口。这时离涨潮大约还有半个小时，我抓紧时间涉水而过，在水最深的地方游了约30码。

布莱夫斯库的士兵见到我的时候都吓得魂飞魄散，纷纷跳船逃命，据我估算，敌军有三万多人。

我拿出工具，用钩子钩住每条船的船头，然后把所有绳索的绳头都收拢在手里。这时，敌人开始向我射箭，我的脸和手受了伤，疼得要命，工作也大受干扰。但幸好我忽然想到了应急的办法，前文已经说过，我在一只秘密口袋里藏了一些小的日常用品，其中就有一副眼镜。

有了这个秘密武器，我就能大胆工作了，好多箭射中了镜片，但那对玻璃来说只是轻微的擦伤罢了。

我套牢了所有钩子，拿起绳结，开始拉船。然而那些船一动不动，原来它们都下了锚，轻易是拖不动的。我仔细观察了一下，掏出小刀，割断了所有固定铁锚的绳子，然后又抓起事先钩好的绳索，使劲一拽，不费吹灰之力，便拖动了这50艘战舰。

布莱夫斯库人起初不知道我的意图，但当他们发现整个舰队都被拖动时，立即尖叫起来，那种悲哀绝望的叫喊声简直无

法形容。我脱离了险境，停下来处理了一下伤口。待潮水退下去一些，我便带着我的战利品，涉水返回了利立浦特港口。

国王已率领满朝官员站在岸边，翘首期盼着这一伟大行动的结果。当我举起拖船的绳索，高声呼喊“最强大的利立浦特国王万岁”时，所有的人都欢呼起来。这位君主亲自迎接我上岸，对我大为赞扬，并立即封我为“那达克”，这是他们国家最高的荣誉称号。

国王希望我再找个机会，把敌国剩余的战舰都拖到他的港口，他甚至想消灭布莱夫斯库王国，将它变为自己的一个行省。他要彻底消灭大端派的流亡者，强迫那个国家的人民也都打破蛋的小端，这样他便能成为全世界唯一的君主。

我明确地拒绝了这样的要求，因为我不想做一个工具，更不想使一个自由、勇敢的民族沦为奴隶。在国务会议上讨论这件事的时候，那些聪明的大臣都赞同我的意见。

我的这一公开大胆的声明违背了国王的意愿，他不再宽恕我了，而是开始和一小撮对我不怀好意的大臣一起密谋陷害我。英雄在君王眼里什么都不是，一旦你拒绝他的野心，即使你有再大的功劳也是白搭。

三个星期后，布莱夫斯库国正式派使者前来，他们卑躬屈膝，提出求和。

来访者共有6位，他们与国王签订了非常有利于利立浦特的和平条约。和约签订之后，有人私下里告诉那几位大使，说

我其实是他们的朋友，至少表面看来是这样，而且我也确实在签约过程中帮了他们一些忙。

他们就礼节性地拜访了我，说了一大堆恭维话，赞扬我的勇敢和慷慨，并以国王的名义邀请我到他们国家做客。我礼貌地招待了这几位大使阁下，他们对此非常满意，又有些惊奇。

我请他们代我向国王陛下致以最诚挚的敬意，并许诺在我回到自己的祖国之前一定去觐见他。我请利立浦特国王允许我拜访布莱夫斯库国，他虽然同意，但态度十分冷淡，我猜不出这是什么原因。

读者也许还记得，为了恢复自由，我曾经签署过一些条款。其中有几条我很不喜欢，因为它们几乎使我沦为奴隶，如果不是万不得已，我是决不会屈从的。如今我已经是拥有王国最高头衔“那达克”的勇士了，再履行这样的义务未免有失身份。不过，说句公道话，国王后来一次都没有提起过要我履行那些条款。

然而，时隔不久，我却得到了一次为国王陛下服务的机会。我立了个大功，至少我自己是这样认为的。

一天半夜，我突然被惊醒，听到有几百人在门口呼喊“布尔格兰姆”，好像出了什么大事。几位大臣急匆匆地来到我跟前，恳请我立刻赶到宫中去，原来是王后的寝宫失火了。他们已经在寝宫周围搭上梯子，准备好水桶，但是水源比较远，水桶又只有针箍那么大，尽管他们用最快的速度把水一桶桶递给

我，但对于猛烈的火势来说，还是无济于事。

本来我可以用我的上衣很容易地将火扑灭，可匆忙之中我忘了穿上衣，只穿了一件皮背心。

火势蔓延得很快，宫殿已快被火海吞没了。情急之下，我忽然想到一条妙计：前一天晚上，我喝了很多一种名叫“格力姆格瑞姆”的美酒，而且，最巧的是，我在喝完酒后还没解过小便呢。

于是，我对准寝宫，痛痛快快地撒了一泡尿，结果三分钟不到，火就彻底被浇灭了，其他宫廷建筑也终于免遭大火的侵袭，被救了下来。

天快亮了，我没等向国王报告就回到了自己的家，因为我怀疑国王可能会对我这种立功的方式感到不快，还好国王并没有介意。有人私下里告诉我，王后对我的所作所为不但不感谢，反而极其痛恨，她已经搬到王宫的另一边去了。她坚决不允许修复那座被毁的寝宫，因为她再也不想在那里住了。与此同时，她还当着几个心腹的面，发誓一定要报复我。

第六章

虽然我本打算专门写一篇文章来描述这个帝国的一切，但也乐意在这里先介绍一点大概情况，满足一下各位读者朋友的好奇心。

由于当地人一般身高不足 6 英寸，所以其他的动物、植物和树木都相应地按比例缩小了：他们最高的树木大约有 7 英尺高，也就是王室大公园里的那几棵；马和牛的身高有四五英寸；绵羊大约 1.5 英寸高；鹅大概只有麻雀那么大。其他物种依次往下，一直到最小的种类，对我来说几乎看不见了。

不过利立浦特人的眼睛早已适应了他们眼前的一切，他们能看得非常清楚，只是不能看得太远。我曾经看到一位厨师在一只不及普通苍蝇大小的百灵鸟身上拔毛，也曾看到一位年轻姑娘拿着一根线在穿针，而我根本看不见她的线和针。这些都说明他们有着十分敏锐的视力。至于其他的东西，就留给读者

自己去发挥想象吧。

他们的学术已经十分发达，不知道经历了多少代，这些就不多说了。不过他们写字的方法很特别，既不像欧洲人那样从左到右，又不像阿拉伯人那样从右到左，也不像中国人那样自上而下，更不像卡斯卡吉人那样自下而上，而是和英国的太太小姐们一样，从纸的一角斜着写到另一角。

他们将死人头朝下直接埋葬，因为他们认为一万一千个月之后死人就会复活，在此期间地球（地球在他们的意识里是扁平的）会上下翻个个儿。所以，用这样的埋法，等到死人复活的时候就会正着站在地球上了。虽然有些有见识的人也承认这种说法没有根据，太过荒诞，但这种习俗已经沿袭下来，所以这种做法一直被采用。

这个王国有些法律和风俗与我的祖国完全相反，首先要提到的就是关于告密者的法律：所有背叛国家的罪行在此都将受到最严厉的惩罚，但如果被告能找到证据证明自己的清白，原告就会被立即处死，而且还落得个万人唾骂的下场。

同时，原告还应作出相应赔偿，补偿被告损失的时间、监禁所受的痛苦及全部辩护费用。假如原告财产不够赔偿，就由皇家负担。国王还要对被告公开赏赐，同时颁发通告，宣布被告无罪。但愿我们也能实施这样的法律。

在他们眼中，欺诈是比偷窃更加严重的犯罪，欺诈犯没有不被处以死刑的。他们认为，一个人只要足够小心谨慎，提高

警惕，并具备基本的常识，他的东西就不会被偷。可是，诚实的人很难防范老奸巨猾的人，人们需要不断地交易，如果不限制和处罚欺诈行为，诚实的生意人就总是吃亏，流氓无赖反倒能获利。

有一次，我在国王面前替一个罪犯说情，那人奉主人之命去收款，后来竟见财起意，携款潜逃。我认为这不过是一种有失诚信的行为，不应处以极刑，但国王觉得我荒谬至极，竟替最严重的罪行辩护。我当时无言以对，只好借口说各国的习俗不同。但是我得承认，我后来为此感到非常羞愧。

虽然我们都认为赏罚分明对于统治者而言是相当重要的一件事，但我还没见过有国家能真正实行这一原则，除了利立浦特。

在这个国家里，不论是谁，只要能拿出充分的证据，证明自己在 73 个月之内一直遵守国家法律，就有权享受一定的特权，并根据其地位和生活状况，从专用的基金中领取一笔相应的奖赏，同时获得“斯尼尔普尔”或“守法者”的称号，不过这种称号不能世袭。

因此，在他们的法庭上，象征正义的女神像共有 6 只眼睛，前面两只，后面两只，左右还各有一只，象征着公正严明，面面俱到。女神右手持一袋开着口的金子，左手持一柄入鞘的宝剑，表示她更倾向于奖赏，而不是惩罚。

我告诉他们，我们的法律中只有惩罚，没有奖赏，他们认

为这是我们在政策上的一大缺憾。

在选拔人才方面，他们认为优良的品德比卓越的才能更难得。原因很简单，既然政府是管理人类社会的，那么人类的一般才能就可以胜任政府的各种职务，公共事务的管理也不是什么特别神秘的只有极少数杰出天才才搞得懂的领域。

他们认为，每个人都拥有真诚、正义、节制等美德，只要大家去实践这些美德，加上经验和良好的动机，就都能报效国家，只不过通常都需要经过一段时间的专业学习罢了。相反，如果一个人没有高尚的品德，即使才能再高也不顶用，有才无德的危险分子无法胜任任何工作。一个品行端正的人即使出于无知而犯错，也不会像那些心存不轨的人一样给公共利益造成严重的影响，因为这些人的才能不但能帮助他们加倍地营私舞弊，同时还能为那些肮脏行径作掩护。

有一点我必须向读者们指出，我所说到的这些法律及下面的一些法律只是他们原先的那些制度，并不是后来那些臭名昭著的腐败政治。那些借着在绳子上的高超表演而获取高官厚禄，在权杖上上下跳跃以赢得恩宠和勋章的可耻行为，最早是由当今国王的祖父引进的。随着党派纷争的不断激化，这些恶行逐渐发展到了目前的丑恶境地。人类天生堕落，这些人已经深陷腐败的泥潭了。

忘恩负义应该判死罪，我们有一些国家也有这样的法律。关于这一点，他们认为，不管是谁，如果对自己的恩人都没有

感激之心，对其他人就会更加冷酷无情，这样的人就应该是人类的公敌，根本不配活在这世上。

这个国家的教育体系也相当完备，每个城镇都办有公共的学校，除村民和劳工外，所有孩子，无论男女，一到 20 个月就会被认为具备了一定的受教育条件，父母必须将他们送进学校去接受必要的培养和教育。根据不同的等级和性别，学校也分为几种。

教师们经验丰富，他们会训练孩子们形成一种既符合其父母的社会地位，同时又符合自身能力，能满足自己意愿的生活方式。下面我来分别介绍一下男子学校和女子学校的情况。

有一种学校专门培养名门贵族子弟，教师们全都庄重而博学，每位教师还配备几名助教。孩子们衣着简单，饮食朴素，在学校里受到追求荣誉、正义、勇敢、谦虚、仁慈等方面的教育。除了必须的吃饭、睡觉及两个小时的娱乐活动（包括锻炼身体）时间之外，他们的日程排得满满的。

4 岁以前由男仆给他们穿衣服，4 岁以后他们就得自己穿衣了，无论身份多么高贵。女仆只做最粗贱的活儿，决不允许孩子们同仆人交谈。他们只能几个人或结群在一块儿玩耍，而且还必须要有一位教师或助教在一旁督导，这样他们才不会像我们的孩子那样，在幼年时代染上顽固的恶习。

父母一年只能看望孩子两次，每次只有一小时时间，见面和分别时可以亲吻子女，但也要有一位教师在旁。禁止父母对

孩子窃窃私语或表示爱抚，不准孩子们哭泣，更不能带玩具、糖果之类的礼物。每个家庭必须按时支付子女的教育和娱乐费用，如果逾期不缴，就会委派官吏强行征收。

教育一般绅士、商人和手工业者子弟的学校也按照类似的方法管理。不过，那些将来准备做生意的孩子 7 岁就得出去当学徒，出身高贵一些的孩子们则继续学习到 15 岁，相当于我们的 21 岁，只是最后三年的管教会渐渐放松。

在女子学校里，出身于贵族的女孩所受的教育和男孩大致相同，只是仆人换成了年长一些的女仆。一般情况下，也需要有教师或助教在场监督，一直到 5 岁她们可以自己穿衣服为止。如果有些女仆胆敢给女孩子们讲一些恐怖愚蠢的故事，或者玩弄一些愚蠢的把戏，就会被当众鞭打三下，并监禁一年，最后流放到荒无人烟的地方，终生不得返回家乡。

经历了这样的教育，年轻的小姐们也和男孩子们一样，羞于成为懦弱和无知的人，鄙视一切不规矩、不正派的行为和打扮。我并没有发现由于性别而产生的教育方向上的差异，只是女子的体育锻炼不像男子的那么剧烈罢了。

在低一等级的女子学校里，女孩子们会学习一些符合她们性别和身份等级的工作技能。准备当学徒的孩子 9 岁离开，其余的则会留到 11 岁。

把孩子放在学校学习的普通人家除了每年要交一笔极低的学费之外，还得将每月收入中的一小部分作为孩子的财产预

留起来，交给学校的财政主管，所以父母必须按照法律规定来安排每月的开支。

有身份的人则应该根据各人的情况，给每一个孩子预留一定的资产，这部分资产将永远按照节俭的原则，绝对公平地管理和使用。因为利立浦特人认为，人们把小孩子生到这个世上是为了满足自己一时的欲望，所以不应让公众来负担教养的费用。

村民和劳工在家里养育孩子，他们的职责就是种田，因此他们受不受教育对于公众来说无所谓。不过，等到他们年老多病的时候可以进入养老院生活，因为这个国家没有乞丐。

接下来，我想讲一讲我在这个国家的生活起居。我跟这个国家的人民一起生活了 9 个月零 13 天，好奇的读者一定想知道，我在那里是怎么生活的。

由于我这个人天生具有手艺人的才能，同时也由于生活中的实际需要，我用王国里最高、最粗大的树木给自己做了一套方便舒适的桌椅。为了给我制作衬衫、床单和桌布，国王雇用了 200 名女裁缝。他们最厚、最粗的布和我们的上等亚麻布相比，还是要薄很多，所以只好把几层布叠着缝在一起。我躺在地上，女裁缝们给我量尺寸，其中一个站在我脖子旁，一个站在我小腿旁，各执一根粗线的一端，拉直后由第三个人来量线的长度。我把一件旧衬衫摊在地上给她们做参考，结果她们做出的衬衣非常合身。

国王又雇了 300 名裁缝师给我做外衣。量尺寸的时候，我

跪在地上，他们竖起一架梯子，靠在我身上，其中一个人爬上梯子，将一根带铅锤的线从我的衣领处放到地面，这就是我外衣的长度，腰围和手臂就由我自己来量。这些衣服必须在我自己的屋子里制作，因为他们最大的房子也放不下这么大的衣服。最后，衣服做好了，看上去很像英国太太们的百衲衣，只是全身只有一种颜色罢了。

每天都有 300 名厨师给我做饭，他们就住在我房子附近的小茅屋里。为了方便，他们把家人也带来了。我先一手拿起 20 名侍者，把他们放到桌上，另外还有 100 人在地面上等候，他们端着一盘盘的肉，扛着一桶桶的葡萄酒。吃饭的时候，上面的服务员就用绳索把食物吊上去，就像从井里往上拉水桶一样。

他们的一盘肉仅够我吃一大口，一桶酒也只够我喝一口。虽然他们的羊肉不及我们的好，牛肉却极鲜美。我曾吃到一块非常大的牛排，不过像这样大的牛排很少见。我把牛排连骨带肉一股脑吞了下去，仆人们见了惊讶不已，但这对我来说就像在家乡吃云雀腿肉一样。鹅和火鸡，我一口就是一只，它们的味道比我们的要好很多。至于其他小家禽，我用刀尖一挑就是二三十只。

国王陛下听说了我每天的生活情况，起了好奇心，提出要带王后和年轻的王子、公主来和我一同进餐，而且他们说来就来。我把他们安置在桌上的椅子里，和我面对面，侍卫在他们

周围站着，财政大臣也在一旁侍奉。这位大臣总是在暗地里算计我，但表面上却做出一副敬爱的样子。他向国王汇报说，目前的财政状况很不好，我已经花了他们很多金币了，如果有适当的机会，还是把我打发走为好。

在这里居住的这段时间，有一位夫人因为我蒙受了不白之冤，她就是那位财政大臣的妻子。有人造谣说这位夫人曾秘密到过我的住处，并疯狂地爱上了我。财政大臣听信了谣言，丑闻也迅速传播开来。事实上，这位夫人非常坦诚和天真无邪，她喜欢与我交谈，但她每次来都带着她的妹妹、女儿或朋友，从没有单独来访过，这一点我的仆人可以做证。为了恢复这位高贵的夫人的名誉，我曾向造谣者挑战。最终，他还是相信了他的妻子，但对我却越来越不好。不久，因为这位宠臣的缘故，国王对我也渐渐失去了兴趣。

第七章

在叙述我是怎样离开这个王国的情形之前，我要把一场针对我的已经酝酿了两个月之久的阴谋告诉给读者。

一天夜里，朝廷里的一位要人忽然秘密地来到我的住所。我把他带到我的桌子上，让心腹仆人锁上了大门。寒暄之后，这位老爷一脸忧虑地说："为了你的事，最近周务会的议员召开了一次极为秘密的会议，国王前两天做出了最后的决定。自从你来到这里以后，海军大将就把你当成敌人，尤其在你大败布莱夫斯库舰队之后，他对你的仇恨更是无以复加。他与财政大臣等人勾结，共同拟了一道弹劾书，指控你犯有叛国罪等重大罪行。"

听了他的话，我吃了一惊。他继续说："为了报答你的恩情，我冒死探听到了全部消息，并且弄到了一份弹劾书的副本。"（有一次他惹怒了国王，我替他说了许多好话。）

他拿出弹劾书，我看了看，上面主要是针对我撒尿救火和违背国王的意愿，拒绝消灭布莱夫斯库国，以及接待该国使者等事进行弹劾，说我犯了越权擅职、图谋反叛之罪。

这位老爷接着说：“在这宗弹劾案中，国王倒是多次强调你的功绩，想帮你减轻刑罚。但财务大臣和海军大将坚持要处死你，他们计划在夜里焚烧你的房子，派两万陆军放毒箭射你的脸和手，让你极其痛苦地死去。他们还打算买通你的仆人，让他们将毒药洒到你的衬衣上，让你把皮肤抓烂，受尽折磨而死。

“你忠实的朋友——内务大臣帮你说了话，他承认你确实罪孽深重，但并非完全不可宽恕，而且宽恕也是一个君王最大的美德。他请求国王看在你曾经立下功劳的份上，赦免你的死罪，只弄瞎你的眼睛。这样就可以做到尽可能的公正，全世界也都会认为国王仁慈宽厚。而且即使你的眼睛瞎了也并不会影响到体力，你看不到危险也许还可以增加勇气。

“但这个建议遭到财政大臣和海军大将的强烈反对，海军大将甚至勃然大怒，说内务大臣胆敢主张保全一个叛徒的性命，这简直不可思议。从国王陛下的江山稳固考虑，你所有的功劳只能加重你的罪行，既然你撒泡尿就可以将王后寝宫的大火扑灭，那么你也可以用同样的方法给王宫带来水灾。既然你能把敌人的舰队拖来，那么也同样可以再拖回去。他还有充分的理由认为你是一个潜在的大端派。

“财政大臣也支持处死你，他认为为了给你提供饮食和其他必需品，国家财政已经陷入窘境，再这样下去，后果会非常严重。你即使眼睛瞎了也要消耗粮食，也许还会吃得更多。至高无上的国王和内阁成员就完全可以认定你有罪，并不需要有法律明文规定。

“可是，国王陛下拿定主意不处死你，但又觉得只弄瞎眼睛的处罚太轻。最后，他们决定，先弄瞎你的眼睛，并逐渐减少你的食物供给，让你慢慢饿死。三天后，内务大臣会向你宣读这一判决，然后将有 20 名御医来监督行刑，他们要用利箭射瞎你的眼睛。

“国王陛下始终持反对意见，他说如果内阁成员们觉得弄瞎眼睛的刑罚太轻，还可以追加其他刑罚。这时，内务大臣就提供了一个新的方案——逐渐减少你的饮食供给，让你逐渐饥饿而死。到时候，你的身体重量就会减轻很多，处理尸体的难度也就降低了。我们可以派人把你的肉割下来运走，在人迹罕至的地方掩埋，并留下你的骨架供人瞻仰。

“到此为止，终于有了一个众人都能认可的解决方案。国王已经下令，将饿死你的计划严格保密，但弄瞎你眼睛的判决却可以写进弹劾书。再过三天，内务大臣就将奉命向你宣读弹劾书，同时表明这是国王陛下以及全体内阁成员宽宏大量的结果。这之后，将有 20 名御医前来监督行刑，他们会让你躺在地上，然后将十分尖利的箭射入你的眼球。”

最后，他说："下一步应该怎么办，你自己去考虑吧。现在，为了不让人起疑，我得偷偷地回去了。"这位老爷说完就走了，剩下我一个人，心中一片茫然。

这位国王和他的内阁大臣们采取了一种惯例，那就是每当朝廷宣布一项严酷的判决时，国王总要发表一通演说，表明他是如何宽大、仁爱。然而，再也没有比歌颂国王仁慈的话更让百姓害怕的了，因为大家都明白，颂词越夸张，刑罚就会越惨无人道。

我觉得对我的这一判决毫无宽大和恩典可言，这与其说是仁慈，还不如说是严苛。如果我去受审，根据从前阅读过的各个国家的政治案例，结果很有可能由判官自以为是地结案了事。面对如此有权势和团结一致的敌人，仅靠我一人恐怕是不行的。

我一度想要反抗，趁我现在还有自由，他们用上这个帝国的全部力量也休想将我制伏，我只要用几块石头，就可以把京城砸个稀烂。但是，想到我曾对国王立下的誓言及他给我的最高荣誉——"那达克"称号，我又打消了这个念头。最后，我做出一个决定，既然国王曾口头答应我可以去朝见布莱夫斯库国王，我就利用这三天的时间前往布莱夫斯库国。

我先发了一封信给我的朋友——内务大臣瑞德沙，表明我已得到许可，并决定当天早上就动身前往布莱夫斯库国。不等他回复，我就来到港口，抓了一艘大战船，脱掉衣服，将衣服、

靴子和被子等一起放入船中，然后抱起船，半游半走地来到布莱夫斯库国的王室港口。

上岸后，我发现那里的人民早就在海边迎接我了。他们派了两名向导带我前往首都，我把他们拿在手里，一直走到离城门不到 200 码的地方才停住脚步。

大约一个小时后，布莱夫斯库国的国王接到通报，率领王室成员及朝廷重臣出来迎接我了。我也朝他们走去。国王和随从们从马上下来，王后和贵妇们也都下了车。他们看到我后神情自若，看不出有任何慌乱和恐惧。我匍匐在地，告诉国王我是来践约的，并赞叹他是一位伟大的君主，我愿意为他效劳。国王则对我的到来表示欢迎。

我对我在利立浦特失宠的事只字未提，因为我那时还没有接到通知，完全可以装作不知道他们对我的判决。我想利立浦特的国王不会公开那件密谋，然而不久我就发现我想错了。

第八章

来到布莱夫斯库国的第三天，出于好奇，我沿着岛国的东北部海岸漫步。突然，我发现离海岸约半里路的海面上漂浮着一样东西，远远望去好像一只翻了的小船。我脱了鞋袜，向前涉水走了300码，发现那样东西被潮水冲得离我更近了。我清清楚楚地看到，那确实是一条小船！

我欣喜异常，赶忙回到城里，向布莱夫斯库国王借20艘最大的军舰和3000名水手。国王答应了我的请求，我回到发现小船的地方，立即游到小船后面，借助潮水的力量用力把它朝前推。我一直向前游，直到我的脚能够到海底为止。休息两三分钟后，我又向前推了一阵，这时海水就下降到我的腋下了。我拿出军舰上事先准备好的绳索，一头系在小船上，一头系在九艘军舰上。幸亏是顺风，水手们在前面拉，我在后面推，一直将小船推到离岸边不远的地方。等潮水退去，小船完

全露出水面，我才在 2000 多名水手和机械师的帮助下，将小船翻转过来，我发现它只是受了一点损伤。

我花了十天的时间做了几把桨，然后把小船划进了布莱夫斯库国的王室海港。一大批民众聚集在那里等待我的到来，看到这艘“巨轮”，他们感到万分惊奇。我对国王说，这艘船是上天赐给我的礼物，它可以载着我到别的地方去，说不定我还可以返回我的祖国。我恳求国王给我一些材料，让我把小船修补好，并希望他准许我驾船离去。这位国王挽留了我一阵儿，便欣然同意了。

这些天来，我一直纳闷，为什么利立浦特国王没有就我的事发出任何紧急文书呢？后来有人悄悄告诉我，原来利立浦特国王一开始并不知道他们的计划已被我得知了，他以为我拜访完布莱夫斯库国便会回去。然而看我始终没有返回的意思，他这才恼火起来。在与财政大臣等人商议后，他派了一名要员，带着弹劾我的文书来到布莱夫斯库国。

这位全权大使向布莱夫斯库国王陈述了我的罪行，当然也强调了利立浦特国王的宽厚仁慈——说只不过是判处我刺瞎双眼的刑罚，而我却逃脱这正义的制裁。还说如果我两个小时后还不回到利立浦特国的话，将被削夺“那达克”爵位，并被判为叛国罪犯。信中还说，为了维持两个王国之间的和平友好，希望布莱夫斯库国王能下令将我捆绑起来，押送回利立浦特。

布莱夫斯库国王与他的大臣们讨论了三天，最后做出答

复，说了不少请求谅解的客套话。他对利立浦特的来使说，要把我捆绑起来送回去，那是很难办到的事。虽然我以前夺走了他的舰队，但议和时我帮过他的大忙，对此他心存感激。不过，他相信两国国君不久就可以安心了，因为我已在岸边找到了一只庞大的船，足以载我出海。因此，他认为再过几个星期，两国就都可以摆脱我这个养不起的包袱了。宫廷里的人似乎都盼望我早点走，所以都乐意给我帮忙。他们拨给我 500 名工人，在我的指导下，这些工人将 13 块最结实的亚麻布缝到一起，为我的小船做成了两面帆。而制作缆绳就比较费事了，我需要把 10 根、20 根甚至 30 根绳索拧在一起才行。另外，我在海边找了好久才发现一块比较大的石头，我把它用作船锚。后来，我又做了桨和桅杆。在此期间，国王的船匠们给了我很大的帮助。

一个月后，所有的准备工作都做好了，我便向国王辞行。国王亲自带领王公大臣出宫为我送行。我匍匐在地，国王仁慈地伸出手来让我亲吻，王后和王子们也都让我吻了手。

国王赠了我 50 只钱袋，里面装了大量的金币，还送给我一幅他的全身画像。我在船上装了不少生牛羊肉，还有面包、饮料及大量的熟肉。除此之外，我还带了六头母牛、母羊和两头公牛、公羊，打算让它们到我的祖国去繁殖。当然我还捎带了一大捆干草和一袋谷子，好在船上喂养它们。

本来我还想把 12 个本地人也带走的，可国王说什么也不

肯答应。为了防止我带走他的子民，他命令士兵仔细搜查了我的衣服口袋，并让我以名誉做担保，决不带走他的任何臣民——哪怕是这个人儿自己想去也不行。

1701 年 9 月 24 日早上 6 点，我离开了布莱夫斯库国的港口，向北行驶，这时正刮着东南风。航行还算顺利，晚上我把船停在一个小岛背风的一面。第二天早上，我吃过东西继续沿着头一天的航向前行。下午三点钟左右，我正朝正东方向行驶时，忽然发现不远处有一艘帆船，便向那船大声呼叫。半小时后，那船发现了我，就扯起一面旗，还放了一枪。一想到我还有机会再次见到我亲爱的祖国和亲人，那快乐真是难以言表！那艘船放慢速度，我大概五六点钟时终于赶上了它。看到船上飘扬的英国国旗，我的心怦怦直跳。我把牛羊装进上衣口袋，并把所有货物运到了那艘船上。

这是一艘英国商船，由日本经北太平洋和南太平洋返航。船长约翰对我十分友好，他问我从哪里来，又到哪里去。我向他讲了我在小人国的经历，他开始以为我疯了，后来我从口袋里掏出布莱夫斯库国的牛羊，他见了无比惊讶，这才相信我的话。我又给他看了布莱夫斯库国王送给我的金币、画像和其他一些稀罕玩意儿，还送了他两袋钱，并答应回英国后再送他一头怀孕的母牛和一只怀孕的母羊。

1702 年 4 月，我回到了我的祖国，不久便与家人团聚了。在漫长的航行途中，除了一只羊被老鼠拖走外，其余的动物都

完好地登上了英国的陆地。我把它们放到格林尼治的一块草地上喂养，那里的草很细嫩，它们吃得非常高兴，繁殖得也很快。后来，我把这些牛羊拿给许多达官贵人看，赚了不少钱，最后又把它们都卖了出去，共得到600英镑的收入。希望这些羊能促进我国的羊毛生产，因为它们的毛质地非常优良。

我在家住了两个多月，但出于对冒险的热爱，我很快就住不下去了。我的女儿贝蒂已经出嫁；儿子约翰尼已上中学，是个有出息的孩子。大伯留给我一块田产，家中有了稳定的收入，我又给妻子留下1500英镑，并把她安顿在一所好房子里。一切都安排妥当了，我就和妻子儿女告别，登上一艘名为“冒险”号的商船，开始了我的又一次旅行。

第二部
巨人国游记

第一章

两个多月后，我在唐兹登上了“冒险”号商船，准备前往苏拉特，船长是约翰·尼古拉斯。一开始，我们非常顺利地到达了好望角，并在那儿上岸取淡水。但随后却发现船身有条裂缝，就只好卸下东西在那里过冬。后来船长得了疟疾，直到第二年 3 月底，我们才重新起航。

起初仍然是一帆风顺，但当船行驶到马达加斯加海峡北面的时候，风势突然大变，我们遇上了大风暴。根据以往的观测，那一带在 12 月初到 5 月初这段时间里，风向总是很稳定。可是 4 月 19 日那天，风势比平常要猛烈得多，风向也变了。就这样一连刮了 20 天，我们被刮到了摩鹿加群岛的东面。风暴来势汹汹，大海变得面目狰狞，大家一起努力，拼命拉住系在舵柄上的短绳以帮助舵手掌舵，但我们还是严重偏离了原来的航线。

5 月 2 日，根据船长的观测，我们所在的地方大约是北纬

30 度。这时，海面上风平浪静，我们都松了一口气。可是船长在这一带航行过多次，经验非常丰富，他要我们继续做好迎接风暴的准备。

果然，第二天风暴就来了。海面上刮起了南风，风势很猛，有可能会把船上的东西吹落，我们收起了斜杠帆，又准备收前桅帆。天气异常恶劣，我们不得不查看一下船上的炮拴得是否牢固。接着，船长命令将后帆也收了。船偏离航道太远了，与其这样吃力地行驶，或是收了帆随波漂流，还不如在海面上扬帆前进。我们卷起前桅帆，把它固定住，但要想转向实在是太难了。我们牢牢地拽住前桅帆索，但帆被吹裂了，我们只得把帆桁收下来，将帆收进船内，并解掉上面所有的东西。

我们把舵柄上的绳索拉紧，又帮助舵手一起掌舵，希望能改变航向，避开风浪。我们没有把中帆降下来，而是让它大张着，因为船在巨浪中行驶如飞，这说明中帆还很安全。船仍在我们的控制之中，稳稳地穿梭在大风暴里。

这场风暴过后，又刮起了强劲的西南偏西风。据我估算，我们已被吹到了东面大约 500 里路的海面，谁也不知道我们现在是在世界的哪个地方。幸好食物还能维持一段时间，船也比较坚固，只是开始缺乏淡水。我们觉得最好还是坚持走原来的航道，不要贸然转向，因为那样的话我们很可能进入西伯利亚的西北部，被困在冰冻的海洋里。

6 月 17 日，我们终于看到一个大岛，岛的南边有一片狭长

地带伸入海中，还有一个港湾。但湾内水太浅，100 吨以上的船无法停泊，我们只好在离港湾较近的地方停船。船长派了 20 个全副武装的水手乘坐舢板到岛上寻找淡水，出于好奇，我也跟他们一起上了岸。

到了岸上，我们没有发现河流或其他水源，也没有看到有人烟的迹象。水手们去找淡水了，我独自一人走着，发现这地方全是岩石，一片荒凉。我开始感到无趣，看不到任何可以引起我好奇心的东西，就慢慢朝来时的港湾处走去。

大海就在我眼前，水手们已经上了舢板，正在拼命朝大船划去。我正要追过去，忽然看到一个巨人正在海水中飞快地追赶他们。他迈着大步，海水还不到他的膝盖。但我们的水手在他前面半里路的地方，周围又到处是锋利的礁石，所以那怪物要追上小船也不是件容易的事。

这都是我后来听人说的，因为当时我可不敢待在那里观看这个惊险的场面。我沿着来时走过的路拼命地跑，爬上了一座陡峭的小山，在山顶上观察了一下周围的地形。我看到一片耕地，让我瞠目结舌的是，在那片仿佛种着秣草的田地里，草的高度都超过了 20 英尺！

我走上一条大路，其实对当地人来说，那只是大麦田里的一条小径而已。那些麦子已经成熟，至少有 40 英尺高，四周围栏高约 20 英尺。树木就更高大了，我简直无法估算它们的高度。两块田之间有一段台阶，共有四级，爬到最高那级之后还

要跨过一块大石头。我根本无法爬上这台阶，因为它们每一级都有 6 英尺高，最上面那块石头足有 20 英尺以上。

我正努力想在篱笆上找出一条缝隙，却突然发现一个当地人正从隔壁的田里朝这边走来。这人和我刚才在海边看到的巨人一样高大，就像一座教堂的尖塔一样，每走一步都有十几码。我又惊又怕，就跑到麦田里躲起来。他站在台阶顶端回望右边那块田地，发出一声叫喊，声音比喇叭还要响好多倍，简直就像打雷一样。

紧接着，有七个和他一样的怪物拿着镰刀向他走来，那镰刀大约有我们的长柄镰刀的 6 倍那么大。这些人的穿着像是他的雇工或仆人，听他说了几句话后，他们就到我藏身的麦地里割起了麦子。

我尽力躲避他们，在麦秆之间穿梭，但麦秆之间的距离有时还不到 1 英尺，我移动起来极其困难。最后，我来到一片被风雨吹倒的麦地，再也不能移动了，因为麦秆缠在一起，我根本没办法从中间爬过去，那些麦芒又尖又硬，直刺进我的肉里。与此同时，我听到割麦子的人已经到我后面不到 100 码的地方了。

这一刻，我真是心乱如麻，又悲伤又绝望，就躺倒在两道田垄间，心里想着就这么死掉算了。可一想到我的妻子就要成为孤苦伶仃的寡妇，孩子们就要失去父亲，我就后悔不已。我恨自己既愚蠢又任性，不顾亲友的劝阻，一心要进行这冒险的旅行。

这时，最近的一个割麦人已经离我不到十码远了，如果他

再向前走一步，我就会被他踩死，或者被他的镰刀砍成两段。就在他准备抬脚之际，我拼命地尖叫起来。巨人停住脚步，向四周打量了一番，终于发现了躺在地上的我。他犹豫了一下，就像一个人想去捉一只会咬人的小动物，但是又怕被它咬伤一样——我在英国捉一只黄鼠狼时不就是这个样子吗？最后，他大着胆子，从我的身后用拇指和食指捏住我的腰将我提了起来，放到了离他的眼睛不到三码远的地方，以便更清楚地看到我。

我头脑还算冷静，因为我当时离地 60 英尺，因此没有挣扎，我生怕他把我扔到地上，就像我们对待其他一些不讨人喜欢的小动物一样。我只是适时地合拢双手，说了几句哀求的话。他听到我可以清晰地说话，似乎很高兴，并对我的声音和姿态非常好奇，把我当作了一件稀罕的宝贝一样仔细打量着。

这时，我却忍不住呻吟起来，流下了眼泪。我把头扭向腰部两侧，尽可能让他明白，他的拇指和食指把我捏得好疼。他好像明白了我的意思，随手提起上衣下摆，把我轻轻地放了进去，然后就兜着我跑去见他的主人，也就是我在田里首先看到的那一位。

这位主人是个农民，他听完仆人的报告后，拿一根手杖粗细的麦秆挑起我衣服的下摆，辨认了一下这是不是我与生俱来的外壳，又吹开我的头发，把我的脸看个清楚。然后，他把仆人们都叫过来，似乎是在询问他们是否也发现了像我一样的动物。

最后，他把我平放在地上，和仆人们一起围着我坐下来，

这样就可以更清楚地看到我的举动。我马上爬起来，来来回回地踱步，让这些人知道我并不想逃走。我摘下帽子，向那个农民深深地鞠了一躬，又双膝跪地，举起双手，抬起双眼，尽可能大声地说了几句恭敬的话，并拿过钱袋，掏出一袋金币，十分谦恭地献给他。他接过金币，拿到眼前看看，又从衣袖上取下一根别针，摆弄了半天，可还是不明白这是干什么用的。

于是我示意他把手放在地上，将金币全部倒入他的手心，这里面除了二三十枚小金币以外，还有六枚大金币，每一个都值四个皮斯它。他舔了舔小手指尖，捡起一块大金币，然后又捡起一块，可还是不明白这是些什么东西。最后，他对我做了一个手势，让我把金币收起来。我向他献了好几次，他都不肯收，我想我还是先收起来吧，于是我就把这些金币收进了自己口袋里。

这时，他已确定我是个有灵性的动物，便一再地和我说话，声音大得刺耳，我也大声地用几种语言回答他。他把耳朵凑到离我不足两码的地方来听，但是没有用，我们完全不明白对方在说什么。

他让仆人们继续回去干活，自己则从口袋里摸出一块手帕，叠成双层摊在左手上，再平放在地上，手心朝上，做手势让我到那上面去。他的手还不到 1 英尺厚，所以我很容易就跨了上去。在这种情况下，我想我只有顺从的份儿，但又怕跌下来，就伸直身子在手帕上躺下。他用手帕的四角把我兜起来，只露出头，这样就更安全了。就这样，他将我提回了家。

一到家，他就把我拿给他的妻子看。这位女主人一见到我就吓得尖叫起来，立刻跑开了，仿佛英国太太见了毒蜘蛛或癞蛤蟆一般。可是，没过多久，她见我行为乖巧，对她丈夫也非常顺从，就放下心来，对我温和了很多，并且还越来越喜欢我了。

午饭时间到了，仆人们将饭菜端上来，装菜的盘子直径有20 英尺长，里面是一大盘肉（农民生活简朴，这样的菜是很常见的）。和农民一起吃饭的是他的妻子、三个孩子和一位老奶奶。他们坐下来之后，农民将我放在饭桌上，桌子离地面有 30英尺，我怕得要命，唯恐跌下去，所以尽可能地远离桌子边。

他的妻子切下一小块肉，又把一些面包弄碎后盛在小碟子里，放在我面前。我对她深深地鞠了一躬，拿出刀叉吃了起来。大家见了都十分开心。女主人还吩咐仆人拿来一只容量大约两加仑的小酒杯，并给我倒满了酒。我十分吃力地捧起酒杯把酒喝下，然后提高嗓门，用英语喊了句："为夫人的健康干杯！"大家听了这话都开心地笑起来，那笑声差点把我的耳朵震聋。

酒的味道很淡，像苹果酒，感觉相当不错。主人做了一个手势，示意我到切面包用的木碟那边去。可我来到这里后遭遇了太多危险，一直惊魂未定，以至被一块面包屑绊了一跤，摔得趴在了桌子上，还好没有伤着。我赶紧爬起来，看到这些人一脸关切的样子，就立即举起帽子（我一直按照我们的礼仪把它夹在腋下），在头顶上挥舞，同时连呼了三声万岁，以示我没有受伤。

就在我走向我的主人的时候，坐在他旁边的一个小淘气，

也就是他最小的儿子，突然伸出手抓住我的两条腿，把我高高地举到了半空中，吓得我魂飞魄散。主人立刻把我从他儿子手里抢过来，狠狠地打了他一记耳光，叫仆人把他带走。虽然这一记耳光完全可以打倒一队精悍的骑兵，我心里却有些不安，因为我想到我们的孩子有爱玩弄麻雀、兔子和小猫等小动物的天性，而且小孩子似乎更爱记仇。于是我跪下来，求主人原谅他的儿子。主人答应了我的请求，让孩子重新回来坐下。我走过去吻吻他的手，他的父亲也拉着他的手，让他学会轻轻地抚摸我。

饭还没吃完，女主人养的一只猫跳上了她的膝盖。女主人边抚摸它边喂它吃东西，猫发出一种满足的哼哼声，那声音听起来简直就像十几个纺织工人在干活。我在自己的位置上只能看见它的头和一只爪子，我估计这只猫足有三头公牛那么大。女主人怕猫忽然跳起来抓我，就紧紧地抱着它。我也老老实实地站在桌子那头，跟它拉开距离，可那畜生狰狞的样子还是让我感到忐忑不安。

其实也没有什么危险，当女主人把它放在离我很近的地方时，它似乎对我完全不感兴趣，理都不理我。以前我曾经听人说过，如果遇到猛兽，千万不能惊慌失措，更不能掉头就逃，否则很可能引来对方更猛烈的进攻。我多年的旅途经验也验证了这个道理。因此，在这危险关头，我故意表现得气定神闲，满不在乎，甚至还在猫面前大摇大摆地踱了好几圈，离它最近的时候还不到半码远。那猫被我镇住了，缩着身子一动不动地看

着我。至于狗，也不在话下。一般农民家里养三四条狗是很普通的事，主人家里就有一条獒犬，身躯足以抵得上四头大象；还有一只灵缇，没有獒犬大，却更高些。

快吃完饭的时候，保姆抱着一个一岁的小孩走进来。那小孩一见我就大声哭起来，那哭声在 5 英里外都能听见。他咿咿呀呀了半天，要拿我当玩具。他母亲溺爱孩子，就把我拿起来送到了他跟前。他立刻伸出手，把我拦腰抓住，张开大嘴要吞掉我的头。我大叫起来，吓得这孩子一下子松开了手。要不是女主人在下面用围裙接住我，我肯定摔死了。保姆拿来一只拨浪鼓哄孩子，这种玩具是一种中空的盒子，里边装着几块石头，并拿一根细绳拴在孩子腰间。

在利立浦特时，那些小人的面貌在我看来是世界上最美的。我曾经同那里的一位学者朋友讨论过这个问题，他说我的脸远看比近看要光滑和好看得多。他直言当我把他拿在手里，近距离地与他谈话时，他能在我的皮肤上看到一个个大坑，我的胡茬比野猪的鬃毛还要硬十倍，而且我脸上的颜色也是各种各样，极不均匀。不过我必须澄清一下事实，我其实和祖国的大多数男性一样端正，多次艰苦的旅行也没有把我的皮肤变得特别黝黑粗糙。

另外，这位学者朋友说起他们国家的那些贵妇人时，又常常挑剔说这个有雀斑，那个嘴太宽，或者是鼻子太大，可我一点也看不出来。这样一来，读者应该就明白了，可我还是要替我的主人辩解一下，免得读者们认为巨人们都是丑陋的怪物。

说句公道话，他们其实是一个美丽的民族，尤其是我的主人，若从 60 英尺的高处来看，他的相貌绝对称得上英俊。

吃完饭，主人和他的雇工们出去工作了，临走前嘱咐妻子要小心照看我，这些都是我从他的语气和手势中看出来的。我感到很疲惫，想要睡觉。女主人看出来了，就把我放到他们的床上，还给我盖了一条洁白的手帕。那手帕比一艘大船的主帆还要大，还要粗糙。

我睡了有两个钟头，还做了个梦，梦见在家与妻子儿女在一起。一觉醒来，我越发觉得处境悲哀。我发现自己正独自待在一个 300 英尺宽、200 多英尺高的大房子里，床足有 20 码宽，离地面也有 8 码。女主人去做家务了，就把我一人锁在屋里。因为生理需要，我必须下床，但我不敢随便叫喊，而且就是喊了，这房间离厨房那么远，也根本没人能听见。

正当我无计可施时，两只可恶的老鼠沿着帐幔爬了上来，在床上跑来跑去，乱嗅一通。有一只差点踩到我脸上，我吓得一骨碌爬起来，抽出腰刀自卫。它们居然包围了我，其中一只还抬起前爪来抓我的衣领，幸亏我眼疾手快，没等它得逞，就将它的肚子剖开了，就这样它倒在了我的脚下；另一只吓得拔腿就跑，但速度还是慢了一点，背上狠狠地挨了我一刀。大功告成，我在床上慢慢踱步以平定呼吸、恢复冷静。这两只畜生足有一条獒犬那么大，但要比獒犬灵活、凶猛得多，我要是稍有不慎，肯定早就被它们撕成碎片了。女主人做完家务后来到房间里，见我

浑身是血大吃一惊，赶紧跑过来把我拿在手中细细端详。我指了指死老鼠，又给她做手势，表明我没有被伤着。她高兴极了，叫女佣拿火钳夹住死老鼠扔到窗外，又把我放到桌上。我把沾满了血的腰刀拿给她看，并用上衣下摆把血擦干净，放回刀鞘。这时，我急于要做一件别人无法替代的事，就让女主人把我放到地上。她照做了，我感到有些不好意思，就一边指指门，一边向她鞠了几个躬，我真想不出还有什么办法能更好地表达我的意思了。这位好心肠的太太最后终于弄明白我要干什么了，就用手拿起我走进花园，把我放在地上。我走到离她约有 200 码的地方，打手势请她不要注视着我或者跟过来，然后躲在两片酸模树叶之间解决了我那十万火急的生理需要。

我希望诸位读者能原谅我总是在这些生活琐事上絮絮叨叨。在头脑平庸的人看来，这类事情也许无关紧要，根本不值得大书特书，但它们无疑能丰富哲学家的想象力，扩大他们的思考领域。并且，这对公众与个人生活都有益处，而这些正是我将这几篇游记公之于世的主要目的。

在这件事上，我只关注事实，丝毫没有炫耀或卖弄的意图。但这次航行给我留下的印象太过深刻了，我想我一生都不会忘记，所以我在用文字记录时没有漏掉任何一个重要情节。然而，经过严格审校，我还是删去了初稿中比较次要的几个段落，我这么做完全是为了避免有人指责我的游记冗长、琐碎。我知道，旅行家们常常受到类似的指责，不过这也不是完全没有道理的。

第二章

我的女主人有一个 9 岁大的女儿，她聪明可爱，能做一手好针线活，打扮起玩具娃娃来既熟练又灵巧。她和她母亲把玩具娃娃的摇篮布置成我的睡床，又把摇篮放进一个衣柜的抽屉里。为了不让老鼠来伤害我，她还把抽屉放在一块吊板上。在我同这些人共同生活的时间里，这只摇篮一直是我的床。

我还慢慢学会了他们的语言，根据我的需要，那床也被改造得舒适多了。小姑娘非常聪明，我只当着她的面脱过一两次衣服，她就能动手给我穿衣脱衣了。她还给我做了几件衬衫和一些内衣，都是用他们那里最精致的布做的，但在我看来，那些布比麻袋布还要粗。

小姑娘还是我的语言老师，我每指一样东西，她就告诉我应该怎样拼读。不久，我就可以叫出我需要的东西的名字了。小姑娘性格温顺，有 40 英尺高，身量比她这个年龄的孩子要小

些。她给我起了个名字，叫“格里尔特里格”，即小矮人。后来，他们全家乃至这个国家的所有人都这么叫我。

我能在这个国家生活下去，全都是因为有了她。我叫她“格兰姆达尔克立契”，也就是“小保姆”的意思，并衷心希望自己能有能力报答她的恩德。

很快，我的事就在邻里间传开了。这里的人们都在纷纷议论，说我的主人在田里发现了一头小怪兽，它能模仿人的动作，好像还有自己的语言，也会说几句它们的话。它用两条腿挺着身子走路，性情驯良，懂礼貌，让它怎么做，它就怎样去做。他们还说我长着世界上最漂亮的四肢，皮肤比贵族家的三岁小姐还要白嫩。

附近有一个农民，他是我主人的朋友。有一天，他特地前来打听这事是否属实，主人便把我拿出来放在桌子上。我按照主人的指令在桌子上来回走动，并拔出腰刀来演示一番。我还用他们的语言向来宾问好，当然这些都是小保姆教给我的。

主人的这位朋友是个老头，他眼神不太好，为了要看清我，他必须戴上眼镜凑到我跟前来。这样一来，他的眼睛就像从窗户照进来的满月似的，我觉得十分滑稽，就忍不住大笑起来。当主人一家弄明白我为什么笑时，也跟着笑起来。那老头非常生气，脸色都变了。后来，他给主人出了一个馊主意，让主人趁赶集的时候带我到镇上展览以赚取钱财。当时，他们在一起窃窃私语了半天，还不时地对我指指点点。我就知道他们

不怀好意，忍不住偷听到了他们的一些话，有几句还听懂了。当天晚上，我一直在胡思乱想。

果然，第二天早上，我的小保姆就将这件事情全部告诉了我，她是从她母亲那里巧妙地探听来的。可怜的小姑娘把我放在她的胸口，伤心得落泪了。她担心那些粗鲁的人会伤害我，弄断我的手脚或把我捏死。她觉得我性情温和又顾惜面子，让我去给那些下流的人当把戏耍是对我极大的侮辱。去年，她的爸爸妈妈假装给她一只小羊羔，但等到羊长得膘肥体壮时，他们就把它卖给了屠夫——现在，我不就是那只小羊羔吗？

可我倒不那么担心，因为我一直以来都抱着能重返祖国的希望，相信有一天能恢复自由。至于被人当作怪物到处展览表演这样丢人的事，我也想得开，因为我在这里就是一个地道的异乡人，有朝一日，我回到祖国，人们也绝不会因为我有过这样的遭遇而为难我。

我的主人听从了朋友的建议，到了下一个赶集日，他便将我装在箱子里带到附近的集市上去了。他还带上了他的小女儿，即我的小保姆。小保姆抱着装我的箱子，坐在主人身后的马鞍上。那箱子被封得严严实实，只留一个小门让我出入，还钻了几个透气的小孔。小保姆很细心，她把娃娃床上的被褥放到了箱子里，好让我躺在里面舒服些。但马每步都要跨出 40 多英尺，而且起伏很大，所以对我而言，箱子就像处于大风暴中的船一样。仅仅半个小时的路程，我就快被颠得散架了。

我们大概走了比从伦敦到圣奥尔本还要远一些的路。主人在一家经常光顾的小旅馆下了马，做了一些必要的准备，然后就雇了一个喊事员，通知全镇的人来这家旅馆观赏一个奇异动物的表演。那怪物身长还不足 6 英尺，长得几乎跟人一模一样，会说几句当地的话，还能要很多种有趣的把戏。我被放在旅馆房间里的一张桌子上，小保姆挨着桌子坐在旁边，一边照看着我，一边指挥我表演。主人每次只让 30 个人进屋来看，我按照小保姆的指令在桌子上走动，并尽量提高嗓门用他们的语言回答她的问题。她给了我一个针箍大小的酒杯，我拿起盛满酒的杯子，为大家的健康干杯，还向观众致敬，说些欢迎光临之类的话，然后抽出腰刀，按英国剑师的样子挥舞一番。小保姆还给我一段麦秆，我将它当成长矛要了一阵，这套技艺我在年轻时就学会了。那天我一连表演了 12 场，不断重复着那些舞刀弄枪的把戏，直到累得筋疲力尽为止。

那些看过我表演的人出去后大肆宣扬，弄得很多人都想挤破门来一睹为快。主人不许任何人碰我，为防止出现意外，他还在桌子周围放了一圈长凳，将我与众人远远隔开。然而，还是有一个喜欢搞恶作剧的小学生拿了一个榛子朝我的头扔过来，差点击中了我。要是我被击中的话，肯定会脑浆迸裂，因为那榛子像南瓜那么大。不过，让我解气的是，这个捣蛋鬼马上就被痛打了一顿，然后又被赶出了房间。

最后，主人宣布下个集市日再带我来表演。后来他为我准

备了一辆比较舒适的车子，这是很有必要的，因为第一次旅行让我非常劳累，再加上连续 8 个小时的表演，我连说话的力气都没有了。

至少过了 3 天，我才恢复了体力。不幸的是，我在家里也得不到休息，因为附近的绅士们听说我的事后，都带着妻子儿女来看我表演。每次在家表演时，即使是只给一家子几个人看，主人也要按满屋子的人数收费。有一段时间，我几乎每天都要表演，主人因此发了横财，并决定带我到全国各地去走走。

在做好长途旅行的准备后，1703 年 8 月 17 日，也就是我来到这里差不多两个月的时候，主人带着我和小保姆从家里出发，前往 3000 英里外的首都。这次小保姆骑在马上，坐在主人身后，将装着我的箱子系在腰间，并在箱子里面垫了她所能找到的最柔软的棉布，棉布下面也垫得厚厚的，以便让我躺得更舒服一些。她又把婴儿的小床放在里面，还预备了内衣和其他一些必需品，尽量使一切都舒适方便。我们只带了一个男仆，他带着行李骑马跟在后面。

主人的计划是到沿途所有市镇上表演，如果有生意，也可以离开大路，走上 50 或 100 英里，到村子里或大户人家表演。事实上他也是这么做的。因此，我们走得很慢，一天顶多走 150 多英里。小保姆有意照顾我，她经常抱怨马把她颠累了，也常常把我拿出来，让我呼吸新鲜空气，观赏沿途的田野风光，不过她总是用一根带子将我紧紧地牵着。我们一共走了

10 个星期，过了五六条比尼罗河和恒河还要宽很多的河流。我像展品一样，在 18 个大城市和无数村庄被展出，许多私人家的表演还不包括在内。

10 月 26 日，我们终于到达首都，这座城市叫作“洛布鲁格鲁德”，意思是“宇宙的骄傲”。主人在离王宫不远的街上找了个住处，然后像往常一样贴出广告，将我的特点详细描述一番。他租了一间有三四百英尺宽的房子，预备了一张直径有 60 英尺的大圆桌，我就在这圆桌上表演。桌子周围还装了护栏，以防我掉下去。

我每天要演出 10 场，所有看过我的人都惊叹不已。但我对这种表演越来越厌烦，并且感到非常难过，因为我的主人只知道赚钱，完全不顾我的死活。值得一提的是，在此期间，我对他们的语言已相当熟悉了，几乎可以完全听懂。小保姆仍然是我的老师，她口袋里装着一本与地图册差不多大小的普通读物，内容是阐述他们的宗教教义的。她就用这本书来教我认识字母，给我讲解词义。

第三章

我每天都很累，没过几个星期，就快撑不住了，身体瘦得只剩下一把骨头。但是我的主人却对钱财越来越贪得无厌，他看我活不长了，便打算尽量用我赚更多的钱。

一天，宫里的一个引见官来了，他要求主人带我到宫里为王后和一些贵妇人表演。原来，有些贵妇人在街上看过我的演出后，就禀报了王后，说我长得漂亮，并且举止大方、思路清晰等。

很快，我们进了宫。王后见了我，非常欢喜。她把我放到桌子上，伸出一个手指，我展开双臂捧住它，并以最尊敬的态度吻了她的指尖。王后问到我的祖国和我的冒险旅行，我都尽量清楚地回答了她。最后，她用一千个金币从我主人手里把我买了过来。

我的主人自然乐意促成这笔交易，他正好趁此大赚了一

笔。我舍不得离开小保姆，便请求王后把她也留在宫里，王后很痛快地答应了。小保姆能进宫对她父亲来说是一件好事，所以她父亲也非常高兴。

当与原来的主人告别时，我只向他鞠了一躬，什么话也没说。王后看出了我的冷淡，便问我是为什么。我说，我并不亏欠他，我在全国各地表演赚来的钱已经足够报答他在最初发现我时没有杀掉我的那点恩情。我跟他在一起实在太痛苦了，整日为民众取乐已经严重损害了我的健康。如果不是觉得我活不长了，他也不会这么痛快地把我卖给王后。虽然我说话时结结巴巴，但王后仍然对于我敏捷清晰的思路感到惊奇。她觉得我这样一个小小的动物竟会如此聪明和有见识，简直是不可思议。

于是，王后亲自带我去见国王。国王是一位非常博学、非常威严的君主，他见我匍匐在王后的右手里，还以为我是一只小兽，便以冷淡的口吻责备王后怎么喜欢起这种小动物来。王后将我放在桌子上，让我做自我介绍。当国王听到我开口讲话的时候，着实吃了一惊。起初，国王并不相信我说的话，以为是小保姆和她父亲预先编好的一段故事，这样就可以把我卖个好价钱。他又问了我几个别的问题，得到的回答依然是有理性的。只是我说话带点外国腔调，使用他们的语言还不够纯熟，并且夹杂了一些在前任主人家里学到的乡下土话，与宫廷的文雅风格不太相称。除此之外，并没有什么别的问题。

国王还特意召来三位学者讨论。他们无法想象我是怎么生活的，讨论了半天，也没得出什么结果，最后只认定我是一个天生的畸形物。

他们讨论完后，我说我确实来自某个国家，在那里动物、植物和房屋都彼此相称，我们可以自己谋生，等等。但那些学者都对此嗤之以鼻。后来，国王从我的小保姆和原来的主人口中证实了我所说的一切，他吩咐王后要特别照顾我，并同意小保姆留在宫里。

王后给小保姆找了一个宫廷女教师，教她学习宫中的各种礼仪和知识。

王后还特意命她的木匠给我设计了一只作为卧室的箱子。这位木匠的手很巧，按照我的指示，三个星期后，他就把一个16英尺见方、12英尺高的木头房子做好了。房子上面安装了一个可以上下推拉的窗子，里面除了床以外，还有椅子、桌子以及一些柜子，简直就和一间真正的卧室一样。王后还吩咐裁缝用最薄的丝绸给我做衣服，但那丝绸笨重得跟英国的毛毯差不多。衣服的式样既像波斯服，又像中国服，穿起来倒很庄重。

后来，王后非常喜欢由我伴她进餐。她吃饭时，我就坐在她肘边的饭桌上，那里按照我的身量安置了一副桌椅，小保姆也坐在我的身旁。王后的胃口很小，但至少可以吃下12个英国国民一顿饭的饭量。她能将一只云雀的翅膀连肉带骨头一口咬得粉碎，要知道那翅膀有九只火鸡那么大。她用金杯喝酒，

一口就能喝下两升多。她的餐刀、调羹、叉子等餐具同样大得惊人。有很长一段时间，我看到王后吃东西就觉得恶心。出于好奇，我还曾让小保姆带着我到宫廷别处的餐桌转转，当我看到十副甚至十几副巨大的刀叉一同举起来时，那可真是我这辈子见过的最吓人的情景。

王后身边有个侏儒，他也曾是王后的宠儿，最让我感到屈辱的莫过于他了。他是这个国家有史以来个子最矮的人，可是自从我来到宫里，他看见有个小东西比他小得多，就傲慢无礼起来。每次我站在桌上同老爷太太们说话，他就摆出一副趾高气扬的样子从我面前走过，好像他有多高大似的，不说一两句讥讽我矮小的话他就受不了。对此，我毫不示弱，坚决反击，甚至向他挑战，要不就说几句仆人常说的俏皮话讽刺他。一次晚饭时，我把他惹怒了，结果他竟然把我扔进了一大碗奶酪里。当时我一点防备都没有，整个人倒栽了进去，幸亏我会游泳，不然早就被淹死了。那个时候小保姆不在身边，王后被吓坏了，不知如何是好。当小保姆赶来把我救出时，我已经喝了一肚子的奶酪。事后，侏儒被痛打了一顿，还被罚喝下那碗里所有剩下的奶酪。不久，他就被送给了一位贵妇人，从此以后，我再也没有见过他。

在这之前，侏儒还对我玩过一次恶作剧。有一次，王后从盘子里拿了一根骨头，敲出骨髓后又把它放回原处，直立在盘子里。侏儒见小保姆走到餐具架那边了，就爬上她照顾我用餐

时站的凳子，用两只手把我捧起来，捏拢我的两条腿往空骨头里塞，一直塞到我的腰部。我卡在里边动弹不得，样子十分可笑，袜子和裤子也被弄得一塌糊涂。

差不多过了一分钟才有人发现我出了事，所幸的是我的腿并没有烫伤。但我并没有仗着王后对我的宠爱报复侏儒，由于我的求情，侏儒只挨了一顿痛打，并没有受到别的惩罚。一天早晨，小保姆把我连同木房子一起放到窗台上。我打开窗子，正坐在桌子旁吃一块蛋糕，忽然有 20 多只黄蜂被蛋糕的香味吸引过来，它们飞进我们的房间，叫声比二十几支喇叭吹得还响。当时，我很怕它们来蜇我。后来，我鼓起勇气，抽出腰刀砍死了四只，其余的都被吓跑了。这些黄蜂很大，蜂刺足有 1.5 英寸长。我把这些蜂刺拔出来珍藏好，后来还在欧洲几个地方展出过。

第四章

国王和王后都非常宠爱我，经常带着我外出巡游，因此，我对这个国家也有了一定的了解。但我所到之处总是以首都洛布鲁格鲁德为中心，向外延伸不超过 2000 英里。因为我总是陪在王后身边，而王后在陪同国王外出巡游时从来都不到更远的地方去。

巨人国的领土大约有 6000 英里长，3000~5000 英里宽，由此我得出了一个结论：欧洲的地理学家往往认为日本与加利福尼亚之间只有一片汪洋大海，这实在是一个极大的错误。我一向认为，地球上一定还有一片相应的土地与鞑靼大陆相平衡，所以他们应该修正他们的地图和海图，在美洲的西北部再绘上这一片广大的陆地，而我愿意随时随地向他们提供帮助。

这个王国是一个半岛，东北边界有一道非常高的山脉，山顶有一座火山。想要翻越这座大山是不太可能的，所以就连这

个国家最有学问的人也从来都不知道山那边有没有人居住。这里三面环海，却没有港口，河流的入海口处都布满了尖利的暗礁，而且海上的大部分时间都是波涛汹涌，没有人愿意冒险出海，所以这里与世隔绝。

不过，这里的河流里却遍布船只，盛产美味的鱼。当地居民几乎不到海里捕鱼，一是因为他们的大河里盛产各种美味的鱼，二是因为海鱼都和欧洲的差不多大小，对他们来说根本不值得去捕。由此可以看出，也只有在这块大陆上才会有如此庞大的动植物，至于其中的缘由，我不便妄下断言，就让哲学家们去深究吧。不过，他们偶尔也会发现一两条撞死在岩石上的鲸鱼，老百姓很喜欢这种动物，碰到了就会大吃一顿。据我所知，鲸鱼的个头非常大，一个当地的居民背起来都很困难。

有时，人们也会把这种鱼当作珍奇的东西，用一个上面有盖子的篮子装着送到首都，进献给国王。我就曾在国王餐桌上的一个盘子里见过一条鲸鱼，那可真称得上是一味珍品。但我发现国王好像不太爱吃鲸鱼，也许是因为它的个头实在是太大了，反而让国王倒了胃口。不过，我以前曾在格陵兰见过一条比这更大的鲸鱼。

这个国家相当繁荣昌盛，共有 51 座大城市，100 多个小城镇，村庄更是不计其数。我只需要将这个国家的首都洛布鲁格鲁德描述一下，就能够满足读者的好奇心了。

这座城市横跨在一条大河上，河水从城市中间流过，将城

市分成同样大小的两个部分。城里有 8 万多户居民，人口在 60 万左右。整个城市长约 54 英里，宽约 45 英里，这是我遵照国王的指令在皇家地图上测量出来的。当时，他们特地把地图摊放在地上，地图的长度足有 100 英尺。我光着脚在地图上来回走了好几趟，才测出了城市的直径与周长，然后又按照比例尺，测量出了它精准的面积。

国王的宫殿是一座不规则的大厦，方圆 7 英里，由一大堆建筑物组成，主要的房间都有 40 英尺高，长和宽也都和它相称。国王赐给我一辆马车，小保姆的女教师总是带着她坐车到城里逛街，而小保姆离不开我，因此我也就总是被放在箱子里随同她们一起出游。

待在箱子里很不舒服，因为我只能根据所听见的声音去揣度外面的事情，这让我对外面的世界充满了好奇。而且，箱子里面空气很沉闷，这让我感到很难受。

于是，我经常会请求小保姆把我从箱子里拿出来。好在小保姆对我言听计从，她一听到我想出去，就会把我放到她的手上，这样我就可以更清楚地看到沿途的房屋和行人了。我估计，我们乘坐的马车大约像威斯敏斯特大厅的广场那样大，不过没有它高，或许我的估算并不准确。

有一天，我们在一家店铺门口停了下来。一群乞丐瞅准机会，一窝蜂地来到马车边看热闹。作为一个欧洲人，我以前从未见过如此可怕的景象。这些乞丐们个个身体残缺，让人触目

惊心，其中有一个女人的乳房上长了一个瘤子，肿得让人感到恶心，而且上面布满了洞，其中最大的洞都能让我爬进去把整个身子藏在里面；另一个家伙的脖子上长了一个粉瘤，比五个装羊毛的袋子还要大；还有一个人装了一副木头做的假腿，每条长约20英尺。

我用肉眼就能看到他们身上的虱子在爬来爬去，简直比用显微镜看一只欧洲虱子还要清楚。它们用来咬人的嘴跟猪嘴差不多，我还是第一次看到这种虱子，这种情景实在是让人恶心，我当时几乎要吐出来了。如果当时我有适当工具的话，一定会把这些虱子解剖开来看个究竟。至今，每每想起那个场面，我仍然恶心得要命。

为了让我更加方便地旅行，贴心的王后让工匠给我做了一个更小一些的箱子，因为以前的那只放在小保姆的膝上有点大，放在马车里运也不方便。这只小箱子和之前那只大箱子都是由同一个木匠做的，在整个制作的过程中我都在旁边对他进行指导。他是一个心灵手巧的人，很快就做出了合乎我要求的箱子。看着自己的新家，我感到非常开心。小箱子大约12英尺见方、10英尺高，其中三面有窗户，每扇窗户外边都有铁丝做成的格子装饰，当然，这主要是为了长途旅行的安全着想。

第四面没有窗户，而是安了两个结实的吊环。这样一来，当我想骑马旅行时，带我的那个人就在铁环中间穿上一根皮带，并将皮带扣在他的腰间。

我平时的生活要么是陪国王和王后出巡，要么是去花园游玩，要么是去拜访朝中的达富贵人。如果赶上小保姆身体不适，他们就会把我交给一位值得信赖的做事稳健的仆人。没多久，我在这个国家就出了名，大官们不仅熟识了我，还十分尊敬我，我想这都是因为国王与王后宠幸我，并不是说我这个人有什么特别之处。

旅途中，每当我在马车里坐厌了，骑着马的一个仆人就会把小箱子在他身上扣好，搁到他跟前的一块垫子上，这样我就可以透过三扇窗户饱览这个国家的风光了。

箱子里面的装备也很舒适，有一张行军床，还有一张吊床、两把椅子和一张桌子，这些东西都是用螺丝固定在地板上的，因此在旅行时不会东倒西歪。我早已习惯了航海生活，所以尽管有时颠晃得很厉害，我也不觉得有什么。有时候，我想到市镇上去看看，于是就坐在这间旅行小屋里。小保姆把小屋抱在膝盖上，坐在一种由四个人抬着的带敞篷的轿子里，后面还跟着王后的两名侍从。

城里的许多人都听说过我，全都好奇地拥到轿子旁边来看，小保姆也很殷勤周到，她会让抬轿子的人停下，把我拿在手里让大家看个清楚。

我特别想去看看这个国家的主庙，尤其是钟楼，听说它是这个国家最高的建筑物。

有一天，我的愿望终于实现了，小保姆带我去了，但我看

了之后却很失望。它的高度不超过 3000 英尺，与当地居民的身高并不相称。即使与英国的同类建筑相比也算不了什么。若拿这里人的身高和欧洲人的身高作对比，这座塔实在太寻常不过了，一点也不值得世人仰慕。不过，这座建筑的华丽与坚固却是相当突出的，足以补偿它在高度上的欠缺。它的墙壁约有 100 英尺厚，都是用 40 英尺见方的石头砌成的，四周壁龛里的大理石神像比真人还要大。

有一尊神像的小指头掉下来了，静静地躺在垃圾堆里，我用尺子量了一下，发现足有 4 英尺长。小保姆拿着手帕把它包起来带回了家，和其他她所收集的一些小玩意儿放在一起。这个小姑娘和同龄的其他孩子一样，平时也喜欢收集这些小玩意儿。

国王陛下养的马不超过 600 匹，这些马身高在 45~60 英尺之间。不过，每逢重大节日国王出巡时，为了显示其威严，总有 500 匹马组成的警卫队相随。在我看到他的一部分军队演习之前，我以为那是我所见到的最为壮观的场面了。至于军队演习的情况，我将另外找机会给读者描述。

第五章

在巨人国生活的大部分时间里，我过得都很开心，但因为我身体微小，还是不可避免地闹了几件可笑又麻烦的事。

我的小保姆经常带我到王宫的花园里去玩，有时她把我放在手上，有时则让我自己在地上走走。在那个侏儒被赶走之前，有一次，我们一起来到花园，侏儒和我靠得很近。我看到几棵矮苹果树，便跟他开玩笑说他和矮苹果树有相似之处。谁知这话激怒了侏儒，他趁我从一棵苹果树下走过的时候使劲摇起树来，结果有十几只像酒桶那么大的苹果劈头盖脸地砸下来。有一只砸在我的背上，我当场就趴在地上，还好只是受了一点轻伤。不过，因为这事是我先挑起的，所以我替他求了情，他也得到了饶恕。

还有一次，小保姆把我放在一块草地上，和她的女老师到一边散步去了。突然，天色大变，下起了大冰雹，那些冰雹来

势凶猛，每个都像网球一样大。我尽全力爬到一块野百里香草地的背风处，脸朝下躲在那里，但还是被砸得遍体鳞伤，足有十天不能出门。其实这也没有什么值得大惊小怪的，因为这个国家的一切物体都遵循同样的比例，一颗冰雹差不多有欧洲冰雹的1800倍那么大。对于这个数据，我有十足的把握，因为我那时十分好奇，曾称过那些冰雹的重量。

就在同一个花园里，我还碰到过一件更为危险的事情。一次，小保姆嫌带着我的箱子太麻烦，就把它丢在家里了。她把我放到一个她认为比较安全的地方，就和女教师到花园里玩去了。她离我很远，即使我大喊她也听不见。这时，花匠老头养的一只小白狗发现了我，它闻着我的气味一路直奔过来，并猛地扑上前，将我叼在嘴里，然后一溜烟地跑到它主人跟前，把我放在地上。幸亏那只狗受过训练，仅用牙齿轻轻叼住我，我才没有受伤，连衣服也没有撕坏。但那可怜的花匠被吓坏了，他用双手轻轻将我捧起，问我怎么样了。我吓得魂不附体，连大气都不敢喘，一句话也说不出，过了好半天才恢复正常。

他护送我去找小保姆，但小保姆这时已经回到她原先将我丢下的地方，她见我不在那里，而且喊我的名字也没有回话，这下可把她急坏了。后来，她终于找到了我，弄明白事情的原委后，她把花匠狠狠地训了一顿。但这件事并没有张扬出去，王后一直不知道，因为小姑娘怕她知道了会生气。而且，说老实话，这样一件事传出去对我的名声也不好。经过这次事件

后，小保姆不敢再放我一个人出去了，非得看着我她才放心。其实我很怕她这样，所以有时候即使遇到些小意外，我也不告诉她。

有一次，盘旋在花园上空的一只鹞鹰突然向我扑来，要不是我果断地拔出腰刀，并躲到一棵大树下，肯定被它抓走了。还有一次，我想爬上一个鼹鼠窝顶，结果不小心掉进了鼹鼠洞里，那些掉下来的土一下子埋到我的脖子处，把我的衣服全都弄脏了。但我撒了个谎，给自己找了个借口，至于撒的什么谎，现在已经不重要了。

再有一次，我独自走在路上，正想着心事时不小心被一只蜗牛给绊倒了，结果撞在蜗牛壳上，伤了右小腿。

我独自散步的时候，那些看起来比较小的鸟根本不怕我，我真不知是该高兴还是该恼怒。它们在离我不到一码远的地方跳来跳去，寻觅毛毛虫和其他食物，态度十分从容，好像我根本就不存在一样。

一次，一只画眉鸟竟敢用嘴来抢我手上的一块饼，那是小保姆给我的早餐。有时我想伸手去逮它们，结果它们竟回过头来啄我的手指，然后又满不在乎地去找毛毛虫或蜗牛。

不过，有一次，我用一根粗棍子成功地砸晕了一只红雀，然后就用两只手抓住它的脖子，得意扬扬地跑去见小保姆。可它一恢复知觉就扇起翅膀，不停地扑打我的头和身子。虽然我伸直了手臂，它的爪子伤害不到我，但我心里很胆怯，一直在

想把它放了算了。幸好一个仆人给我解了围，把那鸟的脖子给扭断了。王后下令把这只鸟烧了给我当晚饭，现在回想起来，它比英国的天鹅还要大一些。

王后时常听我说起我在海上航行的事情，当我情绪低落的时候，她就想办法给我解闷。她听说我对划帆船很在行，就让我自己来设计帆船。在我的指导下，王后手下的木匠用了十天时间做了一只器具齐备、能装下八个欧洲人的游艇。

为了让我展示划船技术，王后还命人做了一个长300英尺、宽50英尺的深木槽。木槽涂上防水沥青，里面蓄上水，这样我就可以划船了。我经常在木槽里划船自娱，王后和贵妇们也都喜欢看我划船。有时，我把帆挂起来，贵妇们就用扇子给我扇出一阵强风，或由几个侍从用嘴吹气来推动船前进，而我则随心所欲地掌舵，一会儿向左，一会儿向右，很是惬意。

有一次，出了这样一桩事，我差点把命给丢了。一名侍从把我的船放进木槽，照顾小保姆的那个女教师非要亲自把我拿起来放到船上去。可是，我不知怎么从她的指缝中间滑落了，要不是侥幸被这位太太胸衣上插着的一枚别针挡住，我就会从40英尺的空中一直跌到地上。别针从我的衬衣和腰带中间穿过，我就这样被吊在了半空中，直到小保姆跑过来将我救下。

还有一次，给水槽换水的仆人一时疏忽，把水桶里的一只青蛙倒进了水槽。那只青蛙巨大无比，看起来又丑陋又怪异。它之前一直躲在水底，后来见到了我的船，以为可以把它当作

一个休息的地方，就跳了上来，结果差点把小船弄翻。我不得不站到船的另一边，竭尽全力保持平衡。但它还把恶心的黏液涂了我一身，我用船桨打了它好一阵，才将它赶下船去。

我在这个王国的时候还遇到过一件危险而又有趣的事情，那是由御厨养的一只猴子引起的。一天，小保姆出去了，她也许是去看什么人了，就把我连同我的小木屋一起锁在她的房间里。当时，房间的窗子是开着的，我的小屋子的门窗也是开着的，这箱子又大又方便，我一般就住在里面。

我正坐在自己的桌子旁看书，外面忽然传来一阵声响，好像从窗户进来一个什么东西，还在房间里跳来跳去。我当时非常害怕，但出于好奇，还是壮着胆子朝外看了一眼。我看到一只猴子在那儿上蹿下跳，它似乎对我的小木屋很感兴趣，从门窗向里张望，很快就发现了我。

猴子探头探脑地往里看，吓得我当时竟忘了躲到床底下，只能缩在一个离它最远的角落。它又是看我又是龇牙咧嘴，还吱吱地叫，从门口伸进一只爪子，就像猫逗老鼠一样来抓我。我想尽办法躲来躲去，但最终还是被它抓住上衣的下摆给拽了出去。它用右前爪将我抓起，像保姆给孩子喂奶一样把我抱住，我越挣扎，它就抱得越紧。最后，我只得老实一点以确保自己的安全。它好像把我当成一只小猴子了，因为它不时用另一只爪子来轻轻抚摸我的脸。

就在它这么玩着的时候，门口传来开门声，似乎有人进

来了。猴子被惊动，立即跳上它钻进来时的窗户，用三条腿走路，一条腿抱着我，沿着导水管和房檐，蹿上了邻屋的屋顶。

就在我被猴子抱出房间的那一刻，我听到小保姆发出一声尖叫，王宫这一带立刻骚动起来，仆人们都飞奔着去找梯子。宫里有好几百人都看到这猴子坐在一道屋檐上，像抱婴孩似的用一只前爪抱着我，还不断用另一只爪子把从它颊囊食袋里掏出来的食物往我嘴里塞。如果我不吃，它就不停地拍我。看到这一幕，下面的人都哈哈大笑起来。这也不能怪他们幸灾乐祸，因为出了这种事，除了当事人，谁都会觉得可笑的。

有人想朝猴子扔石头，把它赶下来，可立刻就有人制止，说那样做会把我砸得脑浆迸裂。很快，梯子架好了，几个人爬上来救我，猴子见状，把我扔在屋瓦上逃命去了。我在瓦上坐了一会儿，这里离地面足有 300 码，我觉得我随时会被风刮下来，或者自己头脑发晕，从屋脊一直滚到屋檐下，摔个粉身碎骨。

最后，一个小伙子上来将我安全地带下去了。我差点被猴子硬塞进嘴里的脏东西噎死，幸亏小保姆拿细针把那些东西给我弄了出来。我大吐了一阵，这才轻松许多，可还是感觉很虚弱。那猴子捏得我浑身到处是伤，我在床上躺了两周才痊愈。国王、王后和宫里所有的熟人都来探望我。那猴子后来被杀了，王后还下令以后宫里不准再养这种动物。

我身体恢复后去朝见国王，他拿我被猴子耍的事开了一通玩笑，问我当时感受如何，猴子给我的食物味道如何，屋顶的

空气新不新鲜。他还想知道，要是我在自己的国家遇到这样的事会怎样处理。我告诉他，我们那里的猴子都很小，我一次可以对付 12 只。关于这次事件，当时我只是被吓坏了，没想到在它把爪子伸进我房间里来的时候狠狠给它来上一刀，这样即使它想躲开都来不及，更不用说把我抓到房顶上去了。

我当时说话的语气十分坚定，生怕别人怀疑我的勇气。

可他们听了居然哄堂大笑，就是那些平时表现得恭恭敬敬的人也都忍不住笑出声来。我终于意识到，在这样一群庞然大物面前我想要维持我那可怜的面子，简直是活受罪。可我回到英国后，发现这样的人还真不少，就是有那么一种出身一般、毫无才华，甚至连基本常识都不具备的人总是自以为了不起，甚至认为自己能跟最伟大的人物相提并论。

就这样，我经常会给王宫里的人提供几个可笑的故事。

虽然小保姆很爱我，但每当我做出什么傻事的时候，她都会报告给王后，讨她的喜欢。

有一次，小姑娘说身体不舒服，女教师就带她到郊外去呼吸点新鲜空气。我们在田埂旁下车，旁边有一堆牛屎，我想要跳过去显显身手。不幸的是，我跳得太近了，正好跳到牛屎中间，结果又脏又臭的牛屎一直没到我的两个膝盖。我好不容易才从里面爬出来，一个仆人用手帕把我擦干净。回到王宫后，小保姆立刻把这件事报告了王后，那几个仆人也到处传播这件事，大家一连几天都以它为笑柄，乐不可支。

第六章

我每周都有一两次去参加早朝的机会，在早朝开始之前，我经常能看到理发师给国王刮胡子。初见那情景的时候我感到胆战心惊，因为那个剃刀几乎有两把镰刀那么长。根据这里的习俗，国王一星期只刮两次胡子。不过，见过几次这样的场面后，我也就习以为常了。

不过，有一次，我突发奇想，请理发师把国王刮胡子后剩下的肥皂沫送给我一些，并从里面挑选了几十根最粗最硬的胡子茬。等我收集了足够多的胡子茬后，我开始着手用这些胡子茬做一个好东西。我费了好大一番功夫，才找到一块中意的木头。我把它削成梳子背的样子，并向小保姆要了一根最小的缝衣针，在木头上扎了好多个等距离的孔，最后，我再把这些胡子茬装在孔里，用小刀把顶端削尖。这样，一把挺不错的梳子就做成了。大家纷纷赞叹我手艺的精巧，王后更是欢喜得很，

拿着我做的这把梳子反复地把玩，说没想到我竟然还有这般化腐朽为神奇的本领。

由将国王的胡子变废为宝这件事我想到了一种消磨时光的方式，并借此度过了很多愉快的时光。我请求王后的侍女为我搜集一些王后梳头时掉落的头发，并和一位木匠朋友做了几把椅子。王后特别喜欢，她没想到自己梳落的头发竟然有如此绝妙的用处。常常拿出来在别人面前炫耀。王后让我坐在其中的一把椅子上，被我斗胆拒绝了。我为自己辩解说，哪怕让我去死，我也不敢让自己身体上卑微的那部分坐在王后宝贵的头发上，因为它们曾让王后的头瑰丽生辉。王后认为我言辞恭逊，待人有礼，从此以后对我更加另眼相看了。

国王非常喜爱音乐，经常在宫里开音乐会，有时候也会把我带上。我就坐在箱子里，箱子被放在桌子上。但那声音实在是太大了，简直要把我的耳朵震聋了，而且我一点也分辨不出演奏的是什么曲调，因为就算是皇家军队所有的鼓与号对着你的耳朵吹打，也没有这么震耳欲聋。我只能让人把我的箱子拿远一点，关上门窗，放下窗帘，这样我才能欣赏他们的音乐。

小保姆的房间里有一架钢琴，教她弹奏的教师每周来两次。年轻的时候，我也曾经学过一些演奏钢琴的技法。一次，我心血来潮，想用这架钢琴给国王和王后演奏一首英国的曲子。

可我后来发现这事难度极大，因为那架钢琴将近 60 英尺长，一个键差不多就有 1 英尺宽，我就是把两臂都伸直，最多

也就能够着五个琴键。而且，要想让它发出声音，我必须用拳头使劲砸才行。

后来，我想出一个办法：我找了两根一头粗一头细的圆棍，把粗的一头用老鼠皮裹起来，这样就不会损伤琴键的表面，也不影响演奏。钢琴前面有一张长凳，比琴键低 4 英尺，我站在长凳上面飞快地跑来跑去，一会儿跑到那边，一会儿又跑到这边，同时用手里拿着的那两根圆棍用力敲击琴键。费了好大力气，我总算是演奏了一曲，国王和王后听了非常满意，可对我来说，这可是我从来都没有进行过的剧烈运动。而且，即使这样，我也只能敲到 16 个键，这使我的演奏效果大打折扣。

正如我前面所说的，这位国王见识广博，智慧过人。他常常让人把我带到他跟前去，放在桌子上，再让我从箱子里搬出一张椅子，放在箱子顶上，让我坐在上面，这样我就能跟他平视了。我们这样交谈了几次。

有一天，我终于鼓起勇气，直言不讳地说，我认为他对欧洲及世界上其他地方表现出的鄙视似乎与他杰出的智力不大相称。一个人并不是身躯越大就越聪明，在我们那里，最高大健壮的人往往最愚蠢。其他动物也是如此，蜜蜂和蚂蚁就比其他更大的动物更加勤劳和聪明。所以，我恳请陛下抛弃成见，不要再把我看得微不足道，我可以凭借我的头脑和才能为他做几件大事让他瞧瞧。

国王很认真地听着，渐渐对我产生了不一样的看法。他要

我详细地给他说说英国政府的情况，因为国王们一般都认为自己的制度更为先进（他从我以前的谈话中推测出别的君主也是这样想的），不过，要是别的国家有什么值得学习的经验，他也不介意听听。

首先，我告诉国王，我们英国占据两个岛屿，由三个王国组成，统归一位君主治理，此外，在美洲我们还有殖民地。接下来，我详尽地讲述了英国议会的情况。议会分为上议院和下议院。上议院的成员都出身贵族，他们接受最好的教育，所以世代都能成为国家最高法庭的法官。他们是王国的光荣与栋梁，因为其先人具有种种美德且享有盛名，所以子孙后代也一直兴旺不衰。下议院的成员则都是通过民主选举产生的绅士，这些人才能卓越，代表着整个民族的智慧。两院和君主一起掌握国家的整个立法机关。

接着，我又提到了英国的法庭、财政制度、海陆军队、全国的人口及体育、娱乐等。凡是能为我国增光添色的，哪怕是琐碎小事，我也都讲了一遍。最后，我对英国近百年来发生的大事做了一番简要的概述。

这些事我是分 5 次才向国王介绍完的，每次谈话都历时几个小时。国王听得很认真，还不时地记着笔记。在第 6 次谈话时，国王对我提出了许多疑问和不同的见解，比如：我们如何培养年轻贵族，这些贵族在接受早期教育时都做些什么？如果一个贵族绝了后，议会如何补充这个缺额？ 国王会不会一时心

血来潮或收受贿赂而封某个人成为新贵？新进议会的人会不会趋炎附势，攀附其他贵族？

他还问我：下议院的选举用什么方法？如果一个外乡人腰包很鼓，是不是可以鼓动选民多投他的票？既然选举既麻烦又费钱，甚至会弄得倾家荡产，为什么那些绅士还拼命往议会里挤？如果说他们做这一切是为了给公众服务，他觉得非常值得怀疑。还有，这些进入议会的绅士们会不会牺牲公众的利益来迎合一位邪恶、软弱的君主的意志，从而使自己破费的金钱和精力得到补偿？他的问题越提越多，每一个细节都不放过，并且经常对我的回答表示怀疑。

关于我国的法庭，国王也提出了疑问：那些律师是穷人还是富人？他们为人辩护是否收费？他们会不会在不同的时间对同一桩案子做出相反的裁决，并且还援引先例来证明虽然自己的意见前后矛盾但依然有理？

国王听我谈到那些耗资巨大的战争时，非常吃惊，说我们一定是个好胜的民族，要不就是我们的四邻全是坏人。而我之前谈到贵族娱乐中有赌博一项，国王问我：那些贵族什么时候开始玩这种游戏？会不会玩到倾家荡产？卑鄙邪恶的人会不会因为玩这种游戏的手段高明而变成富翁？而那些贵族老爷们会不会也一门心思地学些卑劣的手段去糊弄他人呢？

最令他吃惊的是，我说我们目前明明正处于和平时期，但同时又要到国外去招募士兵来充实我们的常备军。既然统治我

们的人是由我们自己推选的，那我们还要怕谁？又要同谁去战斗？由自己的家人子女来保卫一个家庭不是比到街上随便拉几个不知根底的流氓来更安全吗？要是有人出钱让这些流氓杀掉这家的人怎么办？

我对我国历史所做的回顾也令他大为震惊，在他看来，那些所谓大事只不过是一大堆的阴谋、背叛、屠杀、暗杀和流放，那是贪婪、虚伪、残暴、疯狂、仇恨、嫉妒、放荡、阴险、野心、背信弃义和党派斗争导致的一系列恶果。

我计算了几个教派和政党的人数，由此推算出我国的人口。他嘲笑我这种算法，说这简直是离奇。他说他不明白为什么非得让那些对公众心怀恶意的人改变自己的主张，而不是让他们把这些主张隐藏起来。任何一个政府要是胆敢强迫人民改变意见，那它就是在实行专制。而让所有人公开发表自己的意见则又是软弱无能的表现，因为让人在自己家里私藏毒药是可以的，但让他拿毒药四处兜售就有点离谱了。

下一次召见我的时候，国王把他所听到的一切总结了一下，又把他的问题和我的回答作了一番比对。接着，他把我拿到手里，对我说了一番话，这番话和他说话的态度令我永世难忘。

他说："我已经听到，你对你的祖国发表了一篇冠冕堂皇的颂词。可你同时也证明了，在你们那里，无知、腐化、嫉妒和堕落正是一个立法者必须具备的条件，而有兴趣和能力曲解、混淆法律的人恰恰是一个好律师。你们本来还有几条说得过去

的规章制度，可是有一半已经被废除了，剩下的一半又全被腐败所玷污。”他还说：“在你们那儿，不需要具备什么完美的道德或出众的能力就能获取任何职位，更不用说那些有才华、有品德的人无法得到与其自身能力相称的职位了。教士不需要虔诚的态度和渊博的学识就能得到提升，军人不需要忠诚与勇敢，法官不需要清正廉洁，议会里的议员不需要爱国忠君，参政大臣们也不需要智慧过人。至于你，由于你一生的大半时间都在旅行，我想你很可能还未沾染上你们国家的种种罪恶。但从你的叙述以及我费尽心机从你这里得到的答复来看，我必须这样说，你的同胞大部分都可以归入自然界里爬行在地面上的小小害虫中最有毒的一类。”

第七章

我追求真实，所以不能隐瞒我故事中的这一部分，而且，即使我当时表示出愤怒也没用。事实上，他们总是因为这事而嘲笑我，我不得不耐着性子，强压怒火，任凭别人对我心中至高无上的祖国大肆侮辱。我真的感到难过，无论是谁，碰到这样的事情也一定会很难过的。可这位君王又偏偏好奇心太强，每一件琐事都要详细地询问，我的答复要是不能使他满意，那我就是知恩不报，或者大失礼仪。不过，有一点我可以为自己辩解，那就是我有意避重就轻，在每一个方面都是这样，所以我所说的要比事实好上许多倍。我一向偏袒自己的祖国，并且认为这种行为是值得赞扬的。

哈立卡那修斯的狄奥尼修斯就认为，历史学家应该替自己的国家多说好话，我认为这是很有道理的，所以我避而不谈祖国的缺陷和不足，而是大力赞扬它的优点和值得发扬的地方。

在和这位国君的多次交谈中，我尽己所能地想达到这样的效果，然而不幸的是，我的一切努力都没有奏效。

但是，我们对这位君王应该宽宏大量一点，因为他一生都住在这个地方，完全与世隔绝，必然对其他国家常见的风俗全然没有概念。这种无知产生了许多偏见和狭隘的思想，而我们和欧洲一些较文明国家的居民根本不会有这些东西。如果非要把生活在这么偏僻地方的君王的价值观提出来作为通用标准的话，那才叫人难以忍受呢！

为了证实我所说的这一切，同时也为了更清楚地让大家看到狭隘的教育思想所导致的悲惨后果，我在这里要描述一些不可思议的事情。

为了进一步讨得国王的欢心，我郑重其事地告诉了他两三年前的一项重要发明。这是一种神奇的粉末，哪怕只有一点星火掉到它上面，即便这堆粉末像一座小山那么高，整堆粉末也会瞬间点燃，并发出轰天巨响。不仅如此，人们还能感到一阵如地动山摇般的震动。

因此，如果将一些粉末装入一根空的铁管或者钢管里，它就能爆发出巨大的力量，甚至足以发射一枚铅球或者铁球。其力量之大、速度之快，没有任何东西能够抵挡得住。而且，以这种方式发射出去的弹球，不仅能在瞬间摧毁一支军队，还能把最坚固的城墙夷为平地，甚至能把多艘载有 1000 名士兵的船只击沉。

如果发射一连串这样的弹球，还能切断桅杆和船索，将船只炸为两段，使一切都彻底消灭。我们通常把这种粉末装进一个很大的空心铁球内，用一种机械装置对着准备夺取的城池将铁球发射出去。它可以摧毁房屋，掀翻路面，把残砖碎瓦抛得到处都是，让附近的人脑浆崩裂、尸体横飞。它强大的威力，真的让人叹为观止。

我告诉国王我很了解这种粉末，它成本低廉，所用的材料极其一般，制造起来也很简单，如果国王需要，我可以指导他的手下制造出很多装有这种粉末的管子，大小跟国王陛下国家里的东西完全匹配，最长的管子也不超过 200 英尺。如果有二三十根这样的管子，在里面装进一定量的粉末，就可以在短短的几个小时内将别国领土上最坚固的城墙夷为平地。假如被攻打城市的人民胆敢反抗，还可以将整座城池炸毁。我非常谦卑地将这一主意贡献给国王陛下，以此报答国王所给予我的浩荡皇恩和无私庇护。

我对这种机械的描述以及我的提议简直把国王吓坏了。他非常震惊，认为像我这样一个卑劣弱小的东西（他是这么称呼我的），竟能说出如此残忍的话来，而且还是一副轻松自如的样子，对于这种机械所造成的巨大的杀伤力和血淋淋的场面，我竟然如此漠视。他评论说，最初发明这种东西的人肯定是一个邪恶的天才，是全人类的公敌。他严肃地发表声明说，就他本人来讲，没有什么能比艺术和自然领域的新发明更令他感到

愉悦。然而，即便如此，他还是说宁可失去半个王国，也不愿知晓这样一个秘密。接着，他严厉地警告我，如果我还想保住自己的性命，就不要再提及此事。

狭隘的原则加上鼠目寸光竟然导致这样一个结果！像他这样一位君王，具有令人崇拜的美德、一流的才华、渊博的学识、精深的智慧、卓越的才能、统领全国人民的雄才大略，几乎成为全国人民爱戴的对象，竟然会有一些在旁人看来毫无必要的顾虑。这令欧洲人感到不可思议，他怎么能让这样一个宝贵的机会从自己手中白白地溜走呢！要知道，这个机会能让他成为全国人民身家性命的绝对主宰者啊！

我在这里发表这样一番言论，并不是要诋毁那位集众多美德于一身的君王。我很清楚，英国的读者会非常不屑于国王的这种性格的。不过，仔细思考之后，我把他们身上的这种不足归因于他们的无知，因为他们到现在也没有像欧洲的一些才子们那样使政治成为一门科学。

我记得清清楚楚，有一次同国王谈话时，我不经意间提到我们把关于统治这门学问研究得很深，已经出版了上千本这方面的书籍，但我没想到这反而使他鄙视我们的智慧。他表示，君王心里的每一点精明和诡计都令他厌恶，令他瞧不起。因为他们既没有敌人，更不存在敌国，所以根本就不明白我所说的国家机密到底是什么东西。他把治理国家看得很简单，认为那只涉及常识、理智、正义和仁慈等几个方面。他认为，能使原

来只生产一串谷穗的土地长出两串谷穗的人比所有的政客更重要，更有功于国家和人类，对国家所做出的贡献也就更加重大。因此，在这里，对国家和人民做出这种贡献的人会享有很高的社会地位，也更加受到人们的尊敬。

接下来，我想谈一谈这个国家在别的方面的一些情况。这个民族在学术方面有待发展，只有伦理、历史和诗歌等有限的几个领域，但他们在这几个领域所取得的卓越成就还是应该得到认可的。他们的数学完全被用于改进生活质量，比如，改良农业生产和机械技术，但这在我们看来真是微不足道。他们对于抽象的概念没有一点认识，我也很难向他们传授这些知识。

他们的文字由 22 个字母构成，法律条文的数量也不超过这个数目。实际上，他们的法律非常简短，都是以最明白清晰的文字写成的。这里的人民也没有那么奸诈狡猾，任何凭个人意愿随意解释法律和对法律评头论足的行为都要处以死刑。在民事案件和刑事案件的裁决方面，他们的判例也少得可怜，简直没有什么值得留意的。

他们在很久以前就发明了可以和中国相媲美的印刷术，可奇怪的是，他们图书馆里的藏书并不丰富。国王的图书馆是全国最大的，可藏书也就是 1000 部左右。它们都被放在一间 1200 英尺长的长廊里，国王准许我随自己的喜好任意借阅。

王后的木匠在小保姆的房间里造了一架机器，大约有 25 英尺高，每一级都有 50 英尺长，看起来很像是梯子。这实际上

是一架可移动的梯子，梯子的底端放在离房间的墙壁 10 英尺的地方。

我把我想看的书斜倚在墙壁上，先爬到梯子的最高一级，脸朝着书，从一页的最上面开始，从左到右走八到十步，一直到我不能再往下看了，就往下走一级，直到最底层。然后我又重新爬上去，用同样的方法读完另一页，然后再爬下来，把这页翻过去。我用双手可以很轻易地翻书，因为这里书页的厚度和一张厚板纸的厚度差不多，最大的对开本也只有 18~20 英尺。

他们的写作风格大多流畅清晰，但不是很华丽，因为他们最忌讳的就是堆砌辞藻和玩弄各种不同的表达方式。我仔细阅读了很多本他们的书，尤其挑选了一些历史和道德方面的书籍。至于图书馆以外的书，我最喜欢看的就是小保姆卧室里的那一排旧书了。这些书原本属于她的女教师，这位可敬的太太最喜欢读关于道德操守和宗教信仰的书。

有一本书中论述了人性的弱点，不过并不怎么受欢迎，只有一些女子和凡夫俗子们爱看。不过，我非常好奇，在这样一个国家，这本书的作者对这样一个主题会发表一些什么样的看法。这位作者几乎论述了欧洲的道德学家所论及的一切主题，指出人实质上是一种弱小、卑劣且无能的动物，既不能和冷酷无情的大自然相抗衡，又不能抵挡凶猛野兽的攻击；而其他动物，无论是体力、速度、视野、勤奋，还是在其他方面，都是人

类所不能及的。

他还说，近代世界的一切都在退化，连大自然都跟着退化，因为如今生出的孩子都只是一些发育不全的矮小儿，远远无法和古人类相比。他坚信，原始的人种比现在的要大，而且也确实存在巨人，历史和现实已经充分证明了这一点，从王国各处挖掘出来的一些巨大的骨骼和头骨也充分证明了这一点，他们比现如今退化的人种的骨骼要大得多。他认为，一开始大自然把我们造得骨骼粗大、体力强健，这样人类就不会因为从房屋上偶尔掉下来的一片瓦、小孩子随手扔过来的一块石子，或者不慎掉进一条小河等诸如此类的意外事件而断送性命了。

根据这样的推论，作者接下来提出了几条对于人们日常处事十分有利的法则，在这里我就不为读者们详细叙述了。至于我自己，我认为这种天才实在是太善于谈论道德方面的问题了，但其实人们也不过是在同大自然相处的过程中发发牢骚而已。经过一番周密的探究，我认为他们和大自然之间的竞争，和我们的别无二致，但都毫无根据。

关于他们的军队，据说国王有 17.6 万名步兵、32 万名骑兵。只是这支军队都是由一些匠人和农民组成的，担任指挥官的也只是些当地的贵族和乡绅。没有人给他们发军饷，国王也不会格外赏赐，真不知道能不能把这样一支队伍叫作军队。他们的操练倒是很认真，纪律也十分严明，除了这些，我实在看

不出什么优点了。由地主指挥自己的农民，由一城的头面人物指挥自己的市民，这些人又都和威尼斯人的征兵方式一样，是经过选票选出来的，在这种情况下还有可能是别的样子吗？

我经常看到京城的军民被拉到城外的一块极其开阔、面积有 20 平方英里的场地上操练。共有大概 2.5 万名步兵和 6000 名骑兵，不过由于他们占据的空地太大，我无法估算出他们的具体数目。一个骑士登上一匹高头大马后距离地面大约有 100 英尺。我曾看到过这样一队骑兵，在长官的一声令下后，他们同时抽出手中的剑在空中整齐地挥舞。读者们仅凭想象，是想象不出当时那个壮观的场面的。它看上去就像一万道让人目眩的闪电在天空中同时辉耀。

有一点我想不通，既然这里与世隔绝，没有路通到外边去，这位国王为何还要成立军队，并且还严令他的子民谨遵军队的纪律。但是不久之后，通过和他们谈话、翻阅他们的书籍，我明白了其中的缘由。原来，这里的政府也犯了一个其他政府常犯的毛病：贵族争权夺利，人民要求自由，而君主则要绝对的专制，无论国王费多么大的力气协调各方利益，总会出现这样或那样的问题。因为这些原因，内战就不可避免了，而且还不是一次两次。最近的一次内战幸而被当今国王的祖父率领大军平定了。打那以后，三方签订了一项公约，一致同意设立民兵团，并严格执行它的职责。

第八章

我相信，总有一天我会获得自由的。尽管在这里我得到了国王和王后的宠爱，但我所处的地位已严重伤害了我作为人类的尊严，我觉得我就像一只被养在笼子里的金丝雀，被当作稀罕物在这个王国的显贵们中间传来传去。我希望和人们平等地在一起。但我没料到我离开这里的时刻来得那么快，而且获救的方式也是那么不同寻常。

在我来到这个国家的第三年年初，我和小保姆跟随国王和王后来到一座行宫小住，这里距离海边不到 18 英里。小保姆由于生病，不能出门，而我也受了点凉。我非常渴望能见到大海，那是我唯一可以逃脱的地方。于是，我把病情装得比实际严重得多，请求到海边去呼吸一下新鲜空气。小保姆把我托付给一个忠实的仆人。临行时她哭得像个泪人，好像对将要发生的事情有某种预感似的。

仆人提着装有我的箱子来到海边的岩石上，我让他把我放下来。看了一会儿大海后，我突然觉得有些难过，就爬上吊床很快便睡着了。等我睡着后，仆人见我没什么危险，就去岩石间找鸟蛋了。我睡着睡着猛然间被惊醒了。我感到我的箱子顶上的提绳被扯了一下，接着整个箱子都被提到了半空，并以极快的速度向前移动。我差点被从吊床上晃下来，拼命喊了几句，可是毫无用处。从窗口看去，我只能看到蓝天和白云。后来，我听到了好像翅膀扇动的声音，这才意识到自己的悲惨处境。原来是一只鹰叼起了我的木箱，它肯定打算像对付缩在壳里的乌龟一样，把箱子摔在岩石上，然后把我啄出来吃掉。

过了一会儿，我感到翅膀扇动的声音越来越响，箱子也上下摇晃，接着我听到了几声撞击的声音，然后就感到自己猛烈下坠，那下降的速度之快令人难以置信。有一分多钟的时间，我几乎接不上气来。然后只听“啪”的一声巨响（那声音简直比尼亚加拉瀑布的声音还要大），我不再往下掉了，但眼前一片漆黑。再后来，箱子高高地漂起来，这时我才反应过来：我掉进了大海。当时，我想大概是那只叼我的鹰遭到另外几只鹰的追赶，迫于自卫，它才扔下我与它们搏斗的。幸好箱子的门和窗都做得很严实，暂时没有水渗进来。但是因为缺乏空气，我感到自己快要被闷死了，于是冒险拉开了屋顶上的一个透气活板。

我在海里待了大约四个小时，就在我陷入绝望的时候，突

然听到箱子的铁环处传来摩擦声，并感到有一股力量在拽着箱子前进。于是我又有了生存的希望，用各种语言大声呼救，还将手帕系在手杖上，将手杖伸出箱子摇晃。然而这一切都没有什么效果，不过箱子还照常向前移动着。一个小时后，箱子撞到一个硬东西上，并一点点抬升。我再次将手杖连手帕一起伸出去，大声呼救，连嗓子都快喊哑了。这次，我终于听到外面有人用英语大声应答，这简直叫我欣喜若狂，没有亲身经历过的人绝对不会有这样的感受。

他们问了我情况后，放下来一个梯子，我顺着它往船上爬。到船上后，我发现一群矮子，其实他们的身材和我差不多，而我的眼睛却已经习惯了看庞然大物。船长是一位诚实可敬的人，他见我快要晕倒了，就把我带到船舱里，给我服了一剂强心药，让我到床上休息。

我睡了几个小时，体力已基本恢复。船长告诉我他们发现箱子后，用缆绳拴住箱子，将它拉到了大船边，他们很奇怪为什么我会被关进这样一个大木箱里。船长以为我是被某个君主流放的罪犯。他严肃地问我，我是不是因为犯了什么大罪才被君主关在箱子里，不给食物和水，流放到大海上。

因为我一开始不停地对水手们说胡话，后来又对他讲什么小屋、箱子，加上我吃晚饭时的神情举止都很古怪，他就越来越怀疑了。他说即使我是罪犯，他也会说话算话，一到港口就送我上岸。我把自己离开英国后的种种经历说了一遍。船长头

脑很清醒，很快便相信我说的是实话。

为了证实我说的一切，我请求船长让人把我小房子里的橱柜拿了出来。当着他的面，我把橱子打开，拿出了几样我在巨人国收藏的小玩意儿。这里面有我用国王的胡子茬做的一把梳子、几根缝衣针和别针、四根大大的黄蜂刺、王后梳下来的几根头发，还有一枚金戒指，那是王后特意赏给我的——当时她把戒指从小指上取下，像套项圈似的一下子扔过来套到了我头上。为了报答船长对我的盛情款待，我把这枚戒指送给他作为谢礼，可他说什么也不肯收下。只是有一颗仆人的牙齿，他觉得很好玩，在我的百般劝说下，他才千恩万谢地收下了。

有件事，船长一直觉得很奇怪，那就是我说话的声音为啥总是那么大。我告诉他，这是我两年多来形成的习惯。因为当我在那个国家讲话时，就像一个站在大街上的人跟一个站在高塔上的人讲话一样费劲，只有大声喊他们才能听得见。其实，在我看来，船长和他的手下说话时就像在说悄悄话一样。

这船是英国的一艘商船，正在返航途中。1706 年 6 月 3 日，在脱离危险 9 个月后，我安全回到了英国。我打算把我的那些东西留下来作为搭船的费用，但船长坚决分文不取，他还借了五先令给我做路费。我用这些钱雇了一匹马和一位向导，向我思念已久的家走去。

一路上，我觉得见到的那些房屋、树木、牲口和人等都小得很，我甚至以为自己是在小人国利立浦特。我怕踩到我所碰

到的每一个行人，常常高声叫喊，要他们给我让路。由于我如此无礼，有一两次，我差点被人家打得头破血流。

终于，我来到自己家门前，一位用人为我开了门。我怕碰着头，所以就像鹅进窝那样弯腰走了进去。我妻子跑出来拥抱我，我却把腰一直弯到她的膝盖以下，认为如果不这样她就够不到我的脸。女儿跪下来要我给她祝福，可直到她站起身来，我才看见她。家里人见我举止奇怪，都以为我精神失常了。慢慢地，我才趋于正常，家人也理解了我的举动。

第三部
飞岛国游记

第一章

我在家待了不到 10 天，威廉·罗宾逊船长就来到我家。他是康沃尔郡人，是载重 300 吨的大船“好望号”的船长。他说打算到东印度做一次航行，请我做船上的医生，并付我双倍的工资。虽然我遭遇了许多不幸，但我无法拒绝他的盛情，并且我也依然渴望看看外面的世界。

我妻子起初强烈反对我再次出海，但在我的百般请求下，她最终还是同意了。1706 年 8 月，我们正式起航。途中，为节省开支，船长买了一条单桅帆船，让我担任船长，带一批货物去沿海各地进行交易。

我们出航不到三天，就遇到了大风暴。更不幸的是，我们遇上了两条海盗船。海盗们在头领的带领下，气势汹汹地冲上我们的船，用绳子把我们都捆绑起来。

这两条海盗船中较大一艘的船长是个日本人，他会说点荷兰话，不过比较蹩脚。他向我提了几个问题，然后说我们不会

死。他决定给我一只独木舟，让我在大海上随波漂流，食物仅够吃四天。而其他的水手则被平分到两条海盗船上当海盗，我的那条帆船也被他们霸占了。

待这帮强盗走后，我拿望远镜看了看，发现东南方有几个岛屿，便支起帆向最近的一个岛划去。大约三个小时后，我到达那里。为了节省口粮，除了鸟蛋我什么也没吃。然后，我在一块岩石下面找了个避风处，又捡了些干草铺上，在那里过了一夜。第二天，我又驶向另一个小岛，然后到达第三、第四个，希望能找到有人的地方。

第五天，我终于来到我所能看见的最后一个岛屿，绕了一圈才找到一个可以登陆的地方。这里同样很荒凉，只有一些岩石中间生长着一簇簇青草和气味芬芳的药草。这里四处都是岩石洞，我把仅剩的一点粮食拿出来，吃了一部分，剩下的全都找个洞藏起来，计划第二天就吃烤鸟蛋，幸好我随身还带着火石、火镰、火柴和取火镜。

我在存放食物的山洞里过了一夜，床铺就是我用来燃火的枯草和干海藻。夜里我一直心烦意乱，连疲劳都顾不得了，怎么想都觉得自己没法在这个荒凉的地方生存下去，结局肯定会很悲惨。

第二天，因为心情沮丧，我懒得爬起来。等我打起精神走出山洞时，天已经大亮了。我在岩石上坐了一会儿，天气很好，万里无云。忽然，天一下子暗了下来，我惊异地看到太阳和我之间，有个巨大的物体朝我飞来！那东西就像个岛屿一

样，大约有 2 英里高，把太阳遮住了足有六七分钟，可空气并没有因此而变得凉爽，天空也没有变暗，这种情形就跟站在一座山的背阴处一样。当它越飞越近时，我看到它的底部十分平滑，被下面的海水反照得闪闪发光。

当时，我站在离海岸约有 200 码的一处高地，那个巨大的物体在离我不到半英里的地方逐渐下降，到了差不多与我平行的位置。我掏出望远镜，看到有不少人在那物体的边缘上上下下，但我看不清他们到底在干什么。

出于生存的本能，我心里不由得产生几分欣喜，觉得这个奇迹般的东西肯定能把我从这个荒芜的地方救出去。但我同时也感到非常吃惊，半空中居然会有一座岛，上面还住满了人，而且这些人好像可以随意控制这座岛的升降和移动。

没过多久，飞岛离我越来越近，我看见它的边缘都是一层层走廊，每隔一段就有可供上下的楼梯。在最下面一层的走廊上，有一些人在拿着钓竿钓鱼，其他的人则站在旁边观看。

我拼命挥舞着帽子，朝那个岛又喊又叫。很快，他们发现了我。不到半小时，那个岛就朝我飞来，在离我不远处停下来。岛上有个人高喊了一句，声音很清楚，听起来像意大利语。我急忙用意大利语回应，希望能让他们听着舒服一些。但是，我们都没有听懂对方的话。他们打手势让我从岩石上下来，走到海边。我照做了。

这时，岛上最下面一层走廊上放下一根链子，上面还拴着一个座位，我坐了上去，然后就被他们拉上了岛。

第二章

我一上飞岛，就有许多人围了过来。他们用极其惊异的目光打量着我，但我倒没有那么惊奇，虽然我从来没有见过像他们这样古怪的种族。

他们的头没有一个是正的，不是偏右，就是偏左，眼睛一只向里翻，一只朝上瞪着。他们的衣服上都绘着太阳、月亮和星星的图形，还夹杂着小提琴、长笛、竖笛、小号、吉他和其他许多我没见过的乐器图样。

我还注意到，他们四周有一些仆人模样的人，这些人手里都拿着一根短棍，棍的一端绑着一个吹得鼓鼓的气囊。后来我才知道，这些气囊里装了一些干豌豆或小石子，仆人不时拿这些气囊拍打主人的嘴巴和耳朵，因为那些达官贵人总在冥思苦想，不给他们一点外部刺激，他们就不会说话，而且也听不到别人在说什么。所以那些有钱人家，家里总雇一名拍手。

拍手的职责是，当两三个或更多的人聚在一起时，先用气囊轻轻拍打要说话人的嘴，再拍一下听话人的耳朵。主人走路时，拍手也不能闲着，他要不时拍打主人的眼睛，以防止他把别人撞倒，或被人撞到阴沟里去。

正因如此，当几位有身份的人领我去见这个岛上的国王时，一路上他们走着走着，就会忘了自己在干什么，有好几次都把我撇在一边不管，直到拍手提醒，他们才想起来。不过，这里的百姓倒不像他们这样神智涣散，看起来都很轻松。

我们终于来到王宫，走进谒见室，国王正坐在高高的宝座上，他前面的桌子上摆满了星球仪、地球仪等各种各样的数学仪器。尽管我们的到来引起了不小轰动，但国王陛下却毫无反应，他好像正在沉思一个问题。

我们等了足足一个钟头，直到拍手轻轻拍了拍他的嘴和耳朵，这位国王才猛然惊醒似的，想起要召见我的事。国王大概问了我几个问题，我用各种我懂的语言回答他。但很遗憾，我们还是无法交流。于是国王命人把我带到一个房间，并指派了两名仆人伺候我。

吃饭的时候，有几位贵族陪我一同进餐。他们的肉食要么都做成三角形、长菱形或圆形，要么就是捆扎成小提琴、双簧管等形状，连面包都被做成各种几何图形，真是见所未见。

饭间，我向那几位贵人问了几个问题，他们都很热心地回答了我，也很希望我能同他们谈话，因为只有这样，我才能欣

赏他们那自以为了不起的才能。

饭后，国王特意派人来教我学语言。他们的词汇大多与数学和音乐有关，思想则永远和线条、图形有关。比如，他们赞美妇女和其他什么时，总是使用菱形、圆形、四角形、椭圆形等一些几何术语，或者就是使用一些来源于音乐的艺术名词。我曾在御膳房里看到各种各样的数学仪器和乐器，他们就按照这些东西的图形将大块肉切好，供奉到国王的餐桌上。

第二次拜见国王的时候，我已经可以和国王交谈了。他见我衣衫褴褛，就让一名裁缝来给我做衣服。这名裁缝拿四分仪量了我的身高，还用尺子和圆规量了我全身的长、宽、厚和整个轮廓。他看起来非常细致，但做出来的衣服却极差，很不像样子，因为他计算时弄错了一个数字。

飞岛上的房屋造得极差，墙壁倾斜，几乎见不到一个直角。因为他们看不上实用几何学，认为那种知识粗俗且机械。结果他们下的指令都是些理论数据，工匠们根本无法理解，所以总是出错。他们虽然在纸上使用圆规、尺子等工具时非常灵巧，但在日常生活中，他们的手脚却很笨拙。

他们中的大多数人，尤其是研究天文学的人，都相信占星术，尽管他们耻于承认这一点。他们还整日惶恐不安，要么害怕太阳不断靠近地球，若干年后会把地球吞灭，要么害怕彗星撞到地球，将人类毁灭。

总之，他们担忧的都是诸如此类的问题。一见面，他们不

是询问太阳的健康状况，就是谈论用什么办法来躲避彗星来临的打击等无聊问题。

而岛上的女人们却过得轻松快乐，她们瞧不起自己的丈夫，但很喜欢陌生人，常在陌生人中寻找情人。尽管岛上富丽优美，但她们更渴望能到岛下的大陆上去过自由自在的生活。不过如果没有国王的特许，她们是不能下去的。

第三章

一个多月后，我已经熟练地掌握了飞岛上的语言。我请求国王允许我在岛上四处转转，参观飞岛上各种稀奇古怪的事情。国王答应了，他还让我的老师陪我一同前往。其实，我最想知道的是这座飞岛是怎么运行的。现在，我就把看到的讲一讲吧。

这座飞岛，或叫浮岛，呈标准的圆形，直径大约 4.5 英里，面积十万英亩。岛厚约 300 码，其底部是一块平滑均匀、约厚 200 码的金刚石。金刚石上面如同大陆的土地一样，按序列分布着一层层矿物和肥沃松软的土壤。

岛的中心有一个凹陷的大洞口，天文学家们可以由此进入一个圆顶洞室，这就是“天文学家之洞”。这个洞里装有 20 盏长明灯，加上金刚石的反光，整个洞穴被照得一片雪亮。这里有各式各样的六分仪、四分仪、望远镜等天文仪器，而最珍贵的是一块像织布机的梭子一样的巨大天然磁石，飞岛的命运就

系于这块磁石上。

这块磁石长 6 码，其中心有一根极其坚硬的金刚石轴，依靠这根轴，磁石就可以自由转动。磁石的外面套着一个金刚石圆筒，圆筒水平摆放，底座由八根六码长的金刚石柱支撑。金刚石轴的两端就装在圆筒的凹口里，磁石和圆筒等都是被固定住的，任何力量都无法将磁石搬离。

飞岛就是靠这块磁石或上下升降，或左右移动的。属于这个国家的领土都带有一定的磁性，磁石的一端对它有吸引力，另一端则对它有排斥力。将磁石有吸引力的一端对着地面，飞岛就会下降；而将磁石有排斥力的一端对着地面，飞岛则会上升；假如磁石的位置是倾斜的，飞岛就会左右移动；而将磁石水平放置，飞岛则会静止不动。飞岛凭借这些运动可以到达王国的任何一个地区。

不过，飞岛不能飞出下面的这块领土之外，也不能升到超过 4 英里的高度。因为他们的天文学家认为，高度超过 4 英里磁力就会失去作用；而在地球的深处，对磁石产生作用的矿物只存在于该王国的领土之内。这块磁石由指定的几位天文学家管理，他们按照国王的指令来改变它的位置。

飞岛上的天文学十分发达，他们的望远镜最长的不过 3 英尺，却可以把各种星宿看得清清楚楚，我们发现的恒星只及他们的三分之一。他们还观察到了 93 颗彗星，并精确地确定了它们的周期。

国王一直都住在岛上，但是如果下面有城市发生叛乱，他

可以采取下列办法使他们归顺。其中，第一种办法比较温和，就是让飞岛悬浮在这座城市的上空，剥夺该城市居民享受阳光雨露的权利。如果那座城市的居民罪大恶极，岛上还可以将大石头扔下去，砸毁他们的房屋。居民无力抵抗，只能钻到地窖或洞穴里去。如果他们还顽固不化，甚至想要谋反，国王就会使出最后一招，就是让飞岛直接落到他们头上。

不过，不到万不得已，国王是不会那么做的。因为大城市里都有岩石，特别是高大教堂的尖顶和石柱，如果飞岛突然下降，其底部很可能会遭到破坏。

百姓对这些很清楚，他们知道这里面的分寸，即使国王忍无可忍，打定主意要摧毁一座城市，也会以体恤民众为借口，让飞岛慢慢降落，唯恐损坏那宝贵的金刚石板。因为岛上的科学家们都认为，如果飞岛底部的金刚石被损坏，磁石就起不了作用，而飞岛也就飞不起来了。

大约在三年前，王国的第二大城市林达洛因爆发了一次大的动乱。当地居民抱怨政府的高压政策，将总督抓了起来。他们做了充分的准备，在城市的四周都建起了尖顶巨塔，还安装了几块大磁石，并预备了大量燃料，若飞岛落下来，他们就设法捣毁它的金刚石底板，让它永远都飞不起来，并准备杀死国王，彻底改变政府。经过一番较量，国王败下阵来，答应了这个城市所有的要求。

根据这个国家的法律，国王和他的两个较大的儿子都不允许离开飞岛，王后也不可以，除非她过了生育年龄。

第四章

飞岛上的人只对数学和音乐感兴趣，对其他方面一无所知。我对他们厌烦透顶，便请求国王让我离开飞岛，去参观他们在下面的首都拉格多。国王答应了我的要求。我来到拉格多，却发现这里的人们把房屋建得一塌糊涂，田地里也是颗粒无收。更奇怪的是，这里还有一所科学院。我去参观了它。

这所科学院并不是一座独立的建筑，而是沿街道两旁而建的连在一起的几幢旧房屋。我参观了里面不下 500 个房间，每个房间里都有一个或几个设计家。

我见到的第一个人形容枯瘦，双手和脸像被烟熏过一样，头发和胡子都很长，衣服破旧，有好几处还被烧焦了。

八年来，他一直在研究如何从黄瓜中抽取日光，将之装进密封的瓶子里，等遇到阴雨天再放出来使用。他很自信地对我说，再过八年他就能制造出适度柔和的阳光来照耀总督的花园

了。不过，他总是抱怨原料太少，希望我能给他点什么作为对他这位天才的鼓励。我稍稍给了他一点馈赠。听说这些设计家们会向所有去看望他们的人乞讨要钱。

我走进另一个房间，却差点被臭气熏倒，急忙想出来，却被带我去的人使劲往前推，并被悄悄告诫不要得罪他们，否则会遭到他们忌恨。这一来，我吓得连鼻子都不敢捂就走了进去。

这间屋子里的设计家是科学院里资格最老的学者，他的脸和胡子都呈淡黄色，全身布满污秽。他研究的课题是怎样把人的粪便还原为食物，他先把粪便分成几部分，再去掉从胆汁带来的苦味，让臭气散发，最后再去除其黏液。每星期都有人供应他一大桶粪便，那桶足有酒桶大小。

我还看到一位高明的建筑师，他发明了一种新的建房方法，即从屋顶建起，逐层建到地基。他还用蜜蜂和蜘蛛这两种昆虫的建巢方式来向我证明。

有一个人，他天生就眼瞎，他的几个徒弟也是如此。他们的工作是为画家调制颜料，靠嗅觉和触觉来分辨不同的颜色。不幸的是，我发现这几个学生学得并不到家，连先生自己也常常出错。

在另一个房间里，我看到一位设计家发明的用猪耕地的方法。其方法是这样的：在一亩地里，每隔 6 英寸埋上一些橡子、枣和栗子等猪爱吃的东西，然后把 600 多头猪都赶到地里。猪为了觅食，几天工夫就可以把整块地翻个遍，而且猪拉下的粪

便还可以使土壤变得肥沃。不过，通过实验，他们发现费用昂贵，麻烦也不少，几乎没获得什么成功。当然，他们认为还有改进的可能。

我又走进一个房间，里面到处都结满了蜘蛛网。我刚一进去，里面的人就大叫不要弄坏他的蜘蛛网。原来他在研究用蛛丝做衣服，并悲叹世人犯了个极大的错误，竟然一直使用蚕丝。

他还用各种颜色的苍蝇来喂蜘蛛，说这样蜘蛛就会织出不同颜色的蛛丝，不用染色了。

参观过程中，我忽然感到腹痛。向导立刻带我进了一个房间，那里住着一名以治疗腹病而闻名的医生。他有一个装有细长象牙嘴的吹风器，说把这个象牙嘴插进肛门 8 英寸，就可以把肚子里的毒气都吸出来。如果病情紧急，还可以把象牙嘴插进肛门，然后不断向里面打气，等打进去的气喷出来，就可以把毒气也一起带出来。

我亲眼看到他在一只狗身上做了这两种试验，第一种没有任何效果，第二种则几乎把狗的肚子充炸。狗猛地放一阵臭气，当场就死了，而那位医生还设法用同样的方法叫它起死回生呢。

在其他房间，我同样看到了各种稀奇古怪的研究。有的在研究如何把空气变成干燥可触摸的物质，有的在研究如何把大理石软化成枕头或毛毡，有的在研究如何让谷壳长出庄

稼……除此之外，还有一部分深思空想设计家们也住在这座科学院里。

我见到的第一位教授，就正和他的几十名学生研究如何用机械操作方法来让人们掌握知识。他得意地说，一般人们要想在科学和艺术上取得成就，就必须付出努力，而他的研究则可以让最无知的人通过机械操作，就可以写出哲学、诗歌、数学等任何方面的书来。

至于科学院里对语言、数学、政治等方面的研究，也同样是荒诞不经，我就不一一赘述了。

第五章

飞岛王国仅是这个大陆的一部分。离拉格多不到 150 英里的地方有一座良港，名叫马尔多纳达。它与位于其西北方的拉格奈格大岛之间有频繁的贸易往来。而拉格奈格岛的东南方大约 100 里处就是日本。两个岛国结成了紧密的同盟，常有船只来往。于是，我决定走这条路线返回欧洲。

我雇了一名向导，没走多久，便到达马尔多纳达港口，但港内却没有去拉格奈格的船，而且近期都不可能有。我在这里结识的一个朋友对我说，既然一个月内都不会有船去拉格奈格，还不如先去西南方距此 5 里的格勒大锥小岛一游，他可以和另一位朋友陪我去。

“格勒大锥”这个词，据我的理解是“巫人岛”的意思。它大概有外特岛的三分之一大小，物产非常丰富。岛上的居民全是巫人，由部落首领管辖。他们只和本部落的人通婚，同辈

中年龄最大的继任岛主。

岛主拥有一座富丽宏伟的宫殿，伺候岛主及其家人的都是些鬼魂。岛主精通魔法，可以随意召唤任何鬼魂使唤他们 24 个小时。超过 24 个小时就不行了，而且三个月内，他也无法把前面已经召过的鬼魂再次召来，除非是非常特殊的情况。

上午 11 点左右，我们乘坐小帆船到达巫岛。在朋友的请求下，岛主马上答应接见我，我们三个人一起走进了宫门。

宫门两旁分别站着一排卫士，他们的武器和服装都很特别，而他们脸上流露出的极其恐怖的神色则更让人胆战心惊，我简直无法形容当时的恐惧心情。

来到大殿，我们先向岛主深深鞠了三个躬，他示意我们坐下，然后让我讲讲我的旅行情况。为了让我更自在一些，岛主手指一动，所有的随从都退了下去。这让我惊得瞠目结舌，因为转眼之间，他们就消失得无影无踪，就好像我们猛地从梦中惊醒，而梦里的情景全都消失了一样。我一时不能恢复常态，后来岛主叫我放心，并保证不会伤害我，而且我那两个同伴都似乎若无其事，我这才放下心来，胆子也大了许多，简短地向他说了一下我几次历险的经过。

我有幸与岛主一起吃了午餐，一帮新鬼来上菜时，我已经不那么害怕了。我们一直在这里待到太阳落山，之后我和两个朋友去了附近镇上的一家私人住宅里住了一晚。第二天早上，我们又去岛主那儿拜访。

就这样，我在岛上住了十天，每天大部分时间都和岛主在一起，晚上才回住处。

不久，我就对鬼魂习惯了，虽然还有点害怕，但好奇远胜过恐惧。为了满足我的好奇心，岛主说我可以见到任何一个我想见的鬼魂，无论数目多少，也无论是什么时代的，他都可以召来，并且可以让他们回答我的问题，但条件是我提的问题必须限于他们生前所处的那个时代。岛主说有一点我尽可相信，鬼魂们说的都是实话，因为说谎这种才能在阴间派不上用场。

我十分感激岛主对我的恩惠。我首先想看的是宏伟壮观的场面，于是提出想见见在阿尔贝拉战役后统率大军的亚历山大大帝。岛主手指一动，窗户底下即刻就出现了一个大战场，亚历山大应召走进殿来。他讲的是希腊语，我听起来非常吃力。他说他不是被毒死的，而是饮酒过度发高烧死的。

接着，我见到了正在翻越阿尔卑斯山的汉尼拔，他告诉我他的军营里连一滴醋都没有。我又看到恺撒和庞贝各自统率着大军准备投入决战，前者正置身于他最后的伟大胜利之中。

我要求看一看罗马元老院在一间大厅里开会的情形，同时作为对照，也想看一看另一间大厅里的现代议会是什么样子。结果前者看起来像是英雄和半神半人在聚会，而后者却像是一伙小贩、扒手、强盗和恶霸的纠集。

在我的请求下，岛主让恺撒和布鲁脱斯一起向我们走来。

一见到布鲁脱斯，我不觉肃然起敬，从他的脸上，我可以看出他至高无上的品德、坚定而大无畏的胸怀、最真诚的爱国心及对于人类的热爱。

为了满足我要了解世界历史各个时期的奢望，许多著名人物都被召唤了来。我看的主要是那些推翻暴君统治的人，以及为被迫害的民族争回自由的人。当时，我真是无法用语言表达出我获得了怎样的痛快与满足。

第六章

转眼到了我们离开巫岛的日子，我向岛主辞行，然后与两位同伴回到马尔多纳达港。

两周后，我搭上一艘驶往拉格奈格的船。我在海上航行了一个多月，中途还遇到过一次大风暴。

1709 年初，我乘的船驶进克兰梅格尼格河，这里是一座港口城市，位于拉格奈格的东南端。我们在离城不远处下了锚，半小时后，两个引航员带领我们来到一个很大的内港，这儿离城墙只有一链长。

我们船上有几个水手，不知道是出于何种原因，他们对两位引航员说起我是个异乡人，还是个不简单的旅行家。引航员立即向当地的一位海关官员做了汇报，结果我一上岸就受到了严格检查。

海关官员盘问了我一些问题，我简明扼要地向他讲了我的

航海经历，并尽量使我讲的事情连贯可信。不过我有意隐瞒了我的国籍，自称是荷兰人。因为我要到日本去，而欧洲人中只有荷兰人才可以进入这个王国。我对这位官员说，我现在想到日本去，或许在那里我可以找到回国的机会。而他说在接到上边的命令之前，必须把我关起来，不过他会立即写公文呈送上去，希望两周后就会有回复。

于是，我被带到一处舒适的住所，门外有哨兵把守。门外有不少人出于好奇来看望我，因为他们听说我来自遥远的国度，那是他们没有听说过的地方。我雇了与我同船来的一位青年当翻译，他是拉格奈格人，因为在马尔多纳达住过几年，所以精通两地语言。

上边的命令很快就到了，说要我由十名骑兵押送着前往首都特拉尔德拉格达市，连同我的翻译一起。

一个信使先于我们到达首都，请示国王何时见我，好让我有幸去"舔他宝座前的尘土"。这完全符合这个国家的规矩。我到这里两天后，就去朝见国王。

我被要求趴在地上匍匐前进，一边爬一边还要舔地板。幸好因为我是个外国人，所以事先他们把地板打扫得很干净，因此尘土的味道还不是很讨厌。

听说，这是一种特殊的恩典，只有地位最高的官员在接受国王的召见时才能享受这样的待遇。不幸的是，如果受召见的人在朝廷中有几个仇敌的话，那么地板上常会被故意撒

上灰尘。

我就曾见过这样一位大臣，当他匍匐着爬到国王御座前规定的地点时，已经满嘴灰尘，连话都说不出来了。碰到这种情况是毫无补救办法的，因为如果当着国王的面抹嘴或吐出东西，就要被处以死刑。

还是把话头拉回来吧，当我爬到离御座不到四码远的地方时，我被允许慢慢抬起身来，朝国王磕了四个响头，然后按照他们事先教给我的样子，说了一句祝福国王寿与天齐的话。

国王准许我的翻译上朝，他问了我一些问题，看上去很喜欢和我交谈。差不多一个小时后，国王命人给我安排了一处住所，每天提供我饮食，并赠了一袋金子供我使用。

我在这个国家住了三个多月，国王对我恩宠有加，并几次要委任我官职，但我更想回家同妻子儿女在一起，所以婉言谢绝了。

第七章

拉格奈格是一个彬彬有礼而又慷慨大方的民族，虽然他们也沾染了一些东方国家特有的优越感，但对异乡人相当客气，特别是那些受朝廷重视的外乡人。在这里，我结识了不少显贵人物。

一天，一位贵族向我谈起了他们的“斯特鲁德布鲁格”，意思是“长生不老之人”。他说，在这个国家里，有些人家会生下这样的孩子——左眉毛上方长着一个红色的圆点，这表明这孩子将永远不死。这个圆点会随着年龄的增长逐渐变为绿色、深蓝色和黑色，黑色是最终的颜色，大概在四五十岁时变成，大约有一枚英国先令那么大。这种孩子的出生率很低，而且其出生纯属巧合，与遗传无关。

我听后，不禁发出了一连串的赞美。人从出生就不用担心死亡，那该多好啊。但那位贵族却只对我笑了笑，并问我如果

能长生不老，我会怎么做。我回答他我要创造非常多的财富，成为全国最富有的人；还要深加研究各种知识，成为最有学问的人；还可以看到自然和社会发生的种种变化，阻止人性走向堕落……这一切都是因为我有足够的时间。

听了我滔滔不绝地讲完这一切后，这位贵族露出嘲笑的神色。他说我设想的生活方式是不可能的，因为那必须有青春和健康做先决条件。

他们这里的“长生不老之人”到80岁时和所有的老人一样，行为荒唐可笑。正是因为有永远不死这样一个可怕的前景，他们又添加了许多别的毛病，如顽固、暴躁、贪婪、忧郁、愚蠢、爱唠叨等。他们的财产在80岁时已被儿女们继承了，只靠一点点钱维持生活。他们会因为年老而记忆昏聩，甚至连亲友的名字都忘掉，过往的事情更是无法在他们那里得到完整的回答。他们全身都是疾病，牙齿和头发都脱落了，食欲全无。因为记忆力实在太差，他们连看书自娱都不可能。而且，一个国家的语言时刻都在变化，200年后，这些“长生不老之人”根本无法与周围的人交谈，就像生活在一个陌生的国度一样。这就是“长生不老之人”的生活。

后来，我见到了几个这样的人，他们中最年轻的还不到200岁。虽然他们听说我是个大旅行家，但对世界各地的知识一点都不好奇，只是希望我能给他们一些礼物，其实这是一种变相的乞讨。

这个国家的所有人都痛恨“长生不老之人”，谁家要是生了这样一个孩子，就会被认为是不祥之兆。他们也确实是我生平所见过的最令人伤心的人，在听到、见到这种人之后，我对长生不老的欲望大大减弱了。

我为自己先前那些美妙的幻想而感到羞愧，因为与其这样可怖地活着，还真不如死去，任何可怕的死法，我都乐于接受。

第八章

关于长生不老之人的这一段叙述对读者来说还算有几分新意吧？这多少有些不同寻常之处，至少在我读过的游记中还没有过类似的记录。如果是我孤陋寡闻了，也请大家原谅，因为旅行家们外出游历时，总免不了会花很大篇幅描述一些相同的细节，但这并不能说明他们抄袭了前人的作品。

后来，国王又几次邀请我接受官职，想让我在这里住下来，但我决意回英国，最后他只好准许了。临行时，国王亲自为我写了一封信给日本天皇，还送了我 440 块大的金子和一枚红色的钻石，这些东西在我回国后卖了不少钱。

1709 年 5 月，我正式踏上前往日本的路，国王派了一支皇家卫队护送我到皇家港口。

6 天后，我找到一艘驶往日本的船，行经半个月，我到达日本东南部一个叫滨关的港口小镇。这个小镇在港口的西端，距

离京城江户不远，与江户只隔了一条海峡和一个长长的海湾。

上岸后，我将拉格奈格国王的书信交给海关官员看，他们非常熟悉上面的玺印。镇上的行政长官听说我有这样一封信，就以大臣之礼接待了我。他们还备好马车，准备送我到首都江户。

到了江户，我很快就得到了日本天皇的接见。天皇很郑重地拆了信，让翻译把信的内容念给他听，并告诉我，我可以提出任何要求，他们都会照办的，这当然是看在拉格奈格国王的情面上。

这位翻译是专门和荷兰人打交道的，他从我的外貌判断出我是个欧洲人，于是就用非常纯熟的荷兰方言重复了国王的旨意。

我已经事先打定主意要隐瞒自己的真实身份，就说自己是个荷兰商人，所乘坐的船在一个遥远的地方失事，之后我辗转到了拉格奈格王国，又从那儿搭船来到日本。

我的同胞们经常在这里经商，所以我希望能有机会随同他们中的一些人回国去。我请求天皇派人将我安全送到长崎，并看在拉格奈格国王的情面上，免去我踩踏十字架这一仪式。

为了做生意，我的同胞们来到这里后都要履行这一程序，可我是因为在海上遭遇不幸才流落此地的，没有生意要做。

当翻译把我的最后一个请求告诉天皇时，天皇非常诧异，说我在所有到这里的荷兰人中还是第一个不愿意履行这种仪式的人，于是他开始怀疑我不是真正的荷兰人，甚至疑心我是个

基督徒。但他还是看在拉格奈格国王的情面上，答应了我的这一请求。

不过，这件事并没那么简单，必须得巧妙安排，而且官吏得装作由于疏忽才把我放过去的样子。要是这里的荷兰人发现我不是他们的同胞，肯定会在路上割断我的喉咙。

我感谢天皇对我格外开恩。当时，恰巧有一支军队要被派往长崎，天皇便让我跟随这支军队一同前往，并特意嘱咐指挥官免去我踩踏十字架一事。

经过长途跋涉，6 月初，我到达长崎。在那里，我结识了一些荷兰人，他们是阿姆斯特丹载重达 450 吨的“阿姆波伊纳号”大商船上的水手。

我在荷兰生活过很长时间，所以荷兰话说得很好。他们对我的航海经历十分好奇，我尽量把我的故事编得简短而可信，并把绝大部分都隐瞒了下来。至于我的荷兰背景，我更是凭借自己熟练的荷兰话和对荷兰的了解，编得天衣无缝。

不久，我们搭上了返回欧洲的大船。上船前，有几名船员对我没有履行踩踏十字架的仪式一事非常好奇，一再追问我，我只好想办法搪塞他们。但有一个流氓竟跑到一位官员那里揭发我，说我没有踩过十字架。幸好这位官员已接到了放我出境的指令，将那个流氓用竹竿惩戒了一番，以后再也没有人拿这种问题来刁难我了。

途中没有发生什么特殊的事情，我们顺利地抵达好望角，

并在那里储备了充足的淡水。

4 月初，我们到了阿姆斯特丹，路上有三名水手病死，还有一名在几内亚海岸附近失足落海。登陆不久，我就搭乘一艘小船，从阿姆斯特丹启程回英国了。

1710 年 4 月 10 日，我回到唐兹，这时我已经离开祖国三年半了。第二天，我赶回家里，妻子儿女都还身体健康，我感到非常欣慰。

第四部

慧骃国游记

第一章

我与家人大概度过了五个月的美好时光，之后我便接受了一份优厚的邀请，到载重 300 多吨的“冒险号”商船上做船长。我具有丰富的航海经历，所以对这个职位很有信心。我还雇了一名年轻医生到船上担任外科大夫。

1710 年 8 月，我们从朴茨茅斯起航，受雇主的托付，到南洋地区和印度人做生意。

不久，我的船上有几名水手害热病死了，我不得不在沿途招募一些新的水手。但之后，我就后悔了，因为我发现新招募的水手大部分都做过海盗。这帮恶棍把船上原来的水手也给带坏了，他们计划一起抢夺这艘船，并把我囚禁起来。

一天早上，他们开始动手了。十几个人一起冲进我的船舱，将我捆绑起来，并威胁说如果我敢乱动，就把我扔进海里。面对这种情况，我只得向他们屈服，做了俘虏。

每天会有人定时给我送饭，船上的一切都在他们的控制之中。他们打算去当海盗，去抢劫西班牙人，不过他们人手不够，还需要再招募一些新手，于是他们决定先把船上的货物卖掉。

船航行了好几个星期，他们一直在同印度人做生意。而我则一直被囚禁在船舱里，根本不知道他们走的是哪条航线。处于这种境地，我只求他们不要杀我，因为他们常常以要我的命相威胁。

1711 年 5 月 9 日，一个水手走进我的船舱，说奉船长之命放我上岸。我尽力劝说他改邪归正，但那也只是白费口舌，而且他坚决不肯告诉我新船长是谁。

他们让我换了一套新衣服，又让我带上一个小包裹，除了腰刀以外不许我带任何武器，然后就将我逼上一条小船。不过他们还算客气，没有搜查我的口袋，因此我所有的钱和几件日常用品得以被偷偷地带上。

几个水手将小船划了一里左右，就将我扔在一片浅滩上。我求他们告诉我这是什么地方，他们都发誓说不知道，只是照船长的意思办事，把我丢在这儿而已。说完，他们就划船走了，并忠告我赶快离开海滩，否则会被涨潮的海水淹死。我没有一点办法，只能眼睁睁地看着他们离开。

我朝这块不知名的大陆走去，很快就踩到了坚实的土地。稍事歇息后，我继续朝前走，心想如果遇到野人，我就将随身携带的戒指、手镯等小玩意儿送给他们，以求保住性命。

这里自然生长着一排排树木，将这些土地分隔成块状。地上长着茂密的青草，零星地分布着几块燕麦田。

我小心翼翼地走着，生怕受到什么突然袭击。我走上一条常有人走的路，在这条路上，我看到许多人的脚印，还有一些牛的蹄印，不过最多的却是马的脚印。

不久，我在田间发现了几只动物，树上也坐了一两只。它们的模样十分奇怪，就像畸形的，这让我感到很紧张。于是，我趴到一处灌木丛中，想把它们看个仔细。

这些动物长着山羊一样的胡子，头上和胸前长满了厚实的毛，毛发有的鬈、有的直，并有红、褐、黑、黄等几种颜色；背上和脚上也长着一行毛发，其他地方则是光溜溜的，呈灰褐色；脚上长着尖利的爪子，可以像猴子那样敏捷地爬树，蹦来跳去，相当灵活。它们没有尾巴，会像人那样坐着，有时也会躺下，还会用后腿站立起来。我又仔细看了看，发现它们一般母的要比公的小一些。

我还是第一次见到这样丑陋的动物，心中感到十分厌恶，于是站起身继续赶路，希望能找到一间印第安人的小屋。

我还没走多远，就被一只这样的动物挡住了去路。那只丑八怪朝我奔来，做出各种鬼脸，并紧紧盯着我，好像在看一件从来没见过的东西。接着，它走近一些，还抬起了一只前爪。

我当时不知道它是出于好奇还是怀有恶意，就拔出腰刀，用刀背打了它一下。这畜生挨了打，转身就逃，一边跑还一边

狂吼起来。很快，有 40 多只这样的怪兽从附近跑过来，将我团团围住，对我龇牙咧嘴，嗷嗷乱叫。

我迅速跑到一棵树下，背靠着树干，挥舞着刀不让它们靠近。然而有几只该死的畜生蹿到我背后的树上，向我头上拉屎撒尿，幸亏我紧靠着树干，才躲了过去。

就在这时，不知道是什么原因，这些动物突然四散逃去。我感到非常惊讶，大着胆子离开了那棵树，一边琢磨着到底是什么东西把它们吓跑的，一边准备继续赶路。我四下打量，忽然看到一匹马从旁边的一块田里朝这边走来。我这才明白，原来那些动物是看见了它才逃的。

那马见了我，稍稍吃了一惊，不过很快便镇定下来。它非常惊奇地看着我，看看我的手，又看看我的脚，然后围着我转了几圈。我本想赶路，但它却拦住我，不过样子很温和，没有冒犯我的意思。

我们就这样互相盯了一会儿，最后我学着那些职业驯野马的驯兽师们的样子，一边吹口哨，一边壮着胆子把手伸向它的脖颈，想摸一下它。

它对我的这番客套很是轻蔑，摇了摇头，垂下眼睑，轻轻抬起右前蹄推开了我的手。接着，它嘶鸣了三四声，那声音竟是那么不同凡响，每次声调都不一样，听起来非常悦耳，这让我觉得它好像在自言自语。

就在我们相持不下的时候，又有一匹栗色马走了过来。它

很有礼貌地走到原先那匹马跟前，互相碰了碰右前蹄，然后用不同的声音对着嘶叫了几声，就像是在说话一样。

它们一起后退几步，像是要去商量一件事情，并来回踱着步子，就如同人在思考一些重要问题一样。它们还不时朝我看看，似乎在监视我，怕我逃走。

看到这两匹马的行为举止，我非常吃惊，心想马都这样有灵性，那么这个国家的居民一定非常聪明。于是我决定继续赶路，直到找到房屋或当地的居民为止。

那匹灰马（即我见到的第一匹马）见我要悄悄溜走，就在我身后长嘶起来。那声音极富感情，我似乎听明白了是什么意思。于是，我转回身，走到它们跟前，看看它们还有什么吩咐。

这时，我有几分恐慌，不知道这场尴尬的事会如何收场。两匹马仔细端详着我的脸和手。那匹灰马还用右前蹄把我的帽子摸了一圈，把帽子弄得不成样子，我只好把它摘下来重新整理一下再戴上去。

它和后来的那匹栗色马见了都十分惊讶。栗色马摸了摸我的上衣，发现是挂在身上的，又露出惊奇的表情。它又摸摸我的右手，我手的颜色和那柔滑的样子似乎使它十分羡慕。可是它接着将我的手放在它的蹄子与蹄骸中间猛夹，疼得我大叫起来。这么一来，它们倒又尽量温存地抚弄我。它们对我的鞋袜似乎也十分困惑，不时地去摸一摸，然后相互嘶叫一阵。

总之，对我的一切，它们都感到非常好奇和不解，做出种

种姿势，就像两位想要解决什么新难题的哲学家。

看到它们如此有理性，我最后不得不想到它们可能是魔术师，用法术把自己变成这样子，见路上来了个陌生人，便用这种方法同他开玩笑。于是我向它们说了一些话，简单介绍了我的经历，然后说我漂流至此，需要找个人家或村庄。

两只动物默默地站着，似乎在用心听我讲话。我说完后，它们又相互嘶叫了好一阵子。

我发现它们的语言很能表达感情，甚至可以用字母拼写下来，比拼写中国话还要容易得多。它们的话中常带有一个词"野胡"，我猜不透那是什么意思，但在它们的交谈中，我模仿它们的叫声，把这个词说了一遍，它们听了格外惊讶。栗色马又试着教了我另一个词——"慧骃"，这个词的发音比第一个词难多了，我学了几遍才学会。

后来，我才知道"慧骃"是它们的自称。它们发现我有这样的才能，都显得非常惊讶。

两个朋友又交谈了一阵，便分开了。它们在分手时互相碰了碰蹄子，我想这是它们的一种礼节。之后，灰马做了个姿势，意思是叫我走在它前头，我想我在找到更好的向导之前还是依了它好，于是就照办了。

在我们行走的过程中，我一放慢脚步，灰马就发出"咴咴"的叫声。我能猜出它的意思，便想尽办法让它明白我累了，实在走不动了。于是，它停下来，让我休息一会儿。

第二章

我稍稍恢复体力后又接着赶路，大约走了三英里后，我们来到一座长房子面前。那房子是先用木头插在地上作为支架，然后用枝条编织而成的。房顶很低，上面盖着草。

这时，我松了口气，急忙从口袋里掏出一些小玩意儿，希望这家人能喜欢，然后好好款待我。

那灰马做了一个姿势，让我先进房去。房间很大，平整的泥土地上放着一整排秣草架和食槽，几乎和房间一样长。房间里有好几匹马，其中有两匹小马和两匹母马，它们没有吃草，有几匹屁股着地坐在地上，这让我感到非常惊讶。让我更吃惊的是，竟然还有几匹马在做家务，而它们的样子和普通的牲口并没有什么两样。灰马随后走进来，用一种很威严的声调对其他马“嘶叫”了几声，它们也叫了几声作为回答。

除了这间房子以外还有三间房子，三扇相对的门把房间连

在一起，就像一条长廊。我跟着灰马穿过第二个房间，朝第三间房走去。到了第三间房跟前，灰马先走进去，示意我在外面等候。

我手里拿着一些小礼物在外面等待，包括两把小刀、三个假珍珠手镯、一架小望远镜、一串珠子项链和几个戒指等。我希望能听到人的声音，然而从房子里传出来的，除了马的嘶叫声，其他什么也没有。我想这个房间里一定住着个大人物，但他为什么让马来伺候，我却真的想不出来。我甚至觉得自己被最近的经历弄得有点精神失常，所以使劲拧了一下自己的胳膊，希望让自己清醒过来。

就在这时，那匹灰马走了出来，它示意我跟它走进这第三个房间。我一进去，就看到一匹非常漂亮的母马，它正与一匹小公马和一匹小母马坐在整洁而精致的草席上。

那母马见了我就从草席上站起来，它走到我跟前，仔细打量我一番后，脸上竟露出轻蔑的表情。接着，它转过身去，同灰马嘶叫起来。我听到它们一再说起“野胡”这个词，不久之后我就明白了这个词的意思，它让我永远都深感耻辱。

后来，灰马冲我点了点头，又“咴咴”叫了几声，我明白它是叫我和它一起走。它带我出了房间，来到一个庭院里，那儿另有座房子。

我们一起走了进去，我看到三只先前看到的那种丑陋的动物在吃东西，它们正在享用一些块茎植物和某种动物的肉，后

来我才知道那是驴肉和狗肉。这些畜生脖子上都系着用柳条编的缰绳，缰绳的另一头拴在一根横木上。

这位马主人吩咐它的一名仆人——一匹栗色小马，将最大的一头野兽牵到院子里，然后将我和它紧挨着排在一起。主仆二马就这样仔细比较起我们的相貌来，嘴里还不时地发出“野胡”的声音，这是它们对这种动物的称呼。

当我看到那可恶的畜生竟长着与人相似的面容时，恐惧之情简直无法言表。它的脸又宽又扁，厚嘴唇、大嘴巴，除了指甲长、手脚粗糙、身上多毛以外，和我没有太大差别。

不过，这两匹马还是有些不明白，大概是看到我和野胡不大相同，其实这都是我的衣服的功劳。

栗色小马夹了一段树根给我，我闻了闻，又还给了他。它又从野胡们那儿抢了一块驴肉给我，那肉的气味极其难闻。见我不吃，它又把那块肉扔给了野胡。然后，栗色小马又给我一捆干草和一些燕麦，我仍旧摇摇头，表示这两样东西我都不吃。这时，我明白了，要是在这里遇不到人类，我也许会被饿死。

马主人从我的举止看出了我的意思，于是吩咐把野胡带回窝里。接着它把前蹄放在嘴上，意思是问我想吃什么。那动作非常自然，而我却感到万分惊讶。

就在这时，我看到一头母牛从旁边走过，就指了指它，表示想喝牛奶。这一下倒起了作用，它把我领回家来，吩咐一匹做仆人的母马给我盛了满满一大碗牛奶。我一口气喝了下去，

顿时觉得精神了许多。

约到中午的时候，我看到有四只野胡拉着一个像雪橇一样的车子朝房子走来。车上是一匹老马，看上去很有身份。它们在最好的一间房里吃饭，有一道菜是牛奶煮燕麦，老马吃热的，其余的马都吃冷的。

它们的食槽在房子中间摆成一个圆圈，并分成若干个区域，它们就围着食槽进餐。食槽圈的中间是个大草料架，每匹马都可以方便地够到草料架上靠近自己格子里的干草和牛奶燕麦糊。

小马驹温顺听话，马主人夫妇在客人面前彬彬有礼。灰马主人让我站到它跟前，对客人谈了一些关于我的话。我发现客人不时地朝我看，并听它们经常提起“野胡”这个词。

当时我戴了一副手套，并用我的上肢做了许多动作。灰马主人对此非常不解，它用前蹄碰了我的手套三四下，好像是让我把手恢复成原状。我立即照办，并把手套摘下来放进口袋里。这一举动令它们很高兴，也引起了它们更多的谈论。

用膳完毕，马主人又做出各种姿势，问我吃什么。它们管燕麦叫“赫伦”，我把这个词重复几遍，虽然先前我拒绝吃这种东西，但现在我觉得可以用它做成一种面包，就着牛奶一起吃下去，这样足以让我活命。

马主人立即让仆人弄来一大木盘子燕麦。我把它们放在火上烤，搓下壳来，然后拿石头碾碎，再加水和成一种糊状的东西，最后在火上烤熟，就着牛奶一起吃下去。刚开始时我觉

得一点味道都没有，后来时间长了也就习惯了。

我这一生常常沦落到吃粗饭甚至忍饥挨饿的地步，可人的天性是很容易满足的，这在我以前的经历中已经得到证明。不过值得说明的是，我在这座岛上居留期间，一次病都没有生过。

有时我也设法用野胡的毛发编成网，捕捉一两只兔子或鸟来充饥，也常常去采一些野菜，煮熟了和着面包一起吃。幸运的话，我还能做点奶油当稀罕物。

一开始，我为自己吃不到盐而发愁，不知道该怎么办，但后来也就无所谓了。其实，除了人之外，没有什么动物喜欢吃盐。离开这个国家后，过了好长一段时间，我才吃得下咸味的东西。

关于我的饮食，我就介绍这么多，我想读者已经明白我可以在这里生活那么久的原因了。

傍晚时分，马主人吩咐仆人给我准备了一个住处。我的住处离马住的房子不远，跟野胡的窝是分开的。显然，马主人并没有完全把我当成野胡。

我弄了一些干草，身上盖着自己的衣服，睡得很香。不久以后，我的生活条件就更好了。

第三章

我把主要精力都放在努力学习它们的语言上。我的马主人（我一直这么称呼它）、它的孩子们和仆人们都乐意教我，它们认为像我这样一头如野胡般的畜生竟然具有许多理性动物的特征，这简直是一个奇迹。

我指着每一样东西学习它们的名称，当我一个人的时候，我就把它们都记在本子上，一遍一遍地练习，还经常请它们纠正我蹩脚的发音。在这个过程中，做仆人的栗色小马非常乐意帮我，它随时愿意为我效劳。

它们通过鼻子和喉咙发声，就我所了解的欧洲语言来看，它们的发音与欧洲的高地荷兰语或高地德语非常相近，不过听起来更加优雅，含义也更加丰富。查尔斯五世就曾说过，如果他要同他的马说话，就用高地荷兰语。

我的主人对我学说话非常好奇，而且很有耐心，它把大部

分时间都用来教我。它坚信我是一只野胡（这是他后来告诉我的），但我爱学习、讲卫生、懂礼貌等这些与野胡截然相反的品质又令它非常不解。

最让它困惑的是我的衣服，有时候它反复琢磨：那究竟是不是我身体的一部分呢？因为我一直都是等它们全家都睡后才脱下衣服，而早上不等它们醒来我又把衣服穿上了。

它非常想听我的故事，想知道我是从哪里来的，更想知道我举手投足间所显露出来的理性是怎样获得的。所以它很有耐心地教我语言，希望不久后我能亲口告诉它我的来历。

为了帮助记忆，我把所学的单词按英文字母的顺序写下来，并在后面记下译音。

过了一些时间，我就可以当着主人的面这样做了，不过我费了很大劲儿才给它解释清楚我在干什么，因为它们这个民族对于书或文学一无所知。

三个月后，我可以简单回答它的一些问题了。它说，野胡看起来很机灵，其实只会调皮捣蛋，是所有野蛮动物中最难以驯服的，而我却与它们截然不同，所以它特别想知道我是从哪儿来的。

我告诉它我来自一个遥远的地方，和我的同伴坐在木制的大容器里漂洋过海来到这里，我的同伴强迫我登陆，抛下我不管了。

我费了很大的劲儿，并不断借助各种手势，才终于使它明

白我说的话。可是它却并不相信，它说不是它听错了，就是我说的全是“没有的事”。它认为海那边不可能有什么国家，而且一群畜生也不可能乘坐一个木头容器在海上自由移动，因为慧骃不会制造这样的容器，野胡就更不可能做出这样的事情了。

“慧骃”这个词在它们的语言中是指马，就它的词源而言，指的是“大自然之尽善尽美者”。

我告诉我的主人，我现在苦于没办法表达，但我会尽力学习，希望在不久以后我就能把各种奇特的事情告诉它。它非常高兴，叮嘱它的妻子、儿女和家里所有的仆人利用一切机会来教我。它自己每天也会教我两三个小时。

附近住着几位公马和母马贵族，它们听说主人家有一只神奇的“野胡”，这只“野胡”不但能像慧骃那样讲话，而且言谈举止间还透着理性，于是就经常到这里来。它们很乐意和我谈话，也向我提了许多问题，我则尽可能地给予回答。

这些谈话对我学习语言非常有帮助，我到这里五个月后，已经能听懂它们的话，并可顺利表达我的意思了。

那些出于好奇来拜访主人的慧骃们，都不太相信我真的是一只野胡，因为我的身体表面覆盖着一层衣服，和我的野胡同类不同，而且我的皮肤和毛发也跟它们不同。不过一个偶然的机会，我的秘密被主人发现了。

前文已经说过，每天晚上，我都在主人全家入睡之后才脱掉衣服，然后将它们盖在身上当被子。一天清早，主人派一匹

小马来叫我。

这匹小马进来时，我正在熟睡，衣服掉到一边，衬衫都到了腰部以下。它发出的声音惊醒了我，我听到它语无伦次地向我交代了主人的话，然后就跑出去了。它把看到的情景前言不搭后语地报告了主人。

我一穿好衣服就去拜见主人，主人马上问我：仆人报告的情况到底是怎么回事？为什么你睡觉时和平常不一样？它的仆人还告诉它，我身上一块白一块黄的，有的地方居然还是棕色的。

其实，为了尽可能地显示我与野胡不是同类，我一直严守着自己穿衣服的秘密，但现在看来无法继续保密了，而且我的衣服和鞋子磨损得很厉害，都快穿破了。

因此，我对主人说，在我们国家，所有的同类都要穿上用某种动物的毛编织成的衣服，这样既是为了体面，也是为了抵挡风寒。我还说，如果它想看的话，我可以把衣服脱下来给他展示一下。我先脱了上衣，再把背心、鞋袜和裤子等都脱了下来，最后我把衬衣系在腰间，遮住赤裸的身体。

我的主人十分惊奇地看了整个脱衣过程，之后它用蹄子把所有的衣服都拿起来仔细看了看，然后又轻轻摸了摸我的身体。最后，它说我的确是一只地道的野胡。不过，我身上的皮肤柔软光滑，有些地方没有毛，而且我爱用两只后脚走路，显然和野胡还是有所不同。

主人老爱叫我野胡，这让我很不舒服，因为对于那种丑陋的动物，我只有痛恨和厌恶。我请它不要再这样叫我，并请它严守我衣服的秘密。至于那匹栗色小马，我请它不要把看到的一切说出去。主人宽宏大量地答应了我的请求，与此同时，它要我更加努力地学习它们的语言。因为我曾答应给它讲一些稀奇古怪的事情，它都有些等不及了。

此后，它更加用心地教我学习语言，还带我会见所有的客人，并让客人对我也以礼相待，因为它私下里对客人们说那样会让我感到高兴，我也会因此而变得更加有趣。

后来，我向它比较详细地叙述了我的身世。我说我来自一个十分遥远的国家，和大约 50 个同伴乘船在海上航行。中途，同伴将我囚禁，最后将我扔到这块陆地上。其间，我告诉它，船是由我们这些人造的，我还把船的样子描述给它听，并挥动手帕，向它解释风怎样把船吹向前去，等等。

第四章

我的主人听了我的话之后感到非常不安。我曾向它说过“说谎”之类的话，它很难懂那是什么意思。它觉得语言的作用就是使彼此增进了解，一个人如果不说实话，语言就失去了作用，那比无知还要可怕。我们人类早就明白这个道理，只是为了许多不可告人的目的而一直不肯放弃谎言。

主人很想知道，我们那儿有没有慧骃，它们又做些什么工作。

我告诉它我们那儿慧骃多的是：夏天它们在田野里吃草，冬天就养在家吃干草和燕麦；做仆人的“野胡”替它们擦身子、梳鬃毛、剔蹄垢、喂食料，还给它们铺床。

“我非常明白你的话，”主人说，“很显然，从你所说的来看，不论野胡怎么自以为有理性，慧骃还是你们的主人。我多么希望我们的野胡也能像你们那样驯良。”

我请求它不要再让我说下去了，因为我再说下去的话，它一定不愉快，可它坚持要我讲。我就对它说："我们那儿的'慧骃'叫作马，它们是所有动物中最奔放、最英俊的一种，在力量与速度等方面超过其他一切动物。假如它们被贵族所养，就被用于旅行、比赛或者拉车，它们会受到很好的照料，一直到病倒或者跌折了脚，才会被卖掉去从事各种各样的苦力，一直到死。死后，它们的皮会被剥掉，按价出售，尸体则丢给狗或猛禽吃。但一般的马没有这样的好福气，它们由农夫、搬运工和其他一些下等人豢养，被迫出苦力，吃的却很差。"我还把我们骑马的方法，以及缰绳、马鞍、踢马刺、马鞭等各种马具的形状和用途等讲给它听。

主人听完这些话，十分愤怒，它不明白我们怎么敢骑到马背上去，因为它家中最瘦弱的仆人也可以把最强壮的野胡打倒。我说马从小就接受训练，通常公马在两岁左右就被阉割掉了，这样可以挫其锐气，让它变得更温顺一些。

当主人听到我说阉马的方法和作用时，它简直出离愤怒了。不过，它又想知道，我们国家的"野胡"是像我，还是像它们国家的野胡。

我说我和我的同龄人长得差不多，而年龄小的人和女人则长得更柔嫩一些。关于这一点，它倒是能从我身上看出来。

可是，它说我的脚太柔嫩，走路一点都不稳当，而且还必须套上一些东西才能在坚硬的石子上行走。

接着，它又说我的面部又宽又扁，眼睛只能朝前看，如果不转动头，就不能看到两旁的东西。它还说我身上没有任何抗热御寒的东西，每天都要脱、穿衣服，真是麻烦至极。最后它说，它想知道我的个人经历。

我告诉它，我生长在一个叫英格兰的岛上，那里离这里很远，即使它最强壮的仆人也要走上一年才能到达那里。我是一个外科医生，专门医治人身体上的创伤。我们的国家由一个女王统治。我出海航行是为了赚钱，回去好养活家人。在最后一次航海中，我是那艘船上的船长，途中有许多人病死，还遭遇了风暴和暗礁，因此我不得不招募新的水手。

说到这里，主人问我，既然出海要遭遇这么多危险，为什么还有那么多人要出来冒险呢？我说他们都是些亡命徒，或者是因为贫穷，或者是因为犯了罪，才不得已离开家乡。他们中有不少人犯了凶杀、抢劫、盗窃等罪行。主人不明白什么是犯罪，一连好几次打断我的话。我只能用举例和假设的方法，尽量把争权夺利和怨恨、嫉妒等向它解释清楚。

接下来，我向主人详细谈了人类社会。我讲了整个欧洲的情况，还谈到了贸易和制造业、艺术与科学等。我还讲述了奥兰治亲王发动的那场战争，在整个战争中大概有100万只“野胡”丧生，100多座城市被毁，几百艘船舰沉没。主人问我国家之间发动战争的原因是什么。我说原因有很多，有时是国王们野心勃勃，他们觉得自己统治的土地太小，想统治更多的地

盘；有时是因为大臣们腐化堕落，唆使主子发动战争，以转移人民对他们的不满……

在欧洲还有一些穷得像乞丐一样的君主，他们自己没有能力发动战争，就把军队出租给一个富有的国家，而出租士兵的钱大部分都归国王所有了。

主人说："还好你们自身的条件让你们无法更多地作恶，你们的嘴平平的，相互之间很难厮咬起来，而且爪子也很柔嫩，你们即使打起来也不会有多大的伤亡。"

我摇摇头，把加农炮、重炮、卡宾枪、手枪、弹药、剑、刀，以及围攻、撤退、地道战、海战、轰炸等各种武器和战术都讲给它听。我告诉它有时一次战役就可以炸死成百上千人。

我正准备继续说下去，主人却突然命令我打住。听了这些，它对整个人类社会更加厌恶了，它没有想到我们这些看起来有理性的"野胡"竟然做出这么罪大恶极的事来。它认为，我们所谓的理性只是适合助长我们天生罪恶的品性而已。

后来，我又按主人的要求讲了英国的法律。我说英国的律师多如牛毛，他们只有靠奸诈和刁滑才能赢得更多的利益，于是他们从年轻时就开始学习根据雇主付款的多少来搬弄文字、颠倒黑白。比方说，我的邻居想占有我的一头母牛，他就会聘请一位律师来证明牛是他的。由于法律规定任何人都不能为自己辩护，所以我也必须请一位律师。为了保护自己的财产，第一，我可以出双倍的价钱买通对方的律师，让他倒向我这边；

第二，我可以让我的律师竭力把案子说得毫无道理，同意让母牛归于我的对手，当然得做得巧妙，得赢得法官们的好感，这样才能获得对我有利的判决。

这些律师还有一条准则，那就是凡是有例可援的，再做的话就算合法。所以他们非常注意记录一些违背公理的案例，并凭借这些东西为不法行为辩护。

我的主人不明白为什么律师会这样迫害自己的同类，于是我不得不给它解释钱的作用和价值：如果一只“野胡”拥有大量的钱，就可以买到自己想要的任何东西，包括华丽的衣服、昂贵的食物和酒类，甚至漂亮的女人，等等。反正，对我们这种“野胡”来说，钱越多越好。

主人觉得我很有知识，以为我是一位贵族。我告诉它我出身低微，只有体质孱弱、性情古怪、迟钝无知、任性荒淫才是贵族的特征。

第五章

我之所以在慧骃主人面前坦然揭露自己的同类，是因为我看到了与这些杰出的四足动物相比，人类是怎样的腐化堕落，我没有必要再盲目地维护同类的尊严。而且，我已打定主意在这里度过余生，永远不回到人类中去了。

通过几次交谈，主人的好奇心得到了满足。现在它可以肯定我就是一只野胡了，只不过我力气小、速度慢、爪子短而已。而且从我的叙述中，它发现我们的性情与野胡非常相似。以前，慧骃们都误以为野胡之间的仇视更胜过它们对其他动物的仇恨，并认为这是因为它们长得太丑，而它们只有在同类身上才能看到自身的丑陋。

现在我的马主人明白了，原来这些畜生之间不和的原因和我们一样。比如说，如果把足够 50 只野胡吃的食物扔给五只野胡，它们根本不会老老实实地吃，而是每只野胡都想把所有

的食物占为已有，结果它们就会互相扭打，争斗不休。如果一头母牛死了，慧骃还没来得及把肉分给自家的野胡吃，邻家的野胡们就已经成群结队地来抢夺食物了。

它们打架时，会互相用爪子乱抓，结果都被抓得一塌糊涂。不过还好它们并没有像我们那样发明杀人武器，不会相互残杀。

有时候，野胡们还会毫无理由地大打一场。一个地区的野胡瞅准一个机会，就会向另一个地区的野胡发动突然袭击。

在这个国家，有一种闪闪发光的石头，颜色多种多样，野胡们非常喜欢，也喜爱收藏。在埋有那种石头较多的田地里，野胡们之间的争斗最激烈，也最频繁。如果两只野胡同时发现一块石头，并为此大打出手时，第三只野胡就可能趁机将石头拿走。主人说这与我们在法庭上打官司有点相似。

野胡群落中总会有一个首领，首领总会找一个野胡做宠儿，这宠儿的职责就是给首领舔舔脚和屁股，这样首领就会不时赏它一块驴肉。其他的野胡则都恨这个宠儿，一旦这个宠儿被解职，它们就会全部拥过来，将粪便拉满它的全身。主人说这种现象也许与我们朝廷里的国王和宠臣的关系非常相像。

另外，主人还谈到野胡有时也会像我们人类一样得忧郁症，而治疗这种病症的最好办法就是让它们干重活儿。它所提到的野胡的这些特性，确实在人类中普遍存在着。

第六章

我在这个国家生活了三年，重视友谊和乐善好施是慧骃们的两种主要美德。

在这里，陌生的客人和最亲近的好友会得到同样的接待，不管它们走到哪里，都像到了自己家一样。它们具有高雅和文明的气度，但不拘泥于小节，也不溺爱小马，完全用理性来教育子女。它们热爱所有的同类，我曾亲眼看到，我的主人爱抚邻居的小马就像爱抚自己的孩子一样。

通常，母慧骃在生下一对子女后，就不再和丈夫住在一起，除非出现偶然事故，比如，其中的一个孩子夭折，它们才会再次同居。这种措施可以防止国家人口过剩。

在婚姻问题上，它们非常注意对方的毛色，这样做是为了避免造成血统上的混乱。公慧骃看重强壮，母慧骃则看重美丽，但这都不是为了爱情，而是为了防止种族退化。它们的世

界里不存在恋爱、求婚，年轻慧骃们的结合完全是由父母长辈做主。

在教育男女青年慧骃上，它们的做法也非常值得称赞。小慧骃们在18岁之前，除了特别的日子以外，是吃不到一粒燕麦的，也很少喝到牛奶。

夏天，它们在户外吃两个小时的青草，早晚各一小时，父母会在一旁监督。节制、勤奋、运动和清洁是青年慧骃必修的课程。我的主人认为，我们让女性除了某些家政课程外，全部接受与男子不同的教育的做法是很荒唐的。

慧骃要训练孩子们在陡峭的山坡上来回奔跑，或让它们在坚硬的石子地上跑来跑去，以此锻炼孩子们的体力、速度和毅力。当小慧骃们跑得大汗淋漓时，就让它一头扎进池塘或者河里去。

每年，年轻的慧骃们都要举行四次聚会，参加者来自不同的地区，它们在一起进行赛跑、跳跃等多种技能的比赛，获胜者会得到大家的一首赞歌。

每隔四年的春分时节，整个慧骃民族还要举行一次全国代表大会，会议一般持续五六天。会上，它们会互相了解各个地区的物资是否短缺，若有缺少者，则其他地区给予捐助。会上还会解决孩子的调整问题，如果一个家庭有两个男孩，就可以同有两个女孩的家庭交换一个。如果有孩子意外死亡，而它的母亲又过了生育年龄，大会则决定由哪个家庭再生一个过继给

它们，以弥补这个家庭的空缺。

在我离开这儿之前，慧骃们就召开了一次全国大会。会上它们讨论了一个古老的问题，就是是否把野胡从这里消灭干净。有的慧骃持肯定观点，它们认为野胡是世界上最肮脏、最有害的动物，饲养它们是最失策之举。而不久，我就受到了这次会议的影响。

慧骃们没有自己的文字，它们的知识都是口口相传的。不过对于它们这样一个团结的民族，不会发生什么重大历史变故，所以它们的历史很容易就能保存下来。

它们的诗歌比喻贴切，描写细致而又恰到好处，是我们所无法模仿的。它们的散文也丰富多彩，内容多为赞颂友谊、仁慈和崇高观念的，有时也歌颂赛跑或其他运动的优胜者。

它们的建筑虽然简陋，但很实用，足以抵御寒暑的侵袭。这里有一种长得很直的树，到 40 岁时树根会松动，然后随风而倒。慧骃们用坚硬的石头把这些树干削成木桩，插在地上，再在木桩之间编上燕麦秸秆，最后用同样的方法加上屋顶和门，一座房子就造好了。

慧骃用前足的蹄骱和蹄子中间的凹处拿东西，它们的蹄子是那么灵巧，真是令人难以想象。挤牛奶、割燕麦等一切用手才能干的活儿，它们用蹄子都能干得灵活自如。我曾亲眼看到一位白母慧骃用蹄子将线穿到针眼里去。

除了意外伤亡，慧骃们都会寿尽而终，死后被埋葬在偏远

的地方。它们的亲友都表现得非常平静，不会为死者感到高兴或悲伤。

慧骃们的寿命都较长，一般能活到 70 或 75 岁。死前几个星期，它们的身体会渐渐衰弱下去。临死的慧骃会向朋友们郑重告别，就像它要去某个遥远的地方，并打算在那里度过余年一样。

第七章

我在这里生活得非常如意。我有一间同慧骃们相似的房子，我在房子里涂上一层黏土，然后铺上草席，这样就更适合我居住了。

我还用那里的野生麻做成被套，填上各种鸟的羽毛，最终做成一床被子。另外，我还做了椅子，也学会了用兔子皮和其他动物的皮做衣服，等等。

至于吃的东西，除了牛奶和燕麦外，我有时还能在树洞里找到一些蜂蜜，拿它冲水喝或抹在面包上吃。

我身体健康，心态平和，打算在这里定居下去，再也不回到人群中去了。

万万没想到，有一天早晨，主人让仆人把我叫了去，我注意到它的脸色非常沉重，好像有些事不知道怎么开口对我说似的。

一阵沉默过后，它说不知我听了它的话会有什么感想。上

次代表大会上，代表们对它家里养着一只奇特的野胡非常反感，而且它养野胡的方式很不对头，倒像对待慧骃一样。它们都知道它经常跟我谈话，认为这样做是违反理性和自然规律的，在它们那里闻所未闻。代表大会最终劝告我的主人，要么像对我的同类一样对待我，要么让我回到我原来的地方去。

凡是见过我的慧骃都反对把我跟野胡一样对待，它们认为我除了具有野胡的野蛮品性以外，还有几分理性，但这就值得担心了，因为我有可能会做出一些意想不到的勾当，比如，唆使这里的同类跑到山里去，到了夜里，再带着它们出来残害牲畜，因为我跟野胡一样，本来就是懒惰和贪婪的动物。

主人说，虽然它很愿意把我留在这里，但它必须履行大会的劝告。它希望我能尽快做一个可以载我在海上走的那种木制容器，并许诺可以让栗色小马帮忙。

听了主人的话，我悲痛万分，当下就昏了过去。我知道我必须服从主人的意思，并感谢它让栗色小马帮我造船。

几个星期后，我费尽周折终于用一些木头做成一艘独木船，不过它比一般的独木船要大得多。

我还用几块野胡皮缝了船帆，线是我自己搓的麻线。我又做了四把船桨。我把一些煮熟的兔肉和禽肉放在船上，还带了两只容器，其中一只盛着牛奶，另一只装着水。

一切都准备就绪后，我就要同我的主人一家告别了，当时我泪水涟涟、悲痛欲绝。

主人带领全家和附近的朋友来为我送行，当我要伏下身去吻主人的蹄子时，它却格外赏脸地把蹄子轻轻举到我嘴边，我真没想到会得到如此殊荣。

最后，我挥手向它们告别，划着船离开岸边。我的主人和所有的朋友都一直站在岸上，直到看不见我它们才离开。我还不时听到栗色小马在喊："赫奴伊·伊拉·奴哈·玛加赫·野胡！"我知道，它一直很爱我，也给了我最多的帮助。

第八章

1714年2月15日上午9点，我驶离慧骃国。刚开始是顺风，我只是靠桨划行，后来考虑到这样很快就会耗尽全身力气，而且风向也有可能会转变，于是我就大胆支起了船帆。

这样一来，加上潮汐的推动，我以大概每小时一里半的航速向前行驶。我的主人和所有的朋友都一直站在岸上，直到看不见它们，我还不时地听到那匹栗色小马在呼喊我。

我打算去找一个无人的小岛，只要能在上面生活下去就行，在我看来，这种生活比在欧洲国家当一名首相还要幸福。我再也不想回到由野胡统治的社会了，一想到那样的生活我就害怕。若我能找到这样一个小岛，哪怕离群索居，我也满心欢喜，因为我能自由自在地回味那个杰出的物种——慧骃的种种美德，而且再也不用与那些腐化堕落的同类同流合污了。

我在前面说过，当初我的水手因为反对我，把我禁锢在船

舱内。我被关了好几个星期，因此一点也不知道所走过的航程。后来当我被押上大艇时，水手们还信誓旦旦地说，他们其实并不清楚我们身在何方，我也分辨不出他们说的到底是真话还是假话。不过，从他们的只言片语中，我推测他们正朝东南方向航行，应该是要前往马达加斯加。所以我认为，当时我们处在好望角东面十度左右的地方，即大约南纬 45 度的位置。虽然这只是我的猜测，但我还是决定让小船向东行驶，希望自己能到达新荷兰的西南海岸一带，或许在那里我能找到一个理想的小岛。

这时风向朝西，到傍晚 6 点时，我估计自己向东航行了大约 18 里。这时，我突然发现大约半里外有一个小岛，于是就朝小岛驶去。

走到小岛跟前我才发现，原来所谓的小岛只是一大块岩石，里面有一个被风浪长期冲刷而形成的小港湾。我把小船划进港湾，然后爬上一块岩石，在那里我看见东面有一片纵贯南北的土地。

我在小船里躺了一宿，第二天一大早又出发了，7 个小时后我终于到达了新荷兰的东南部。这也证实了我一直以来的一个观点：这个国家在地图上绘出的纬度位置比实际上多向东面绘了 3 度。

我在多年前就向好朋友赫尔曼·莫尔先生说过自己的这一观点，并且谈论了自己的理由，但他对我嗤之以鼻，仍然盲从当时权威人士的观点。

我登陆后，没有发现人的踪影，但由于手头没有任何武器，我也不敢冒险往里走。

我在海边发现了一些水生动物，比如蚌蛤、牡蛎、帽贝等，我本来想生火把它们烤熟吃，但怕因此而招来土著人，最后只好生吃了它们。为了节省食物，我一连三天都是这样吃的。幸运的是，我找到了一条非常清澈的小溪，这让我感到非常欣慰。

第四天一大早，我壮着胆子往内陆走近了一些，结果在距离我大概500码的一处高地上发现了几十个土著人。他们裸露着身体，坐在一堆火旁边。其中的一个土著人发现了我，并告诉了别人。之后，有五个土著人朝我走来，而剩下的人则留在篝火旁边。

我火速地朝岸边跑去，一下子跳进小船，向大海里划去。这些土著人在后面紧追不舍，还朝我射来一支箭。不幸的是，那支箭正好扎进我的左膝盖。我怕箭上有毒，在把船划到他们射程以外的距离时，赶快用嘴去吸吮伤口，然后把伤口处包扎好。

我不知道下一步该怎么办，我不敢回到原来那个登陆地点了，只能划着桨向北面驶去。

当时正刮西北风，虽然风并不大，但吹得我站立不住。我四处张望，想寻找一个安全的地方登陆，忽然发现北偏东方向有一艘小帆船。

我拿不定主意是否要留在原地等那艘船靠近，挣扎一番之后，我对野胡的憎恶占了上风，于是我索性掉转船头，支起船帆，向南边划去，再次回到了我之前停靠的那个港湾。

我宁可落到那些土著人手里，也不愿意回到欧洲野胡们居住的群落里。我把小船停靠在岸边，然后藏到小溪旁边的一块

石头后面。我在前面说过，那条小溪的水质非常好。

那艘船离我越来越近，在距离小溪大概半里的地方，船上的人放下一艘大艇前来小溪处取水，由此可以看出，海员们很熟悉这个地方。但是，直到那艘船靠岸时我才发现它，而这时再想跑远已经来不及了。

水手们一登陆就发现了我的小船，他们仔仔细细地检查了一遍我的小船后，立即断定小船的主人就在附近。

四名水手搜遍了每个石缝和洞穴，最后在一块石头后面发现了脸朝下的我。看到我那身简单怪异的衣服，他们吃惊了半天。他们从我的皮外衣、木头鞋和毛袜子上判断我不是土著人，因为土著人浑身一丝不挂。

其中一名水手用葡萄牙语说让我站起来，并询问我是什么人。

我会说葡萄牙语，便站起来回答说，我是个可怜的野胡，被慧骃放逐了，希望他们手下留情。听到我竟然会说葡萄牙语，他们又惊又喜，又从我的外貌判断出我是个欧洲人，但实在不明白我所说的慧骃和野胡是什么东西。而且，我说话时的腔调非常奇怪，就像马的嘶鸣声，这让他们听了忍不住哈哈大笑。

我又害怕又憎恶，不由得开始颤抖。我恳请他们放过我，同时慢慢地向我的小船走去。但他们很快就抓住了我，询问我是哪里人、从何处来以及其他一些问题。

我老老实实地告诉他们，我来自英国，大约五年前离开故土，当时英国和葡萄牙两国关系友好。我对他们一行人没有一

丝敌意，希望他们能够友好地对待我。我只是一个可怜的野胡，想找一处僻静的地方安度余生而已。

他们说话时，我感觉自己从来没有见过，也从来没有听过这么不同寻常的事情，因为我觉得这和英国的一头母牛、一条狗或者慧骃国的一个野胡会说话一样荒谬。

同样，这些葡萄牙人也对我的奇怪装束和古怪腔调感到吃惊，不过他们能听懂我说的话。他们友好地对我说，他们的船长愿意让我搭乘他们的船，把我送到里斯本，我从那里可以回国。他们会让两名水手先回到船上，把我的情况告知船长，并接受船长下达的命令。

与此同时，他们让我郑重地发誓不逃跑，否则便会将我绑起来。我想自己最好还是乖乖地配合他们。

他们非常想听听我的经历，但我没有满足他们的好奇心，于是他们推断，我所遭遇的不幸把我变糊涂了。

两个小时后，那艘装载着淡水回去的大艇又回来了，水手带回来了船长的命令，说是让我去见见他。我跪在地上，恳求船长放了我，但也只是徒劳。水手们用绳子将我绑住，然后把我推上了大艇，就这样，我被带到了船长的舱室里。

船长名叫彼得罗·德门德斯，是个温和、慷慨的男人。他让我讲一下自己的情况，然后问我想吃些什么或者喝些什么。他说会以礼待我，还说了很多关心体贴我的话，这让我感到非常奇怪：一个野胡竟然如此彬彬有礼？不过，我还是郁郁寡

欢，闷着头不说话。他和他的水手们身上散发的那股味道几乎要把我熏晕了。

我告诉船长，我吃自己船上带的那些东西就行了，可他却派人给我送来一只鸡和一些葡萄酒，然后给我安排了一个干净的船舱，让我进去睡觉。我不愿意脱下衣服，于是和衣躺在被子上。

半个小时后，趁着水手们正在吃晚饭的间隙，我偷偷地逃了出来，准备从船舷边跳入大海中逃走。我再也不愿意和“野胡”们生活在一起了。不幸的是，一名水手及时发现了我，在告知船长后，他们用铁链子把我锁进了船舱里。

船长吃过饭后来看我，问我为何要冒险逃跑。他让我放心，说他只是想尽力帮我。他的话令我感动，于是我开始把他看作一个有些许理性的动物。我向他简述了一下我的经历：我的水手们背叛了我，将我抛弃在一个国家的海岸边，我在那里住了五年。

听完这些，他认为我是在说梦话或是幻想，这令我非常恼火。因为我已经忘记了撒谎这回事，而对于所有国家的“野胡”们来说，撒谎是一个习惯性的行为，因而哪怕自己的同类说的是真话，他们也要怀疑一番。

我问他，他的同胞们是不是习惯于说“没有的事情”？我试图让他相信，我都忘记撒谎是什么意思了。即便在慧骃国待上一千年，也不会听到一句谎话。如果他不相信我的话，我也没有办法。

不过，为了报答他对我的盛情，我会容忍他的腐化堕落，

不管他提出多少个问题，我都会耐心地给予解答，或许他以后会发现事情的真相。

船长是个精明的人，一直想找出我话语中的疏漏，却没有任何发现，最后才开始相信我。而且，他承认自己曾经遇到过一个荷兰船长，并和水手们在新荷兰南部的一个岛屿登陆取淡水时，见过一匹马，当时这匹马正赶着几只模样和我所描述的“野胡”一样的动物。船长说，他还看到其他一些情况，不过想不起来了。

他还说，既然我一再宣称自己说的话是事实，那么我必须做一个有诚信的君子，答应他决不再冒险逃走，因为他想让我和他一起完成航行，如果我不配合的话，他会把我关起来。我答应了他的条件，同时明明白白地告诉他，我就是承受再多的苦难，也不想回到野胡的群落中生活。

一路上我们走得倒是平稳。船长有时候会邀请我陪陪他，为了答谢他，我会答应他的请求。在他面前，尽管我努力控制自己，但有时还是不免会流露出对人类的厌恶。船长是一个很宽容的人，从来不和我理论。即便如此，绝大部分时间我都躲在船舱里，不想见任何人。

船长劝过我好几次，让我把身上那套野蛮丑陋的衣服脱下来，并提出把他的好衣服送给我。我委婉地拒绝了他的好意，因为我坚决不肯穿野胡穿过的衣服。我只开口向他借两件洗干净的衬衫，我想这样还不至于玷污自己。我每天换一件衬衫，然后把它们洗得干干净净的。

1715 年 11 月 5 日，我们终于到达里斯本。

上岸的时候，船长一再劝说我穿上他的外套，以免路人围观我。他带着我来到他家，在我的百般恳求下，他让我住进了他家顶层楼房的一个房间。

我不想让世人知道我的经历，特别是我在慧骃国的事，于是恳求船长为我保守秘密。因为，万一走漏风声，将会有很多人围观我，弄不好我还得被异教审判所审判，甚至被烧死。

船长劝我接受一件新衣服，但我坚决不能接受裁缝为我量尺寸。幸好我和船长的身高和体形差不多，所以他的衣服我穿着还挺合身。此外，他还为我准备了其他生活必需品，全部都是崭新的，不过我把这些东西晾晒了 24 个小时之后才使用。

船长没有娶妻，家里只有几个仆人，我们吃饭的时候也没有人在旁边伺候。

船长是一个温文尔雅的人，而且又非常体贴人，我被他彻底感化了，决定以后接受他对我的陪伴。

在船长的影响下，我终于敢从后窗户向外面望了。不久之后，我搬到了另外一间屋子。

我站在门边朝大街上看了一眼，但立刻吓得将头缩了回来。一周后，船长说服我再次来到门边，我发现自己已经没有之前那么恐惧了，但对野胡的轻蔑和仇视却有增无减。最后，我终于在他的陪同下来到大街上，但必须得用芸香或者烟草捂住鼻子。

十天后，我对船长讲起一些家事，他趁机劝我说，不管怎

样，我都应该回到自己的祖国，和妻子儿女团聚。他说，有一艘前往英国的船近日就要起航，他会为我准备一切生活必需品。

为了劝说我回家，他还陈述了一大堆理由，而我则罗列了一大堆反对意见，由于实在太无趣，我就不向读者们详细叙述了。

他说，我想找一个荒僻的小岛，并在那里生活的想法是不现实的，其实，我在自己家里就可以过上那种离群索居的生活。

最后，我别无选择，只好妥协。

11 月 24 日，我登上了一艘前往英国的船，至于船长是谁，我从来也没有打听过。

彼得罗船长将我送上船，并送给我 20 英镑。他友好地与我道别，还拥抱了一下我，虽然我非常不情愿，但也只得忍着。在这次航程中，我没有同船上的任何人交谈过，我推托说自己生病了，寸步不离自己的船舱。

1715 年 12 月 5 日上午 9 点，我们的船在唐兹抛锚。下午三点钟左右，我终于平安地回到了家中。家人以为我已经死了，见到我又惊又喜。

但老实说，我见到他们就只感到厌恶、鄙视和仇恨，一想到自己同他们还有亲情关系，这种感觉就更加强烈。因为我虽然是被赶出了慧骃国，被迫面对这些“野胡”们，并同彼得罗船长交谈，但盘踞于我脑海中的却是慧骃们伟大而崇高的形象，以及我对它们的美好品德和高尚情操的回忆。

一想到自己曾同一个“野胡”结了婚，并成了几个野胡的

父亲，我就感到羞愧万分。

我一进家门妻子就扑上来拥抱我，而我已经不习惯碰这种动物了，立刻厌恶得昏了过去，过了大概一个小时才醒过来。

写这本书时，我已经回到家里五年了。回到家的第一年，我不准妻子和孩子们到我跟前来，因为我受不了他们身上的气味，更不用说让他们和我在同一间房里吃饭了。直到今天，他们也不敢乱碰我的面包或者用我的杯子喝水，而且，我也从来不和他们牵手。

我花钱买了两匹未阉割的小公马，把它们养在一个装饰考究的马厩里。除了小马外，马夫就是我最宠爱的人了，我一闻到他从马厩里带来的那股气味就精神抖擞。

我的马颇能理解我，我每天都要和它们说上很多话，它们从来没有戴辔头或上马鞍，我和它们和睦相处，它们彼此之间也很友爱。

在这里，我已经把自己 16 年零七个多月的旅行历史老老实实、原原本本地讲给读者们听了。我写作不是为了出名，也不是为了赢利，唯一的目的就是希望有助于公众的利益，我只想给人类传递见闻，教育人类。

我曾经同那么优秀、那么高贵的动物相处了那么久，我相信，每一个有理性的动物，读到我所提到的那些慧骃们各种美德，都会为自己的罪恶感到羞耻。在这里，我请求那些沾染上各种荒谬恶习的人，千万不要随便在我面前出现。